Ulrich Hesse-Lichtenberger

Flutlicht und Schatten
Die Geschichte des Europapokals

revigres

Ulrich Hesse-Lichtenberger

Flutlicht und Schatten

Die Geschichte des Europapokals

VERLAG DIE WERKSTATT

Bibliografische Information der Deutschen Bibliothek
Die Deutsche Bibliothek verzeichnet diese Publikation in der Deutschen Nationalbibliografie; detaillierte bibliografische Daten sind im Internet über http://dnb.ddb.de abrufbar.

Lotzestraße 24a, D-37083 Göttingen
www.werkstatt-verlag.de

Satz und Gestaltung: Verlag Die Werkstatt
Druck und Bindung: Westermann Druck, Zwickau

ISBN 3-89533-474-X

Inhalt

Anhang

Die Champions

Statistik der Endspiele

Das Star-Ensemble von Real Madrid sorgte in der Geschichte des Europapokals immer wieder für besondere Faszination. Hier erzielt Zinedine Zidane im Champions-League-Finale 2002 den 2:1-Siegtreffer. Hinter ihm Michael Ballack, der Leistungsträger der unterlegenen Leverkusener.

Vier Tore hatte der Glasgower Torjäger Colin Stein in den Hin- und Rückspielen gegen Sporting Lissabon erzielt. Doch beim legendären Elfmeterschießen versagten auch seine Nerven …

Eines Abends im November

Der Erste, der gehen musste, war Verteidiger Sandy Jardine. Vom Mittelkreis bis zum Strafraum ist es ein beschwerlicher Weg, so ganz ohne Ball. Deshalb wandte sich Jardine noch einmal um, in der Hoffnung, seine Kollegen würden ihm Mut zusprechen. Sein Blick fiel auf Willie Johnston, der im Verlaufe der Partie ausgewechselt worden war und deshalb nicht am Elfmeterschießen teilnehmen konnte. „Willie saß zusammen mit einem Portugiesen auf dem Boden", erinnerte sich Jardine drei Jahrzehnte später, „und sie unterhielten sich angeregt über guten Wein und Restaurants." Der klobige Mann mit den kühnen Koteletten, die in den frühen 1970er Jahren nicht nur bei Schotten fast schon zur Spielkleidung gehörten, wusste nicht, ob er Willie Johnstons Gleichmut bewundern oder bedauern sollte. So machte er sich schließlich schulterzuckend auf den einsamen Marsch zum Elfmeterpunkt, um seine Glasgow Rangers in die nächste Runde des Europapokals der Pokalsieger zu schießen.

Es lag an einer Mischung aus Unglück und Unvermögen auf Seiten der Schotten, dass dieses Achtelfinale zwischen Glasgow und Sporting Lissabon überhaupt zu einer so knappen Angelegenheit geworden war. Beim Hinspiel im heimischen Ibrox Park hatten die Rangers zwei Wochen zuvor schon nach kaum einer halben Stunde 3:0 in Führung gelegen. Und an diesem Abend in Portugal hielten sie bis sechs Minuten vor dem Ende ein 2:2 Unentschieden. Doch an beiden Abenden hatte Sporting spät noch ins Spiel gefunden: In Glasgow schoss das Team in den letzten 20 Minuten zwei Tore; in Lissabon gelang ihm in der 84. Minute der Treffer zum 3:2, der die Begegnung in die Verlängerung schickte. Die war nun vorbei, und Schiedsrichter Laurens van Ravens hatte beide Vereine zum ersten Elfmeterschießen ihrer jeweiligen Europapokalgeschichte gebeten. Knapp fünf Jahre zuvor waren die Rangers einmal durch einen Münzwurf in ein Halbfinale gelangt, aber diese Regel galt inzwischen nicht mehr.

Kaum hatte sich der Ball nach Jardines Schuss auf die Reise gemacht, da wünschte sich der Schütze den Losentscheid aber schon wieder zurück. Mit Entsetzen sah er nämlich, wie Sportings Torwart Vitor Damas sich in die Flugbahn des Balles warf und ihn ohne große Probleme abwehrte. Der höhnische Jubel des portugiesischen Publikums schallte in Jardines Ohren, als er zurück zu seinen Mannschaftskameraden trottete. Er konnte nur hoffen, dass Colin Stein, der nächste Schütze seines Teams, diesen Fehler wettmachen würde. Stein, ein baumlanger und stämmiger Mittelstürmer antiker britischer Schule, war Glasgows verlässlichster Torjäger. Er hatte im Hinspiel gegen Sporting zwei Treffer erzielt und war auch an diesem Abend schon zweimal erfolgreich gewesen. Unglücklicherweise bevorzugte er es, scharfe Flanken mit dem Schädel ins Netz zu rammen; präzise Fußarbeit war seine Sache nicht. Darüber hinaus hatte er die letzten Minuten damit verbracht, bittend bis ärgerlich auf seine Kameraden einzureden, weshalb es ihm nun vielleicht an Konzentration mangelte. Während am Spielfeldrand eine Reihe von Trommlern geradezu beschwörend auf ihre Instrumente einhieb, hielt Damas auch Steins Elfmeter.

Nun gerieten die Fans von Sporting völlig aus dem Häuschen. Ihr Klub war international nicht so bekannt wie Lokalrivale Benfica, dabei hatte er doch einst die Ehre gehabt, am ersten modernen Europapokalspiel beteiligt gewesen zu sein: Am 4. September 1955 eröffnete Sporting in Lissabon den neuen kontinentalen Vereinswettbewerb gegen Partizan Belgrad. Damals war Sportings Fußballwelt noch heil. Der Klub rühmte sich, portugiesischer Rekordmeister zu sein, und er hatte einen blutjungen Halbwaisen aus Mosambik an der Angel, der sicherlich zu einem großen Star heranwachsen würde. Das tat Eusébio Ferreira da Silva, so hieß der Junge, dann auch – allerdings im Trikot von Sportings ungeliebtem Konkurrenten Benfica Lissabon.

Eusébio war die Hauptursache dafür, dass sich in Benficas Museum bald sage und schreibe 15.000 verschiedene Pokale und Trophäen fanden. Allein in den 1960er Jahren holte der Verein acht nationale Meisterschaften und stand in nicht weniger als fünf Finals um den Europacup der Landesmeister. Es war vor allem dieser internationale Erfolg des Rivalen, dem Sporting wenig entgegenzusetzen hatte. Deshalb konzentrierte der Klub im folgenden Jahrzehnt alle finanziellen und sonstigen Anstrengungen darauf, auf europäischer Bühne irgendwie mit Benfica gleichzuziehen. Doch dazu bedurfte es am Abend des 3. November 1971 zunächst einmal eines Sieges im Elfmeterschießen gegen die Glasgow Rangers.

Deren dritter Schütze war jetzt Rechtsaußen Tommy McLean, der für den Weinkenner Willie Johnston ins Spiel gekommen war. McLean war zu diesem Zeitpunkt erst 24 Jahre alt, aber er hatte bereits Länderspiele für Schottland bestritten und ein paar Erfahrungen im Europacup gesammelt. Beides war ihm als Spieler des FC Kilmarnock gelungen, für den er im September 1964 auch an einem sagenumwobenen Spiel teilgenommen hatte, von dem Fans dieses Klubs noch heute reden. Im Messepokal, dem Vorläufer des UEFA-Cups, hatte Kilmarnock das Hinspiel mit 0:3 verloren, aber im Rückspiel stürmte die schottische Elf zu einem triumphalen 5:1-Sieg. Der Gegner hieß Eintracht Frankfurt.

Die Spielzeit 1971/72 war McLeans erste für die Rangers. Zwar würde er das berühmte blaue Trikot noch elf Jahre tragen, aber als er nun zum Kreidepunkt schritt, war er bloß ein Neuankömmling bei einem Klub, der unter der Last von Traditionen und Rivalitäten fast zu ersticken drohte. Es gab nämlich einige Parallelen zwischen der Lage von Sporting Lissabon und der Situation der Glasgow Rangers, die an diesem Tag eine große psychologische Rolle spielten und selbst einem jungen Mann wie McLean nicht unbekannt waren.

So wie Sporting am Erfolg von Benfica zu knabbern hatte, so wurmte die Rangers die Siegesserie des Lokalrivalen Celtic. Celtic hatte seit 1966 jede nationale Meisterschaft gewonnen und war dabei, mit neun Titeln in Folge einen Rekord aufzustellen, den die Rangers wie besessen fast 30 Jahre lang jagen sollten. Viel schlimmer war aber, dass Celtic 1967 als erste britische Mannschaft überhaupt den Europacup der Landesmeister geholt hatte, während die Rangers international kaum ein Bein auf den Boden bekamen. Jenen 1967er Triumph feierte Celtic ausgerechnet in Lissabon. In Benficas Stadion schlugen die Schotten damals Inter Mailand mit 2:1, und es geht die Mär, dass sich einige Celtic-Fans spontan für immer in Lissabon niederließen, um die Stätte des großen Erfolges nie mehr verlassen zu müssen. Wie um die historischen Bürden völlig unerträglich zu machen, bekamen die natürlich grün-weiß gekleideten Spieler von Celtic den Beinamen „Löwen von Lissabon". Und auch die Profis von Sporting treten traditionell in grün-weiß gestreiften Trikots an – und werden in Portugal „Löwen" genannt.

Ob diese Symbolik den jungen McLean bedrückte, ist nicht sicher. Aber im Europapokal geschieht es ja sehr oft, dass eine an sich unverfängliche Paarung plötzlich zu einem Stellvertreterkampf wird, bei dem Prestige und Eitelkeiten buchstäblich auf dem Spiel stehen. Und das kann eine große Belastung für die Nerven sein. McLeans Schuss jedenfalls geriet nicht besser als der von Stein. Oder jener von Jardine. Vitor Damas hielt seinen dritten Elfmeter.

Im Mittelkreis musste Dave Smith schwer schlucken. Auch er war erst im Verlauf der Partie eingewechselt worden, und zwar für seinen Kollegen Ronnie McKinnon, der sich in der zweiten Halbzeit bei einer missratenen Grätsche ein Bein gebrochen hatte. Diese Verletzung sollte später McKinnons Karriere beenden, aber für den Moment bedeutete sie nur, dass es jetzt an Dave Smith war, sich zu einem Spießrutenlauf aufzumachen, wie ihn allein der Europapokal bereit hält. Vorbei an Portugiesen und Schotten, die sich über französischen Wein unterhielten, begleitet vom Johlen des fanatischen Publikums, beschienen vom fast weiß schimmernden Flutlicht, unter den gestrengen Augen des holländischen Schiedsrichters – so schritt Smith über die Spielfeldhälfte.

Im Elfmeterschießen stand es inzwischen 2:0 für Sporting Lissabon, und da Smith schon der vierte Schütze seines Teams war, musste er jetzt unbedingt treffen, um das Spiel nicht vorzeitig zu beenden. Er traf auch. Allerdings nur den Pfosten. Aber während schon die ersten begeisterten Fans auf das Feld zu gelangen versuchten, beschied van Ravens dem Schützen und dem Torwart, dass der Strafstoß wiederholt werden müsse. Smith legte sich das Leder also erneut zurecht, nahm ein paar Schritte Anlauf, schoss – und blickte dem Ball wehmütig nach, als der irgendwo in der Finsternis hinter dem Lissabonner Tor verschwand.

Willie Johnston, der eigentlich stets schelmische Kerl, brach sein Gespräch über Rebensäfte ab und lächelte ausnahmsweise nicht, als er sich auf den Weg in die Kabine machte. Hinter seinem Rücken wurde Vitor Damas von den Sporting-Anhängern auf den Schultern um den Platz getragen, aber das bekam Johnston nicht mehr mit. Er ärgerte sich, dass seine Rangers auf peinliche Weise besiegt worden waren, weil sie von fünf Schüssen aus elf Metern Entfernung nicht einen einzigen ins Tor hatten bringen können. Da wusste er noch nicht, dass er soeben in die Fußballhistorie eingegangen war als ein Beteiligter am vielleicht kuriosesten Europapokalspiel aller Zeiten. Und er konnte nicht ahnen, dass er in vier Monaten gegen den AC Turin antreten durfte, dass er in fünf Monaten Bayern München ausschalten würde, dass er in sechs Monaten gegen Dynamo Moskau den Wettbewerb gewinnen sollte, aus dem er sich doch gerade schändlichst ausgeschieden glaubte.

Wie es dazu kam, das ist eine von vielen Geschichten, die dieses Buch erzählt. Doch es soll nicht nur um Spiele und Tore gehen, sondern auch um Themen, wie sie sich allein in diesen wenigen Minuten des Elfmeterschießens zwischen Sporting und den Rangers schon zuhauf fanden: Rivalitäten, Eitelkeiten, Geld und Politik. Und natürlich um die Verbindung von sportlichen Triumphen mit menschlichen Tragödien. Denn wer – wie der Europapokal – die Kulturen verschmelzen lässt, muss damit rechnen, dass es hitzig wird.

KAPITEL 1

Meister der Welt

Die Anfänge des Europacups

Die Geschichte des Europapokals begann an einem Tag, der nicht zum Fußball einlud, und mit einem geistig verwirrten Erfolgstrainer. Letzteres war zumindest der Eindruck, den Ron Atkinson von Stan Cullis gewann, als der ihn am Morgen des 13. Dezember 1954 zu sich rufen ließ. Atkinson war zu diesem Zeitpunkt ein 16-jähriges Nachwuchstalent der Wolverhampton Wanderers, und es gehörte zu seinen Pflichten, dem Platzwart des Klubs zur Hand zu gehen. Cullis war der Trainer, der acht Monate zuvor die Wanderers zur ersten Meisterschaft ihrer Geschichte geführt hatte, und er kümmerte sich in Wolverhampton um jedes Detail – auch um das Spielfeld.

Während Atkinson nun an diesem Morgen zusammen mit zwei anderen Jungen im Büro von Cullis stand, hing über der mittelenglischen Stadt ein düsterer Himmel, aus dem es seit vier Tagen hartnäckig regnete. Atkinson wusste, dass für den Abend ein Spiel angesetzt war, und er ging davon aus, dass der Cheftrainer ihm jetzt für den Tag freigeben würde, weil die Partie natürlich ausfallen musste. Stattdessen sagte Cullis knapp: „Ich möchte, dass ihr den Platz heute tüchtig wässert."

Etwa 30 Jahre später sollte Ron Atkinson, inzwischen selbst ein erfolgreicher Trainer, mit Manchester United den englischen Pokal holen und mit seinem Team im Europacup ein Spiel gegen den FC Barcelona abliefern, über das man noch heute in Manchester spricht. Vielleicht wäre dieses Erlebnis Atkinson nie zuteil geworden, wenn Cullis ihm 1954 nicht befohlen hätte, einen durchweichten Rasen noch weiter unter Wasser zu setzen. „Damals aber", sagte er einmal, „haben wir gedacht, Cullis wäre komplett übergeschnappt."

Wie sich herausstellen sollte, war Cullis im Gegenteil bei klarstem Verstand. Bevor aber nun erzählt wird, warum er den Platz wässern ließ und warum das zur Einführung des Europapokals führte, muss zugestanden werden, dass nicht alle Experten den 13. Dezember 1954 für den inoffiziellen Beginn des faszinierendsten aller Klubwettbewerbe halten.

Mitropacup und „Copa Latino"

Die meisten Bücher zu diesem Thema beginnen nämlich mit einer Abhandlung über einen Pokal, der unter dem Kürzel „Mitropacup" oft als „Vorläufer des Europapokals" bezeichnet wird. Ideengeber des Wettbewerbs war der vielleicht größte Vordenker, den der Fußball je hatte: Hugo Meisl. Schon 1924 schlug dieser aus Mähren stammende Wiener einen Wettbewerb zwischen den besten Klubs des Kontinents vor, und 1927 spielten dann Ungarn, Jugoslawien, die Tschechoslowakei und natürlich Österreich den ersten Mitropacupsieger aus. Doch obwohl diese Veranstaltung unzweifelhaft einen Platz in der Ruhmeshalle des Fußballs verdient – und deshalb später noch ausführlicher gewürdigt wird –, sollte man sich hüten, sie mit dem Europapokal zu verzahnen. Zum einen kann der Mitropacup nicht von sich behaupten, der „Vorläufer" der heutigen europäischen Wettbewerbe zu sein, weil die Trophäe bis 1992 mit bewundernswerter Sturheit ausgespielt wurde – also fast vier Jahrzehnte lang parallel zum Europapokal. 1982 trug sich sogar, dies nur nebenbei, der AC Mailand in die Siegerliste ein, verschweigt das aber gerne, weil zu jener Zeit nur noch die Zweitligameister bestimmter Nationen daran teilnahmen. Zum anderen gab es außer dem Mitropacup noch eine Reihe anderer, weniger bekannter Pokalwettbewerbe, die sich ebenso rühmen könnten, dem Europacup auf die Beine geholfen zu haben, etwa den „Copa Latino".

Der „Copa Latino" führte zwischen 1949 und 1957 die besten Teams aus Spanien, Italien, Frankreich und Portugal zusammen. Dass er heute fast vergessen ist, bedeutet keinesfalls, dass er zu seiner Zeit als obskur galt. Nachdem Barcelona die Trophäe 1952 durch einen Sieg über OGC Nizza in Paris gewonnen hatte, wurde die Elf daheim mit hysterischem Jubel empfangen; die Siegerelf von Real Madrid bekam drei Jahre später gar den Reichsorden an die Brust geheftet. Und der Schwede Nils Liedholm, in jenen Jahren einer der Stars des AC Mailand, sagt rückblickend: „Der Lateinpokal war ein tolles Turnier. Damals war es, als ob man heute den Europapokal gewinnt." Wie nah diese Wettbewerbe sich stehen, sieht man auch daran, dass die ersten acht Saisons des neuen Cups der Landesmeister von Mannschaften dominiert wurden, die zuvor um den „Copa Latino" gestritten hatten.

Schließlich kann man, wenn man nur will, jedes halbwegs organisierte Treffen zwischen Europäern als Grundlage des Europacups ansehen. Meisl wurde zum Beispiel von drei kleineren Turnieren zum Mitropacup inspiriert, die alle Sparta Prag gewonnen hatte, und so ließe sich immer weiter in der Historie zurückgehen. Ein englisches Buch aus dem Jahre 1980 beginnt die Geschichte des Europapokals dann auch konsequenterweise mit dem Sieg von Admiral Nelson über die französische und spanische Flotte vor Kap Trafalgar. Sucht man hingegen nicht nach den Wurzeln des heute so dominierenden Wettbewerbs, sondern nach seinem Auslöser, dann landet man schließlich bei dem regnerischen Tag in Wolverhampton, obwohl an ihm kein Pokal und keine Trophäe ausgespielt wurde.

Das Wasserspiel in Wolverhampton

Am 13. Dezember 1954 stand nur ein Freundschaftsspiel an. Die gastgebenden Wanderers, auch als „Wolves" bekannt, empfingen Honved Budapest. 15 Monate zuvor war in dem Stadion von Wolverhampton eine Flutlichtanlage installiert worden, was den Klub in die Lage versetzte, zwischen Spielen in der nationalen Liga Partien gegen renommierte ausländische Klubs anzusetzen, um seine Kasse mit zusätzlichen Einnahmen aufzubessern. Die Wanderers hatten Celtic Glasgow und Vienna Wien besiegt, und sogar der Racing Club Buenos Aires war letztlich chancenlos gewesen. Einen Monat vor dem Spiel gegen Honved schlugen die Engländer auch noch den sowjetischen Meister Spartak Moskau mit 4:0, und plötzlich war aus dem Besuch der Ungarn ein Treffen von allergrößtem Prestigewert geworden: Würden die Wanderers auch noch den Top-Klub eines fünften fremden Landes überwinden, in dessen Team gleich fünf Mitglieder der ungarischen Nationalelf standen, die im Sommer, für viele völlig unfassbar, das WM-Finale gegen Westdeutschland verloren hatte? Und vor allem: Würden sie die englische Nationalelf rächen, die gegen Ungarn zuletzt mit 3:6 und 1:7 untergegangen war?

All diese Umstände führten dazu, dass die Stadt Wolverhampton am 13. Dezember 1954 etwas erlebte, was man schon bald als „typischen Europacup-Abend" bezeichnen würde. Das englische Fernsehen übertrug an diesem ganz normalen Wochentag live; Flutlicht beschien das satte, doch feuchte Grün des Rasens; fast 55.000 Fans drängten sich ins Stadion, um Stars zu sehen, von denen sie bislang nur gehört hatten – Puskás, Kocsis, Czibor. Und Stan Cullis, der Trainer der Heimelf, grübelte lange über die passende Taktik nach, um jene Stars ihrer Stärken zu berauben. Bis er auf den Plan verfiel, Ron Atkinson das Spielfeld wässern zu lassen.

Das Team der Wolverhampton Wanderers, Champion der englischen Liga 1954. Stehend, Vierter von links: Manager Stan Cullis.

Den Technikern aus Budapest behagte es gar nicht, durch Schlammpfützen zu laufen oder den Ball über Matschhaufen hinweg passen zu müssen. Das hatte Cullis vorausgesehen. Nicht ahnen konnte er hingegen, dass die Ungarn so gut waren, dass selbst widrige Bedingungen ihrem Spiel kaum etwas anhaben konnten. Nach weniger als einer Viertelstunde lagen sie durch Tore von Sandor Kocsis und Ferenc Machos 2:0 in Führung und verlegten sich dann darauf, dem Publikum die hohe Schule des Donaufußballs zu demonstrieren. Die Wolves versuchten mitzuspielen, waren aber nur Statisten. „Cullis hatte uns vorher gesagt: ‚Dieser Puskás hat nur einen linken Fuß'", erinnerte sich Mittelfeldmann Bill Shorthouse viele Jahre später mit einem Lächeln. „Aber es war ein verdammt guter linker Fuß."

In der Halbzeitpause gab Cullis seinen Spielern die Anweisung, sich auf lange Bälle zu verlegen, weil der Untergrund im Dauerregen immer grässlicher wurde. Er lobte sein Team trotz des Rückstandes und prophezeite, dass die Ungarn bald ermatten würden. Und so kam es auch. Fünf Minuten nach dem Wechsel verwandelte Johnny Hancocks einen etwas fragwürdigen Elfmeter zum 1:2. Das Wetter, der Platz und vor allem das jetzt fanatisierte Publikum ließen die Honved-Spieler den Faden verlieren, und in der Schlussviertelstunde spielte sich Wolverhampton in einen Rausch. In der 76. Minute schaffte Mittelstürmer Roy Swinbourne mit einem Kopfballaufsetzer den Ausgleich. Nur 120 Sekunden später fuhren die Engländer einen Konter über den linken Flügel. Dennis Wilshaw legte das Leder quer, und Swinbourne hämmerte es aus vollem Lauf von der Strafraumgrenze ins Netz.

„Dieser Abend war der größte Moment meiner Karriere", sagte der zweifache Torschütze später. „Das Stadion war wie elektrisiert: Alle Zuschauer warfen ihre Mützen in die Luft." Das war keine Übertreibung, denn der Journalist Desmond Hackett schrieb am nächsten Tag, dass auf das 3:2-Siegtor „der wildeste und glücklichste Jubel folgte, den ich je gehört habe".

Die Partie zwischen den Wanderers und Honved mag auf dem Papier nur ein Freundschaftsspiel gewesen sein, doch für die Engländer war es eine bedeutsame Begegnung. Jahrzehntelang hatten die Erfinder des Fußballs sich kaum mit dem Rest der Welt abgegeben, in der sicheren Überzeugung, dass englische Teams die besten waren, sind und immer sein würden. Aber als man sich dann endlich bequemte, diese Überlegenheit unter Beweis zu stellen, führte das zu peinlichen Dramen: Bei der WM 1950 unterlag die englische Nationalelf den USA; vier Jahre später konnte sie gegen das kleine Belgien eine 3:1-Führung nicht halten und wurde dann von Uruguay aus dem Turnier gekegelt. Dazwischen lagen auch noch die erwähnten Debakel gegen Ungarn.

Deshalb reagierten nicht nur die Fans euphorisch auf Wolverhamptons Siegesserie, die nun gegen Budapest ihren Höhepunkt erreicht hatte, sondern auch die Reporter. Der „Daily Mirror" meinte, dass der Klub „den englischen Fußball wieder zu einer Macht in der Welt" hatte werden lassen, während Hackett die Wanderers in seiner Zeitung als „Vereinsmeister von Europa und Helden des kampfbetonten Fußballs“ bezeichnete. Die „Daily Mail“ ging noch einen Schritt weiter. Ihre Schlagzeile las sich wie folgt: „Heil den Wolves – jetzt Meister der Welt.“

Doch die Partie hatte auch Augenzeugen gehabt, die von den Leistungen etwas weniger beeindruckt waren oder zumindest weniger kühne Schlussfolgerungen ziehen wollten. Etwa den 65-jährigen Korrespondenten der berühmten Pariser Sportzeitung „L'Equipe“, Gabriel Hanot. Er raufte sich seine spärlichen Haare, als er die „Daily Mail“ überflog. Die Anmaßung der Engländer störte den Franzosen ungemein.

Die große Idee des Gabriel Hanot

Dass Hanot so ärgerlich gewesen ist, mag nicht zuletzt auch persönliche Gründe gehabt haben. In jungen Jahren war der spätere Chefreporter von „L'Equipe“ selbst ein guter Fußballer – als Vereinsspieler kickte der Verteidiger und Außenstürmer unter anderem für den BFC Preußen Berlin, mit dem er 1912 bis ins Viertelfinale der Deutschen Meisterschaft vordrang, als Nationalspieler Frankreichs bestritt er zwischen

Gabriel Hanot, der Begründer des Europapokals.

1908 und 1919 zwölf Länderspiele – und hatte dabei wenig gute Erfahrungen mit den Engländern gemacht. Vor allem bei seinem zweiten Auftritt für Frankreich, im März 1908, verlebte Hanot gegen Englands Amateurelf alles andere als einen angenehmen Nachmittag. Bill Jordan von der Universität Oxford schoss allein sechs Tore. Als der Staub sich gelegt hatte, waren der 18-jährige Hanot und seine Kollegen mit einem 0:12 noch gut bedient. Es war bereits der zweite (aber nicht der letzte) zweistellige Sieg der englischen Teilzeitspieler über die stolzen Franzosen, und vielleicht pflanzte er in Hanot den Wunsch, dass die Kontinentaleuropäer eines Tages so gut sein mögen wie die Meister aus London, Newcastle oder Birmingham.

Schon 1934 hielt Hanot diese Zeit für gekommen, denn da schlug er zum ersten Mal einen Pokalwettbewerb für die besten Klubteams aller europäischen Länder vor. Die Idee war gut, das Jahrzehnt aber denkbar ungeeignet. Nun jedoch, im Dezember 1954, brachte der findige Franzose den Plan erneut aufs Tapet. „Wir müssen warten, bis die Wolves in Budapest und Moskau angetreten sind, bevor wir ihre Unschlagbarkeit ausrufen können", schrieb er an die Adresse der englischen Presse. „Und da sind auch noch andere Klubs von internationaler Klasse, wie der AC Mailand und Real Madrid. Es gibt starke Argumente für die Einführung einer Europameisterschaft der Vereine. Größer, bedeutender und weniger unregelmäßig als der Mitropacup."

Dieser Artikel erschien am 15. Dezember in der „L'Equipe". Er rief ein großes Echo hervor, vor allem auch deshalb, weil am Abend zuvor der von Hanot erwähnte AC Mailand einen kleinen Ausflug nach London gemacht und West Ham United mit 6:0 vom Platz gefegt hatte. Diese Partie wird gerne erwähnt, wenn man zeigen möchte, wie richtig Hanot mit seinem Plan lag und wie übereifrig die Engländer auf die Nacht von Wolverhampton reagiert hatten. Meistens wird dabei vergessen, dass West Ham zu dieser Zeit nur eine mittelmäßige Zweitligaelf stellte, die nicht ansatzweise so stark wie die der Wanderers war. Doch wie auch immer: Schon weitere 24 Stunden später, am 16. Dezember, präsentierte „L'Equipe" einen bereits ausgefeilten Plan für den neuen Wettbewerb: Jedes Land sollte sein bestes Team nominieren; der Sieger würde im K.-o.-System mit Hin- und Rückspiel ermittelt, die Partien konnten unter der Woche im Glanz des Flutlichts ausgetragen werden.

Dass Hanots Vision schon kaum ein Jahr später in die Tat umgesetzt werden sollte, mag ein wenig erstaunen, wenn man bedenkt, wie träge und halsstarrig Fußball-Funktionäre in der Regel waren und sind. Das Tempo der Unternehmung wird jedoch verständlicher, wenn man sich vor Augen führt, dass die gesamte Idee nicht allein vom Gedanken des sportlichen Fairplay und des Traumes der Verbrüderung aller Nationen geprägt wurde. Den Strippenziehern, von denen Hanot nur einer war, ging es vor allem auch um Profit und Renommee.

Hanot selbst war sich zweifellos darüber im Klaren, dass ein glamouröser europaweiter Wettbewerb die Auflage einer Sportzeitung wie „L'Equipe" erheblich erhöhen konnte. Mit demselben Hintergedanken hatte schließlich sein Kollege Henri Desgrange 1903 die „Tour de France" erfunden. Was Desgrange und seiner Zeitschrift „L'Auto" nicht wie erhofft gelang, wurde für Hanot hingegen wahr: Schon in den späten 1950ern füllten Vor-, Spiel- und Nachberichte zu den Europacup-Partien Seiten um Seiten in den Sportblättern aller beteiligten Länder.

Hilfe für Hanots Plan

Beim Anschieben seines Plans bekam Hanot von wichtigen Leuten Unterstützung. Da war zunächst ein Pole namens Julius Ukrainczyk. Der damals 45-Jährige hatte in seinem Heimatland als Sportjournalist begonnen, lebte aber nun unweit von Hanot in Paris und verdiente sein Geld damit, Freundschaftsspiele zwischen europäischen Klubs zu vermitteln. Sollten solche Treffen regelmäßig und in großem Rahmen stattfinden, dachte sich Ukrainczyk, so mussten seine Kontakte und sein Wissen von großem Wert für so manchen Verein sein. Außerdem hatte die Entwicklung des Mitropacups gezeigt, dass ambitionierte Klubs – vor allem aus Italien – schnell lernen würden, dass man teure, ausländische Stars brauchte, um auf der internationalen Bühne tanzen zu können. Schließlich hatte Juventus Turin das schon zwischen 1929 und 1932 vorgemacht, als man drei Argentinier kaufte, damit die Vorherrschaft der Tschechen, Ungarn und Österreicher im Mitropacup endlich enden sollte. Zu wem also, frohlockte Ukrainczyk, würde man wohl kommen, um solche Transfers in die Wege zu leiten? Natürlich zu ihm.

Der wichtigste Helfer Hanots war jedoch ein fußballverrückter Rechtsanwalt aus Spanien. Geboren war dieser Mann zwar in Albacete im Südosten des Landes, aber kaum jemand verkörperte wie er den Geist und die Haltung Madrids. Seit 1909, als er sich im Alter von 14 Jahren der Jugendabteilung des FC Madrid angeschlossen hatte, war er der Stadt und diesem Klub auf das Engste verbunden. Mit 17 debütierte er in der ersten Mannschaft; im selben Jahr legte er im Wortsinne Hand an, als der Verein sein erstes eigenes Stadion baute – das bescheidene „Estadio O'Donnell", in dem nicht einmal alle 450 Mitglieder Platz fanden. Im Dezember 1954, also kaum mehr als drei Jahrzehnte später, war dieser Mann nicht bloß Präsident des Klubs, der seit 1920 den Ehrentitel „Real" trug, sondern konnte die Heimspiele in einem Stadion verfolgen, das weit mehr als 100.000 Zuschauer fasste. In einem Stadion, das nur zwei Monate später zu seinen Ehren umbenannt werden würde, in „Estadio Santiago Bernabéu".

Als Bernabéu von Hanots Vorschlag erfuhr, war sein Klub Real Madrid amtierender Spanischer Meister, doch noch lange nicht die Supermacht, die er bald werden sollte: Der Titelgewinn 1954 bedeutete für Real die erste Meisterschaft seit 21 Jahren. Dennoch war Don Santiago sehr interessiert an der Idee einer Europameisterschaft für Vereinsteams. Erstens ließ sich durch einen solchen Wettbewerb sein gigantisches Stadion eher füllen als mit Spielen gegen Valladolid oder Alicante.

Zweitens stellte er einen weiteren Schritt auf dem Weg zum Ziel des Präsidenten dar – aus Real den besten, größten, berühmtesten Fußballverein des uns bekannten Universums zu machen.

Bernabéu setzte sich fast wie ein Besessener für Real ein. Schon 1944, kurz nach seiner Wahl zum Präsidenten, nahm er einen Kredit von drei Millionen Peseten auf, damit der Klub ein fünf Hektar großes Gelände kaufen konnte, auf dem ein Stadion für 80.000 Zuschauer entstehen sollte. Das Vorhaben war äußerst kühn, denn so viele Menschen hatten in Spanien zu diesem Zeitpunkt noch nie einem Fußballspiel beigewohnt. Zudem plante Bernabéu diesen Quantensprung während einer Phase der Klubgeschichte, in der man nur eine durchschnittliche Elf besaß und General Franco (noch) kein besonders enges Verhältnis zu Real pflegte. Im Gegenteil: Der Diktator liebäugelte mit Atlético, das dazu auch noch ein stärkeres Team zu haben schien.

Warum Bernabéu derart ambitioniert war, lässt sich in der Rückschau nur schwer sagen. Vermutlich lag es einfach an seinem Charakter: Er war ein Mann, der immer an der Spitze stehen wollte. Vielleicht spielte aber auch verletzte Eitelkeit eine Rolle. Als 25-jähriger Kapitän und Mittelstürmer von Real Madrid hatte Bernabéu 1920 fest damit gerechnet, für die spanische Nationalelf nominiert zu werden, die zu den Olympischen Spielen in Antwerpen fahren sollte – für alle Fußballer seiner Generation das größte Ereignis überhaupt. Doch am Ende fanden sich im Kader fast ausschließlich Spieler aus Barcelona, Bilbao, San Sebastián und Irún, also aus katalanischen und baskischen Städten. Madrid, das Herz der Region Kastilien, interessierte niemanden. Das mag an Bernabéu genagt haben, denn er war nicht nur ein sehr guter Spieler, der sein Ticket nach Antwerpen sicher verdient gehabt hätte, er war vor allem ein stolzer Kastilier (und inzwischen ein überzeugter Madrilene), der insbesondere die Katalanen und ihre Kultur verachtete. Diese Antipathie galt in erster Linie dem großen Symbol katalanischer Identität, dem FC Barcelona. Der hatte mehr Erfolg als Real, bekanntere Stars (wie etwa Josip Samitier) und ein größeres Stadion. Bernabéu ruhte nicht, bis er auf allen Ebenen mit Barcelona gleichgezogen hatte. Und als er dann von Hanots Vorschlag erfuhr, sah er die Chance, den Rivalen gar zu überholen. Der Zeitpunkt war in jedem Fall günstig: Der Meister hieß Real, nicht Barcelona oder Bilbao, und wenn dieser Europacup tatsächlich über die Bühne gehen sollte, dann würde Bernabéus Klub nicht fehlen dürfen.

Der Mitropacup

Nehmen wir an, man schriebe die späten 1920er, und Sie hätten den Traum, einen Wettbewerb für die besten europäischen Klubmannschaften ins Leben zu rufen: Welche Fähigkeiten und Eigenschaften müssten Sie besitzen, damit das Ganze überhaupt eine Chance hätte? Es sei zur Erinnerung angefügt, dass Ihnen keine mächtige Organisation helfen kann, weil es die UEFA noch nicht gibt und viele der Länder entweder erst seit weniger als zehn Jahren überhaupt einen nationalen Verband haben, wie die Tschechoslowakei und Jugoslawien, oder keine landesweite erste Liga, wie Deutschland, Italien und Spanien.

Nun, zuerst einmal müssten Sie sich in großen Teilen des Kontinents auskennen. Sagen wir also, dass Sie im heutigen Tschechien geboren wurden, in Österreich aufwuchsen, in Frankreich und Italien gearbeitet haben. Als Nächstes sollten Sie mehrere Sprachen beherrschen, zum Beispiel acht. Drittens wäre es wichtig, dass Sie in allen Bereichen des Fußballs ein Experte sind, dass Sie also nicht bloß ein brauchbarer Spieler waren, sondern auch ein geachteter Schiedsrichter, ein umtriebiger Funktionär und ein äußerst einfallsreicher Trainer. Blieben noch die Talente für Organisation, Öffentlichkeitsarbeit und Finanzen. Um sie vorzuweisen, wäre es ratsam, dass Sie Generalsekretär eines Verbandes waren, dass Ihr Bruder Journalist ist und dass Sie den Beruf eines Bankkaufmannes erlernt haben.

Was wie ein unerfüllbares Anforderungsprofil klingt, beschreibt Hugo Meisl. Im Frühjahr 1927 war dieser Mann maßgeblich für die Bildung eines Komitees verantwortlich, das die Ausrichtung eines Fußballturniers für die besten europäischen Vereine in Angriff nehmen sollte. Meisl schwebte etwas vor, was einer Mischung aus dem späteren Europacup der Meister und dem UEFA-Pokal nicht unähnlich war: Mindestens die beiden bestplatzierten Klubs aus verschiedenen internationalen Ligen sollten im K.-o.-Modus einen Pokalsieger ermitteln, und zwar mit Hin- und Rückspielen in allen Runden, einschließlich des Finals.

Hugo Meisl, Erfinder des Mitropacups.

Im Sommer 1927 wurden bei einem Treffen in Venedig die Weichen gestellt, und schon vier Wochen später begannen die Partien um den „Mitropacup". Dieser Name stellte keine Verletzung des Markenrechts dar, weil die „Mitteleuropäische Schlaf- und Speisewagengesellschaft", die seit 1916 unter dem Kürzel „Mitropa" den Bahnreisenden das Leben erleichterte, den neuen Pokal unterstützte. Der Fußball-Historiker Alfredo W. Pöge benutzt hierfür das Wort „Sponsoring" und macht damit deutlich, wie nah doch die Vergangenheit der Gegenwart ist.

Die Eisenbahn spielte in der Tat eine große Rolle für Meisls Traum, denn die Umsetzung seiner Vorstellungen war vor allem mit weiten Reisen verbunden. Dies wiederum machte aber auch professionelle Strukturen in den Klubs nötig. Letztere waren bei Deutschlands Amateurfußballern noch nicht vorhanden, und das war einer der Gründe, weshalb deutsche Vereine dem Pokal fernblieben. Ein anderer ergab sich aus Meisls Terminvorstellungen: Der Mitropacup sollte vom Spätsommer bis zum Herbst ausgetragen werden, um den Vereinen in der punktspielfreien Zeit Einnahmen zu sichern. In Deutschland zogen sich aber die Endrundenspiele um den nationalen Titel wegen des regionalen Unterbaus manchmal bis tief in den Juli hin. Auch Italien griff erst in den Mitropacup ein, als es eine nationale erste Liga zuwege gebracht hatte.

Szene aus einem Spiel im Mitropacup. Austria Wien gegen FTC Budapest, 3:2. 28. Juli 1935.

Slavia Prag, Mitropacup-Sieger 1938, mit seinem berühmten Torwart Frantisek Plánicka (ganz rechts).

So kämpften in den ersten sieben Jahren des Wettbewerbs nur acht Klubs um die Trophäe. Zunächst je zwei aus Österreich, Ungarn, der Tschechoslowakei und Jugoslawien. Italienische Vereine ersetzten ab 1929 die überforderten jugoslawischen, die bis dahin nur ein Spiel gewonnen hatten und schon mal daheim mit 0:7 unter die Räder geraten waren, so etwa der Belgrader SK gegen Ferencvaros Budapest im Jahr 1928. Die Vorgabe hieß, die beiden Bestplatzierten der nationalen Liga teilnehmen zu lassen, woran sich aber nur die Italiener und Tschechen streng hielten. Ab 1934 stellte jedes Land vier Klubs, womit die erste Runde zum Achtelfinale anwuchs und schon Mitte Juni beginnen musste.

Diese knapp ein Jahrzehnt andauernde erste Phase des Pokals war ein großer Erfolg. Von wenigen Ausnahmen – vor allem in Ungarn – abgesehen, strömten die Zuschauer zu den Spielen und durften großen Sport beklatschen. Es sei fast willkürlich die Saison 1935 herausgegriffen. Sie begann gleich mit einem Spektakel, als Austria Wien um den berühmten Matthias Sindelar mit 5:2 bei Inter Mailand gewann. (Trotzdem kamen noch 55.000 Wiener zum eigentlich uninteressanten Rückspiel.) Diese starke Elf schied dann im Halbfinale gegen Ferencvaros Budapest aus, das seinerseits die Endspiele gegen Sparta Prag verlor. Die zweite der Finalpartien fand vor 56.000 tschechischen Fans statt, von denen so viele beim Abpfiff den Platz stürmten, dass die Polizei für Ordnung sorgen musste.

Vom Jahr 1936 an wuchs Meisls Gebilde um ein paar Stockwerke. Zunächst war ein Liga-Modus im Gespräch, der allerdings an organisatorischen Fragen scheiterte.

Immerhin durften dann aber auch Vereine aus der Schweiz ihr Glück versuchen, schließlich kehrten die Jugoslawen zurück, als weiteres Land kam Rumänien hinzu. In der Saison 1937 gingen 16 Klubs aus sieben Ländern an den Start – das war, was die Teilnehmeranzahl anbelangt, der Höhepunkt in der Geschichte des Mitropacups. Das Turnier war auch vom Verlauf her sehr unterhaltsam. Es begann mit einem wilden 4:6 zwischen Venus Bukarest und Ujpest Budapest, bei dem die Rumänen bis zur 72. Minute noch 4:3 führten, und endete mit einem kaum weniger kurzweiligen 4:5 zwischen Lazio Rom und Ferencvaros Budapest vor 35.000 Tifosi. In diesem Treffen schoss der Italiener Silvio Piola in gerade einer Viertelstunde einen Hattrick, was seine Elf mit 4:2 in Führung brachte. Damit waren die Teams gleichauf, denn Budapest hatte das erste Finale mit eben diesem Resultat gewonnen. Nach einer Stunde, inzwischen stand es nur noch 4:3, vergab Piola dann einen Elfmeter, und die Partie kippte.

Im Jahr darauf gewann Piola mit Italiens Nationalelf die WM und erzielte im Finale zwei Tore. Da war er erst 24 Jahre alt. Was ihn eine europäische und vielleicht Weltkarriere kostete, beendete auch die zweite Phase des Mitropacups: der Krieg. Die Österreicher schieden 1938 aus dem Wettbewerb aus, weil das Land nun „Ostmark" hieß und zu einem Reich gehörte, das kein Profitum duldete. Ein Jahr später waren nur noch acht Klubs im Rennen, und die Saison 1940 wurde schließlich abgebrochen, weil der Krieg eine reguläre Durchführung internationaler Spiele nicht mehr zuließ. Hugo Meisl erlebte dieses erste Ende seines Traumes nicht mehr mit. Er war im Februar 1937 mit erst 55 Jahren an einem Herzanfall gestorben.

Der Mitropacup lebte nach dem Krieg wieder auf, erst inoffiziell und unter verschiedenen Namen („Zentropa-Pokal" und „Donau-Cup"), dann – ab 1959 – als Sommerturnier, dessen Teilnehmer so oft wechselten wie die Regularien: 1960 wurde gar eine Art Nationenpokal ausgetragen, bei dem die einzelnen Klubs Länderpunkte sammelten. In den 1980ern spielten dann die Zweitligameister aus Italien, Ungarn, Jugoslawien und der CSSR gegeneinander. Borac Banja Luka aus Jugoslawien gewann 1992 die bis heute letzte Ausspielung, nach einem Halbfinalsieg gegen den favorisierten AC Foggia aus Italien. Danach brüllten wieder die Kanonen, diesmal auf dem Balkan. ■

Die Macht Bernabéus

Eines der Themen, die dem Leser im Verlaufe dieses Buches häufig begegnen werden, behandelt eine Tatsache, die besonders die kritischen und engagierten der modernen Fußball-Fans nur ungern hören werden: Fast alles, was wir heute oft und gerne als Auswuchs der Kommerzialisierung des Spiels bezeichnen, hat einen langen Bart. Die gute, alte Zeit des Fußballs – sie hat nie existiert. Schon während der Geburtsstunden des Europapokals wurden die Grundlagen für die meisten Dinge geschaffen, die ein halbes Jahrhundert darauf so manchem Fan übel aufstoßen sollten. Dazu zählt etwa der Vorschlag einer Europaliga, unter dessen Verfechtern sich auch Hanot fand. Oder der Verweis auf einen überquellenden Terminkalender, der letztlich zur Ablehnung einer Liga und zur Annahme des Pokal-Modus führte. Vor allem aber zeigte sich schon damals die Macht der Klubs. Lange vor Gründung der so genannten „G 14" bestimmten die großen Vereine den Verlauf der Ereignisse. Ja, es fehlte nicht viel und sie hätten den ganzen Wettbewerb in Eigenregie veranstaltet. Nichts verdeutlicht das besser als die Rolle, die Santiago Bernabéu bei der Einführung des Europacups spielte.

Dem Präsidenten von Real Madrid war schon früh aufgegangen, dass seine hochfliegenden Pläne an Leuten scheitern könnten, ohne die organisierter Fußball nur schwer möglich war – die Verbandsfunktionäre. Bereits in den späten 1940ern holte sich Bernabéu deshalb Experten wie Raimundo Saporta und Antonio Calderón ins Boot. Beide waren für Öffentlichkeitsarbeit zuständig, werkelten aber in erster Linie als Lobbyisten: Sie nutzten ihre exzellenten Verbindungen zu Journalisten, Generälen und Funktionären (in Calderóns Fall auch zum Verband der Schiedsrichter), um Real die Steine aus dem Weg zu räumen, die man auf dem Weg nach oben so vorfindet.

Als Hanot Ende 1954 die besten Klubs der großen Länder für die Europapokal-Idee gewinnen wollte, stellten sich die meisten Verbände quer. Während die Klubs von zusätzlichem Geld und neuem Ruhm träumten, befürchteten die nationalen Organisationen eine Überforderung der Spieler, die Entwertung der nationalen Ligen und das Entstehen einer Zwei-Klassen-Gesellschaft. Juan Touzon, der Präsident des Spanischen Fußballverbandes, ließ Hanot noch im Dezember 1954 wissen, dass sein Land den neuen Plänen kritisch gegenüberstehe. Einen Monat später klang das plötzlich anders. Da schrieb Touzon der „L'Equipe": „Das Projekt sagt mir und meinem Freund Santiago Bernabéu enorm zu. Wir sind bereit, alle Top-Teams aus Europa – und auch jene von jenseits des Eisernen Vorhangs – in seinem Stadion zu empfangen, das für mehr als 100.000 Zuschauer Platz hat." Müßig zu erwähnen, dass dieser Brief genauso gut die Unterschrift von Touzons „Freund Santiago Bernabéu" hätte tragen können – und dass man in Barcelona die Fäuste ballte.

(K)ein Cup der Meister

Solchermaßen unterstützt, trieb „L'Equipe" die Angelegenheit nun schnell, fast hastig voran. Anfang Februar veröffentlichte die Zeitung präzise Vorschläge zum Reglement und gab gleich auch noch eine Liste von 18 europäischen Vereinen heraus, die in der Folge angeschrieben und um Teilnahme am ersten Wettbewerb gebeten wurden.

So weit, so gut? Mitnichten. Die Vorgänge vom Februar 1955 werden in praktisch allen Büchern zu diesem Thema mit leichter Hand und in kargen Sätzen abgehandelt. In dem 1985 erschienenen Standardwerk „30 Jahre Europapokal" heißt es zum Beispiel wie selbstverständlich: „Gleich zwei deutsche Teams wurden als würdig erachtet: Rot-Weiß Essen, der bundesdeutsche Meister, und der 1. FC Saarbrücken als Vertreter des Saarlandes, das sportpolitisch noch selbstständig war." Und etwas später: „Natürlich sollten auch die Titelträger aus den Niederlanden und Schweden nicht fehlen. Sauer reagierten Dynamo Moskau und Spartak Prag, weil sie nicht erste Wahl waren." Diese Worte enthalten gleich mehrere Ungenauigkeiten, aber das ist nicht dem Autor anzulasten – es zeigt vielmehr, dass wir uns so daran gewöhnt haben, dass die UEFA die Europapokale nach ihren Richtlinien veranstaltet, dass die wahren Mechanismen, die den Wettbewerb ins Leben riefen und ihn in Teilen noch immer regeln, oft im Dunkeln bleiben. Etwa die Macht der Presse, der Klubs und der Politik.

Zunächst ist festzustellen, dass Rot-Weiß Essen im Februar 1955 keineswegs Deutscher Meister war. Der hieß nämlich Hannover 96. Zum Zeitpunkt der Einladung zum Europacup hatte Essen gerade in der Oberliga West gegen Leverkusen 0:1 verloren und bei Alemannia Aachen nur ein 1:1 geholt. Der Beginn der Endrunde um die Meisterschaft war noch gute drei Monate entfernt. Des Weiteren muss der Hinweis auf die holländischen und schwedischen Meister überraschen. In den Niederlanden hieß der amtierende Titelträger VV 1909 Eindhoven, und die Meisterschaft 1955 würde an Willem II aus Tilburg gehen. Als aber der Europapokal später im Jahr begann, wurde das Land vertreten vom – Philips SV Eindhoven! Die Auswahl des schwedischen Teilnehmers hingegen sollte noch lange für Probleme sorgen, weil die Skandinavier ja ihre Meisterschaft nach dem Kalenderjahr austragen. Schließlich war es keineswegs so, dass Dynamo Moskau und das heutige Sparta Prag durch Missachtung brüskiert wurden. Es stimmt, dass der Wettbewerb für eine Teilnehmerzahl von 16 Vereinen konzipiert wurde und dass Moskau und Prag die Klubs Nummer 17 und 18 gewesen wären. Doch sie wurden sehr wohl von der „L'Equipe" kontaktiert, die außerdem erklärte, dass man bei mehr als 16 Vertretern eben eine Qualifikationsrunde einschieben müsste. Es war nur so, dass das Blatt sich darüber im Klaren war, dass es den beiden osteuropäischen Vereinen vermutlich aus politischen Gründen verboten werden würde, am Pokal teilzunehmen. Das war, wie sich zeigen sollte, eine korrekte Annahme.

Reals Präsident Santiago Bernabéu (links) mit dem UEFA-Präsidenten Ebbe Schwartz (2. von rechts) sowie Jacques Goddet (rechts), dem Geschäftsführer der „L'Equipe".

Doch zurück zu den Rot-Weißen von der Hafenstraße. Wie konnte die „L'Equipe" schon fünf Monate vor Essens dramatischem Finalsieg über Kaiserslautern wissen, dass die Elf um Helmut Rahn Meister werden würde? Ganz einfach: Die Zeitung wusste es nicht – und es war ihr auch egal. Der erste Pokal der Landesmeister, so entschied man in Paris schweren Herzens, konnte nicht – oder nicht nur – von Landesmeistern bestritten werden, denn sonst hätte man mit der Organisation des Wettbewerbs bis zum Sommer warten und den Beginn des Pokals auf das Jahr 1956 verschieben müssen. Hanot setzte sich mit dem Herausgeber von „L'Equipe", Jacques Ferran, und dem Geschäftsführer der Zeitung, Jacques Goddet, zusammen, und diese drei wählten die Klubs aus, die sie für berufen hielten. Dass Real Madrid darunter sein würde, stand nie in Frage, schließlich war Bernabéu der Mann mit dem großen Stadion und der „Freund" von Juan Touzon. Bei einigen der anderen Kandidaten gab es keine Bedenken sportlicher Natur: Der RSC Anderlecht war in vier der letzten sechs Saisons Belgischer Meister geworden, Rapid Wien fünfmaliger Titelträger in Österreich seit dem Ende des Krieges.

Doch fast alle anderen Namen, die von den drei Franzosen auf ein Blatt Papier gekritzelt wurden, muteten zweifelhaft an. Es war noch ansatzweise zu verstehen, dass die Essener Westdeutschland repräsentieren sollten: Hannover galt als Zufallsmeister, während RWE nach dem Pokalsieg 1954 sogar zu einer erfolgreichen Tournee durch Südamerika eingeladen worden war. Doch da gab es noch ganz andere Problemfälle. Servette Genf etwa, das seit 1950 nicht mehr Schweizer Meister gewesen war, oder Partizan Belgrad, zuletzt 1949 Titelträger in Jugoslawien, oder Stade Reims, nur zweimal Champion nach Kriegsende. Kurz: Was die „L'Equipe" bewertete, waren Prestige, Ruhm und Verbindungen – nicht aktuelle Leistungen und Erfolge. Von diesem Auswahlmodus profitierte auch der AC Mailand. Der hatte zwar in Italien gerade dem Lokalrivalen Inter zweimal in Folge den Vortritt lassen müssen, aber er hatte einen guten Draht zu anderen europäischen Klubs, wie man an dem Spiel gegen West Ham United sieht.

Ähnliches galt auch für den FC Chelsea aus England. Der war, wie Essen, in seiner ganzen Geschichte noch nie Meister gewesen, aber er reiste, wie Essen, mit Vorliebe in der Welt herum oder lud ausländische Teams ein. So kam es, dass Hanot, Ferran und Goddet sich nicht etwa die Wolverhampton Wanderers aussuchten, die doch alles in Gang gesetzt hatten, sondern ein glamouröses Team aus der Hauptstadt, eben Chelsea. Und es ist eine der schönen ironischen Wendungen der Fußballgeschichte, dass Essen, Chelsea und der AC Mailand dann doch tatsächlich amtierende Titelträger waren, als der neue Europapokal der Landesmeister am 4. September 1955 Premiere feierte – mit einem Spiel zwischen Sporting Lissabon und Partizan Belgrad, zwei Klubs, die nicht aktuelle Meister ihres Landes waren. Aber wir greifen den Geschehnissen voraus.

Die Blockade der Verbände

Wo blieben bei diesem fieberhaften Planen und Werben die, von denen man hätte annehmen sollen, dass sie die Sache binnen Minuten an sich reißen würden – die Verbände? Sir Stanley Rous, damals Generalsekretär des englische Fußballverbandes und designierter Präsident der FIFA, war ein Freund von Gabriel Hanot; er warnte den Franzosen, dass ein so umfangreicher Wettbewerb nicht von einer Zeitung organisiert werden könnte und dass die Verbände der beteiligten Länder ihren Klubs nicht gestatten würden, in der Weltgeschichte herumzufliegen. Möglicherweise wollte Rous dem enthusiastischen Hanot durch die Blume zu verstehen geben, dass vor allem in England wichtige Leute keinesfalls daran dachten, diesen neuen Pokal zu unterstützen. Hanot aber nahm den Hinweis als eher allgemeinen Rat auf und überzeugte seine Mitstreiter bei der „L'Equipe", dass man die Hilfe der großen Organisationen benötigte.

Der logische Ansprechpartner wäre die UEFA gewesen, aber die existierte erst seit sieben Monaten, und noch im Oktober 1954 war in einem ersten Entwurf der UEFA-Satzungen ausdrücklich bemerkt worden: „Die Union besitzt vorläufig keinen offiziellen Charakter." Daher wandte sich Jacques Ferran an den Belgier William Seeldray-

Der FC Chelsea war bekannt dafür, ausländische Teams einzuladen. Schon kurz nach dem Ende des Krieges, im November 1945, tritt Dynamo Moskau (im Bild oben beim Einlaufen) an der Stamford Bridge an. Das Spiel, das damals viel Aufsehen erregt, endet 3:3.

ers, den Präsidenten der FIFA. „Wir bekamen eine höfliche Antwort", erinnerte sich Ferran. „Er sagte, in den Statuten der FIFA fände sich nichts über die Organisation eines solchen Wettbewerbs. Sie kümmerten sich eher um Nationalteams als um Vereine." Also klopften die Gründerväter schließlich doch bei der UEFA an, um ihr Baby vorzustellen. Am 1. März 1955, einen Tag vor dem Beginn der ersten Generalversammlung der UEFA im Schloss Schönbrunn, trafen sich Hanot und Ferran mit dem fünfköpfigen Exekutiv-Komitee des noch jungfräulichen europäischen Verbandes.

Ein deutsches Buch über die ersten Saisons des Europapokals aus dem Jahre 1961 fasst die Reaktion der UEFA so zusammen: „Das Komitee fand die Idee gut, wartete jedoch die Stellungnahme der einzelnen Landesverbände ab." Das ist eine kühne Interpretation der wenigen Zeilen, mit denen das Protokoll der Generalversammlung jenes historische Anliegen der beiden französischen Reporter festhielt: „Die Versammlung hält sich nicht für zuständig, dieses Projekt, das nur die Klubs unmittelbar angeht, zu beraten." Präziser wäre es, die Haltung der UEFA als „skeptische Hilflosigkeit" zu bezeichnen. Die Generalversammlung hatte sich schon die Köpfe heiß geredet bei dem Versuch, eine Europameisterschaft der Nationalteams zu starten, und keine besonders ausgeprägte Lust, sich auch noch um einen Pokal zu kümmern, der nach viel Arbeit klang. Stanley Rous ließ aus England sogar erneut schwammig vernehmen, die UEFA existiere nicht, um Wettbewerbe zu veranstalten, sondern um gemeinsame Interessen zu vertreten.

Schon bei dem Treffen in kleinerem Rahmen mit Hanot und Ferran hatte UEFA-Präsident Ebbe Schwartz aus Dänemark den schwarzen Peter von einer Ecke in die andere geschoben, denn auch er fand die Idee keineswegs „gut". Ferran begriff rasch, wie die Sache stand: „Weder die FIFA noch die UEFA war bereit, die Initiative zu ergreifen. Wir mussten selbst handeln. Hanot und ich waren überzeugt, dass uns kein Gremium die offizielle Erlaubnis geben wollte, dass sie aber nichts tun konnten, um den Fortschritt eines Planes zu verhindern, der schon so weit gediehen war."

Ein folgenreiches Treffen in Paris

Hanot und Ferran schritten zur Tat und luden die 18 Klubs, die sie ausgewählt hatten, für den 2. und 3. April nach Paris ein. Die „L'Equipe" sicherte zu, alle Unkosten zu übernehmen, und schließlich waren tatsächlich Vertreter von 15 Vereinen vor Ort. Nur die Schotten waren verhindert, Russen und Tschechen durften nicht anreisen. An diesem folgenreichen Treffen in Paris, bei dem die Klubs den Europapokal autonom organisierten, nahmen aber nicht nur die Vertreter der Vereine teil. Es kamen auch noch andere, die Interesse an einem so potenziell attraktiven Wettbewerb hatten: Die „Gazetta dello Sport" schickte ebenso einen Beobachter wie Zeitungen aus Belgien und Schweden. Und es wurde auch deutlich, wer die Zügel in die Hand nahm: „Bernabéus manchmal holperiges Französisch war gut genug, dass wir ihn alle verstehen konnten", notierte Ferran im Rückblick. „Seine energische Persönlichkeit und die wichtige Rolle seines Klubs waren entscheidende Faktoren für den Ablauf des Treffens."

Ebenso wichtig wie Bernabéu hätte John Battersby werden können, der Abgesandte des FC Chelsea. Er kannte Stanley Rous gut und vertrat ja in gewisser Weise das Land, das nicht nur den Fußball, sondern auch diesen neuen Pokal ins Rollen gebracht hatte. Doch Battersby verdarb sich in der Mittagspause des ersten Tages den Magen (vielleicht war auch der gute und reichlich vorhandene Rotwein daran schuld), so dass er der zweiten Runde der Diskussion fernbleiben musste. So wurde Bernabéu, wenngleich ohne besonderen Titel, Vorsitzender des von den Klubs gebildeten Komitees. Da Dynamo Moskau und Sparta Prag an dem Wettbewerb nicht teilnehmen würden, kamen die Veranstalter auf die angenehme Zahl von 16 Mannschaften – und gingen gleich daran, die Paarungen der ersten Runde festzusetzen. Chelsea sollte auf den Stockholmer Verein aus dem Vorort Djurgarden treffen, Stade Reims sich mit dem BK Kopenhagen messen, der 1. FC Saarbrücken die einfache Hürde AC Mailand nehmen.

Wohlgemerkt: Es wurde nicht gelost. Vielleicht, weil man die Favoriten erst später gegeneinander spielen lassen wollte. Vielleicht, um weite Reisen zu vermeiden. Vielleicht aber auch, weil das ganze Brimborium zum Teil ohnehin ein Taschenspielertrick war. „Das Treffen in Paris war praktisch ein Bluff", grinste Ferran noch Jahre danach. „Das Komitee hatte nicht die Mittel und nicht die Erfahrung, um diese Art von Wettbewerb auszurichten. Direktoren oder Sekretäre von Vereinen konnten so einen

Pokal nicht organisieren, weil jedes Jahr andere Klubs beteiligt wären." Es geschah, was Ferran vielleicht wirklich von Anfang an geplant hatte: FIFA und UEFA wurden sehr unruhig, als es den Anschein hatte, dass irgendwelche potenten Privatleute sie außen vor lassen wollten.

Schon einen Monat nach Ferrans Vabanquespiel traf sich der Weltfußballverband zu einer Dringlichkeitssitzung. Dort kamen die Herren offenbar zu der Überzeugung, dass sie offizielle, organisierte Wettbewerbe unter der eigenen Fuchtel behalten mussten, denn als Ergebnis der Zusammenkunft ließ die FIFA verlautbaren, dass Klubs, die an einem solchen Pokal teilnehmen wollten, die Erlaubnis ihres Nationalverbandes einzuholen hätten und dass die Sache von der UEFA zu veranstalten sei.

Eine weitere, heute trotz der skurrilen Verwicklungen in Vergessenheit geratene Komplikation ergab sich aus dem möglichen Namen des neuen Wettbewerbes. Seit 1927, als der Franzose Henri Delaunay sie ins Gespräch gebracht hatte, geisterte die Idee einer Europameisterschaft über den Kontinent. Die UEFA hatte sich zwar bisher nicht auf einen Modus einigen können, aber die Vision wurde mit jedem Tag realer. Deshalb regte die FIFA an, Hanots neue Klubkonkurrenz nicht „Europameisterschaft" oder „Europapokal" zu taufen, damit man diesen Namen für später noch in petto wusste. Der Ersatzvorschlag der FIFA lautete ausgerechnet „William-Seeldrayers-Pokal". Als die UEFA 14 Tage später in Paris zusammenkam, um sich nun endgültig für zuständig zu erklären, wurde dieser Name aber verworfen. Möglicherweise fand man es Hanot gegenüber zu dreist, sein Kind nach dem Mann zu benennen, der noch vor wenigen Monaten erklärt hatte, er habe mit der Sache nichts zu tun. Oder die Tatsache spielte eine Rolle, dass Delaunay inzwischen Generalsekretär der UEFA war und nicht weniger Ruhm verdiente als Seeldrayers. Man einigte sich auf den Titel „Coupe des Clubs Champions Européens": Pokal der Meisterklubs Europas. (Denn nur solche sollten vom zweiten Jahr an teilnehmen.) Und nachdem 1958 auch die Europameisterschaft endlich das Licht der Welt erblickt hatte, wurde sie noch jahrelang in Zeitungen mal als „Europapokal der Nationen", mal als „Europacup der Nationalmannschaften" bezeichnet. Offiziell war und ist sie der Wettbewerb um den „Henri-Delaunay-Pokal".

Rückzug der Engländer, Skepsis beim „Sport"

Nicht einmal ein halbes Jahr nach dem Spiel der Wolverhampton Wanderers gegen Honved Budapest gab es also nun einen neuen internationalen Wettbewerb, der alles hatte, was man so braucht: einen Namen, einen Veranstalter, einen Spielplan und 16 Teilnehmer. Aber noch waren die Geburtswehen nicht überstanden. Keine vier Monate vor dem anvisierten Beginn der ersten Runde kam nämlich die nächste Gruppe von Funktionären zusammen: Am 21. Mai 1955 traf sich der englische Fußballverband in London zu seiner Jahreshauptversammlung. Präsident Arthur Drewry eröffnete das Treffen mit einer Rede, in der er auf die Freundschaftsspiele britischer Klubs gegen ausländische Teams einging, die im Jahr zuvor so viel Aufsehen erregt hatten. Zunächst klang alles derart harmonisch, dass Chelseas Vorsitzender Joe Mears sich in seinem Sitz räkelte und vielleicht schon den Ausflug nach Djurgarden, Stockholm, plante. Drewry sprach von „willkommenen Siegen, zu denen wir erneut unsere Glückwünsche aussprechen möchten", und lobte die Spiele als „Kämpfe im Geiste Spartas, die von Millionen verfolgt wurden". Dann aber senkte sich sein Tonfall und Mears Kinnlade mit ihm. „Von den Zuschauerzahlen ausgehend, war es jedoch ein schlechtes Jahr, denn die Gesamtzahl für die Liga ist um über zwei Millionen gefallen", fuhr Drewry fort. „Das legt die Vermutung nahe, dass die samstäglichen Ligabegegnungen unter all den zusätzlichen Partien leiden, die neben dem Spielplan der Liga ausgetragen werden."

Der Präsident redete noch weiter, aber Mears wusste bereits, was die Stunde geschlagen hatte. Ein enttäuschter John Battersby meinte später: „Mears war hin- und hergerissen. Als Chef des Klubs wollte er unbedingt, dass Chelsea am Europacup teilnahm. Aber er war zugleich ein Mitglied des Ligaausschusses. Am Ende musste er sich dessen Druck beugen." Dieser Ausschuss sprach zunächst nur davon, dass er Chelseas Teilnahme „für nicht ratsam" hielt, aber das kann man als einen in englische Höflichkeit getränkten Befehl verstehen. Die älteste Fußball-Liga der Welt verspürte keine Lust, einen Vertreter zu diesem neumodischen Cup zu schicken, was zu noch mehr Terminproblemen führen würde; schließlich war es ja nicht so, als litte das Land unter einen Mangel an eigenen Pokalwettbewerben.

Die Entscheidung war gefallen, obwohl sie erst am 27. Juli – sechs Wochen vor Beginn des neuen Turniers – bekannt gegeben wurde: Der FC Chelsea verzichtete dankend auf das Angebot der UEFA und die Einladung der „L'Equipe". In aller Eile wurde er durch Gwardia Warschau ersetzt. Warum die Wahl ausgerechnet auf diesen Klub fiel, liegt in den Untiefen der Geschichte verborgen. Der erst 1948 entstandene Verein hatte zwar im Jahr zuvor den Pokal geholt, war aber noch nie Polnischer Meister gewesen und sollte es bis heute auch nicht werden.

So begann der Europapokal ohne einen Vertreter Englands, der Nation, die vielen noch immer als Vorbild und Maßstab galt. Die Sorge um einen eventuell überbordenden Terminkalender – 50 Jahre später immer noch akut – war allerdings nicht der einzige Grund, der die Väter des Spiels dazu veranlasste, sich in ihrem Schneckenhaus zu verschanzen. Die Reporter David Meek und Tom Tyrrell vermuten, dass die Liga „insgeheim fürchtete, dass ihr eigener Wettbewerb überschattet werden könnte" – auch dies ein Vorbehalt, den man noch heute allenthalben antrifft. Schließlich gab es noch ein drittes Motiv für die Unlust der Engländer. Die Idee der Verbrüderung aller Nationen durch muntere Wettstreite auf dem Fußballfeld ist zwar faszinierend, wird aber gelegentlich dadurch sabotiert, dass Nationen aus Menschen bestehen, die häufig ihre eigenen Ansichten pflegen. Alan Hardaker, der in den 1950ern mächtige Sekretär der englischen Liga, verriet viele Jahre später dem Journalisten Brian Glanville, dass er persönlich einen ganz anderen Grund hatte, Spiele in Europa abzulehnen: „Da sind mir zu viele Kaffer und Kanaken."

Zumindest was die ersten beiden Punkte ihrer Kritik am Europacup betrifft, standen die Engländer 1955 nicht allein da. Die berühmte Schweizer Zeitung „Sport" teilte ihren Lesern am 23. März mit: „Die Fußballer aller Länder würden gut daran tun, sich nicht von Konjunkturrittern in einen unerträglichen Betrieb einschalten zu lassen. Denn das ist doch ganz natürlich, dass ein Projekt das andere rufen wird. Ein weiteres Projekt wird ja schon von der Schweiz aus lanciert. Es ist der ‚Messestädtecup'. Zuletzt wird ‚Sport' das Patronat übernehmen, um den ‚Cupsieger-Cup' auszutragen. Danach schließlich werden wir uns verpflichten, eingedenk der ‚Kleinen' einen ‚Cup der Cuplosen' einzuführen, denn eine nationale Meisterschaft wird es mangels an Terminen nicht mehr geben."

Das Famose an diesen Zeilen ist zum einen, dass all die sarkastisch vorgeschlagenen Wettbewerbe Wirklichkeit wurden: Der Messepokal begann am 4. Juni 1955 (also noch vor dem Pokal der Meister); den „Cupsieger-Cup" hob man im Februar 1960 aus der Taufe; der Name „Cup der Cuplosen" schließlich ist zwar nicht in Gebrauch, aber was anderes wäre die bereits 1962 eingeführte Intertotorunde und vor allem ihr Nachfolger, der seit 1995 unter der Bezeichnung „UI-Cup" den Hoffnungslosen Hoffnung gibt?

Zum anderen hielt der „Sport" seine Mauertaktik nicht lange durch. Das zahlende Publikum hatte nämlich gar nichts gegen Konjunkturritter und nahm den neuen Wettbewerb begierig an, was in erster Linie damit zusammenhing, dass es die „Fußballer aller Länder" endlich leibhaftig sehen konnte. Vor allem einen von ihnen. Sein Großvater, ein Italiener aus Capri, hatte 1888 auf ein Millionenerbe verzichtet und war nach Südamerika entflohen. Sein Enkel schlug 65 Jahre später den umgekehrten Weg ein, um Millionen zu verdienen und Millionen in seinen Bann zu ziehen. Natürlich war es nicht dieser Mann allein, der den Europapokal zu dem machte, was er heute ist. Aber kaum jemand half dabei kräftiger mit als Alfredo di Stéfano.

KAPITEL 2

Der Pokal der Landesmeister, 1955/56 erstmals ausgespielt, schien zunächst das Eigentum eines einzigen Vereins zu sein. Das „königliche" Real überfuhr seine europäischen Kontrahenten lawinengleich mit Kampfkraft und Spielkultur.

Die Lawine

Real Madrid definiert den Wettbewerb

Die spektakulärste Vereinsmannschaft der frühen 1950er Jahre kam nicht aus Spanien, Italien oder England, auch nicht aus Brasilien oder Argentinien. Die Elf, die die Zuschauer so faszinierte, dass ihr Ruhm sogar den Atlantik überquerte, war in Bogotá beheimatet, der Hauptstadt Kolumbiens.

Deportivo Municipal Bogotá, 1938 gegründet, spielte ein Jahrzehnt unbeachtet vor sich hin. Dann, zu Beginn der Saison 1948/49, passierten zwei Dinge: Erstens kamen in Kolumbien einige gut betuchte Geschäftsleute zusammen, um eine Profiliga auf die Beine zu stellen, unter ihnen ein Mann namens Alberto Lega, der 200.000 DM in Deportivo investierte. Zweitens wurde 3.000 Kilometer südlich, in Argentinien, ein Generalstreik ausgerufen, dem Deportivo letztlich die wesentliche Verstärkung seines Teams zu verdanken hatte.

Im Gegensatz zu anderen Arbeitsniederlegungen solcher Art verdiente dieser Generalstreik tatsächlich seinen Namen. Selbst die gut bezahlten Fußballspieler der großen Klubs schlossen sich der Aktion an, wenn auch eher auf sanften Druck, denn aus tief empfundener Solidarität mit den Arbeitern. Als der Streik nach einem halben Jahr beendet wurde, herrschte bei den meisten Klubs dicke Luft. River Plate Buenos Aires hatte zum Beispiel die Saison mit Amateuren zu Ende spielen müssen und deshalb den sicher geglaubten Titel noch verloren. Man teilte daher den zurückgekehrten Profis hämisch mit, dass sie als edle Streiter für die Sache der Arbeiterklasse von nun an nach Tarif bezahlt würden. Für die beiden Top-Verdiener des Vereins bedeutete das eine Gehaltskürzung um 50 Prozent. Sie hießen Néstor Rossi und Alfredo di Stéfano.

Ein „Deutscher" bei den Millionären

Während Rossi und di Stéfano in Streit mit River Plate gerieten, flatterte ihnen ein Angebot aus Bogotá ins Haus. Das Angebot der Kolumbianer war äußerst attraktiv. Es bestand aus einer Bonuszahlung von 10.000 Dollar und dem doppelten Gehalt, das die zwei vor dem Streik in Argentinien erhalten hatten. Deportivo konnte sich solche Offerten leisten, weil sich der kolumbianische Verband von der FIFA und damit von der Verpflichtung losgesagt hatte, für ausländische Spieler Ablöse zu zahlen. Rossi und di Stéfano waren zwar wenig begeistert von der Aussicht, in eine Rebellenliga zu wechseln, aber das Angebot kam ihnen gerade so recht wie einem Pokerspieler ein halbgares Blatt, mit dem sich trefflich bluffen lässt. Die Spieler stellten River Plate ein Ultimatum, das der Klub aber verstreichen ließ. Nun hieß es, verschämt die Karten aufzudecken oder den Bluff durchzuziehen. Rossi und di Stéfano wählten Letzteres, und im August 1949 wurden die bisherigen Gastspieler endgültig Akteure eines Teams, in dem bald sechs andere Argentinier, ein Brasilianer, ein Peruaner und nur ein Einheimischer standen. Der Journalist Camacho Montayo hatte unter dem Eindruck von Legas Engagement geschrieben: „Municipal gehört jetzt zu den Millionären." Daraus erwuchs ein Spitzname, den der Klub bald offiziell übernahm: Aus Municipal Bogotá wurden die Millonarios Bogotá. Das war aber nicht die einzige Bezeichnung, unter der die Elf in den nächsten Jahren bekannt wurde.

Lange bevor ein ähnlicher Titel für Real Madrid erdacht wurde, rühmte man das neue Team von di Stéfano als „das blaue Ballett", während er selbst „La Saeta Rubia" oder „El Alemán" war. Dass einer der größten Spieler aller Zeiten auf seinem Heimatkontinent „der blonde Pfeil" oder „der Deutsche" hieß, weist auf eine Tatsache hin, die durch die Verklärung von di Stéfanos späteren Heldentaten für Real Madrid etwas in den Hintergrund gerückt worden ist. Der Sohn eines wohlhabenden Großgrundbesitzers war nämlich kein Naturtalent wie die anderen Weltstars, mit denen er heute in einem Atemzug genannt wird: Pelé, Maradona, Cruyff, Beckenbauer. Di Stéfano war schussstark und äußerst behände, daher „der Pfeil". Vor allem aber war er ein ausdauernder Arbeiter, der gerne und viel lief und Wert auf Disziplin und Kampfgeist legte. Daher „der Deutsche". Sein Freund und Weggefährte Néstor Rossi beschrieb ihn als den „Urtyp des Athletenfußballers, der seine Erfolge zunächst nur seiner Schnelligkeit und seiner Widerstandskraft verdankte. Bis zum Jahre 1952 war di Stéfano kein Fußballer, der es verstand, ein schöpferisches Spiel zu gestalten und eine Mannschaft zu führen."

Rossis Worte lassen erahnen, warum so viele Fans in Südamerika die Lobeshymnen kaum glauben mochten, die man schon bald in Europa auf di Stéfano schmetterte. Argentinien kannte ihn nicht als Genie, sondern bloß als willigen und willensstarken Torjäger. Das waren Eigenschaften, die in Bogotá gelegen kamen, weil sie Siege sicherten. Aber für eine halbe Showtruppe, wie es die Millonarios eben auch waren, reichte das nicht. Und so eignete sich di Stéfano, vielleicht sogar widerwillig, Elemente des künstlerischen Fußballs an. Das soll seine Ausnahmestellung in der Geschichte des Fußballs nicht schmälern, im Gegenteil: Wie sich noch zeigen wird, ist es eine Art Geschichtsklitterung, dass man die große Real-Elf der 1950er heute hauptsächlich für ein tänzelndes Ensemble von Artisten hält – ein Ballett, eben –, das seine Gegner locker ausspielte. Diese Mannschaft konnte (und musste) hart arbeiten und kämpfen, und di Stéfano war auch in dieser Hinsicht ein Vorbild.

Als das von Rossi angesprochene Jahr 1952 anbrach, hatten die Millonarios zwei der letzten vier kolumbianischen Titel geholt und waren in der abgelaufenen Saison

Drei Stars bei den „Millionären" von Bogotá: Rossi, di Stéfano und Pederna.

ungeschlagen geblieben. Ihr wachsender Ruhm verschaffte dem Klub die Einladung zu einem Mini-Turnier, mit dem ein Verein seinen 50. Geburtstag feiern wollte, der ebenso viel Stolz, aber weit weniger Erfolg hatte als die Stars aus Bogotá – Real Madrid. Der Klub aus Kastilien war Anfang 1952 im Ausrichten von Jubiläen erheblich besser als im Gewinnen von Fußballspielen. Seit nunmehr 19 Jahren wartete er auf die Meisterschaft und hatte die vergangene Saison auf einem beschämenden neunten Platz abgeschlossen. Noch viel schlimmer war jedoch, dass Lokalrivale Atlético und Intimfeind Barcelona die Szene beherrschten. Mit 3:6 hatte Real in der letzten Spielzeit daheim gegen Atlético verloren und war in Barcelona sogar 2:7 untergegangen. Vielleicht lud man deshalb keine Klubs wie den AC Mailand oder Tottenham Hotspur zum Turnier im März ein, sondern den IFK Norrköping, der Schwedens Fußball in den 1940ern dominiert hatte, und eben das blaue Ballett.

Bogotá spielte 2:2 gegen Norrköping und schlug Real ohne Probleme mit 4:2. Di Stéfano schoss vier dieser sechs Tore, und zwei Männer auf den Tribünen des Chamartín-Stadions waren beeindruckt. Einer war Santiago Bernabéu, der einem Reporter sagte: „Dieser Spieler riecht nach gutem Fußball." Der andere war Josip „Pepe" Samitier – Spaniens größter Spieler der 1920er und ein Volksheld in Barcelona. Samitier war an diesem Abend als Scout für die Katalanen zugegen, und wenn jemand di Stéfanos Potenzial erkannte, dann er. „El Sami" war als Spieler seiner Zeit weit voraus gewesen, denn er galt – wie später di Stéfano – als ein wahrer Allrounder, der das Spiel von hinten lenkte, vorne die Tore schoss, Kunststückchen vollführte und eine Minute später wie ein Berserker grätschte. Samitier wollte di Stéfano für den FC Barcelona. Seine Chancen standen gut, denn er hatte Kontakte nach Südamerika, war gar mit dem argentinischen Tango-König Carlos Gardel eng befreundet. Dann aber kam alles anders, und das wurde zum Angelpunkt einer der großen Verschwörungstheorien der Fußballgeschichte.

Ein undurchsichtiger Deal

Josip Samitier galt zwar als Held Kataloniens und des FC Barcelona, aber er selbst dachte und handelte in anderen Kategorien. Schon mit 17 Jahren hatte er sein Debüt in der ersten Elf Barcelonas gegeben und schien dem Klub mit Haut und Haaren verbunden – trotzdem tat er 1932 das Undenkbare und wechselte zu Real Madrid. Samitier verstand sich dort blendend mit dem alles andere als liberal geltenden Bernabéu, darüber hinaus war er auch gern gesehener Gast im Bekanntenkreis des Generals Franco, der ihn zu seinem Lieblingsspieler erkoren hatte. Als der Bürgerkrieg ausbrach, floh Samitier nach Nizza und kehrte erst nach Spanien zurück, als die Demokratie besiegt und Franco an der Macht war. In der Position eines Technischen Direktors und Chefscouts bei Barcelona wurde er nun zur Hauptfigur in einer dubiosen Affäre.

Laut einer bis heute in Katalonien kolportierten Verschwörungstheorie soll Alfredo di Stéfano letztlich deswegen bei Real und nicht in Barcelona gelandet sein, weil Samitier bei seinen Bemühungen, den blonden Pfeil zu verpflichten, in Wahrheit als Doppelagent tätig gewesen sei. Er habe den aufrechten, linken FC Barcelona verraten, um das von Franco geliebte Real Madrid zu einer erfolgreichen und mächtigen Propagandawaffe zu machen. So heißt es. Aber war es auch so?

Der Haken an dieser Theorie ist, dass sie mehr Löcher hat als ein Teesieb. Hätte Samitier tatsächlich stärkere Gefühle für Real als für seinen Arbeitgeber gehabt, dann hätte er zwei Jahre zuvor anders handeln müssen, als er Ladislao Kubala verpflichtete. Der ungarische Wunderspieler war damals überzeugt, bei Real Madrid zu unterschreiben, aber zugleich dermaßen betrunken, dass er nicht nachfragte, in wessen Namen dieser Samitier vorsprach und was genau auf dem Papier stand, das er mit seinem Namenszug versah. Eine Saison später schoss Kubala mit 26 Toren Barcelona zum Titel. Außerdem wird oft vergessen, dass es Samitier tatsächlich gelang, di Stéfano zum FC Barcelona zu holen. Er bezahlte River Plate etwas mehr als vier Millionen Peseten für den Spieler, weil dieser Klub nach Ansicht der FIFA noch immer einen bis 1954 gültigen Vertrag mit di Stéfano hatte und somit die Transferrechte hielt, um die sich Bogotá nie geschert hatte. Der Argentinier lief in drei Freundschaftsspielen für die Katalanen auf, sah dabei aber schlecht aus – was auch damit zusammenhing, dass Kubala wenig begeistert davon war, das Rampenlicht teilen zu müssen.

Raimundo Saporta, Bernabéus Mann für delikate Aufgaben, wurde bewusst, dass er das Rennen gegen Samitier so gut wie verloren hatte. Daher versuchte er aus Verzweiflung einen Trick: Er trat an die Millonarios heran, bei denen di Stéfano immerhin auch ein Arbeitspapier unterzeichnet hatte und denen er noch Geld schuldete. Saporta bot den Kolumbianern 1,5 Millionen Peseten, falls sie ihm den Spieler überlassen würden – und zwar 1954, nach Ablauf des anderen Vertrages mit River Plate! Diese undurchsichtige Lage wurde vollends chaotisch, als der spanische Fußballverband einen Importstopp für ausländische Spieler verhängte. Nun konnte di Stéfano weder in Spanien spielen, wo sich zwei Vereine um ihn balgten, noch in Kolumbien oder Argentinien, wo ihn zwei Vereine abgegeben hatten. Barcelonas Präsident Marti Carretó sprach bei Bernabéu vor, um die verfahrene Situation zu klären. Man einigte sich auf die salomonische Lösung, di Stéfano einfach zu Juventus Turin zu schicken. Doch in diesem Moment schritt der Chef des spanischen Verbandes ein und schlug etwas noch Skurrileres vor: Da di Stéfano nun schon einmal in Spanien sei, solle er doch für beide Klubs spielen, und zwar abwechselnd eine Saison in Madrid und eine in Barcelona. Tatsächlich unterzeichneten Carretó und Bernabéu am 15. September 1953 ein dementsprechendes Abkommen. Der Importstopp wurde wenig später in eine Beschränkung der Anzahl von Ausländern, die man einsetzen konnte, abgemildert.

Für die Urheber der erwähnten Verschwörungstheorie war klar, wie die ganzen Vorgänge interpretiert werden mussten: Bei dem peinlichen Hickhack handelte es sich um einen abgefeimten Trick, den man in der Hauptstadt ersonnen hatte, um das ungeliebte Barcelona auszubooten. Da diese Ansicht viele Anhänger fand, war es vorhersehbar, dass Carretó bei seiner Rückkehr nach Katalonien nicht etwa als Mann betrachtet wurde, der wenigstens ein Stück vom Kuchen gerettet hatte, sondern als Verräter, der mit dem Feind einen unerhörten Kuhhandel eingegangen war. Ganz zu schweigen davon, dass man jemanden wie di Stéfano, der sich ehrlos verschachern ließ, nicht länger im Trikot Barcelonas zu sehen wünschte. Sollte man doch in Madrid mit dem Söldner glücklich werden. Carretó musste eine Woche nach dem Deal mit Bernabéu von seinem Amt zurücktreten, und der Übergangsvorstand annullierte das Abkommen.

Real Madrid überwies Barcelona die vier Millionen Peseten, die Samitier an River Plate gezahlt hatte, und im Oktober 1953 wurde aus Alfredo di Stéfano endlich auch offiziell ein Spieler Real Madrids. Im November traf Real auf Barcelona und gewann 5:0. Di Stéfano schoss vier Tore. Da war er schon 27 Jahre alt, aber die größten Momente seiner Karriere standen ihm alle noch bevor, denn seine wahre Bühne sollte erst knapp ein Jahr später in den Redaktionsstuben der „L'Equipe“ geplant und schließlich gezimmert werden.

Die erste Runde

Real Madrid und Alfredo di Stéfano begannen ihren Marsch in die Unsterblichkeit an einem Donnerstag in der beschaulichen Schweiz. Es war der 8. September 1955. Die Spanier hatten es in der ersten Runde des ersten Europapokals mit einem der ältesten Vereine des Kontinents zu tun, dem 1890 gegründeten FC Servette aus dem gleichnamigen Stadtteil Genfs. Bei Real wusste man nicht viel über diesen Klub, nur den Trainer kannte man: Es war Karl Rappan, der in den 1930er Jahren mit seiner „Riegel“-Taktik der Schweizer Nationalelf zu beachtlichen Erfolgen verholfen hatte.

Der Tag war übrigens, wie es sich für Real gehörte, ein wirklich königlicher gewesen. Am Morgen hatte die Mannschaft der im Lausanner Exil lebenden spanischen Monarchin Victoria Eugenia ihre Aufwartung gemacht. Diktator Franco, der solche Ehrbezeugungen für die Monarchie nicht gerne sah, soll fuchsteufelswild geworden sein, als er von dem Besuch hörte. Wenig später hätte er erneut Grund zum Grollen gehabt. Denn zur Halbzeit der Partie gegen Servette kam die Mannschaft wieder in Kontakt mit einem Vertreter des Königshauses. Bei dem unerwarteten Gast, von Raimundo Saporta in die Kabine geschoben, handelte es sich um den Prinzen von Asturien und heutigen König, Juan Carlos.

Es war kein guter Moment für einen Plausch, denn die Partie stand 0:0 und hatte nicht eben ansehnlichen Fußball geboten. Die harten körperlichen Attacken der

Rot-Weiß Essen war der erste (west-)deutsche Vertreter im Europapokal. Das Foto zeigt RWE-Kapitän Heinz Wewers 1956 vor einem Freundschaftsspiel gegen Honved Budapest mit dessen Kapitän Ferenc Puskás.

Gastgeber waren von den ihrerseits nicht zimperlichen Spaniern mit gleicher Münze vergolten worden. Der 17-jährige Juan Carlos blickte die schweigenden Spieler also verlegen an, druckste etwas herum, dann wies er auf di Stéfano und sagte: „Nun, dieser Mann ist der wahre König." Eine Viertelstunde vor dem Ende des Spiels erzielte Kapitän Miguel Muñoz Real Madrids erstes Tor im Europapokal. José Héctor Rial – wie di Stéfano ein Argentinier und wie er kurz davor, in Spanien eingebürgert zu werden – erhöhte in der 89. Minute auf 0:2. Im fünf Wochen später ausgetragenen Rückspiel sahen 110.000 Zuschauer im neuen Bernabéu-Stadion einen sicheren 5:0-Sieg ihrer Lieblinge. Der Mann, den Juan Carlos zum König ernannt hatte, schoss den ersten und den letzten Treffer.

Aus heutiger Sicht ungewöhnlich ist, dass mehr als ein Monat zwischen den beiden Spielen lag. Das hing damit zusammen, dass die am Europapokal beteiligten Klubs ihre internationalen Termine selbst aushandeln mussten und somit Probleme gleichsam programmiert waren. Am 4. September 1955 spielte, um nur ein Beispiel zu nennen, Rot-Weiß Essen in der Oberliga West beim FC Schalke, während fast zeitgleich in Lissabon der neue europäische Wettbewerb seine Geburtsstunde auf dem Fußballplatz erlebte.

Im mit 30.000 Zuschauern ausverkauften Stadion Nacional traf Sporting Lissabon an diesem Sonntag auf Partizan Belgrad. Gabriel Hanot war darüber nicht nur vom sportlichen Standpunkt aus erfreut: Das vom Tito-Regime regierte Jugoslawien unterhielt zu dieser Zeit keine diplomatischen Beziehungen mit Portugal, das unter der Knute des Diktators Antonio de Oliveira Salazar stand. Dies erschwerte zwar das Ausstellen von Visa, verhinderte aber den Fußball nicht. Nach 14 Minuten verewigte Sportings Stürmer João Martins seinen Namen in den Geschichtsbüchern, als er sein Team in Führung brachte. Doch das erste Tor des Europacups war bei weitem nicht das letzte dieser Partie. Sie endete 3:3, und im Rückspiel setzte sich eine bärenstarke Belgrader Elf mit 5:2 durch. Sechs der acht Partizan-Tore hatte Milos Milutinovic markiert; im Mittelfeld der Jugoslawen sorgte ein gewisser Branko Zebec für Ordnung.

Essen griff erst am 14. September in den Wettbewerb ein, ohne den verletzten Helmut Rahn und dann auch nur für 180 Minuten. Lediglich 6.000 Neugierige verfolgten an der Hafenstraße bei Dauerregen die Premiere, die von der örtlichen Presse verhalten als ein „bemerkenswertes Intermezzo mitten in der Auseinandersetzung um die Meisterschaftspunkte“ angekündigt worden war. Als Gegner wurden die Schotten von Hibernian Edinburgh empfangen. Die „Hibs“ waren weder Meister noch Pokalsieger ihres Landes, aber stark genug für die deutschen Amateure. Beim Schlusspfiff stand es 0:4, und die von Fritz Szepan trainierten Essener mussten nicht mehr für die nächste Runde planen. Immerhin erreichten sie fast genau einen Monat später ein ehrenvolles 1:1 in Edinburgh. Das Tor der Gäste schoss Fritz Abromeit, der auch drei Tage zuvor schon zwei Treffer für Rot-Weiß erzielt hatte, in der Oberliga gegen Preußen Dellbrück. Nichts gegen letztere Mannschaft, aber diese Gegenüberstellung verdeutlicht eine Schwierigkeit, die alle deutschen Klubs bis zur Einführung der Bundesliga verfolgen sollte: Das System der Oberligen führte dazu, dass die besten Vereine des Landes kaum Spielpraxis gegen wirklich starke Gegner hatten, wenn die Europacup-Dramen begannen. Das galt natürlich auch für den zweiten deutschen Teilnehmer in dieser ersten Europapokalrunde, den 1. FC Saarbrücken.

Tapfere Saarländer

Niemand räumte dem 1. FC Saarbrücken den Hauch einer Chance gegen den AC Mailand ein. Die Italiener boten einen der besten Fußballer des Jahrhunderts auf, den Uruguayer Juan Alberto Schiaffino, außerdem Cesare Maldini und den schwedischen Superstar Nils Liedholm. Die Saarländer dagegen hatten sich bisher nur mit Akteuren von Klubs wie Eintracht Kreuznach, SV Andernach und TuRa Ludwigshafen messen müssen, als sie am 1. November 1955 im Stadion San Siro antraten. Zu diesem Zeitpunkt standen sieben der acht Viertelfinalisten bereits fest: Real Madrid, Partizan Belgrad, Hibernian Edinburgh, Stade Reims, Rapid Wien sowie Djurgarden Stockholm und MTK Budapest. Am wenigsten Mühe hatten die beiden Letztgenannten. Während die Schweden den Chelsea-Ersatz Gwardia Warschau mühelos ausgeschaltet hatten (0:0 und 4:1), waren den Ungarn, die damals unter dem Namen Vörös Lobogo antraten, sogar zehn Tore gegen den RSC Anderlecht gelungen. Fehlte noch der achte Klub.

Das würde der AC Mailand sein, daran zweifelte niemand der 18.000 Zuschauer im San Siro, die einen lockeren Sieg ihres Teams gegen eine völlig unbekannte deut-

Achtelfinale der Landesmeister 1955/56, AC Mailand - 1. FC Saarbrücken 3:4 / 4:1. Nach einem sensationellen Sieg im Hinspiel unterlagen die tapferen Saarländer dem AC Mailand zu Hause mit 1:4. In der Spielszene zu sehen (v.l.n.r.): Martin, Liedholm, Carminati.

sche Mannschaft aus dem Saarland erwarteten. Zwar fehlte den Gastgebern ihr zweiter berühmter Schwede, Gunnar Nordahl, aber wenn das überhaupt eine Schwächung war, so wurde sie dadurch mehr als wettgemacht, dass sich Saarbrückens Waldemar Philippi nach 30 Minuten verletzte. Damals waren noch keine Auswechslungen erlaubt, also trollte sich der Defensivmann auf den Flügel, um dort ein wenig herumzuhumpeln. Kurz nach diesem Missgeschick trafen Schiaffino und Giorgio dal Monte innerhalb von vier Minuten zum 2:1 und 3:1 für den AC. Alles schien gelaufen, doch kurz vor der Pause war es ausgerechnet der Invalide Philippi, der zum Anschluss abstaubte. Im lauen italienischen Dauerregen verloren die Mailänder nun Fassung, Linie und Nerven. Karl Schirra und Herbert Martin schossen einen 4:3-Sieg heraus, der mit „Sensation" nur unzureichend beschrieben ist.

Natürlich stellten die Saarbrücker keine ganz schlechte Elf, hatten vor einigen Jahren im Finale um die Deutsche Meisterschaft gestanden und 1952 in einem Freundschaftsspiel Real Madrid auf deren Platz 4:0 geschlagen. Und natürlich waren die ersten Jahre des Europapokals von viel Nervosität und Unsicherheit geprägt, da fast jeder Gegner ein völlig unbeschriebenes Blatt war. Doch der AC Mailand gehörte zu den ganz Großen Europas und galt den meisten Experten als Favorit auf diesen neuen Pokal. Dass er gegen Saarbrücken ausscheiden sollte, war undenkbar. Und doch fehlten nur 15 Minuten, dann wäre schon gleich zu seinem Beginn die erste Schockwelle durch den neuen Europapokal gelaufen. Im Rückspiel, am 23. November, stand es lange 1:1, obwohl die Italiener diesmal auch Nordahl aufbieten konnten. Dann unterlief Theodor Puff ein Eigentor. In der 77. Minute schoss Valentino Valli zum 1:3 ein, und kurz vor dem Ende fiel gar das 1:4. Der Top-Favorit war weiter, der Außenseiter ausgeschieden. Doch immerhin hatte sich gezeigt, dass dieser Europapokal einiges zu bieten hatte und dass keine Elf einfach so durch den Wettbewerb marschieren konnte.

Die Tugenden der „Königlichen"

Aus der Rückschau mag es ein wenig verwundern, dass die Wunderelf von Real Madrid um di Stéfano heute als Wegbereiter für die im Wortsinne grenzenlose Popularität des Europapokals gilt, wie es nicht nur der englische Journalist John Rowlinson sieht: „Der Europacup hatte das Glück, dass seine ersten Jahre mit Reals Höchstform zusammenfielen und ihr eine Plattform boten. Denn der Klub verlieh dem Wettbewerb einen Status, der wiederum den anderen Teilnehmern Prestige verschaffte – und ein Vermögen an Zuschauereinnahmen." Das ist zweifellos richtig. Aber wie hat man es sich zu erklären, dass ein Pokal Status und Prestige bekam, der in seinen ersten fünf Spielzeiten von immer demselben Team gewonnen wurde? Wäre das heute der Fall, könnte man der Kolumnen nicht Herr werden, die über Langeweile jammern und die ungerechte Verteilung der Finanzkraft als Auslöser für eine solche

Alfredo di Stéfano, der Denker und Lenker von Real Madrid, in Aktion.

Übermacht beklagen. Muss man schlussfolgern, dass die 1950er eine weniger zynische Zeit waren, in der sich die Menschen naiv an gutem Fußball erfreuten und nicht, wie es ein DDR-Buch schon Mitte des nächsten Jahrzehnts tat, Real als Produkt einer „hektisch betriebenen Kommerzialisierung des Fußballs" geißelten? Vielleicht.

Vielleicht faszinierte die Menschen aber auch ein ganz besonderes Merkmal jener Madrider Elf, auf das heute nur noch selten eingegangen wird. Es war nämlich keinesfalls so, dass Real in jenen ersten fünf Jahren quer durch Europa schlenderte und nebenbei Spiele gewann. In drei der fünf gewonnen Finals jagten die Spanier einem Rückstand nach, und bei einem weiteren musste der Schiedsrichter den Wunderkickern assistieren. Anders gesagt: Die einmalige Serie der Weißen aus Kastilien hätte jederzeit unterbrochen werden können, wenn die Elf nicht ein ums andere Mal demonstriert hätte, dass sie nicht nur die am besten besetzte Mannschaft war, sondern auch die, die immer dann Konzentration, Willen und Mut fand, wenn es darauf ankam.

Einen Vorgeschmack auf diese Tugenden bekam Europa schon in der zweiten Runde des ersten Turniers, die alles das zeigte, was Real so außergewöhnlich machte. Da war zum Ersten Geschick. Am Tag nach Weihnachten 1955 stellte sich das plötzlich hoch gewettete Team von Partizan Belgrad im Bernabéu-Stadion vor. Der Anstoß war um 15 Uhr, denn Real hatte – wie viele Klubs – zu dieser Zeit noch kein Flutlicht. Schon eine knappe halbe Stunde später waren die Jugoslawen praktisch demontiert, denn die Hausherren lagen 3:0 in Front. Die Treffer waren jedes Mal vom zurückhängenden Mittelstürmer di Stéfano vorbereitet und von einem der beiden Flügelspieler erzielt worden, dem Ersatzmann Heliodoro Castaño und dem legendären Dauerrenner Francisco Gento. In der 70. Minute traf „der Deutsche" selbst zum Endstand von 4:0.

Soweit die bekannten Fakten. In einem deutschen Werk mit dem Titel „Fussball Europapokal Sternstunden" heißt es, dass Real „die Mannschaft vom Balkan an diesem Nachmittag in Grund und Boden" gespielt hätte. Das stimmt nur zum Teil. Denn die ersten beiden Treffer des Spiels erzielte Partizan! Beide wurden vom französischen Schiedsrichter Dean Harzic aberkannt, ohne dass eindeutige Regelverstöße erkennbar gewesen wären. Zu der zweiten Partie kamen 60.000 Zuschauer in das Armee-Stadion von Belgrad. Nach dem portugiesischen Vertreter Sporting Lissabon bekam man mit Real innerhalb von drei Monaten den zweiten Vertreter einer faschistischen Diktatur zu sehen, mit der Jugoslawiens Kommunisten über Kreuz lagen. Die Temperatur betrug (je nach Quelle) zehn oder dreißig Grad minus, immer wieder fegte Schnee über das Feld. „Direkt nach dem Anstoß kamen sie durch die Mitte, als ob da überhaupt niemand wäre", erinnert sich Reals Torwart Juan Alonso. „Jemand ließ diesen unglaublichen Schuss los. Ich habe ihn gar nicht gesehen. Er klatschte gegen die Latte, und etwa zehn Kilo Schnee fielen mir auf den Kopf." Dann traf Milos Milutinovic, der jüngere Bruder des heutigen Trainers Bora Milutinovic, in der 24. Minute zum 1:0. Kurz nach dem Wechsel erhöhte Prvoslav Mihajlovic per Elfmeter auf 2:0. Auch Real bekam einen Strafstoß, doch José Rial rutschte auf dem eisigen Boden aus und vergab. Einen Treffer hätten die Gäste allerdings auch nicht verdient gehabt, denn sie standen dem Ansturm der Jugoslawen hilflos gegenüber. Milutinovic, der später auch eine Saison bei Bayern München spielte, markierte noch das 3:0, aber irgendwie retteten sich die verfrorenen Spanier in die Wärme ihrer Kabine. „Ich kann immer noch nicht glauben, dass wir nur 0:3 unterlagen", sagt Alonso. „Wir kamen praktisch nie aus unserem Strafraum. Wir hätten eigentlich eine richtige Klatsche bekommen müssen."

Nach der Treterei von Genf und dem Blizzard von Belgrad wusste Real, dass dieser Europapokal nichts für Zartbesaitete war. Und die Zeit der harten Arbeit war noch lange nicht vorüber. Im Halbfinale traf Madrid auf den AC Mailand, und diesmal kamen, obwohl die Partie an einem Mittwochnachmittag stattfand, sogar 120.000 Fans in das Bernabéu-Stadion. Sie sahen, wie ihre Elf zweimal in Führung ging und die Italiener zweimal ausglichen. Von den insgesamt sechs Innenstürmern auf dem Platz kam nur einer nicht aus Südamerika, und das war der Schwede Nordahl. Bei einem solchen Aufgebot internationaler Stars galt es als sicher, dass der Sieger auch den Pokal holen würde. Daher verlegte sich Real nach dem 3:2 durch Roque Olsen auf ein etwas vorsichtigeres Spiel. Dennoch gelang di Stéfano nach knapp einer Stunde das 4:2.

Wie schon in der vorangegangenen Runde, so sollte auch in diesem Halbfinale der vierte Treffer von di Stéfano der letztlich entscheidende sein. Mailand gewann nämlich das Rückspiel mit 2:1, aber die Angelegenheit war nicht so eng, wie es klingt: Beide Treffer der Hausherren resultierten aus Elfmetern, der zweite fiel erst kurz vor dem Ende. Die angeblich so heißblütigen und angriffslustigen Spanier hatten sich für eine Defensivtaktik entschieden, gegen die der Supersturm des AC kein Mittel fand.

Das erste Finale: Reims in Paris

Das Endspiel war von der UEFA nach Paris vergeben worden, in das dortige Prinzenpark-Stadion. Es war eine Geste der Verbeugung vor den geistigen Vätern des Wettbewerbs, aber sie bot auch Diskussionsstoff. Zum einen war das Stadion recht klein – es fasste nur 40.000 Zuschauer –, zum anderen bekam Reals Gegner somit praktisch das Heimrecht zugesprochen. Es handelte sich nämlich um Stade Reims, das für alle großen Partien ohnehin in den Prinzenpark auswich. Die Franzosen waren über die dänischen Amateure aus Aarhus, den MTK Budapest und Essens Bezwinger Edinburgh in das Finale gelangt. Das waren weit weniger schwere Gegner gewesen, als Real sie gehabt hatte, und Aarhus und Budapest rangen Reims sogar jeweils ein Unentschieden ab. Doch es gab keinen Grund, das Team zu unterschätzen. Bei beiden Punktverlusten hatte Reims deutlich vorne gelegen (2:0 und 4:1), bevor man etwas zu sicher geworden war. Außerdem standen in der Mannschaft Leute wie Robert Jonquet, der beste Stopper des Kontinents, und Raymond Kopa, der nominell Sturmführer war, aber eher als Spielgestalter operierte.

Im Finale blieb Real seiner Linie treu und machte sich die Dinge selbst schwerer, als sie ohnehin schon waren. Stade Reims zeigte das typisch furchtlose Kurzpassspiel, das Coach Albert Batteux schon eingeführt hatte, als er noch Spielertrainer war, und lag nach kaum zehn Minuten 2:0 in Führung. Es stand schlecht um den Favoriten. Aber in solchen Situationen war er ja immer besonders gefährlich. Vier Minuten nach dem 2:0 trieb Miguel Muñoz den Ball über die Mittellinie, bekam dabei vom sorglosen Reimser Rechtsaußen Michel Hidalgo Geleitschutz und spielte einen feinen Steilpass in den freien Raum. Aus der Tiefe kam di Stéfano gesprintet, kontrollierte den Ball kurz mit dem Außenrist und schickte ihn dann aus zehn Metern flach in das Netz. Eine Viertelstunde später sorgte Rial nach einem Eckball für das 2:2, und nun schien wieder Real Oberwasser zu haben.

Es spricht für die Klasse dieses ersten Endspiels der Geschichte, dass beide Teams die Offensive suchten – und dass Reims wieder in Führung ging, als offenbar alles für Madrid sprach. Hidalgo, der fast 30 Jahre später Frankreich als Trainer zum EM-Titel führen sollte, köpfte einen Freistoß von Kopa an Alonso vorbei in das Tor. Real blieben nicht einmal mehr 25 Minuten, um das Blatt erneut zu wenden, aber die Elf schaffte es mit einer Mischung aus Können, Kunst und Glück. In der 67. Minute fand di Stéfano, von drei Gegnern umringt, die Lücke für einen Pass in den Rücken der Abwehr. Das war das Können. Doch die nächsten Sekunden waren vom Glück bestimmt: Reals nach vorne geeiltem Abwehrmann Marquitos gelang es nämlich, einem Kollegen den Ball vom Fuß zu nehmen, und er hätte das Leder aus fünf Metern weit am Tor vorbeigeschossen, wenn sich nicht ein Reimser Abwehrbein als Bande zur Verfügung gestellt und so für das 3:3 gesorgt hätte. Madrids Siegtor aus der 79. Minute entsprang dann aber reiner Kunst. Zum wiederholten Male bildeten Reals Stürmer ein perfektes Dreieck am Strafraum des Gegners, dessen Spitze der aus dem Mittelfeld kommende Joseíto war. Erst als Joseíto drei Gegenspieler auf sich gezogen hatte, spielte er den Ball zu José Ramon Marsal, der ihn in einer einzigen gleitenden Bewegung mit der Innenseite annahm und sich um die eigene Achse drehte, als hätte er sehen können, dass in seinem Rücken ein Verteidiger heranstürmte, den diese Pirouette nun ins Leere laufen ließ. Marsal schickte den Ball quer durch den Strafraum auf José Rial, der ihn im gestreckten Galopp und aus kurzer Entfernung verwandelte.

„Das war das schwierigste von all den Finals, die wir gespielt haben", sagte Gento in der Rückschau. „Wir lagen immer hinten, und das Publikum war natürlich für das französische Team." Die Aufholjagd der Spanier beeindruckte das Nürnberger „Sport-Magazin" dermaßen, dass es die Partie flugs zum „Spiel des Jahrhunderts" und di Stéfano zum entscheidenden Mann erkor. Obwohl Kopa zwei Treffer vorbereitet hatte, nannte der Berichterstatter seine Leistung enttäuschend und wunderte sich, dass so viele europäische Klubs an ihm interessiert waren. Offenbar wusste er nicht, dass die Entscheidung über Kopas Zukunft bereits gefallen war.

Real Madrids erster Sieg im Europapokal sorgte für große Euphorie um den jungen Wettbewerb, denn der facettenreiche Verlauf und das unterhaltsame Finale hatten alle Beobachter erfreut. Oder fast alle. José Villalonga, Reals Trainer, machte sich Sorgen um einige Aspekte seines Teams, nicht zuletzt den so gelobten Angriff. Die europäische Odyssee hatte deutlich gezeigt, dass di Stéfano in der Position des Mittelstürmers verschenkt war und sich ohnehin instinktiv im Mittelfeld treiben ließ. Viele Spielzüge der Madrilenen waren im Gras verlaufen, weil Gento es zwar bis zur Grundlinie geschafft, dann aber keinen Abnehmer für seine Flanken gefunden hatte. So verfiel Villalonga auf den Plan, den Franzosen Raymond Kopa zu verpflichten, und der Transfer war eigentlich schon über die Bühne gegangen, als das Schicksal Reims und Real zu Gegnern machte. Kaum zwei Wochen vor dem Pariser Finale lief Kopa sogar in einem Probespiel für die Spanier auf und schoss beim 4:2 gegen Vasco da Gama aus Brasilien zwei Tore. Nach dem Treffen im Prinzenpark sagte er bescheiden: „Ich weiß nicht, warum Real mich braucht. Die Mannschaft ist komplett."

Doch Real brauchte ihn sogar nötig, denn man konnte sich nicht immer auf so viel Glück verlassen wie in der ersten Auflage des Europacups. Für die zweite Sai-

Paris, 13. Juni 1956: Real Madrid holt sich den ersten Meisterpokal.

son hatten sich Gegner wie der AC Florenz qualifiziert, eine talentierte Truppe von Fußballverhinderern, die in der abgelaufenen Saison in Italien lächerliche 20 Tore kassiert hatte. Oder Ungarns berühmter Armeeklub Honvéd Budapest, der im WM-Finale 1954 mit sieben Spielern vertreten gewesen war und noch immer Stars wie Sándor Kocsis, Zoltán Czibor und Ferenc Puskás in seinen Reihen hatte. Oder Reals Angstgegner Athletic Bilbao. Dieser Verein verfolgte damals wie heute eine Politik, die in Spanien „La Cantera Vasca" heißt. Das bedeutet wörtlich „baskischer Steinbruch" und legt fest, dass nur Basken oder Abkömmlinge von Basken das Athletic-Trikot tragen dürfen. Die Folge davon ist, dass Bilbao nur aus einem Reservoir von kaum drei Millionen Menschen Spieler rekrutieren kann. Die sind aber offenbar begabt: Außer Barcelona und Real ist Athletic der einzige Verein Spaniens, der noch nie aus der ersten Liga abgestiegen ist. In den 1950ern litt er mindestens ebenso stark wie Barcelona unter Franco, denn der Dikator misstraute nicht nur allen Separatisten, sondern vor allem denen, die sich auch noch englische Namen gaben. Der FC (Football Club) Barcelona hieß eben deshalb von 1936 bis 1974 CF (Club de Fútbol) Barcelona, und aus Athletic wurde selbstredend Atlético Bilbao.

Die „Busby Babes“

Jedoch hatte Real nicht allein auf Italiener und Landsleute zu achten. Ein weiterer unangenehmer Gegner würde das Starterfeld der Spielzeit 1956/57 unsicher machen, und wenn er auch noch nicht den Zenit seines Könnens erreicht hatte, so waren sich doch viele Experten sicher, dass er schon bald dafür sorgen würde, dass nicht immer nur Real Madrid den Pokal verliehen bekam: Manchester United.

Der Architekt des aufstrebenden Teams von Manchester United hieß Matt Busby und war, wie so viele Trainer, die den englischen Fußball prägen sollten, ein Schotte aus bescheidenen Verhältnissen. (Sein Vater, ein Glasgower Bergmann, fiel im Ersten Weltkrieg, als der Sohn gerade mal sechs Jahre alt war.) Busby spielte zunächst für Manchester City und ging dann zum FC Liverpool, als der nächste Krieg seine Lebensplanung zerstörte. Nach dem Ende des Gemetzels akzeptierte er ein Angebot von Manchester United. Es war eine recht kühne Entscheidung, diesen Klub als Trainer zu übernehmen: Die meisten Spieler der „roten Teufel“ waren noch in der Armee, das Stadion ein Meer von Bombenkratern und das Bankkonto 15.000 Pfund in den Miesen.

Busby gelang es dennoch, ein starkes Team auf die Beine zu stellen. Er holte einen Mann ins Boot, den er während des Krieges in Italien kennen gelernt hatte – den Waliser Jimmy Murphy. Zusammen bauten die zwei ein engmaschiges Beobachtungsnetz auf, dem kaum ein Talent in der Gegend entgehen konnte. Bald hatte man eine spielstarke Mannschaft zusammen, die ähnlich jugendlich war wie die 20 Jahre zuvor von Frank Buckley trainierten Wolverhampton Wanderers. In Anlehnung an diese „Buckley Babes“ erhielt das Team den Spitznamen „Busby Babes“.

Doch Busby war weit mehr als nur ein Talentschmied. Er hatte auch die Fähigkeit, die Mannschaft gezielt zu ergänzen. Einer der Stars der Elf war Mittelstürmer Tommy Taylor, und den hatte man für 29.999 Pfund aus Barnsley geholt. Das war damals eine so bedeutende Summe, dass die beiden Klubs das eine Pfund, das zu einer runden Zahl gefehlt hätte, der Kellnerin gaben, die während der Verhandlungen serviert hatte. Dieses Trinkgeld ersparte Manchester und Barnsley kritische Schlagzeilen über einen 30.000-Pfund-Transfer. Neben Taylor standen aufstrebende Leute wie Dennis Violett, David Pegg, bald ein junger Bobby Charlton und vor allem das größte Talent des englischen Fußballs, Duncan Edwards.

Als dieses Team 1956 den Titel gewann, wollte Busby es um jeden Preis im Europapokal sehen. Der Schotte hatte interessiert verfolgt, wie Hibernian Edinburgh in der Erstauflage des Europapokals bis ins Halbfinale vordrang, und sagte seinem Vorsitzenden Harold Hardman: „Fußball ist zu einem Spiel der ganzen Welt geworden. Es gehört nicht mehr nur England und Schottland und Britannien.“ In Europa, so meinte er, liege die Zukunft des Spiels. Doch da waren ja noch die Vorbehalte der Liga-Führung. Auch Manchester erhielt einen Brief, in dem man United das Mitwirken am Europacup kurz und bündig untersagte. Aber Busby blieb eisern, denn

Das Team von Manchester United im Jahr 1957. Hinten, von links: T. Curry (Assistenztrainer), Edwards, Jones, Wood, Charlton, Foulkes, Manager Matt Busby. Vorn, von links: Berry, Whelan, Byrne, Pegg, Colman.

es blieben ja noch andere Ansprechpartner. Anders als in Deutschland, wo zu dieser Zeit noch keine DFL existierte und allein der DFB das Sagen hatte, gab es in England zwei Fußball-Mächte: die selbstverwalteten Profiligen und den Hauptverband. Busby wandte sich nun also an den Sekretär des nationalen Verbandes, Stanley Rous. Dieser stand dem Europacup inzwischen positiver gegenüber und hatte wohl auch nichts dagegen, die Liga etwas zu ärgern. Er bestärkte Busby in dessen Vorhaben, sicherte Unterstützung zu – und Manchester ließ es auf einen ernsten Konflikt ankommen: United meldete für die zweite Spielzeit des Wettbewerbs. „Einige nannten mich einen Visionär, andere einen Reaktionär, wieder andere hielten mich für einfach seltsam", sagte Busby später. „Aber ich war aus vielen Gründen versessen auf diese Herausforderung. Der Klub konnte Geld verdienen, für die Spieler war es aufregend, und die Zuschauer durften das Können der kontinentalen Spieler bewundern."

Busbys Beharrlichkeit hatte Erfolg. Die englische Liga besaß keine wirkliche Handhabe, einem Klub etwas zu verbieten, das der Verband ihm gestattet hatte. Zwar sorgte der Disput lang anhaltend für böses Blut zwischen United und der Liga, aber er ebnete auch den Weg für andere englische Vereine. „Unsere Entscheidung, am Europapokal teilzunehmen, war ein Meilenstein in der Geschichte des Spiels", stellte Busby später unbescheiden fest. Nicht alle Aspekte dieser Geschichte würden angenehm sein, doch ohne Manchesters Eintritt in den Europapokal 1956 wäre es vielleicht nie zu der Ära englischer Dominanz gekommen, die zwei Jahrzehnte später einsetzte.

United gegen Borussia

Manchesters Abenteuer in Europa begannen am 12. September 1956 in Brüssel. Der Gegner, RSC Anderlecht, hatte eben zum dritten Mal in Folge den nationalen Titel geholt, aber die Belgier waren noch nicht einmal Halbprofis und konnten United nur bedingt etwas entgegensetzen. Im Hinspiel schlugen sie sich achtbar, denn obwohl die Engländer 2:0 gewannen, ernannte der „Manchester Guardian" Torwart Ray Wood zum Mann des Tages, weil er „drei Paraden von überragender Klasse und Wichtigkeit" zeigte. Das Rückspiel geriet dann jedoch zu einem traumatischen Erlebnis für Anderlecht. Taylor und Violett schossen insgesamt sieben Tore, drei weitere fielen durch John Berry und den Iren Bill Whelan. Selbst der Schiedsrichter, Mervyn Griffiths aus Wales, meinte nach dem 10:0 bewundernd: „Ich habe noch nie effektiveren Fußball gesehen."

Effektiver Fußball ist das, was man gerne deutschen Teams nachsagt. Der gerade erst gekrönte Meister Borussia Dortmund konnte diese These aber im August und September 1956 nicht einmal ansatzweise belegen. Die Westfalen hatten ein eigentlich noch leichteres Los erhalten als Manchester, nämlich Sporting Racing Luxemburg. Aber hätte es zu dieser Zeit schon die Regel gegeben, nach der auswärts erzielte Tore bei Gleichstand doppelt zählen, wäre der erste Auftritt des BVB auf internationaler Ebene gleich als größtmögliche Blamage in die Annalen des Europacups eingegangen. Zweimal gerieten die Borussen in der heimischen „Roten Erde" in

Achtelfinale der Landesmeister 1956/57, Borussia Dortmund - Manchester United 2:3 / 0:0. Beachtlich schlug sich Dortmund in Manchester. Beim Rückspiel am 21. November 1956 war dann ein 0:0 zu wenig.

Rückstand, erzwangen nach einem fürchterlichen Gewürge zwar eine 4:2-Führung, mussten aber kurz vor dem Ende noch einen Treffer von Marc Boreux hinnehmen, der zum dritten Mal an diesem Tag erfolgreich war. Das Rückspiel verlief aus deutscher Sicht noch übler, denn die Kicker aus dem Großherzogtum gewannen mit 2:1! Ein Entscheidungsspiel war vonnöten, und die Luxemburger verzichteten großmütig auf eine lange Diskussion über den Austragungsort: Am 16. September traf man sich erneut in Dortmund. Erst als Adi Preißler nach schier endlosen 24 Minuten das erste Tor erzielte, brachen alle Dämme. In den nächsten 40 Minuten legten die Borussen sechsmal nach. Die Belohnung hieß Achtelfinale. Und dort wartete als Gegner kein Geringerer als Manchester United.

Für die erste Begegnung zwischen Deutschlands und Englands Meister musste United wieder in das Stadion des Rivalen Manchester City umziehen, denn Old Trafford besaß bis April 1957 keine Flutlichtanlage. Mehr als 75.000 Fans kamen zum Platz an der Maine Road und sahen eine begeisternde erste Hälfte ihres Teams. Der gerade 23 Jahre alt gewordene Viollet traf zweimal, dann hatte Pegg, kaum 21, etwas Glück mit einem abgefälschten Schuss. Doch in der zweiten Hälfte kamen die Gäste immer besser mit dem ungewohnten Licht und dem starken Gegner zurecht. Helmut Kapitulski nutzte einen bösen Abwehrschnitzer zum 3:1, und sieben Minuten später verkürzte Preißler noch weiter.

Das Rückspiel fand am 21. November 1956 statt; es war die erste Partie überhaupt, die in der „Roten Erde“ unter Flutlicht ausgetragen wurde. Drei Tage zuvor hatte der BVB noch gegen Preußen Dellbrück (!) gespielt, nun trat man gegen eine der besten Mannschaften ganz Europas an – und gewann zwar nicht die Partie, dafür aber Achtung. Der 25-jährige Ray Wood, fast ein Senior in diesem United-Team, musste gleich zu Beginn gegen Preißler und Alfred Kelbassa retten. Der Keeper erhielt auch in der Folgezeit noch reichlich Gelegenheit, sich von den vielen im Ruhrgebiet stationierten englischen Soldaten auf den Rängen feiern zu lassen. In der 65. Minute allerdings hätte auch der hervorragende Wood nur anerkennend nicken können, doch Kelbassa vergab eine Möglichkeit, die eine englische Zeitung am nächsten Morgen als „todsicherste Chance seines Lebens“ bezeichnete. Als Johan Martens aus den Niederlanden abpfiff, war kein Tor gefallen und ein deutscher Klub wieder früh ausgeschieden.

Bilbao statt Honvéd

In der Runde der letzten Acht kam es zum ersten großen Hit dieser Europacup-Saison: Manchester gegen Bilbao. Die Paarung hielt einerseits alles, was man sich von ihr versprach, und überzeugte die Fans in England davon, dass dieser komische neue Pokal eine prima Sache sein konnte. Andererseits war sie auf traurige Weise zustande gekommen. Inmitten der Unruhen des so genannten Volksaufstandes hatte das Team von Honvéd Budapest Ende Oktober Ungarn verlassen, um sich mit ein paar Freundschaftsspielen im Ausland auf seine erste Europapokalpartie vorzubereiten, die für den 22. November in Bilbao angesetzt war. Nur wenige Tage später erfuhren die Spieler, dass sowjetische Panzer die neue Übergangsregierung gestürzt und die Demonstranten von den Straßen Budapests vertrieben hatten. Fast 200.000 Ungarn waren auf der Flucht ins Ausland – wo sich die Fußballer bereits befanden.

Nach langen Diskussionen einigte sich der Kader Honvéds darauf, unter diesen Umständen nicht in die Heimat zurückzukehren, obwohl 14 der 18 Spieler verheiratet waren und ihre Familien in Gefahr oder mindestens in unangenehmen Situationen vermuteten. Als das Team auf dem Weg nach Bilbao in Madrid eintraf, erfuhr Puskás, dass es seine Frau und seine Tochter zu Fuß nach Österreich geschafft hatten. Viele seiner Kollegen aber wussten nichts über das Schicksal ihrer Lieben und mussten unter dieser Belastung zum Spiel antreten. Budapest unterlag im Baskenland mit 2:3. Das wäre ein ordentliches Resultat gewesen, wenn die Ungarn das Rückspiel ganz regulär zu Hause hätten austragen können. Unter den gegebenen Umständen aber wurde die zweite Begegnung in das Heysel-Stadion von Brüssel gelegt. Zu Honvéds Tragik gesellte sich dort dann auch noch Pech: Nach weniger als einer Stunde Spielzeit brach sich Budapests Torhüter das Jochbein, woraufhin der ohnehin angeschlagene Czibor seinen Platz einnahm und die Ungarn in Unterzahl weiterkämpften. Die Partie endete 3:3; 30.000 Belgier feierten den ausgeschiedenen Favoriten, in der dunklen Ahnung, dass sie das letzte Pflichtspiel einer großen Elf gesehen hatten.

Bilbao stand also glücklich in der nächsten Runde und erwartete am 16. Januar 1957 Manchester Uniteds Grünschnäbel. Statt von lauem spanischem Wetter wurden die Engländer von einem Gemisch aus Schnee und Regen empfangen. Auf dem versumpften Spielfeld konnten die Basken ihre Stärke, den Kampfgeist, voll ausspielen. Zur Pause führten sie mit 3:0, erst in der zweiten Hälfte hielt Manchester dagegen und kam am Ende auf 5:3 heran. Völlig ausgepumpt erreichten die Engländer den Flughafen, wo sie feststellten, dass ihre Maschine die ganze Nacht auf der Rollbahn gestanden hatte und komplett vereist war. Trotzdem wagte der Pilot den Start und kam auch problemlos vom Boden ab. Fast genau ein Jahr später würde ein ähnlicher Versuch schreckliche Folgen haben.

Am Tag des zweiten Spiels gab Bilbaos tschechischer Trainer Ferdinand Daucik bekannt, dass noch kein Gegner drei Tore gegen sein Athletic-Team geschossen hätte. Eben diese drei Tore brauchte nun aber Manchester, um sich direkt für das Halbfinale zu qualifizieren. Bis zur 85. Minute waren erst zwei gefallen, natürlich durch Viollet und Taylor. Das hätte wenigstens für ein drittes Spiel gereicht, aber vor einem entfesselten Publikum tankte Taylor sich ein letztes Mal durch, und John Berry vollendete zum 3:0. „Während ich dies schreibe", teilte der Reporter des „Daily Express" seinen Lesern mit, „zittern meine Hände noch immer. Mein Herz rast weiterhin." Er verstieg sich gar zur Behauptung, den „größten Fußball-Sieg der Geschichte" gesehen zu haben.

Rote Teufel gegen weißes Ballett

Madrids weißes Ballett hatte derweil trotz Kopa einen erneut aufreibenden Wettbewerb hinter sich. Der Kontrahent im Achtelfinale war das starke Rapid Wien gewesen, in dessen Abwehr Ernst Happel die Drecksarbeit verrichtete, während im Mittelfeld der Diplom-Ingenieur Gerhard Hanappi glänzte. Das Hinspiel lief für die Spanier noch einigermaßen nach Plan – jedenfalls 89 Minuten lang. Dann verkürzte Karl Gieszer auf 4:2, was den Wienern noch eine Chance fürs Rückspiel ließ. Zu dem fanden sich 60.000 im Prater-Stadion ein und erlebten den vielleicht größten Tag des Stoppers Happel, der aus Frankreich nach Wien zurückgekehrt war, weil er sich hier eine Metzgerei gekauft hatte. Happel traf in der ersten Spielhälfte dreimal, davon einmal per Elfmeter. Während die Spieler beim Pausentee Luft schnappten, gab kaum ein Zuschauer noch einen Schilling für das große Real. Da kam Santiago Bernabéu in die Kabine gerauscht und herrschte seine Spieler an: „Wir sind hier nicht im Urlaub! Ich weiß nicht, ob ihr das versteht, aber ihr tragt das Wappen von Real Madrid auf eurer Brust!“ Wenigstens di Stéfano verstand das. Nach 60 Minuten erzielte er den Treffer zum 3:1, der Real in das Entscheidungsspiel rettete.

Es zeigte sich nun wieder einmal, wie wichtig Saporta für Real war. Er verhandelte mit dem Vorstand von Rapid über den Austragungsort und konnte die Wiener davon überzeugen, dass es aus finanziellen Gründen sinnvoll war, in Madrid zu spielen. Ganz Unrecht hatte er nicht, denn 100.000 Zuschauer sorgten am 12. Dezember 1956

Matt Busby auf der Bank. Links neben ihm Assistenztrainer J. Murphy.

für eine hübsche Einnahme. Joseito und Kopa sorgten ihrerseits für zwei Tore, womit der Titelverteidiger im Viertelfinale stand. Hier hatte er mit OGC Nizza nur wenig Mühe, weshalb Matt Busby strahlen konnte, als Ende Februar 1957 in einem Kölner Hotel das Semifinale ausgelost wurde. „Real habe ich mir gewünscht", sagte er. „Ich denke, meine Elf ist etwas besser als die von Madrid. Außerdem weiß ich, dass wir den Pokal holen werden."

Am 11. April 1957, einem Donnerstag, übertrug das spanische Fernsehen zum ersten Mal ein Fußballspiel in voller Länge, und selbst südamerikanische Radiostationen waren zugegen. Fast 130.000 Menschen quetschten sich in die Betonschale, aber trotzdem standen noch Tausende auf der „Paseo de la Castellana", der breiten, grünen Durchgangsstraße, die am Stadion vorbeigleitet. Berittene Polizisten trieben die Neugierigen wenig zimperlich zurück, und immer wieder flammten Scharmützel auf.

Solche Ausschreitungen waren nichts Neues im internationalen Fußball. Schon während der ersten Saison des Mitropacups war es im November 1927 bei der Partie Rapid Wien gegen Sparta Prag zu Krawallen gekommen: Prags Kapitän Karel Pesek wurde von einem Stein am Kopf getroffen; mehr als 200 österreichische Polizisten konnten der Situation kaum Herr werden. Wie sich bald auch im Europacup zeigen sollte, genoss Wien allerdings ohnehin den bitteren Ruf, eine Hochburg der Hitzköpfe zu sein. In Madrid jedenfalls war man 1957 nicht auf Händel vorbereitet, denn es war ja nicht Barcelona zu Gast, sondern unbekannter Besuch von weither.

Auf dem Rasen zeigte sich, dass Manchester noch nicht ganz so weit war, wie Busby gedacht hatte. Eine Stunde lang klammerten sich die Engländer an ein 0:0; Jackie Blanchflower japste unermüdlich hinter di Stéfano her und drohte, den Maestro zu entnerven. Dann aber verließen United die Kräfte, und Real schoss drei Tore. Trotzdem durfte Busby noch auf das Finale hoffen, denn Taylor hatte mit einem sehr umstrittenen Treffer zwischenzeitlich auf 2:1 verkürzt.

Zwei Wochen später wurde aber rasch deutlich, dass das 3:1 aus dem Hinspiel ein ausreichender Vorsprung für Real war. Die Partie – die entgegen anderslautender Berichte in Old Trafford stattfand, das nun endlich über Flutlicht verfügte – war gut und unterhaltsam, aber nicht spannend. Nach einer knappen halben Stunde hatten Kopa und Rial die Sache entschieden. Obwohl Manchester noch zu einem verdienten 2:2 kam, mussten sich Busbys Teufelchen auf die folgende Saison vertrösten lassen.

Zweiter Titel für Real

Das Finale wurde am 30. Mai 1957 in Madrid ausgetragen. Real erlebte damit eine Art Wiedergutmachung für das Jahr zuvor, als der Gegner praktisch ein Heimspiel gehabt hatte. Wie erwartet bekam es das weiße Ballett mit dem AC Florenz zu tun. Auch die Art und Weise, wie diese Elf sich in das Endspiel gewunden hatte, überraschte niemanden. Gegen Norrköping durfte man beide Partien in Italien austragen, weil das

Ein Bild, drei Stars: Raymond Kopa, Alfredo di Stéfano, Ferenc Puskás. Puskás kam im August 1958 nach Madrid.

Wetter in Schweden keinen Fußball zuließ. In Florenz gab es ein 1:1, in Rom reichte dann ein 1:0. In der nächsten Runde schossen die Männer aus der Toskana gegen die Grasshoppers Zürich in den ersten zwölf Minuten des Hinspiels drei Tore, was sie selbst wohl so verblüffte, dass danach nicht mehr viel passierte. Im Halbfinale hatte dann Schmalhans wieder Aufsicht über die Küche: Ein Treffer in der 88. Minute sicherte Florenz den Sieg bei Roter Stern Belgrad, im Rückspiel betrachteten 70.000 gelangweilt das unvermeidliche 0:0.

Vor heimischem Publikum gewann Madrid das Endspiel verdient mit 2:0. Doch es war eine wenig glanzvolle Angelegenheit, die durch eine bizarre Situation entschieden wurde. Fast 70 Minuten lang konnten die Spanier die Florentiner Defensive nicht knacken, dann war plötzlich Enrique Mateos auf und davon. Der Linienrichter hob pflichtschuldig seine Fahne, um Abseits zu signalisieren, doch Schiedsrichter Leo Horn aus den Niederlanden ignorierte seinen Assistenten. Zwei Verteidiger verfolgten Mateos, und einem gelang es schließlich, dem Spanier ein Bein zu stellen – etwa einen Meter vor dem Strafraum. Horn entschied ungerührt auf Elfmeter.

Während di Stéfano anlief, stürzte Florenz' Torwart Giuliano Sarti wie von Sprungfedern angetrieben aus dem Tor, sodass er sich schon an der Fünf-Meter-Linie befand, als der Schütze Kontakt mit dem Ball bekam. Es half nichts. Sieben Minuten später blieb der Keeper dagegen geradezu schmollend auf seiner Linie stehen, als Gento allein dem Tor zueilte und zum Endstand verwandelte.

Nach dem ersten Spiel zwischen Manchester und Madrid hatte sich Uniteds John Berry bereits über Leo Horn geärgert. „Er war so ein berühmter Schiedsrichter", klagte Berry später, „aber er ließ Madrid alles durchgehen. Viele Notbremsen." Wel-

cher Teufel den Holländer im Finale geritten haben mag, ist rätselhaft. Besondere Beziehungen zu Real Madrid konnten ihm jedenfalls nicht nachgewiesen werden.

So hatte Real also auch seinen zweiten Titel keineswegs einzig und allein seiner spielerischen Raffinesse zu verdanken. Immerhin war die Elf jetzt aber bei dem Stil angelangt, der sie über die nächsten Jahre auszeichnen sollte. Di Stéfano trug noch immer die Neun und war dem Spielberichtsbogen nach Mittelstürmer, doch ließ er sich immer wieder gern zurückfallen, woraufhin einer der beiden Innenstürmer – mal Marsal, meistens Kopa – in die Spitze schlich. Bald würde der Ungar Ferenc Puskás die Rolle von Kopa übernehmen, was dieses System noch verbesserte, aber nicht veränderte. Es gab keinen Zweifel mehr, dass dies die beste Elf Europas war, trotzdem konnte immer noch niemand absehen, wie sehr – und wie lange – sie dominieren sollte. Manchester Dennis Viollet sagte: „Obwohl wir gegen Real verloren hatten, war der Europapokal eine tolle Erfahrung für uns gewesen. Wir wussten, dass uns eine gute Elf besiegt hatte, aber wir freuten uns schon auf die nächste Saison, weil wir dachten, dass wir nur besser werden konnten."

Die Tragödie von München-Riem

Für den nächsten Ansturm auf Europas Thron verjüngte Busby sein Team noch einmal, indem er die Rekordsumme von fast 24.000 Pfund für einen neuen Torwart ausgab. Wood hatte sich im Pokalfinale 1957 verletzt; sein Nachfolger war noch keine 25 Jahre alt, aber schon einer der Großen zwischen den Pfosten: der Nordire Harry Gregg.

Am 5. Februar 1958 stellte sich Manchester in Belgrad vor, um gegen Roter Stern einen 2:1-Vorsprung aus dem Hinspiel dieses Viertelfinals zu verteidigen. Bobby Charlton und Eddie Colman, die zusammen gerade 43 Lebensjahre zählten, hatten in Old Trafford die Tore des Englischen Meisters erzielt, und in Jugoslawien legte Charlton nun zwei weitere Treffer nach. Viollet traf selbstverständlich auch; zum Seitenwechsel führten die souveränen Gäste 3:0. In der zweiten Häfte aber überfiel die Spieler eine verwunderliche Nervosität, die schließlich auch den sonst sicheren Gregg ansteckte: Roter Stern war auf 2:3 herangekommen, als der Nordire einen Ball abfing, dann aber mit dem Leder aus dem Strafraum rollte. Den fälligen Freistoß verwandelte Bora Kostic zum Ausgleich. In den verbleibenden 32 Minuten versuchten die Gastgeber alles, um das eine ihnen noch fehlende Tor zu schießen, aber Manchester hielt den Angriffen stand.

Das waren gute Neuigkeiten für Uniteds Assistenz-Trainer Jimmy Murphy, der auf der Insel geblieben war, um seinem Nebenjob nachzugehen – der Betreuung der walisischen Nationalelf. Am nächsten Nachmittag, einem Donnerstag, kehrte er aus Cardiff nach Manchester zurück, wo ihn die Sekretärin Alma George mit einem Ge-

6. Februar 1958, Flughafen München-Riem: Die Reste des Flugzeugs, mit dem das Team von Manchester United verunglückte.

sichtsausdruck empfing, der Murphy sogleich etwas Schlimmes befürchten ließ. „Das Flugzeug der Mannschaft ist in München abgestürzt", sagte sie stockend.

„Meine Füße versagten den Dienst. Mein Herz auch", schrieb Murphy später. „Das betäubende Grauen dieses Augenblicks wird mich bis zu meinem Tode nie mehr verlassen. Ich rannte in mein Büro und griff zum Telefon." Murphy erfuhr, dass Manchesters Flieger auf dem Rückweg von Belgrad in München-Riem zwischengelandet war, um neuen Treibstoff aufzunehmen. Matschiger Schnee lag auf der Startbahn, und vielleicht waren die Flügel der Maschine vereist, als sie um 14.30 Uhr zu starten versuchte. Die Piloten hörten ein ungewohntes Geräusch im Motor. Sie brachen den Start ab, versuchten aber gleich einen neuen. Diesmal gefiel ihnen die Druckanzeige nicht. Wieder stoppten sie die Maschine auf halber Strecke. Langsam rollte das Flugzeug zurück zum Hangar. Die 43 Passagiere, vornehmlich Spieler, Funktionäre und Journalisten, schlenderten in die Wartehalle. Kurz vor drei Uhr wurden sie wieder nach draußen gebeten. Um 15.03 Uhr unternahmen die Piloten einen dritten Startversuch – den letzten.

„Ich sah, wie der Flugbegleiter sich anschnallte, und dachte bei mir, dass es vielleicht ernster war, als ich angenommen hatte", erinnerte sich Harry Gregg. „Deshalb rutschte ich tief in meinen Sitz und stemmte die Füße gegen den vor mir." Dann dachte er nur noch an den Schundroman „The Whip", dem er sich gerade widmen wollte. „Ich las ein Buch," so Gregg, „das nicht ganz zu der Art passte, wie ich erzogen worden war, deswegen legte ich es rasch wieder beiseite. Wenn ich beim Lesen eines solchen Buches sterben sollte, dachte ich bei mir, dann käme ich bestimmt in die Hölle.“ Die Maschine war kurz davor abzuheben, als plötzlich die Geschwindigkeit nachließ. Der Pilot blickte von seinen Instrumenten auf, konnte das Ende der Startbahn vor sich sehen und hörte, wie sein Assistent rief: „Himmel, wir schaffen es nicht!“

Die Flugzeugführer versuchten, die Maschine nach rechts ausbrechen zu lassen, um nicht die Begrenzung des Startgeländes zu durchschlagen. Einer der Flügel kollidierte mit einem Gebäude, dann schlug das Flugzeug gegen eine Hütte und prallte auf einen Tanklaster. Die Explosion riss den Flieger entzwei, und während der hintere Teil in Flammen aufging, wurde der vordere durch die kalte Münchner Luft katapultiert, wobei einige Passiere herausgeschleudert wurden. Sie hatten Glück.

In diesen Minuten und den folgenden starben 22 Menschen, unter ihnen Eddie Colman, David Pegg, Billy Whelan und Tommy Taylor. Bobby Charlton und Dennis Viollet überlebten, weil Harry Gregg sie von der brennenden Maschine wegzog. John Berry war so schwer verletzt, dass ihn die Ärzte eine Zeit lang aufgaben. Er musste, wie Jackie Blanchflower, seine Karriere beenden. Matt Busby rang im Krankenhaus „Rechts der Isar“ mit dem Tode – er hing an einem Sauerstoffgerät und bekam zweimal die letzte Ölung. Am Ende gewann der Trainer diesen Kampf, erfuhr aber erst drei Wochen nach dem Unglück durch seine Frau, wie viele Freunde und Schützlinge er verloren hatte. Zu diesem Zeitpunkt war auch der 23. Beteiligte an der Tragödie seinen Verletzungen erlegen: Duncan Edwards.

Der 6. Februar 1958 warf einen blutroten Schatten auf die dritte Saison des Europapokals. Fast scheint es ungebührlich, den Rest des Wettbewerbs überhaupt unter dem Gesichtspunkt des Sports zu betrachten. Aber der Spielplan war unerbittlich. Acht Spieler und drei Vereinsvertreter von United waren gestorben, zwei weitere Profis und der Trainer nicht einsatzfähig, als Manchester genau drei Monate nach dem Unglück zum Hinspiel des Halbfinals den AC Mailand in Old Trafford erwartete. Harry Gregg, Verteidiger Bill Foulkes, Mittelfeldmann Kenny Morgans und Dennis Viollet waren die einzigen Überlebenden, die spielten. Jimmy Murphy hatte als Interims-Chef kurz überlegt, Ferenc Puskás zu verpflichten, der als vereinsloser Geist über dem Kontinent zu schweben schien. Dann aber kaufte er nur zwei etablierte Profis und füllte die Elf mit Reservisten auf. Überraschend schlug diese Truppe die Italiener daheim mit 2:1, unterlag aber im Rückspiel 0:4.

Alter Sieger, neue Teilnehmer

Mailands Finalgegner hieß natürlich Real Madrid, das sich ausnahmsweise problemlos qualifiziert hatte. Gegen Antwerpen gab es ein 6:0, gegen den FC Sevilla gar ein 8:0, bei dem di Stéfano viermal traf. Sevilla, Zweiter der Saison 1956/57, war zum Europacup zugelassen worden, weil der spanische Verband argumentiert hatte, Real befände sich nicht als Spanischer Meister, sondern als Titelverteidiger im Wettbewerb.

Das Land durfte so einen zweiten Klub melden und entschied sich umstrittenerweise gegen seinen Pokalsieger. Das war der FC Barcelona.

Das Finale vom 29. Mai 1958 fand in Brüssel statt, wo Real wieder in alte Muster verfiel. Zweimal geriet die Elf in Rückstand, zweimal glich sie aus. Zum ersten Mal ging ein Endspiel des Europapokals in die Verlängerung. In der 107. Minute rutschte ein Linksschuss von Gento durch die Beine zweier Verteidiger; Torwart Narciso Soldan konnte den Ball erst sehen, als er direkt vor ihm auftauchte, und sein etwas ungelenker Versuch, in die Knie zu gehen, kam zu spät. Damit war der Triumph der Spanier über die Italiener perfekt. Aber was heißt da eigentlich Spanier und Italiener?

Real gewann seinen dritten Pokal mit den zwei gebürtigen Argentiniern di Stéfano und Rial, dem Uruguayer José Santamaría, der einen spanischen Pass bekommen hatte, damit der Franzose Kopa spielen konnte, und einem weiteren Südamerikaner an der Linie, dem Trainer Luis Carniglia. Im Fünf-Mann-Sturm von Milan stand nur ein Italiener – und der war bloß Ersatz für den Norweger Per Bredesen.

Die 67.000 im Heysel-Stadion hatten ein gutes Spiel gesehen und sich an schönen Aktionen wie dem Volleyschuss von Schiaffino erfreut, durch den Mailand 1:0 in Führung gegangen war. Doch das Endspiel war, wie die gesamte dritte Saison des Europapokals, überschattet von dem Drama um Manchester. So geriet fast in Vergessenheit, dass auch diese Spielzeit erwähnenswerte Neuigkeiten geboten hatte. Etwa dass zum ersten Mal eine deutsche Elf bis ins Viertelfinale vordringen konnte: Borussia Dortmund hatte Steaua Bukarest in einem Entscheidungsspiel in Bologna 3:1 besiegt, bevor der AC Mailand die Schwarz-Gelben in die Schranken wies. Und obwohl die UdSSR noch immer kein Interesse hatte, war erstmals ein Verein der DDR im Wettbewerb zu sehen.

Willy Tröger, erfolgreicher Torschütze des SC Wismut Aue.

Der ostdeutsche Verband DFV war schon 1955 zum ersten Pokal eingeladen worden, reagierte da aber nach den Angaben seines Generalsekretärs Kurt Langner zu träge: „Die einen waren dafür, die anderen vertraten die Auffassung, dass eine solche Meldung leistungsmäßig eine Verpflichtung mit sich bringe, der wir im

Augenblick nicht gewachsen seien." (Auf Deutsch: Der DFV hielt seine Klubs für zu schlecht.) Bevor man sich einigen konnte, war die Meldefrist verstrichen. Welche grüblerischen Gedanken sich der Verband ein Jahr später machte, ist nicht überliefert, aber 1957 schließlich nahm Wismut Karl-Marx-Stadt den Kampf gegen das europäische Kapital auf. Das zumindest war das Vorhaben, doch gleich der erste Gegner der DDR-Elf war ein Vertreter des befreundeten Polen. Wismut verlor bei Gwardia Warschau 1:3 und gewann das Rückspiel in Aue mit demselben Ergebnis. (Zwischen 1954 und 1963 trug Wismut Aue aus politischen Gründen den Namen der Bezirkshauptstadt Karl-Marx-Stadt, spielte aber weiterhin in Aue.)

Das Entscheidungsspiel fand in Berlin statt, wo Wismut bis zur 90. Minute vor dem Aus stand – dann köpfte Willy Tröger das 1:1. Nach zehn Minuten der Verlängerung musste die Partie abgebrochen werden, weil es dunkel wurde und der Jahn-Park kein Flutlicht besaß. In einem Zimmer des Vereinsheims warf der Schiedsrichter schwungvoll eine Münze in die Luft – die vom Tisch purzelte und unauffindbar blieb. Beim zweiten Versuch bestimmte ein Ersatz-Geldstück die Deutschen zu Siegern. Im November 1957 endete Wismuts Eskapade dann weniger spannungsgeladen: Ajax Amsterdam siegte auswärts 3:1 und daheim 1:0 gegen den DFV-Meister.

Ein „Kanönchen" in Madrid

Schon in den ersten drei Jahren seines Bestehens hatte der Europapokal alle Zutaten beisammen, die ihn von einer Nachspeise des Ligafußballs zum Hauptgericht werden ließen. Politik, Geld, Gewalt, Tragödien, Stars, Kunst, Spannung, Glamour – unter allen Aspekten war er zur großen Seifenoper des europäischen Sports geworden. Doch wie das in der Unterhaltungsbranche so oft der Fall ist, begannen ihm in der vierten Staffel die Ideen auszugehen. Er wiederholte sich. Die Saison 1958/59 endete erneut mit einem Sieg Real Madrids, nachdem der Klub zuvor einen Rivalen aus dem eigenen Land auszuschalten hatte, und auch der unterlegene Finalist war ein alter Bekannter. Wieder kam ein westdeutscher Klub nur bis in das Viertelfinale, wieder durchlitt der ostdeutsche Vertreter ein dramatisches Entscheidungsspiel. Die Handlung zeigte also kaum Varianten, doch immerhin gab es neue Namen.

Am 1. August 1958 strahlten Santiago Bernabéu und Raimundo Saporta in Richtung der Kameras, aber deren Objektive waren auf jemand anderen gerichtet – auf einen 31-jährigen, staatenlosen Mann mit Bauchansatz, dem das Fußballspielen lange Zeit untersagt gewesen war. Auf Antrag des ungarischen Verbandes hatte die FIFA Ferenc Puskás bis zum April 1959 gesperrt, was Barcelonas Josep Samitier abschreckte, der den Spieler schon Weihnachten 1956 verpflichten wollte. Madrids Saporta war hingegen kein Mann, der sich von solchen Nebensächlichkeiten ins Bockshorn jagen ließ. Zunächst holte er Emil Österreicher, den technischen Direktor des alten Honvéd-Teams, als Berater zu Real. Über ihn ließ sich bequem Kontakt zu Puskás herstellen, und die Sache mit der FIFA und deren Präsidenten (Arthur Drewry!) regelte Saporta dann persönlich auf nie geklärte Weise. Im Februar 1958 wurde die Sperre gegen Puskás jedenfalls aufgehoben, obwohl Ungarn mächtig keifte. Blieb nur noch das Problem, dass dem Spieler fast anderthalb Jahre Wettkampfpraxis fehlten. Auch das löste Saporta gewohnt elegant: Im Spätsommer 1958 brach Real zu einer Südamerikareise auf, kassierte pro Auftritt fast 30.000 Dollar und konnte Puskás behutsam in die Elf einbauen.

Puskás war nicht eben der Flotteste, aber technisch brillant und im Besitz eines solch harten Schusses, dass die spanischen Fans ihn „das Kanönchen" tauften. Auf dem Papier nahm er die halblinke Position in Reals Angriff ein, wechselte sich aber mit di Stéfano im Sturmzentrum ab oder lungerte im Mittelfeld herum. Komplettiert wurde diese Bilderbuchreihe von Kopa, Rial und dem fantastischen Gento. Ein besseres Quintett lässt sich nicht denken, und es sind diese Namen, die bis heute die meisten Leute mit der legendären Real-Elf jener Ära verbinden. Aber diese Männer spielten nur eine Saison zusammen und die war, wie sich gleich zeigen wird, nur bedingt ruhmreich. Wirklich perfekt spulte Madrid sein Spiel erst ein Jahr später ab, als Kopa schon wieder in Reims war. Viele Beobachter glauben, dass di Stéfano mit dem Franzosen nicht warm werden konnte, ihn entweder persönlich nicht mochte oder meinte, dass er ihn vom Podest schubsen wollte. Wie dem auch sei – fest steht jedenfalls, dass di Stéfano 1964, als Kopas kleiner Sohn Denis im Sterben lag, extra aus Madrid anreiste, um den Jungen zu sehen und den Vater zu trösten.

Puskás' erstes Spiel für Real im Europapokal war eine schauderhafte Angelegenheit. Obwohl der Gegner Besiktas Istanbul alles andere als prominent war, kamen 60.000 in das Bernabéu-Stadion – und bereuten es bitterlich. In einer Zeit, in der niemand mehr als drei oder vier defensive Leute aufbot, mauerten sich die Türken einen Zehn-Mann-Wall vor dem eigenen Tor zurecht und traten nach allem, was Weiß trug. Erst nach 57 Minuten fiel das 1:0 für den hohen Favoriten; den zweiten Treffer besorgte Kopa in der Schlussminute. Kurz vor dem Ende hatte di Stéfano die Fassung verloren und einen Faustschlag angesetzt, wofür er vom Platz gestellt worden war. Konnte es schlimmer kommen? Aber sicher! Das Rückspiel, das unter heftigen Regenfällen auf einem Morastboden stattfand, war so schlecht wie das Wetter. So störte es kaum jemanden, dass sich in den Regenpausen barmherziger Nebel über das Feld legte. Das 1:1 entsprach den nicht gezeigten Leistungen.

Siege für deutsche Teams

Während Real sich so in das Viertelfinale quälte, nicht ahnend, dass noch Übleres bevorstand, schlugen die zwei deutschen Vereine auf die Pauke. Wismut Karl-Marx-Stadt hatte nach einer halben Stunde beim IFK Göteborg 0:2 hinten gelegen, doch die nächsten sechs Tore dieses Achtelfinals schossen die Deutschen: zwei in Schweden, vier daheim in Aue. Noch Größeres leistete allerdings der FC Schalke 04.

Achtelfinale der Landesmeister 1958/59, Schalke 04 - Wolverhampton Wanderers 2:2 / 2:1. Schalkes Kapitän Berni Klodt mit Wolverhamptons Billy Wright vor dem Anpfiff des Rückspiels in der Glückauf-Kampfbahn.

In diesen ersten Jahren des Europapokals waren die Teilnehmerzahlen stets schwankend, so dass regelmäßig zwischen vier und acht (!) Mannschaften Freilose für die erste Runde bekamen, weshalb sie in manchen Nachschlagewerken „Qualifikationsrunde“, in anderen „Sechzehntelfinale“ genannt wird. Manchmal, wie 1958/59, griff auch die Politik in den Spielplan ein: Reals Gegner im Achtelfinale, Besiktas, hätte in der ersten Runde gegen Olympiakos Piräus antreten sollen, aber die Griechen weigerten sich, mit denen von ihnen ungeliebten Türken Fußball zu spielen. Somit rutschte Istanbul gleich in das Hauptfeld. Schalke hatte weniger Glück, aber erwartete auch keine Probleme mit dem BK Kopenhagen. Schließlich hatten die Knappen vor kurzem das große Arsenal London in einem Freundschaftsspiel 3:1 besiegt!

Offenbar kannten die Dänen dieses Resultat nicht. Skrupellos schlugen sie Schalke mit 3:0, und hätte Torwart Manfred Orzessek nicht Glanzparaden im halben Dutzend auf das Kopenhagener Parkett gelegt, wäre der westdeutsche Meister an der Grenze kaum wieder in die Heimat gelassen worden. Im Rückspiel ging es hoch her: Schalke lag kurz nach dem Seitenwechsel 3:0 in Führung, doch 20 Minuten später hatte das Team zwei Treffer kassiert und nur noch acht funktionsfähige Feldspieler. Auch ohne die angeschlagenen Otto Laszig und Günther Brocker erzwang Schalke dennoch in der Schlussphase ein 5:2 und damit das Entscheidungsspiel. Ein 3:1 auf dem neutralen Platz im holländischen Enschede sicherte das Achtelfinale und eine große Kasse. Der nächste Kontrahent hieß nämlich Wolverhampton Wanderers.

Die „Wolves“ wurden noch immer von Stan Cullis trainiert, hatten vor knapp einem Jahr in einem tollen Testspiel Real Madrid 3:2 geschlagen, und ihre Fans sahen sich schon auf Europas Thron, diesmal ganz offiziell und mit Gabriel Hanots Billigung. Insgeheim hegte Cullis aber Bedenken, die man von Engländern im Europacup noch oft hören sollte: „Meine Philosophie war das Angriffsspiel. Um aber den Europapokal zu gewinnen, brauchte es einen anderen Stil. Die Spieler hätten gegen ihre natürlichen Instinkte angehen müssen, und ich war nicht bereit, das zuzulassen." So stürmten die Wölfe vor 46.000 ihrer Fans gegen Schalke drauflos – und wurden zweimal ausgekontert. Günther Siebert, viele Jahre später Präsident des Klubs, und Willi Koslowski bescherten dem Gast ein respektables 2:2. Sechs Tage später sah die Glückauf-Kampfbahn in Gelsenkirchen einen 2:1-Sieg der Heimelf, und die Klischees sprudelten nur so: Neutrale Beobachter bescheinigten den Engländern, dass sie nur die Hälfte wert waren, sobald sie ihre Insel verließen; deutsche Zeitungen warfen den „Wolves" überhartes Einsteigen vor; englische Vertreter beklagten Zeitspiel und Schauspielerei der Deutschen.

Der kurze Ruhm des Wiener SK

Die Siege von Karl-Marx-Stadt und Schalke, das Gewürge von Real – normalerweise wären dies die markanten Punkte der ersten Monate des Europacups 1958/59 gewesen. Stattdessen gehörten alle Schlagzeilen dem Wiener Sportklub und einem Spiel, das auch fast ein halbes Jahrhundert später noch zu den größten Sensationen zählt, die der europäische Fußball in seinen Geschichtsbüchern aufführt.

In der Qualifikation wurden die armen Wiener gegen den härtesten Brocken gelost, der sich in den Töpfen befand: Juventus Turin. Die Turiner boten den Argentinier Omar Sivori auf, der zwei Saisons danach Europas Fußballer des Jahres wurde, Giampiero Boniperti, den Star der italienischen Nationalelf, und den Waliser John Charles, den die Tifosi den „sanften Riesen" nannten und zu Beginn des folgenden Jahrhunderts zum besten Ausländer wählten, der je das Juve-Trikot trug. Diese Könner schlugen die Österreicher in Turin mit 3:1. Sivori markierte alle drei Treffer, fiel den Gästen aber vor allem durch andere Aktionen auf. „Ich hielt ihm mal die Hand hin, um ihm aufzuhelfen", erinnert sich Verteidiger Heinrich Büllwatsch, „aber da packte er mich am Hinterkopf und zog mir in den Haaren." Eine Woche später kamen nur 20.000 in das Prater-Stadion; vermutlich glaubten nicht viele Österreicher, dass Büllwatsch seine Revanche bekommen würde. In der Tat lief die Partie lange nach Plan: Juventus stand gut, ließ nur ein paar Weitschüsse zu und konterte elegant über Boniperti und Sivori. Dann brach völlig unvermittelt alles zusammen, und innerhalb von zehn Minuten war Juventus erledigt: Karl Skerlan verwandelte einen Freistoß aus etwa zwanzig Metern, Josef Hamerl lenkte eine scharfe Flanke mit dem Innenrist ins Netz, derselbe Spieler umdribbelte zwei Italiener, eilte dem Tor zu, verlud Torwart Carlo Mattrel und schloss lässig ab. 3:0. Halbzeit.

Die Pause hätte den Turinern helfen sollen, sich zu sammeln und das so plötzlich Geschehene zu verarbeiten. Doch sie muss einen gegenteiligen Effekt gehabt haben. „Ihre Pässe gingen ins Nichts, Spieler stolperten über die eigenen Füße, Kombinationen klappten nicht", sagt Walter Horak über die zweite Hälfte. „Sie waren engagiert, aber als die Tore zu fallen begannen, verloren sie den Willen. Einige benahmen sich hässlich. Fiori und Sivori, Stopa und Ferrario suchten Streit." Hamerl war von alldem ungerührt. In der 64. Minute schoss er sein drittes Tor, in der 80. sein viertes. Erich Hof traf vom Elfmeterpunkt zum 6:0 und schloss kurz vor dem Ende einen weiträumigen Spielzug mit dem 7:0 ab. Bis heute hat Juventus Turin keine höhere Niederlage erlitten, bis heute sind die elf Spieler legendär, die an diesem Tag für den WSK aufliefen. „Wir waren zweimal Meister, aber das weiß niemand mehr", sagt Büllwatsch. „Der Sieg über Juventus hat uns berühmt gemacht." Uns – den Wiener Sportklub. Oder Sportclub? Viele Bücher beharren darauf, dass die Wiener zu dieser Zeit „Klub" mit „C" schrieben, aber die Anzeigentafel wies den Gastgeber an jenem unvergesslichen 1. Oktober 1958 eindeutig als „Sportklub" aus.

Es ist schon angedeutet worden, dass Wien in jenen Jahren des Öfteren Schauplatz skandalöser Vorkommnisse war. Die nächsten spielten sich an einem milden Vorfrühlingsabend Anfang März 1959 ab, als Real Madrid sich dem Juve-Bezwinger stellte. Das Prater-Stadion war diesmal mit 80.000 Zuschauern gefüllt, und es gab einen Aufruhr. Schuld daran waren jedoch nicht die Zuschauer – Tumulte sollten sie sich für die übernächste Saison aufsparen – sondern die Nerven des „Kanönchens". Es ist unklar, warum Puskás in der 37. Minute die Sicherungen durchbrannten. Viel-

Erste Runde der Landesmeister 1958/59, Juventus Turin - Wiener SK 3:1 / 0:7. Szene aus dem Spiel, das den Wiener SK berühmt gemacht hat.

leicht hatte er bis dahin einiges einstecken müssen, denn obwohl die Rapidler nicht als Treter galten, waren sie auch keine versonnenen Kaffeehaus-Kicker. John Charles, der Gutmütige, erinnerte sich zum Beispiel noch Jahre später nur mit Ingrimm an die Achtelfinalspiele zwischen Turin und Wien: „Ich wurde von den österreichischen Verteidigern derart gefoult, dass ich mitbekam, wie sich Ärzte im Turiner Krankenhaus Molinette darüber unterhielten, ob mein Bein amputiert werden müsste. Das stand eine Weile wirklich im Raum!" Sei es, wie es sei: In besagter Minute des Hinspiels im Viertelfinale trat Puskás dem am Boden liegenden Leo Barschandt ins Gesicht. Während der ohnmächtige Wiener vom Platz getragen wurde, kam es zu Handgemengen und regelrechten Schlägereien unter den Spielern. Es dauerte fünf Minuten, bis Schiedsrichter Alsteen aus Belgien Puskás des Feldes verweisen konnte, woraufhin Miguel Muñoz, inzwischen zum Assistenten von Trainer Carniglia aufgestiegen, sich dermaßen aufregte, dass er von Polizisten überwältigt und in Handschellen abgeführt wurde. Als der Tumult zu Ende war, traten sich die verbliebenen 19 Feldspieler 50 Minuten lang gegenseitig die Beine weg. Offensichtlich hatte niemand mehr Interesse daran, Tore zu schießen.

Zwei Wochen später machten sich Journalisten und Sicherheitskräfte große Sorgen um einen reibungslosen Ablauf des Rückspiels, aber das stellte sich als unnötig heraus. Wie es unter fairen Sportsleuten üblich ist, war das ganze Gehacke auf einmal vergessen. Puskás empfing Barschandt am Flugplatz mit einem Strauß Blumen und entschuldigte sich artig, dann spielten seine Kollegen den Sportklub in Grund und Boden. Di Stéfano erzielte vier Treffer, Real gewann mit 7:1 und war bereit für ein Novum – eine Europapokal-Partie zwischen Mannschaften aus derselben Stadt.

Ein Derby im Halbfinale

Das von Franco einst hofierte Atlético Madrid war als Zweiter der spanischen Liga in den Wettbewerb gekommen. Der Star der Elf war der Brasilianer Vavá, zweifacher Torschütze im WM-Finale 1958. Er hatte sein Team im Achtelfinale gegen CDNA Sofia (das spätere ZSKA Sofia) mit zwei Toren im Entscheidungsspiel vor dem Ausscheiden bewahrt, und auch eine Runde später war er in großer Form, diesmal gegen Schalke 04. Beim 3:0 in Madrid traf Vavá zum wichtigen Führungstor; in der Glückauf-Kampfbahn erzielte er den späten Treffer zum 1:1-Endstand.

In derselben Runde ereilte übrigens auch Wismut Karl-Marx-Stadt das Aus, allerdings kam das Scheitern der Ostdeutschen etwas überraschender, denn ihr Gegner Young Boys Bern galt als schlagbar, vor allem nachdem Wismut in der Schweiz bis zur 88. Minute mit 2:1 in Front gelegen hatte. Doch letztlich wäre auch das Unentschieden ein gutes Resultat gewesen, hätte man im Rückspiel nur den Ball über die Linie bekommen. Die vom ehemaligen deutschen Nationalspieler Albert Sing trainierten Berner verloren zwar Verteidiger Otto Häuptli durch Verletzung, auch

Viertelfinale der Landesmeister 1958/59, Atlético Madrid - Schalke 04 3:0 / 1:1. Ein Schalker Erinnerungswimpel an die Begegnung in Madrid.

mit zehn Mann aber nicht die Partie. Wieder sah sich Wismut in einer Situation, die man Neudeutsch wohl „Play-Off" nennen würde, aber diesmal halfen keine Dämmerung und kein Münzwurf. Die Young Boys siegten vor 20.000 Zuschauern in Amsterdam mit 2:1 und standen mir nichts, dir nichts im Halbfinale des Europacups. Dort mussten sie sich, trotz eines knappen Siegs im Hinspiel, schließlich den Franzosen von Stade Reims geschlagen geben. Enger und spektakulärer verlief aber das andere Semifinale, nämlich das zwischen den so unterschiedlichen Klubs aus Madrid.

„Atlético Madrid ist einer der komplexesten und paradoxesten spanischen Klubs", schrieb der in Spanien lebende Engländer Phil Ball im Jahre 2001. „Er hat neun Meisterschaften und neun Pokale zu Buche stehen, aber trotzdem scheint er immer irgendwie an den Rand und vom Mainstream weggedrängt zu werden, hin an die verseuchten Ufer des Flusses Manzanares, wo die Gaswerke sind." Tatsächlich ist Atlético schwer einzuordnen. Der Klub gilt als Arbeiterverein, wurde aber von baskischen Studenten gegründet. Seine Fans werden als extrem rechts eingestuft, dabei war Atlético einer der ersten spanischen Klubs, die einen schwarzen Spieler aufboten: den Marokkaner Larbi Ben Barek, dessen Tore die Titel von 1950 und 1951 brachten. Es passt zum Image des Vereins, dass Real seinem Nachbarn 1959 großherzig anbot, doch beide Halbfinals im schicken Bernabéu-Stadion auszutragen, weil das höhere Einnahmen versprach. Entrüstet lehnte Atlético dies ab, und so ging es zur ersten Partie in das feine Bankenviertel, zur zweiten in die Nähe der Gaswerke.

Real gewann sein Heimspiel mit 2:1, weil Vavá einen Elfmeter für die Gäste vergab. Vor dem zweiten Gang versprach Atléticos neuer Trainer Ferdinand Daucik (der Schwiegervater von Barcelonas Star Ladislao Kubala) dem Seriensieger Real eine „Götterdämmerung". Fast wäre sie wirklich hereingebrochen, denn Linksaußen Enrique Collar brachte Atlético 1:0 in Führung, und nach der Halbzeit spielte Real wie eine Mannschaft, die sich nur noch in ein drittes Spiel retten will. Das wenigstens gelang. Am 13. Mai 1959 sahen sich die Rivalen in Saragossa wieder, wo Madrid durch Tore von di Stéfano und Puskás 2:1 gewann. Als das Spiel vorbei war, erfuhr Kopa, dass er im Finale auf seinen alten und neuen Verein treffen würde, Stade Reims.

Neuauflage des ersten Finales

Das vierte Finale um den Europapokal, am 3. Juni 1959, wurde in Stuttgart gespielt. Es war eine schöne, bunte und weitgehend harmonische Angelegenheit. Die 80.000 Zuschauer im Neckarstadion erfreuten sich an berühmten Namen, zu denen man zu diesem Zeitpunkt auch den Reimser Just Fontaine zählen musste. Der Torschützenkönig der WM 1958 befand sich in grandioser Form und hatte auf dem Weg ins Endspiel zehnmal getroffen. Dass Fontaine nicht zu den ganz Großen des Fußballs gehört, liegt daran, dass er sich im März 1960 einen komplizierten Beinbruch zuzog – und kurz nach seinem Comeback einen weiteren. Danach war er nie wieder derselbe Spieler. Natürlich half es seinem Ruf auch nicht, dass er ausgerechnet im Stuttgarter Endspiel leer ausging, aber alles andere wäre auch nicht zu erwarten gewesen. Reims hatte durch Losglück Italiener, Spanier, Engländer oder sogar Deutsche vermieden und sich über Finnen, Belgier und Schweizer ins Finale gemogelt. Die Elf war einfach nicht in der Lage, Real auch nur ansatzweise einen Kampf wie 1956 zu liefern. Schon in der ersten Minute kombinierten sich die Spanier die rechte Außenlinie entlang, wechselten dann abrupt den Flügel, und Enrique Mateos drang an drei Franzosen vorbei auf der linken Seite in den Strafraum ein. Er schloss etwas unorthodox ab, indem er den Ball mit dem rechten Außenrist in das lange Ecke beförderte, aber an diesem Tag konnte nichts schief gehen. Es fiel nicht einmal ins Gewicht, dass Mateos einen Strafstoß vergab, denn di Stéfano traf kurz nach dem Seitenwechsel mit einem präzisen Schuss aus 18 Metern. Der französische Außenstürmer Jean Vincent wollte augenscheinlich noch klarstellen, dass seine Elf sich nicht etwa wegen Kopa zurückhielt und senste seinen Landsmann dermaßen um, dass dieser den Rest der Partie als Statist miterlebte und Real bloß noch mit Blick auf die Uhr spielte.

Das Überraschendste an der Begegnung waren die Szenen danach. Die Spanier, die ihren vierten Pokal mit kühler Eleganz und Souveränität abgeholt hatten, feierten wie Schulbuben, die zum ersten Mal die Stadtmeisterschaft gewinnen. Auch daheim waren die Brücken und Straßen eng bevölkert, als das Team die Trophäe vom Flugplatz in die Stadt transportierte. Fast könnte man meinen, Madrid hätte befürchtet, dass dieser große Sieg der letzte sein würde. Nein, nicht wegen der Frankfurter Eintracht, die etwa drei Wochen später eines der besten Endspiele um die Deutsche Meisterschaft gewinnen und sich somit für den Europacup 1959/60 qualifizieren sollte. Schon eher wegen Wolverhampton, das auch wieder dabei sein würde und ja wusste, wie man Real schlagen kann. Oder wegen des AC Mailand und der Glasgow Rangers, die mittlerweile den schottischen Fußball wieder dominierten. Vor allem aber wegen der vermutlich besten Fußball-Mannschaft dieser Jahre. Denn das war eben eigentlich nicht Real Madrid. In der Mannschaft, von der die Rede ist, standen die drei sagenumwobenen Ungarn Zoltán Czibor, Sandor Kocsis und Ladislao Kubala. Außerdem der Galizier Luis Suárez, der 1960 Europas Fußballer des Jahres wurde und dann Inter Mailand dirigierte. Schließlich der begnadete brasilianische Dribbler Evaristo. Trainiert wurde diese Elf eines Klubs, der in den 1950ern 20 Nationalspieler aus sieben Ländern unter Vertrag hatte, von einem nicht minder berühmten Argentinier – Helenio Herrera. Ja: Endlich hatte es der FC Barcelona auf die Bühne geschafft, auf der inzwischen die wahren Meriten verteilt wurden, endlich waren die Katalanen für den Europapokal der Landesmeister qualifiziert.

Kataloniens Stolz

Eine der nicht geplanten, aber unvermeidlichen Folgen des kontinentalen Wettbewerbs war es, dass Eifersüchteleien, Rivalitäten und eitles Gehabe auf eine neue Ebene gehoben wurden. So wie Bayern München einige Generationen später Fehden mit Real Madrid oder Manchester United pflegen würde, während die klassischen Rivalen 1860 München und 1. FC Nürnberg nur noch als kleine Vettern betrachtet wurden, die einem keifend hinterherliefen, so blickte auch das weiße Ballett der 1950er mitleidig auf seine provinziellen Konkurrenten, die immer noch nicht wussten, wie es war, auf große Europa-Tournee zu gehen.

Bernabéus Angebot an Atlético Madrid, beide Halbfinalspiele 1959 in dem Stadion auszutragen, das seinen Namen trug, war aller Wahrscheinlichkeit nach gar nicht als Spitze gemeint, sondern als nette Geste. Es hätte Atlético mehr Geld eingebracht, und was sonst wäre wichtig gewesen? Noch mehr als den Madrider Stadtrivalen wurmte dies großherrschaftliche Getue aber den FC Barcelona.

„Barça gewann 1959 und 1960 die Ligatitel", schreibt Phil Ball, „aber diese beachtlichen Leistungen wurden in Spaniens öffentlichem Bewusstsein durch die europäischen Abenteuer von Real Madrid verdrängt. Eine der größten psychologischen Narben auf der Haut des ‚Catalanisme' ist es, dass Spaniens Fußball-Historiker Barcelonas Team der 1950er nie ausreichend gewürdigt haben." Man muss hinzufügen, dass Barcelona selbst nicht unschuldig an dieser Entwicklung war. Noch heute, ein halbes Jahrhundert später, gilt der Klub als notorischer Versager in internationalen Wettbewerben. Dass ein solch großer und reicher Verein, der in seiner Geschichte stets nur die besten und teuersten Stars holte – von Kubala über Cruyff bis Maradona –, den Pokal der Landesmeister auch nicht öfter gewinnen konnte als Aston Villa, Steaua Bukarest oder der PSV Eindhoven, ist nur peinlich zu nennen. Zurück geht das Drama wohl auf jene brillante Elf der späten 1950er und frühen 1960er, die entgegen aller griffigen Mythen nicht an Franco scheiterte, sondern an sich selbst.

Ist dieses Thema einmal angeschnitten, muss man ohne Umschweife auf Kubala kommen. Der einzige Fußballer, der im Verlauf seiner Karriere in drei Nationalteams spielte (für die Tschechoslowakei, Ungarn und Spanien), hätte bei Barcelona das werden sollen, was di Stéfano für Real wurde. Zwar war er ein mindestens

„Laszlo“ Kubala, mit dem FC Barcelona fünfmal Spanischer Meister, viermal Pokalsieger. Hier in Aktion während des Rückspiels gegen den 1. FC Basel im Pokal der Messestädte 1958/60. Barcelona gewann 5:2.

ebenso guter Spieler, aber eben kein so disziplinierter Profi. Er liebte die Frauen und den Wein mehr als die Zucht und Ordnung, die in osteuropäischen Armee-Klubs gepflegt wurde. So verließ er Ungarn schon in den späten 1940ern und spielte daher nie in dem Wunderteam um Puskás. Mitte der 1950er machten seine Eskapaden Barcelona solche Sorgen, dass der Klub ihn von einem Privatdetektiv beschatten ließ. Der berichtete kurz vor Weihnachten 1955, dass Kubala zusammen mit einigen Mitspielern das Mannschaftsquartier verlassen habe, um in einem Bordell ein Massenbesäufnis abzuhalten. Barcelona bestrafte alle Beteiligten und entzog Kubala die Kapitänswürde. Am nächsten Tag schlug die Elf eine Stadtauswahl von Kopenhagen im Messe-Pokal mit 6:2.

Vier Jahre später, als Barcelona sich aufmachte, Real im Europapokal herauszufordern, glänzte Kubalas Stern nicht mehr ganz so hell, denn der neue Trainer Herrera war weniger romantisch veranlagt als Barças Fans, die ihren lebensfrohen „Kuksi“ über alles liebten. „Kubala war der größte Spieler, den ich je kannte“, sagte Herrera.

„Aber seine Technik machte seinen mangelnden Einsatz nicht wett.“ Nun, so ganz ohne Kubala ging es auch nicht. In der ersten Runde kamen die Spanier nur zu einem 2:2 in Sofia; im Rückspiel war „Kuksi“ wieder dabei und beseitigte mit zwei Toren in den ersten elf Minuten alle Zweifel am Weiterkommen. Für den November erwartete man allerdings mehr Probleme, denn Barcelonas Viertelfinalgegner würde der AC Mailand mit seinem neuen Superstar sein, dem Brasilianer José Altafini. Der war 1958 Weltmeister geworden, damals noch unter dem kuriosen Spitznamen „Mazzola“ – er ähnelte dem ehemaligen Kapitän des AC Turin, Valentino Mazzola.

Doch selbst der mit vielen Lira zusammengestellte Italienische Meister hatte dem Stolz Kataloniens nichts entgegenzusetzen. Im Mailänder Stadtteil San Siro bestaunten 54.000 Zuschauer einen problemlosen 2:0-Sieg des Gastes, der schon nach einer Viertelstunde feststand. Drei Wochen später, am 25. November, kam es noch dicker: Kubala schoss drei Tore, Barcelona demütigte einen der Turnierfavoriten 5:1. Wer jetzt dachte, noch besser könnte man nicht spielen, der durfte sich bald am Hinterkopf kratzen. Im Februar und März 1960 traf Barcelona auf die Wolverhampton Wanderers, die eine gute Elf von Vorwärts Berlin und die immer gefährlichen Jugoslawen von Roter Stern Belgrad ausgeschaltet hatten. Stan Cullis fand noch immer keinen Gefallen an defensivem Fußball, was seine Elf im Stadion Camp Nou mit vier Gegentoren bezahlte.

Zum Rückspiel weichte Dauerregen den Boden im Molineux-Stadion auf, und Cullis verfiel auf seinen alten Trick, den Platz zusätzlich zu wässern. Was 1954 gegen Czibor und Kocsis gewirkt hatte, konnte 1960 nicht falsch sein, dachte er wohl. Aber die Zeiten hatten sich geändert. Kocsis erzielte zwei Tore vor der Pause, dann kugelte er sich den Arm aus und wurde vor Schmerzen bewusstlos. In der Kabine ließ er sich behandeln, kam zur zweiten Halbzeit wieder auf den Platz – und legte noch zwei Treffer nach. Ramón Villaverde markierte kurz vor Schluss Barcelonas letzten Treffer zum 2:5-Endstand. „Wenn wir schon verlieren mussten, dann bin ich froh, dass es gegen eine solche Elf passierte“, sagte Cullis beeindruckt. Alfredo di Stéfano hatte die Engländer zuvor per Zeitungsinterview aufgerufen, Barcelona auszuschalten. Das hatte nicht geklappt, und so kam es, wie es kommen musste: Im Halbfinale führte das Los Barcelona und Madrid zusammen.

Herrera gegen Kubala

Real hatte diese Runde über Jeunesse Esch und den OGC Nizza recht entspannt erreicht. In der Liga liefen die Dinge hingegen unrund, und in den Wochen vor den Spielen gegen Barcelona handelte Bernabéu: Der brasilianische Trainer Fleitas Solich wurde nach zehn Monaten im Amt gefeuert, Miguel Muñoz nahm seinen Posten ein und erhielt neue Spieler als Morgengabe: den Abwehrmann Enrique „Pachin“ Pérez und Luis del Sol. Letzterer war ein 25-jähriger Spielmacher, für den Betis Sevilla aus Madrid gleich drei Spieler und umgerechnet 450.000 Mark bekam; zweifellos begann man sich bei Real wegen des Altersdurchschnitts der Mannschaft zu sorgen. Beide Neulinge waren in der nationalen Liga nicht spielberechtigt, aber da die UEFA erst kurz davor stand, Wechselfristen einzuführen, durften sie im Europapokal auflaufen.

Helenio Herrera, Trainer des FC Barcelona und später bei Inter Mailand der prominenteste Verfechter des Catenaccio.

Der FC Barcelona hätte Real einen ebenbürtigen Kampf liefern können und sollen, doch wie so oft vermasselte er sich die Sache selbst. Kurz vor dem Hinspiel in Madrid gerieten Czibor und Kubala mit dem Klub in Streit über die Prämienzahlungen. Herreras Rolle in dieser Affäre ist nicht völlig geklärt; einerseits ließ er am Vorabend des Spiels vernehmen, er sei auf der Seite der Spieler, andererseits gibt es Berichte, die besagen, dass der Trainer Kubalas Aufmucken nun endgültig leid war und ein Exempel statuieren wollte. Fakt ist, dass Kubala und Czibor in der ersten Partie gegen Real nicht spielten. Fakt ist auch, dass die Madrilenen 3:1 gewannen; di Stéfano erzielte zwei Tore, das erste und das psychologisch wichtige dritte in der 84. Minute. Als Schiedsrichter Reginald Leafe aus England abpfiff, ließen Reals Fans bunt leuchtende Ballons in die Nacht fliegen.

Ein Zwei-Tore-Rückstand sei leicht aufzuholen, dozierte Herrera vor den Reportern scheinbar siegessicher. Doch klang er dabei wie ein Mann, der weiß, dass sein Job nur an einem dünnen Faden hängt. Sechs Tage später trafen sich die Teams zur Revanche im erst 1957 eröffneten Stadion Camp Nou. Hier in dieser Arena, die errichtet worden war, damit Barcelona sich einer ebenso mächtigen Heimstatt wie Real rühmen konnte, sollten die „Königlichen" nun gestürzt werden. Einige, die nicht dabei sein durften, waren hinterher wohl ganz froh darüber, dass sie das Spiel nicht auf dem Platz hatten miterleben müssen. Während die Partie ihren Lauf nahm, schmollte Czibor am Tresen seiner Bar und bediente diejenigen Fans, die keine Karten mehr bekommen hatten. Auch Kubala stand wieder nicht in der Elf, dafür zog ein einstiger Landsmann der beiden eine große Schau ab: Puskás traf nach 25 Minuten zum 0:1, nach 75 Minuten zum 0:3. Kocsis, ein weiterer Exil-Ungar, verkürzte noch auf 1:3, aber die Blamage Barcelonas war perfekt. Aus dem katalanischen Himmel regnete es Sitzkissen und Obst auf Helenio Herrera herab, der wenige Tage später entlassen wurde. Als die enttäuschten Anhänger Barcelonas von dieser Entscheidung erfuhren, stellten sie eindrucksvoll unter Beweis, dass das Gedächtnis von Fußball-Fans nicht so kurz ist, wie man oft behauptet. Der Mann, der den verehrten Kubala bestraft und somit das verhasste Real belohnt hatte, wurde dennoch auf Schultern die „Rambla" entlang getragen, Barcelonas Prachtstraße. Immerhin hatte er die, so war man sicher, beste Mannschaft weit und breit geformt und die Spanische Meisterschaft geholt. Dieser vermaledeite Europapokal würde dann eben in der nächsten Saison gewonnen werden.

Frankfurter Sternstunde

Nach den eindrucksvollen Leistungen gegen Barcelona wäre Real bei jeder noch denkbaren Endspielpaarung Favorit gewesen, aber es stand eine sehr unangenehme Möglichkeit im Raum: Das Finale sollte im Hampden Park von Glasgow stattfinden, und ein Verein aus dieser Stadt hatte sich mit Zähnen und Klauen in das Halbfinale gekämpft.

Anders lassen sich die Ergebnisse der Glasgow Rangers in der Europacup-Saison 1959/60 kaum beschreiben. Den RSC Anderlecht hatten die Schotten noch im Schongang ausgeschaltet, aber das Ringen mit Roter Stern Bratislava im Achtelfinale besaß schon epische Dimensionen. Im Glasgower Ibrox Park lagen die Tschechen zweimal in Front, obwohl ihr Stopper Matlák noch vor der Pause vom Platz gestellt worden war und Torwart Hlavaty später verletzt ausscheiden musste. Gegen neun Gäste glichen die Rangers in der 73. Minute zum 3:3 aus und schossen mit dem Abpfiff das 4:3. Im Rückspiel flog dann ein Schotte vom Rasen, und die Teams trennten sich nach hartem Kampf 1:1. Im Viertelfinale wurde es noch enger. Zwar gewann Glasgow mit 2:3 bei Sparta Rotterdam, aber wieder war es ein spätes Tor, das sich als wichtig erweisen sollte, diesmal der holländische Anschlusstreffer in der 87. Minute. Das Rückspiel endete nämlich vor 85.000 verblüfften Zuschauern mit einem 1:0-Sieg Spartas im Ibrox Park. So kam es, dass London am 30. März 1960 sein erstes Europapokal-Spiel sah: eine Entscheidungspartie zwischen Schotten und Niederländern. Die Halbprofis aus Rotterdam erhielten an diesem Tag zwei Elfmeter zugesprochen und schossen vier Tore. Der Haken an der Sache war, dass einer dieser Strafstöße vergeben wurde und zwei der vier Tore das eigene Netz ausbeulten. Die Rangers retteten ein 3:2 in die Kabinen und waren nun nur noch einen Gegner vom Finale in Glasgow entfernt. Und das war die Frankfurter Eintracht.

Die Hessen stellten in jenen Tagen eine prima Mannschaft um den Innenstürmer Alfred Pfaff und den Rechtsaußen Richard Kreß. Wie sich noch zeigen sollte, legten sie vielleicht etwas zu viel Wert auf den typischen Fußball Frankfurter Schule: technisch beschlagen, offensiv, ausladend. Dass solch stilistische Sturheit eines der sagenhaftesten Spiele der Fußballgeschichte produzieren würde, war aber im November 1959, als die Eintracht in den Europacup eingriff, noch nicht abzusehen. Das Team hatte zwei wichtige Spieler verloren, die im Finale um die Deutsche Meisterschaft gegen Offenbach alle fünf Tore erzielt hatten: Der Ungar Istvan Sztani war von Standard Lüttich gekauft worden, Mittelstürmer Ekkehard Feigenspan hatte sich von 1860-Präsident Adalbert Wetzel nach München locken lassen. Schließlich fiel auch noch der routinierte Verteidiger Hans-Walter Eigenbrodt wegen eines Wadenbeinbruchs bis zum Frühjahr aus. Da kam es nicht ungelegen, dass Frankfurts Gegner in der ersten Runde, der finnische Meister KuPS Kuopio, seine Meldung für den Europapokal kurzfristig zurückzog.

Trotz aller Zweifel an der Klasse der umgebauten Elf verlief das internationale Debüt der Frankfurter mehr als annehmbar: Bei den Young Boys Bern errangen sie einen 4:1-Sieg und bekamen sogar einen weiteren Treffer aberkannt. Dass dieses Resultat dem Spielverlauf nicht ganz entsprach, zeigte sich drei Wochen später. Die Schweizer hielten im Waldstadion gut mit und nahmen durch ein spätes Tor ein verdientes 1:1 mit heim. Scheinbar hatte die Eintracht Gefallen daran gefunden, sich für ihre Reise durch die Gefilde des Europapokals zunächst im deutschsprachigen Raum zu akklimatisieren, denn für das Viertelfinale zog sie als Kontrahenten den Wiener Sportklub. Im Hinspiel begannen 40.000 Frankfurter Fans zu murren, als die Wiener es sich in der eigenen Hälfte bequem machten. Dieter Lindner besorgte das 1:0, aber

Halbfinale der Landesmeister 1959/60, Eintracht Frankfurt – Glasgow Rangers 6:1 / 6:3. Triumph im Hinspiel: Lindner (links) hat soeben zum 4:1 eingeköpft. Torhüter Niven ist geknickt.

nach einer Stunde war Eintrachts Torwart Egon Loy so perplex, weil die Gäste sich tatsächlich einen Eckball erobert hatten, dass er dem Wiener Experten für ruhende Bälle, Karl Skerlan, erlaubte, das Leder direkt ins Netz zu schnibbeln. Erich Meier schoss aus abseitsverdächtiger Position noch ein 2:1 heraus, aber beim Schlusspfiff machten die Frankfurter säuerliche Mienen. Ihre Skepsis schien sich im Praterstadion zu bestätigen, denn nach einer halben Stunde gingen die Österreicher in Führung. Als das Publikum erwartete, dass sich die Hessen nun einigeln, um ein drittes Spiel zu erreichen, gab Kapitän Alfred Pfaff das Signal zur Offensive. Plötzlich warfen die Gäste mit leichter Hand Kombinationen auf den Rasen, und in der 60. Minute schloss Erwin Stein einen Steilpass von Lindner zum Ausgleich ab, der sicherstellte, dass die Eintracht auch im April noch im Europapokal spielen würde.

Wie so viele Schotten erinnert sich Bill Stevenson von den Glasgow Rangers nur mit einer Art von ungläubigem Grauen an die zwei folgenden Halbfinalpartien gegen Frankfurt zurück. „Zu diesem Zeitpunkt dachten wir, dass unsere Chancen sehr gut stünden, das Finale im Hampden Park zu erreichen“, sagte er. „Aber dieser Gedanke verflog schon nach den ersten fünf Minuten des Hinspiels in Deutschland. Sie waren so schnell und schlugen uns mit unserer eigenen Waffe, dem Flügelspiel. Zur Pause stand es 1:1 – sie hatten einen Elfmeter vergeben –, aber in der zweiten Halbzeit wussten wir nicht mehr, wo oben und wo unten ist. Wir waren nur noch wie Stichwortgeber für den Star der Show. Ich kam mir überhaupt nicht vor, als hätte ich mitgespielt, denn ich hatte im ganzen Spiel bloß etwa 20 Ballberührungen. Wir verloren 1:6, aber um der Wahrheit die Ehre zu geben, hätten es auch zehn Gegentore sein können.“

Nun, ganz so peinlich, wie Stevenson es schildert, war die Sache eigentlich gar nicht. In den zehn Minuten nach dem Wechsel traf Pfaff zweimal zum 3:1, aber danach hatten die Schotten selbst zwei gute Möglichkeiten, die Loy aber zunichte machte. Erst das 4:1 durch Lindner in der 73. Minute ließ die Rangers kollabieren, und nun zogen die Gastgeber das Tempo noch einmal an, um den schwankenden Gegner zu Boden zu schicken. In den letzten fünf Minuten machten Lindner und Stein aus dem bislang nur schockierend hohen Sieg ein Glasgower Debakel, das man im Rest Europas kaum glauben wollte.

Ungeachtet dieser Schlappe, kamen am 5. Mai 1960 mehr als 70.000 Rangers-Fans zum Rückspiel und hofften auf ein frühes Tor. Ihr Wunsch war Dieter Lindner Befehl: Nach nur sechs Minuten traf er zum 0:1. Nun dachten sich die Gastgeber wohl, dass ein echter Schotte lieber mit fliegenden Röcken untergeht, als sich feige irgendwo einzugraben. So fiel in der Folge alle zehn Minuten ein Treffer, bis Schiedsrichter Bertil Lööw aus der Schweiz das Tor-Inferno per Trillerpfeife stoppte. Es stand 3:6. Die Zuschauer spendeten den Deutschen stehend Ovationen, die schottischen Spieler bildeten ein Ehrenspalier für ihre Bezwinger, und Bill Stevenson eilte zum Buchmacher, um für das Finale fünf Pfund auf die Eintracht zu setzen. Wer ein Dutzend Tore gegen die Rangers schoss, konnte diesen Pokal gar nicht verlieren, folgerte er.

Das schönste aller Spiele

Das Endspiel im Europapokal der Landesmeister 1960 gilt als einer der größten Momente des Fußballs überhaupt. Die Experten des englischen Magazins „Four Four Two" fragten 1996 und 1999 jeweils hundert aktive und ehemalige Profis, Trainer und Journalisten nach dem besten Spiel aller Zeiten, und in beiden Abstimmungen landete die Partie zwischen Real Madrid und Eintracht Frankfurt auf dem ersten Platz. (Bei der zweiten Auflage nahm zwar offiziell das WM-Finale von 1966 Rang eins ein, aber die Macher der Publikation gaben zu, aus Patriotismus etwas „geschummelt" zu haben.) Nun gibt es allerdings Fachleute, die das 1962er Europapokal-Finale ohne Zögern über das von 1960 stellen würden. Das muss man zweifellos tun, wenn man allein über ein Fußballspiel redet. Aber der 18. Mai 1960 war mehr als nur das; er war eine Offenbarung mythischen Ausmaßes, weil das weiße Ballett endlich das Stück aufführte, das es fünf Jahre lang geprobt hatte. „Als Wettkampf war das Finale schon zur Pause vorbei", schreiben die Engländer John Motson und John Rowlinson, „aber als Darbietung der höchsten Kunstfertigkeit, die der Fußball anzubieten hat, ist es zu einem Sammlerstück geworden."

Und doch bleiben zwei Tatsachen festzuhalten. Die erste ist, dass alles ganz anders hätte kommen können. Schon in der zweiten Minute setzte Erich Meier einen Schuss

Finale der Landesmeister 1959/60, Real Madrid - Eintracht Frankfurt 7:3 (in Glasgow). Die Eintracht vor dem Finale (v.l.n.r.). Stehend: Lindner, Lutz, Höfer, Stein, Pfaff, Meier. Kniend: Kreß, Weilbächer, Loy, Stinka, Eigenbrodt.

an die Latte des Real-Tores. Der Schotte Billy Bremner, der später selbst als Spieler in einem Finale um den Pokal der Landesmeister stehen würde, verfolgte das Geschehen als 17-Jähriger von der Tribüne aus. „Die Sache ist die: In den ersten 20 Minuten spielte nur die Eintracht“, erinnert er sich. „Sie war der absolute Chef im Ring.“ Und sie führte 1:0, weil Mittelstürmer Stein in der 18. Minute auf den Flügel ausgewichen war, von wo er eine Flanke nach innen schlug, die Kreß verwandelte. Pfaff, den sie am Riederwald „Don Alfredo“ riefen, spann unbeschwert die Fäden, und Raimundo Saporta würde später berichten, dass er die Begegnung beinahe verloren geglaubt hätte, bis ... ja, bis der wahre Don Alfredo sie an sich riss. Zwischen der 27. und 30. Minute drehte er mit zwei Toren die Partie. Dann kam der entscheidende Moment, das 3:1: Kurz vor dem Halbzeitpfiff war sich die versammelte Frankfurter Verteidigung eine Sekunde unschlüssig, wer den Ball klären sollte. Das nutzte der heraneilende Puskás, der scheinbar nicht nachdenken musste, was zu tun war. Er kam vor Eigenbrodt an das Leder, legte es sich einen Meter vor und hämmerte es aus spitzem Winkel unter die Latte des Eintracht-Tores. Danach stand er im Strafraum und breitete seelenruhig die Arme aus, wie eine Christus-Figur, die gerade zehn arme Seelen erlöst hat.

Die zweite Tatsache ist, dass es nach dem Seitenwechsel zum Schaulaufen der Meister kam, weil die Eintracht kräftig mithalf und auch der Schiedsrichter, Herr Mowat aus Schottland. In der 56. Minute verhängte er einen Strafstoß gegen die

Frankfurter, den selbst der angeblich gefoulte Gento zuerst nicht wahrhaben wollte. Puskás traf zum 4:1. Für den Rest der Spielzeit verstärkten die Deutschen nun nicht etwa die Defensive, sondern machten es den Glasgow Rangers nach und spielten eifrig mit. Das führte zu „sträflichen Deckungsblößen und Unachtsamkeiten“, wie sich die DDR-Presse ausdrückte, die für das ihrer Meinung nach gleichzeitig kapitalistische und faschistische Real nicht viel übrig hatte. Puskás erzielte per Kopf den fünften Treffer, bei dem Torhüter Loy ebenso schlecht aussah wie beim zweiten, als er einen Fernschuss hatte abprallen lassen. Dann schlugen zwischen der 71. und 75. Minute mal hier, mal dort gleich vier Bälle ein: Puskás und di Stéfano erhöhten für Real; Stein verkürzte erst auf 2:6, später zum Endstand von 3:7.

„Ich habe die beste Fußballmannschaft der Welt gesehen!“, rief der nicht traurig wirkende Frankfurter Trainer Paul Oßwald aus. Seine Spieler beurteilten das ähnlich und klatschten dem Sieger Beifall. Das Publikum verlangte – und bekam – eine Ehrenrunde der Spanier. Noch dreißig Minuten nach dem Abpfiff hatte niemand den Hampden Park verlassen. „Man hörte im ganzen Stadion ein aufgeregtes Gemurmel, als wäre gerade Frank Sinatra oder so jemand aufgetreten“, sagt Bremner. Derweil lächelte Saporta still in sich hinein, weil Puskás vier Tore geschossen hatte. Dem Ungarn war nach dem verlorenen WM-Endspiel 1954 in einem Interview die Vermutung entglitten, die deutsche Nationalelf wäre gedopt gewesen, woraufhin der verärgerte DFB eine Stadionsperre gegen ihn verhängte und seinen Klubs empfahl, nicht

Kreß (links) bringt die Eintracht in der 18. Minute mit 1:0 in Führung ... Am Ende haben die tapferen Hessen doch verloren. Madrids Linksaußen Gento beglückwünscht Frankfurts Torwart Loy nach einem großen Spiel (rechts).

gegen eine Mannschaft zu spielen, die Puskás aufbot. Vielleicht wäre dieser Boykott wirklich durchgezogen worden, wenn Saporta seinen Stürmerstar nicht dazu überredet hätte, ein Entschuldigungsschreiben aufzusetzen. So konnte der 18. Mai 1960, der großen Fußball geboten hatte, auch noch mit großen Gesten enden: Puskás eilte zu Pfaff, gegen den er bei der WM 1954 schon gespielt hatte, und legte ihm tröstend die Arme um die Schultern. Für den Mann aus Rödelheim war das Abenteuer Europa beendet; für den Ungarn hieß es: neue Saison, neuer Cup.

Ende einer Ära

Das sechste Jahr des Meisterpokals begann am 7. Juli 1960 in Paris mit der Auslosung für die zwölf Paarungen der ersten Runde, deren Sieger im Achtelfinale zu den vier Teams stoßen sollten, denen das Glück einen Freifahrtschein in die Hand gedrückt hatte. Um weite Reisen und andere Komplikationen zu vermeiden, teilte die Pokalkommission der UEFA die 24 beteiligten Klubs in drei Gruppen ein, sodass jeweils nur innerhalb einer geographischen Zone gelost wurde.

Trotzdem stellten sich Probleme ein. Der rumänische Titelträger CCA Bukarest wartete die Auslosung ab und zog dann seine sich angeblich in einer Formkrise befindende Elf zurück, sodass Spartak Královo (Königgrätz) die Schuhe gar nicht erst schnüren musste. Die Nordiren von Glenavon Lurgan machten sich zwar keine Sorgen, ob sie dem DDR-Meister Wismut Karl-Marx-Stadt gewachsen wären, dafür aber über die Politik. In Großbritannien pflegten einige Regierungen Vorbehalte gegen Kicker aus dem Arbeiter- und Bauernstaat und stellten sich pingelig an, wenn es um deren Visa ging. Im folgenden Jahr etwa würde der FC Linfield sein Heimspiel gegen Vorwärts Berlin absagen müssen, während die Glasgow Rangers das ihrige im schwedischen Malmö austrugen. Im Sommer 1960 jedoch fand sich keine so elegante Lösung, woraufhin ein Sprecher der merklich genervten UEFA mit dem Satz „Wenn eine Mannschaft nicht antreten kann, muss sie ausscheiden" für Ordnung sorgte und Karl-Marx-Stadt in das Hauptfeld hievte.

Die dominierende Mannschaft der ersten Europapokal-Ära, Real Madrid, das nach seinem fünften Titelgewinn auch noch den Weltpokal 1960 gewann. Hintere Reihe von links: Dominguez, Marquitos, Santamaria, Pachin, Vidal, Zarraga. Vordere Reihe: Herrera, del Sol, di Stéfano, Puskás, Gento.

Auch der Verband der Sowjetunion konnte, wollte oder durfte weiterhin keinen Klub stellen. Die Gründe, die er für sein Fernbleiben fand, hatten jedoch weder mit Sport noch mit Politik zu tun, sondern mit der Organisation des Wettbewerbs. Die Moskauer Funktionäre forderten, das Finale in zwei Partien auszuspielen, und bemängelten, dass Spanien schon wieder zwei Teams melden durfte. Das wäre 1957 und 1958 ein berechtigter Einwand gewesen, als jeweils der spanische Vizemeister an einem Wettbewerb teilnahm, der doch „Pokal der Meister" hieß. Aber 1959 und eben 1960 hatte der FC Barcelona die „Primera División" gewonnen, und was hätte es für einen Aufstand in Katalonien gegeben, wenn man den Klub ausgesperrt hätte, nur weil Real als Titelverteidiger startete!

Mit Misstrauen betrachtete man jenseits des Eisernen Vorhangs auch die Auslosungen, die, wie man zugestehen muss, manchmal seltsame Kapriolen schlugen. In der Saison 1960/61 griffen zum vierten Mal in Folge Teams aus beiden deutschen Staaten in den Wettbewerb ein, wurden aber erneut nicht gegeneinander gelost. Das kann daran liegen, dass diese Klubs in den Anfangstagen nur selten weit kamen, aber es bleibt ein Treppenwitz der Fußballgeschichte, dass das erste deutsch-deutsche Duell 17 Jahre lang auf sich warten lassen sollte – während es im November 1960 schon zum vierten innerspanischen Kräftemessen hintereinander kam.

Barcelona war in der ersten Runde am SK Lierse aus Belgien vorbeispaziert und schickte frohen Mutes Anfang Oktober einen Vertreter nach Genf, um zu hören, mit wem man es im Achtelfinale zu tun bekäme. Eine junge Dame namens Monique fischte mit sicherem Griff den Namen „Real Madrid" aus der Urne und zog gleich danach das Los, das Reals bittersten Rivalen repräsentierte.

In der Sommerpause hatte Saporta den Kader von Real wieder einmal verstärkt, etwa durch den neuen Torwart José Vincente. Doch es war ihm auch ein Schnitzer unterlaufen. Der Schwede Agne Simonsson, Torschütze im WM-Finale 1958, war der UEFA zu spät als weiterer Neuzugang gemeldet worden und konnte daher die Spiele gegen Barcelona nicht mitmachen. Das bedeutete keine große Schwächung für Madrid, aber es zeigte, dass der gerissene Vermittler Saporta die Fäden nicht mehr so fest im Griff hatte wie früher.

Zunächst schien trotzdem noch alles nach dem großen Weltenplan zu laufen. Am 9. November 1960 ging Real gegen Barcelona schon nach zwei Minuten durch Mateos in Führung. Luis Suárez glich mit einem Freistoß aus, aber Gento markierte noch vor der Pause das 2:1. Nach dem Wechsel wurde Kocsis ein Treffer aberkannt, und die Gäste schimpften laut und anhaltend über diese Entscheidung. Das mag Einfluss auf die 87. Minute gehabt haben. In der eilte Reals neuer Torwart Vicente aus seinem Kasten, um Kocsis vom Ball zu trennen, während der Linienrichter hektisch sein Fähnchen schwenkte, weil er ein Abseits ausgemacht hatte. Schiedsrichter Arthur Ellis aber achtete nur auf Vicentes klobiges Einsteigen und wies auf den Punkt. Suárez schoss das 2:2.

In Barcelona nahmen es die Fans mit einer Mischung aus Hohn und Zorn auf, dass Madrid sich über die Leistung des Unparteiischen beschwerte. So oft und so dreist, sagten sie, war das Team aus der Hauptstadt bevorteilt worden, gerade in Partien gegen Barcelona. Sie verwiesen auf das schwärzeste Spiel ihrer Geschichte, das in Madrid ausgetragene Halbfinale im spanischen Pokal des Jahres 1943. Vor dieser Partie kam der Chef der Staatssicherheit in die Kabine der Gäste und sagte ihnen: „Vergesst nicht, dass einige von euch überhaupt nur spielen dürfen, weil das Regime so großmütig war, euch euren Mangel an Patriotismus zu vergeben." Kurz danach ließ sich auch noch der Schiedsrichter bei den Katalanen blicken und drohte ihnen harte Strafen bei Disziplinlosigkeiten an. Als Barcelona auf das Feld lief, schrieen die Zuschauer: „Tötet die Kommunisten!" Noch in der ersten Hälfte flog ein Spieler der Gäste, wenn sie denn so etwas waren, vom Platz. Real siegte 11:1.

In Barcelona betrachtete man also die Vorkommnisse, die das Rückspiel im Achtelfinale 1960 in die Schlagzeilen zerrten, als ausgleichende Gerechtigkeit. Dennoch bleibt es eine unumstößliche Tatsache, dass die Ära von Real Madrid an diesem Tag nicht zu Ende ging, weil das Team zu alt oder zu satt war. Nein, die neue Zeitrechnung wurde von dem Engländer Reginald Leafe eingeführt. Um 21.00 Uhr pfiff er die Partie an, um 21.12 Uhr ließ er das erste Tor nicht gelten. Das war von Barcelonas Evaristo erzielt worden, der wieder einmal abseits gestanden hatte. Die empörten Katalanen auf den Rängen witterten neuen Verrat, doch Leafe machte ihnen schnell deutlich, dass sie nichts zu fürchten hatten: Madrid schoss an jenem Abend fünf Tore – aber nur eines wurde gegeben. Das war kurz vor dem Ende, als Barcelona durch einen abgefälschten Schuss und einen Hechtkopfball von Evaristo schon 2:0 führte. Warum die Treffer von Del Sol, Pachin und zweimal di Stéfano nicht gelten durften, weiß nur Leafe, vielleicht nicht einmal er. Einer der Schüsse wurde von Barcelonas hervorragendem Tormann Ramallets an den Innenpfosten gelenkt, dann schlug ein Verteidiger den Ball aus dem Tor oder vielleicht von der Linie. Diese Szene war schwer zu beurteilen, aber die anderen drei ließen die Madrilenen innerlich kochen.

Reals Brasilianer mit dem Spitznamen Canário verkürzte noch auf 1:2, aber in den letzten Sekunden dieses historischen Spiels geriet Barcelona nicht mehr in Not. Santiago Bernabéu machte überdeutlich, was er von diesem Abend hielt, als er seinen Spielern trotz des Ausscheidens die Siegprämie zahlte. Das war edel, änderte aber nichts an den Tatsachen: An diesem 23. November 1960, genau um 22.45 Uhr, war die Lawine, die 62 Monate lang durch Europa rollte, gestoppt.

Auch nach der großen Zeit von Real Madrid blieb der Landesmeister-Cup zunächst eine Domäne der Südeuropäer. 1964 und 1965 ging die Trophäe an Inter Mailand, dessen Trainer Helenio Herrera (links, im Anzug) ein erfolgsorientiertes, aber wenig geliebtes Defensivspiel pflegte – den Catenaccio. Ende der 1960er Jahre verschob sich das Kräfteverhältnis im europäischen Fußball dann Richtung Norden.

Kontinentalverschiebung

Revolutionen in den Sechzigern

In den 1990ern verloren viele Traditionalisten unter den Fußball-Fans das Interesse an dem Gebilde Europacup. Eine Generation lang hatte es keine gravierenden Veränderungen des Modus gegeben – drei Pokale, vier oder fünf K.-o.-Runden, ein oder zwei Finalspiele –, was ein Gefühl behaglicher Vertrautheit mit sich brachte. Dann führte die UEFA die Champions League ein, und es folgten Jahre fahriger Betriebsamkeit: Gruppenspiele bei den Meistern, „Golden Goal", Ende des Pokalsiegercups, „Silver Goal", Gruppenspiele im UEFA-Pokal.

Solch ein Aktionismus darf beklagt werden. Aber darüber sollte man nicht vergessen, dass es in den zehn Jahren, die auf Reals Sieg von Glasgow folgten, mindestens ebenso verwirrend zuging. Die gesellschaftlichen Umwälzungen der 1960er schienen auch vor Europas Fußball nicht Halt zu machen, der seine Palette an Pokalen erweiterte und die Regeln so oft änderte, dass bald sogar einige Schiedsrichter nicht mehr wussten, was der korrekte Ablauf vorsah. Allein die Sache mit den Auswärtstoren muss an gegebener Stelle in einem Einschub abgehandelt werden, damit der Leser nachvollziehen kann, wer wann warum weiterkam.

Aber auch auf dem Platz gab es viel Neues zu sehen. Als Don Bernabéus Abonnement auf den Pokal der Meister abgelaufen war, gingen die folgenden elf Trophäen an neun Klubs aus sieben Ländern. Es war eine feine Fügung des Schicksals, dass der Europapokal, kaum dass er etabliert war, zu einer wechselvollen Angelegenheit wurde: Nachdem Real paradoxerweise eben durch seine Überlegenheit gezeigt hatte, dass der neue Wettbewerb seriös war, bewies die nächste Dekade, dass kein Klub, kein Land und kein Spielstil ein Monopol errichten konnte. Der Europapokal wurde spannend und hielt Überraschungen bereit. Eine der größten und in mancher Hinsicht angenehmsten begann sich bereits schüchtern abzuzeichnen, als Barcelona im November 1960 Real Madrid ausschaltete. Das machte die Katalanen, mit ihrem teuren und edlen Kader, sogleich zu dem Favoriten auf den 1961er Titel. Doch aufmerksame Reporter merkten bereits an, dass sich Unerhörtes tat. Der berühmte ungarische Klub aus dem Budapester Bezirk Újpest, zweimaliger Mitropacup-Sieger, war förmlich zerlegt worden. Und zwar von einer Mannschaft, die selbst vielreisende Experten nicht kannten, aus einem Land, das noch nie bei einer WM hatte spielen dürfen.

Kolonien und Kaffee

Zwar galt Portugal schon in den späten 1950er Jahren als Fußball-Nation, aber warum, das wusste niemand. Die beiden großen Klubs aus Lissabon, Sporting und Benfica, standen in den ersten zwei Finals des Latein-Pokals (1949 und 1950), aber dann spielten sie keine große Rolle mehr in diesem Wettbewerb der Meister aus Italien, Spanien, Frankreich und Portugal. Auch das Nationalteam war selten aufgefallen und wenn, dann eher so unangenehm wie Ende 1953, als es gegen Österreich in der WM-Qualifikation 1:9 unterlag.

Das würde sich nun, in der zweiten Hälfte des Jahres 1960, grundlegend ändern. Erstaunlicherweise war es nicht Sporting Lissabon, das acht der 14 Meisterschaften seit dem Krieg gewonnen hatte, sondern der etwas schwachbrüstige Lokalrivale Benfica, der den anderen Europäern bewusst machte, dass da neben Spanien noch ein schmales Land am Westzipfel des Kontinents hing. Um die Ursachen für die Erfolge Benficas zu verstehen, muss man weit zurückgehen, bis in die Zeit der großen Entdecker und des Kolonialismus.

Vasco da Gama landete 1498 in Mosambik, was den ostafrikanischen Staat für fast 500 Jahre unter die Herrschaft Portugals stellte. Anfang der 1950er Jahre unternahm Benfica eine Tournee durch Afrika und verlor zur eigenen Verblüffung gegen eine Auswahl der Hauptstadt Mosambiks, Lourenço Marques (dem heutigen Maputo). Da die Bewohner der Kolonie verwaltungstechnisch als Portugiesen galten, nahm der Lissabonner Verein den großartigen Torwart des Gegners, Costa Pereira, gleich mit und sicherte sich später auch die Dienste von Mario Coluna – noch mosambikanischer Meister im Weitsprung, bald Kapitän der Fußball-Nationalelf Portugals.

Weitere Talente fand Benfica in einer anderen Kolonie. Klub-Präsident Mauricio de Brito hatte sein Vermögen durch den Import von Kaffee aus Angola angehäuft, und so war es wohl kein Zufall, dass der Klub auch dort einige Gastspiele gab. Die zeigten De Brito, dass man mehr aus diesem Land nach Portugal einführen musste als anregende Getränke. Zuerst holte er den kaum 20-jährigen José Aguas, dann Joaquim Santana. Beide sollten sich als gefährliche Stürmer erweisen – Aguas, der sein Geld zuvor angeblich als Großwildjäger verdient hatte, gar als ein absoluter Superstar des europäischen Fußballs.

So besaß Benfica Ende des Jahrzehnts schon eine ansehnliche Mannschaft, die 1960 den Titel in Portugal gewann und sich zum zweiten Mal für den Europapokal qualifizierte. Drei Jahre zuvor, bei der ersten Teilnahme, hatte man schon in der ersten Runde gegen den FC Sevilla die Segel streichen müssen, aber nun wurde Fahrt aufgenommen. Ende September trat Benfica als Außenseiter beim schottischen Meister Heart of Midlothian im kalten Edinburgh an – und gewann 2:1! Eine Woche lang dachte man, es habe sich um ein Zufallsresultat gehandelt, dann überfuhr Benfica die Schotten auch im Rückspiel. „Wir besaßen nicht den Hauch einer Chance“, sagte der damalige Rechtsaußen der Hearts, Gordon Smith. „Sie waren uns in allem um Längen überlegen."

Eusebio da Silva Ferreira, der große Star des Teams von Benfica Lissabon.

Smith musste nicht traurig sein, denn seine Elf hatte immerhin in zwei Partien nur fünf Tore kassiert – und nicht, wie es Újpest Budapest in der nächsten Runde widerfuhr, gleich sechs in einem Spiel. Schon nach einer halben Stunde Fußball in dem nach Lissabons Stadtteil Lúz benannten „Stadion des Lichts" waren alle Lampen für die Ungarn ausgegangen: Benfica lag 5:0 vorne; die Gäste stemmten sich nur noch gegen eine Tragödie und kamen tatsächlich glimpflich davon: 6:2. So erreichte Benfica im November 1960 das Viertelfinale des Europacups und wusste, dass der nächste Gegner kein Problem darstellen würde, da es sich um die dänischen Amateure aus Aarhus handelte. Praktisch war der Klub also schon unter den letzten Vier. Die Fußball-Welt nahm Notiz: Gabriel Hanot erkor Benficas José Augusto in seiner Zeitung zum „besten Rechtsaußen des Kontinents". Kaum jemand wusste, dass zur selben Zeit in Afrika ein Gefeilsche ablief, das seine Auswirkungen auf Europa haben sollte.

Ganz ähnlich wie vor Jahren bei Real Madrid spielte auch beim Aufstieg Benficas ein Transferstreit eine große Rolle. In Mosambik wurde um ein einmaliges Talent gestritten. Die Bieter waren Sporting und Benfica Lissabon; das Objekt der erst 17-jährige Eusébio Ferreira da Silva. Der junge Mann hatte mit acht Jahren seinen Vater an den Wundstarrkrampf verloren und lebte mit vier Geschwistern und drei Halbgeschwistern in einer engen Hütte nahe Lourenço Marques. Doch die Zukunft würde Besseres bereit halten, denn Eusébio war ein ausgezeichneter Fußballer.

Sporting Lissabon hatte Eusébio zuerst an der Angel, denn er spielte in Mosambik für eine Art „Farmteam" des Klubs. Der Fisch zappelte jedoch, weil seine Mutter die Verhandlungen leitete und sich als so zäh erwies, wie jemand sein muss, der acht Kinder durchbringt. Als Benfica erfuhr, dass Sporting zögerte, schickte der Klub Vertreter in Eusébios Zink-Hütte, die sich am Schluss um 250.000 Escudos – damals etwa 40.000 DM – erleichtert sahen. Nun dämmerte es den Verantwortlichen bei Sporting, dass ihnen ein zukünftiger Star zu entgleiten drohte. Sie boten doppelt so viel wie Benfica, doch Eusébio notierte in seiner Autobiografie lapidar: „Meine Mutter hatte ihr Wort gegeben." Am 16. Dezember 1960, kurz vor Mitternacht, landete er auf dem Flugplatz von Lissabon, doch der Ärger zwischen Sporting und Benfica sollte ihn noch fast ein halbes Jahr davon abhalten, Fußball zu spielen. Erst im Mai 1961 gab er sein Debüt in der Reserve-Elf des Klubs und schoss drei Tore. Da neigte sich die Europapokal-Saison schon dem Ende zu, ohne dass er hätte eingreifen können. Das war aber auch nicht nötig, denn Benfica stellte auch ohne Eusébio bereits eine Macht dar. Verantwortlich dafür war, wiederum ganz ähnlich wie im Falle Madrids, ungarischer Einfluss.

Béla Guttmanns Erlebnisse in Wien

Wie angenommen, setzte sich Benfica gegen Aarhus mit zwei Siegen durch und stand im Halbfinale. Erneut schien das Losglück den Portugiesen gewogen, denn sie trafen auf das schwächste der verbliebenen Teams, Rapid Wien. Die Österreicher hatten unter anderem Wismut Karl-Marx-Stadt aus dem Pokal geschubst, und zwar so, wie man es von dem DDR-Meister inzwischen gewohnt war: in einem Entscheidungsspiel.

Am 26. April 1961 trat Wien zum ersten Semifinale in Lissabon an. Eine ganz besondere Paarung war das zu diesem Zeitpunkt nur für einen der Beteiligten, Benficas Trainer Béla Guttmann. Als Spieler war Guttmann der Star der ungarischen Nationalelf gewesen, die als Favorit auf olympisches Gold bei den Spielen 1924 in Frankreich galt. Nur drei Mitglieder dieser Elf spielten damals nicht in Ungarn; einer von ihnen war Guttmann, der seine Fußballschuhe für den jüdischen Verein Hakoah Wien schnürte. In Österreich lernte Guttmann Hugo Meisl kennen, der bald das „Wunderteam" aufbauen würde. Guttmann war so beeindruckt von Meisl, dass er selbst eine Trainerlaufbahn einschlug und die halbe Welt bereiste, um neue und andere Vorstellungen von Fußball zu gewinnen. Der Ungar sah sich im Laufe der nächsten Jahrzehnte als Spieler in den Vereinigten Staaten von Amerika und als Trainer in den Niederlanden und Italien um. Nach den 1956er Unruhen in Ungarn begleitete er das nun heimatlose Team von Honvéd Budapest um Puskás, Czibor und Kocsis nach Südamerika. Die Spieler kehrten zurück, aber Guttmann blieb und führte als Coach von São Paulo ein 4-2-4-System ein, das die brasilianische Nationalelf bald nach Europa zurückimportieren würde. Meister wurde allerdings Vasco da Gama, ein Klub aus Rio, der nach dem portugiesischen Seefahrer benannt ist, der das Kap der Guten Hoffnung bezwang. Das muss ein Zeichen für Guttmann gewesen sein, denn als ihn 1958 der Hilferuf des FC Porto erreichte, ging er hoffnungsfroh nach Portugal.

Drei Jahre später stand Guttmann nun für Benfica an der Seitenlinie und freute sich auf die Treffen mit einem Klub aus der Stadt, in der für ihn alles begonnen hatte. Es muss ihn geschmerzt haben, dass die Wiener, die Erben der großen Balljongleure von der Donau, in Lissabon beide Außenläufer und einen weiteren Stürmer so

Béla Guttmann, ungarischer Erfolgstrainer von Benfica Lissabon. Links und rechts neben ihm: Eusebio und Mario Coluna.

weit zurückzogen, dass man in Rapids Hälfte den Ball vor lauter Beinen nicht sehen konnte. „Ich wollte den Zuschauern immer etwas für ihr Geld bieten", sagte Guttmann einmal. „In meiner ganzen Zeit bei Benfica haben wir, glaube ich, nur ein einziges 0:0 abgeliefert. Es störte mich nicht, wenn der Gegner traf, denn ich war immer der Meinung, dass wir ein Tor mehr als er schießen könnten." An diesem Tag traf der Gegner gar nicht, und die Portugiesen schossen drei Tore mehr.

Das Rückspiel betrübte Guttmann dann schon wieder – und den gesamten europäischen Fußball gleich mit. Aguas schoss nach 66 Minuten das 0:1, Rapid glich kurz danach aus, und vier Minuten vor dem Ende führte Wiens Robert Dienst im Strafraum eine Schwalbe vor, die so laienhaft war, dass Schiedsrichter Leafe nur lächelte. So viel zum Fußball. Denn von diesem Spiel muss leider noch anderes berichtet werden.

„Die Wiener Spieler waren in einen fanatischen Kampf hineingepeitscht worden", hält ein deutsches Buch aus dem Jahre 1961 fest und meint damit, dass Presse und Anhang das Team aufstachelten, diese unbekannten Portugiesen in die Schranken zu weisen. Weiter heißt es: „Die Menschenmassen auf den Zuschauerrängen brüllten die Gäste nahezu pausenlos in fast hysterischer Weise nieder." Als sich Dienst nun in der 86. Minute, den Verletzten markierend, wieder aufrappelte, schmorten auf dem

Rasen und den Tribünen aus Wut über den ausgebliebenen Elfmeterpfiff die Sicherungen durch. Einige Wiener Spieler bestürmten den Unparteiischen, andere ließen ihren Ärger gleich an den Portugiesen aus. Im nächsten Augenblick befanden sich die ersten Zuschauer bereits auf dem Platz und zahlreiche Polizisten im Anmarsch. Leafe eilte mit den Lissabonnern in die Kabine, die von Sicherheitskräften verrammelt und bewacht werden musste. Als die Wiener Sportfreunde entdeckten, dass alle möglichen Opfer entkommen waren, nahmen sie kurzerhand ihr eigenes Stadion auseinander. Fahnen brannten und Scheiben klirrten, während Gerhard Hanappi die Masse über den Lautsprecher zu beruhigen suchte und Béla Guttmann in der Kabine schluchzte.

Die UEFA erklärte Benfica zum 3:0-Sieger der abgebrochenen Partie und verurteilte Rapid dazu, sein nächstes Heimspiel des Wettbewerbs in einem fremden Stadion auszutragen. Dieses Urteil hatte aber nur für drei Jahre Gültigkeit und sollte Rapid nicht weiter stören, da es sich sowieso erst drei Jahre später wieder für den Pokal der Meister qualifizierte. In Lissabon nahm man den Spruch mit Genugtuung auf, war in Gedanken aber schon beim Finale. Am Tag vor dem Skandalspiel in Wien hatte sich nämlich schon eine Elf dorthin vorgekämpft. Es war der FC Barcelona. Doch es hätte auch der Hamburger SV sein können.

Ein Orkan namens Seeler

Die Gastspielreise des HSV auf der inzwischen größten Bühne begann so wie die der Frankfurter Eintracht im Jahr zuvor – bei den Young Boys Bern. Uwe Seeler schoss zwei Tore, legte drei weitere auf, und die Norddeutschen standen schon vor dem Rückspiel, das 3:3 endete, im Viertelfinale. Trainer Günther Mahlmann lobte „Haltung und Charakter“ seiner Elf und versetzte den Madrids und Mailands einen Knuff, indem er stichelte: „Es ist eben kein zusammengekauftes Team.“

Vielleicht galt der Satz auch dem nächsten Gegner, dem FC Burnley. Für die deutschen Halbamateure war es noch immer eine prickelnde Sache, gegen einen Klub aus dem Mutterland des Berufsfußballs anzutreten. Burnley trug zwar keinen wohlklingenden Namen und hatte erst zum zweiten Mal den Titel in England errungen, aber auch in der Saison 1960/61 demonstrierte die Elf streckenweise großes Format. Doch es war gerade diese gute Form, die der Mannschaft schließlich Probleme bringen sollte: Burnley stand in der Liga und dem Europacup gut da und hatte die Halbfinals in den beiden nationalen Pokalwettbewerben erreicht. In den 14 Tagen vor dem Rückspiel gegen den HSV musste das Team fünf Spiele bestreiten. Bald war die Truppe so müde, dass sie gegen Chelsea mit zehn Ersatzleuten antrat, um die besten Leute für den Europacup zu schonen. Obwohl die Rumpfelf sich ein 4:4 erkämpfte, verpasste der englische Verband dem Klub eine Geldstrafe für solche Geringschätzung der nationalen Liga.

Halbfinale der Landesmeister 1960/61, FC Barcelona - Hamburger SV 1:0 / 1:2 / 1:0 (in Brüssel). Kopfball-Szene mit Uwe Seeler aus dem zweiten Spiel der „Trilogie" HSV gegen Barcelona.

Es hing wohl mit dieser Terminhatz zusammen, dass Burnley schon im Heimspiel gegen den HSV einen entscheidenden Fehler beging: Beim Stand von 3:0 nahmen die siegessicheren Profis das Tempo aus der Partie. Kurz vor dem Ende erzielte Linksaußen Gert „Charly" Dörfel ein wichtiges Ehrentor für die Deutschen. „Das hat uns am Ende geschlagen", meinte Burnleys Kapitän Jimmy Adamson später. „Das und die vielen Spiele, die wir hatten. Und natürlich ein Typ namens Uwe Seeler."

Das zweite Spiel wurde am 15. März 1961 ausgetragen und live im deutschen Fernsehen übertragen. Es war der Abend, der den Journalisten Richard Kirn dazu brachte, eine alte Ballade umzutexten und so den Ausdruck „Uns Uwe“ zu prägen. Klaus Stürmer traf früh zum 1:0, dann setzte Seeler einen wuchtigen Kopfball in das Netz. Die Gäste rappelten sich noch einmal auf und kamen zum Anschluss, doch fast im Gegenzug stellte Dörfel den alten Abstand wieder her. Schon sah es nach einem dritten Spiel aus, da erreichte ein Pass Uwe Seeler, dem die müden Verteidiger nicht mehr folgen konnten. Das 4:1 entschied das Ringen, denn Horst Schnoor im HSV-Tor hielt in der letzten halbe Stunde, was zu halten war – und hatte Glück bei einem Pfostenschuss. Die „Daily Mail“ nannte Seeler am nächsten Tag einen „menschlichen Orkan“.

Bald schon sollte die Familie Seeler aber erleben, wie wankelmütig der Fußballgott seine Sympathien verteilt. Gegen die Weltauswahl Barcelonas war der HSV nicht einmal Außenseiter, und doch hielten die Deutschen beim ersten Treffen in Katalonien prächtig mit. In der Anfangsphase vergab Dörfel eine gute Chance; nach einer halben Stunde verfehlte Uwe Seeler das leere Tor. Da stand es noch immer 0:0, denn Barcelonas ungarisches Trio konnte wenig ausrichten: Kocsis war gar nicht dabei, Kubala fand keine Bindung zum Spiel, Czibor schien mit den Gedanken bei seinem kleinen Sohn, dem vor kurzem ein Bein amputiert worden war. Das einzige Tor der Partie resultierte aus einem Fehler von Dieter Seeler, den Evaristo direkt nach Wiederbeginn nutzte.

Das Rückspiel am 26. April wurde um 17.30 Uhr angepfiffen, denn der HSV besaß zu jener Zeit noch kein Flutlicht. Der Klub hätte 200.000 Eintrittskarten verkaufen können; da er eine telefonische Bestellannahme akzeptierte, war das Telefonnetz der Stadt in den letzten Tagen einige Male zusammengebrochen. Am Ende quetschten sich 71.000 Fans in das Volksparkstadion – und glaubten bis neun Sekunden vor Abpfiff, einem historischen Erfolg beizuwohnen. Peter Wulf und Uwe Seeler hatten da eine 2:0-Führung herausgeschossen, die das Endspiel zu bedeuten schien. Dann war es ausgerechnet „Uns Uwe“, der im Mittelfeld einen unseligen Querpass spielte. Kubala eilte dazwischen, ging einige Schritte mit dem Leder und flankte es dann auf den eben in die Elf zurückgekehrten Kocsis. Der Ungar stand völlig frei, und das Unvermeidliche trat ein.

Zum Entscheidungsspiel reiste der Hamburger SV als moralisch bereits besiegte Elf nach Brüssel. Den Spaniern waren unerhörte 3.200 DM pro Kopf als Siegprämie zugesichert worden, das Zehnfache eines Monatsgehalts für normale Oberligaspieler wie die des HSV. Dieses Geld verdiente sich der FC Barcelona mit einem 1:0-Sieg, den Evaristo kurz vor dem Wechsel sicherstellte. Die Spielanteile waren deutlicher verteilt, als es das knappe Resultat andeutet. Schnoor zeigte einige feine Paraden; Kubala traf nur die Latte; die an diesem Tag deutlich bessere Elf setzte sich durch.

Dienst (nach Vorschrift) im Wankdorfstadion

Das Finale fand zwar ohne Beteiligung Deutschlands statt, aber immerhin an einem für den deutschen Fußball bedeutenden Ort – dem Berner Wankdorfstadion – und unter der Leitung eines Mannes, der auch noch seinen festen Platz in der Geschichte des hiesigen Sports bekommen würde. Am 31. Mai 1961, nach 32 Minuten des Spiels zwischen Barcelona und Benfica, durfte Schiedsrichter Gottfried Dienst schon einmal für das WM-Finale 1966 proben: Im Strafraum der Spanier stiegen ein Stürmer und ein Verteidiger hoch, um eine Flanke zu erreichen; ihr Kopfballduell endete mit einer Bogenlampe, an die Torwart Ramallets im Rückwärtslaufen nur noch eine Faust brachte – er lenkte das Leder an die Unterkante der Latte, es fiel zu Boden und trudelte aus dem Tor heraus. Die Spieler beider Teams stürzten dem Ball entgegen, um die Partie fortzusetzen, aber Dienst entschied auf Tor für Lissabon. Die Spanier haderten mit dem Referee, doch die Fernsehbilder belegten später deutlich, dass Dienst absolut fehlerfrei entschieden hatte: Bei diesem Vorläufer des „Wembley-Tores" befand sich das Spielgerät tatsächlich hinter der Linie.

Das Entsetzen der Katalanen war verständlich, denn kaum zwei Minuten zuvor hatten sie schon einen Treffer kassiert, bei dem Ramallets auch nicht die anmutigste

Finale der Landesmeister 1960/61, Benfica Lissabon - FC Barcelona 3:2 (in Bern). Gerade ist der erste Treffer für Benfica gefallen.

Figur abgegeben hatte. Er war aus seinem Kasten gelaufen, um einen Steilpass von Mario Coluna zu erreichen, Cavem jedoch war ihm zuvorgekommen und hatte den Ball quergelegt zu Aguas, dem der Abschluss keine Mühe machte. Es war bereits der elfte Treffer des Torschützen im laufenden Wettbewerb.

In diesen 120 Sekunden warf Barcelona den Europapokal achtlos weg. Denn bis dahin war alles für die Katalanen gelaufen. Die Elf führte durch einen Kopfball von Kocsis 1:0 und beherrschte danach die vom Lampenfieber geschüttelten Portugiesen komplett. Zweimal mussten Benficas Abwehrspieler auf der Linie retten, einmal hielt Torwart Pereira einen Ball, den Kocsis schon im Netz gewähnt hatte. Suarez und Kubala dirigierten ihr Orchester ohne Misstöne, auf der Trainerbank fürchtete Béla Guttmann das Schlimmste. Auch 20 Jahre später sagte er: „Ich hatte solche Furcht vor ihrem Sturm. Noch heute bekomme ich Angst, wenn ich die Namen höre… Kubala, Kocsis, Czibor, Evaristo, Suarez."

Aber diese Stars begingen einen Fehler, der ihren großen Rivalen von Real nie unterlaufen war: Sie verplemperten nach dem 1:0 die Chance, das Spiel früh zu entscheiden, weil zu viele von ihnen ihre Laufleistung herunterschraubten, als alles seinen Gang zu gehen schien. Die zwei abrupten Gegentore brachten Barcelona dann ins Schleudern, und Benfica setzte im Stil einer Top-Mannschaft nach. Coluna spielte seit der achten Minute mit einem gebrochenen Nasenbein, was aber kein Nachteil war: In der 55. Minute eilte er nicht in die Sturmmitte, als Benfica über den Flügel angriff, denn einen Kopfball hätte er kaum ansetzen können. So stand er 18 Meter vor dem Tor, als Cavems Flanke aus dem Strafraum geklärt wurde – und schoss volley und aus der Drehung das 3:1 für seine Farben. Nun wurde aus einem sehr guten Spiel ein atemberaubendes. Barcelona warf Mann und Maus und Verteidiger nach vorne. Kocsis köpfte an das Gestänge, den Nachschuss setzte Kubala an den linken Innenpfosten, von wo er an den rechten flog – und hinaus ins Feld. Czibor verkürzte auf 2:3 und machte dann das Wankdorfstadion für alle Zeiten zu einem Unglücksort der Ungarn, indem auch er noch den Pfosten traf. Als Dienst das Drama beendete, sank Czibor in die Arme von Kocsis, und beide Männer stolperten weinend vom Rasen.

Vorwärts in Schweden

Beim FC Barcelona, schreibt der Engländer Jimmy Burns in seinem Buch über den Klub, „erinnert man sich an das Finale von 1961 als eine der größten Enttäuschungen in der Geschichte des Vereins". Fast genau drei Monate später bestritt Kubala sein Abschiedsspiel im Trikot der Katalanen; Suarez war da schon bei seinem alten Trainer Herrera, der nun Inter Mailand ummodelte. Die Elf, die doch für Barcelona die Sterne vom Himmel holen sollte, war auseinander gefallen. Es würde mehr als zehn Jahre dauern, bis die nächste Lichtgestalt im Camp Nou einzog.

Bei all dem Mitleid für Barcelona wurde Benfica Lissabon fast vergessen. Die Portugiesen hatten vor dem Endspiel dasselbe Quartier bezogen, das 1954 schon der deutschen Nationalelf Glück gebracht hatte, das Hotel Belvédère in Spiez. Und auch sie waren als unerwartete 3:2-Sieger vom Berner Rasen gegangen, unter so nervenaufreibenden Umständen, dass Präsident De Brito nach dem Abpfiff einen Herzanfall erlitt. Doch bald schon zeigte sich, dass Europa nicht etwa Zeuge des glücklichen Erfolges eines Mauerblümchens gewesen war, sondern den Beginn einer neuen Ära erlebt hatte. Schließlich konnte Benfica demnächst Eusébio präsentieren.

Kurz bevor der Winter 1961/62 in Nord- und Mitteleuropa Einzug hielt, traf sich die UEFA im noch milden Mailand, um das Viertelfinale des Pokals der Landesmeister auszulosen. Das italienische Fernsehen übertrug die Zeremonie live, was Bände darüber spricht, welche Bedeutung der Wettbewerb mittlerweile erlangt hatte, obwohl er erst sechs Jahre alt und damit gerade schulreif war. Alle Favoriten befanden sich noch im Rennen – Real Madrid, Juventus Turin, Tottenham Hotspur und der Cupverteidiger Benfica Lissabon. Völlig normal waren allerdings die ersten beiden Runden nicht verlaufen. Es sei denn, man hielt Ärger inzwischen für normal im Europapokal.

Vorwärts Berlin hatte, wie bereits im vorigen Kapitel erwähnt, zwar spielen können, aber nicht immer wie und wo es wollte. Gegen den FC Linfield siegte der DDR-Meister daheim mit 3:0, aber zu einem zweiten Treffen kam es nicht, weil Vorwärts keine Einreiseerlaubnis nach Nordirland erhielt. Für das Achtelfinale zog man ungeschickterweise die Glasgow Rangers, was dieselben Probleme aufwarf. Die Schotten gewannen 2:1 in Berlin und zeigten sich dann etwas findiger als ihre irischen Kollegen, indem sie das Heimspiel flugs nach Skandinavien verlegten. Das war vielleicht keine überlegte Ortswahl, denn nach 40 Minuten Spielzeit legte sich ganz unpolitischer Nebel über das Fußballfeld. Die Partie wurde abgebrochen und für den nächsten Tag neu angesetzt, was gleich eine weitere Innovation mit sich brachte, denn der Anstoß fand nun um 10 Uhr morgens statt. Immerhin 1.700 schwedische Fans sahen fünf Tore, vier davon für die Rangers.

In derselben Runde kam es andernorts wieder zu Schwierigkeiten mit den Zuschauern. Nein, diesmal nicht in Wien, sondern in Belgrad. Hier empfing Partizan das von großen Verletzungssorgen geplagte Juventus Turin. Deshalb war sogar Omar Sivori mit nach Jugoslawien gereist war, obwohl er das Fliegen mehr fürchtete als den ruchlosesten Verteidiger. Kurz vor dem Ende war die Stimmung alles andere als völkerverständigend, denn erstens führte Turin mit 2:0, zweitens hatte Partizan einen Elfmeter vergeben und wirkte auch sonst sehr gehemmt. Dann schaffte Velibor Vasovic den Anschluss. Der erschien den Gästen aber nicht regelgerecht, und so diskutierte man die Sache im Wortsinne mit Händen und Füßen. Das wiederum war den Zuschauern ein willkommener Anlass, um den Platz zu stürmen. Das Spiel konnte erst weitergehen, nachdem die Militärpolizei das Feld geräumt und dann gesäumt hatte. Das zweite Spiel war weit weniger aufregend, Juventus gewann problemlos mit 5:0.

Nürnbergs Untergang

Ebenfalls unter den letzten acht Teams befand sich der 1. FC Nürnberg. Dabei hatten die Franken ihre Elf gar nicht melden wollen, weil sie um die Moral der jungen Truppe fürchteten, die international sicher was auf die Mütze bekommen würde. Außer dem Veteranen Max Morlock hatte kein Nürnberger große Erfahrung mit dem Spielen unter Flutlicht – oder dem Reisen per Flugzeug. Das hinderte den „Club" aber nicht daran, die ersten vier Partien allesamt zu gewinnen: 5:0 und 4:1 gegen Drumcondra Dublin (der westdeutsche Meister erhielt Visa für Irland), 2:1 und 1:0 gegen Fenerbahçe Istanbul. So harrte der Vertreter des Vereins mit stolzgeschwellter Brust in Mailand der Dinge, die da aus der Lostrommel kamen – und ließ hörbar die Luft entweichen, als der Name „Lissabon" durch das Hotel Excelsior schallte. Benficas Abgesandter lächelte, gab aber zu, dass er nicht eben glücklich darüber war, im kalten Februar in Bayern antreten zu müssen.

Und wirklich bibberten die Portugiesen jämmerlich, als sie am 29. Januar, zwei Tage vor dem ersten Spiel, in Nürnberg ankamen. Béla Guttmann schickte seine Schützlinge sogleich auf den Platz, damit sie sich daran gewöhnen konnten, auf einer leichten Schneedecke umherzurutschen. Seinen Jungstar Eusébio hatte er erst gar nicht mit nach Deutschland genommen, um ihm diese Tortur zu ersparen.

Knapp zwei Jahre später würden ähnliche Verhältnisse im selben Land für eine der schlimmsten Stunden in der Geschichte von Benfica Lissabon sorgen, aber Anfang 1962 kam die Elf noch leidlich mit den Gegebenheiten zurecht, zumindest in der Anfangsphase. Nach zehn Minuten erzielte Cavem das 0:1; Benfica stürmte mit sechs Angreifern, als wäre man daheim im warmen Lissabon. Letzteres rächte sich bald. Verteidiger Fernando Cruz wollte einen Ball stoppen, der ihm auf dem glatten Grund aber wegsprang. Gustav Flachenecker zog sofort ab, und der vermutlich festgefrorene Costa Pereira ließ das Leder passieren. Noch vor der Pause erhöhte Heinz Strehl auf 2:1. Während der zweiten Hälfte sank die Temperatur auf zwölf Grad unter Null, Benfica wollte nur noch lebend in die Kabine. Heiner Müller köpfte an die Latte; Strehl und Morlock scheiterten am Torhüter. Fünf Minuten vor dem Abpfiff wagte Flachenecker seinen zweiten Fernschuss des Nachmittags und machte sein zweites Tor – 3:1! Die deutschen Oberliga-Spieler hatten die Vollprofis sensationell bezwungen und erhielten 50 Mark dafür. Immerhin pro Mann.

Drei Wochen später reisten die Nürnberger frohen Mutes in den Süden Europas, mussten aber erkennen, dass es außer Fliegen und Flutlicht noch weitere Dinge gab, die ihnen fremd waren: tobende 70.000 Zuschauer, eine Anstoßzeit von 22 Uhr – und Eusébio. Schon in der ersten Minute verursachte Helmut Hilpert in der Aufregung einen unnötigen Eckball, den der unbewachte Aguas zum 1:0 einnickte. Ein paar Momente später kam Eusébio an den Ball, und da niemand von diesem unbekannten Spieler einen Schuss aus spitzem Winkel erwartete, tat er genau das. Torwart

Viertelfinale der Landesmeister 1961/62, 1. FC Nürnberg - Benfica Lissabon 3:1 / 0:6. Nach dem 3:1 im Hinspiel waren die Club-Spieler vor dem Match in Lissabon noch gut gelaunt: Hier vergnügen sie sich im sonnigen Süden beim Pool-Spiel. Dann aber kam im „Stadion des Lichts" das böse Erwachen...

Gerhard Strick hörte den Ball mehr, als dass er ihn sah – 2:0. „Ich habe weder vorher noch nachher eine Mannschaft gesehen, die sich in einen solchen Spielrausch steigerte", erinnerte sich Heinz Strehl einige Jahre später an die nun folgenden 85 Minuten, in denen Benficas Stürmer weit über 30 Schüsse auf das Nürnberger Tor abgaben und noch vier Treffer erzielten, von denen einige so herrlich waren, als hätten die Schützen sie vorher proben dürfen. Nach dem Schlusspfiff wurde schon wieder ein Fußballplatz von den Zuschauern gestürmt, diesmal aber vor Begeisterung. Auf den Schultern ihrer Fans schwebten die Lissabonner Spieler der Kabine entgegen; Eusébio hatte gar sein Trikot vom Leib gezerrt bekommen – und auch sein Glücksmedaillon verloren, das er noch Stunden später im leeren Stadion ohne Erfolg suchte.

Wunderbar zornige „Spurs"

Das 6:0 und die nahezu perfekte Demonstration von technisch hochstehendem Offensivfußball faszinierte ganz Deutschland, ganz Portugal. Nur in England war man unbeeindruckt. Die Tottenham Hotspurs hatten sich bereits in das Halbfinale vorgearbeitet, als die meisten anderen Teams noch im Viertelfinale schufteten, und wussten, dass sie auf die Deutschen oder die Portugiesen treffen würden. Ihr Trainer Bill Nicholson nutzte das zu Fallstudien: „Auf meinem Weg nach Portugal, um Benfica gegen Nürnberg zu sehen, machte ich Station in Madrid und schaute mir Reals Rückspiel gegen Juventus an. Real war nicht mehr die Mannschaft von früher, und ich sagte mir, dass wir Real im Finale schlagen würden, wenn wir an Benfica vorbeikämen."

Was Nicholson in Madrid gesehen hatte, war eine verblüffende 0:1-Niederlage Reals gegen Juventus durch ein Tor von Omar Sivori. Das bedeutete aber nicht das Ausscheiden der noch immer legendären Elf, denn sieben Tage zuvor hatte ein Treffer di Stéfanos in Turin ebenfalls ein 0:1 zur Folge gehabt. So sahen sich die beiden Giganten in Paris zu einem Entscheidungsspiel wieder. Drei Tage vor dieser Partie hatte Real ein Auswärtsspiel bei Betis Sevilla zu bestreiten, aber der Europacup war dem Klub so wichtig, dass man nur eine bessere Ersatzelf zu diesem Ligaspiel schickte. Selbst Gento wurde von Trainer Muñoz gegen Juventus aufgeboten, obwohl er noch unter den psychischen Folgen eines Autounfalls litt, bei dem ein Insasse gestorben war. Dieser unbedingte Zwang, gewinnen zu müssen, hatte Auswirkungen auf das Geschehen: Turin dominierte das Spiel, doch Real siegte 3:1 – auf wenig feine Art.

„Die Leute rühmen Real und sagen, sie wären immer fair gewesen. Also, mich haben sie die ganze Zeit getreten", sagte Turins Stürmer John Charles. Das klingt nach Wehklagen, denn Charles hatte sich ja auch schon 1958 über die Gangart des Wiener Sportklubs beschwert, doch seine Einschätzung wird von dem Schiedsrichter Arthur Ellis geteilt, der die Partie am Fernsehen verfolgte: „Als ich sah, wie die am meisten verehrte Elf in Europa Charles niederknüppelte, wusste ich, dass sich meine Vermutung über den Europacup als richtig herausgestellt hatte: Der Wettbewerb lief aus dem Ruder. Gewinnen war der entscheidende Faktor geworden, und die finanziellen Anreize für die Spieler ließen das Ganze fast zu einer Frage von Leben und Tod werden."

Nun, im Halbfinale konnte Real den Säbel einpacken und wieder mit dem Florett fechten, denn Standard Lüttich stellte keine Gefahr dar. Daheim gewannen die Spanier 4:0, auswärts 2:0. Die Fußballgeschichte hat ihnen das Zähnefletschen gegen Turin längst vergeben, denn ohne diesen Verlauf der Ereignisse wäre es nie zum größten Europacup-Endspiel aller Zeiten gekommen.

In dem traf Real Madrid auf Benfica Lissabon, weil Bill Nicholsons Mannschaft zwar gut, doch nicht gut genug gewesen war. Die Hotspurs boten in jenen Tagen die beste englische Elf seit den „Busby Babes" auf, ein fast kontinentaleuropäisch wirkendes Team, in dem sich die Gewandtheit des Kapitäns Danny Blanchflower mit der Hingabe des Halblinken Dave Mackay paarte. Und Anfang 1962 holte Tottenham auch noch den Stürmerstar Jimmy Greaves vom AC Mailand zurück nach England, für horrende 99.999 Pfund. (Nein, hier bekam keine Kellnerin Trinkgeld.)

Für das Viertelfinale seines neuen Klubs gegen Dukla Prag war Greaves noch nicht spielberechtigt, aber die Spurs setzten sich auch ohne ihn durch. In Prag unterlagen sie 0:1, aber daheim gab es ein ungefährdetes 4:1. Um dieses Rückspiel rankt sich übrigens eine nette Episode: Dukla spielte an jenem Abend nicht in seinen berühmten dunkelgelben (Auswärts-)Hemden mit den weinroten Ärmeln, weil die Trikots in Prag vergessen worden waren und zu spät auf dem Londoner Flughafen eintrafen. Das mag Inspiration für die englische Band Half Man Half Biscuit gewesen sein, die 1986 eine berühmte Single veröffentlichte: „All I want for christmas is a Dukla Prague away kit" („Alles, was ich zu Weihnachten möchte, ist ein Auswärtstrikot von Dukla Prag").

In Lissabon war Greaves aber dabei. Nachdem Aguas schon in der fünften Minute das obligatorische frühe Führungstor für Benfica erzielt hatte, nahm der Stürmer eine Flanke auf und schob den Ball ins Netz. Der Schiedsrichter jedoch entschied auf Abseits, und das tat er kurz vor dem Abpfiff noch einmal, als Greaves seinem Partner Bobby Smith ein Tor auflegte. In beiden Fällen waren die Urteile fragwürdig, Benficas 3:1-Sieg über eine defensive Tottenham-Elf galt aber trotzdem als verdient. Das Rückspiel schien schon nach einer Viertelstunde entschieden, als Aguas die Gäste in Führung schoss. Umso mehr, als Greaves einen weiteren Treffer aberkannt bekam, der den meisten Beobachtern korrekt erschien. Aber Smith markierte den Ausgleich, und kurz nach der Pause verwandelte Blanchflower einen Strafstoß zum 2:1. Nun mussten die offensiv so brillanten Portugiesen verteidigen. Auch das konnten sie. Mackay traf mit einem Kopfball die Latte, doch es war die letzte Chance der Engländer. Am nächsten Tag beschrieb eine Londoner Zeitung das zornige Anrennen der Spurs mit Worten, die man noch oft über englische Teams lesen und hören sollte: „Es war wunderbar. Aber es war kein Fußball."

Die Nacht der langen Bälle

Fußball, und noch dazu von hinreißender Güte, sahen dann am zweiten Tag im Mai 68.000 Zuschauer im Olympia-Stadion von Amsterdam. Es ist angemessen, auf dieses 1962er Finale näher einzugehen und dafür die folgenden, weniger spektakulären Jahre des Europapokals kürzer abzuhandeln, denn über ein Spiel wie das zwischen Benfica Lissabon und Real Madrid bekommt man nicht alle Tage zu lesen.

An einem ungewöhnlich kühlen Abend stellten sich die beiden Teams den Fans und Fotografen. Es war das letzte Finale bei den Meistern, vor dem Nationalhymnen gespielt wurden. Während die Musik durch das Rund schepperte, grinste Benficas Verteidiger Germano über das ganze Gesicht. Reals Spieler dagegen wirkten angespannt; vielleicht, weil sie in Blau spielen mussten und ihr königliches Weiß nicht unter dem Flutlicht glänzen lassen durften.

In einigen Ländern kennt man die 90 Minuten von Amsterdam als „Nacht der langen Bälle", womit Weitschüsse gemeint sind. Das war die Spezialität von Puskás und Eusébio, und so bestimmten diese beiden auch den Verlauf der Partie. Nach 17 Minuten nahm Puskás ein Zuspiel von di Stéfano auf und eilte los. Der beleibte Ungar war, wie der Passgeber, schon 35 Jahre alt, aber Germano holte ihn erst an der Strafraumgrenze ein, und da hatte Puskás schon mit Erfolg abgezogen. Nur fünf Minuten später wiederholte sich die Szene, mit dem Unterschied, dass der Ball diesmal von del Sol kam und Puskás nicht mit dem Leder lief, sondern es sofort in Richtung Tor schickte. Germano fälschte den Schuss ab: 2:0.

Eusébio schrieb später, dass die Spanier „so überlegene Mienen zur Schau stellten, dass man sie nur anzusehen brauchte, um ihre Meinung zu erraten: Das ist eine todsichere Sache!" Vielleicht schlich sich wirklich zum ersten Mal ein Hauch von Überheblichkeit in die Reihen Reals ein, aber es war nicht mehr als das. Denn als Benfica zwei Minuten später von Schiedsrichter Leo Horn einen Freistoß 18 Meter vor dem Tor zugesprochen bekam, eilten gleich acht Madrider Feldspieler in den Strafraum, davon vier in die Mauer. Eusébio hämmerte den Ball ungerührt an den Pfosten, Águas drückte den Abpraller in die Maschen. Nur weitere drei Minuten danach kam es zu einem Getümmel an der Grenze des spanischen Strafraums. Eusébio reagierte am schnellsten und legte zurück auf Cavem, der aus 20 Metern augenblicklich mit links schoss: 2:2.

Nun lief scheinbar alles für die jungen Lissabonner, denn Real musste sich neu ordnen: Di Stéfano war nach der raschen Führung seines Teams nach hinten gerückt, um das Kombinationsspiel des Gegners zu stören. Würde er so plötzlich wieder umschalten können? Er konnte. Per Doppelpass spielte er Puskás frei, der aus der Drehung schoss und Costa Pereira zum dritten Mal überwand. Das war in der 38. Minute. In der 41. köpfte Tejada eine Flanke von Gento an die Latte. In der 45. hatte Felo erneut das 4:2 auf dem Fuß.

Eusébio erinnert sich, dass Guttmann seine Spieler in der Kabine für die erste Hälfte kritisierte. Der Trainer selbst meinte aber später: „Ich hatte meiner Elf schon vorher gesagt, dass wir auch dann gewinnen würden, wenn wir zur Halbzeit mit zwei Toren zurückliegen sollten. Real wurde alt. Di Stéfano hatte nur Einfluss, weil er sich weit zurückfallen ließ und von hinten aufbaute. Ich gab Cavem die Anweisung, ihm in der zweiten Hälfte zu folgen und ihn unter Druck zu setzen."

Schon fünf Minuten nach dem Wechsel hatte das Folgen: Puskás bekam keine Anspiele mehr, eilte deshalb zurück, um sich den Ball selbst zu holen – und verlor ihn. Das Leder trudelte zu Coluna, der aus etwas mehr als 20 Metern den nächsten glasharten Schuss des Abends ansetzte und die Partie ausglich. Nun ging Real merklich die Puste aus. Enrique Pachin, der den großen Omar Sivori im Viertelfinale zermürbt hatte, kam mit Eusébio nicht zurecht. Schon enteilte der leichtfüßige Junge aus Mosambik dem großen di Stéfano und drang in den Strafraum ein – da wusste Pachin kein anderes Mittel, als den Stürmer auflaufen zu lassen. Horn wies auf den Kreidefleck elf Meter vor der Torlinie.

Es spricht für das Ansehen, das der 20-jährige Eusébio bereits genoss, dass seine Kollegen ihm die Ausführung des Elfmeters überließen. Torwart José Araquistain sprang nach links, sah aber schon im Flug, dass er die falsche Ecke gewählt hatte. Eusébio schob den Ball mit der Innenseite in die verlassene Torhälfte: Nach 64 Minuten war Benfica zum ersten Mal in Führung gegangen.

Finale der Landesmeister 1961/62, Benfica Lissabon - Real Madrid 5:3 (in Amsterdam). Szene aus einem berauschenden Finale: Benficas Schlussmann Costa Pereira fängt einen Flankenball ab.

Dann entschieden innerhalb von wenigen Sekunden die beiden herausragenden Figuren das Spiel. Di Stéfano fand ein letztes Mal die Kraft zu einem Alleingang. Mit einer Willensstärke, die bis in die letzte Reihe der Tribüne spürbar war, schüttelte er Gegner um Gegner ab und stand endlich zwölf Meter vor dem Tor frei. Pereira aber verkürzte den Schusswinkel und wehrte den Ball ab. Momente später pfiff Horn einen weiteren Freistoß für Benfica, den Coluna quer an der Mauer vorbeilegte. Eusébio hatte freie Bahn und traf aus 20 Metern.

Real war besiegt. In der 77. Minute forderte die Elf noch einen Elfmeter, und es kam zu Gezänk, weil Horn das theatralische Hinstürzen di Stéfanos als Schwalbe wertete. Doch die Spanier waren zu erschöpft, um für einen Abbruch zu sorgen, der einige Minuten lang im Raum stand. Als das Spiel weiterging, entschloss sich der frustrierte Pachin, Eusébio so lange zu foulen, bis endlich der Schlusspfiff kam. Zum zweiten Mal in dieser Europacup-Saison wurden Benficas Spieler auf den Schultern begeisterter Fans über den Platz getragen – und diesmal waren es keine Süd-, sondern Holländer. Halbnackt in der Luft thronend, stieß Eusébio die Faust in den Nachthimmel. Schließlich begann er vor Freude hysterisch zu wimmern und wurde von Betreuern in die Kabine geführt. Irgendwie war es auch ohne das Glücksmedaillon gegangen, das er nach dem Triumph gegen Nürnberg verloren hatte.

Der wahre Erfinder des Catenaccio

Nach Meinung vieler Experten bedeutete die Spielzeit 1962/63 eine Zäsur in der Geschichte des Europacups, weil es die erste Krise einläutete: „Es begann die freudlose Zeit des italienischen Fußballs, die öde Phase der verrammelten Strafräume", schreibt Ludger Schulze. Es war die Ära, in der man in Europa neuartige Fußballausdrücke lernte: „Libero" und vor allem „Catenaccio". Mit letzterem Ausdruck verbindet sich in erster Linie der Name von Helenio Herrera, der bald mit Inter Mailand in gleichem Maß Glamour wie Grauen verbreiten sollte. Vermutlich aber muss man das Spielsystem, bei dem sich ein Ausputzer hinter den Verteidigern postiert, während einer oder sogar beide Flügelspieler zurückhängen und im Mittelfeld die Räume schließen, Nereo Rocco gut- oder schlechtschreiben.

Rocco wurde 1947 Trainer von Triest, einer Mannschaft, die gerade 79 Gegentore in der „Serie A" erhalten hatte. Er sah sich vor ein Problem gestellt, das den italienischen Profifußball schon recht früh ereilt hatte: Die Liga wurde von wenigen reichen Klubs wie Inter und AC Mailand oder Juventus Turin dominiert, und mit Beginn der internationalen Wettbewerbe wurden diese dann noch stärker, da sie immer mehr teure ausländische Stürmerstars verpflichteten. Da war nicht viel zu bestellen für die Alessandrias, Livornos und Triests dieser Welt.

Rocco entschied sich für eine Maßnahme, die viele von denen wählen, die man nicht mitspielen lassen will: Sie verderben auch den anderen den Spaß. Während sich Alessandria in der Saison 1947/48 beim übermächtigen AC Turin brav zehn Gegentreffer abholte (und je sechs bei Inter und Juventus), machte Triest den Laden dicht. Der Verein brachte es auf 15 Unentschieden, darunter drei 0:0 und sieben 1:1, kassierte nie mehr als drei Tore in einem Spiel und landete am Ende in der Ligatabelle auf Augenhöhe mit Juventus und Milan. In den 1950er Jahren verfeinerte Rocco dieses Konzept sodann bei Padua. Zwar half es beiden Klubs längerfristig nicht an die Sonne, doch es hatte großen Einfluss auf die Spielkultur in der Liga und machte Rocco zu einem solchen Trainerstar, dass er 1962, als die achte Saison des Europacups der Meister begann, beim AC Mailand das Sagen hatte.

Hier muss man in der Geschichte über die perfiden Schufte des europäischen Fußballs kurz innehalten. Es stimmt, dass Rocco den Engländer Jimmy Greaves aus Italien vertrieben hatte, weil er ihn für undiszipliniert hielt, dass er Cesare Maldini als Libero hinter die Abwehr stellte und Leuten wie Gino Pivatelli das Überschreiten der Mittellinie untersagte, dass er all sein Vertrauen in Konterfußball setzte. Aber der AC Mailand war trotzdem keine Truppe von Spielzerstörern – er spielte einfach nur anders, als der Rest von Europa es gewohnt war.

Die Idee, dass man dem Gegner große Teile des Platzes überlässt, weil das Raum ist, den man später selbst nutzen kann, hat noch heute in den Köpfen vieler Fußballfreunde den Anklang von Feigheit. In vielen Ländern galt stets die Maxime: „Wenn wir den Ball haben, kann der Gegner kein Tor schießen." Ihnen war (und ist) es unverständlich, dass man auf Ballbesitz keinen Wert legt, solange sich keine Spielsituation ergibt, in der die Eroberung des Balles augenblicklichen Erfolg verspricht. Dass dies dem AC Mailand als logische Herangehensweise erschien, war nicht nur eine Mentalitätsfrage, sondern lag auch daran, dass die Elf über einzigartige Stürmer verfügte: José Altafini und Gianni Rivera.

Nereo Rocco, Trainer des AC Turin, der Erfinder des Catenaccio. Hier im Jahr 1968 als Trainer des AC Mailand.

Milan war trotz Libero und gemäßigtem Catenaccio in der „Serie A" mit 2,4 Toren pro Spiel Meister geworden, während Real Madrid es in Spanien nur auf 2,2 gebracht hatte, der englische Meister Ipswich Town gar nur auf 1,9. Und in den ersten vier Runden der Europacup-Saison 1962/63 gelangen den Italienern nicht weniger als 31 Treffer. Zwar waren unter den Opfern leichte Gegner wie Union Luxemburg und Galatasaray Istanbul, aber auch besagtes Ipswich Town und der FC Dundee. Die Schotten stellten die letzte Hürde auf Milans Weg in das Endspiel dar, und es war in keiner Hinsicht eine besonders hohe: Wie um jedes Klischee zu verhöhnen, trafen die Italiener beim 5:1 im Heimspiel allein viermal per Kopf. Die 0:1-Niederlage in Dundee tat Nereo Rocco nicht weh; seine Elf stand im Finale.

Köln am Boden, Milan auf dem Podest

Aber wir müssen aus einem schmerzhaften Grund noch kurz beim geschlagenen FC Dundee verweilen. Der hatte sich nämlich im Verlauf des Turniers prominente Skalps geholt. Im Viertelfinale schaltete Dundee den RSC Anderlecht aus, der seinerseits Real Madrid eliminiert hatte. Im Achtelfinale waren die Schotten gegen Sporting Lissabon siegreich geblieben, und bereits in der ersten Runde hatten sie dem 1. FC Köln den schlimmsten Tag seiner Vereinsgeschichte bereitet. Pech war natürlich, dass Nationaltorwart Fritz Ewert praktisch die gesamte erste Halbzeit des Hinspiels in Dundee mit einer Gehirnerschütterung bestritt und zur Pause in der Kabine bleiben musste. Die Tatsache, dass Köln die zweite Hälfte mit nur zehn Mann bestreiten konnte, darf aber keine Entschuldigung für das 1:8-Desaster sein: Schon nach 66 Minuten stand es 8:0, dann schonten die Gastgeber ihre Kräfte. Vor dem Rückflug murmelte Kölns

Trainer „Tschik" Cajkovksi: „Am besten ist, Flugzeug stürzt ab." Wie peinlich und unerklärlich das Drama war, zeigte sich drei Wochen später in Köln: Nach kaum einer Stunde Spielzeit führte der 1. FC mit 4:0 und bekam auch noch einen Elfmeter. Ernst-Günter Habig traf aber nur die Latte, und das brach die Moral der Rheinländer. „Ich bin überzeugt, dass wir zehn Tore geschossen hätten, wenn dieser Strafstoß verwandelt worden wäre", schrieb Cajkovksi. So aber war ein weiterer Deutscher Meister in Europa früh unter die Räder gekommen.

Der nächste folgte schon sieben Tage nach dem erfolglosen Rückspielsieg der Kölner über Dundee: Der ostdeutsche Titelträger Vorwärts Berlin trug auf seinen Trikots nicht nur das Klubabzeichen, sondern auch noch die DDR-Fahne und bot Jürgen Nöldner auf (heute Redakteur beim „kicker"), aber das half gegen Dukla Prag alles nichts. Die Tschechen traten mit vier aktuellen Vizeweltmeistern an und ließen beim 3:0 in Berlin und dem 1:0 daheim nie Zweifel am Sieger aufkommen. Alle vier Dukla-Tore schoss der Halblinke Jozef Adamec.

Zwei Runden später, im Viertelfinale, traf Dukla auf den Pokalverteidiger Benfica Lissabon. Das Hinspiel in Portugal wurde zu einer der interessantesten Europacup-Partien des gesamten Jahrzehnts, denn die Gäste begegneten dem Angriffswirbel Benficas, indem sie selbst nach vorne spielten. Costa Pereira war 45 Minuten lang mehr in Bewegung als seine Feldspieler, und bis drei Minuten vor Schluss musste man sagen, dass nicht etwa Prag ein 1:1 hielt, sondern Lissabon. Dann traf Coluna zum unerwarteten 2:1. Benficas neuer Trainer Fernando Riera kalauerte: „Ich wäre mit dem Ergebnis zufrieden, wenn es nicht noch ein Rückspiel gäbe." Doch in dem zeigten die Portugiesen, dass nicht nur Italiener sich einigeln können. Prags großer Stratege Josef Masopust wurde vor dem Anpfiff als „Europas Fußballer des Jahres" geehrt, doch damit waren alle Geschenke verteilt: Benfica ermauerte sich ein 0:0. Das muss die Elf auf eine Idee gebracht haben, denn im Halbfinale folgte bei Feyenoord Rotterdam das nächste torlose Unentschieden. Ein sicheres 3:1 im zweiten Spiel brachte Lissabon zum dritten Mal nacheinander in das Endspiel.

Am Nachmittag des 22. Mai 1963 kamen nur 45.000 Fans in das geräumige Londoner Wembley-Stadion; der Rest war vermutlich dadurch abgeschreckt worden, dass Benfica seine Lust auf Offensive zu verloren haben schien, während der AC Mailand zum Endspiel den Stürmer Paulo Barison auf die Bank setzte.

Aber die ganz in Weiß gekleideten Italiener verteidigten keineswegs so skrupellos, wie man das in modernen Geschichtsbüchern oft liest; es war nur so, dass die Steilpässe, auf denen ihr Stil basierte, lange Zeit nicht ankamen. In der 18. Minute lümmelten sich gar sechs Mailänder sorglos und schlecht postiert in des Gegners Hälfte, als José Torres das nächste miserable Zuspiel abfing (diesmal eines von Giovanni Trapattoni) und Eusébio plötzlich auf das Tor zurannte. Trapattoni verfolgte ihn mit rührender Hartnäckigkeit, doch von der Strafraumgrenze aus schoss Eusébio den Ball in das lange Eck.

Finale der Landesmeister 1962/63, AC Mailand - Benfica Lissabon 2:1 (in London). Altafini und Rivera, die Mailänder Sturmspitzen, triumphieren.

Nun zeigte sich, dass die Taktik der Italiener nicht so eindimensional war, wie sie dargestellt wird. Rocco funktionierte Trapattoni vom Aufbauspieler zum Bewacher Eusébios um, dafür rückte Maldini vor und durchschnitt das Mittelfeld mit Pässen auf Rivera. In der 58. Minute blockte ein Portugiese einen Torschuss Riveras ab, und das Leder trudelte zu Altafini, der aus der Drehung sofort zum Ausgleich abschloss. Neun Minuten später folgte eine Szene aus der Lehrfibel italienischen Fußballs: Eine Ecke für Benfica wurde tief ins Mittelfeld abgewehrt, wo die drei Verteidiger der Portugiesen sich kurz uneins waren, wer den Ball aufnehmen sollte, bis sich Fernandes Humberto erbarmte. In diesen paar Sekunden waren die Mailänder Stürmer nach vorne gesprintet, und als Humberto den Kopf hob, sah er nur weiße Trikots. In Panik legte er den Ball quer zu Raul, der ihn ebenso hektisch wegschlagen wollte. Doch da war Rivera schon zu Stelle: Von seinem Bein prallte das Leder in den Lauf von Altafini, der nur noch das Grün des Wembley-Rasens zwischen sich und Torwart Costa Pereira erblickte. Nach einem schier endlosen Lauf hatte der Angreifer keine Kraft mehr für eine Finte, sondern schoss blindlings Pereira an, doch der Abpraller fiel Altafini wieder vor die Füße, und diesmal schloss der Brasilianer kaltblütig zum Siegtor ab.

Als das Finale abgepfiffen wurde, hatten zwei kleinere Serien ihren Anfang genommen: die der italienischen Vorherrschaft im höchsten europäischen Wettbewerb, von vielen mit Unwillen betrachtet, und die des Leidens für Benfica Lissabon, von vielen für tragisch gehalten. Schon in der nächsten Saison, 1963/64, konnte man diese Aspekte als deutscher Fußballfreund genau beobachten, denn endlich griff ein Deutscher Meister wieder intensiv in den Wettbewerb ein: Borussia Dortmund.

Erste Triumphe für Borussia Dortmund

Die Dortmunder hatten fast die gesamte Elf, die zwei Jahre später deutsche Fußballgeschichte schreiben würde, schon beisammen, als ihre turbulente Reise durch Europa am 10. September 1963 im norwegischen Oslo begann. Dort traf der BVB nicht etwa auf den Meister des skandinavischen Landes, das wäre Brann Bergen gewesen, sondern auf das Team, das beim Ablauf der Meldefrist die Tabellenspitze zierte, Lyn Oslo. Die Norweger hatten sich, wie auch die Dänen, auf dieses Verfahren geeinigt, um das Problem zu umgehen, dass ihre Meisterschaften einem anderen Kalenderrhythmus folgten, als das in Mittel- und Südeuropa der Fall war.

Und Lyn Oslo bewies rasch, dass sich die Elf in guter Verfassung befand. Zur Pause lagen die Norweger 2:1 vorne und verpassten direkt nach dem Wechsel eine Großchance zum dritten Treffer. Ein von Gerd Cyliax vergebener Elfmeter weckte die Dortmunder dann auf und zeigte ihnen, dass sie mehr investieren mussten als nur Routine. Drei Tore in der Schlussphase sicherten einen 4:2-Sieg in der Fremde. Das Rückspiel wurde dann ebenfalls gewonnen, mit 3:1, aber auch hier gab der BVB keine gute Figur ab. Deshalb schlug man in Deutschland die Hände über dem Kopf zusammen, als das Los für das Achtelfinale bekannt wurde: Benfica Lissabon. Der DDR-Vertreter SC Motor Jena, der nach der UEFA-Setzliste zunächst gegen ein anderes Ostblockteam anzutreten hatte, war da bereits mit 0:2 und 0:1 gegen Dinamo Bukarest ausgeschieden.

In der ersten Halbzeit des Hinspiels in Portugal drohten sich alle Befürchtungen der Fachpresse zu bewahrheiten. Der hohe Favorit Benfica kam wie eine Springflut über die Borussia, traf gleich viermal Pfosten oder Latte und hetzte die Deutschen derart über das Feld, dass man sich an das Nürnberger Waterloo erinnert fühlte. Dann aber erklang der Halbzeitpfiff, und zur Verblüffung der Zuschauer war noch kein Treffer gefallen. Das sollte sich kurz nach der Pause ändern, aber nicht so, wie es sich die 60.000 Fans vorstellten. Zwar trafen Antonio Simoes und Eusébio, aber zwischen diesen Toren lag eben auch der 1:1-Ausgleich durch Reinhold Wosab. Es schien wie ein Wunder, dass der BVB so glimpflich davongekommen war, aber die Spieler selbst feierten keineswegs eine Sensation, sondern verfluchten das Schicksal: Eusébio habe vor dem 2:1 dem Torwart Hans Tilkowski den Ball aus den Händen getreten, hieß es, und außerdem sei der Borussia in den Schlussminuten ein klarer Elfmeter

Achtelfinale der Landesmeister 1963/64, Benfica Lissabon - Borussia Dortmund 2:1 / 0:5. Eines der drei Kopfballtore von „Goldköpfchen“ Franz Brungs bei Dortmunds sensationellem Sieg.

Dortmunder Fans gaben sich schon vor der historischen Begegnung optimistisch – und behielten Recht.

verweigert worden. Alfred „Aki" Schmidt gab aber auch die Klasse der Portugiesen zu: „Wenn ich mal etwas zu Atem kam, dann habe ich sie richtig bewundert."

Fast einen Monat später landete Benfica zum Rückspiel in Deutschland. Eusébio war zwar dabei, konnte aber wegen einer Verletzung nicht spielen und schritt missmutig in seinem dicken Mantel daher. Die Kälte schreckte die Startruppe allerdings keineswegs, denn obwohl die Temperatur unter null Grad lag, war es doch nicht annähernd so kalt wie damals in Nürnberg, als Lissabon den Verhältnissen lange getrotzt hatte. Doch im Dezember 1963, vier Monate nach Einführung der Bundesliga, war alles anders: Die Dortmunder betrachteten die berühmten und gut bezahlten Profis aus Portugal nicht mehr als übermächtige Gegner. Ein Fan im Stadion „Rote Erde" schleppte gar einen riesigen Hammer aus Pappmaché herum, auf dem stand: „Und dann schlugen wir Benfica."

Eben das taten sie denn auch. In 90 Minuten, wie sie Benfica noch nie und der deutsche Vereinsfußball seit den Siegen von Frankfurt über die Glasgow Rangers nicht mehr erlebt hatte. Franz Brungs und Lothar Emmerich scheiterten zu Beginn nur an der Latte, dann trafen Timo Konietzka und zweimal Brungs zwischen der 33. und 37. Minute zum 3:0. Als die Lissabonner in die Kabine stolperten, waren sie eigentlich bereits geschlagen. Kurz nach dem Wiederanpfiff beseitigte Brungs mit seinem vierten Tor jeden etwa noch bestehenden Zweifel. Nach dem 5:0 durch Wosab waren noch fast 30 Minuten zu spielen, aber die Dortmunder nahmen nun das Tempo aus der Partie. Auch an diesem Tag trugen Zuschauer nach dem Schlusspfiff eine Elf buchstäblich auf Händen, aber diesmal waren es nicht Eusébio und Co., die auf einer Sänfte aus Menschen über den Platz schwebten.

Die französische Zeitung „L'Equipe" sprach perplex von einer „Exekution", und in dem Buch „Sternstunden des Fußballs" heißt es: „Das Ergebnis war für Benfica mehr als eine Niederlage. Es kam einer Hinrichtung gleich. Tatsächlich sollte sich diese Mannschaft nie mehr richtig davon erholen". Das ist vielleicht zu kühn, wenn man bedenkt, dass Lissabon nur ein Jahr später Real Madrid demütigte und erneut das Finale bei den Landesmeistern erreichte, aber der Sieg des BVB hatte unzweifelhaft psychologische Auswirkungen: Der deutsche Klubfußball konnte international mit den Besten mithalten, wie etwa zur selben Zeit auch ein anderer Verein in einem anderen Wettbewerb bewies, über den noch zu reden sein wird.

Im Viertelfinale bekam es die Borussia mit Dukla Prag zu tun und sorgte im Konzert der Großen für den nächsten Paukenschlag: Als erste ausländische Elf überhaupt gewann sie ein Europacupspiel in Prag, und dann gleich mit 4:0! Als die Deutschen auch im Rückspiel früh in Führung gingen, verloren sie die Konzentration, und Dukla bewies, dass die Elf besser war, als es das Ergebnis bis hierhin vermuten ließ. Die Tschechen gingen noch als 3:1-Sieger vom grünen Rasen der „Roten Erde", aber die Dortmunder dachten zu diesem Zeitpunkt schon daran, dass nur noch eine Mannschaft zwischen ihnen und dem Finale stand: Inter Mailand.

Minimalisten bei Internazionale

Das Team von Helenio Herrera hatte im Wettbewerb alle Schreckensmeldungen bestätigen können, die über die Alpen nach Nordeuropa gedrungen waren. Gegen den FC Everton reichte ein einziges Tor zum Weiterkommen, und selbst gegen den ungefährlichen AS Monaco begnügte sich Inter daheim mit einem 1:0. Das passte zu einem Team, das in Italien mit nur 20 Gegentoren Meister geworden war und das 14 Ligaspiele mit den Ergebnissen 0:0, 1:0 oder 1:1 beendet hatte.

Verglichen mit Herrera war selbst der Disziplinfanatiker Nereo Rocco ein gutmütiger Herbergsvater. Im Sommer 1961 hatte Herrera zum Beispiel den Star aus seinen Tagen bei Barcelona zu Inter gelotst, Luis Suarez. Das hieß aber nicht, dass der Spanier Vorrechte genoss: Als Suarez im Trainingslager nach einem Lauf durch die Hügel um Mailand sich dem Bus näherte, der das Team wieder zurück zum Camp fahren sollte, verlangsamte er seine Schritte etwas, obwohl Herrera ein Zeitlimit gesetzt hatte. Suarez war keine hundert Meter vom Bus entfernt, als der sich in Bewe-

Halbfinale der Landesmeister 1963/64, Borussia Dortmund - Inter Mailand 2:2 / 0:2. Ausgleich zum 2:2 für Inter. Tilkowski ist machtlos.

gung setzte. Der teuerste Spieler der Welt und zwei seiner Kollegen mussten die zehn Kilometer bis zum Camp zu Fuß laufen.

Ein anderer Star dieser Inter-Elf war der Außenverteidiger Giacinto Facchetti, dessen Vorstöße Franz Beckenbauer bald auf die Idee bringen sollten, auch als Libero die gegnerische Hälfte zu erkunden. Facchetti hatte eines Morgens auf dem Weg zum Training eine Autopanne und erschien vier Minuten zu spät zu der für 9.30 Uhr angesetzten Einheit. Herrera ließ ihn eine Viertelstunde um den Platz rennen, dann sagte er ihm: „Sie fahren gefälligst so früh von zu Hause weg, dass Sie rechtzeitig hier sind. Ich bin schließlich auch immer pünktlich."

Obwohl er in seinen ersten beiden Jahren am Ziel Meisterschaft scheiterte, konnte Herrera diese autoritäre Linie durchziehen. Inters Präsident Angelo Moratti – ein Mann, der es durch einzigartige Dickköpfigkeit vom ungebildeten Jungen bis zum Öl-Millionär gebracht hatte – setzte volles Vertrauen in seinen Trainer. Er sagte: „Herrera ist mit Inter verheiratet. Und in Italien gibt es keine Scheidungen!" Basta. Dieses Vertrauen erstreckte sich sogar auf bare Münze: Moratti schickte den gebürtigen Argentinier Herrera mit dem Auftrag nach Brasilien, um jeden Preis Garrincha zu verpflichten; der Trainer kam stattdessen mit einem 19-Jährigen namens Jair zurück. Moratti stellte keine Fragen.

Auch ein Deutscher zählte zu Inters exotischer Sammlung, der Erkenschwicker Horst Szymaniak, der aus Catania geholt worden war. Ihn brachte Herrera nur in Auswärtsspielen, um das Mittelfeld zu stabilisieren, und so war der ehemalige Bademeister auch dabei, als sich die Mailänder am 15. April 1964 zum Hinspiel des Halbfinals in Dortmund vorstellten.

Noch wenige Monate zuvor hätte niemand dem BVB auch nur Außenseiterchancen zugestanden, aber erstens waren da die Partien gegen Benfica und Dukla gewesen, zweitens ging Inter offenbar inzwischen ein wenig mehr Risiko ein: Beim Rückspiel in Monaco hatte sich die Elf zu drei Toren hinreißen lassen und im Viertelfinale gegen Partizan Belgrad auch wieder vier gemacht (2:0 und 2:1). Das ließ die Hoffnung keimen, dass die Italiener nicht bloß hinten drin stehen, sondern den Deutschen Platz zum Atmen lassen würden.

Prompt tauchte Jair in den ersten drei Minuten gleich zweimal gefährlich vor dem Dortmunder Tor auf, und nur 60 Sekunden später schlug der Mann zu, der trotz Suarez und Jair der wahre Star der Elf war: Sandro Mazzola köpfte an Tilkowski vorbei das 0:1. Nach dieser Führung zog sich Inter nun doch zurück, aber die so gefürchtete Abwehr torkelte bedenklich. Brungs scheiterte mit einem Fallrückzieher, dann hatte er nach einem Fehler von Szymaniak plötzlich allen Raum der Welt und erzielte das 1:1. Wenige Minuten später verfehlten gleich mehrere Verteidiger eine Flanke von Lothar Emmerich, und wieder war Brungs zur Stelle – 2:1. Es waren erst 27 Minuten gespielt, und Inter schien mindestens so kopflos und überfordert wie fünf Monate zuvor Benfica: Aki Schmidt ließ den Pfosten erzittern; den großen Facchetti retteten nur

Zentimeter vor einem peinlichen Eigentor. Schließlich mussten auch die Borussen etwas durchschnaufen, und Helmut Bracht spielte einen Pass zurück auf Tilkowski. Das jedenfalls war die Idee. Doch Bracht rutschte aus, Mario Corso schnappte sich den Ball, umrundete den Torwart und schob zum Ausgleich ein. Diesen Schock kurz vor der Pause überwanden die Dortmunder nicht mehr – es blieb beim 2:2.

War diese Partie schon unglücklich für den Deutschen Meister gelaufen, so wurde zwei Wochen später alles noch schlimmer. Inter gewann vor mehr als 90.000 Zuschauern durch Tore von Mazzola und Jair mit 2:0. Es war ein völlig verdienter Sieg, aber dennoch waren die Gäste aufgebracht. Nach etwa 20 Minuten hatte Suarez nämlich vor den Augen des Schiedsrichters Branko Tesanic aus Jugoslawien seinen Gegenspieler Dieter Kurrat in den Unterleib getreten. Das Merkwürdige an der Szene war, dass die Borussen zwar einen Freistoß bekamen, Suarez aber trotz der Tätlichkeit nicht vom Platz gestellt wurde. Einige Wochen später räkelte sich Herr Tesanic übrigens am Strand – einem italienischen. Man munkelte, Inter habe ihm diesen Urlaub bezahlt, und der jugoslawische Verband sperrte den Referee auf Lebenszeit. Das freute die Dortmunder, aber im Endspiel standen sie trotzdem nicht.

Die Rückkehr der alten Helden

Es hätte niemanden überrascht, wäre es in diesem Spiel zum ersten innerstädtischen Duell der Finalgeschichte gekommen. Aber der AC Mailand konnte es seinem Rivalen Inter nicht gleichtun, und das lag an einer Elf, von der man wenig mehr erwartet hatte als melancholische Erinnerungen an gute alte Zeiten: Real Madrid. Die Spanier spielten, kaum zu fassen, noch immer mit di Stéfano (37), José Santamaria (34) und Gento (30), die 1958 das Finale gegen Milan gewonnen hatten, und auch Puskás (36) schleppte seine Pfunde weiter über die Fußballfelder. Und wie! Gleich in der ersten Runde galt Real nur als Außenseiter gegen die Glasgow Rangers, aber Puskás schoss vier Tore – das einzige des Hinspiels in Schottland und drei weitere beim verblüffenden 6:0 in Madrid. Im Achtelfinale zerfledderte Real dann Dinamo Bukarest, 8:4 lautete der Gesamtstand.

Nun machte sich auch der AC Mailand etwas Sorgen. Nereo Rocco hatte inzwischen den AC Turin übernommen, und sein Nachfolger am Ruder hieß Luis Carniglia, der von 1957 bis 1959 selbst Trainer von Real Madrid gewesen war. „Wir spielen schönen, aber schwierigen Fußball. Wir haben keinen di Stéfano“, sagte er etwas wehmütig – als wäre die Zeit stehen geblieben. Andererseits: Er lag vielleicht gar nicht so falsch. Vor dem Halbfinale verspottete di Stéfano den Mailänder Ausputzer Maldini als „zweiten Torwart“, dann preschten die alten Männer Madrids über den Rasen, als gäbe es kein Morgen und als wäre heute gestern. Nach 66 Minuten lag Real 4:0 vorne, und die 100.000 Zuschauer im Bernabéu-Stadion jauchzten vor Vergnügen. Erst als die Recken begannen, die müden Muskeln zu entspannen, kam der AC Mailand zum

Anschlusstor, aber das war zu wenig: Das Rückspiel lief zwar genau andersherum, aber mehr als ein 2:0 für die Italiener wollte nicht fallen. Der Titelverteidiger war ausgeschieden, während die Mannschaft, deren Name so eng mit diesem Pokal verknüpft war, im Halbfinale gleich noch einmal acht Tore erzielte (gegen den FC Zürich, 2:1 und 6:0) und so das zweifelhafte Vergnügen mit Helenio Herrera bekam.

Das zauberhafte Weiße Ballett gegen das dröge Kollektiv der Moderne? Vor dem Finale am 27. Mai 1964 in Wien boten sich solch griffige Verkürzungen an, aber der Chronist sollte auf der Hut sein. Real hatte bislang unerhörte 27 Tore im Wettbewerb erzielt (Inter weniger als die Hälfte davon), aber das war ein Ausreißer der Statistik. Jedermann in Madrid wusste, dass die Abwehr um Santamaria, Isidro, Miera und Pachin als das wahre Prunkstück der Elf galt: Einen Monat vor dem Finale war die Saison in Spanien zu Ende gegangen, und Real hatte mit 0,7 Gegentoren pro Spiel einen neuen Rekord aufgestellt. „Es war die Durchschlagskraft im Sturm, die schwand", schreibt Phil Ball in seinem Buch über die Geschichte des Klubs. Aber er fügt auch nachdenklich an: „Doch vielleicht galt das auch nur bei einem Gegner wie Herreras Inter Mailand."

Tatsächlich zeigte sich im Endspiel, dass Inters Defensivtaktik – mit Armando Picchi hinter der Abwehr und ruppiger Manndeckung gegen di Stéfano, Puskás und Amancio – mehr Potenzial bot, als Kritiker das zugestehen wollen. Die italienische Elf fächerte sich ständig auseinander und wieder zusammen, in vielversprechenden Momenten flitzten gleich beide Außenverteidiger nach vorne, und all das zwang Real zu viel Laufarbeit. Puskás war auf dem Spielberichtsbogen zwei Jahre jünger gemacht worden, aber Papier kann nicht rennen.

Das letztlich wohl entscheidende erste Tor der Partie entsprang zwar einem feinen 17-Meter-Schuss von Mazzola in den Winkel, der durch drei Real-Verteidiger hindurchzischte, dennoch war es der Entstehung nach ein typischer Inter-Treffer: Puskás hatte kurz vor der Pause den Ball im Mittelfeld an Aristide Guaneri verloren, der ihn sogleich per Steilpass auf den linken Flügel schickte. Und wer kam dort völlig unbedrängt angelaufen, um schließlich Mazzola zu bedienen? Der Abwehrmann und ehemalige Sprinter Facchetti. Auch das 2:0 war ein Fernschuss, diesmal von Aurelio Milani aus etwa 20 Metern. Doch noch war Real nicht aus dem Spiel: Vor dem zweiten Treffer hatte Puskás nur den Pfosten getroffen, nun markierte Vincente Feola mit einem prächtigen Scherenschlag das 1:2. Aber eine Viertelstunde vor dem Abpfiff patzte ausgerechnet der sonst so verlässliche Santamaria. Er lief einen Steilpass auf Mazzola ab, schlug den Ball aber nicht ins Aus oder zu seinem Torwart zurück, sondern spielte ihn über seinen Kopf hinweg zurück in die Mitte. Wo, wie er eigentlich wissen musste, Mazzola sich befand. Der Italiener nahm das Leder auf, lief ein paar Schritte und schob es ins lange Eck.

Natürlich schimpfte das geschlagene Team anschließend auf das Pech, auf Inters Taktik und die eigenen, dummen Fehler. Eine deutsche Biografie von di Stéfano behauptete noch fünf Jahre später, Mailands „Mauertaktik, die auf die Zerstörung des gegnerischen Spiels gerichtet war“ habe dazu geführt, dass „nicht das reelle Können entschied, sondern das Glück die tragende Rolle spielte“. Nun, nicht alle Beobachter hatten eine solch skurrile Vorstellung von Strategie. Das französische Magazin „France Football“ befand, dass di Stéfano zu eigensinnig gewesen sei, und eine DDR-Publikation analysierte völlig korrekt: „Für das Auge spielt Real den gefälligeren Fußball. Aber gegen diese ausgeklügelte taktische Route von Inter, gegen diesen Tempofußball einer aus jungen Klasseleuten bestehenden Elf ist damit nichts zu gewinnen.“

Losentscheid für Liverpool

Inter machte in der nächsten Saison im gewohnten Stil weiter. Zunächst vergaßen sich Herreras Schützlinge in ihrer ersten Partie allerdings vollständig und mähten mit Dinamo Bukarest den Rasen des San Siro. Die Rumänen waren, so schrill es klingt, mit dem 0:6 gut bedient, während die Italiener über sich selbst so erschraken, dass sie von da an nur noch das Nötigste taten: Im Rückspiel in Bukarest fuhr Inter einen Konter und gewann 1:0; im ersten Viertelfinale gegen die Glasgow Rangers tröpfelte die Partie so dahin, bis Mailand zwischen der 48. und 51. Minute unvermittelt das Tempo anzog, drei Tore schoss und sich wieder zurücklehnte. Die Schotten kamen aber noch zum Anschlusstor, was bedeutete, dass Herreras Elf sich im zweiten Spiel gerade mal eine 1:0-Niederlage erlauben durfte. Selbstredend entsprach das Ergebnis genau dieser Vorgabe.

Als am 23. März 1965 in Rom die Paarungen für das Halbfinale ausgelost wurden, lautete das zweite Spiel: „Liverpool oder Köln gegen Inter Mailand.“ Der Englische und der Deutsche Meister rangen nämlich noch immer um das Weiterkommen, als der Rest der europäischen Fußball-Karawane schon längst weitergezogen war. Und hier stellt sich die nächste Parallele zur vorigen Saison ein: das sowohl unglückliche wie kontroverse Ausscheiden der Bundesliga. Die durch Chemie Leipzig vertretene DDR-Oberliga, dies sei noch der Vollständigkeit halber erwähnt, hatte sich gleich in der Qualifikation gegen Vasas Györ aus Ungarn verabschiedet.

Die Kölner Elf bot Anlass zu großen Hoffnungen. Routiniers wie Hans Schäfer, Weltmeister von 1954, Hans Sturm und Helmut Benthaus standen neben kommenden Stars wie dem 22-jährigen Hannes Löhr, dem 20-jährigen Wolfgang Overath und dem noch jüngeren Wolfgang Weber. In der ersten Runde zeigte das Team, was es von Inter Mailand gelernt hatte und spielte bei Partizan Tirana in Albanien mit Erfolg auf ein 0:0, brachte sich aber damit selbst in Schwierigkeiten, denn beim zweiten Treffen in Köln dauerte es bis zur Schlussviertelstunde, ehe Sturm und Overath wenigstens noch zwei magere Tore hinbekamen. Richtig besser wurde es auch im Achtelfinale nicht, in dem Köln sich zu Beginn der Karnevals-Saison bei Panathinaikos Athen vorstellte. Schäfer hatte die Reise nicht mitgemacht, weil seine Frau schwer erkrankt war, und so sahen die Gäste doppelten Grund, sich erneut am rheinischen Catenaccio zu versuchen. In einer hektischen Partie gelang das fast perfekt: Durch einen Konter gingen die Deutschen in Führung und mussten erst kurz vor dem Ende den Ausgleich hinnehmen. Aber erneut schuf diese Cleverness mehr Probleme als Lösungen, denn nach fünf Minuten des Rückspiels lagen die Griechen 1:0 in Führung. Die Kölner kamen nur deshalb noch mit einem blauen Auge davon, weil sie das körperbetonte Spiel des Gastes annahmen und zwei Tore erzwangen.

Das Los, das sich aus all dieser Mühsal für das Viertelfinale ergab, trug wie zum Hohn den Namen des FC Liverpool. Dessen Trainer Bill Shankly war nämlich Schotte – und der Bruder von Bob Shankly, der das Kommando beim FC Dundee geführt hatte, als der den 1. FC Köln mit ... aber nein, wir wollen an diesen Tiefpunkt der Kölner Klubgeschichte nicht mehr erinnern. Bill Shankly war nicht nur eine charismatische Figur, sondern auch eine großmäulige. Seinen berühmten Satz über den Fußball, das Leben und den Tod borgte er sich vermutlich von dem amerikanischen Football-Coach Duffy Daugherty, aber er hatte noch so einige andere auf der Pfanne. Mit einem Blick auf den Lokalrivalen Everton sagte er zum Beispiel einmal: „Es gibt zwei gute Teams in Liverpool. Den FC Liverpool – und die Reserve des FC Liverpool." Doch man muss Shankly zugute halten, dass er sich das Recht auf Prahlerei erarbeitet hatte.

Als Shankly im Dezember 1959 zu Liverpool kam, spielte der Klub gerade seine sechste Zweitligasaison in Folge. Nur etwas mehr als vier Jahre später war er Meister und durfte zum ersten Mal im Europapokal antreten. Es war ein Debüt, das auf nahezu jeder Station Geschichte schrieb. Liverpools erstes internationales Spiel, ein 5:0-Sieg am 17. August 1964 in Reykjavik, bedeutete den Auftakt zu einer eindrucksvollen Serie: Die nächsten 20 Jahre würde es keine Europacup-Saison ohne diesen Verein geben. Liverpools drittes Spiel, ein 3:0-Sieg über Anderlecht am 25. November 1964, war die erste Partie, in der das Team ganz in Rot auflief; bald sollte dieser Anblick ebenso gewohnt und legendär sein wie das Weiß von Real Madrid. Liverpools Spiele Nummer fünf, sechs und sieben schließlich könnten ein Buch von der Dicke eines Tolstoi-Romans füllen. Es waren die Begegnungen mit dem 1. FC Köln im Februar und März 1965.

Die beiden Klubs rangen in Köln und Liverpool 180 Minuten miteinander, ohne ein Tor erzielen zu können, was am gegenseitigen Respekt lag – und daran, dass sie mittlerweile spitzbekommen hatten, wie Fußball auf internationalem Parkett funktionierte. In Deutschland bauten die Engländer eine rote Mauer vor ihrem Strafraum auf; der 1. FC Köln brachte nicht mehr als einen Pfostenschuss und ein Abseitstor zuwege. Das Rückspiel musste wegen eines Schneesturms verschoben werden und fand deswegen erst fünf Wochen später statt. Am Bild änderte sich aber nur farblich etwas: Diesmal verbarrikadierten die ersatzgeschwächten Weißen das Tor, während die

Viertelfinale der Landesmeister 1964/65, 1. FC Köln - FC Liverpool 0:0 / 0:0 / 2:2 n.V. (in Rotterdam). Hier setzt sich Heinz Hornig gegen Verteidiger Lawler durch, doch am Ende hatten die Kölner das Nachsehen: Das Los entscheidet für Liverpool.

Roten nimmermüde den Ball nach vorne schleppten. Das allerdings sehr gefährlich: Allein in den ersten zehn Minuten kamen die Engländer zu drei halbgaren Chancen, einer garen und einem Holztreffer. Aber Kölns Schlussmann Toni Schumacher wurde zum „Helden von Liverpool"; dabei war der langjährige Ersatzkeeper erst mit Saisonbeginn zur Nummer eins aufgestiegen.

So traf man sich am 24. März zum entscheidenden Gang an neutralem Ort, dem Feijenoord-Stadion in Rotterdam. In der 22. Minute setzte Wolfgang Weber eine Grätsche gegen Gordon Milne an (nicht gegen Willie Stevenson, wie es immer heißt) und brach sich dabei das Wadenbein. Während er zur Behandlung in die Kabine geführt wurde, bereitete Roger Hunt, plötzlich von seinem Gegenspieler befreit, das 1:0 für die Engländer vor. Eine Viertelstunde später – die Kölner spielten noch immer zu zehnt – erzielte Hunt selbst das zweite Tor. Die Sache schien entschieden, doch da passierten zwei Dinge: Erstens köpfte Karl-Heinz Thielen unmittelbar nach dem 2:0 das erste Kölner Tor in fast 220 Minuten Fußball. Zweitens sprang Weber in der

Kabine von einer Bank, um sein Bein zu testen, und kam zu dem Entschluss, er habe sich nur eine Prellung zugezogen. Es sollte noch ein Jahr ins Land ziehen, bis das Auswechseln eines verletzten Spielers überall erlaubt wurde, daher schickten die Kölner Weber zur zweiten Hälfte wieder auf den Platz und stellten ihn in die Sturmmitte, wo seine eingeschränkte Mobilität keinen Schaden anrichten konnte.

Kaum waren die Seiten gewechselt, da glich Löhr mit einem Weitschuss aus, und beinahe hätte ausgerechnet der invalide Weber eine missratene Rückgabe zum 3:2 genutzt. In den letzten 15 Minuten spielten sich dann gleich zwei Szenen ab, die an das Scheitern von Borussia Dortmund in der Vorsaison erinnerten. Erst schlug Liverpools Hüne Ron Yeats dem schmächtigen Löhr die Faust ins Gesicht – aber Schiedsrichter Robert Schaut aus Belgien sprach keinen Platzverweis aus. Dann spielte Löhr seinen Partner Thielen frei, und der spätere Manager des 1. FC Köln stupste den Ball an Torwart Tommy Lawrence vorbei. Schaut hingegen hatte ein Foul von Thielen gesehen, zwar als Einziger, aber als der, dessen Urteil zählte. Es blieb beim 2:2, da auch die Verlängerung keinen Sieger ermitteln konnte. Der Referee bat also die Kapitäne Sturm und Yeats zu sich, zeigte ihnen eine kleine, zweifarbige Scheibe aus Holz und machte sich ans Losen. Mehrere Zuschauer, einige Polizisten und jene Spieler, deren Nerven gut genug waren, umringten Schaut, als das Plättchen durch die Luft flog. Alle hielten den Atem an – allein Fernsehreporter Ernst Huberty fand genug Luft für ein Stakkato von Sätzen: „Da ist das Los gefallen. Wer springt in die Höhe? Wer ist es, wer gewinnt? Wer gewinnt, wer gewinnt? Muss auch das wiederholt werden?"

Es musste. Die Scheibe blieb im Matsch stecken, ohne auf die rote oder weiße Seite zu fallen. Der Schiedsrichter schnippte sie erneut gut zwei Meter in die Höhe. Dann sah Bill Shankly aus der Entfernung, wie der lange Yeats in die Luft sprang. Eine Londoner Zeitung würde am nächsten Tag schimpfen, dass „der wichtigste Klubwettbewerb des Fußballs zu einer Lotterie verkam". Aber so waren die Regeln – noch.

1:0 und zweiter Titel für Inter

Fünf Wochen nach diesem Tag spielte Liverpool das englische Pokalfinale gegen Leeds. Als wollte er es Weber gleichtun, bestritt Verteidiger Gerry Byrne 84 Minuten dieser Partie mit einem gebrochenen Schlüsselbein. Für das nächste Spiel seines Klubs fiel er allerdings aus, und das war das erste Halbfinale im Europapokal des Landesmeister gegen Inter Mailand an Liverpools Anfield Road. Das Publikum erwartete nach den Abwehrschlachten gegen Köln nun erst recht ein verbissenes Getümmel – und wurde angenehm überrascht. Schon nach zehn Minuten hatte es auf jeder Seite einmal eingeschlagen, am Ende siegten die Gastgeber mit 3:1 und ärgerten sich, dass ein viertes Tor nicht anerkannt worden war. Eben diesen zusätzlichen Treffer hätte Liverpool aber gebraucht, denn sieben Tage später gewann Inter 3:0. Wie das bei diesem Team inzwischen so üblich war, regten sich die Unterlegenen maßlos auf und suchten nach

Gründen für die Niederlage. Die wurden zuerst beim Schiedsrichter gefunden, der Corsos 1:0 gelten ließ, obwohl der Italiener einen angeblich indirekten Freistoß direkt ins Netz gedreht hatte. Außerdem sagte Shankly seinen Spielern noch in der Kabine: „Kopf hoch, Jungs: Die waren bis zu den Augäpfeln gedopt.“ Auch einen schlüssigen Beweis hatte er parat: „Niemand, der nicht gedopt ist, schlägt uns 3:0!“ Hererra hingegen verwies auf die Stärken seiner Elf: „Technik, Schnelligkeit und Intelligenz.“

Am 27. Mai 1965, dem Tag des Endspiels, war allerdings von diesen Stärken nicht viel zu sehen. Eigentlich war von nichts, was Fußball auszeichnen kann, etwas zu sehen. Das zehnte Finale der Landesmeister zementierte mehr als jedes andere den bis zum heutigen Tage schlechten Ruf von Herreras Inter. Das lag an vielen Dingen, auch an solchen, die Inter nicht beeinflussen konnte. Da war zunächst der Austragungsort: Die UEFA hatte sich erst ungewöhnlich spät, Ende März, zusammengefunden, um das Finale an eine Stadt zu vergeben, und dann einigte man sich nicht auf das favorisierte Rom – sondern auf Mailand. Da Inter zu diesem Zeitpunkt bereits im Halbfinale stand, gab es einigen Ärger wegen dieser Wahl, der sich kurz vor dem großen Tag noch verschärfte: Am 6. Mai erreichte Benfica Lissabon nach zwei lockeren Siegen über Vasas Györ das Endspiel; am Tag zuvor war Inter in Liverpool unterlegen, und so hielten die Portugiesen zunächst still. Als sich aber Herreras Männer doch noch die Final-Tickets sicherten, machte das Gerücht die Runde, Benfica würde sich weigern, in Mailand zu spielen, oder nur eine Ersatzelf schicken.

Am Ende trat Lissabon natürlich doch und in voller Stärke an – oder versuchte es wenigstens. Das nächste Ärgernis hielten nämlich die Naturgewalten bereit, die der-

Finale der Landesmeister 1963/64, Internazionale Mailand - Real Madrid 3:1 (in Wien). Interessierte Zuschauer: Die alten Real-Helden di Stéfano und Puskás. Zwei Jahre später kam es zur Revanche.

maßen viel Wasser auf den Rasen des San-Siro-Stadions schickten, dass das Flachpass-Spiel der Portugiesen jämmerlich ersaufen musste.

Wem das noch nicht genug Schicksalsschläge für das bedauernswerte Benfica waren, der bekam während der 90 Minuten noch einige als Draufgabe. Drei Minuten vor dem Wechsel erblickte Mazzola den unbewachten Jair an der Ecke des Lissabonner Strafraums. Der Brasilianer legte sich den Ball sofort vor, machte zwei Schritte und schoss mehr schlecht als recht, da er genau in diesem Moment auf dem glitschigen Boden den Halt verlor. Torwart Costa Pereira vermutete aus diesem spitzen Winkel nichts Böses, ging in die Knie, um das Leder aufzunehmen – und sah es erst wieder, als er sich panisch umwandte und auf das Tornetz starrte. Das bis dahin überlegene Benfica hätte sich vielleicht noch einmal aufgebäumt, aber in der 56. Minute verletzte sich Costa Pereira – es war wirklich nicht sein Tag – so schwer, dass seine Elf die Partie mit nur zehn Mann und einem Feldspieler im Tor beenden musste. Das Team, das im Viertelfinale Real Madrid mit 5:1 geschlagen und wie der baldige Titelträger ausgesehen hatte, war besiegt. Das wussten die 80.000 Menschen im Stadion, das wussten die Inter-Spieler, das wusste Helenio Herrera. Und dennoch bemühten sich die Italiener vor ihren eigenen Fans keine Sekunde lang um ein zweites oder drittes Tor. Im Gegenteil: Eusébio hätte mit einem Verzweiflungsschuss beinahe den Ausgleich geschafft.

Es war, trotz der Verhältnisse und Inters Sturköpfigkeit, ein gutes und spannendes Finale gewesen, aber das machte in den Augen der Welt alles noch schlimmer. Selbst der „Corriere della Sera“ meinte, dass „auch Benfica einen Pokal verdient gehabt hätte“. Und Lissabons José Augusto klagte noch Jahre später: „Was mich traurig machte, war, Lateineuropäer so spielen zu sehen wie Inter. Wir Lateineuropäer sind anders als Deutsche oder Engländer, wir müssen kreativ sein. Inter hatte ein System, das sie sehr gut spielten, aber wirklich große Spieler erzwingen sich ihr eigenes System.“

Real mit neuem Gesicht

Es gab keine zwei Meinungen: Europa war Inter leid, war den Catenaccio leid. Aber es schien immer so weiterzugehen. Knapp sieben Monate nach dem Finalsieg über Benfica traf Mailand im Achtelfinale des Wettbewerbs 1965/66 erneut auf Dinamo Bukarest, das man vor Jahresfrist geradezu seziert hatte. Bei der Neuauflage aber verlor Inter in Rumänien knapp und wurstelte sich im Rückspiel zu dem 2:0-Sieg, der so eben reichte. Die nächste Runde brachte immerhin ein 4:0 über Ferencvaros Budapest (und ein müdes 1:1 im zweiten Treffen), aber das besänftigte keinen Kritiker. Vor dem Halbfinale gegen Real Madrid wechselten fast alle Fußball-Freunde in das Lager der Spanier über; sogar der Ehren-Baske Ladislao Kubala sagte: „Inter ist eine Mannschaft von Millionären, die sich wie Bettler verhalten.“

Real hatte ein neues Gesicht, sieht man davon ab, dass Gento selbstverständlich auf dem Platz und Miguel Muñoz an der Seitenlinie stand. Di Stéfano war im Sommer 1964 zu Español Barcelona abgeschoben worden; Puskás stand zwar noch im Kader, spielte aber nur in der Auftaktrunde gegen Rotterdam und die erste Partie des Achtelfinals gegen den FC Kilmarnock. Aber was heißt „nur"? In diesen drei Spielen schoss der füllige fast 40-Jährige fünf Tore, allein vier im Rückspiel gegen eine gute Feyenoord-Elf, die das Hinspiel sogar 2:1 gewonnen hatte. Doch er musste endlich einer Gruppe von Nachwuchsleuten Platz machen, die als die „Ye-Ye-Elf" in die Historie von Real Madrid eingingen. (Nach dem Beatles-Stück mit dem Refrain „She Loves You – Yeah, Yeah, Yeah".) Es waren Spieler wie Amancio Amaro, Ramon Grosso, José Martínez Pirri oder Manuel Velázquez. Nicht alle von ihnen kamen aus Madrid oder wenigstens der Jugendabteilung, aber nach den Jahren der teuren, ausländischen Superstars tat sich nun Erstaunliches: Real ging die entscheidende Phase des wichtigsten Wettbewerbs mit einer Mannschaft an, in der sich kein Ausländer befand.

Und es schien schief zu gehen. Inter Mailand verließ sich noch auf acht der Profis, die Real 1964 im Finale bezwungen hatten, und die spielten weiter ihr Spiel. Im ersten Treffen in Madrid brachte Pirri seine Farben in Führung, aber mehr wollte nicht durch den italienischen Wall dringen. „Inter ist die beste Mannschaft der Welt", sagte Puskás, dem bewusst war, dass der Gegner diese knappe Niederlage für wunschgemäß hielt und auf nichts anderes hingearbeitet hatte.

Schon sieben Tage darauf standen sich die Teams erneut gegenüber. Inter freute sich, als dunkle Wolken aufzogen und Regen schickten; das schien ein gutes Omen zu sein, weil es an das Spiel gegen Benfica erinnerte. Und Real war doch auch eine Truppe, die mit feinen Kombinationen nach vorne spielte, oder? Nun, es war eher „oder". Zur Verblüffung der Tifosi gab Real das Mittelfeld preis, rottete sich am Strafraum zusammen und wartete auf Konter. Der erste ergab sich nach 20 Minuten – und brachte das 0:1 durch Amancio. Inter bekam seine eigene Medizin eingeträufelt. Sie schmeckte so bitter, dass der Titelverteidiger nur den Ausgleich zuwege brachte. Als Gianfranco Bedin fast mit dem Abpfiff das leere Madrider Gehäuse verfehlte, war die letzte Chance dahin, das vorerst letzte Hurra einer großen, aber ungeliebten Elf verklungen. „Ich war nervös, was ich früher nie gewesen war", atmete Gento anschließend durch. „Die jungen Spieler standen nicht in derselben Kategorie wie einige der großen Namen der Vergangenheit. Aber sie waren jünger, besser in Form und wuchsen im Real-Trikot rasch."

Das Erreichen des Endspiels war ein großer Erfolg für die neue Real-Elf, aber mehr war nicht unbedingt zu erwarten. Das lag daran, dass sich die Fußball-Welt bereits im März damit abgefunden hatte, dass 1966 das Jahr der Engländer werden würde: Im Sommer stand die WM in eben jenem Land an; im Pokal der Pokalsieger marschierte Liverpool stramm auf den Titelgewinn zu; im Pokal der Meister war das noch immer starke Benfica Lissabon gerade zu Hause vorgeführt worden – von Manchester United.

Ein „Beatle" bei United

Sieben Jahre nach dem Drama von München hatte Matt Busby ein neues United-Team beisammen, das da weitermachen sollte, wo das alte tragisch gestoppt worden war. In dieser zweiten Wunderelf standen wieder einige „Busby Babes", wie etwa Nobby Stiles, der Sohn eines Totengräbers aus Manchesters Stadtteil Collyhurst, und der Nordire George Best, der schon mit 15 Jahren aus Belfast zu United geholt worden war. Bei seiner zweiten architektonischen Glanztat musste Busby jedoch auch auf dem Transfer-Markt feilschen, um fähiges Personal zu bekommen: Von Arsenal London holte er David Herd, vom AC Turin den Schotten Denis Law, von Celtic Glasgow dessen Landsmann Pat Crerand. Zusammen mit dem Trio der Überlebenden von München – Harry Gregg, Bobby Charlton und Bill Foulkes – bildeten diese Männer eine Mannschaft, die von dem Gedanken beseelt war, dass sie einen Auftrag zu erfüllen hatte. „Das alte Team, von dem so viele gestorben waren, hatte uns ein Vermächtnis hinterlassen", sagte Charlton. „Nichts würde die Spieler, den Trainer und die Fans je ruhen lassen, bis wir diesen Pokal endlich gewonnen hätten."

Auf dieser Mission schaltete die Elf zunächst den HJK Helsinki aus und bekam es dann mit Vorwärts Berlin zu tun. Beim Hinspiel Mitte November 1965 war es in der Hauptstadt der DDR so kalt, dass die Spieler Wollpullover unter den Trikots trugen, und so tauten die Engländer erst spät auf und gewannen durch Tore von Law und John Connelly in der letzten Viertelstunde 2:0. Crerand schimpfte über das „schreckliche Essen" in Berlin, aber die Gäste waren wieder versöhnt, als die Spieler von Vorwärts sie am Abend in einen Club ausführten, in dem das Bier stetig geflossen sein soll. Zwei Wochen darauf waren alle wieder nüchtern, insbesondere Mittelstürmer Herd, der beim 3:1-Sieg jedes Tor seiner Elf erzielte.

Die erste echte Prüfung stand United im Viertelfinale bevor: Benfica Lissabon. Die Portugiesen hatten noch nie ein Heimspiel im Europapokal verloren, deswegen schien alles von der ersten Begegnung in Manchester abzuhängen. Eine halbe Stunde war in dieser Partie beim Stand von 2:1 für die Engländer noch zu spielen, als ein Freistoß für Manchester ausgerechnet auf dem Kopf von Bill Foulkes landete. Der absolvierte in seiner Karriere fast 700 Spiele für United und schaffte während dieser mehr als 60.000 Minuten gerade neun Tore. Eines davon fiel jetzt und bedeutete das 3:1. Es sollte nicht der einzige große Augenblick von Foulkes in der Historie seines Vereins bleiben, aber an diesem Februartag wurde er von einer anderen Seltenheit überschattet: einem Fehler von Harry Gregg. Der Torwart rechnete mit einer Flanke von Eusébio, doch der wagte einen Schuss aus spitzem Winkel. Gregg bekam noch eine Hand an den Ball, aber Torres staubte zum 3:2 ab. Das war ein Ergebnis, mit dem Benfica glaubte, gut leben zu können.

Am Abend des 9. März 1966 erlebten 80.000 entsetzte Benfica-Fans dann allerdings die Geburt eines neuen Superstars, und sie dauerte gerade mal eine Viertelstunde. Um

George Best, der „Beatle von United".

22.00 Uhr begann die Partie, um 22.15 Uhr hatte der 19-jährige George Best zwei Tore erzielt und seinen Kollegen Connelly so freigespielt, dass der das 0:3 markieren konnte. Der Endstand lautete 1:5, und es hätte für Benfica sogar noch unseliger kommen können, da den Engländern zwei weitere Treffer aberkannt worden waren. Crerand hatte vor dem Anpfiff in der Kabine einen Spiegel zerschossen, nun wusste er, dass das ein gutes Omen gewesen war und auch, wie der Held des Tages hieß: „Best ist einfach komplett durchgedreht", lachte er. Die portugiesische Presse taufte den jungen Iren „El Beatle", und nun war doch eigentlich nur noch die echte Rock'n'Roll-Finalpaarung vorstellbar: „El Beatle" Best gegen die „Ye-Ye-Elf" von Real.

Es gab nur ein Problem: Partizan Belgrad. Die Jugoslawen besaßen eine technisch talentierte Truppe, die zugleich zur Hitzköpfigkeit neigte. Im Kader standen mehrere Leute, die es als Trainer zu Ruhm bringen sollten, wie Fahrudin Jusufi und Bora Milutinovic. Andere Stars waren Stürmer Milan Galic, Torwart Milutin Soskic, schon bald für Köln in der Bundesliga aktiv, und Verteidiger Velibor Vasovic, der später in Amsterdam Titel sammeln durfte. Auf dem Papier machen diese Namen in der Rückschau Eindruck, doch als der (West-) Deutsche Meister Werder Bremen nach zwei 5:0-

Siegen gegen Apoel Nikosia im November 1965 zum Achtelfinale nach Belgrad reiste, rechnete er sich gute Chancen aus, nicht zuletzt deshalb, weil die Norddeutschen etwas hatten, was man im Europacup offensichtlich benötigte: eine geizige Abwehr.

Nur 29 Gegentore hatte die Werder-Verteidigung um die Nationalspieler Sepp Piontek, Horst-Dieter Höttges, Heinz Steinmann und Max Lorenz in der Bundesliga kassiert und dabei nur zweimal drei Treffer in einem Spiel zugelassen. Am 9. November 1965 mussten die Bremer in Belgrad jedoch erkennen, dass nationale Bestmarken im europäischen Fußball niemanden in Ehrfurcht versetzten. Von einem feindseligen Publikum irritiert und von den manchmal bis zur Heimtücke unfair agierenden Gegnern beeindruckt, verlor Werder die Übersicht und die Partie 0:3. Wer an diesem Tag sein Klischee von verschlagenen Balkan-Kickern genüsslich pflegte, der erhielt acht Tage später Gelegenheit zur Korrektur seines Weltbildes. Im Weserstadion nahm niemand darauf Rücksicht, dass Deutschland den Buß- und Bettag beging: Arnold Schütz schmorten die Sicherungen so gründlich durch, dass er seinen Gegenspieler erst auf dem Feld mit den Fäusten traktierte und dann, nachdem der Schiedsrichter beide nicht mehr sehen wollte, auch noch im Kabinengang. Als der Schlusspfiff ertönte, taten es die Werder-Fans Schütz gleich, stürmten den Platz und versuchten, ihr Mütchen an den Jugoslawen und dem Unparteiischen zu kühlen. Ihr Ärger rührte wohl daher, dass Bremen nur 1:0 gewonnen hatte, weil Soskic alles hielt, was man mit nur zwei Armen halten konnte.

„Yeah, Yeah, Yeah!" – aber ohne Engländer

Werder Bremen hatte in jenen Jahren international keinen klangvollen Namen, daher machte Belgrads Sieg keinen Eindruck auf Manchester United. Ja, nicht einmal die Vorkommnisse aus dem Viertelfinale dienten den Engländern als Warnung. Partizan war mit einer Rumpfelf und viel Pech gegen Sparta Prag zunächst 1:4 untergegangen, doch im Rückspiel fertigten die Jugoslawen die Blaupause für das an, was die Bremer sich einige Jahrzehnte später als „Wunder von der Weser" patentieren ließen: Belgrad siegte 5:0; für die ersten vier Treffer hatte die Elf kaum 35 Minuten gebraucht.

Allerdings kann man nachvollziehen, warum Manchester vor dem Halbfinale nicht bange war. Das hinreißende 5:1 in Lissabon hatte United auf eine Stufe mit den großen Teams des Kontinents gehoben, außerdem würde „El Beatle" Best trotz einer Knieverletzung spielen können, während der Gegner auf Milan Galic verzichten musste. (Wie es sich für einen Klub mit dem Namen „Partizan" gehört, wurde der Stürmer für die Partien gegen United nicht vom Militärdienst freigestellt!) Sogar als das Hinspiel in Belgrad mit 0:2 verloren ging, kamen in Manchester keine Zweifel auf, denn die Elf hatte einfach nur zu viele Chancen ausgelassen, wie etwa bei zwei Lattentreffern. „Sie hatten Todesangst vor uns", sagt Crerand über dieses Spiel. „Aber wir kamen nach der Pause raus und haben ihnen gleich ein Tor geschenkt.

Am Ende unterlagen wir 0:2, aber ich dachte trotzdem, dass wir es in Old Trafford schaffen könnten.“

Ab der 70. Minute des Rückspiels konnte Crerand selbst nichts mehr zu einem möglichen Weiterkommen beitragen, denn da zettelte er im Stile von Arnold Schütz eine Schlägerei an und wurde zusammen mit seinem Sparringspartner des Feldes verwiesen. Drei Minuten später erzielte Stiles mit einer verunglückten Flanke das 1:0, aber es sollte das einzige Tor des Tages bleiben. Manchester war zum dritten Mal im Halbfinale des Pokals der Meister auf der Strecke geblieben und stand in der englischen Liga nur auf dem vierten Platz. Matt Busby sagte zu Crerand: „Wir werden diesen Pokal nie gewinnen.“

Obwohl es also nicht zum erträumten Aufeinandertreffen von Manchester und Madrid im Finale kam, endete die Europacup-Saison 1965/66, die die missliebige Serie der italienischen Triumphe gekappt hatte, doch noch ansatzweise so aufregend, wie sie es verdient hatte. Einerseits gab Partizan Belgrad am 11. Mai 1965 in Brüssel denjenigen Experten Recht, die der Elf trotz ihrer bisher gezeigten Leistungen keine Chance gegen Real einräumten, indem es die Partie 1:2 verlor. Andererseits verkauften die Jugoslawen ihre Haut nicht unter Preis und standen kurz vor der Sensation.

Das fing schon damit an, dass sich Galic für das Endspiel von der Truppe in Tarnfarben entfernen durfte, um seinem Land auf einem anderen Feld Ehre zu machen. Außerdem stellte sich der Spielort als kein so großer Nachteil für ein osteuropäisches Team heraus, wie man hätte glauben sollen: Unter den 55.000 Zuschauern befand sich so mancher jugoslawische Gastarbeiter, und viele der neutralen Zuschauer schenkten für 90 Minuten ihr Herz dem Außenseiter.

Etwa eine Stunde lang neigte sich die Waage mal zur einen, dann zur anderen Seite. Real besaß Feldvorteile, spielte aber etwas zu hektisch, was eine Mischung aus der Last der Erwartungen und dem Respekt vor dem Gegner war, den Muñoz seiner Mannschaft mit Engelszungen eingeflötet hatte. Dann köpfte Vasovic aus Nahdistanz das 1:0 für die Jugoslawen, und kurz darauf hätte die Entscheidung fallen können, wenn die nächste Chance für Partizan nicht ausgerechnet Galic vor den Schuh gefallen wäre, dem man die fehlende Spielpraxis anmerkte. So bog Real wieder einmal ein wichtiges Spiel auf die gewohnte Art um: abrupt, gerade zur rechten Zeit – und sehr schön. 20 Minuten vor dem Abpfiff setzte Ignacio Zoco mit einem schicken Außenristpass über 25 Meter Amancio ein, der mit nur drei Ballberührungen seinen Gegenspieler Vasovic zweimal tunnelte und dann an Soskic vorbei zum Ausgleich einschob. Keine 400 Sekunden später nahm Dribbel-König Francisco Serena den Ball 30 Meter vor dem Tor mit der Brust an, ließ ihn zweimal aufspringen und hämmerte einen solch blitzsauberen Vollspannstoß in die Maschen, dass ein begeisterter Fan auf den Rasen rannte, um sich der jubelnden Spielertraube anzuschließen. Die Polizei hielt ihn auf, und das tat auch Real in den verbleibenden Minuten mit den Belgrader Attacken.

Nordeuropa auf der Siegerstraße

So schob die Saison 1965/66, der Leser verzeihe das Wortspiel, dem Catenaccio einen Riegel vor. Natürlich hatten italienische Teams auch weiterhin eine tragende Rolle, aber im Schlaglicht sollten von jetzt an andere stehen. Die Mailänder Herrschaft, die von 1963 bis 1966 dauerte, blieb in der Geschichte des Europapokals ein Intermezzo: In den 20 Jahren, die nach Inters Finalsieg über Benfica Lissabon von 1965 ins Land zogen, konnte Italien nur einen einzigen Gewinner des Europapokals der Landesmeister stellen. Das hing zum einen mit einer Kasteiung zusammen: Nach den WM-Debakeln von 1962 und 1966, bei denen Italien erst an Chile, dann selbst an Nordkorea nicht vorbeikam, führte die italienische Liga eine Ausländerbeschränkung ein, um die Nationalelf zu stärken. Junge Italiener, hieß es, könnten sich wegen der importierten Profis nicht durchsetzen. (Auch diese Klage ist also kein Produkt der Moderne.) Der Plan ging auf, wenn man ein 16 Jahre andauerndes Warten auf den nächsten Titel der Nationalmannschaft so nennen kann, aber er beraubte die Vereinsteams ihrer größten Stärke im internationalen Vergleich.

Zum anderen aber passierte in dieser gerne und ausgiebig beklagten Phase 1963-1966 noch etwas anderes: Die nördlich der Alpen gelegenen Teile Europas durften nicht mehr nur mitspielen, sondern konnten immer öfter siegen. Diese Kontinentalverschiebung begann am 15. Mai 1963, als der Londoner Klub Tottenham Hotspur als erste nicht latein-europäische Mannschaft einen Europapokal gewann. Und sie wurde allen bewusst, als am 5. Mai 1966 Borussia Dortmund zur ersten mitteleuropäischen Elf wurde, der Gleiches gelang. Dass Engländer die Regentschaft der Spanier, Italiener und Portugiesen brachen, konnte ein Fußballfreund der 1960er ja noch glauben – aber Vertreter eines Landes, das gerade erst das Profitum legalisiert hatte? Wo sollte das hinführen? Am Ende würden gar noch Holländer gewinnen!

Dieser Prozess wird fußballgeschichtlich manchmal nicht richtig gewürdigt, weil er sich in einem anderen Europapokal als dem der Meister abzeichnete. Das ist verständlich, und auch dieses Buch folgt der Geschichte des internationalen Klubfußballs ja vorrangig anhand dieses ältesten und wichtigsten Wettbewerbs. Aber wie schon bald der AC Mailand, der FC Liverpool und später noch einige andere Teams zeigen sollten, war es keine seltene Entwicklung, dass einzelne Klubs und sogar ganze Ligen in den jüngeren Europacups gleichsam übten, bevor sie in die Reihen der Senioren einbrechen konnten. Während der Entstehung dieses Werkes zum Beispiel marschierte mit dem FC Porto eine Elf durch die Champions League, die in der Saison zuvor für Furore im UEFA-Cup gesorgt hatte. Diesen Pokal gab es unter diesem Namen 1963-1966 noch nicht, wohl aber einen Wettbewerb für die Pokalsieger der einzelnen Nationen.

Die Auswärtstore-Regel

Am Abend des 27. August 2003 war man in Amsterdam, Dortmund und Newcastle ungehalten. Die Teams aus diesen Städten mussten in der Qualifikation zur Champions League in eine Verlängerung, und bevor die begann, pfiffen und murrten viele der Zuschauer. Das lag nicht (nur) an den Spielständen, sondern vornehmlich an den Lautsprecherdurchsagen und den Mitteilungen auf den Anzeigentafeln. Diese wiesen das Publikum darauf hin, dass die Partie nun nach der Regel fortgeführt wurde, die als „Silver Goal" bekannt war – oder eben nicht bekannt war, denn sonst hätten die Klubs sich nicht die Mühe gemacht, ihren Anhängern zu erklären, wie die Sache stand.

Im Grunde war die „Silver-Goal"-Bestimmung sehr simpel: Das Team, das in der ersten Hälfte der Verlängerung mehr Tore schoss, hatte gewonnen; verbuchten die Teams in dieser Zeit keine oder gleich viele Tore, folgten noch einmal 15 Minuten nach demselben Muster. Die Regel wurde schon im folgenden Jahr wieder abgeschafft – leider. Sie besaß nämlich eine Feinheit, die sicher zu interessanten Verwirrungen geführt hätte, wenn sie im Verlauf der Saison zum Tragen gekommen wäre.

Diese Feinheit bestand darin, dass Auswärtstore in der Verlängerung keine besondere Bedeutung mehr hatten. Zur Veranschaulichung sei die Partie zwischen Ajax Amsterdam und dem Grazer AK von jenem August-Tag herangezogen. Das Hinspiel in Österreich endete 1:1, und so stand es auch nach 90 Minuten in Amsterdam. In der ersten Hälfte der Verlängerung verwandelte Tomas Galasèk einen Elfmeter zum 2:1 für die Gastgeber. Unter den alten Regeln des Europacups wären die Grazer in diesem Moment trotzdem nur einen Glücksschuss von der nächsten Runde entfernt gewesen, denn ein 2:2 hätte sie wegen der mehr erzielten Auswärtstore zum Sieger gemacht. Aber nach der „Silver-Goal"-Methode musste Ajax keine Angst vor dem Ausgleich haben: Wäre er gefallen, hätten die Mannschaften die zweite Hälfte der Verlängerung gespielt – und dann eventuell ein Elfmeterschießen begonnen.

Trotzdem pfiffen die Fans von Ajax, von Borussia Dortmund und von Newcastle United, als man ihnen in der Pause nach der regulären Spielzeit die neue Regel erläuterte. Warum nur, wo sie doch eindeutig von Vorteil für die jeweilige Heimelf war? Nun, Fußball-Fans sind wie alle Menschen: Sie mögen keinen Wandel. Gerade erst hatten sie einen unruhigen Frieden mit dem „Golden Goal" geschlossen, da kamen schon wieder Änderungen des Modus, von denen das „Silver Goal" nur eine war. Es schien vielen, als würde die UEFA einen Patienten operieren, der gar nicht krank war.

Vielleicht stimmte das sogar. Aber ein solcher Reformwahn ist keineswegs ein modernes Phänomen oder gar eine Folge der Kommerzialisierung des Spiels. Im Gegenteil: Er folgt der sehr alten Tradition, dass keine Regel im Europacup so jung ist, als dass man sie nicht rasch wieder ändern könnte. In diese Tradition gehört auch die Sonderregel mit den Auswärtstoren. Deren wichtige Rolle haben wir vornehmlich dem Schweizer Hans Bangerter zu verdanken. Er wurde 1960 Generalsekretär der UEFA und machte sich schon bald Gedanken über die Probleme mit den Entscheidungsspielen oder gar dem Losen. Seine im Kern brillante Idee, bei Torgleichheit nach zwei Spielen die Anzahl der Auswärtstreffer entscheiden zu lassen, wurde schließlich in der Saison 1965/66 in die Tat umgesetzt. Gerichtet war die neue Regel vor allem gegen die Folgen des Catenaccio, der seit drei Jahren zu immer torärmeren Spielen geführt hatte. Da man sich der Auswirkungen jedoch nicht sicher war, wurde die Sache zunächst als „Test“ deklariert und auch nur in einem der Europapokale ausprobiert, nämlich bei den Cupsiegern.

Am 10. November 1965 entschied Bangerters Bestimmung zum ersten Mal über ein Weiterkommen: Honved Budapest verlor daheim gegen Dukla Prag mit 1:2, hatte aber das Hinspiel in der CSSR mit 3:2 gewonnen und stand somit im Viertelfinale. Im Messe-Cup kam es in derselben Saison zu nicht weniger als zehn Entscheidungsspielen und drei Losentscheiden. Sechs dieser Extratouren wären verhindert worden, wenn die neue Regel gegolten hätte. Das führte wohl dazu, dass sie zur nächsten Saison, also 1966/67, nun auch für den Messepokal übernommen wurde. In diesem Jahr spielte man also schon in zwei von drei internationalen Wettbewerben nach denselben Regularien – aber eben nicht im wichtigsten Pokal, dem der Landesmeister. Hier verlor Atlético Madrid mit 1:3 bei Vojvodina Novi Sad (Jugoslawien), gewann das Rückspiel daheim 2:0 – und musste trotzdem in ein Entscheidungsspiel, das prompt vergeigt wurde. Ein Leser, der jetzt schon irritiert ist, sollte hier kurz innehalten und Luft holen. Es wird nämlich noch erheblich komplizierter.

Zur Spielzeit 1967/68 galt die Regel mit den Auswärtstoren endlich auch im Pokal der Meister – aber nur bis zum Viertelfinale. Diese Einschränkung hatte einen einfachen Grund: Geld. Entscheidungsspiele waren vor allem deshalb ärgerlich, weil sie mehr kosteten als einbrachten, wenn kein zugkräftiges Team beteiligt war. Dieses Risiko sank, je weiter man im Wettbewerb vorangeschritten war. So kam es, dass Juventus Turin im Viertelfinale nach einem 2:3 in Braunschweig und einem 1:0-Heimsieg in ein drittes Spiel musste, obwohl der Klub zwei Monate zuvor bei denselben Resultaten automatisch qualifiziert gewesen wäre.

Dieser Wechsel der Regeln mitten im Turnier war offenbar so verlockend, dass er 1968/69 für den Cup der Cupsieger und den Messepokal übernommen wurde: Auch hier entschieden die Auswärtstore plötzlich nur noch bis zum Viertelfinale. Immerhin verliefen in dieser Saison die drei Wettbewerbe zum ersten Mal seit drei Jahren nach denselben Bestimmungen.

Trotzdem hatten einige Leute den Überblick verloren. Im Achtelfinale des Messecups gewann der HSV 1:0 gegen Hibernian Edinburgh, nach einer 1:2-Niederlage im Hinspiel. Als Schiedsrichter Jonsson aus Schweden daraufhin die Teams zur Verlängerung bat, war die Verwunderung allgemein und groß. Uwe Seeler musste einige Minuten auf den Referee einreden, bis der ihm glaubte, dass Hamburgs Tor in Edinburgh für diese Runde den Ausschlag gab. Solche Vorkommnisse bewogen die UEFA, für die Spielzeit 1969/70 alles wieder umzuwerfen. Nun galt die Regel mit den Auswärtstreffern in allen Runden. Aber erneut gab es ein tückisches Detail: Sie wurde nicht auf Tore angewandt, die in einer Verlängerung fielen. Natürlich schaffte das augenblicklich neues Chaos. Im Halbfinale bei den Pokalsiegern spielte der AS Rom zweimal 1:1 gegen Gornik Zabrze. Das Rückspiel in Polen wurde also um 30 Minuten verlängert, in denen jedes Team ein Tor schoss. Nach dem Abpfiff bildeten die Italiener eine Jubeltraube, und daheim in Rom wurde gefeiert, denn auch das Fernsehen hatte die Übertragung mit dem Hinweis beendet, der AS stünde wegen des 2:2 im Finale. Aber er stand lediglich in einem Entscheidungsspiel – das Gornik per Münzwurf gewann.

Im Achtelfinale des Messecups 1968/69 gewinnt der HSV zu Hause gegen Hibernian Edinburgh 1:0 und gelangt nach dem 1:2 im Rückspiel wegen Doppelbewertung des Auswärtstreffers ins Viertelfinale.

Vermutlich war es dieser Zwischenfall, der dazu führte, dass die Regeln für das Jahr 1970/71 wieder modifiziert wurden: Von nun an zählten Auswärtstore in allen Runden und egal, wann sie fielen. Konnten selbst sie keinen Sieger bestimmen, so kam es nicht zu einem dritten Spiel, sondern zum Elfmeterschießen. Doch keine Regel ohne „aber“: Aber Strafstöße konnten nur bis zum Viertelfinale entscheiden! Deswegen musste Manchester City im März 1971 in ein Entscheidungsspiel, obwohl andere Engländer eine Runde vorher per Elfmeterschießen gewonnen hatten (Everton gegen Gladbach). Auch diese Bestimmung überlebte nur zwölf Monate, dann waren dritte Spiele und Lose passé.

Es passierte also erst 1971/72, nach 16 Jahren des Europacups, dass Bestimmungen von vernünftiger Halbwertzeit die Wettbewerbe regelten. Sie hielten immerhin bis in die 1990er, als die Rolle der Auswärtstore wieder beschnitten wurde, erst durch die Gruppenspiele, dann durch „Golden Goal“ und „Silver Goal“. ■

Der Cup der Pokalsieger

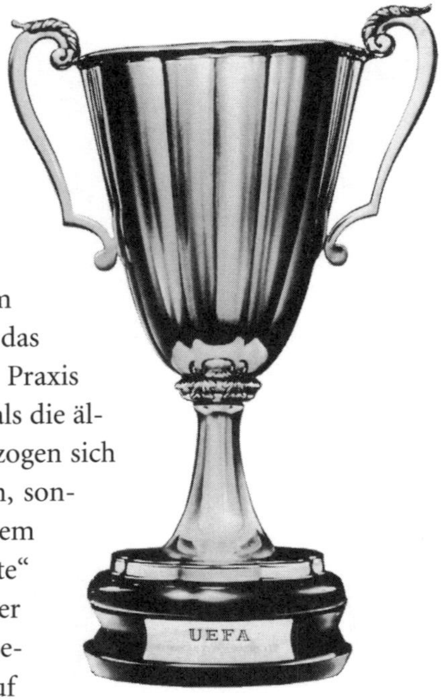

Der Cup der Pokalsieger.

Betrachtete man die Fußballgeschichte rein akademisch, müsste man sagen, dass der zweite europäische Pokalwettbewerb, den wir heute als „UEFA-Cup" kennen, eigentlich der erste war. Die Auftakt-Partie dieser Konkurrenz wurde nämlich am 4. Juni 1955 angepfiffen, also exakt drei Monate vor dem 3:3 zwischen Sporting Lissabon und Partizan Belgrad, das den Europapokal der Meisterklubs eröffnete. In der Praxis käme hingegen niemand auf die Idee, diese Trophäe als die älteste zu bezeichnen, denn ihre ersten Ausspielungen zogen sich über Jahre hin, wurden zum Teil nicht von Vereinen, sondern von Auswahlteams bestritten und liefen unter dem Markenzeichen „Internationaler Pokal der Messestädte" ab. Dem Leser soll das Dickicht diverser gleichzeitiger Cups jedoch vorerst noch erspart bleiben. Der Messepokal sei hier nur erwähnt, weil er Auswirkungen auf die Ereignisse hatte, die Ende 1959 dazu führten, dass der Europapokal der Meister einen kleinen Bruder bekam.

Zu diesem Zeitpunkt tummelten sich die größten Klubs der europäischen Länder und ihre größten Metropolen (was nicht immer deckungsgleich war) munter auf den Fußballfeldern, entweder im Meister-Cup oder im Messe-Cup, und ließen die Kassen klingeln. In einigen nationalen Verbänden – oder, je nach Land, in einigen selbstverwalteten Ligen – kam man daher auf die Idee, auch die weniger prominenten Klubs am Geldsegen teilhaben zu lassen. Des Weiteren bot ein zusätzlicher internationaler Cup die Möglichkeit, einen nationalen Wettbewerb aufzuwerten, der fast allerorten darniederlag: den Verbandspokal.

In England war der so genannte „FA Cup" eine Trophäe, die fast so viel zählte wie die Meisterschaft. (Unter anderem deswegen, weil er älter als die Liga war.) Ähnliches galt, wiewohl mit kräftigen Einschränkungen, für Spanien, wo der „Copa del Rey" fast drei Jahrzehnte mehr auf dem Buckel hatte als die „Primera División". Doch diese Länder stellten Ausnahmen dar. In Deutschland war der heutige DFB-Pokal ein Nachzügler, von den Nazis eingeführt und mal mehr, mal weniger populär. Nach dem Krieg wurde er bis 1960 auf Bundesebene lediglich von fünf Mannschaften bestritten (keine besonders ideale Anzahl für ein K.-o.-System), erst dann erweiterte der DFB das Feld auf 16 Klubs. In Italien wurde 15 Jahre lang, bis 1958, überhaupt kein nationaler Pokal ausgespielt, und auch die Holländer und Schweden hatten ihren Wettbewerb mit Beginn der 1950er Jahre eingestellt. Die Ungarn und Tschechen schließlich kannten eine solche Veranstaltung überhaupt nicht.

Ein Europapokal der Pokalsieger konnte also einem von den jeweiligen Verbänden ausgerichteten Wettbewerb neues Prestige verschaffen, und eine solche Gelegenheit durfte man nicht ungenutzt lassen. Im Februar 1960 trafen sich die Vertreter von zehn interessierten Ländern in Wien und beschlossen, noch im selben Jahr einen Versuchsballon zu starten. Angemessen hielt sich die UEFA zunächst im Hintergrund und wartete ab, ob aus dem Ganzen ein Erfolg werden würde.

Die erste Austragung war wohl ganz nach ihrem Geschmack, denn während die Saison 1960/61 noch von einem Komitee aus Vereinsabgesandten organisiert wurde, übernahm die UEFA bereits mit der zweiten Spielzeit die Schirmherrschaft. Es mag bei dieser Entscheidung der Funktionäre keine Rolle gespielt haben, dass der Pokal der Pokalsieger zu Beginn in den gleichen Bahnen verlief wie der bewährte Wettbewerb der Meister, aber diese Bestätigung der Kräfteverhältnisse verlieh dem Neuankömmling gleich so etwas wie Respektabilität.

Die Zementierung des Status quo zeigte sich erstens in der Übermacht der Teams aus Lateineuropa. Der AC Florenz gewann den ersten Wettbewerb, der noch in zwei Finalspielen entschieden wurde. Obwohl die Italiener ihren Top-Star, den Brasilianer Antoninho, wegen Verletzung nicht aufbieten konnten, wussten die Glasgow Rangers dem Gegner nichts entgegenzusetzen. Zwei Tore durch Luigi Milani sicherten Florenz den Auswärtssieg vor 80.000 Zuschauern im Hampden Park, der die Sache bereits vorentschied. (Auch das Rückspiel gewann Florenz; beim 2:1 traf ein anderer ausländischer Star, der Schwede Kurt Hamrin.)

Ein Jahr später stand Florenz wieder im Finale, und diesmal kam auch der Gegner aus Südeuropa: Atlético Madrid. Wieder ging das Ringen über zwei Partien, was aber diesmal daran lag, dass das erste Spiel auch nach 120 Minuten 1:1 stand und wiederholt werden musste. Am 5. September 1962 kamen 40.000 Zuschauer in das Neckarstadion in Stuttgart, darunter viele Gastarbeiter aus den beteiligten Ländern, und sahen einen 3:0-Sieg der Spanier über den Titelverteidiger aus Italien. Als die dritte Saison, 1962/63, damit begann, dass Atlético die armen Zyprioten von Hibernian La Valetta zweimal schlug, während der SSC Neapel die Hürde Ujpest Budapest nahm, musste man sich darauf einstellen, dass auch die insgesamt 14. Ansprache hintereinander bei einem Siegerbankett im Europacup auf Italienisch, Spanisch oder Portugiesisch gehalten werden würde. Nur der Vollständigkeit halber sei erwähnt, dass die bis dahin ausgespielten Messe-Cups an Barcelona, Rom und Valencia gegangen waren.

Scheitern als deutsche Kunst

Ein andere traurige Gewohnheit, die der Cup der Cupsieger munter fortführte, war das manchmal nur peinlich zu nennende Scheitern der deutschen Vertreter. Borussia Mönchengladbach trat am 15. November 1960 im Düsseldorfer Rheinstadion gegen die Glasgow Rangers an und machte sich vom Anpfiff an keine Illusionen über den

Ausgang. Der Spieler mit dem schönen Namen Dieter Bedürftig verlor zwei Schneidezähne, seine Elf die Partie mit 0:3. Damit konnten alle (außer Bedürftig) leidlich zufrieden sein, wenn es nicht noch ein Rückspiel gegeben hätte. Die Gladbacher trugen ihr damals noch übliches Schwarz, und das war eine angemessene Farbwahl: Halbzeitstand 5:0 für Glasgow, Endergebnis 8:0.

Im folgenden Jahr schaffte es der DFB-Pokalsieger Werder Bremen eine Runde weiter, aber dann kam im Viertelfinale das Aus gegen Atlético Madrid. Gegen diese Elf hatte in der nächsten Runde auch Motor Jena nichts zu bestellen, obwohl Atlético sein Heimspiel in Malmö austragen musste, weil General Franco keine Arbeiter- und Bauernkicker in seinem Land sehen wollte. Auf dem Papier liest sich Jenas Abschneiden ordentlich, aber die DDR-Elf war über den gänzlich unbekannten SC Leixões Porto (Portugal), das schwache Alliance Düdelingen (Luxemburg) und den Waliser Klub Swansea Town in das Halbfinale gekommen. Außerdem hatten die Jenaer kein einziges normales Auswärtsspiel bestreiten müssen, weil man sie offenbar über kaum eine existierende Grenze ließ: Swansea trug seine Heimpartie in Linz aus, Düdelingen in Erfurt, Porto in Gera. Letzteres geschah, wie man in der DDR schrieb, wegen „sportfeindlicher Machenschaften der NATO auf Bonner Betreiben hin". Man sieht schon: Die Europapokale sorgten für Völkerverständigung. Denn jene Klubs, die in Ländern beheimatet waren, wo man mit Visa geizte, kamen aus dem Reisen gar nicht mehr heraus.

Wie gesagt, auch 1962/63 versprach zunächst keine Besserung oder Neuerung. Chemie Halle scheiterte in der Qualifikation nach großem Kampf an den starken Jugoslawen des OFK Belgrad, während der 1. FC Nürnberg diese Runde auf die eleganteste Art überstand – durch Freilos. Für das Achtelfinale durften die Franken dann nach Frankreich reisen, zum AS St. Etienne. Man muss in der Tat sagen, dass sie „durften", denn St. Etienne hatte es trotz seiner fünf Nationalspieler in die 2. Liga verschlagen. Bald sollte der Klub einen bemerkenswerten Aufschwung nehmen, aber im Herbst 1962 war Nürnberg zu stark und kam durch ein 0:0 auswärts und einen 3:0-Sieg daheim in die Runde der letzten Acht, wo ihm wieder ein nettes Los beschert wurde: BK 1909 Odense.

Die dänischen Amateure mussten ihr Heimspiel nach Augsburg verlegen, weil in ihrem Heimatland der Winter keinen Fußball zuließ, und baten darum, beide Partien innerhalb von vier Tagen abzuwickeln, damit die Spieler nicht zu viel Urlaub nehmen mussten. Man darf annehmen, dass sie bei einem englischen, italienischen oder spanischen Gegner mit dieser Bitte Lachkrämpfe ausgelöst hätten, aber die Nürnberger arrangierten die Spiele großherzig wie gewünscht. Das war vielleicht sogar das Glück des deutschen Pokalsiegers, denn in Augsburg bejubelten erstaunliche 30.000 Zuschauer zuerst das Comeback des 37-jährigen Max Morlock, dann die tapferen Dänen, die sich nur durch einen späten Elfmeter bezwingen ließen. Knapp 72 Stunden später konnte Odense diese Leistung nicht bestätigen, denn nach einer halben

Halbfinale der Pokalsieger 1962/63, 1. FC Nürnberg - Atlético Madrid 2:1 / 0:2. Im Rückspiel in Madrid war der 1. FCN nicht chancenlos. Hier scheitert Tasso Wild am spanischen Torwart.

Stunde verließen das Team die Kräfte. Morlock köpfte das 1:0, und es prasselten noch fünf weitere Treffer auf die Gäste hernieder.

Dann kam der 1. FCN aber leider wieder in Kontakt mit Südeuropäern. Es waren zwar keine Portugiesen wie bei der 0:6-Schlappe in Lissabon Anfang 1962, sondern Spanier, aber das war nicht besser: Der amtierende Titelträger Atlético Madrid hatte keine seiner bisher 14 Partien in diesem noch recht neuen Europacup verloren. Prompt gingen die Madrilenen nach einem Schnitzer in der Nürnberger Abwehr beim ersten Treffen in Deutschland in Führung. Doch an diesem Tag im April des Jahres 1963 kamen die Gastgeber durch Tore von Tasso Wild noch zu einem 2:1. Die Spanier waren darüber so aufgebracht, dass die Partie nach einem Handgemenge beinahe abgebrochen worden wäre, weil plötzlich mehr Zuschauer und Polizisten auf dem Rasen standen als Fußballer. Und fast, ja fast hätten die Nürnberger die Welt des Europacups auf den Kopf gestellt, denn zwei Wochen später schlugen sie sich in Madrid prächtig. Ein Jahr nach den Duellen mit Benfica hatte die Elf gelernt, sich vom Publikum nicht kirre machen zu lassen – selbst wenn es sich, wie in diesem Fall, um 110.000 Fans handelte, die das Stadion des Konkurrenten Real füllten. Es war Pech, nicht Unvermögen, das den „Club" scheitern ließ: Sekunden vor der Pause beging Torwart Roland Wabra einen kostspieligen Fehler, und in der zweiten Hälfte rannten die Deutschen in einen Konter. Aber auch das 0:2 schreckte die Truppe um Morlock nicht; mehrfach verpasste sie das eine Tor, das den Ausgleich im Gesamtstand bedeutet hätte.

Trendwende mit dem HSV

Noch mochte man nicht glauben, dass das couragierte Nürnberger Auftreten eine Trendwende signalisierte, dass deutsche Klubs wirklich konkurrenzfähig waren. Doch schon die folgende Saison sollte Dortmunds Demontage von Benfica Lissabon bringen – und im Cup der Pokalsieger ein ähnlich sensationelles Resultat. Und drei Wochen nach Nürnbergs Ausscheiden in Madrid vollbrachte Tottenham Hotspur ein kleines Wunder: Zum ersten Mal verlor ein Team aus Spanien, Portugal oder Italien ein internationales Finale gegen einen Klub aus Nordeuropa – und dann gleich mit 1:5!

Liest man das nackte Ergebnis, kann man kaum glauben, dass die Londoner ohne ihren Führungsspieler Dave Mackay aufliefen oder dass die Partie in Rotterdam bis zur 67. Minute auf des Messers Schneide stand. Erst dann landete ein als Flanke konzipierter Schuss von Terry Dyson hinter Atléticos Torhüter zum 3:1 im Netz. Jimmy Greaves und erneut Dyson schraubten das Ergebnis in eine ungerechte Höhe, denn beide Teams hatten mit ihrem Offensivspiel die 52.000 Zuschauer begeistert. Heute wissen wir, dass Madrid verlieren musste, denn der Europacup der Pokalsieger sollte zu der Trophäe werden, die nie ein Team verteidigen konnte. Und wir wissen, dass an diesem 15. Mai 1963 eine neue Zeitrechnung begann. Im Pokal der Meister wurde sie erst einige Jahre später übernommen, aber bei den Pokalsiegern kam sie schneller in Gebrauch: Nach dem Sieg der Spurs sollten nur drei der nächsten 15 Titel in diesem Wettbewerb an Klubs aus Südeuropa gehen.

Einer davon folgte gleich im nächsten Jahr, quasi als letztes Aufbäumen des alten Regimes. Sporting Lissabon folgte dem Beispiel von Atlético Madrid und holte den kleineren der Europapokale, um auch etwas zu haben, was man vorweisen konnte, wenn die großen Rivalen – Real hier, Benfica dort – zu protzen begannen. Im ersten Finale, am 13. Mai 1964 in Brüssel bezauberten Sporting und der MTK Budapest die nur 9.000 Zuschauer mit einem 3:3, das so richtig nach dem Geschmack von Fußball-Feinschmeckern war. Nachdem die Ungarn in diesem Spiel mit einem Doppelschlag einen 1:2-Rückstand noch aufgeholt hatten, hofften sie nach Tottenhams Sieg für Nordeuropa nun auf den ersten Triumph des Ostens. Doch Sporting gelang noch der Ausgleich, und im Wiederholungsspiel reichte den Portugiesen ein früher Kopfballtreffer.

Aus deutscher Sicht war dieses Finale hingegen wenig mehr als der formale Abschluss einer Spielzeit, die ihre Höhepunkte schon lange hinter sich hatte. Am 20. November 1963, zwei Wochen nach Dortmunds knapper und ermutigender Niederlage bei Benfica Lissabon im Wettbewerb der Landesmeister, betrat der DFB-Pokalsieger Hamburger SV den Rasen des Camp Nou in Barcelona, um Revanche für das unglückliche Ausscheiden von 1961 zu nehmen. Damals war der HSV nicht in das Finale bei den Meistern eingezogen, weil Sandor Kocsis Sekunden vor dem Schlusspfiff ein Treffer gelungen war.

Der Torschütze von damals trug noch immer Barças Blau-Rot, aber er war nun schon 34 Jahre alt und befand sich auf dem absteigenden Ast – wie sein Verein. Kocsis Tochter war schwer krank, was ihn psychologisch zu lähmen schien, und in gewisser Weise galt das für den ganzen Klub. Unter dem neuen Präsidenten Enrique Llaudet tat sich Bizarres bei Barcelona: Man fing plötzlich an zu sparen und pflegte einen seltsam furchterfüllten Spielstil. Dazu kam noch, dass Llaudet ein gutes Verhältnis zu Franco pflegte und seine Vorstandskollegen ermunterte, bei Versammlungen spanisch zu sprechen – nicht katalanisch. Es passte zu dieser Orientierungslosigkeit, dass Barcelona national keine Chancen mehr gegen Real Madrid hatte. Nach dem Titel von 1960 sollte es 14 Jahre dauern, bis die nächste Meisterschaft gefeiert werden konnte. Anders gesagt: Die 1960er Jahre waren das Folter-Jahrzehnt für katalanische Fans.

Das konnten die 80.000 Zuschauer, die kamen, um den HSV zu sehen, natürlich noch nicht wissen, aber sie bekamen immerhin eine Ahnung davon, was ihnen noch bevorstehen sollte. Die Hamburger gingen in diesem herrlichen Spiel mit 1:0 und 2:1 in Führung, gerieten dann mit 2:3 in Rückstand, stürmten aber weiter drauflos und wurden mit zwei Treffern belohnt. Barcelona stand am Rande einer Blamage, denn in dieser Phase hätten die Gäste durchaus weitere Tore erzielen können. Zehn Minuten vor Schluss fiel aber doch noch der 4:4-Ausgleich. Trotzdem war den Katalanen derart der Schreck in die Glieder gefahren, dass sie den Gegenbesuch in Hamburg so angingen, als wäre immer noch Helenio Herrera ihr Trainer. Mit nur einer Spitze und Kocsis im Mittelfeld versuchte der ruhmreiche FC Barcelona, sich in ein drittes Spiel zu mauern. Die 60.000 norddeutschen Fans rissen die Augen auf: Der selbst ernannte „größte Klub der Welt" hatte Bammel vor dem HSV! Dieter Seeler zog sich eine Zerrung zu, verbrachte 80 Minuten des Spiels fast stehend, und mit nur neun fitten Feldspielern vermochten die Gastgeber den Abwehrwall nicht zu durchbrechen. Unter den damaligen Regeln nutzten auch vier Auswärtstore nichts; das 0:0 im Hamburg erzwang ein Entscheidungsspiel.

Für das gab man nun allgemein Barcelona wieder die besseren Chancen, denn auf neutralem Platz – im schweizerischen Lausanne – sollte sich Klasse doch gegen Form durchsetzen. Das tat sie auch, denn Klasse hatte Uwe Seeler. In der 83. Minute, beim Stand von 2:2, sprintete der Stürmer, der wegen seiner Körpermasse langsamer wirkte, als er tatsächlich war, an Verteidiger Ferran Olivella vorbei. Der Kapitän der spanischen Nationalelf hatte gerade einen achtlosen Rückpass zu seinem Torwart gespielt und sah das Unheil nun kommen, ohne es abwenden zu können. Seeler erreichte das Leder als Erster und schloss schnell und schmucklos ab. Eine Viertelstunde später saßen die Spanier heulend in der Kabine, während Deutschland 14 Tage nach dem Dortmunder 5:0 über Benfica die nächste Heldentat eines Klubs der Bundesliga gegen einst unschlagbar scheinende Südeuropäer bejubelte. Im Viertelfinale enttäuschte Hamburg dann mit einem verblüffenden Ausscheiden gegen Olympique Lyon, aber aufgeschoben war nicht aufgehoben: Die deutsche Erfolgsgeschichte im Cup der Pokalsieger hatte begonnen.

Ein Teufel im Löwen-Tor

Das nächste Kapitel schrieb der TSV München 1860, der in der folgenden Saison Südeuropa fast allein von der Landkarte radierte. Zunächst musste der FC Porto dran glauben, dessen Spieler „die Drachen" genannt werden, von den Löwen aber schon in Portugal durch ein Tor von Fredi Heiß geschlagen wurden. Obwohl Trainer Max Merkel sein 4-2-4-System wieder einmal eher defensiv ausgerichtet hatte, mussten die Portugiesen froh sein, nicht schon an Ort und Stelle alles verspielt zu haben: Rudi Brunnenmeier visierte zweimal nur den Pfosten an und bekam einen Treffer aberkannt. Auch im Rückspiel an der Grünwalder Straße beherrschte 1860 das Geschehen, selbst wenn das nur zu einem 1:1 reichte. Zwei Runden weiter wartete im Halbfinale der AC Turin auf die Münchener. Italiens Pokalsieger wurde von einem berühmten Mann trainiert: Nereo Rocco. Der hatte sein System von Station zu Station mitgeschleppt, und so verfingen sich die Löwen im Mittelfeld in einem Gestrüpp aus Beinen und unterlagen 0:2, was gegen diese abgezockten Italiener nicht aufholbar schien. „Nereo Rocco ist praktisch der Erfinder des Catenaccio", erinnerte die „Gazzetta dello Sport" all jene, die für die zweite Partie Schwierigkeiten befürchteten. Doch am 27. April 1965 wollte der Riegel nicht recht zuschnappen: Keine Stunde war um, da führten die Sechziger mit 3:0! Da jedoch ausgerechnet Abwehrspieler Remo

Finale der Pokalsieger 1964/65, West Ham United - TSV 1860 München 2:0. 10.000 Löwen-Fans begleiteten ihre Elf ins Wembley-Stadion.

Lancioni noch seinen Schopf an den Ball und jenen ins Tor brachte, endete das Spiel 3:1, was eine Neuauflage nötig machte. Die gewannen die Deutschen durch Tore von Hans Rebele und Otto Luttrop in Zürich mit 2:0. Als die Elf auf dem Flughafen München-Riem landete, schallte ihr tausendfach der Ruf „Radi, Radi!“ entgegen. In der 87. Minute, als es noch 1:0 stand, hatte Torwart Petar Radenkovic einen unhaltbar scheinenden Schuss des besten Stürmers der Italiener, Luigi Simoni, um den Pfosten gedreht. Simonis Kollege Luigi Meroni fauchte die Presseleute an: „Das ist kein Torwart, das ist der Teufel!“

1860 hatte also einen portugiesischen und einen italienischen Verein ausgeschaltet. Den Rest der Arbeit übernahmen Briten: Cardiff City bezwang unerklärlicherweise den Titelträger Sporting Lissabon im Achtelfinale, und das von Spanien entsandte Real Saragossa blieb in der Vorschlussrunde an West Ham United hängen. Diese Elf war mit den Nationalspielern Bobby Moore, Geoff Hurst und Martin Peters erlesen besetzt. An ihr hätten sich die Löwen selbst unter normalen Umständen wohl die Reißzähne ausgebissen, aber da das Finale am 19. Mai 1965 auch noch in London ausgespielt wurde, muss man für die 0:2-Niederlage der Deutschen mildernde Umstände anführen. Fast 10.000 Fans begleiteten 1860 ins Wembley-Stadion, zu jener Zeit eine kaum glaubliche Zahl, aber sie haderten nicht mit dem Ausgang, weil der ganz eindeutig gerecht war.

Der größte deutsche Triumph seit Bern 1954

Ob auch das Ergebnis des Pokalsieger-Finales von 1966 gerecht war, ist bis heute ebenso umstritten wie die Qualität dieser Partie. Als neutraler Beobachter muss man zugestehen, dass es sich um ein Kampfspiel ohne viele Torraumszenen handelte, das am Ende nicht die bessere Mannschaft gewann, sondern jene, die den Moment ergriff, in dem sich Glück und Genie paarten. Aber für deutsche Fans ist das eine uninteressante Diskussion; was allein zählt, ist, dass der Sieger Borussia Dortmund hieß und zum ersten Mal eine internationale Trophäe nach Deutschland brachte. Hier schloss sich die Klammer, die 1963 mit dem Triumph von Tottenham Hotspur geöffnet worden war, denn in diesen vier Jahren hatte sich gezeigt, dass ganz Europa nun eine reelle Chance auf einen der Pokale hatte. Der Radio-Reporter Kurt Brumme durchlebte am 5. Mai 1966 den historischen Augenblick mit allen Sinnen: „Meine Damen und Herren, mein Stuhl ist zu einem glühenden Ofen geworden, ich sitze wie auf einer Herdplatte“, sagte er während der bangen letzten Minuten. „Gibt es den größten deutschen Fußballtriumph seit Bern 1954? Wird der deutsche Fußball jetzt etabliert in Europa?“ Er wurde es. Als die Schwarz-Gelben beim Schlusspfiff die Arme in den Glasgower Nachthimmel warfen, frohlockte Brumme, dass der BVB sich „jetzt in einem Atemzug nennen darf mit Real Madrid, Benfica Lissabon, Inter Milano und wie die großen Mannschaften dieses Kontinents heißen.“

Nicht allein das Finale war bemerkenswert, sondern dass Dortmund nach der ersten Runde gegen Floriana La Valetta (Malta) nichts mehr geschenkt bekommen hatte: Die nächsten Gegner hießen ZSKA Sofia, Atlético Madrid und West Ham United. Paradoxerweise waren die Spiele gegen Sofia und Madrid viel dramatischer als das Halbfinale gegen den englischen Titelverteidiger mit seinem Triumvirat Moore-Hurst-Peters, das drei Monate später zur Weltmeisterelf zählen würde. Durch ein Tor von Peters führte West Ham im Hinspiel bis zur 80. Minute, doch 120 Sekunden und zwei Emmerich-Treffer später war, wie der „Daily Express" meinte, die Hoffnung auf ein erneutes Endspiel für United nur noch etwas für „Dummköpfe". Selbst die wurden acht Tage später schnell weise. Nach dem Anstoß spielte Held Doppelpass mit Aki Schmidt und setzte Willi Sturm ein. Dessen Flanke schoss Emmerich aus der Drehung an die Latte, und während die Engländer noch dem Leder nachblickten und erst langsam begriffen, dass das Spiel begonnen hatte, köpfte der Dortmunder den Abpraller ins Netz. Der Endstand lautete 3:1. Aber ein Mann zeigte sich komplett unbeeindruckt: „Erst holen wir diesen Cup der Pokalsieger und nächstes Jahr dann den der Landesmeister", sagte Bill Shankly, noch immer Trainer des FC Liverpool, noch immer großmäulig – und Borussias Finalkontrahent.

Shanklys Spieler wussten viele Anekdoten über ihren Coach zu erzählen. Etwa die, wie er sich auf einer USA-Tournee weigerte, seine Uhr umzustellen und eine Mannschaftssitzung für drei Uhr morgens ansetzte. („Kein verdammter Ami sagt mir, wie spät es zu sein hat!", lautete seine Erklärung.) Aber jeder von ihnen wäre für den sturen Schotten über Glasscherben gelaufen. Er erzählte so oft, seine Elf wäre unter regulären Umständen unschlagbar, dass seine Schützlinge es bald selbst glaubten. Und die roten Trikots führte er ein, weil sie „Liverpool gefährlich und groß aussehen lassen", wie er seinem Assistenten Bob Paisley sagte. Paisley, ein ehemaliger Maurer aus dem armen Nordosten Englands, war der ruhige Gegenpol zu Shankly. Als Duo waren sie in der Tat fast unschlagbar und holten kurz vor dem Finale gegen Dortmund die zweite Meisterschaft innerhalb von drei Jahren nach Liverpool.

Auch die Engländer hatten sich in den Runden bis zum Finale nicht bloß die Beine vertreten. Gleich zum Auftakt erhielten sie einen der unverdaulichsten Brocken: Juventus Turin. (Diese Auslosung war übrigens einer der Gründe dafür, dass die Top-Teams schon bald gesetzt wurden.) Mit 0:1 und 2:0 qualifizierte sich Liverpool, obwohl Juve an der Anfield Road dem einen Treffer sehr nahe war, der sie nach der brandneuen Auswärtstoreregel weitergebracht hätte. Mit Standard Lüttich machte Shanklys Team dann kurzen Prozess, bevor es gegen Honvéd Budapest einer 0:0-Abwehrschlacht einen 2:0-Heimsieg folgen ließ. Das rein nordeuropäische Halbfinale (die andere Paarung hieß ja West Ham gegen Dortmund) ließ dann den Ausdruck „The Battle of Britain" auf die Titelseiten der Boulevardblätter purzeln: Liverpool trat gegen Celtic Glasgow an. Die Schotten siegten daheim 1:0 gegen mauernde Engländer; das Rückspiel in Liverpool verloren sie aber 2:0. Diese Partie gehört noch immer

Finale der Pokalsieger 1965/66, Borussia Dortmund - FC Liverpool 2:1 n.V. (in Glasgow). Luftkampf zwischen BVB-Stopper Paul und Liverpools Stürmer Ian St. John.

Ganz Dortmund jubelt mit Trainer Willi Multhaup (links) und Mannschaftskapitän Paul, der den Cup stemmt.

zu den legendärsten der britischen Fußballgeschichte. Liverpools Fans standen so dichtgedrängt auf dem „Kop“, der berühmten Stehtribüne, dass der Dampf, der von ihren Köpfen aufstieg, einen Feueralarm auslöste. Und in der 88. Minute wurde den Gästen ein vermutlich korrektes Tor aberkannt, das sie in das Endspiel nach Glasgow (!) gebracht hätte. Dutzende, vielleicht Hunderte von Bierflaschen flogen aus dem Block der aufgebrachten Schotten auf das Feld. Celtics Trainer Jock Stein sagte zu Bill Shankly: „Gebt ihr uns etwas von dem Pfand ab, oder sollen wir die Pullen mit nach Hause nehmen?“

Diese Begleitumstände waren ein Hoffnungsschimmer für den BVB, denn der FC Liverpool würde beim Endspiel nun unter den einheimischen Zuschauern kaum Freunde haben. Das Wetter war allerdings so hundsmiserabel in Glasgow, dass fast 90.000 Plätze des Hampden Parks leer blieben, der damals ein Fassungsvermögen von 130.000 hatte. Es war, wie angedeutet, kein schönes Spiel, aber ein dramatisches: In der 61. Minute fuhren die Deutschen einen Konter, den Siggi Held zum 1:0 vollendete, aber schon sieben Minuten darauf fiel der Ausgleich. „Der Ball war vor dem 1:1 ganz klar im Toraus“, schimpfte Tilkowski noch 30 Jahre später. Tatsächlich schwenkte der Linienrichter sein Fähnchen, aber der Treffer galt dennoch. Jubelnde Liverpooler Fans stürmten den Rasen und stibitzten vorübergehend den Ball.

In der 17. Minute der Verlängerung kam der entscheidende Augenblick. Siggi Held überlief Freund und Feind, beide gleichermaßen erschöpft, und hatte nur noch Torwart Tommy Lawrence vor sich, der aus dem Gehäuse eilte und den Schuss abwehren konnte. Nun kamen Glück und Genie ins Spiel. Das Glück war, dass der Ball zu Reinhard Libuda hoppelte; das Genie zeigte sich, als der aus 30 Metern Entfernung eine Bogenlampe gen Tor schickte. „Ich lief auf die Torlinie und verfolgte den Flug des Balles“, erinnert sich Liverpools Stopper Ron Yeats. „Er tickte an die Latte, aber anstatt hinter das Tor zu fallen, kam er herunter und prallte von meiner Brust ins Netz.“ Die Fernsehbilder deuten allerdings eher an, dass Yeats den Ball mit der Hand aus dem Tor schlagen wollte und sich dabei etwas ungeschickt anstellte.

Erster Bayern-Dusel

Wie das mit Atemzügen meistens so ist, dauerte der, bei dem man Borussia Dortmund neben „Real Madrid, Benfica Lissabon und Inter Milano“ nannte, nicht allzu lange. Schon sechs Monate nach dem Sieg in Glasgow musste sich der BVB die Titelverteidigung aus dem Kopf schlagen – und zwar wegen Glasgow. Die Rangers besiegten in ihrem Ibrox Park die Borussia mit 2:1 und ertrotzten sich in Dortmund ein torloses Remis. Damit war zwar der BVB eliminiert, nicht aber die Bundesliga. Die hatte ja neben Dortmund als Gewinner der letzten Saison noch einen zweiten Klub stellen dürfen, und der sollte dafür sorgen, dass auch beim dritten Finale in Folge einem deutschen Kommentator bekannte Namen locker über die Lippen kamen. „Maier schlägt ab", berichtete Oskar Klose am 31. Mai 1967. „Kupferschmidt versucht, eine Vorlage zu bringen bis zu Müller … weitergespielt bis zu Roth … Als letzter Mann blockt wieder einmal Beckenbauer…"

Der FC Bayern München bestritt die erste seiner kaum noch zu zählenden Europacup-Saisons mit einer milchgesichtigen Mannschaft: Als der Wettbewerb begann, waren Sepp Maier und Dieter Brenninger 22, Rudolf Nafziger 21, Franz Beckenbauer und Gerd Müller 20. Neun Spieler der späteren Finalelf hatten nur zwei Jahre zuvor noch zweitklassig gekickt, aber das merkte man ihnen nicht an – denn die Spielzeit 1966/67 markierte nicht bloß den Anfang der bayerischen Präsenz im Europacup, sondern auch einer bald entweder bestaunten oder beklagten Art und Weise, sich über die Runden zu wursteln, die man schon nördlich von Freising „Bayern-Dusel" nennt.

Gleich in der ersten Runde wären die Münchener nämlich schon fast gestolpert – über einen Zweitligisten aus der CSSR! Tatran Presov hatte in seiner Klubgeschichte noch nie auch nur eine Ehrenurkunde gewonnen und nahm am Europacup bloß teil, weil es im nationalen Pokalfinale listigerweise dem Meister Dukla Prag unterlegen gewesen war. Trotzdem ärgerte sich der Verein über das 1:1 zu Hause gegen die Bayern, denn das Ausgleichstor von Franz „Bulle" Roth war aus heiterstem Himmel gefallen. Wer wie Bayerns Trainer Tschik Cajkovski glaubte, mit dieser Zitterpartie sei das Schlimmste überstanden, lernte schon eine Woche später dazu. Lange stand es 1:1, bis Gerd Müller in nur 60 Sekunden das Ergebnis auf 3:1 schraubte, womit das Zähneklappern aber erst anfing. Sechs Minuten, bevor der Vorhang fiel, verkürzten die Tschechen und Slowaken, die noch nie zuvor unter Flutlicht gespielt hatten, auf 2:3 und warfen dann alles nach vorne, um den einen Treffer zu schießen, der ihnen noch fehlte. Fünf Minuten vor dem Ende trafen sie den Pfosten. Vier Minuten vor dem Ende musste Müller auf der Linie klären. Dann war es überstanden.

Das nächste Los bescherte den Bayern die irischen Shamrock Rovers, damals zwar Dauergast im Europapokal, aber wie alle Klubs dieser kleinen Liga bis zum heutigen Tag noch nie über die zweite Runde hinausgekommen. Unter funzeligem Flutlicht im Dalymount Park von Dublin holten die Münchener wieder ein 1:1 – und wieder gab das keine Sicherheit, sondern führte im Rückspiel zum nächsten abendfüllenden Horrorfilm. Die Bayern brauchten nur acht Minuten für eine 2:0-Führung, dann 50 Minuten, um die wieder aus der Hand zu geben. Bis wenige Spielzüge vor dem Abpfiff war der Deutsche Pokalsieger wegen der beiden irischen Auswärtstore ausgeschieden, dann tankte sich der Sohn eines schwäbischen Brummi-Fahrers in den Strafraum und schoss das 3:2. „Hast du gerettet Spiel, hast du gerettet Viertelfinale!", rief Trainer Cajkovski, als er Gerd Müller auf dem Weg in die Kabine herzte.

Das konnte er im März 1967 gleich noch einmal tun, nach einer weiteren Partie, an deren Ende Präsident Wilhelm Neudecker murmelte: „Das war ja furchtbar." Der FC Bayern hatte bei Rapid Wien 0:1 verloren und dieses Ergebnis in den regulären 90

Finale der Pokalsieger 1966/67, Bayern München - Glasgow Rangers 1:0 n.V. (in Nürnberg). Brenninger (links) und Maier mit der ersten europäischen Trophäe der Bayern.

Minuten des Rückspiels nur ausgleichen können. Da der Mann an der Linie bei diesem Treffer hektisch gewunken hatte, ohne dass der Hauptschiedsrichter ihn beachtete, verloren die Wiener etwas den Humor und vergaßen die Regeln des guten Benehmens. Einem ersten Tumult folgte wenig später ein zweiter, dann eine rote Karte für einen Österreicher und eine Spielunterbrechung von mehreren Minuten. Erst in der Verlängerung begannen die Bayern mit dem Fußballspielen und kamen durch Müller zum 2:0 und damit ins Halbfinale.

Dort war vorerst Schluss mit dem Nägelkauen, denn gegen Standard Lüttich zeigten die Bayern ihre Schokoladenseite und gewannen beide Partien mit insgesamt 5:1 Toren recht sicher. Zum Finale gegen Dortmunds Bezwinger Glasgow Rangers hatte es die Elf nicht weit, denn das fand an dem Ort statt, wo die Bayern 35 Jahre zuvor ihre bis dahin einzige Deutsche Meisterschaft errungen hatten: in Nürnberg. Das dürfte Gerd Müller gefreut haben, war er doch als Kind großer Fan des 1. FC Nürnberg gewesen; allerdings schien es ihn nicht zu inspirieren, denn er vergab gleich zu Beginn eine dicke Chance und tauchte dann etwas unter. Das mag daran gelegen haben, dass er sich kurz zuvor den Arm gebrochen hatte und mit einer Manschette auflaufen musste, aber es hätte seinen Klub fast den Pokal gekostet: Die Rangers besaßen die besseren Möglichkeiten, verzweifelten aber an Sepp Maier. So ging auch dieses Finale, das erheblich besser war als sein Vorgänger, in die Verlängerung. In der brachten die Schotten den Ball zwar ins Netz, konnten jedoch den Schiedsrichter nicht davon überzeugen, dass es sich um ein korrektes Tor handelte. Folglich sagte Oskar Klose etwas später in gemessenen Worten: „Noch zwölf Minuten in der Verlängerung sind zu spielen hier im Nürnberger Stadion. Spielstand ist 0:0, und der Freistoß ist bei Roth. Von Roth weiter zu Ohlhauser, und der Halbstürmer aus München schlägt eine kleine Volte, zögert dann wieder ein bisschen, und dann legt er wahrscheinlich zu lang vor ... Nein – es kann passieren, dass ... Tor, Tor! Der Ball ist im Tor!" Franz Roth hatte eine zu kurze Kopfballabwehr der Schotten erahnt und den Ball aus acht Metern ins Netz gelupft. Der Mann, der zwei Saisons zuvor noch für den TSV Bertelshofen geackert hatte, entschied das Endspiel, aber der beste Akteur beim Sieger war jemand anderes: „Beckenbauer war noch stärker als der Beste in der Abwehr der Rangers", schrieb die Londoner „Times".

Entscheidungsspiele und lange Reisen

Es hätte nicht viel gefehlt, und der Wettbewerb 1967/68 wäre aus deutscher Sicht noch angenehmer verlaufen als die zwei vorangegangenen. Wäre am 8. Mai 1968 zum Beispiel ein Schuss von Ohlhauser nicht an den Innenpfosten, sondern ins Tor gegangen, dann hätte der DFB zwei Wochen später vielleicht gleich beide Finalisten im Pokal der Pokalsieger stellen können. So aber wurde es – zum vierten Mal in ebenso vielen Jahren – nur einer, der auch noch verlor. Nun, es diene als Balsam, dass immerhin ein semmelblonder Junge aus Düren seine Hand an den Cup bekam.

Der FC Bayern erhielt auf internationaler Ebene in dieser Spielzeit Geleitschutz vom Hamburger SV, obwohl der im Endspiel um den DFB-Pokal eine 0:4-Klatsche bezogen hatte. Allerdings gegen eben jene Münchener. Das war vom HSV clever eingefädelt, denn die Bayern waren ja ohnehin als Titelverteidiger qualifiziert. Da sie kaum zwei Teams stellen würden, ging man in Hamburg davon aus, ebenfalls international starten zu dürfen. Schließlich brauchte die UEFA 32 Teams für die erste Runde, für die der Titelträger traditionell ein Freilos hatte. Nun, der HSV rechnete richtig, aber es hätte auch anders laufen können. Ein zehnköpfiges Gremium der UEFA debattierte nämlich vor Beginn des Turniers die Frage, ob man den HSV nicht draußen lassen und dafür den Bayern das Freilos streichen sollte. Bei der anschließenden Abstimmung waren sieben der Beteiligten gegen diesen Plan, und so durfte Hamburg spielen. Man mag meckern, dass solche Fragen im Vorfeld hätten geklärt werden sollen, aber wie sich zeigen wird, ergaben sich auch 30 Jahre später noch Situationen, die bei der Organisation der Europapokale eigentlich nicht vorgesehen waren.

Nach diesen Ereignissen nimmt es nicht wunder, dass München und Hamburg die nächsten acht Monate lang fast unzertrennlich waren: Der HSV kam gegen die Dänen von Freja Randers, Wisla Krakau und Olympique Lyon in das Halbfinale; der FC Bayern über Vitoria Setubal aus Portugal und den CF Valencia.

Von diesen fünf Duellen waren die beiden im Viertelfinale die spannendsten. Der HSV musste gegen Lyon in ein Entscheidungsspiel, nachdem die beiden regulären Partien jeweils 2:0 für den Gastgeber endeten. Dieses dritte Spiel wäre noch vor Jahresfrist an einem neutralen Ort ausgetragen worden, doch inzwischen hatte die UEFA das Verfahren geändert. Solche Partien zogen oft herzlich wenig Fans an, wenn nicht mindestens eine Top-Mannschaft beteiligt war: Im Dezember 1964 zum Beispiel spielten Lausanne und Slavia Sofia in Rom vor kaum 1.000 Zuschauern, und selbst diese Zahl wurde nur dadurch erreicht, dass der Vatikan die Schweizer Garde schickte, um die Ränge zu füllen. So loste die UEFA zwei Tage vor dem Rückspiel zwischen dem HSV und Lyon den Austragungsort eines möglichen dritten Spiels unter den beiden beteiligten Städten aus und Hamburg gewann. Lustigerweise musste die neue Prozedur schon eine Woche später wieder außer Kraft gesetzt werden: Auch Cardiff City und Torpedo Moskau waren mit zwei Spielen noch nicht zufrieden, und hätte man hier gelost, dann wäre Unangenehmes möglich gewesen.

Die UdSSR hatte erst 1965 zum ersten Mal ein Team für das suspekte kapitalistische Ding namens Europacup gemeldet – und dann auch nur versuchsweise bei den Pokalsiegern –, aber schon für Kalamitäten gesorgt. Das hing nicht nur mit dem Wetter zusammen, das in diesem Land während des Winters die Luft aus dem Fußball ließ, sondern auch mit den Entfernungen. Oder es lag an einer Kombination aus beidem: Im Januar 1966 verlegte Dynamo Kiew sein Heimspiel wegen der eisigen Kälte daheim nach Tiflis, so dass der Gegner Celtic Glasgow nicht bloß zu einer Reise von 5.400 Kilometern gezwungen wurde, sondern diese auch noch nach dem Willen der sowjetischen Verwaltung mit einer Linienmaschine inklusive zweier Zwischenlandungen zu absolvieren hatte! Die UEFA musste einschreiten und den Schotten einen Charterflug erstreiten, aber schon 14 Monate später ging der Ärger von neuem los. Auch Torpedo Moskau suchte für sein Heimspiel gegen Cardiff einen schneefreien Ort – und fand Taschkent, das fast in China liegt. Die armen Gäste aus Wales hatten 6.000 Kilometer hinter sich zu bringen, und „arm" ist hier keine Metapher: Diese Reise allein fraß alles Geld auf, das Cardiff bisher eingenommen hatte.

Also wurde nicht zwischen Cardiff und Moskau gelost, sondern das Entscheidungsspiel nach Augsburg vergeben. Trotzdem durfte die UEFA ihrer Lostrommel keine Verschnaufpause gönnen, denn auch der AC Mailand und Standard Lüttich konnten in zweimal 90 Minuten Fußball plus einer halbstündigen Verlängerung keinen Sieger ermitteln. Von vier Duellen des Viertelfinals 1967/68 bei den Pokalsiegern ging also nur eines nicht über drei Treffen. Kein Wunder, dass man bald an Elfmeterschießen dachte.

Fast ein deutsches Finale

Für Hamburg und Lyon war ein solches jedoch noch keine Option. Bei einem Unentschieden hätte ein Münzwurf über den Sieger entschieden, aber so weit ließ es Uwe Seeler nicht kommen. In der 47. Minute prügelte er einen Freistoß in die Maschen, eine knappe Viertelstunde darauf verwandelte er einen Handelfmeter. Damit konnten die 62.000 HSV-Fans durchatmen und sich über eine gelungene Revanche für das Jahr 1964 freuen, als man gegen Lyon ausschied. Und natürlich freute man sich auch über den Halbfinalgegner, denn Cardiff hatte sich in Augsburg gegen Moskau durchgesetzt und war Hamburgs nächster Kontrahent. Die Waliser hatten zwar eine Art Star in John Toshack, der heute als Trainer und britische Ausgabe von Rudi Gutendorf die halbe Welt bereist, doch sie spielten nur eine mittelprächtige Rolle in der zweiten Liga Englands. Umso schockierter waren die Hamburger Anhänger, als diese Truppe im Volksparkstadion zu einem 1:1 kam. Bei den Norddeutschen war viel Pech im Spiel gewesen, wie 20 Ecken und zwei Lattentreffer belegen. In Cardiff gewann der HSV dann mit 3:2 und hatte im dritten Versuch ein europäisches Finale erreicht.

Noch während die HSV-Spieler diesen Erfolg feierten, lag ein rein deutsches Endspiel im Bereich des Machbaren. Wie angedeutet, hatten die Bayern nur gegen Valencia Probleme, und auch das waren keine unlösbaren. In Spanien kamen die Deutschen glücklich zu einem 1:1, das ihnen der Gegner durch ein Eigentor und viele ausgelassene Chancen mehr oder weniger schenkte. Beim Rückspiel schlug es schon nach drei Minuten im Tor von Valencia ein, und dieser martialische Ausdruck muss erlaubt sein. Gerd Müller mag der „Bomber" gewesen sein und davon gesungen haben, wie es „Bums!" macht, aber die meisten seiner Tore waren nicht unbedingt rabiate Fernschüsse. An diesem Abend aber schloss er eine schnelle Kombination über den Flügel direkt und hart ab, so dass der Ball schon wieder aus dem Netz rollte, bevor Valencias Torhüter Gonzales einen Atemzug tun konnte. In den verbleibenden 87 Minuten verteidigten die Münchener diesen Vorsprung, der nur selten in Gefahr kam.

Am ersten Tag im Mai 1968 stellte sich der FC Bayern zur ersten Partie seines Halbfinals in Mailand dem AC vor. Die Italiener boten noch immer bewährte Kräfte wie Trapattoni und Rivera auf, hatten aber auch beachtliche Verstärkungen vorzuweisen. Rivera wurde zum Beispiel von dem 21-jährigen Pierino Prati assistiert, der im Begriff stand, seine Elf mit 15 Toren zur Meisterschaft zu schießen und zehn Tage vor dem ersten Messen mit München zum Nationalspieler aufgestiegen war. Die Defensive organisierte der Routinier Karl-Heinz Schnellinger, Deutschlands Fußballer des Jahres 1962. „Carlo", wie man ihn südlich vom Brenner rief, war vom AS Rom zu Milan gekommen, denn der neue, alte Trainer des Teams legte trotz Rivera, Prati und Mittelstürmer Angelo Sormani Wert auf solide Abwehrarbeit. Dieser Trainer hieß – wen überrascht es? – Nereo Rocco.

Roccos Elf galt nicht unbedingt als Favorit gegen die Bayern, denn sie hatte sich mehr schlecht als recht durch den Wettbewerb geschleppt. Gegen Vasas Györ kam sie nur durch ein mehr erzieltes Auswärtstor weiter, gegen Standard Lüttich mussten sie gar in ein Entscheidungsspiel, das durch Glückes Geschick in Mailand ausgetragen werden konnte. Und auch gegen die Bayern hatte Fortuna ihren Fuß im Spiel. Es war, um präziser zu werden, der Fuß von Sormani, der sich in der 49. Minute des Hinspiels Sepp Maier entgegenstreckte, als der gerade einen Abschlag machte. Der Ball kam dem Münchener Keeper postwendend wieder entgegen und flog an ihm vorbei ins Netz, woraufhin Maier unter vollem Körpereinsatz eine Protestaktion beim Schiedsrichter startete, wie man sie seitdem höchstens noch von Oliver Kahn zu sehen bekommt. Der spanische Schiedsrichter reagierte aber ebenso ungerührt wie 15 Minuten später, als die Bayern einen Elfmeter forderten. Prati schoss noch das 2:0, und damit waren die Münchener ausgeschieden, denn im Rückspiel fiel auf keiner Seite ein Treffer.

Finale der Pokalsieger 1967/68, AC Mailand - Hamburger SV 2:0 (in Rotterdam). Schwedens Vizeweltmeister von 1958, Kurt Hamrin, trifft für Milan (rechts Hamburgs Helmut Sandmann). Hamrin spielte in Italien für insgesamt sechs Vereine: Juventus Turin, AC Padua, AC Florenz, AC Milan, SSC Neapel und Caserta.

Das Endspiel zwischen Hamburg und Mailand fand an einem Donnerstag statt, dem 23. Mai 1968. Das war sowohl in Deutschland als auch im Austragungsland Holland der Feiertag Christi Himmelfahrt. Italiener begehen dieses Fest jedoch erst im August, daher kamen die Mailänder mit einer ganz unchristlichen Angriffslust aus der Kabine. Besonders tat sich der seit langem in Italien tätige Schwede Kurt Hamrin hervor. Schon nach weniger als drei Minuten besorgte er die 1:0-Führung, kaum eine Viertelstunde später war er erneut erfolgreich. Spätestens da wussten die 54.000 Zuschauer in Rotterdam, wie die Sache ausgehen würde. Der Rest war, wie „De Volkskrant“ am folgenden Tag bilanzierte, „Formalität“. Zwar gaben die Hamburger die Partie nie verloren, aber mehr als ein paar Weitschüsse ließen die Italiener nicht zu. HSV-Verteidiger Willi Schulz sagte später halb bewundernd, halb resigniert, die Mailänder hätten „elf Weltklassespieler“. Und die sorgten dafür, dass der AC Mailand zum ersten Verein wurde, der beide der damals von der UEFA ausgerichteten Europapokale gewinnen konnte.

Bratislava? Bratislava!

Verteidigen wollte der Klub die Trophäe aber nicht, denn als neuer Titelträger Italiens wählte er für die Saison 1968/69 die Teilnahme am Cup der Meister. Somit war die „Serie A“ nur durch den AC Turin vertreten – und der schoss gleich in der ersten Runde einen kapitalen Bock, indem er bei Partizan Tirana in Albanien 0:1 verlor! Dieser Unfall konnte im Rückspiel so gerade eben noch repariert werden, aber er ließ schon erahnen, dass der Sieg des AC Mailand 1968 nicht bedeutete, dass Südeuropa zurück an der Spitze war. Im Viertelfinale kam dann auch das Aus für den AC Turin gegen die Überraschungself des Wettbewerbs – Slovan Bratislava aus der Tschechoslowakei.

Sogar das Halbfinale überstand Slovan noch, allerdings gegen einen wenig prominenten Gegner, den AFC Dunfermline aus Schottland. Das Endspiel war dann aber natürlich ein hoffnungsloses Unterfangen, denn in dem würde Bratislava es mit dem FC Barcelona zu tun bekommen. Die Spanier waren schuld daran, dass die deutsche Serie an Endspielteilnahmen bei den Pokalsiegern im April 1969 schließlich riss, da sie den 1. FC Köln in der Vorschlussrunde ausschalteten. Allerdings gab es an diesem

Ausgang nichts zu kritteln. In Köln kam Barcelona zu einem 2:2, weil der 21-jährige Torwart Paul Heyeres zweimal derbe patzte. In Katalonien postierten die Rheinländer deshalb den noch drei Jahre jüngeren Rolf Birkhölzer zwischen die Pfosten – und der griff schon nach sechs Minuten an einer Ecke vorbei, was das 1:0 bedeutete. Zwar glich Karl-Heinz Rühl noch aus, aber drei Tore Barcelonas in der zweiten Hälfte zerstörten alle Hoffnungen auf eine Sensation.

Die folgte dafür am 21. Mai 1969 in Basel. In der bis dahin 14-jährigen Geschichte des Europapokals waren noch keinem Finalteilnehmer so magere Aussichten eingeräumt worden wie Slovan Bratislava gegen den FC Barcelona. Zwar hatte die CSSR eine große Fußball-Tradition, aber Slovan war eben nicht Dukla Prag oder auch nur Sparta Prag, sondern ein Verein, der unter diesem Namen erst seit 1961 existierte und dessen zwei Vorläuferklubs auch nicht für Furore gesorgt hatten. In Basel wurde das anders: Schon in der ersten Spielminute traf Ludovit Cvetler von der Strafraumgrenze aus ins Tor. Zur Pause führte Slovan mit 3:1, doch schon kurz nach dem Wechsel verkürzte der junge Charly Rexach durch einen direkt verwandelten Eckball. In den folgenden 40 Minuten hielten die leider nur 20.000 Zuschauer so oft den Atem an, dass man fürchten musste, einige von ihnen würden im Gesicht blau anlaufen. Barcelona drängte mit sieben, acht Feldspielern nach vorne, während Bratislava sich nicht verschanzte, sondern frech das 4:2 suchte. Aber als der Spanier Olivella in der zweiten

Halbfinale der Pokalsieger 1968/69, 1. FC Köln - FC Barcelona 2:2 / 1:4. Barcelonas Ausgleich zum 1:1 im Hinspiel: Kölns Torwart Heyeres hat sich zu spät geworfen, der Schuss von Zabalza sitzt.

Finale der Pokalsieger 1968/69, Slovan Bratislava - FC Barcelona 3:2. Außenseiter Slovan, angetreten in „königlichem" Weiß, gelingt gegen Barcelona der Überraschungscoup.

Minute der Nachspielzeit die letzte von vielen Möglichkeiten dieses Tages vergab, war das Unglaubliche Fakt: Die Tschechoslowakei stellte einen Sieger im Europapokal.

Dieses Resultat war zum einen ein Beispiel für die feine Ironie, die in der Geschichte des Fußballs so oft zu bemerken ist. Zu Beginn der Europacup-Saison 1968/69 war es nämlich wegen des so genannten „Prager Frühlings" zu einem Eklat gekommen: In Westeuropa herrschte Empörung über das militärische Vorgehen, mit dem die UdSSR die Reformbemühungen in Prag und Bratislava (!) unterdrückt hatte; deswegen setzte die UEFA eilig die ersten Begegnungen des Europacups neu an. Die Klubs der Ostblockstaaten sollten vorerst untereinander spielen, damit es nicht zu Konflikten oder gar Ausschreitungen kommen konnte. Das empfanden die Länder des Warschauer Paktes als ungerecht und zogen ihre Meldungen geschlossen zurück. Oder eben nicht ganz geschlossen, denn die Tschechoslowakei scherte aus und erlaubte Spartak Trnava und Slovan Bratislava, in den Europacup einzugreifen.

Zum zweiten zeigte dieses Ergebnis des letzten Pokalsieger-Finals vor dem Beginn der 1970er, dass die 1963 von Tottenham eingeläutete Entwicklung mehr war als nur ein Intermezzo: Nach Jahren der südeuropäischen Dominanz hatte es den Pokal erst nach Nord-, dann nach Mitteleuropa verschlagen und nun sogar in den Osten des Kontinents. Um dem Ganzen die Krone aufzusetzen, spielte eine Woche nach Slovans Triumph eine Mannschaft um den Cup der Meister, die ein Land vertrat, in dem man noch viel weniger vorzuweisen hatte als in der CSSR: Holland. Aber um das aufzudröseln, muss man drei Jahre zurückschauen und, wie Oskar Klose sagen würde, wieder eine Volte hin zu den Meistern schlagen.

Zwergenaufstände im Meisterpokal

Die zwölfte Ausspielung des Europapokals der Landesmeister nahm am 10. Juli 1966 in London ihren Anfang, wo die ersten Paarungen ausgelost wurden. Lediglich vier Klubs hatten bislang diesen Cup gewonnen, und zwei von ihnen waren diesmal nicht dabei: Benfica Lissabon und der AC Mailand. Benfica war in der Meisterschaft einen Punkt hinter dem Rivalen Sporting auf dem zweiten Platz gelandet und hatte sich im nationalen Pokal früh verabschiedet. Immerhin nahmen die ehemaligen Europapokal-Helden noch am Messe-Cup teil – wobei sie in Leipzig ihr nächstes deutsches Trauma erleben sollten –, während der AC Mailand nach einem desaströsen siebten Platz in der Liga und dem Viertelfinal-Aus im italienischen Pokal überhaupt nicht international kickte.

Trotzdem war Südeuropa schlagkräftig vertreten, erstens natürlich durch den Titelverteidiger Real Madrid, dann durch seinen Erzfeind, den amtierenden Spanischen Meister Atlético Madrid, und schließlich durch Inter Mailand – noch immer von Herrera straff organisiert, noch immer gefürchtet. Inzwischen schielte man aber bei der Suche nach Geheimtipps auch in jene Länder, die im Pokal der Pokalsieger bewiesen hatten, dass sie Sieger stellen konnten. Das waren zu jenem Zeitpunkt England und Westdeutschland. Für England startete der FC Liverpool in den Wettbewerb; ganz sicher eine Elf, die zu allem fähig schien. Die BRD wurde vom TSV 1860 München vertreten, der auch nicht zu unterschätzen war.

Sehr früh kam alles anders als gedacht. Die Löwen hätten vielleicht eine gute Rolle spielen können, wäre da nicht das verflixte Los gewesen, das ihnen schon im Achtelfinale Real Madrid vor die Nase setzte. Ein Tor von Hans Küppers belohnte eine starke Leistung der Sechziger an der Grünwalder Straße mit einem 1:0-Sieg über den Pokalverteidiger, und im Rückspiel ging die Elf sogar in Führung. Aber Madrid schoss noch drei Treffer und tat dann nur, was nötig war, um diesen Vorsprung über die Zeit zu retten. Damit konnte sich schon im November kein deutscher Klub mehr an die Schultern der Großen lehnen, denn Vorwärts Berlin war an Gornik Hindenburg gescheitert, natürlich in der Art, wie das von DDR-Klubs zu erwarten war: in einem Entscheidungsspiel.

Andererseits: Die „Großen“ – was hieß das in der Saison 1966/67 eigentlich? Allerorten kam es zu Zwergenaufständen, als hätte der Fußballgott ein revolutionäres Manifest verteilt, um die Entrechteten aufzustacheln. Nehmen wir nur Sporting Lissabon. Der stolze Verein wollte endlich auch im Europacup Benfica den Rang ablaufen und betrachtete die Spiele der ersten Runde gegen Vasas Budapest mehr als eine Art Aufgalopp. Wer galoppierte, das waren die Ungarn: Sie gewannen nicht nur ihr Heimspiel mit 5:0, sondern dann auch noch in Lissabon mit 2:0. Und was war mit Atlético Madrid los? Im Achtelfinale musste die Elf in ein Entscheidungsspiel gegen die Jugoslawen von Vojvodina Novi Sad, durfte das dann daheim austragen, lag nach sechs Minuten 2:0 vorne – und verlor trotz allem 2:3.

Die Sensation mit der nachhaltigsten Spätwirkung wurde aber nicht von Ungarn oder Jugoslawen geschafft, sondern von Holländern. Ajax Amsterdam war zum ersten Mal seit fünf Jahren wieder international vertreten, was aber nun wirklich keine Furcht in Europa verbreitete. Bei seinen drei bisherigen Auftritten hatte der Klub nur eine einzige Runde gewinnen können (gegen Karl-Marx-Stadt) und war einmal sogar von den braven Norwegern des FK Fredrikstad aus dem Wettbewerb geschubst worden.

Im Dezember 1966 standen aber nun einige erfahrene und gute Leute in der Elf, wie etwa der 28-jährige Rechtsaußen Sjaak Swart, den noch heute jeder Holländer als „Mr. Ajax“ kennt. Oder der gleichaltrige Bennie Muller, der Sohn einer jüdischen Familie aus Amsterdam, von deren zehn Kindern nur zwei die Nazi-Zeit überlebt hatten. Seit Januar 1965 wurde dieses Team von Rinus Michels trainiert, ebenfalls ein Sohn der Stadt, der 18 Jahre lang für den Klub gespielt hatte. Die kommenden Helden aber waren der 23-jährige Piet Keizer und sein 19-jähriger Freund, ein gewisser Johan Cruyff. Der hatte zwar vor drei Monaten sein Debüt in der Nationalelf gegeben, aber man darf annehmen, dass Bill Shankly nicht viel über ihn wusste. Das aber wäre besser gewesen, denn der FC Liverpool war Ajax' Gegner im Achtelfinale.

„Wenn die Leute über den Anfang von Ajax reden, dann sprechen sie vom Nebel-Spiel gegen Liverpool“, sagte Cruyff dem Autor Simon Kuper. „Bill Shankly und so weiter. Er war zu der Zeit der Trainer.“ Der Trainer machte sich keine Sorgen wegen Ajax, nicht einmal dann, als sich derart dicker Dunst über das Olympiastadion von Amsterdam senkte, dass man schon von der Bank aus vieles nur noch erahnen konnte. „Shankly soll vor dem Spiel gesagt haben: ‚Ajax, das ist doch ein Reinigungsmittel?‘“, erinnerte sich Muller noch lange Zeit später, merkte aber auch an, dass ein Sieg von Ajax für absolut jeden jenseits aller Vorstellungskraft lag: „Das war, als ob heute eine Amateurelf aus Amsterdam gegen Barcelona gewinnen würde.“ Und die Ajax-Spieler von 1966 waren ja auch praktisch noch halbe Amateure: Cruyff, Swart und Verteidiger Barry Hulshoff wollten zusammen in Swarts Auto zu der Partie fahren, aber der Wagen sprang nicht an, und die Spieler mussten ihn bis zum Stadion schieben.

Etwas Anschubhilfe hätten auch die mächtigen „Reds“ gebrauchen können. Schon zur Pause lagen die Engländer 0:4 hinten, ihr Treffer zum 1:5-Endstand fiel erst kurz vor dem Ende. „Sie müssen ganz gut gewesen sein“, kommentierte Liverpools Ian St. John die Leistung des Gegners sarkastisch. „Aber ich kann nichts über sie sagen, weil wir uns gegenseitig nicht sehen konnten und die Tore schon gar nicht.“ Aber diese Bedingungen waren natürlich für alle gleich. Swart sagte: „Manchmal bekam man den Ball und hörte Geräusche, wusste aber nicht mal genau, wo man sich befand.“

Vielleicht glaubte Shankly, die Umstände hätten nur seiner Mannschaft zu schaffen gemacht und prophezeite deshalb ein 7:0 für das Rückspiel. Als ein englischer Reporter ihn zweifelnd anblickte, fügte er herrisch hinzu: „Und das glauben Sie besser mal!“ Ein solcher Nimbus umgab Shankly und Liverpool, dass sogar viele Holländer dies für mehr als nur Trällern im Walde hielten, wie Simon Kuper schreibt. Doch Johan Cruyff glaubte schon in so jungen Jahren nur an sich selbst: An der Anfield Road schoss er Ajax zweimal in Führung, und erst in der 85. Minute rettete Hunt dem Heimteam noch ein 2:2. Dass Amsterdam in der folgenden Runde wegen eines sehr späten Gegentreffers an Dukla Prag hängenblieb, änderte nichts daran, dass ein neuer Name aufgetaucht war, den man sich besser notierte.

Schottisches Zwischenspiel

In dieses Notizbuch durfte man gleich noch einen weiteren Klub aufnehmen, der Ajax in vielem ähnelte. Zwar hatte Celtic Glasgow einen besseren Namen als Amsterdam, aber in der Saison 1966/67 spielte die Elf zum ersten Mal überhaupt im Europacup der Meister. So wie Ajax eine Elf stellte, die zu einem beachtlichen Teil aus Jugendfreunden bestand, so kamen mehr oder weniger alle Spieler in Celtics Kader aus der Gegend um Glasgow. Und Celtics Trainer Jock Stein war im selben Jahr zu diesem Verein gekommen, in dem Rinus Michels Ajax übernommen hatte. Schließlich pflegten beide Teams einen Stil, der mit „Offensive" nur mangelhaft umschrieben ist. Celtic war das Verteidigen so egal, dass sie einen Mann ins Tor stellten, der nur 1,77 Meter maß.

Diese Elf gewann alle vier Spiele gegen den FC Zürich und den FC Nantes, bevor es im Viertelfinal-Duell mit Novi Sad enger wurde. Aber auch diese Hürde nahm Celtic und stand nach einem 3:1-Sieg gegen Dukla Prag (und einem der seltenen 0:0 dieses Klubs) urplötzlich im Finale um die größte europäische Trophäe. Hier würde es zum Zusammenstoß widerstreitender Philosophien kommen, denn Jock Stein hatte sich mit Helenio Herrera, Inter Mailand und dem Catenaccio zu messen.

Inter überstand das Sterben der Favoriten und der Südeuropäer, weil ein einziges Tor gegen Torpedo Moskau reichte und nach zwei ermüdenden 1:1 gegen ZSKA Sofia das Entscheidungsspiel ebenfalls mit nur einem Treffer gewonnen wurde. Dazwischen hatte Inter allerdings Real Madrid in die Knie gezwungen, und das nicht allein durch Zermürbung. Zwar endete das erste Spiel in Mailand mit dem obligatorischen 1:0, aber zwei Wochen später ließ Inter in Madrid nicht einfach nur die Rolläden herunter, sondern gewann sogar zur diebischen Freude Herreras mit 2:0. Ein Tor erzielte Suarez, das andere bereitete er vor. „Er hat bewiesen, dass er nach wie vor zu den besten Fußballern der Welt gehört", strahlte Herrera.

Im Nachhinein ist man immer schlauer: Als Celtic und Inter am 25. Mai 1967 um 17.30 Uhr den Rasen des Lúz-Stadions in Lissabon betraten, sprach vieles für den Außenseiter aus Schottland. Inter musste auf zwei seiner Besten verzichten: die verletzten Suarez und Jair. Unter den 55.000 Zuschauern befanden sich mindestens 12.000 Schotten, und die sangen die wenigen Tifosi in Grund und Boden. Der neutrale Teil des Publikums empfing die Italiener mit sehr frostigem Applaus: In Portugal mochte

Finale der Landesmeister 1966/67, Celtic Glasgow - Inter Mailand 2:1 (in Lissabon). Celtic-Spieler bejubeln den größten Erfolg der Vereinsgeschichte.

Celtic-Fans küssen nach dem Finale den sieggeweihten Rasen.

man Inters Stil nicht und grollte noch immer wegen des 1965er Finals, das Benfica in Mailand verloren hatte. Schließlich hatte niemand in Celtics Lager Manschetten vor dem berühmten Gegner. Trainer Jock Stein, der elf Jahre seines Lebens unter Tage geschuftet hatte, hörte auf der Fahrt zum Stadion seine Spieler hinter sich singen, blickte auf die sonnendurchfluteten Straßen und fühlte eine große Ruhe über sich kommen. „Für uns war der Europacup ein Abenteuer", sagte er später. „Andere Teams hatten mehr Erfahrung und wussten deshalb, was alles passieren konnte. Aber für uns galt das nicht, deswegen hatten wir überhaupt keine Angst."

Nun, vielleicht rutschte den Schotten doch ein wenig das Herz in die Hose, als sie den großen Inter-Stars schließlich Auge in Auge gegenüberstanden. „Sie waren gebräunt und gepflegt wie Filmstars: Männer aus einer Ambre-Solaire-Werbung", erinnert sich Celtics Bobby Murdoch. „Bei uns hingegen gab es so einige, die keine Zähne mehr hatten." Wie etwa Ronnie Simpson und Bobby Lennox, die vor dem Anpfiff behutsam ihre Gebisse in das Glasgower Tor legten. Das war kein besonders sicherer Ort, wie sich schon in der sechsten Minute zeigte: Der junge Verteidiger Jim Craig (den Stein direkt von der Universität verpflichtet hatte, wo er Zahnmedizin studierte!) foulte Renato Capellini im Strafraum, und Sandro Mazzola pfefferte das Leder ins Tor.

Der Autor muss sich wiederholen: Im Nachhinein ist man schlauer. Dieses frühe Führungstor half nicht Inter, sondern Celtic. Die Schotten hatten nun nichts mehr zu verlieren, und es kam ihnen entgegen, dass die Italiener sich weit zurückzogen, um das 1:0 zu verteidigen – denn nach vorne marschieren, das konnte Celtic. Die Außenstürmer zogen etwas in die Mitte, um den Abwehrleuten Craig und Tommy Gemmell Raum für Vorstöße zu lassen. Inter wurde von einem Team eingeschnürt, in dem wirklich jeder angriff. „Wir haben hinten praktisch mit fünf gegen elf spielen müssen", beschwerte sich Giacinto Facchetti.

Und doch dauerte es 62 Minuten, bis der Inter-Wall dem Druck nicht mehr standhalten konnte. Craig dribbelte in den Strafraum, schob quer zu Gemmell, und der nagelte den Ball aus 16 Metern in den Winkel. Auch am Siegtor, das in der 85. Minute fiel, war ein Verteidiger beteiligt: Gemmell kam über links, legte zurück auf Murdoch, und dessen Linksschuss aus 18 Metern wurde von Mittelstürmer Steve Chalmers ins Tor gelenkt. Das erste Endspiel, in dem keine spanische oder portugiesische Elf stand, produzierte den ersten nordeuropäischen Sieger im Pokal der Meister, den ersten britischen und den bis heute einzigen schottischen. Die Zeiten hatten sich ganz eindeutig geändert.

In vier der nächsten fünf Wettbewerbe bei den Landesmeistern sollte Celtic wieder eine gute Rolle spielen und allein dreimal erst am späteren Sieger scheitern. Dennoch ist der 1967er Triumph der Schotten von Fußballgeschichtsschreibern außerhalb der britischen Inseln nur selten ausreichend gewürdigt worden. Oft wird er als Zufallssieg einer nicht wirklich herausragenden Elf dargestellt, aber an dieser Lesart sind die

Schotten selbst nicht unschuldig. Zum einen gestand Jock Stein: „Es passte mir gut, dass wir nur diese eine Partie gegen Inter spielten. Ich ging nicht davon aus, dass wir irgendeine Chance gegen einen italienischen Klub gehabt hätten, wenn es über zwei Spiele gegangen wäre.“ Zum zweiten dauerte das Unternehmen Titelverteidigung 1967/68 für Celtic nur 180 Minuten, dann war die Elf gegen Dynamo Kiew bereits ausgeschieden. Ihre verblüffende 1:2-Heimniederlage konnten die Schotten auswärts nicht mehr wettmachen, weil Murdoch bei eigener 1:0-Führung wegen einer Lappalie vom Platz gestellt wurde. Kiew glich noch aus, und Celtic bewies Größe, als niemand beim sensationell unterlegenen Favoriten nach Ausreden suchte. Mit einer Mischung aus Überraschung und echt schottischer Bewunderung für physisches Spiel sagte Verteidiger John Clark über Dynamo knapp: „Das war eine harte Truppe, kein Zweifel daran.“

Ein Witz und etwas Braunschweig

Doch noch hatten die Briten ein Eisen im Feuer. Matt Busbys Manchester United ging den Wettbewerb wie eine Elf an, die wusste, dass sie nicht mehr viele Chancen bekommen würde, die Dämonen zu verscheuchen, die den Klub seit dem Todesflug von 1958 begleiteten. United spielte konzentriert und vermied jedes Risiko: In den ersten drei Runden schoss die Mannschaft kein einziges Auswärtstor, nicht einmal auf Malta gegen Hibernian Paola, aber das musste sie auch nicht.

Halbfinale der Landesmeister 1967/68, Manchester United - Real Madrid 1:0 / 3:3. Im Hinspiel vor eigenem Publikum siegten die Engländer nur knapp, wahrten ihren Vorsprung aber durch eine starke kämpferische Leistung im Rückspiel.

Am 15. Mai 1968 sah das allerdings schon anders aus, denn da saß in der Halbzeitpause des Rückspiels im Halbfinale eine Mannschaft vor Matt Busby auf den Kabinenbänken, die deprimiert die Köpfe hängen ließ und 1:3 im Rückstand war. „Nun, defensiv stellt ihr euch ja nicht besonders gut an", sagte der Trainer. Und als seine Spieler glaubten, es folge eine Schimpfkanonade, setzte er hinzu: „Also gehen wir jetzt raus und greifen sie an." Pat Crerand erinnerte sich später, dass viele seiner Kollegen in diesem Augenblick lächelten, denn „sie", das waren keine geringeren Gegner als die „Ye-Ye"-Jungs von Real Madrid. „Sie hatten uns völlig an die Wand gespielt, und das eine Tor, was wir gemacht hatten, war ein Witz", sagte Crerand. „Und da meinte dieser Mann zu uns, wir sollten sie angreifen!"

Crerands Skepsis kam nicht von ungefähr. Real hatte zwar im bisherigen Wettbewerb mächtig schuften müssen, aber es war auch nirgends eine bessere Elf zu erkennen. Gleich in der ersten Runde war Real auf Ajax Amsterdam getroffen und aus zwei echten Sternstunden der Europacup-Historie als Sieger hervorgegangen, weil bei einem Ringen zweier fantastischer Mannschaften nicht selten individuelle Brillanz den Unterschied ausmacht: In der 111. Minute des Rückspiels dribbelte sich Veloso durch vier Holländer hindurch und traf aus 20 Metern Entfernung zum entscheidenden 3:2 im Gesamtstand.

Jetzt, in der Pause des Halbfinal-Rückspiels gegen Manchester, konnten die Spanier guten Gewissens davon ausgehen, auch die nächste Hürde übersprungen zu haben. United war in den letzten Wochen komplett die Form abhanden gekommen, dazu litt Denis Law unter Knieproblemen, weshalb man schon zufrieden sein musste, dass ein Treffer von George Best im Hinspiel gegen Real ein unkomfortables 1:0 gesichert hatte. Wie wenig dieser Sieg wert war, schien die erste Halbzeit vor 120.000 Zuschauern im Bernabéu-Stadion zu belegen: Real schoss vier Treffer, und allein die Tatsache, dass bei einem davon die Richtung nicht stimmte, hielt United noch im Wettbewerb. Dieses Eigentor von Ignacio Zocco war „der Witz", von dem Crerand sprach, aber noch glaubte wenigstens Busby daran, dass er nicht auf seine Kosten gehen würde.

Busbys Elf kam zwar mit neuem Mut aus der Kabine, schaffte es aber auch nicht recht, die Direktive „Angriff" umzusetzen. Bis zwei ewige Nebendarsteller vom Scheinwerferlicht umschmeichelt wurden. 20 Minuten vor dem Ende schummelte Verteidiger David Sadler den Ball mit der Hacke ins Tor, und acht Minuten später kam der zweite große Europacup-Moment des Überlebenden von 1958, Bill Foulkes. Best setzte sich am rechten Flügel durch und erinnert sich folgendermaßen an die nächsten Sekunden: „Ich sah ein rotes Trikot links von mir und legte den Ball nach innen. Als ich erkannte, dass das Bill Foulkes war, wünschte ich mir, ich hätte nicht abgespielt. Ich dachte, er würde einfach auf den Ball eindreschen. Aber stattdessen war er völlig ruhig und schob ihn am Keeper vorbei." Als Schiedsrichter Sbardella aus Italien abpfiff, wankten die Spanier wie narkotisiert vom Platz, während die Engländer fast ebenso ungläubig das 3:3 und den Einzug ins Endspiel feierten. Sie standen jetzt, ein Jahrzehnt nach dem Flugzeug-Unglück von München, wenige Schritte vor ihrem großen Ziel und konnten dazu noch auf eine Art Heimvorteil bauen, denn der Finalort war das Wembley-Stadion.

Zur selben Zeit hatte Benfica Lissabon im anderen Halbfinale erheblich weniger Schreckensmomente zu überstehen. Der Gegner der Portugiesen hieß Juventus Turin, aber die Qualität dieser Elf reichte nicht an ihren großen Namen heran. Es ist einer der hübschen Zufälle der Fußballgeschichte, dass der Trainer dieses Klubs, der Inter die Meisterschaft entrissen hatte, den Namen Heriberto Herrera trug. Dieser Mann war mit Helenio Herrera nicht verwandt und nicht verschwägert – hätte es aber dem Augenschein nach sein müssen: Seine Juve-Elf war in ihren ersten drei Runden auf Klubs getroffen, die nicht zur ersten Garde zählten, und hatte sich trotzdem in jedem Auswärtsspiel tief unter der Grasnarbe eingebuddelt. Bei Olympiakos Piräus und Rapid Bukarest reichte das jeweils für das ersehnte 0:0, aber beim dritten Gegner, den auch niemand kannte, ging es schief – bei Eintracht Braunschweig.

Viertelfinale der Landesmeister 1967/68, Eintracht Braunschweig - Juventus Turin 0:1. Juventus Turin musste nach einem 2:3 in Braunschweig und einem 1:0-Heimsieg in ein drittes Spiel, obwohl der Klub zwei Monate zuvor bei denselben Resultaten automatisch qualifiziert gewesen wäre. Das Entscheidungsmatch in Bern gewinnt Juventus mit 1:0. Das Foto zeigt Bercellinos spätes Elfmetertor gegen den Braunschweiger Schlussmann Wolter im Rückspiel.

Der Überraschungsmeister der Bundesliga spielte sich am 31. Januar 1968 in die Herzen der angeblich zehn Millionen Fernsehzuschauer und versöhnte die Kritiker, die den Titelgewinn der Niedersachsen mit Minimalistenfußball erklärt hatten. Nach gerade vier Minuten unterlief Peter Kaack ein Selbsttor, was ja nur bedeuten konnte, dass Juventus jetzt keinen Fuß mehr über die Mittellinie setzen und das 0:1 über die Zeit retten würde. Aber die Eintracht, die im Achtelfinale immerhin schon Rapid Wien besiegt hatte, fühlte sich nicht wie ein Eindringling im Pantheon der Großen – und spielte auch nicht so. Zuerst machte Kaack mit dem 1:1 seinen Fehler wieder gut, dann trafen Hans-Georg Dulz und Horst Berg noch vor dem Wechsel zum 3:1. Die Elf der Namenlosen, die meisten von ihnen aus dem Braunschweiger Umland, hatte Juventus am Rande eines Debakels –, und hätte ihr einziger echter Star, Lothar Ulsaß, nach der Pause nicht bloß die Latte angeköpft, wäre es für die Italiener wirklich ganz übel ausgegangen. So aber schlug das Pech zu, das kleine Mannschaften oft haben: Kaack fabrizierte sein drittes Tor an diesem Tag, aber leider sein zweites, bei dem er den eigenen Schlussmann überwand. Dieses 3:2 war am Ende entscheidend. Im Rückspiel hielt Braunschweig nach erneuter feiner Leistung lange, aber nicht lange genug ein 0:0. In der 88. Minute übernahm Berg die Rolle von Kaack als Unglücksrabe und verschuldete einen Elfmeter, der Turin ein Entscheidungsspiel bescherte. Das verlor die Eintracht mit 0:1 gegen ein Juve-Team, das in diesen drei Spielen seinen Vorrat an glücklichen Fügungen gleich für mehrere Saisons aufgebraucht hatte: Im Halbfinale unterlag die Elf gegen ein cleveres Benfica mit einem eiskalten Eusébio zweimal: 0:2 in Lissabon, 0:1 in Turin.

Uniteds Tribut an die Toten

In der Rückschau erscheint Manchesters Finalsieg 1968 so folgerichtig, dass Benfica am 29. Mai in London einfach keine Chance haben konnte. Ein Gutteil dieses Mythos nährt sich natürlich aus der englischen Presse, die schon immer zu Pathos neigte und den 4:1-Sieg von United zu einer Wiedergutmachung der Vorsehung stilisierte. Mit Sport hat das herzlich wenig zu tun, aber wann wäre es gerade im Europapokal je um so etwas Profanes gegangen?

Viele der großen Sieger des größten Wettbewerbs spielten immer für oder gegen etwas Unsichtbares – und die andere Mannschaft auf dem Feld war oft nur ein Ersatz oder eine physische Manifestation von etwas Unausgesprochenem. Manchmal ging es um simple Dinge wie den Ehrgeiz eines Präsidenten, manchmal um Politik, manchmal um lokale Rivalitäten, die auf eine andere Bühne verschoben wurden, fast immer um Geld und Prestige. Warum also nicht auch einmal um so unangemessene Dinge wie Leben und Tod?

Nun, zum Beispiel, weil Matt Busby es nicht wollte. Ihm war bewusst, dass er Spieler wie Foulkes und Charlton auf den Rasen schicken würde, die an Gestern dachten:

Manchesters Idol Bobby Charlton, zweifacher Torschütze beim 4:1-Sieg von United im Landesmeister-Finale 1967/68 gegen Benfica Lissabon.

„Für die von uns, die in München ihre Freunde verloren hatten, war es ein Tribut an deren Andenken", sagte Bill Foulkes über das Finale, und Bobby Charlton meinte: „Es war eine Verpflichtung für Manchester United geworden, diesen Pokal zu gewinnen. Es war eine Familienangelegenheit." Eben deshalb zog Busby die jüngeren Spieler beiseite, um diesen Druck von ihnen zu nehmen. „Er erklärte uns, dass wir in erster Linie Profis wären, die für die Gegenwart spielen", sagt David Sadler.

Und lange Zeit spielte Manchester auch völlig unverkrampft. Ein Kopfball von Charlton nach 52 Minuten brachte United eine zu diesem Zeitpunkt gebührende und überfällige Führung. Nobby Stiles, der harte Hund, der vor jedem Spiel seine falschen Schneidezähne aus dem Mund nahm und dessen Gegner erst recht vor seinen Grätschen gezittert hätten, wenn sie gewusst hätten, dass er auch noch kurzsichtig war, zermürbte Eusébio so gründlich, dass der sich vergaß und Crerand böse trat. Auf einmal aber überkam United die Angst vor dem Gewinnen. Elf Minuten vor dem Abpfiff glich Jaime Graça aus. Wenig später hätte Benfica die Partie gar gewinnen können, aber Manchesters Torwart Alex Stepney parierte einen Schuss von Eusébio so glänzend, dass der Portugiese seinem Gegner zur Gratulation die Hand reichte.

In den Minuten nach dem Ende der regulären Spielzeit saßen die Engländer in ihren ungewohnten blauen Trikots fast niedergeschlagen vor Matt Busby. „Wäre es noch zehn Minuten weitergegangen, hätten wir verloren", erinnert sich Nobby Stiles. Was – oder besser: wer – Manchester rettete, war George Best. Nach einem langen Abschlag von Stepney und einem gewonnenen Kopfballduell von Brian Kidd umkurvte der Ire seinen Gegenspieler und dann auch noch den Torwart. Die Verlängerung war erst 180 Sekunden alt, aber Bests 2:1 ließ augenblicklich alle Fesseln von United abfallen: Nur sechs Minuten später stand es durch Tore von Kidd und Charlton schon 4:1. Die Dämonen waren besiegt – wie auch, erneut im Lande des Gegners, Benfica.

Auch der zweite Triumph einer britischen Mannschaft in Serie leitete eine eben solche allerdings nicht ein. Im Gegensatz zu Celtic konnte Manchester sogar nur noch eine einzige Saison bis nah vor die Fleischtöpfe robben, dann war der Klub acht Jahre lang überhaupt nicht mehr im Europapokal aktiv. Dafür gab es mehrere Gründe, nicht zuletzt gerade die Besessenheit, die den Sieg von 1968 vielleicht erst möglich gemacht hatte: Als Bobby Charlton den Pokal endlich in die Arme nehmen durfte, entwich die Luft aus United wie aus einem zu prall gefüllten Ballon. „Als wir den Europacup holten, herrschte nicht etwa das Gefühl vor, dass wir von da aus weitermachen würden, sondern ein Gefühl der Erleichterung", sagte George Best. „Mit etwas mehr Vorausplanung hätte 1968 der Beginn einer Dominanz in Europa sein können."

Doch Manchester hatte nur bis zu dem einen Ziel geplant, das den Klub umtrieb. In der folgenden Saison half es dem Team einige Runden lang, dass Denis Law wieder gesund war, der das Finale gegen Benfica verpasst hatte und auf eine zweite Chance brannte. Gleich in der ersten Runde der Spielzeit 1968/69 traf der Schotte siebenmal gegen die irischen Amateure des FC Waterford, und beim 3:0 gegen Anderlecht legte er zwei weitere Tore nach. Im Rückspiel bekam Manchester dann erste Probleme, als ein Tor von Jan Mulder (dem Vater von Youri Mulder) den Belgiern solchen Mut machte, dass sie den Gegner an den Rand des Aus brachten, wenn es auch nur zu einem 3:1-Sieg reichte. Das Viertelfinale gegen Rapid Wien im März 1969 überstanden die Engländer ebenfalls noch, aber dann tauchte das Stoppschild auf. Zu Beginn des Jahres hatte Matt Busby erklärt, von dem Posten als Cheftrainer zurückzutreten, den er nun schon seit 1945 innehatte. Seine Ankündigung schwebte wie ein unheildrohendes Zeichen über Manchesters Spiel. Als sich im Halbfinale ein Kontrahent vom Kaliber des AC Mailand vorstellte, war für United das Ende nahe.

Allein – wer weiß? Vielleicht sind solche Erklärungen nur der klassische Versuch eines Autors, Fußballgeschichte mehr als drei Jahrzehnte später in ein Schema zu pressen. Es stimmt, dass Manchester im San-Siro-Stadion chancenlos war und völlig zu Recht 0:2 verlor. Aber die 22.000 United-Fans, die das Spiel im heimischen Old Trafford auf Großbildleinwänden verfolgt hatten, eilten in der Hoffnung in den nächsten Pub, dass sich wieder ein Wunder wie vor Jahresfrist gegen Madrid ereignen würde. Und noch heute gibt es Leute, die behaupten, dass dieses Wunder tatsächlich stattgefunden hat, Leute wie Denis Law … Kurz vor dem Ende des Rückspiels führte United durch Charlton mit 1:0, als Law eine Flanke von Crerand auf oder hinter die Linie stocherte, wo ein Abwehrbein den Ball wegschlug. „Der Schiedsrichter war die einzige Person, die das nicht für ein Tor hielt", behauptete Law noch ein Dutzend Jahre später. „Diese Ungerechtigkeit kostete Manchester den Europacup."

Vielleicht stimmt das. Vielleicht war der Ball drin, vielleicht hätte Manchester sich anschließend durchgesetzt und den Pokal verteidigt. Dann würden wir – und George Best – heute ganz anders reden oder schreiben. So aber war United ausgeschieden, humpelte in England nur auf dem 11. Platz über die Ziellinie und sollte bald noch weiter abrutschen. Der AC Mailand aber stand im Finale gegen die Elf, die bald jene Dominanz ausüben würde, die sich Best von seinem Klub erhofft hatte: Ajax Amsterdam.

„Kaiser Franz" Beckenbauer holte mit dem FC Bayern zwischen 1974 und 1976 dreimal hintereinander den Europapokal der Landesmeister. Er beerbte damit „König Johan" Cruyff, der zuvor mit Ajax Amsterdam dreimal den Thron bestiegen hatte.

Könige und Kaiser

Die Ära der Mitteleuropäer

Einen Tag vor dem 14. Endspiel um den Europapokal der Landesmeister erschien das „kicker sportmagazin“ mit einer weiteren Folge der Reihe „Fußball, deine Millionäre“. In dieser Ausgabe porträtierte H. W. Backer einen Mann, dem im Finale die herausragende Rolle zugetraut wurde: den 22-jährigen Johan Cruyff. Auf sechs Seiten konnten die Leser Cruyff mit seinem roten Porsche 911 und an der Seite seiner Frau Danny sehen, der Tochter eines Amsterdamer Diamanten- und Goldhändlers. Sie durften lesen, dass Cruyff und sein Schwiegervater mit den 100.000 Mark Jahresgehalt des Spielers unzufrieden waren, vor Gericht ziehen wollten, um ein lukratives Angebot aus Mexiko annehmen zu können, und dass Cruyffs Klub diesen Deal zu torpedieren suchte, indem er mehr als 2,5 Millionen Mark an Ablöse forderte.

Nicht alles an dem Artikel wirkte auf einen deutschen Fußballfan jener Zeit exotisch. Schließlich war Günter Netzer gerade von seinem Jaguar auf einen gelben Ferrari umgestiegen und schlenderte Arm in Arm mit einer geheimnisvoll wirkenden Goldschmiedin über die Titelblätter der Zeitungen. Was aber immer noch einen etwas verblüffenden Beigeschmack hatte, war die Tatsache, dass dieser Cruyff, dessen Team um die höchste europäische Trophäe kämpfte, aus dem kleinen Nachbarland Holland kam.

Ein König aus Holland

Die Niederlande hatten seit 1938 an keiner WM mehr teilgenommen und waren gerade in der Qualifikation zur EM 1968 an Ungarn und der DDR gescheitert. Drei Tage nach Erscheinen des „kicker“-Berichtes würde die Nationalelf das zweite von drei 0:0 in Folge abliefern; erst im April hatte sie gegen den Erzfeind Belgien verloren. Der Vereinsfußball des Landes stand auch nicht viel besser da: Bei den Pokalsiegern hatte der 1. FC Köln in der laufenden Saison ADO Den Haag fast nebenbei geschlagen; im Jahr zuvor war NAC Breda von Cardiff City vom Platz gepustet worden; und im Messe-Cup hatte noch nie ein holländischer Verein auch nur das Viertelfinale erreicht, was doch sogar schon Teams aus der Türkei und Dänemark gelungen war.

Schließlich las sich dieser ganze „kicker“-Artikel wie die unwahrscheinlichste aller Aschenputtel-Geschichten. Der junge Mann namens Hendrik Johannes Cruyff, der da die Vorzüge seines Sportwagens pries, war am 25. April 1947 in einem Amsterda-

Johan Cruyff, der König von Ajax Amsterdam.

mer Vorort namens „Betondorp“ geboren, was tatsächlich und zu Recht „Betondorf“ bedeutet. Sein Vater betrieb einen kleinen Gemüseladen und war ein großer Ajax-Fan, weshalb er es voller Stolz sah, dass sein jüngster Sohn sich im Alter von zehn Jahren diesem Klub anschließen durfte. Zu dieser Zeit war Johan Cruyff noch nicht „der König“, aber schon fast ein Prinz, denn beim Verein schloss man den kleinen Jopie ins Herz, der dem Platzwart die Gerätschaften nachtrug und den Spielern neue Stollen holte, wenn die alten gewechselt werden mussten.

Zwei Jahre später starb Cruyffs Vater überraschend, und seine Mutter musste als Putzfrau arbeiten, um die Familie zu ernähren. Nun adoptierte Ajax die Cruyffs fast komplett: Johans Mutter wurde engagiert, um die Kabinen sauber zu halten, und er selbst wurde eine Mischung aus Maskottchen und Glücksbringer.

Als Cruyff am 15. November 1964 bei einem Auswärtsspiel in Groningen sein Debüt in der ersten Mannschaft feierte, gab die Zeitung „De Sportkroniek“ seinen Namen als „De Kruyff" an, während „Het Parool" und „De Volkskrant" es mit „Kruijff" versuchten. Ajax wurde in dieser Saison nur 13. in der Ehrendivision, aber Cruyff / De Kruyff / Kruijff zwang die Reporter rasch, sich um die korrekte Schreibweise seines Namens zu kümmern. Die ist gar nicht so einfach zu bestimmen, wie man meinen sollte. Dabei trug der Spieler selbst zur Verwirrung bei, denn er ließ sich unter „Cruyff" in das Telefonbuch eintragen, obwohl ihn das Melderegister der Stadt Amsterdam als „Cruijff" führte. Heute wird es so gehandhabt, dass in Holland „Cruijff" gilt, während der Rest der Welt „Cruyff" schreibt. Der Spieler selbst übernahm in den 1960ern „Cruijff", wechselte aber dann wieder zu der internationalen Version, als er sich dem FC Barcelona anschloss.

Natürlich war es nicht Cruyff allein, der den holländischen Fußball so voranbrachte, dass man sich in den Redaktionsstuben der internationalen Sportpresse mit solchen Sonderfällen der Rechtschreibung auseinander setzen musste. Zum einen betraten fast zeitgleich andere charismatische Figuren die Szene, vor allem zwei Trainer. Der erste war Rinus Michels, der 1965 Ajax übernahm. Michels war schon als Spieler stets lernwillig und an Theorie interessiert gewesen, obwohl er innerhalb seiner Teams als lockerer Typ galt, der jeden Streich, der ihm einfiel, auch sofort ausführte. Nach seiner aktiven Karriere studierte er an Amsterdams Sporthochschule und arbeitete nebenher als Turnlehrer. „Er veränderte sich", sagte sein ehemaliger Kollege und zukünftiger Co-Trainer Bobby Haarms über diese Zeit. „Das Wichtigste für ihn war jetzt Disziplin. Selbst seinen Assistenten gegenüber benahm er sich wie ein Dompteur. Aber er war auch wie ein Schachgroßmeister, was Fußballtaktik angeht."

Der andere Trainer war der Österreicher Ernst Happel – wie Michels ein ausgefuchster Stratege und zugleich Despot. Happel coachte sieben Jahre lang ADO Den Haag, bevor er 1969 zu Feyenoord wechselte. ADO steht für „Alles door oefening", was nichts anderes meint als: Alles (ist) durch Übung (zu erreichen). In den Jahren vor Happel klappte das nicht recht, denn Den Haag hatte es sich in der Abstiegszone unbequem gemacht. Unter Happel kletterte die Elf stetig, und ein Vierteljahrhundert nach seinem letzten Titel holte der Klub 1968 den Pokal – durch einen Sieg über den Meister Ajax.

Große Rivalen in einem kleinen Land

Dieser Pokalsieg muss in Rotterdam so großen Eindruck gemacht haben, dass Happel verpflichtet wurde. Hier findet sich ein weiterer und nicht untypischer Grund für die Leistungsexplosion des Fußballs in Holland – lokale Rivalitäten. Noch heute sind Spiele zwischen Ajax und Feyenoord für alle Beteiligten und Anwesenden riskante Angelegenheiten. Ausländischen Beobachtern dreht sich oft der Magen um, wenn Feyenoord-Fans Zischlaute machen, die ausströmendes Gas imitieren sollen, oder Lieder über Auschwitz anstimmen, weshalb man dazu neigt, die Hintergründe der

Gegnerschaft dieser Vereine darauf zu reduzieren, dass Ajax als jüdischer Klub gilt. Das spielt sicherlich eine Rolle, greift aber wohl etwas zu kurz, denn der Hass gilt ebenso sehr Ajax wie der Stadt, die der Klub repräsentiert.

In vielen Ländern pflegen gewisse Städte oder ganze Regionen eine Empfindung von Neid gegenüber den scheinbar Privilegierten oder Hochnäsigen. In Deutschland ist das (bislang) nicht so ausgeprägt, weil Berlin nach dem Ende des Zweiten Weltkriegs zu lange isoliert war, aber in England hat man seit jeher ein gespaltenes Verhältnis zu London und ärgert sich, wenn Touristen den Rest des Landes ignorieren. In Italien beäugen Bewohner des armen Südens alles mit Misstrauen, was aus Mailand oder Turin kommt (wo man dafür jeden von ihnen Terrone nennt, „Bauer"). In Frankreich kocht bei Olympique Marseille das Blut auch deshalb hoch, wenn die Rede auf Paris St. Germain kommt, weil man das Gefühl hat, das ganze Land sei bloß irgendwie um Paris herum drapiert. Schließlich haben wir bereits gesehen, wie sich Teile Spaniens von Madrid gegängelt fühlen. In Holland genießt Amsterdam diese Ausnahmestellung: Es ist eine schöne Stadt mit einer langen, vor allem jüdisch geprägten Handelstradition, die Ausländer gerne besuchen. Rotterdam hingegen ist ein Ort, der von harter Arbeit geprägt wurde, und wer die Stadt gesehen hat, wird sie niemals anheimelnd nennen können. Das liegt nicht zuletzt daran, dass die deutsche Luftwaffe die Altstadt von Rotterdam 1940 bombardierte – Amsterdam aber verschonte.

Die Rivalität der Städte und ihrer Klubs verstärkte sich Mitte der 1950er Jahre durch die Einführung der landesweiten Ehrendivision und einer zunächst gemäßigten Version des Profifußballs. Dieser Schritt in die Moderne war maßgeblich von Cor Kieboom vorangetrieben worden, dem Präsidenten von Feyenoord Rotterdam. Zwar gewann Ajax die erste Spielzeit der neuen „Eredivisie", doch schon bald sorgten die professionellen Strukturen und die Nähe zur Wirtschaft in Rotterdam dafür, dass Feyenoord nach zwei Jahrzehnten des Dahindämmerns die Muskeln spielen ließ. Die beiden Meisterschaften von 1961 und 1962 waren besonders wichtig, da der Klub sich im Europapokal wacker schlug und Geld verdiente: Im September 1961 zum Beispiel kamen 54.000 Zuschauer in das vereinseigene Stadion „De Kuip", obwohl nur die schwedischen Amateure des IFK Göteborg zu Gast waren, die schon das Hinspiel mit 0:3 verloren hatten.

In Amsterdam stand man allerdings kaum zurück. Die Ursache für den Aufstieg von Ajax war eine sehr ungewöhnliche Allianz. Seit dem Krieg wurde der Verein indirekt von den Geschäftsleuten Wim und Freek van der Meijden unterstützt, deren Ruf jedoch nicht der allerbeste war: Die Baufirma Van der Meijden hatte nämlich während der deutschen Besatzung durch den Bau von Bunkern und Baracken für die Wehrmacht ihren Aufschwung erlebt. Und so kam es zu der seltsamen Situation, dass die Brüder einen Verein finanzierten, bei dem sie nicht Mitglied werden durften. Im Juli 1964 übernahm dann Jaap van Praag das Präsidentenamt bei Ajax. Er hatte seine

Der „Grantler" Ernst Happel war einer der erfolgreichsten Trainer Europas. Zu seinen Stationen zählten u.a. ADO Den Haag, Feyenoord Rotterdam, der FC Brügge und der Hamburger SV. Das Foto zeigt ihn zusammen mit seinem Assistenten Ristic in seiner Hamburger Zeit.

Familie in Konzentrationslagern verloren und den Krieg nur deshalb überlebt, weil er sich mehr als zwei Jahre lang in einer kleinen Wohnung versteckte, die als leerstehend galt. Man sollte nicht glauben, dass dieser Mann mit den Van der Meijdens etwas zu tun haben wollte, aber ein Jahr nach van Praags Wahl wurden die Brüder endlich in den Klub aufgenommen. Zusammen mit dem jüdischen Immobilienhändler Maup Caransa steckten sie nun Geld in Ajax, das vorrangig für Spieler ausgegeben wurde. „Das Kapital eines Klubs sollte auf dem Platz stehen", lautete Van Praags Leitsatz, weshalb Johan Cruyff später sagen konnte: „Irgendwann Mitte der 60er wurde ich zum zweiten Vollprofi in Holland. Piet Keizer war der erste, ich der zweite."

Ein Wirbelwind in Rot und Weiß

Diese beiden Spieler waren es auch, die Ajax in der Europacup-Saison 1968/69 bis in das Finale führten. Schon in der ersten Runde trafen die Holländer auf den Deutschen Meister, aber was eigentlich einen schweren Gang versprach, stellte sich nur als ein ausgedehntes Aufwärmen heraus. Das lag daran, dass die Bundesliga vom 1. FC Nürnberg vertreten wurde, der gerade dabei war, einen peinlichen Rekord aufzustellen: Trainer Max Merkel hatte gleich 13 neue Spieler geholt, die dafür sorgen würden, dass Nürnberg als erster (und bis heute einziger) amtierender Meister abstieg.

Die ersten Risse zeigten sich schon, als Ajax in Nürnberg auflief. Merkel kanzelte seinen teuersten Neuzugang, Hennes Küppers, öffentlich ab und warf den jugoslawischen Rechtsaußen Zvezdan Cebinac zum ersten, aber nicht zum letzten Mal aus dem Kader. Mit diesem Hickhack lässt es sich vielleicht erklären, dass das als „Noris" bekannte Städtische Stadion nicht ausverkauft war – und dass der Gastgeber nur zu einem 1:1 kam. Keizer traf den Pfosten und bereitete dann den Ausgleich durch Cruyff vor. Im Rückspiel legten Keizer und Cruyff dem Torjäger Sjaak Swart zwei Treffer auf, dann erhöhten Henk Groot und Cruyff selbst auf 4:0.

Im Achtelfinale hatte Ajax mit Fenerbahce Istanbul zwar Mühe, aber keine wirklichen Probleme. Sogar einen verschossenen Elfmeter konnte man sich leisten, denn auf Keizer war immer Verlass. Und kam er einmal nicht zum Zug, dann war da ja noch Cruyff – wie im berühmten Viertelfinale gegen Benfica Lissabon.

Die Portugiesen um Eusébio nahmen in dieser Spielzeit nun schon ihren sechsten Anlauf, um den großen Triumph von 1962 zu wiederholen. Doch wie schon in den Jahren zuvor – und den noch folgenden – verschworen sich Pech und widrige Umstände gegen den Verein, der einst Real Madrids Dominanz gebrochen hatte. Wenn man auch sagen muss, dass das Scheitern an Ajax im Februar 1969 nicht ganz so herzzerreißend war, wie man nach Ansicht der nackten Zahlen meinen könnte.

Benfica gewann das Hinspiel in Amsterdam überraschend mit 3:1 und glaubte sich bereits im Halbfinale. Doch schon dieses Ergebnis kam nur zustande, weil Ajax in der ersten Halbzeit auf einem seifigen Matschboden nicht zu dem Tempospiel fand, das die Elf sonst auszeichnete. „Wir dachten, dass Benfica unter diesen Umständen nichts leisten könnte", gab Piet Keizer später zu. „Aber wie sich herausstellte, waren sie besser vorbereitet als wir. Sie trugen Handschuhe und Strumpfhosen." Fast könnte man glauben, dass die Niederlage auf dem Nürnberger Schnee vom Februar 1962 in Lissabon noch immer als warnendes Beispiel in Gebrauch war.

Dermaßen gut präpariert, gingen die Gäste 2:0 in Führung, aber nach dem Seitenwechsel war das Bild ein ganz anderes: Ajax traf den Pfosten, verkürzte dann auf 1:2 und hätte ausgeglichen, wenn Benficas Mittelstürmer José Torres nicht kurz vor der Torlinie gerettet hätte. In diesen Sturmlauf hinein fiel das 1:3 nach einem Eckball von Eusébio, das die Partie entschied – aber eben nicht das Viertelfinale.

Sieben Tage später pflügte nämlich ein Tornado in Rot und Weiß durch Portugals Hauptstadt, denn diesmal waren die Holländer vom Anpfiff weg in der Partie. Nach nur wenig mehr als einer halben Stunde führten sie im Luz-Stadion mit 3:0, und vor allem der zweifache Torschütze Cruyff, der überall gleichzeitig auftauchte, erweckte den Eindruck, als besäßen die Naturgesetze keine Geltung für ihn. Die Heimelf um den angeschlagenen Eusébio quälte sich jedoch durch Willenskraft zurück in das Spiel und kam Mitte der zweiten Halbzeit durch Torres zum wichtigen Anschlusstor, das ein Entscheidungsspiel erzwang.

Das wurde in Paris ausgetragen und entwickelte sich zu einer verbissenen Angelegenheit. Wieder war Ajax das überlegene Team, doch die beste Chance in der regulären Spielzeit hatte Eusébio, dessen Kopfball an die Latte prallte. So ging das Ringen der jungen Holländer mit den schon betagten Portugiesen nach 180 Minuten Fußball in eine Verlängerung, in der die Beine des 22-jährigen Johan Cruyff nach 120 Sekunden das Patt endlich auflösten. Dieses 1:0 raubte Benfica den Glauben, die Nerven und wohl auch die Kraft. Amsterdams schwedischer Stürmer Inge Danielsson erhöhte in der folgenden Viertelstunde auf 2:0 und 3:0. Eusébio brach anschließend in der Kabine zusammen. Aber wenn er nun glaubte, schlimmer könne es das Schicksal mit seinem Team nicht meinen, dann hatte er noch nicht von einem Losentscheid gehört.

Das allerdings war ein Thema für die Zukunft. In der Gegenwart des Jahres 1969 stand Ajax im Halbfinale, wo man Mühe mit den Tschechen von Spartak Trnava bekam. Cruyff, Swart und Keizer schossen zwar daheim einen 3:0-Sieg gegen sehr defensive Gäste heraus, die dann jedoch im Rückspiel zeigten, dass sie keineswegs furchtsame Gesellen waren. Auf eigenem Platz hatte Trnava schon in der ersten Runde Steaua Bukarest geradezu in seine Einzelteile zerlegt, und auch Ajax lag schon kurz nach der Pause mit 0:2 hinten. „Ich weiß nicht, was die gegessen oder getrunken hatten", erinnert sich Rinus Michels noch heute mit Grausen an die entfesselten Tschechen. Es mag an diesem Tag angefangen haben, dass sein Haar etwas schütter wurde, denn der Trainer musste von der Bank mit ansehen, wie allein sein Torwart Gert Bals und unverschämtes Glück in der letzten halben Stunde des Spiels den dritten Gegentreffer verhinderten und den Finaleinzug sicherten.

Am 28. Mai 1969 wartete allerdings eine deftige Enttäuschung auf Michels, seine Spieler, ihren Klub und ganz Holland. Fast 20.000 Ajax-Fans kamen in das Madrider Bernabéu-Stadion, um die erste niederländische Elf anzufeuern, die um einen europäischen Pokal spielte. Natürlich galt Ajax nicht als Favorit, denn immerhin war der ruhmreiche AC Mailand der Gegner. Man erwartete aber zumindest eine enge Partie, das Duell der italienischen Defensive mit dem holländischen Sturm und Drang – und ein Rangeln um den Platz im Rampenlicht zwischen den Stars Johan Cruyff und Gianni Rivera.

Milan ohne Tricks

Wie so oft kam alles anders. Keizer beklagte später den „Mangel an Erfahrung" seines Teams und deutete schwammig unseriöse Machenschaften an: „Man hatte das komische Gefühl, dass hinter den Kulissen irgendwelche Dinge vorgingen. Den Italienern waren alle möglichen Tricks zuzutrauen." Der erste Trick kam vom Brasilianer Angelo Sormani, der nach sieben Minuten ganz seriös mit einer simplen Körpertäuschung an seinem Gegenspieler vorbeiging und den Ball knapp vor der Grenze des Fünf-Meter-Raums auf Pierino Prati zurückflankte, der vom Elfmeterpunkt aus in den Winkel köpfte.

Die folgende halbe Stunde gehörte Ajax, das aber fast nur durch Cruyff Gefahr heraufbeschwor – alle anderen Gegner hatte Mailands Defensive um Karl-Heinz Schnellinger im Griff. Mitte der ersten Hälfte tauschten dann zwei der italienischen Abwehrrecken ihre Aufgaben, die beide später große Trainer werden sollten: Carlo Ancelotti übergab die Bewachung von Cruyff an den hartnäckigeren Giovanni Trapattoni, und langsam ebbte der Amsterdamer Schwung ab. Kurz vor der Pause legte Rivera mit der Hacke auf Prati ab, und der traf in dasselbe Eck wie zuvor – diesmal mit dem Fuß und aus über 20 Metern.

Die zweite Hälfte bot dann einigen Stoff für die Verschwörungstheorien, die Keizer anschließend aufgriff. Im Rückblick lässt sich nur sagen, dass der spanische Schiedsrichter den Holländern möglicherweise einen Elfmeter verweigerte, ihnen aber auch einen zusprach, den Velibor Vasovic zum 1:2 verwandelte. Und letzten Endes war Ajax wohl einfach chancenlos – in einem übertragenen Sinn, denn Tormöglichkeiten spielte sich die Elf zur Genüge heraus. Es machte aber stets den Eindruck, als spiele Mailand ein wenig für die Galerie und könne im Notfall jederzeit zulegen. Das tat das Team nach dem Anschlusstor auch prompt und kam nur sechs Minuten später zum 3:1. Wieder tänzelte Sormani über den Flügel, zog abrupt nach innen und schoss aus 18 Metern flach ein.

Wenn man bedenkt, wie sehr sich Ajax abgemüht hatte, um ein Tor zu erzielen, dann entschied spätestens dieser Treffer in seiner lässigen Einfachheit auf einer moralischen Ebene das Spiel. Auch das 4:1 war mehr eine Demonstration als alles andere: Mit einem Doppelpass im Mittelfeld hebelte Rivera die zu einer Abseitsfalle formierte holländische Abwehr aus und lief alleine auf das Amsterdamer Tor zu. Er umspielte Torwart Bals, wartete dann an der Außenlinie, bis genügend Holländer zurück im Strafraum waren, um aus der Sache einen fairen Wettkampf zu machen, und lupfte den Ball dann präzise auf den Kopf des heraneilenden Prati.

„Gegen eine so tolle Mannschaft zu verlieren, ist keine Schande", sagte Cruyff, und selbst der misstrauische Keizer gab später zu: „Mailand war ohne Zweifel die bessere Elf." Die Ajax-Spieler, die schon zu diesem Zeitpunkt über ein kerngesundes Selbstvertrauen verfügten, ahnten wohl, dass ihre Zeit noch kommen würde, denn sie waren Teil einer jungen Elf, während der AC Mailand im Finale von 1969 nur einen Spieler aufbot, der jünger war als 25. Trotzdem schmerzte die Niederlage doppelt, denn der Rivale Feyenoord hatte gerade die Meisterschaft und den Pokal in Holland geholt. Das bedeutete nicht nur, dass Ajax in der kommenden Saison bloß im Messe-Pokal mitmischen würde, sondern auch, dass der nächste Angriff auf den europäischen Thron vom unkultivierten Rotterdam aus inszeniert werden sollte. „Das Double hat dieser Verein ja schon, bleibt nur noch der Europacup", nuschelte auch Ernst Happel draufgängerisch, als er Feyenoord im Sommer übernahm.

Wie auf Bestellung traf der AC Mailand – nur sechs Monate, nachdem er Ajax vorgeführt hatte – im Achtelfinale der neuen Saison auf Happel und seine Rotterdamer. Die Italiener waren etwas weniger als drei Wochen vor dem Hinspiel mit dem Weltpokal aus Buenos Aires zurückgekehrt. Wer meint, dass diese Pause genügend Zeit zur Regeneration geboten hätte, hat vergessen, was für unappetitliche Angelegenheiten diese Vergleichskämpfe zwischen Europa und Südamerika damals waren.

Finale der Landesmeister 1968/69, AC Mailand - Ajax Amsterdam 4:1 (in Madrid). Im Jahr zuvor holte Milan den Pokal der Pokalsieger. Diesmal kann Angelo Sormani den Cup der Landemeister stemmen.

Mailand schlug Estudiantes de la Plata daheim mit 3:0 und führte im Rückspiel bald mit 1:0, was die Argentinier gelinde gesagt ein wenig aufbrachte. Pierino Prati bekam einen Tritt in den Rücken – als er am Boden lag und behandelt werden sollte. Nestor Combin wurde per Ellenbogenschlag die Nase gebrochen. Argentiniens Präsident General Ongania war von den Machenschaften seiner Landsleute so entsetzt, dass er vier Spieler von Estudiantes unmittelbar nach dem Schlusspfiff ins Untersuchungsgefängnis werfen ließ, wo sie die Nacht verbrachten.

Man muss den Italienern also nachsehen, dass sie physisch und psychisch ausgelaugt wirkten, als es gegen Feyenoord ging. Dass Combin (trotz defekter Nase) den Titelträger früh in Führung schoss, mag ein weiterer Nachteil gewesen sein, denn Rotterdam konnte mit dem knappen Rückstand gut leben, während Mailand keinen Grund sah, um jeden Preis nach einem zweiten Tor zu streben. Wieder und wieder verhedderten sich die Gastgeber in dem von Ernst Happel ausgetüftelten 4-4-2-System, und schon nach 60 Minuten gingen der abgespannte Sormani und der nicht fitte Rivera vom Feld: Nereo Rocco hatte sich entschieden, dass das 1:0 eben zu reichen habe.

Das tat es nicht. Zwei Wochen später reiste Mailand ohne Rivera, den neuen Fußballer des Jahres in Europa, nach Rotterdam, wo 67.000 Fans den Titelverteidiger nicht etwa bewundernd bestaunten, sondern aus dem Wettbewerb brüllen wollten. Das kleine Holland mit seinen kleinen Klubs war plötzlich sehr aufmüpfig geworden – und zu Recht: Kaum fünf Minuten waren vorbei, da überraschte der Mittelfeldspieler Wim Jansen mit einem angeschnittenen Schuss Mailands Torwart Fabio Cudicini, der geglaubt hatte, der Ball würde das Ziel verfehlen. Und kurz vor dem Ende eilte Wim van Hanegem nach vorne. Er sollte später große Probleme mit der Sehkraft bekommen und bei seinem Karriereende fast blind sein, aber in diesem Moment hatte er die Flanke von Coen Moulijn perfekt im Visier und köpfte nicht nur Roccos Team aus dem Pokal der Meister, sondern – wie sich zeigen sollte – auch den italienischen Fußball für zwei Spielergenerationen vom Sockel.

Münzwurf und Auswärtstore

An jenem Tag, dem 26. November 1969, ereigneten sich aber noch einige andere Dinge von Belang auf europäischen Fußballfeldern. So schafften es jeweils erst zum zweiten Mal Vereine aus der DDR und Polen, unter die letzten Acht des Pokals der Landesmeister zu kommen. Legia Warschau gewann bei Frankreichs Vertreter AS St. Etienne mit 0:1, was vor allem deshalb überraschte, weil in der Runde zuvor der stark eingeschätzte FC Bayern München hier mit 3:0 überrollt worden war. Derweil verteidigte Vorwärts Berlin bei Roter Stern Belgrad eine halbe Stunde lang einen 2:3-Rückstand, was dem DDR-Meister nach dem 2:1-Sieg im Hinspiel reichte.

Wirklich folgenreich waren allerdings die Paarungen zwischen Celtic Glasgow und Benfica Lissabon sowie Spartak Trnava und Galatasaray Istanbul. Zum ersten

Treffen zwischen den Schotten und Portugiesen trat Celtic mit acht der „Löwen von Lissabon“ an, die in Benficas Stadion zweieinhalb Jahre zuvor den Pokal errungen hatten. Der Gast hingegen war endlich dabei, seine Mannschaft zu verjüngen und stellte nur noch vier Profis in die Startelf, die 1968 das Finale gegen Manchester verloren hatten.

Im Hinspiel waren Eusébio und die Seinen nicht mehr als Staffage. Celtic gewann 3:0, vergab haufenweise weitere Möglichkeiten und bekam ein viertes Tor unter mysteriösen Umständen nicht anerkannt. Doch im Rückspiel ging Benfica mit einer fast komplett neuen Abwehr und dem Mut des bereits Besiegten auf den Platz. Zur Halbzeit stand es 2:0 für Lissabon; es fehlte nur ein Treffer zum Gleichstand. Nun machten die Mannen aus dem Norden Britanniens die Schotten so dicht, dass Helenio Herrera anerkennend den Kopf geneigt hätte. Eusébios Knie hielt wieder einmal nicht durch, und so schien alles Anrennen vergebens – bis zur 90. Minute. Da wagte der Mann mit dem angemessenen Namen Diamantino einen letzten Schuss, der das Spiel in die Verlängerung schickte. Benfica traf natürlich noch einige Male Holz, doch nach weiteren 30 Minuten war kein Treffer mehr gefallen, und der Schiedsrichter warf eine Münze in die Luft. Seltsamerweise geschah das nicht auf dem Feld, sondern in der Kabine, sodass die 55.000 Zuschauer erst mit Verzögerung davon erfuhren, dass ihr Team erneut unglücklich ausgeschieden war.

Das passierte, wie gesagt, am 26. November 1969, und es wird heute meistens als Grund dafür angegeben, dass die UEFA in der nächsten Saison das Losen durch Elfmeterschießen ersetzte. Nun, vielleicht spielte es auch eine Rolle, dass fast zur selben Zeit in Istanbul, 3.200 Kilometer östlich von Lissabon, ebenfalls ein Metallplättchen über Jubel und Trauer entschied. Es bestimmte Galatasaray zum Sieger über Trnava, wodurch zwei der theoretisch acht besten Teams des Kontinents sich nur mit Hilfe eines Geldstücks durchgesetzt hatten. Das wurmte sogar eines der Glückskinder: Celtics Vorsitzender Robert Kelly bat die UEFA eindringlich, sich eine bessere Lösung einfallen zu lassen.

Schließlich bot jene Achtelfinalrunde der Saison 1969/70 auch noch auf dem sechsten von acht Spielfeldern etwas Bemerkenswertes. Das trug sich zwar nicht am 26. November zu, denn Real Madrid trat erst eine Woche später zu seinem Rückspiel gegen Standard Lüttich an, aber es war eine hochgezogene Augenbraue wert. Real gewann mit 3:2, und dennoch lächelte niemand unter den 90.000 Zuschauern. Im Hinspiel in Belgien war nämlich nur ein einziges Tor gefallen – und zwar durch Standards 23-jährigen Stürmer Erwin Kostedde, den Sohn eines amerikanischen Soldaten und einer Deutschen aus Münster. Das hieß nichts weniger, als dass Real nach der Auswärtstoreregel ausgeschieden war. 15-mal in Folge hatte der Klub am Europacup der Meister teilgenommen, ihn überhaupt erst als Massenereignis definiert. Nun sollte es fast drei Jahre dauern, bis Madrid in diesen Wettbewerb zurückkehren durfte. Jahre, in denen sich die Fußballwelt veränderte. Jahre, in denen Mannschaften die Herrschaft an sich rissen, die di Stéfano und Puskás – wer wollte im stolzen Kastilien daran zweifeln? – noch in Pantoffeln besiegt hätten.

Die erste von ihnen hieß Feyenoord Rotterdam. Im Viertelfinale setzten sich die Holländer nach zwei umkämpften Partien und mit einigem Dusel gegen Vorwärts Berlin durch. Im Halbfinale ermauerten sie sich zunächst ein 0:0 bei Legia Warschau und wurden dabei von dem durch Dauerregen aufgeweichten Platz unterstützt: Der ausgezeichnete Pole Robert Gadocha, der bei der WM 1974 noch für Furore sorgen sollte, konnte den Ball nicht ins leere Tor schieben, weil das Leder im Morast stecken blieb. Das Rückspiel war dann jedoch eine einseitige Angelegenheit, die im Grunde schon durch van Hanegems Kopfballtor nach vier Minuten entschieden war. Feyenoords Stürmerstar, der Schwede Ove Kindvall, kam zwar weiterhin nicht aus seinem Formtief und traf zweimal nur die Latte, aber Franz Hasil, ein Österreicher, erhöhte noch vor der Pause auf 2:0. Als Ernst Happel um 22.15 Uhr seine Spieler beglückwünschte, konnte er ihnen auch gleich mitteilen, auf wen sie im Endspiel treffen würden: Celtic Glasgow, der vom Losglück begünstigte Klub, hatte sich in der nächsten „Battle of Britain" gegen Leeds United durchgesetzt.

Zuschauerrekord in Glasgow

Das war allerdings aus Rotterdamer Sicht unverhofft. Zwar würde man auch gegen Celtic nicht gerade als Favorit gelten, aber Leeds wäre zweifellos der unangenehmere Gegner gewesen, und zwar aus mehreren Gründen. Zum einen hatte United in den ersten drei Runden alle sechs Spiele gewonnen, 24 Tore geschossen und keines kassiert! Lyn Oslo mochte man noch als Kanonenfutter bezeichnen, aber selbst Ferencvaros Budapest und Standard Lüttich konnten mit der Elf von Trainer Don Revie nicht mithalten. Revie hatte die Mannschaft 1961 übernommen und augenblicklich die Trikotfarbe ändern lassen: von dem Blau und Gelb, das United heute wieder öfter trägt, zu dem königlichen Weiß von Real Madrid. Ein Jahrzehnt nach diesem dreisten Manöver stand Leeds nun tatsächlich auf den Stufen zu Europas Thron.

Geliebt wurde das Team aber nicht einmal daheim in England, und der Grund dafür gab Feyenoord einen zweiten Anlass, Celtics Sieg zu feiern: Bei allem Talent, das in Revies Elf vorhanden war, etwa in Person des schottischen Dribblers Eddie Gray oder seines Landsmannes Billy Bremner, galt die Truppe als hart bis an die Grenze zur Unfairness. Niemand personifizierte das besser als Norman Hunter, ein Kettenhund, der so gefürchtet war wie einst Nobby Stiles, gegen Celtic aber verletzt fehlte.

Bei diesen Vorzeichen musste man aufatmen, als die „Schlacht um Britannien" doch nicht zu einer solchen wurde. Verantwortlich dafür war in erster Linie Celtics Mittelfeldspieler George Connelly, der nach kaum 90 Sekunden des Hinspiels in Leeds einen Fehler von Jack Charlton nutzte und zum 0:1 abschloss. Zwar konnte man als neutraler Beobachter kaum glauben, wie unermüdlich die Engländer acker-

Finale der Landesmeister 1969/70, Feyenoord Rotterdam - Celtic Glasgow 2:1 n.V. (in Mailand). Feyenoord-Fans vor dem Mailänder Dom.

ten, denen schon fast 60 Saisonspiele in allen Wettbewerben in den Knochen steckten, aber nur Rennen und Keuchen nutzte auf diesem Niveau nichts mehr. Celtic brachte das Resultat über die Zeit und durfte vier Tage vor dem Rückspiel frohlocken, als die Kunde kam, dass Leeds im englischen Pokalfinale über 120 Minuten gegangen war.

Dieses Rückspiel wurde von Celtics Parkhead-Stadion in den größeren Hampden Park verlegt. Dadurch konnte es zu dem bis heute gültigen Rekord für ein Europapokalspiel kommen: 136.500 Zuschauer verfolgten die Partie vor Ort! Laut war es trotzdem nicht immer. Nach einer Viertelstunde durfte man hören, wie leise sich eine solche Menschenmasse verhalten kann: Bremner hatte aus der Distanz das 0:1 erzielt. Das Geschehen wogte eine halbe Stunde hin und her, dann verließen Leeds nach der Pause die Kräfte und das Glück. John Hughes köpfte das 1:1, fünf Minuten darauf erzielte Bobby Murdoch das 2:1 gegen den gerade erst eingewechselten Ersatztorwart David Harvey. Leeds United hatte das Europacup-Endspiel verpasst, den Meistertitel an Everton abgegeben und sollte zwei Wochen später auch das Wiederholungsspiel im englischen Pokalfinale verlieren. Bald würde die Presse Don Revie den Mann nennen, der meistens auf dem zweiten Platz landet.

Als Gewinnertyp galt hingegen Celtics Trainer Jock Stein. Wie er später zugab, machte er sich schon lange vor dem Anpfiff des Finals am 6. Mai 1970 keine Sorgen mehr: „Ich glaube, wir dachten, dass mit dem Sieg über Leeds die schwerste Hürde schon genommen war. Wir hatten Feyenoord beobachtet, aber nicht viel gesehen, was uns Angst hätte machen können." Feyenoord war in der Tat eine andere Elf als Ajax, sie schien wesentlich ungefährlicher. Ajax hatte Cruyff, Keizer und Swart, und jeder Gegner wusste, dass dieses Trio niemals ins Rollen kommen durfte, weil man sonst nur noch beiseite springen konnte. Happels Team dagegen zeichnete sich durch all die Dinge aus, die Betrachter selten beeindrucken, aber oft Fußballspiele gewinnen: hohe taktische Disziplin, praktisch kein Leistungsgefälle innerhalb des Kaders, Moral und Mut.

Wie um sich ein letztes Mal vor dem südeuropäischen Fußball zu verbeugen, traten Schotten und Holländer in Mailand gegeneinander an, unter der Leitung des Italieners Concetto Lo Bello. Das war jener Referee, dessen Münze Celtic den Sieg über Benfica beschert hatte, und lange sah es so aus, als wäre seine Gegenwart ein gutes Omen für die Elf von Jock Stein. Celtic übernahm rasch das Kommando, kam zu einem Abseitstor und dann – in der 29. Minute – zu einem regulären: Murdoch stupste bei einem Freistoß den Ball zu Tommy Gemmell, der aus 20 Metern in seinem zweiten Finale seinen zweiten Treffer erzielte.

„Hätten wir nur ein klein wenig besser aufgepasst, hätten wir die Partie gewonnen", klagte Jock Stein später. „Aber nach dem Führungstor wurden wir noch selbstgefälliger." Dabei hätte dieses Tor entscheidend sein müssen, denn die taktische Entwicklung des Fußballs auf höchstem Niveau hatte es mit sich gebracht, dass Rückstände oft gleichbedeutend mit einer Niederlage waren. Celtic selbst hatte drei Jahre zuvor das Finale gegen Inter nach einem 0:1 noch gedreht, aber von diesem Tag an bis ins Jahr 2005 sollte es in 37 Endspielen um den Pokal der Meister (oder die Champions League) nur noch lächerliche fünfmal passieren, dass die Mannschaft, die das erste Tor erzielte, nicht gewann. In vier dieser fünf Fälle war Bayern München beteiligt, aber den Anfang machten Feyenoord und Celtic in Mailand.

Zwei Minuten nach Gemmells Führungstor schwebte eine Freistoßflanke in den Strafraum von Celtic, die zu kurz abgewehrt wurde. Die Schotten, die doch angeblich so stark in der Luft sein sollen, verloren nun drei Kopfballduelle in Folge: Gegen Van Hanegem, gegen Kindvall und schließlich gegen Feyenoords Kapitän Rinus Israel, der den Ball aus acht Metern Entfernung in das lange Eck nickte. Auch das Siegtor der Holländer, vier Minuten vor Ablauf der notwendig gewordenen Verlängerung, entsprang einem langen und hohen Pass, den die schottische Abwehr falsch berechnete: Aus dem Mittelkreis schlug Israel den Ball in den Lauf von Ove Kindvall, und Billy McNeil erkannte zu spät, dass er das Leder nicht mehr würde wegköpfen können. Verzweifelt versuchte er noch, die Arme hochzureißen, um den Ball wie ein Volleyballspieler wegzustoßen, aber dabei verlor er das Gleichgewicht und fiel auf den Rücken. Lo Bello hatte die Pfeife bereits an den Lippen, wartete aber noch ab und sah, wie der Ball von McNeils Händen auf Kindvalls Brust prallte, dann auf den Boden.

Torwart Evan Williams warf sich dem Schweden entgegen, aber der beendete seine lange Durststrecke mit der wichtigsten Aktion seiner Karriere, einem feinen Lupfer über den Keeper hinweg in das Netz.

Als vielleicht glücklichster Rotterdamer Spieler zeigte sich Theo van Duivenbode. Er war einer der wenigen Fußballer, die ohne Gefahr für Leib und Leben von Ajax zu Feyenoord (oder umgekehrt) wechselten und hatte das Vorjahresfinale noch im Trikot von Amsterdam verloren. „Happel hatte uns gesagt, wir sollten die Ruhe bewahren und langsam spielen", sprudelte es aus ihm heraus. „Er hat gesagt, das würde Celtic den Stachel ziehen." Fast eine Viertelmillion Menschen begrüßten Feyenoord in den Straßen von Rotterdam, um Hollands ersten Europacup-Sieger zu feiern. Es sollte nicht der letzte bleiben.

„Totaal voetbal"

Im Frühling des Jahres 1970 nahm Rinus Michels einige Änderungen bei Ajax Amsterdam vor. Als große Stärke galten bislang die vier brillanten Stürmer Keizer, Cruyff, Danielsson und Swart. Das verlorene Endspiel vom Mai 1969 hatte jedoch den Trainer gelehrt, dass diese Vierer-Offensive nur so lange effektiv war, wie Ajax die Oberhand im Mittelfeld besaß. Gegen den AC Mailand war das nur in der Anfangsphase der Fall gewesen, danach musste die Hintermannschaft aufrücken, um die Lücke zum Angriff nicht zu groß werden zu lassen, was letztlich zu den Gegentoren zwei, drei und vier führte.

Der junge Rinus Michels, Erfinder des „totalen Fußball". An seiner Seite der noch jugendliche Johan Cruyff.

Das nächste warnende Beispiel dafür, dass sich Offensivkraft nicht an den Stürmern festmacht, erhielt Michels im April bei einem Unentschieden gegen den Rivalen Feyenoord. Rotterdam hatte ganz sicher keine besseren Spieler als Ajax, aber es gelang der Elf wieder und wieder, Überzahl im Mittelfeld herzustellen, was auch deshalb so verheerend war, weil die Ajax-Spieler nicht die Physis ihrer Konkurrenten hatten, um sich in Zweikämpfen auf Dauer zu behaupten. „Michels wollte, dass ich härter werden und auch mal einen Gegner treten sollte", sagte etwa Barry Hulshoff Jahre später. „Aber das konnte ich nicht. Es entsprach nicht meinem Charakter."

Also zog Michels einen seiner Stürmer, Cruyff, in das Mittelfeld zurück und landete bei dem 4-3-3, das noch heute als klassisches Ajax-System gilt. Nun war Cruyff natürlich niemand, der die Zähne bleckte und Gegenspieler abgrätschte, aber dafür stellte Michels ihm einen Neuzugang aus Haarlem zur Seite, den technisch limitierten, aber feurigen Johan Neeskens. Und der Wechsel zum 4-3-3 zog noch andere Neuerungen nach sich. In der heimischen Liga hatten die kleineren Teams begonnen, sich in Spielen gegen Ajax in der eigenen Hälfte zu verschanzen, oft sogar am eigenen Strafraum. Nur noch drei Stürmer konnten da wenig ausrichten, also brauchten sie Unterstützung – und zwar von jedem. „In meinem vierten oder fünften Jahr bei Ajax begann ich zu überlegen, wie wir diese Abwehrmauern überraschen konnten", sagte Michels. „Ich ließ also das Mittelfeld und die Abwehr am Aufbau und am Angriff teilhaben. Das ist leichter gesagt als getan, denn die Schwierigkeit besteht nicht etwa darin, den Verteidigern das Angreifen beizubringen – das mögen sie. Nein, das Problem ist, jemanden zu finden, der diese stürmenden Abwehrspieler dann abdeckt." Das Glück von Michels – und das Glück des Fußballs – war es, dass seine Ajax-Spieler gut und klug genug waren, um das Problem klein zu halten. „Wenn ich sah, dass der Verteidiger auf meiner Seite nach vorne ging, wusste ich, dass ich hinten zu bleiben hatte", sagte Swart. „Das musste man mir nicht extra erklären. Nach zwei Jahren hatte jeder verinnerlicht, was zu tun war." Bald würde man das „totaal voetbal", den „totalen Fußball", nennen, ein Spiel, bei dem jeder für alles zuständig war und überall auftauchen konnte. Wie Michels ganz richtig sagte, war das Phänomenale an diesem Stil nicht das Konzept: In jeder Minikicker- und F-Jugend-Mannschaft möchten alle Spieler das gegnerische Tor berennen. Das Phänomenale war, dass die Abwehr trotzdem funktionierte. Es handelte sich eben nicht um schlichten Hurra-Fußball, sondern basierte auf rigider Disziplin. Und so entstanden trotz allem Eifer nie Lücken und Löcher, die bei Ballverlust schlimme Folgen gehabt hätten.

Es wäre schön, wenn man jetzt elegant weiterleiten könnte, etwa mit dem Satz: Die Ergebnisse stellten sich sogleich ein. Doch das taten sie nicht. In der ersten Runde des Meisterpokals 1970/71 hatte Ajax im Gegenteil große Mühe mit Nentori Tirana. Die Albaner weigerten sich zunächst wegen, wie sie sagten, der „Hygiene", die Langhaarigen unter den Ajax-Spielern ins Land einreisen zu lassen, dann trotzten sie den Hippies ein 2:2 ab. Immerhin, aber das war eben nur ein kleiner Beginn der Revolution, hatte beide Treffer der Amsterdamer ein Abwehrmann erzielt, Wim Suurbier. Im Rückspiel gab es ein wenig berauschendes 2:0, aber als die Spieler unzufrieden vom Platz gingen, huschte doch ein Lächeln über ihre Gesichter: Titelträger Feyenoord Rotterdam war soeben sensationell gegen einen Namenlosen ausgeschieden, UT Arad aus Rumänien! Dem 1:1 daheim konnte Feyenoord auswärts nur ein 0:0 folgen lassen, womit das Auswärtstor der Mannschaft einer rumänischen Textilfabrik den Ausschlag gab. „Die Welt geht nicht unter", behauptete Happel, der Stoiker.

In der folgenden Runde, dem Achtelfinale, sah Ajax dann schon besser aus, wenn auch bei weitem nicht so glorreich, wie die Legende die Eroberung Europas gerne darstellt. Der Gegner war der FC Basel mit den späteren Bundesligatrainern Helmut Benthaus und Jürgen Sundermann. Die Schweizer hatten zum Auftakt Spartak Moskau aus dem Rennen geworfen und machten sich daher optimistisch nach Amsterdam auf. Dort lagen sie dann allerdings nach einer Stunde schon 0:3 im Rückstand (wieder hatte ein Defensivmann für Ajax getroffen, der charakterstarke Barry Hulshoff), und da nützte es auch nichts mehr, dass sie in Basel lange 1:0 führten und auf ein zweites Tor drängten. Die Mittelfeldspieler Neeskens und Nico Rijnders ließen die Partie in der Schlussphase noch zugunsten der Holländer kippen.

Elfmeter-Pech für Gladbach

So richtig zur Kenntnis nahm aber niemand diesen Erfolg von Ajax, denn an den großen Geschichten dieser Wochen im Oktober und November 1970 waren Deutsche beteiligt. Carl Zeiss Jena mit den Brüdern Peter und Roland Ducke gewann zweimal völlig verdient 2:1 gegen Sporting Lissabon, wobei Peter Ducke im Rückspiel in Portugal ein sehenswertes Volley-Tor gelang. Und Borussia Mönchengladbach lieferte sich ein episches Duell mit Englands Titelträger FC Everton, das Geschichte schrieb. Wenn auch nicht so große, wie man oft hört.

In der 16. Saison des Europapokals der Meister entsandte Westdeutschland nun schon den 13. Klub, zählt man den Auftritt des 1. FC Saarbrücken 1955/56 hinzu. Ja, seit Gründung der Bundesliga war sogar jedes Jahr ein anderer Verein auf das rutschigste der europäischen Parkette geschubst worden. Bis in das Finale hatte es allein Eintracht Frankfurt vor einem Jahrzehnt geschafft. Aber den Gladbachern unter Trainer Hennes Weisweiler durfte man 1970 einiges zutrauen. Kleff, Vogts, Wimmer, Laumen, Henyckes, Netzer, Lè Fevre: Das waren Spieler, die doch sicher in Europa mithalten konnten. Nun, wie sich zeigen würde, hatte Gladbach im Europacup über Jahre hinweg einen zähen Manndecker gegen sich – das Pech. Zum ersten Mal machte der Klub mit ihm Bekanntschaft, als es gegen Everton ging.

Schon im Hinspiel hätte den Gladbachern klar sein können, dass etwas nicht mit rechten Dingen zuging, denn es war ausgerechnet Berti Vogts, der nach 35 Minuten das 1:0 erzielte. Evertons Howard Kendall, auch er später ein bekannter Trainer, erzählt, was dann kurz nach dem Seitenwechsel passierte: „Ich glich mit einem meiner besten Tore überhaupt aus. Ich schoss aus knapp 25 Metern, und der Ball drehte sich vom Keeper weg in den Winkel." Das ist eine akkurate Beschreibung, aber keine vollständige. Wolfgang Kleff im Gladbacher Gehäuse stand nämlich ungünstig zum Ball, weil er kurz zuvor die Torlinie verlassen hatte, um eine Rolle Toilettenpapier aus seinem Strafraum zu befördern. Da sieht man, wozu typisch deutsche Ordnungsliebe führen kann.

Aber noch gab es ja Hoffnung und ein zweites Spiel. Auch das begann mit einem schlechten Omen, denn den ganzen Tag über regnete es in Liverpool, sodass das Spielfeld im Goodison Park knöcheltief aufgeweicht war. Das kam dem schnellen Kombinationsspiel der Deutschen nicht entgegen, die dazu ja noch unbedingt auf ein Tor ausgehen mussten. Zu allem Überfluss fiel schon in der ersten Spielminute das 1:0 für den Gastgeber, als Kleff eine Flanke unterschätzte, die zur allgemeinen Überraschung neben dem Pfosten in das Netz schlitterte. Aber nach etwa einer halben Stunde gelang Herbert Laumen der Ausgleich, und in der restlichen Spielzeit machte Kleff seine beiden Fehler mehrfach wett. Auch zusätzliche 30 Minuten produzierten kein Tor, weshalb Schiedsrichter Antonio Sbardella aus Italien die Teams zum Elfmeterschießen bat. Kleff hielt gleich den ersten Strafstoß der Engländer, aber Laumen setzte Gladbachs zweiten Schuss neben das Tor. Beim Stand von 4:3 für Everton trat Luggi Müller als letzter der zehn Schützen an, und obwohl er im Training stets sicher vom Punkt verwandelte, scheiterte er nun am Torwart.

Man liest häufig, dass dies das erste Elfmeterschießen im Europacup gewesen wäre. Dem ist aber nicht so, denn fünf Wochen zuvor hatten sich auf diese Weise bereits der FC Aberdeen und Honvéd Budapest im Pokal der Pokalsieger duelliert – einen Tag, nachdem es im Messe-Cup zu einem Elfmeterschießen zwischen Olympique Marseille und Spartak Trnava gekommen war. (Ungarn und Tschechen setzten sich jeweils durch.) Ein zeitgenössischer Spielbericht merkt dann auch zum Drama in Everton lediglich an: „Zum ersten Mal musste auf englischem Boden in einem Elfmeterduell der Sieger ermittelt werden." Selbst das stimmt nicht. Im Sommer 1970 hatte es zwischen Manchester United und Hull City in einem heute vergessenen Pokal das erste Elfmeterschießen in England gegeben.

Immerhin war das Treffen zwischen Everton und Gladbach am 4. November 1970 insofern eine Premiere, als es das erste Elfmeterschießen im Pokal der Landesmeister war, das über Sieg und Niederlage entschied. Und es war zugleich das erste Mal, dass Kritik an dem Modus laut wurde. „So ein Spiel muss seine Fortsetzung in einem dritten Treffen haben", meinte selbst der Unparteiische Sbardella. Bundestrainer Helmut Schön sagte: „Erst wenn man die Härte eines Elfmeterschießens am eigenen Leib spürt, kommt sie einem so richtig zu Bewusstsein." Und der „kicker" schrieb: „Kein Wunder, dass die Gladbacher Spieler im Nachhinein lieber das Los über das weitere Fortkommen hätten entscheiden lassen." Das bezog sich auf die Bilder von Luggi

Achtelfinale der Landesmeister 1970/71, FC Everton - Borussia Mönchengladbach 1:1 / 1:1 n.V., 4:3 n.E. Borussia verliert, obwohl Kleff gleich den ersten Strafstoß parieren kann (im Bild), das Elfmeterschießen.

Müller, der niedergeschlagen vom Platz stapfte und dabei von zwei Betreuern getröstet wurde. Dass ein Elfmeterschießen in erster Linie einen Sündenbock hervorbringt, ist also eine Erkenntnis, die so alt ist wie die Sache selbst.

Um dritte Spiele, Losentscheide oder Elfmeter so lange wie möglich hinauszuzögern, war die Auswärtstoreregel eingeführt worden. Und die sorgte dafür, dass der eben noch glückliche Sieger FC Everton in der nächsten Runde überraschend ausschied. Überraschend deshalb, weil der Gegner Panathinaikos Athen war. Das Einzige, was man von dem Griechischen Meister im Rest Europas wusste, war, dass ein sehr berühmter Mann an der Seitenlinie stand: Ferenc Puskás. Der Ungar hatte vier Jahre vorher seine aktive Karriere beendet. Allgemein war erwartet worden, dass er sich seiner Wurstfabrik nahe Madrid widmen würde, aber wie viele seiner Kollegen aus der ungarischen Wunderelf, so schien auch Puskás ein Gen der Rastlosigkeit zu besitzen: Zwischen 1967 und 1991 betreute er elf Vereine aus neun Ländern auf fünf Kontinenten. Richtigen Erfolg hatte er aber nur während seiner Jahre bei Panathinaikos Athen – und den größten eben in der Europacup-Saison 1970/71.

Am 9. März 1971 kam Everton daheim nur zu einem 1:1 gegen Athen. Die Engländer waren so lange zuversichtlich, diese Peinlichkeit im Rückspiel vergessen zu machen, bis sie 15 Tage später zum Aufwärmen den Rasen des kleinen Stadions von Panathinaikos betraten. Oder vielleicht schon etwas früher: „An dem Eingang für die Spieler hielten uns Leute an", erinnerte sich Howard Kendall, „und als sie ihre Jacken zurückschlugen, konnten wir sehen, dass sie Pistolen trugen. Während des Spiels wurden wir von den Zuschauern bespuckt, wenn wir Einwürfe ausführten. Und einer ihrer Spieler stach John Hurst zwei Finger in das Auge. Wir schafften ein 0:0, aber durch das Auswärtstor waren sie weiter. Drei Tage später verloren wir das Halbfinale im englischen Pokal. Es war eine schreckliche Woche, und einige unserer Leute haben sich nie mehr davon erholt."

Ähnlich schockiert war im Halbfinale Roter Stern Belgrad. Allerdings nicht so sehr wegen eines Mangels an griechischer Gastfreundschaft, sondern weil man das Hinspiel in Belgrad, wo schon Carl Zeiss Jena untergegangen war, völlig problemlos 4:1 gewonnen hatte und das zweite Treffen als Formalität betrachtete. Puskás aber hatte erstens Zuversicht („So schlecht werden wir nicht noch einmal spielen"), zweitens Griechenlands amtierenden Torschützenkönig Antonis Antoniadis, der im laufenden Europacup schon acht Treffer erzielt hatte. Nach kaum 60 Sekunden des Rückspiels markierte der Stürmer sein neuntes Tor, und in der 55. Minute köpfte er sein zehntes. Das war kein Zufall, denn der Mann verstand seinen Job: In der nächsten Saison würde er mit 39 Toren den bis heute gültigen griechischen Ligarekord aufstellen. Die Jugoslawen verloren jetzt etwas ihre Linie – ein Phänomen, das man oft bei Teams im Europacup beobachten kann, die angesichts einer solchen Situation nicht wissen, ob nun weiter verteidigt oder angegriffen werden muss. In diese Konfusion hinein fiel nach 65 Minuten das 3:0, das den Außenseiter Panathinaikos in das Endspiel um den Pokal der Meister brachte.

Ajax' erster Streich

Weit weniger aufregend war es inzwischen Ajax Amsterdam ergangen. Im Viertel- und Halbfinale folgte die Elf einem simplen, doch effektiven Plan: auswärts 0:1 verlieren, zu Hause 3:0 gewinnen. Das gelang gegen so starke Gegner wie Celtic Glasgow und Atlético Madrid, die trotz ihrer Heimsiege im Grunde chancenlos waren gegen eine immer besser werdende holländische Elf. Vor allem die souveräne Vorstellung gegen Madrid beeindruckte die Beobachter. Die Torschützen kamen aus jedem Mannschaftsteil: Keizer (Sturm), Suurbier (Abwehr), Neeskens (Mittelfeld). Und selbst als Atlético gegen Ende alles auf eine Karte setzte, ließ die Hintermannschaft Amsterdams keine Möglichkeit zu. Organisiert wurde sie vom Jugoslawen Vasovic – und von Horst Blankenburg aus dem bayerischen Heidenheim, der im Winter für 250.000 Mark vom Bundesligaabsteiger 1860 München gekommen war und bald Vasovics Libero-Rolle übernehmen würde.

Am 2. Juni 1971 saß dieser Blankenburg im Londoner Wembley-Stadion 45 Minuten lang auf der Bank und sah zu, wie seine Ajax-Elf das Finale gegen Panathinaikos Athen bestritt. Dann aber kam er auf den Rasen und wurde so zum zweiten Deutschen, der den Europacup der Landesmeister gewann. Es steht zu vermuten, dass Michels zu diesem Zeitpunkt bereits das Spiel in sichere Tücher schlagen wollte, denn mit Blankenburg, für den der angeschlagene Rijnders ging, kam auch der 22-jährige Allrounder Arie Haan aufs Feld – und zwar für Stürmer Sjaak Swart. Es stand zwar nur 1:0, aber Panathinaikos machte nicht den Eindruck eines Teams, das die Partie noch wenden konnte, solange man Antoniadis im Auge behielt.

Dieses 1:0 war früh gefallen, schon nach fünf Minuten. Und es war fast eine Kopie des Tores, das Ajax vor zwei Jahren gegen den AC Mailand in Rückstand gebracht hatte, nur mit vertauschten Rollen: Am linken Flügel ging Keizer durch ein einfaches Antäuschen an seinem Gegenspieler vorbei und flankte nach innen, wo Dick van Dijk den Ball mit einem technisch schwierigen Kopfball in das lange Eck beförderte. Danach reichte es den Holländern, das Spiel zu kontrollieren. Die Elf ließ nur zwei Chancen der Griechen zu, und drei Minuten vor dem Abpfiff setzte Cruyff den jungen Haan ein, dessen Schuss aus spitzem Winkel von einem Gegner abgefälscht wurde und in das Netz tropfte.

Amsterdam hatte mit ebenso kühlem Kopf wie Rotterdam ein Jahr zuvor den Pokal geholt, nicht mit dem furiosen Traumfußball, den die Nachwelt dem Team in jedem einzelnen Spiel zuschreiben wollte. „Für Ajax zählte nur der Erfolg, alles war ihm untergeordnet“, berichtete der Reporter Heinz Wiskow aus London. „Wir waren alle Sieger. Wir haben nicht versucht, Künstler zu sein“, stimmte Swart dem drei Jahrzehnte später zu. „Wir wollten einfach nur gewinnen. Wenn wir drei Tore geschossen hatten, ja, dann konnten wir ein paar hübsche Kombinationen machen.“ Dieser Rationalismus ging so weit, dass nicht einmal der Europapokal das eigentliche Ziel war: Den ganzen Tag in London sangen die Ajax-Fans davon, den „Wereldcup“ zu holen. „Unsere Anhänger geben keine Ruhe, bis wir unserem Erzrivalen Feyenoord den Weltpokal abgenommen haben“, erklärte Neuzugang Blankenburg. Dazu kam es aber vorläufig nicht, denn der Vereinsvorstand von Ajax entschloss sich, die Einladung zu den Finals um den Weltpokal abzulehnen. Nach den Erfahrungen, die andere europäische Klubs mit diesen Duellen gemacht hatten, war den Amsterdamern die Lust vergangen, das Team nach Südamerika zu schicken, nur um an einer Tret- und Spuckor-

Finale der Landesmeister 1970/71, Ajax Amsterdam - Panathinaikos Athen 2:0. Schon nach fünf Minuten erzielte Ajax den Führungstreffer.

gie teilzunehmen. Fans und Spieler mussten sich darauf einstellen, nur dann eine Chance auf den Weltpokal zu haben, wenn Ajax den Europacup im nächsten Jahr noch einmal gewinnen sollte.

Und das schien unwahrscheinlich. Vasovic hatte nach fünf Jahren Holland die Lust und die Motivation verloren und kehrte in seine Heimat zurück. (Heute arbeitet er als Rechtsanwalt in Belgrad.) Trainer Rinus Michels wechselte nach Barcelona und wurde von dem Rumänen Stefan Kovacs ersetzt, einem ganz anderen Typen, der wenig Wert auf Disziplin legte, sondern darauf, dass sich die Stars wohlfühlten, und daher auch keine Probleme mit dem Verteilen von Privilegien hatte. Außerdem war ständig von Angeboten für Johan Cruyff die Rede, mit denen der Spieler nur zu gerne kokettierte. Kurz gesagt: Niemand wusste, was die Saison 1971/72 bringen würde.

Außer einem neuen Pokal, natürlich. Mit Beginn dieser Spielzeit übernahm nämlich die UEFA offiziell den Pokal der Messestädte und taufte ihn dementsprechend in „UEFA-Cup" um. Und wer sein Auge ein wenig vom großen Meisterpokal abwandte und sich bei dessen kleinen Brüdern umsah, der konnte eine interessante Entwicklung feststellen, die sich mit einer Verspätung von einigen Jahren auch beim älteren Wettbewerb einstellen würde: Als Ajax den Cup der Meister gewann, hatte der FC Chelsea aus London gerade den der Pokalsieger geholt – und wurde damit zum Nachfolger von Manchester City, das 1970 erfolgreich gewesen war. Den Messepokal sicherte sich inzwischen Leeds United, dessen Vorgänger auf diesem Thron Arsenal London und Newcastle United geheißen hatten. In England schien es eine Menge guter Klubs zu geben.

Der Messe-Pokal

„Man kann sich viele Kriterien denken, nach denen entschieden wird, ob eine Mannschaft an einem europäischen Wettbewerb teilnehmen darf oder nicht“, schrieb der Sportjournalist Paul Simpson. „Auf die seltsamste kam wohl Stanley Rous, der Generalsekretär des englischen Fußballverbandes, als er vorschlug, nur Teams aus Städten zuzulassen, die internationale Messen abhielten.“ So ganz merkwürdig war die Idee von Rous nicht, denn er und seine zwei Mitstreiter – der Schweizer Ernst B. Thommen und der Italiener Dr. Ottorino Barassi – werkelten 1954/55 nicht an einem Wettbewerb für Vereine, sondern für Auswahlteams von Städten. Und da musste nun irgendein Kriterium her, um die Zahl der Anmeldungen zu begrenzen: nur Hauptstädte, nur Häfen, nur Orte einer bestimmten Einwohnerzahl?

Wenn es auch Rous war, der letztlich auf den Einfall mit den Messen kam, so muss man doch Thommen die eigentliche Vaterschaft des späteren UEFA-Cups zuschreiben. Im Jahre 1954 nahm er an den Feierlichkeiten zum 50. Geburtstag des schwedischen Fußballbundes teil und schlug in diesem Rahmen vor, die einst beliebten Spiele zwischen Städtemannschaften wieder in den Kalender aufzunehmen. Dies war nicht die einzige Vision, die Ernst Thommen im Laufe seines Lebens realisierte: Er hatte schon im Jahre 1937 in der Schweiz eine Sportwette nach schwedischem Vorbild eingeführt – den „Fußball-Toto“ – und drängte später auf die Schaffung eines internationalen Turniers, um dieses Geschäft auch im Sommer am Laufen zu halten. Er bekam seinen Willen schließlich 1961, als der „Intertoto-Pokal“ startete, der heute unter dem Namen „UI-Cup“ bekannt ist.

Da war Thommens andere Idee schon Wirklichkeit. Der Mann, den der Schweizer Journalist Walter Lutz „charismatisch“ nennt und als „Macher“ beschreibt, hatte 1954 nicht lange gezögert, als sein Vorschlag in Schweden positive Resonanz fand. Schon im Dezember traf er sich in Basel mit Rous und Barassi, um ein Organisations-Komitee vorzubereiten. Er kannte sich auch mit so etwas aus: Thommen war für die Durchführung von drei Weltmeisterschaften verantwortlich. Kaum vier Monate später, im April 1955, wurde das Projekt auch offiziell aus der Taufe gehoben.

Der Exekutiv-Ausschuss des neuen Pokals, bestehend aus Funktionären von anfänglich zehn nationalen Verbänden, folgte dem Vorschlag von Rous, nur Meldungen von Messe-Städten zuzulassen, die ihre Teams dann aus verschiedenen Klubs rekrutieren würden. Jeder Wettbewerb sollte drei Jahre dauern und mit einem Liga-Modus in vier Gruppen beginnen, deren Sieger ein Halbfinale austrugen. Man könnte sagen: eine Mischung aus Champions League und Europameisterschaft.

Fast alle dieser ursprünglichen Ideen mussten früher oder später aufgegeben werden, und das fing schon mit dem ersten Pokal (1955 bis 1958) an. Während London einen Kader benannte, in dem Kicker von Chelsea, Tottenham, West Ham, Arsenal, Fulham, Millwall, Brentford, Leyton Orient, den Queens Park Rangers und Charlton Athletic standen, schickte Mailand der Einfachheit halber die ganze Mannschaft von Inter. Ähnlich verfuhren auch Birmingham oder Barcelona. Ihren Beispielen schlossen sich rasch immer mehr Städte an, denn es war nahezu unmöglich, Termine zu finden, an denen mehrere Klubs Spieler abstellen konnten. Außerdem waren viele Fans offenbar ihrem Verein mehr verbunden als ihrer Stadt: Kaum 17.000 wollten London gegen Basel sehen, wohingegen Birmingham City selbst gegen Zagreb 40.000 anlockte.

Der nächste Haken war, dass es keine Regularien gab, die genau festlegten, wie groß oder bedeutend die Messe in einer Stadt zu sein hatte, um eine Anmeldung zu rechtfertigen. So nahmen bald Brünn, Saloniki oder Nottingham teil. Schließlich zeigte sich, dass Stadtverwaltungen erstens die nötigen Finanzen nicht immer aufbrachten und zweitens ohne die enge Mitarbeit der Verbände aufgeschmissen waren. Stockholm und Wien hatten zum Beispiel für die erste Saison schon zugesagt, zogen dann aber ihre Meldungen wegen Geldproblemen zurück. Köln erklärte sich bereit, für Stockholm einzuspringen und arrangierte einen Termin für das erste Gruppenspiel gegen Leipzig. Da wurde für den folgenden Abend ein Nachholspiel der Oberliga West angesetzt. Es war ausgerechnet die Partie des 1. FC Köln bei Borussia Dortmund. Die Stadt Köln stand ohne Team da, verzichtete auf den Messe-Cup – und Leipzig fand sich in einer Gruppe mit genau zwei Mannschaften wieder.

Bei all diesen Schwierigkeiten nimmt es nicht Wunder, dass sich das Format des Turniers schnell änderte. Schon bei der zweiten Auflage wurde auf die Gruppenspiele verzichtet. In Statistikbüchern findet man zwar noch lange eine Einteilung in Gruppen, aber sie ist irreführend. Auch in diesen „Gruppen" gab es nur K.-o.-Spiele, deren Sieger in der nächsten Runde aufeinander trafen. Es handelte sich also eher um eine Art Setzliste. Bei der dritten Ausspielung, 1960, ging der Wettbewerb zum Ein-Jahres-Rhythmus über. Ab 1963 nahmen nur noch Vereinsmannschaften teil. Damit war der Messe-Cup de facto zum dritten Europa-Pokal geworden – umso mehr, da im Exekutiv-Komitee lauter prominente Funktionäre saßen, wie etwa John Battersby vom FC Chelsea. Darum forderte der schottische Verband schon 1964, den Pokal unter die Schirmherrschaft der UEFA zu stellen.

Bis es so weit war, vergingen noch sieben Jahre, doch schon in denen half die UEFA kräftig bei der Organisation mit. Sie regte zum Beispiel an, die Teilnahmeerlaubnis eines Klubs von seinem Abschneiden in der nationalen Liga abhängig zu machen. Theoretisch wurde dieses System schon Mitte der 1960er Jahre umgesetzt; praktisch kümmerten sich aber bis 1971 nicht alle Verbände darum. So meldete der

Halbfinale im Messe-Pokal 1970/71, 1. FC Köln gegen Juventus Turin 1:1 / 0:2. Die Kapitäne Salvadore und Overath vor dem Anpfiff. Das Rückspiel in Turin ist das letzte Match eines deutschen Klubs im Messe-Pokal. Ab der Saison 1971/72 steht der Wettbewerb unter Leitung der UEFA und heißt seitdem UEFA-Pokal.

Achtelfinale im Messe-Pokal 1968/69, Hannover 96 gegen Leeds United 1:5 / 1:2. Gegen die Titelverteidiger aus England hatten die Hannoveraner auch im Rückspiel vor heimischer Kulisse nichts zu bestellen. Hier fällt das zweite Tor durch Jones.

DFB zur Saison 1966/67 den 1. FC Nürnberg (Tabellenplatz 6), Eintracht Frankfurt (Platz 7) und die klassische Messe-Stadt Hannover (Platz 12). Das brachte den VfB Stuttgart auf die Palme. Nach heftigen schwäbischen Protesten ersetzte der DFB Hannover durch Stuttgart – den 11. der Bundesliga! Diese Praxis ist auch die Ursache dafür, dass etwa der Hamburger SV 1968/69 international spielen konnte, obwohl er gerade fast abgestiegen wäre.

Interessanterweise hielt sich der Messe-Cup trotz solcher Ungereimtheiten recht genau an die Trends und Gesetze, die von den beiden größeren Europapokalen vorgelebt wurden. Zuerst dominierten die Südeuropäer: Der FC Barcelona holte die ersten beiden Titel, der AS Rom siegte 1961, der FC Valencia gewann 1962 und 1963, Real Saragossa setzte die Serie 1964 fort. Dann begannen sich die Kräfteverhältnisse nordwärts zu verschieben: Barcelona konnte zwar 1966 noch einmal ein letztes Hurra für den spanischen Fußball schmettern (wie auch Real Madrid bei den Meistern), doch davor und danach überraschten schon die ersten Mitteleuropäer: Ferencvaros Budapest schlug 1965 Juventus Turin, Dinamo Zagreb besiegte 1967 Leeds United. Ab 1968 setzten sich dann vier Jahre lang nur noch Engländer durch, während Südeuropa gerade mal einen Finalisten zuwege brachte. Leeds United, Newcastle United, Arsenal London, Leeds United – so las sich die Siegerliste. Sie wird hier nur abgebrochen, weil der Pokal von 1971/72 an nicht mehr der Messe-, sondern der UEFA-Cup war. Das sollte allerdings die Engländer in ihrem Drang aufs Treppchen nicht bremsen.

Der Messe-Cup war, wenigstens von seiner dritten Saison an, ein sehr populärer Wettbewerb. In den 13 Jahren, die er unter diesem Namen ausgespielt wurde, kamen im Durchschnitt mehr als 17.000 Fans zu jeder Begegnung. Das ist eine außergewöhnlich gute Bilanz, wenn man bedenkt, dass in den ersten Runden schon mal Vereine wie der Daring Club Brüssel oder Frigg Oslo antraten, die seit Jahrzehnten nichts gewonnen hatten und deshalb international unbekannt waren. Und Dramen hatte der Messe-Cup auch zur Genüge zu bieten. Am 7. Juni 1967 schlug Eintracht Frankfurt im Halbfinale Dinamo Zagreb mit 3:0, womit die Bundesliga zum ersten Mal ein Team in die Endspiele gebracht zu haben schien. Aber eine Woche später stürmten die von Branko Zebec trainierten Jugoslawen wie von allen Teufeln gehetzt. Schon nach 15 Minuten stand es 2:0. Dann verteidigten die Deutschen ihr Tor mit Zähnen, Klauen und Glück, bis Josip Gucmirtl in der 87. Minute das 3:0 gelang. Ein Elfmeter in der 102. Minute besiegte die Eintracht und bereitete Dinamo den Weg in die Finals.

Diese Spiele konnte Ernst Thommen, der Erfinder des Cups, schon nicht mehr miterleben, denn er war einen Monat zuvor bei einem Autounfall ums Leben gekommen. Dass der von ihm geschaffene Wettbewerb ihn lange überleben würde, mochte zu diesem Zeitpunkt kaum jemand glauben, da sich große organisatorische Probleme auftaten. So standen etwa die Europacup-Gewinner bei den Meistern und den Pokalsiegern schon lange fest, ehe der Messe-Cup überhaupt sein Semifinale beginnen konnte. Das hatte mit der großen Zahl an Teilnehmern und der dadurch notwendigen Menge an Runden zu tun. Die Endspiele der Saison 1966/67 wären sogar in die Sommerpause gefallen, weshalb Zagreb und Leeds erst im September ihren Sieger ermittelten – eine Woche, nachdem Köln und Slavia Prag schon das erste Match der neuen Spielzeit ausgetragen hatten!

Auch wegen dieses Aspekts der Veranstaltung nannte Santiago Bernabéu den Messe-Cup in den 1960ern einen „Zirkus-Pokal" und erklärte, Real Madrid würde nie daran teilnehmen. Das war natürlich in erster Linie ein Seitenhieb auf den FC Barcelona, der den Messe-Cup dreimal gewonnen hatte, aber im Pokal der Meister stets enttäuschte. Aber ganz Unrecht hatte Don Santiago nicht. Erst als die UEFA den Wettbewerb übernahm, billigten ihm auch die letzten Zweifler einen Wert zu. Und das war ein großes Glück – für Bernabéu: In der Saison 1970/71 landete Real Madrid in der nationalen Liga nur auf Rang vier und schied auch im spanischen Pokal früh aus. Zum ersten Mal überhaupt konnte der Klub in keinem der beiden großen Europa-Cups starten. Er hätte für den „Zirkus-Pokal" melden müssen, wenn der nicht in eben jenem Sommer zum UEFA-Cup geworden wäre. So wahrte Bernabéu sein Gesicht. Real flog allerdings schon in der zweiten Runde gegen Eindhoven raus. ■

Der UEFA-Pokal löste 1971 den Messe-Pokal ab.

Deutsche Pleiten im Cup der Pokalsieger

Nach der vierjährigen Hochphase der (west-)deutschen Klubs im Pokal der Pokalsieger hatte Ernüchterung die Bundesliga ergriffen. Kurt Brummes Hoffnung vom Mai 1966, dass der „deutsche Fußball in Europa jetzt etabliert wird", harrte noch immer der Erfüllung. In den Spielzeiten 1969/70 und 1970/71 konnte das Land, dessen Nationalelf bei den letzten beiden WMs eine so gute Figur abgegeben hatte, in den drei europäischen Wettbewerben nur zwei Vereine wenigstens in die Vorschlussrunde bringen – wo dann aber auch nichts mehr ging für Schalker und Kölner.

Erstere verloren zwar das DFB-Pokalfinale 1969 gegen den FC Bayern, durften aber zum ersten Mal seit elf Jahren wieder international spielen, weil die Münchener zugleich Meister wurden. Das Team unter Trainer Rudi Gutendorf profitierte in den ersten beiden Runden des Pokals der Cupsieger 1969/70 vom Losglück. Zwar endete der Auftakt bei den Shamrock Rovers aus Dublin mit einer unangenehmen 2:1-Niederlage, aber sie kam unter nahezu irregulären Bedingungen zustande: Es war dermaßen nebelig in Irlands Hauptstadt, dass Schalkes österreichischer Linksaußen Hans Pirkner nach seinem Führungstor zur Pressetribüne gelaufen kam, um dem Radioreporter Heribert Faßbender zu berichten, was geschehen war. In Gelsenkirchen herrschte dann gute Sicht; Schalke gewann 3:0.

In der nächsten Runde warteten die Halbamateure des IFK Norrköping aus Schweden, deren Saison bereits seit einem Monat beendet war. Sie boten den weitgereisten Torbjörn Jonsson auf, der schon in Sevilla und Florenz gekickt hatte, und einen Nachwuchsspieler deutscher Abstammung namens Benny Wendt, der bald in die Bundesliga wechseln würde. Die Elf war talentiert, stand aber eben nicht im Saft, weshalb sie 180 Minuten lang nur verteidigte. Ein einziges Tor, erzielt durch den Teenager Klaus Scheer, brachte Schalke in das Viertelfinale.

Hier hätte es nun knifflig werden müssen, denn der Gegner Dinamo Zagreb hatte ohne viel Federlesens den Titelverteidiger Slovan Bratislava aus dem Wettbewerb katapultiert und auch gegen Olympique Marseille keine Schwierigkeiten gehabt. In Jugoslawien fiel dann aber dem Trainer von Dinamo, einem gewissen Ivica Horvat, die Kinnlade gen Tartanbahn: Schalke zeigte eine couragierte Leistung und siegte verdient mit 3:1. Damit war die Entscheidung bereits gefallen und das 1:0 im Rückspiel, wieder durch einen Treffer von Scheer, nur noch eine nette Dreingabe. 16 Monate später übernahm der restlos enttäuschte Horvat einen neuen Klub – Schalke.

Bei ihrem zweiten Auftritt im Europacup hatten es die Königsblauen nun noch weiter geschafft als beim ersten Mal, bis unter die letzten Vier. Gegen Gornik Zabrze hätte man sicher gerne gespielt, vielleicht sogar gegen den AS Rom. Das Los aber, das es zu vermeiden galt, wurde gezogen: Manchester City. In der Glückauf-Kampfbahn sahen 28.000 Zuschauer am 1. April 1970 eine englische Mannschaft, die ganz offensichtlich nur darauf aus war, ein brauchbares Ergebnis zu erzielen, und sich ganz auf

Rudi Gutendorf (Mitte) als Trainer von Schalke 04.

ihre Heimstärke verließ. Die Rechnung ging auf, denn allein Reinhard Libuda konnte Manchesters Deckung einmal überlaufen und den Ball im Netz unterbringen. Dass dieses 1:0 kaum reichen würde, schwante aber selbst den treuesten Anhängern der Schalker, schließlich hatte City in seinem Stadion an der Maine Road im bisherigen Wettbewerb neun Tore geschossen und noch keines kassiert. Das änderte sich am 15. April, denn in der 89. Minute traf wieder Libuda für Schalke. Da hatte sein Torwart Norbert Nigbur allerdings schon fünfmal das Nachsehen gehabt. Rudi Gutendorf stellte neidlos fest: „Gegen diese erstklassige Mannschaft hatten wir bis zur letzten Minute keine Chance.“ Das muss er knapp 15 Jahre später vergessen haben, als er seine Biografie verfasste, denn in der beschwert er sich über seine spätere Entlassung bei Schalke und behauptet, er wäre „drauf und dran“ gewesen, den Klub „in die europäische Fußballachse einzubauen“. Jene Achse verlief in diesen Jahren zwar durch viele Länder und Städte, ganz sicher aber nicht durch Deutschland, schon gar nicht durch Gelsenkirchen.

Manchester City gewann das Finale der Pokalsieger 1970 durch ein 2:1 über Gornik Zabrze und blieb in der folgenden Saison erst im Halbfinale hängen, als es gegen die Landsleute vom FC Chelsea ging. Da war der westdeutsche Fußball schon lange wieder daheim, denn die Kickers aus Offenbach hatten gleich in der ersten Runde gegen Brügge die Segel eingeholt. Das erstaunlich hartnäckige und verblüffend erfolgreiche Vorwärts Berlin hingegen besiegte durch Glück, Auswärtstore und Elfmeterschießen so große Klubs wie den FC Bologna und Benfica Lissabon, bevor im Viertelfinale gegen Eindhoven die Schranken herunterkamen.

So weit zur deutschen Misserfolgsserie im Wettbewerb der Pokalsieger. Auch im Messepokal der späten 1960er und frühen 1970er Jahre war die Ausbeute nur karg, obwohl gleich mehrere Klubs aus Deutschland in das Rennen gingen. Allein der 1. FC Köln schaffte es 1970/71 nach Siegen über respektable Gegner – den AC Florenz und Arsenal London – bis in das Halbfinale, wo sich das mit Helmut Haller, Roberto Bettega und Fabio Capello angetretene Juventus Turin als zu stark erwies. Man mag sicher darauf hinweisen, dass west- wie ostdeutsche Klubs in diesen Jahren so manches gute Ergebnis produzierten – im November 1969 schaltete Carl Zeiss Jena die Elf des großen Luigi Riva aus, US Cagliari, während Hertha BSC Berlin mit 3:1 gegen Juventus Turin gewann; die Bayern besiegten im Herbst 1970 erst die Glasgow Rangers und überfuhren dann Coventry City mit 6:1. Aber viele Pressesprecher der Bundesliga und der DDR-Oberliga mussten auch aus aller Herren Länder mit stockender Stimme peinliche Resultate in die heimischen Redaktionsstuben übermitteln: FC Liverpool gegen 1860 München 8:0 (1967), Legia Warschau gegen 1860 München 6:0 (1968), Ajax Amsterdam gegen Carl Zeiss Jena 5:1 (1970), Dinamo Zagreb gegen den Hamburger SV 4:0 (1970), Ferencvaros Budapest gegen Eintracht Braunschweig 5:2 (1971).

Als Ajax Amsterdam aus dem kleinen Holland sich 1971 aufmachte, seinen Titel bei den Landesmeistern zu verteidigen, hatten folgende Länder in den vergangenen drei Jahren Finalisten der europäischen Pokalwettbewerbe gestellt: Belgien, England, Griechenland, Italien, Niederlande, Polen, Schottland, Spanien, Tschechoslowakei, Ungarn. Man muss sich fragen, ob es nur ein Zufall sein kann, dass bei diesem kontinentalen Potpourri ausgerechnet Frankreich und Deutschland (West und Ost) fehlten.

Im Fall von Frankreich lässt sich zugestehen, dass die „Grande Nation" nur bedingt auch eine Fußball-Nation ist. Wer das Land schon von Ost nach West durchquert hat, dem werden all die vielen Fußballfelder aufgefallen sein, die bei näherer Betrachtung gar keine solchen sind – sondern dem Rugby-Sport dienen. Nur wenige Klubs können auf eine größere Fanbasis verweisen, was seit jeher für finanzielle Probleme im französischen Fußball sorgt. Schon Mitte der 1970er wurde der Präsident von Paris St. Germain wegen Unregelmäßigkeiten beim Kartenverkauf seines Amtes enthoben, und 15 Jahre später folgte der Bestechungsskandal um Olympique Marseille, der auch immer noch einen kleinen Schatten auf den Sieg dieses Teams in der Champions League 1993 wirft – bis heute eine von nur zwei Trophäen, die das Land jemals im europäischen Vereinsfußball erringen konnte.

Die Bundesliga hingegen hatte das Problem, dass in Deutschland der Profifußball erst sehr spät legalisiert worden war. Jedenfalls hat es nach Einführung der Bundesliga ein ganzes Jahrzehnt gedauert, bis sich dominierende Klubs herausbildeten, die auch in Europa längerfristig bestehen konnten.

Sterbende Italiener und eine Cola-Dose

Anfang der 1970er Jahre aber war es langsam so weit: Nachdem es zwischen 1960 und 1970 neun verschiedene westdeutsche Meister gegeben hatte, sollten es im folgenden Jahrzehnt nur noch vier Klubs ganz an die Spitze schaffen. Das nahm der nationalen Liga vielleicht die Spannung, aber es erhöhte offensichtlich das Niveau: Schon 1971, als zum ersten Mal seit Einführung der Bundesliga eine Mannschaft ihren Meistertitel verteidigen konnte, sorgte nämlich ein deutscher Klub für Aufsehen in Europa – und zwar gleich in mehrerlei Hinsicht.

Am 20. Oktober 1971, einem Mittwoch, machte sich der Gabelstaplerfahrer Manfred Kirstein aus der niederrheinischen Gemeinde Brüggen auf nach Mönchengladbach, um eine Europacup-Partie aus nächster Nähe zu verfolgen. Er konnte auf seine Eintrittskarte für die Vortribüne wirklich stolz sein, denn die ARD hatte ihre Live-Übertragung der Begegnung zwischen Gladbach und Inter Mailand kurzfristig abgesagt, weil der austragende Klub zusätzliche 6.600 Mark verlangte, um die Mehrwertsteuer abzudecken. Somit sahen nur die 27.500 Menschen im Bökelbergstadion die legendärsten 90 Minuten des deutschen Vereinsfußballs, und 22.499 von ihnen würden in Zukunft von dem größten Spiel sprechen, das sie je verfolgen durften. Zu denen, die den Abend in weniger guter Erinnerung behielten, zählten 5.000 italienische Fans – und der damals 29-jährige Manfred Kirstein.

Inter Mailand kam zwar mit der Empfehlung nach Gladbach, in der ersten Runde gegen den AEK Athen sechs Tore geschossen und vier erhalten zu haben, was nicht gerade nach Catenaccio klang, aber viele Freunde konnte die Elf in Deutschland trotzdem nicht erwarten. Vier ihrer Akteure hatten im Jahr zuvor das Halbfinale der WM in Mexiko gegen die Bundesrepublik gewonnen und dabei neue Maßstäbe in den Kunstformen Foulspiel, Zeitschinden und Theatralik geschaffen. An einem Punkt dieser Partie hatte der Reporter Kurt Brumme nur noch müden Zynismus für die Schauspielerei der Italiener übrig: „Burgnich ist soeben verstorben, sehe ich. Aber nein, er steht auf, weil der Ball hereinkommt."

Jener Tarcisio Burgnich war auch in Gladbach im Oktober 1971 dabei, doch in der 29. Minute stürzte nicht er wie tödlich getroffen zu Boden, sondern sein Kollege Roberto Boninsegna. Eine Cola-Dose war von den Tribünen auf den Platz geworfen worden. Und damit ist die Faktenlage bereits erschöpft. Denn ob diese Dose Boninsegna nun traf oder nicht, ist ebenso unklar wie die eigentlich simple Frage, ob sie voll war oder nicht. Inter Mailand gab das Gewicht der Büchse mit 400 Gramm an; die Polizei indes ermittelte nur 55 Gramm. Es ist auch nie geklärt worden, welche Verletzungen Boninsegna davontrug: Das Rote Kreuz gab an, keine Wunden am Spieler festgestellt zu haben, während der neutrale UEFA-Abgesandte Dr. Sergio Zorzi (trotz des italienischen Namens ein Schweizer) auf Matt Busby verwies, den Trainer von Manchester United. Der konnte angeblich bestätigen, dass Boninsegna das Bewusstsein verloren hatte. Schließlich weiß man bis heute nicht, wer die Dose geworfen hat. Direkt im Anschluss an die Aktion meldeten sich vier Zeugen, die einen Täter benannten: Manfred Kirstein. Der wurde gleich von zwei Polizisten abgeführt, vor aller Augen die Außenlinie entlang.

Natürlich kann jeder Gladbach-Fan heute beschwören, dass Boninsegna geschauspielert hat, dass er sich verletzt auswechseln ließ, damit sein Klub Protest einlegen konnte und das Spiel wiederholt wurde. Nun, so kam es zwar in der Tat, aber dennoch erscheinen zwei Dinge schwer glaublich: Dass Boninsegna all dies im Bruchteil einer Sekunde um 21.29 Uhr an jenem Abend vorausgesehen und durchdacht hat – und dass er es überhaupt für nötig hielt. In dieser Spielminute stand es nämlich nur 2:1 für den Gastgeber, und Boninsegna selbst hatte für den zwischenzeitlichen Ausgleich gesorgt. Das stellte im Europapokal ein brauchbares Ergebnis für ein Gästeteam dar. Mailand hatte zwar bis dahin wenig vom Spiel gehabt, aber das war für diese Maestros des Defensivfußballs nicht ungewöhnlich.

Erst als Gian Piero Ghio für Boninsegna kam, verlor Inter im Gladbacher Angriffswirbel jede Orientierung. Noch vor der Pause trafen Lè Fevre, Netzer und Heynckes zum 5:1. Das sechste Tor erzielte der überragende Netzer, dessen Bein bis wenige Tage vor dem Spiel in Gips gewesen war, mit einem Außenristschuss, der Cruyff alle Ehre gemacht hätte. Dann durfte Verteidiger Klaus Sieloff einen Elfmeter zum Endstand von 7:1 verwandeln.

Doch es war alles umsonst. Am nächsten Tag legte Inter Protest gegen die Wertung des Spiels ein und forderte in der folgenden Woche gar Gladbachs sofortigen Ausschluss vom Wettbewerb. Am 28. Oktober entschied die UEFA, dass die Partie auf neutralem Platz wiederholt werden müsse, stimmte aber später dem Austragungsort Berlin zu. In der Zwischenzeit verlor Gladbach das so genannte Rückspiel in Mailand mit 2:4 – eine knüppelharte Partie, bei der vier Borussen so schwer verletzt wurden, dass sie in der Bundesliga aussetzen mussten. Als das Wiederholungsspiel torlos endete, war die Elf von Hennes Weisweiler trotz des bis dahin besten Auftritts eines deutschen Klubs im Europacup ausgeschieden. Und verlor Ludwig Müller durch Beinbruch. Der Übeltäter hieß Boninsegna, dem es offenbar wieder blendend ging.

Manfred Kirstein versuchte da immer noch, seine Unschuld zu beweisen, während zugleich Morddrohungen bei ihm eintrudelten. Erst im folgenden Frühjahr wurde das Verfahren eingestellt – aus Mangel an Beweisen. „Er ist danach nie mehr in ein Stadion gegangen", sagte seine Frau 30 Jahre später dem Journalisten Holger Jenrich. Eine solche Mischung aus Pech, Tragik und – wer weiß es schon? – vielleicht Betrug sollte die Borussia aus Mönchengladbach nicht zum letzten Mal im Europacup heimgesucht haben. Aber wenn das 7:1 gegen Inter am Ende auch nutzlos war, so zeigte es doch, dass die Bundesliga keine Angst mehr vor großen Namen zu haben brauchte. Und dass totaler Fußball nicht nur in Holland gespielt wurde.

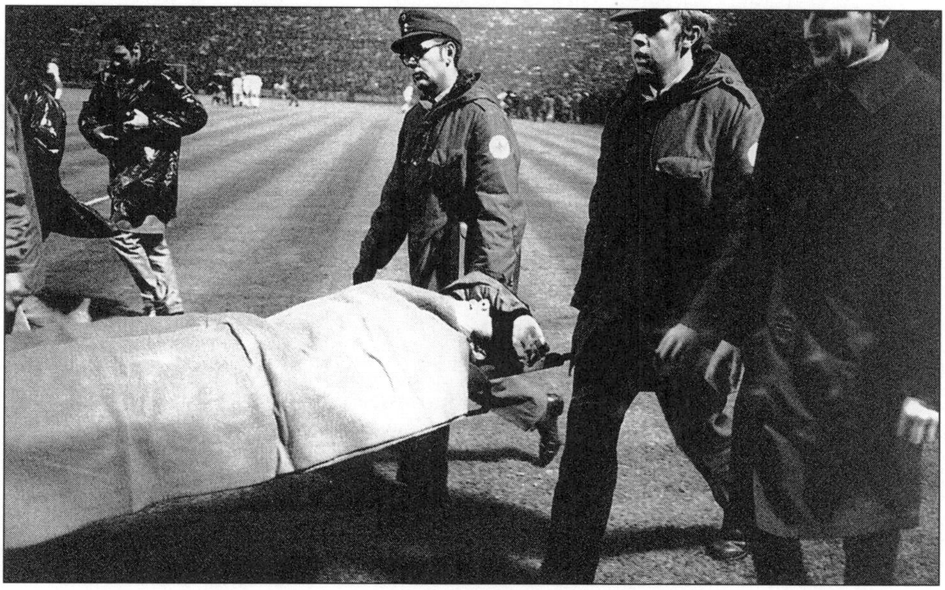

Achtelfinale der Landesmeister 1971/72, Borussia Mönchengladbach - Inter Mailand 7:1 (annulliert) / 2:4 / 0:0. Vor dem Anpfiff des annullierten Spiels vom 10. Oktober 1971: Netzer und Mazzola beim Wimpeltausch (oben). Es folgt eine Gala-Nacht der Borussia, die durch einen Büchsenwurf, nach dem Boninsegna den Sterbenden mimt, zunichte wird (unten).

Lässige Zauberer gegen Inter-Riegel

Amsterdams Europacup-Saison 1971/72 etablierte diesen Begriff – „totaler Fußball" – auch in Deutschland. Und legte den Grundstein für so manches Klischee, das die Jahrzehnte überdauern sollte, wie etwa das von der extrem lebensfrohen Art, mit der die Amsterdamer Spieler ihrem Beruf nachgingen. In der ersten Runde gewann Ajax das Hinspiel gegen Dynamo Dresden sicher mit 2:0, und nach dem Schlusspfiff lud Horst Blankenburg die Dynamo-Spieler Eduard Geyer, Peter Meyer, Frank Ganzera und Dieter Riedel zu einer feuchtfröhlichen Geburtstagsparty für Johan Neeskens ein. Heute dürfte sich der Trainer Geyer vor Entsetzen schütteln, wenn einer seiner Profis eine solche Einladung annehmen würde, aber im September 1971 lagen die Dinge anders. Das DDR-Quartett amüsierte sich bis drei Uhr morgens – drei Stunden nach dem Zapfenstreich. Nur Geyer sollte ohne Bestrafung davonkommen.

Auch bei der Zweitauflage im Land des real existierenden Sozialismus demonstrierten die Ajax-Stars dekadente Gelassenheit. Direkt nach dem Abendessen im Hotel Newa kamen die Spielkarten auf den Tisch, und Cruyff begann, seinen Kollegen die Siegprämien abzunehmen. Während sich die Bierflaschen und Zigarettenpackungen stapelten, erklärte Trainer Kovacs einem fassungslosen Reporter: „Warum soll ich Cruyff nicht die kleinen Freuden des Lebens gönnen?" Am nächsten Tag wirkte nicht Ajax müde, sondern Dynamo. Die Holländer ließen nur zwei Lattentreffer zu und schaukelten ein 0:0 über die Zeit.

Es ist nicht bekannt, ob Cruyff und seine Kollegen sich auch auf das Achtelfinalspiel bei Olympique Marseille am Pokertisch vorbereiteten, aber sie hätten es sich leisten können. Der französische Meister stellte eine gute Elf, zu der die früheren Bundesligaspieler und zukünftigen Trainer Gilbert Gress und Josip Skoblar gehörten, aber Ajax spielte einfach auf einem anderen Niveau. Selbst ein früher Rückstand brachte das Team nicht aus der Ruhe. Keizer glich aus, und nach einer Stunde glitt Cruyff an drei oder vier Franzosen vorbei und erzielte das 2:1. Auch im Rückspiel schoss Olympique das erste Tor, bevor Ajax das Tempo anzog und viermal traf.

Als der Winter sich anmeldete, wussten aber selbst die lockeren Ajax-Zauberer, dass es nun ernst werden würde. Für das Viertelfinale im März hatten sich mit Ausnahme von Standard Lüttich und Ujpest Dozsa Budapest nur Teams qualifiziert, die als sehr gefährlich einzustufen waren. Diesmal gab es kein Jena, Athen, Warschau oder Belgrad wie im Vorjahr; diesmal warteten Celtic Glasgow oder Inter Mailand, Benfica Lissabon oder Feyenoord Rotterdam. Oder, und so hieß schließlich das Los, Arsenal London.

Die Engländer spielten zum ersten Mal überhaupt im Pokal der Landesmeister, aber sie hatten in den letzten beiden Jahren im Messecup schon üben dürfen – und im April 1970 im Halbfinale dieses Wettbewerbs daheim mit 3:0 gegen Ajax gewonnen. Der dreifache Torschütze aus dieser Partie, Charlie George, war auch dabei, als

Arsenal nun im März 1972 auf den Kontinent übersetzte, um den Triumph von damals zu wiederholen. „Wir müssen mit zwei Toren Unterschied gewinnen", sagte Stefan Kovacs vor dem Anpfiff. Aber diese Vorgabe konnte seine Elf nicht erfüllen. Ein grober Fehler von Ruud Krol ermöglichte Arsenal das 0:1, und nur ein abgefälschter Schuss und ein unberechtigter Elfmeter verhalfen Amsterdam noch zum 2:1. „Wir dachten, wir hätten sie damit im Sack", meinte Arsenals Torwart Bob Wilson später. „Ein 1:0-Sieg hätte uns ja schon gereicht."

Aber beim Rückspiel im Highbury-Stadion von London setzte sich die Serie der bizarren Tore zum Nachteil der Gastgeber fort: Nach einer Viertelstunde köpfte George Graham den Ball zu Wilson zurück, hatte aber leider nicht mitbekommen, dass sein Keeper einen kleinen Spaziergang hinaus in den Strafraum unternommen hatte. Am anderen Ende des Spielfeldes riss Blankenburg die Arme in die Höhe, als er den Ball in das verlassene Tor fliegen sah. Nun brauchte Arsenal mindestens zwei Tore, aber der deutsche Libero in Diensten der Holländer ließ nicht einmal ein einziges zu. Während die Elf in der Kabine den Einzug in das Halbfinale feierte, trug sich in Lissabon etwas zu, das den Amsterdamern noch mehr Freude machen sollte: Bis acht Minuten vor dem Ende hielt Feyenoord bei Benfica einen knappen 1:2-Rück-

Finale der Landesmeister 1971/72, Ajax Amsterdam - Inter Mailand 2:0 (in Rotterdam). Einer der zwei Treffer, die Johan Cruyff im Rotterdamer Endspiel erzielte.

stand, was gereicht hätte, da das Hinspiel mit 1:0 gewonnen worden war. Dann brachen die holländischen Dämme, und am Ende hieß es 5:1 für die Portugiesen, bei denen noch immer der mittlerweile 30-jährige Eusébio den Tambourmajor gab.

So bot die Saison 1971/72 das klangvollste Halbfinale seit 1968: Inter gegen Celtic und Ajax gegen Benfica. Leider hielten diese Paarungen aber auch gar nichts von dem, was sie versprachen, denn in insgesamt 390 Minuten vorgeblichem Spitzenfußball fiel nur ein einziges Tor – durch Sjaak Swart nach 64 Minuten des Hinspiels in Amsterdam. Der bemerkenswerteste Moment des Rückspiels war der Abpfiff. Als einige Ajax-Fans auf den Platz rannten, nahmen dies Benficas Anhänger zum Anlass, mit Obst nach den Holländern zu werfen – und mit Flaschen nach dem Schiedsrichter, der ihrem Team angeblich einen Handelfmeter schuldig geblieben war.

Dieser Zwischenfall allein bot erheblich mehr an Aktion, als Italiener und Schotten im anderen Halbfinale zuwege brachten. Inter hatte sich das 1:7 in Gladbach augenscheinlich sehr zu Herzen genommen, denn danach ließ es in sechs Partien nur noch vier Tore zu. Selbst beim ersten Treffen mit Glasgow vor 70.000 Tifosi in Mailand stand die Vorsicht im Vordergrund, sodass beide Teams sich anderthalb Stunden lang wie zwei Fechter gegenüberstanden, die jeweils auf den Ausfall des anderen warten. In Glasgow gab es dann immerhin einen Lattentreffer durch den Schotten Kenny Dalglish zu sehen – und zehn Elfmeter. Gleich den ersten setzte John Deans hoch über die Querlatte. Da die fünf Inter-Spieler alle verwandelten, stand der Klub, der eigentlich eine Cola-Dose in das Vereinswappen hätte aufnehmen sollen, im Endspiel.

„Wir hatten vor dem Finale ein wenig Sorge", gestand Piet Keizer einem englischen Journalisten einige Jahre danach. Damit bezog er sich aber keineswegs auf den Gegner, denn das hätte dem inzwischen sprichwörtlichen Narzissmus des Teams nicht entsprochen, sondern auf den Austragungsort: Rotterdam. „Wir wussten nicht, wie das Publikum reagieren würde, da wir ja im Stadion unseres Rivalen spielten. Aber die Fans standen von Anfang an hinter uns." Damit war die schwierigste Hürde an diesem 31. Mai 1972 bereits genommen. Inter zog sich wie erwartet weit zurück, aber einen größeren Gefallen konnte man den Holländern gar nicht tun. Solche Situationen begriffen sie als taktische und intellektuelle Herausforderung, und was gab es für einen totalen Fußballer Schöneres als das?

In der ersten Halbzeit hielt Inters Riegel noch stand, während Boninsegna sich ganz allein in der gegnerischen Spielhälfte abmühte (und vielleicht auf ein Wurfgeschoss wartete). Dann aber kamen die Fehler, die bei dem innovativen Pressing der Amsterdamer unausweichlich schienen. In der 47. Minute verstolperte Inter unter Bedrängnis den Ball im Mittelfeld, und Ajax-Verteidiger Suurbier konnte aus dem Halbfeld flanken. Mailands Torwart Ivano Bordon eilte aus dem Kasten, um zu klären, und rasselte mit Burgnich zusammen, der dasselbe vorhatte. Der Ball kam zu Cruyff, der ihn nur noch in das leere Tor zu schieben brauchte – wenn man auch sagen muss, dass ein weniger reaktionsschneller und technisch brillanter Spieler als er das so überraschend ankommende Leder wahrscheinlich nicht unter Kontrolle gebracht hätte.

Damit war das Endspiel entschieden, denn Inter konnte den Hebel nicht umlegen, während die Holländer nun großen Spaß daran hatten, diesen furchtsamen und antiquiert wirkenden Gegner kreuz und quer zu hetzen. Eine Viertelstunde vor dem Schluss hechtete Cruyff in eine Freistoßflanke von Keizer und köpfte das 2:0. „Der Defensivfußball hat abgewirtschaftet. Wer erfolgreich sein will, muss über andere spielerische und taktische Mittel verfügen!“, bilanzierte Karl-Heinz Heimann im „kicker“. Und Stefan Kovacs sagte: „Ich bin für eine Teilnahme am Weltpokal. Wir wollen unseren Triumph jetzt vervollständigen.“ Keine vier Monate später setzte Ajax diesen Plan durch ein 1:1 und 3:0 gegen Independiente Buenos Aires um. Cruyff hatte Glück und überstand beide Partien mit einigermaßen heilen Knochen.

Das ungültige Elfmeterschießen

Drei Tage, nachdem Ajax mit Inter um die höchste Krone gestritten hatte, unterlag Borussia Dortmund beim VfB Stuttgart mit 2:0, wodurch Deutschlands erster Europacup-Sieger in die Zweitklassigkeit musste. War das nun Zufall, ein Hinweis auf die sich verschiebenden Machtpositionen in der Bundesliga – oder gar ein Sinnbild dafür, wie sehr der deutsche Vereinsfußball seit den erfolgreichen Jahren Mitte der 1960er im europäischen Vergleich an Boden verloren hatte?

Heute wissen wir natürlich, dass der Bundesliga (und sogar der DDR-Oberliga) goldene zehn Jahre bevorstanden, aber im Sommer 1972 war es keineswegs klar, wohin die Fahrt gehen sollte. Es gab positive Anzeichen, wie das Gladbacher 7:1-Spektakel gegen Inter Mailand und den herrlichen Fußball der westdeutschen Nationalelf bei der EM. Aber das waren wenige Hoffnungsschimmer an einem Himmel voller dunkler Wolken. Die ganze Saison lang hatten immer neue Enthüllungen über den Schmiergeld-Skandal die Bundesliga in Misskredit gebracht. Die Schalker Elf, die Gutendorf in eine europäische Achse einbauen wollte und die im Frühsommer 1972 noch um den Titel spielte, würde bald an dessen Folgen zerbrechen. Im UEFA-Cup musste sich der 1. FC Köln, neun Jahre nach dem 1:8-Drama, dem FC Dundee geschlagen geben. So bestritten Engländer, Italiener, Belgier, Rumänen, Ungarn und Jugoslawen das Viertelfinale – aber keine Deutschen. Während die Bundesliga im nun vierten Jahr hintereinander ohne Endspielteilnehmer blieb, hatte es selbst die Sowjetunion inzwischen geschafft, einen ihrer Klubs in ein Finale zu bringen. Das gelang Dynamo Moskau im Pokal der Pokalsieger. Der war allerdings in jener Spielzeit eine höchst bizarre Veranstaltung.

Hatte der Cup der Meister 1971/72 gezeigt, wie man 1:7 untergehen und dennoch das Endspiel erreichen kann, so demonstrierte sein Bruderwettbewerb, wie man in einem Elfmeterschießen alle Versuche vergibt und am Ende dennoch triumphiert. Die Nutznießer waren die Rangers aus Glasgow, die doch so gerne zeigen wollten, dass nicht nur der Rivale Celtic in Europa mithalten konnte. Dieser Traum schien bereits früh ausgeträumt, nämlich im Achtelfinale. Die Rangers hatten im Hinspiel gegen Sporting Lissabon nach 28 Minuten schon mit 3:0 geführt, dann aber nur 3:2 gespielt. Es stand ihnen also für die Partie am 3. November 1971 in Lissabon eine Menge Arbeit bevor. Mit Zähigkeit kamen sie zweimal nach einem portugiesischen Führungstor schnell zum Ausgleich, aber als Verteidiger Gomes sechs Minuten vor Schluss das 3:2 für Sporting markierte, ging das Spiel in eine Verlängerung. In der 100. Minute schoss Glasgows Veteran Willie Henderson das Tor, das alles hätte entscheiden sollen – und es mit Verspätung auch tat. Nach diesem 3:3 brauchte Lissabon nun zwei Tore, kam aber nur noch, per Elfmeter, zu einem vierten Treffer.

Als Schiedsrichter Laurens van Ravens abpfiff, hieß der Gesamtstand 7:7, aber die Schotten hatten drei Auswärtstore geschafft, die Portugiesen nur zwei. Doch wie bereits beschrieben, waren die Regeln schon lange vor „Silver Goal" und „Golden Goal" eine Sache für sich und im Grunde genommen nur von Spezialisten zu verstehen. Zu denen gehörte van Ravens wohl nicht, denn ihm war entgangen, dass seit dieser Saison auch Treffer, die in der Verlängerung erzielt wurden, unter die Auswärtstoreregel fielen. Er bat die verwirrten Spieler also zum Elfmeterschießen.

Dem Rangers-Trainer Willie Waddell, der einige Zeit als Journalist gearbeitet hatte, waren die Regeln besser bekannt als dem Referee, daher machte er sich in der nun entstehenden Pause auf den Weg, um den UEFA-Beobachter Andres Ramirez zu suchen, damit der die Farce verhinderte. Ramirez versuchte seinerseits, auf das Feld zu gelangen, um van Ravens zu stoppen, aber als er endlich unten ankam, hatten die Schotten bereits den ersten ihrer Strafstöße vergeben. So übte sich Ramirez in Geduld und wartete, bis der Jubel über Sportings 2:0 im Elfmeterschießen verebbt war. Dann ging er zu den Mannschaften in die Kabinen.

„Wir begriffen das Problem erst, als der UEFA-Delegierte in unseren Umkleideraum kam", sagte Sportings Torwart Vitor Damas 30 Jahre später. „Es war ein historisches Spiel für mich. Ich hatte drei Elfmeter gehalten! Stellen Sie sich diese Euphorie vor und dann die Enttäuschung. Es gab Tränen. Wären wir Real Madrid oder der AC Mailand gewesen, dann hätte unser nachträglicher Einspruch Erfolg gehabt." Dieser bittere Nachsatz bezog sich darauf, dass die UEFA schon am nächsten Tag entschied, das Elfmeterschießen nicht zu werten und Glasgow in die nächste Runde zu hieven. Das erscheint zunächst fair und nur folgerichtig. Aber die Portugiesen legten einen Protest gegen diese Entscheidung ein, der neun Punkte umfasste, von denen einige etwas für sich hatten. So argumentierte Sporting Lissabon, dass die Kontrollkommission der UEFA die Entscheidung eines Schiedsrichters und damit den Ausgang einer Partie entweder bestätigen oder annullieren könne, nicht aber ändern. Man pochte also auf ein Wiederholungsspiel – umsonst.

Finale der Pokalsieger 1971/72, Glasgow Rangers - Dynamo Moskau 3:2 (in Barcelona). Das Elfmeterschießen im Achtelfinale gegen Sporting Lissabon hätten die Rangers verloren – wäre es nicht, weil irregulär, annulliert worden. Nach regulären Triumphen über den AC Turin, Bayern München und Dynamo Moskau durften sie dann am Ende den Cup in Händen halten.

Randalierende Schotten

Im Viertelfinale der Pokalsieger setzten sich die Rangers in zwei harten Spielen gegen den AC Turin durch und trafen dann auf Bayern München, das Skoda Pilsen, Steaua Bukarest und den FC Liverpool hinter sich gelassen hatte. Insbesondere die Partien gegen Liverpool gaben Anlass zu Optimismus, denn im Vorjahr waren die Bayern im Messecup noch nahezu chancenlos gegen diese Elf gewesen; nun ging beim entscheidenden 3:1 im Stadion an der Grünwalder Straße der Stern des 19-jährigen Uli Hoeneß auf, den kein Engländer halten konnte. Nur Bill Shankly hatte keinen Spaß an der Partie: „Die Bayern haben zu viele Schnörkel in ihrem Spiel. Sie sind nicht geradlinig genug“, meckerte er. Diesen Vorwurf sollten die Münchener nicht mehr oft zu hören bekommen.

Im Halbfinale gegen Glasgow schien er allerdings nicht allzu weit hergeholt. Ihr Heimspiel dominierten die Bayern 49 Minuten lang, in denen mehr als nur das 1:0 durch den anderen Jungspund, Paul Breitner, hätte herausspringen müssen. Dann köpfte Rainer Zobel eine Flanke ein. Unglücklicherweise war das einzige Tor, in dessen Nähe er sich befand, das von Sepp Maier gehütete. Dieses unnötige 1:1 raubte den Bayern den Nerv und den Elan. Als die Schotten nach dem Spiel unter der Dusche standen, rief Willie Johnstone dem Nachwuchsmann Jim Denny zu: „Was sagt du zu diesem Beckenbauer? Der ist nicht schlecht, oder?“ Denny dachte einen Momente nach, dann antwortete er: „Schon, aber er kann doch nur mit dem rechten Fuß schießen.“ Der Rest der Analyse ging in dröhnendem Gelächter unter.

Zwei Wochen später nahm die Fehlerkette der Bayern ihren Fortgang, als Maier nach 45 Sekunden einen Ball passieren ließ, von dem er geglaubt hatte, er ginge am Tor vorbei. Schon nach 23 Minuten fiel das 2:0, und die Gäste aus Deutschland fanden nie mehr in das Spiel hinein. Auch im anderen Halbfinale scheiterte ein deutscher Klub, Dynamo Berlin. Beide Spiele gegen den Namensvetter aus Moskau endeten 1:1, woraufhin es in Lwow, einem Ort nahe der polnischen Grenze, an den die Russen wegen des Wetters in Moskau ausgewichen waren, zu einem Elfmeterschießen kam. Dieses war zwar regelgerecht, aber die Deutschen machten trotzdem keine bessere Figur als die Glasgow Rangers in Lissabon. Die Russen siegten 4:1 und stellten zum ersten Mal einen Endspielteilnehmer im Europacup.

Die Rangers gewannen diese Finalbegegnung am 24. Mai 1972 in Barcelona mit 3:2, nachdem sie schon wieder eine recht frühe 3:0-Führung fast hergeschenkt hätten, aber was von jenem Endspiel haften blieb, waren die Szenen nach dem Abpfiff. „Ich stand im Mittelkreis, und als ich mich umdrehte, um zu feiern, erblickte ich nur noch Rangers-Fans auf dem Platz. Ich sprintete sofort zur Kabine los", erinnert sich Colin Stein, der Schütze des 1:0. Der schottische Verein hatte 27.000 Karten für seine Anhänger bekommen, und es sah aus, als hätte sich jeder von ihnen entschlossen, den Sieg auf dem Rasen zu feiern. Wer für die nachfolgenden Scharmützel verantwortlich war, lässt sich nicht genau sagen. Ein deutscher Bericht merkt an, die spanische Polizei habe sich lange „ungewöhnlich zurückhaltend und tolerant verhalten", bis sie von Schotten attackiert wurde. Es gibt aber auch Augenzeugen, die darauf beharren, dass die Beamten sogleich mit Schlagstöcken auf die Fans eingedroschen hätten. Mindestens 150 Personen wurden verletzt, die offizielle Übergabe des Pokals musste ausfallen –, und Dynamo Moskau legte gegen die Wertung des Finals Protest bei der UEFA ein, für die es wirklich keine einfache Europacup-Saison gewesen war.

Am Ende behielten die Glasgow Rangers zwar ihren Titel, wurden aber für ein Jahr von internationalen Veranstaltungen ausgeschlossen. Ein heutiger Fußballfan mag zwar zögern, die Vorkommnisse von Barcelona mit dem in Verbindung zu bringen, was bald als „Hooliganismus" Einzug in die Sprache der Sportreporter finden sollte, weil der Ausdruck seit den 1980ern so eng mit englischen Fußball-Fans verknüpft ist. Er leitet sich allerdings von dem Namen einer rauflustigen Familie ab, die nicht aus England kam, sondern aus Irland. Und Ende der 1960er und Anfang der 1970er Jahre machte man sich in Europa erheblich mehr Sorgen über die Zustände im schottischen Fußball als über die im englischen. Schon 1966 hatten schottische Fans beim Halbfinale der Pokalsieger zwischen Liverpool und Celtic dermaßen randaliert, dass ein Dutzend Menschen in Krankenhäuser eingeliefert werden musste. Drei Jahre später schickten Rangers-Fans anlässlich eines Messecup-Spiels in Newcastle 20 Leute in die Hospitäler, woraufhin der Journalist Desmond Hackett die schottischen Anhänger aufrief, sich ein Vorbild an dem „sachkundigen und fairen" Publikum in England zu nehmen. Im Mai 1971 schließlich waren im Ibrox-Park der Rangers 66 Menschen gestorben. Diese Katastrophe wurde zwar nicht durch Schlägereien ausgelöst, passte aber in das Bild, das man sich im Ausland von den Schotten machte. Es sollte jedoch nicht lange dauern, bis Hackett und seine Kollegen ihre Blicke von Glasgow abwenden und etwas weiter nach Süden richten mussten.

Das Real der Siebziger

Wie wir heute wissen, kennen sich auch die Holländer mit Hooligans aus, aber Ende 1972 waren sie noch vorrangig damit beschäftigt, auf dem Feld für Unruhe zu sorgen, nicht abseits davon. Ajax Amsterdam begann die neuerliche Verteidigung des Pokals der Landesmeister in wahrlich großem Stil: Während des 3:1-Sieges bei ZSKA Sofia spendeten sogar die bulgarischen Zuschauer den Holländern zeitweise Beifall, und das 3:0 im Rückspiel hätte erheblich höher ausfallen können. Da Ajax in der ersten Runde ein Freilos gehabt hatte, stand der Klub durch diese beiden lässigen Siege bereits im Viertelfinale. Dort bahnte sich nun eine hochinteressante Paarung an, denn der Meister der Niederlande war gegen den der Bundesrepublik gelost worden, Bayern München. Kurz vor Saisonbeginn hatten sich diese Teams zu zwei Freundschaftsspielen getroffen, die beide an Ajax gegangen waren: 2:1 in Amsterdam und gar 5:0 in München! „Sie haben sicher mehr Angst vor uns als wir vor ihnen", sagte Cruyff über den Gegner und hatte damit nicht Unrecht. Bayern-Trainer Udo Lattek verließ sogar bei einem DFB-Pokalspiel in Oberhausen frühzeitig die Bank, um Ajax noch in einem Punktspiel gegen Feyenoord beobachten zu können.

Eine Halbzeit lang ging die von Lattek ausgeknobelte Defensiv-Taktik in Amsterdam gut, dann setzte sich das Team durch, über das die Züricher Zeitung „Sport" später schrieb, es habe „mit zehn Mann gestürmt". Zwei Fehler von Sepp Maier führten

Zwei Stars, die den Europapokal in den 1970er Jahren prägten: Franz Beckenbauer und Johan Cruyff.

zum 1:0 und zum 3:0, dazwischen war noch ein unhaltbarer Gewaltschuss von Gerrie Mühren eingeschlagen. Als Cruyff kurz vor dem Ende nach einer Flanke sprang und Maier das Leder mehr oder weniger durch die Hände köpfte, war der sonst so humorige Schlussmann der Bayern mit den Nerven am Ende. „Am Abend nach dem Spiel habe ich das Hotelfenster aufgerissen, meine gesamten Torwartklamotten in den Kanal geworfen und bin nicht zum Abendessen gegangen", schrieb er einige Jahre darauf über diesen Tag, den schwärzesten seiner Karriere. Irgendjemand muss ihm aber eine neue Ausrüstung besorgt haben, denn beim Rückspiel war er vorschriftsmäßig gekleidet dabei – und hielt tadellos. Diesmal war es Breitner, der patzte, denn seine unkonzentrierte Rückgabe nutzte Keizer schon nach acht Minuten zum 0:1. Hätte Cruyff auf dem Feld gestanden, wäre es nun vielleicht zu einem weiteren Debakel gekommen, aber der Superstar wurde wegen einer Blessur geschont, und so drehten die Bayern das Spiel noch und bewiesen, dass sie Ajax schlagen konnten, wenn auch nur 2:1 und ohne große Folgen.

Immerhin: Das war mehr, als der Rest Europas von sich behaupten konnte. Nachdem die holländische Zeitung „Algemeen Dagblad" schon verkündet hatte, dass „Ajax das Real der Siebziger ist", durfte man diese Theorie im Halbfinale unter die Lupe nehmen. Real Madrid hatte Valencia den spanischen Titel entrissen und konnte nun wieder in seinem Europacup mitmischen, wo man nichts lieber getan hätte, als den Usurpatoren aus Amsterdam zu zeigen, was wahrer Adel ist. Doch die Zeiten hatten sich geändert. Lokalrivale Atlético war gerade dabei, unter Trainer Max Merkel die Meisterschaft zu gewinnen, im nationalen Pokal hatte Abstiegskandidat Sporting Gijon die Königlichen blamiert, zum ersten Mal hallte der Ruf „Muñoz raus!" durch das Bernabéu-Stadion – und dann bewies Ajax auch noch, dass es tatsächlich das neue Real war.

Mehr als elf Leute

In Amsterdam hielt sich Madrid noch wacker, wehrte 20 Eckbälle ab und konnte den weiterhin angeschlagenen Cruyff neutralisieren. Wie das aber bei Ajax so war, trafen dann eben die Verteidiger, in diesem Fall Barry Hulshoff und Ruud Krol. Nur das Anschlusstor zum 1:2 in der 84. Minute ließ Real glauben, es habe noch eine gute Chance. Aber das Rückspiel fand am 25. April 1973 statt, und das war gleichzeitig der 26. Geburtstag von Johan Cruyff, der nicht die Absicht hatte, sich seine Party verderben zu lassen. So prächtig war „König Johan" aufgelegt, dass Gerrie Mühren sich gar zu einer sekundenlangen Jonglier-Einlage inspiriert fühlte. Dieser Spieler war es auch, der das hochverdiente 0:1 markierte. Eine spanische Zeitung schrieb am nächsten Tag, man habe den Eindruck gehabt, Ajax spiele „mit mehr als elf Leuten".

Das wurde auch von dem Endspielgegner der Amsterdamer behauptet, von Juventus Turin. Allerdings keineswegs in lobender Absicht, sondern als Ausdruck von

Finale der Landesmeister 1972/73, Ajax Amsterdam - Juventus Turin 1:0 (in Belgrad). Amsterdamer Kicker nach dem dritten Europapokal-Erfolg in Turiner Trikots.

Misstrauen. Aufgehängt wurde diese Diskussion an den Halbfinalspielen der Italiener gegen Derby Country. Brian Clough, der ebenso angeberische wie clevere Trainer des englischen Sensationsmeisters, hatte seine Elf über Zeljeznicar Sarajevo, Benfica Lissabon und Spartak Trnava in diese Vorschlussrunde gelotst, wo ihm, wie er später sagte, dann bewusst wurde, dass er noch viel über internationalen Fußball zu lernen hatte.

Das Hinspiel in Turin leitete der Hamburger Schiedsrichter Gerhard Schulenburg. In der ersten Halbzeit verwarnte er zwei Engländer, die beide vorbelastet und somit für das Rückspiel gesperrt waren. Und in der 29. Minute ließ er das 0:1 durch Altafini gelten, obwohl der Ball vor der Flanke im Aus gewesen sein soll. Da dachten die Gastgeber daran zurück, dass man Helmut Haller, den Ersatzspieler von Juventus, vor der Partie in der Schiedsrichterkabine bei seinem Landsmann gesehen haben wollte. Cloughs Co-Trainer Peter Taylor ging später sogar noch weiter: „Als der Halbzeitpfiff kam, marschierte Haller direkt zu dem Referee hin und redete mit ernstem Gesicht auf ihn ein. Ich glaube, das Ganze war korrupt und schmutzig."

Juventus gewann diese Partie mit 3:1, und wenn man die Verdächtigungen der Engländer auch übertrieben finden mag, so bleibt doch festzuhalten, dass sich zumindest vor dem Rückspiel ganz sicher Unkorrektes zutrug. Der für diese Begegnung angesetzte portugiesische Schiedsrichter Francisco Marques Lobo bekam in der Woche vor der Partie einen Telefonanruf, in dessen Verlauf man ihm Bargeld, eine Italienreise und ein Auto anbot, damit er Turins Finaleinzug nicht im Wege stünde. Am anderen Ende der Leitung befand sich ein Exil-Ungar mit argentinischem Pass, der in Italien lebte und in den 1960ern eng mit Inter zusammengearbeitet hatte – der Spielervermittler Dezso Solti.

Lobo meldete den Anruf seinem nationalen Verband, und der wiederum informierte die UEFA. In der nachfolgenden Untersuchung konnten aber keine Verbindungen zwischen Solti und Juventus Turin entdeckt werden. Deshalb setzte die UEFA nur Solti auf eine schwarze Liste, verzichtete aber auf eine Strafe für den Klub. Der ehrenhafte Señor Lobo stellte im Rückspiel zwar (richtigerweise) einen Derby-Spieler vom Platz, sprach den Engländern aber auch einen Elfmeter zu. Clough und Taylor waren mit seiner Spielleitung zufrieden, wenn auch nicht mit dem Spiel: Alan Hinton vergab besagten Strafstoß, und Derby kam nicht über ein 0:0 hinaus. Juventus war damit im Finale und Clough immer noch sauer. Als er von italienischen Reportern um einen Kommentar gebeten wurde, bellte er: „Ich rede nicht mit Betrügern."

Das Endspiel am 30. Mai 1973 bot einige Premieren: dass es mit Belgrad erstmals einen osteuropäischen Austragungsort gab, dass Ajax Amsterdam, obwohl nunmehr in seinem vierten Finale, erstmals als klarer Favorit antrat, schließlich, dass der italienische Rekordmeister Juventus Turin endlich sein Debüt in einem Endspiel um den wichtigsten europäischen Pokal gab. Nicht ganz so neu war, dass die Partie trotz aller Vorzeichen von Spannung und Drama zu einem tristen Kick geriet.

Nach zwei Minuten der Partie traf Cruyff den Pfosten, 120 Sekunden später spielten sich Blankenburg und Neeskens 30 Meter vor dem Tor den Ball einige Male zu und warteten darauf, dass sich jemand aus den zwei Abwehrketten der Turiner löste. Diese Absicht hatten die Italiener aber ganz und gar nicht, und so schlug Blankenburg den Ball schließlich hoch an den langen Pfosten. Juves Manndecker Silvio Longobucco berechnete nicht nur die Flanke falsch, sondern bemerkte auch nicht, dass Johnny Rep in seinem Rücken herangelaufen kam. Der Kopfball des 21-jährigen Holländers senkte sich über Dino Zoff hinweg in den Winkel, und die Sache war bereits gelaufen. „Wir haben zu sehr auf Sicherheit gespielt", entschuldigte sich Blankenburg für die restlichen 86 Minuten. „Es tut mir Leid, dass wir so viele Zuschauer enttäuscht haben." Doch für das, was eine jugoslawische Zeitung anschließend ein „blutleeres Spiel" nannte, hätte sich wohl eher Juventus entschuldigen müssen. Der englische Reporter John Motson beklagte, Juve habe „noch negativer gespielt als Inter im Jahr zuvor" und sei letztlich „an mangelndem Ehrgeiz" gescheitert.

Beide Dinge konnte man Ajax in den fünf nun zurückliegenden Jahren nicht vorwerfen, aber die Anzeichen mehrten sich, dass die Ära der totalen Fußballer zu Ende ging. Sjaak Swart hatte nach 603 Spielen für den Klub seine Karriere beendet, und

nach dem Finale verließ auch Trainer Kovacs den Verein. Sein Nachfolger hieß George Knobel. Gleich am ersten Tag der Vorbereitung auf die Saison 1973/74 machte er einen verhängnisvollen Fehler, als er das Team bat, einen Kapitän zu wählen. Cruyff hatte dieses Amt von Keizer übernommen und keinen Zweifel daran, dass er es auch behalten würde. Doch jetzt verlor er die geheime Abstimmung. Amsterdams Mittelstürmer Jan Mulder sagt über diesen Moment: „Cruyff wusste nicht, was passierte. Ich konnte es an seinem Gesicht sehen. Dass seine Autorität so untergraben wurde, war eine tiefe Beleidigung für ihn. In diesem Augenblick war es für ihn vorbei." Zwei Spiele nach Beginn der Saison wechselte Cruyff für eine Million US-Dollar zum FC Barcelona, wo sein alter Trainer Rinus Michels das Zepter schwang. Cruyff nahm gar eine mehrmonatige Sperre wegen Vertragsbruches in Kauf, so schnell wollte er Ajax verlassen. Als er in Barcelona ankam, hatte der Klub seit 14 Jahren keinen Meistertitel mehr geholt. In seinem ersten Spiel, am 28. Oktober gegen Granada, schoss Cruyff zwei Tore. In seinem ersten Spiel gegen Real Madrid, am 17. Februar 1974, führte er die Katalanen zu einem 5:0 auf des Gegners Platz. Barcelona gewann die Liga mit acht Punkten Vorsprung.

Für Ajax hingegen waren die fetten Jahre vorbei. Schon in der ersten Novemberwoche endete die Siegesserie im Pokal der Meister bei ZSKA Sofia. Mulder hatte zwar im Hinspiel getroffen, aber dieses magere 1:0 sollte nicht reichen, denn die Bulgaren glichen in der 68. Minute des Rückspiels im Gesamtstand aus und kamen kurz vor Ende der Verlängerung durch einen Weitschuss zu dem Treffer, der das große Ajax aus dem Wettbewerb warf. Holländischer Meister wurde in dieser Saison Feyenoord, und den nationalen Pokal sicherte sich Eindhoven. Ajax stand zum ersten Mal seit 1969 mit leeren Händen da. Und was vielleicht noch schlimmer war: Jenseits der Grenze nahm der Fußball einen großen Aufschwung. Jetzt kamen die Deutschen.

Bundesliga auf dem Vormarsch

Während Ajax sich darauf vorbereitete, seinen dritten Pokal der Landesmeister in Folge zu holen, spielte zum ersten Mal seit fünf Jahren wieder eine deutsche Klub-Elf um einen internationalen Titel. Im Cup der Cupsieger war Schalke zwar im Viertelfinale gegen Sparta Prag gestrauchelt, aber im UEFA-Cup lief es besser für die Bundesliga. Das lag in erster Linie an Borussia Mönchengladbach, das in keiner Runde bis zum Finale weniger als fünf Tore schoss, zweimal sogar neun! Es begann gleich mit zwei begeisternden Spielen gegen den FC Aberdeen: In Schottland siegte die Borussia 3:2, lag aber zur Pause des Rückspiels mit genau diesem Ergebnis zurück. Fast eine halbe Stunde lang schien nun jedes Resultat möglich, dann schoss Berti Vogts den Ausgleich. Die Schotten brachen ein und kassierten noch drei weitere Treffer. Zwei Siege (3:0 und 3:1) über Hvidovre Kopenhagen brachten Gladbach in das Achtelfinale, wo sich auch noch Dynamo Berlin, Dynamo Dresden, der 1. FC Kaiserslautern und der 1. FC Köln breit machten. Gegen letzteren Klub wurde die Borussia dann gelost. Dieses Bundesliga-Duell ließ in Deutschland keine Europacup-Stimmung aufkommen. Nur 12.000 Zuschauer sahen das 0:0 in Köln, und zum Rückspiel kamen lediglich 3.000 mehr. In dieser Partie mussten die Domstädter auf Wolfgang Overath verzichten, was nur eine Erklärung – aber keine Entschuldigung – für das verheerende Ergebnis sein kann. „Eine Katastrophe", lamentierte Kölns Präsident Oskar Maaß, als sein Klub mit 0:5 beim rheinischen Rivalen unter die Fohlenhufe geraten war. Aber das war noch nichts im Vergleich zu der Schlappe, die Kaiserslautern im Viertelfinale erleiden sollte.

Am Betzenberg gewann Gladbach mit 2:1, und daher hatten die Pfälzer noch eine winzige Chance, als Karl-Heinz Seel in der 26. Minute des Rückspiels die Führung der Gastgeber durch Henning Jensen ausglich. Es stand nun 1:1, und Kaiserslautern fehlte nur ein Tor. Es fielen sogar noch sechs – aber alle für Mönchengladbach, darunter ein Hattrick von Jupp Heynckes. Nun waren keine deutschen Gegner mehr übrig, die man demütigen konnte, also begnügten sich die Gladbacher im Halbfinale

Finale der Pokalsieger 1972/73, Borussia Mönchengladbach - FC Liverpool: Tommy Smith und Günter Netzer tauschen beim Rückspiel auf dem Bökelberg die Wimpel.

Die Liverpooler Trainerlegende Bill Shankly begrüßt vor dem Spiel Fans von der Insel.

mit einem Klub, der nur wenige Kilometer von der deutschen Grenze entfernt beheimatet war, Twente Enschede. Die defensiven und ruppigen Holländer wurden ebenfalls zweimal geschlagen (3:0, 2:1), und plötzlich hatte die Borussia nun nicht nur ohne die sonst üblichen unglücklichen Zwischenfälle das Finale erreicht, sondern bekam sogar vernünftige Chancen gegen den mächtigen FC Liverpool eingeräumt – so begeisternd hatte Gladbach bisher gespielt.

Aber am 9. Mai 1973, dem Tag des ersten Finals, kehrte das Pech zurück. Fast eine halbe Stunde lang hielten die Deutschen an der Liverpooler „Anfield Road" ein torloses Unentschieden im Dauerregen. Dann sah sich der österreichische Schiedsrichter Erich Linemayr gezwungen, den Platz für nicht länger bespielbar zu erklären. Wie sich später herausstellte, war die Drainage des Stadions verstopft, weshalb sich überall auf dem Feld mittlere Binnenseen bildeten. Dieser Defekt war vermutlich Liverpools Glück.

Am nächsten Tag stellte Shankly zum Wiederholungsspiel sein Team leicht um und beorderte den kopfballstarken Waliser John Toshack in den Sturm. Ihm war aufgegangen, dass der Aushilfslibero der Gladbacher, ein gewisser Günter Netzer, sich aus jedem Luftkampf heraushielt. Und doch hätten die Deutschen wirklich nicht 0:3 verlieren müssen. Dietmar Danner traf den Pfosten; Jupp Heynckes vergab einen Elfmeter. Shankly, der in diesem Wettbewerb schon Eintracht Frankfurt, Dynamo Berlin und Dynamo Dresden ausgeschaltet hatte, zeigte sich von seiner generösen Seite und lobte Gladbach über den grünen Klee. Zwei Wochen später hätte er sich fast auf die Lippe gebissen, denn Netzer – nun wieder im Mittelfeld – führte sein Team zu einem 2:0-Sieg. Das dritte Tor wollte aber nicht fallen, und als der Borussia kurz vor dem Abpfiff ein Elfmeter verwehrt wurde, war der UEFA-Cup zum sechsten Mal hintereinander nach England gegangen und eine weitere deutsche Jagd auf eine europäische Trophäe beendet. Aber vielleicht hatte sie auch erst begonnen.

Denn nun machte sich Bayern München ernsthaft auf, um den Cup der Landesmeister zu streiten. Vor Beginn der Spielzeit 1973/74 sagte Klubpräsident Wilhelm Neudecker: „Wir könnten in der Bundesliga von mir aus Vierter werden, wenn wir nur diesen Pokal gewinnen." Um seinen Willen Wirklichkeit werden zu lassen, hatte er eine Million Mark investiert und damit seine Elf durch Jupp Kapellmann (aus Köln) und Bernd Gersdorff (aus Braunschweig) verstärkt. Im Winter würde auch noch der schwedische Stürmer Conny Torstensson dazukommen – nachdem er den großen Traum der Münchener im Herbst beinahe schon beendet hätte.

Bayerns Auftaktgegner war nämlich FF 1907 Atvidaberg, ein Klub, der in Schweden fast 65 Jahre nicht in Erscheinung getreten war, dann zwischen 1970 und 1973 vier nationale Titel gewann – und prompt für drei Jahrzehnte wieder versank. Als die Bayern Mitte September 1973 im Olympiastadion auf die Skandinavier trafen, schien es bereits so, als habe Atvidabergs Abstieg schon begonnen, denn die beiden besten Angreifer waren in das Ausland transferiert worden: Ralf Edström nach Eindhoven, Roland Sandberg nach Kaiserslautern. Aber der Klub hatte ja noch Torstensson. Beim Hinspiel, das München mit Ach und Krach 3:1 gewann, fiel er noch kaum auf, beim Rückspiel aber gehörten die Schlagzeilen dem Mann mit den roten Fußballschuhen.

Am Abend des 3. Oktober drängten sich fast 10.000 Zuschauer in das kleine Stadion des kleinen Klubs aus der kleinen Stadt. Nur 3.000 Menschen fehlten, dann wären sämtliche Einwohner Atvidabergs zugegen gewesen, als Torstensson schon nach sieben Minuten das 1:0 erzielte. Acht Minuten später stand es 2:0, und Wilhelm Neudecker verließ die Tribüne, um seiner Mannschaft in der Pause flehentlich mehr Geld zu bieten, damit sie sich nicht blamierte. Doch auch die 2.000 Mark Zusatzprämie ließen die Bayern nicht auftauen: In der 72. Minute schob ein roter Schuh den Ball zum 3:0 in das Tornetz der Gäste. Die Feierabendprofis aus der Provinz hatten die Europameister Maier, Schwarzenbeck, Beckenbauer und Müller am Rande des Abgrunds.

Zwei Namen fehlen in dieser Liste der bayerischen EM-Helden. Der erste gehört Breitner, der verletzt ausgeschieden war, als Torstensson das 3:0 markierte. Der zweite ist der von Uli Hoeneß. Er war es nämlich, der diese Europacup-Saison aus Münchener Sicht mehr als einmal rettete, und den Anfang machte er an jenem Tag mit einem Abstauber in der 75. Minute. Seinen nächsten Treffer erzielte er eine Dreiviertelstunde später, im Elfmeterschießen. Auch der war wichtig, denn Gersdorff hatte mit dem zweiten Strafstoß der Bayern das Tor komplett verfehlt. Nachdem Hoeneß den Ball sicher verwandelte, wehrte Sepp Maier einen Schuss der Schweden ab und dann half der Pfosten. „Noch so ein Spiel halten meine Nerven nicht aus", stöhnte Trainer Udo Lattek im Moment des Sieges. Aber das war eine voreilige Prophezeiung ...

Furchtsame Münchner in Dresden

Zwei Tage nach dem Dusel-Drama von Atvidaberg loste die UEFA die nächste Runde aus, und gleich die ersten beiden Zettel trugen die Namen deutscher Klubs: Bayern und Dynamo Dresden. Seit 1957, als Wismut Karl-Marx-Stadt für die DDR auf internationalem Parkett debütierte, spielten Vereine aus West- und Ostdeutschland im Europacup, ohne dass es je ein direktes Duell der beiden Länder gegeben hätte. Und auch 1973 wäre beinahe etwas dazwischen gekommen, nämlich Juventus Turin.

Dieses schwere Los hatte Dresden gleich zu Beginn vorgesetzt bekommen und dann auch noch den Nachteil gehabt, zuerst daheim antreten zu müssen. Aber der großartig aufgelegte Spielmacher Hans-Jürgen Kreische scherte sich nicht um Namen und Daten. In Dresden führte er seine Elf zu einem 2:0, das nur deshalb nicht höher ausfiel, weil Juves Torwart Dino Zoff gleich reihenweise brillierte. In der Woche nach diesem prestigereichen Sieg schlug die DDR-Nationalelf Rumänien mit 2:0 und qualifizierte sich damit so gut wie sicher zum ersten Mal für eine WM – die in der Bundesrepublik. Der Jubel war groß, nur nicht bei Dynamo Dresden: Kreische, der Fußballer des Jahres in Ostdeutschland, verletzte sich bei dieser Partie schwer am

Achtelfinale der Landesmeister, Bayern München - Dynamo Dresden 4:3 / 3:3. Das spielentscheidende Duell: Uli Hoeneß gegen Eduard Geyer.

Knie und fiel für Monate aus. Auch ohne ihn erkämpfte sich sein Klub in Turin eine 2:3-Niederlage, die für das Fortkommen reichte. Aber gegen Bayern sollte Kreische vermisst werden.

Vor dem ersten Spiel zwischen den beiden Deutschen Meistern regnete es in München tagelang. Als Dresdens Trainer Walter Fritzsch gefragt wurde, ob das ein Nachteil für seine Mannschaft wäre, gab er die politisch etwas unkorrekte Antwort: „Ich bin beim Russland-Feldzug 80 Kilometer barfuß marschiert, da werden die Spieler diese 90 Minuten wohl durchhalten." Das taten sie wirklich. Zur Pause stand es im Olympiastadion 3:2 für den Gast aus dem Osten. Schon wieder musste Neudecker in die Kabine, um mit Geldscheinen zu wedeln. Und viele der 52.000 Zuschauer – mehr waren wegen der gepfefferten Eintrittspreise nicht gekommen – dachten derweil an das erst vier Tage zurück liegende Spiel in Kaiserslautern, das die Bayern 4:7 verloren hatten. Wollte denn gar nichts mehr gelingen?

Doch es gab ja zwei Spieler bei den Bayern, die immer halfen, wenn das Zähneklappern einsetzte: „Bulle" Roth schoss in der 71. Minute den Ausgleich, und Gerd Müller stellte wenigstens noch einen knappen Sieg sicher. Sepp Herberger bescheinigte den Bayern eine tiefe Formkrise, woraufhin Dresdens Fritzsch spitz bemerkte: „Wir haben auch eine Krise. Normalerweise spielen wir viel besser."

Das Rückspiel geriet zum Politikum, weil Neudecker sich entschloss, seine Mannschaft nicht im bereits gemieteten Hotel Newa in Dresden übernachten zu lassen, sondern in der grenznahen westdeutschen Stadt Hof. „Der Höhenunterschied zwischen München und Dresden könnte leistungshemmend sein, und vielleicht reichen zwei Tage nicht aus, um sich zu akklimatisieren." Mit diesem berühmten Satz rechtfertigte Neudecker seinen Affront, der besonders die 3.000 Fußball-Fans in Dresden traf, die stundenlang vor dem Hotel froren, um die Bayern begrüßen zu können. Die knapp 400 Meter Höhenunterschied machten Neudecker natürlich nicht so viel Sorgen wie die Gerüchte, die man sich im Westen über die Verhältnisse in der DDR zuraunte: Es kursierten wahre Horrorgeschichten über Stasi-Spitzel, Vergiftungsversuche und Ähnliches.

In den Jahren, die seitdem vergangen sind, musste sich der FC Bayern manche Klage über sein Verhalten vom November 1973 anhören. Was man seltener hört, ist, dass die Vorsicht zwar übertrieben, aber nicht grundlos war: In der Nacht vor dem erwarteten Eintreffen der Bayern wurde das gesamte Personal im Hotel Newa ausgetauscht, und als die Bayern sechs Stunden vor dem Spiel endlich eintrafen, war der Salon dermaßen mit Wanzen gespickt, dass die Anschlussbesprechung der Münchener Wort für Wort in der Zentrale der Stasi mitgeschrieben wurde.

Fritzsch wusste also genau, was seine Elf erwartete – aber er muss vergessen haben, Eduard Geyer vor Uli Hoeneß zu warnen. Keine zwölf Minuten waren vergangen, da hatte der blonde Wirbelwind dem armen Geyer schon viermal die Hacken gezeigt. Beim ersten Mal verunglückte sein Pass auf Müller, beim zweiten Mal foulte Torwart

Claus Boden den Bayern-Stürmer, ohne dass es den fälligen Elfmeter gegeben hätte. Beim dritten Mal verlud Hoeneß den Keeper und traf zum 0:1, beim vierten Mal schoss er Boden an und verwandelte den Abpraller unfreiwillig mit der Kinnspitze.

Damit war die packende Partie aber keinesfalls entschieden, denn zwischen der 42. und 56. Minute kam Dynamo zu drei Toren. Das 3:2 – ein Drehschuss von Reinhard Häfner aus 18 Metern, den Maier zu spät sah – ließ den westdeutschen Fernsehreporter das Schlimmste befürchten: „Es sieht nicht gut aus für den FC Bayern. Das Stadion hier ist einem Hexenkessel gleich." Keine 30 Sekunden nach diesen mahnenden Worten musste sich Maier nach einem Versuch aus der Distanz von Gerd Heidler strecken und parierte dann auch noch den Nachschuss. Im direkten Gegenzug schaufelte Gerd Müller das Leder aus fünf Metern in das Tor, und endlich konnten Latteks Nerven Pause machen.

Erst ein Sonntagsschuss, dann der Pokal

Auch in den nächsten beiden Runden bekam es der FC Bayern mit dem Ostblock zu tun, und Neudecker blieb auf der Hut. Zum Spiel bei ZSKA Sofia nahm er nicht nur die komplette Verpflegung seines Teams mit, sondern ließ auch noch das dazugehörige Personal einfliegen. Mit vollen Bäuchen verloren die Münchener 1:2, was aber nicht ins Gewicht fiel, da die erste Partie im Olympiastadion mit 4:1 gewonnen worden war. Auch zum Halbfinalausflug nach Budapest begleiteten den Deutschen Meister eigene Köche, dazu noch das halbe bayerische Ministerium – und Sepp Maiers Frau Agnes als Talisman. Sie tat ihren Job, denn bei Ujpest Dozsa errangen die Bayern ein wertvolles 1:1. Zwei Wochen später hieß es in München 3:0, und zum ersten Mal seit 1960 stand eine deutsche Mannschaft im Finale um den Europacup der Landesmeister.

Hier hätten die Bayern eigentlich auf einen alten Bekannten treffen können, auf den Mann, der Atlético Madrid auf seine gewohnt burschikose Art 1973 zum Titel in Spanien geführt und dafür den Beinamen „El Latigo" – die Peitsche – bekommen hatte: Max Merkel. Leider hatte Merkel im Trubel der Meisterfeiern ein unbedachtes Interview gegeben, in dessen Verlauf er sagte, es gehe ihm „beschissen" und er freue sich auf sein Haus in München. Das beleidigte ganz Kastilien tödlich, und so war es Juan Carlos Lorenzo, der Atlético in den folgenden Monaten als Coach durch die Wirren des Europacups steuerte. In den ersten drei Runden gewannen die Madrilenen keines ihrer Heimspiele, kamen aber jeweils durch eher zähe als gute Auswärtsleistungen weiter. Im Halbfinale entspann sich dann ein Eklat in – wieder einmal – Schottland, wo der Gastgeber Celtic Glasgow hieß: Sieben Spanier wurden verwarnt, drei vom Platz gestellt, nach dem Schlusspfiff kam es zu einem Handgemenge unter den Spielern, und die Spanier behaupteten später, im Kabinengang von Polizisten geschlagen worden zu sein!

Finale der Landesmeister 1973/74, Bayern München - Atlético Madrid 1:1 n.V. / 4:0 (in Brüssel). Das Wiederholungsspiel gewannen die Bayern souverän und holten erstmals den europäischen Meistercup. Hintere Reihe (von links): Schwarzenbeck, Roth, Breitner, Zobel, Hansen, Müller, Beckenbauer, Hoeneß. Vorn: Maier, Kapellmann, Torstensson.

Was genau sich an jenem Abend abspielte, ist heute schwierig zu beurteilen. Die spanische Tageszeitung „ABC" nannte den türkischen Schiedsrichter einen „Verrückten" und deutete Bestechung an. Der „Daily Express" hingegen bezeichnete Atlético als „eine Mannschaft von Verbrechern, die aus dem Halbfinale eine Schlacht machten". Um sich nicht in Mutmaßungen zu ergehen, sei nur erwähnt, dass dieses angebliche Spiel 0:0 endete, während Madrid zwei Wochen später zu Hause 2:0 gewann. Die in Glasgow des Feldes verwiesenen Profis waren aber von der UEFA für drei Partien gesperrt worden, sodass Atlético geschwächt und nur als Außenseiter zum Finale am 15. Mai 1974 in Brüssel antrat.

Auch an diesem Tag wurde Udo Latteks Nervenkostüm einem Belastungstest unterzogen. „Um ein Tor werden die Bayern wohl besser sein", ließ sich Spanien-Experte Merkel grantelnd vernehmen, aber als der 36-jährige Mittelfeldspieler Luis nach 114 Minuten einen Freistoß an Sepp Maier vorbei ins Netz drehte, musste man sagen, dass eher Madrid genau um dieses eine Tor besser war. Atlético spielte nicht nur stärker als erwartet, sondern wurde mit zunehmender Spieldauer auch immer dominanter. Allein Beckenbauer und Maier hielten die konfusen Bayern nach der Halbzeit in der Partie und retteten das 0:0 in die Verlängerung. Aber nach dem 1:0 durch Luis war eigentlich alles vorbei – bis in der 120. und letzten Minute ein Fehlpass ausgerechnet bei Georg Schwarzenbeck landete. „Ausgerechnet“ deshalb, weil der Vorstopper keine Anspielstation fand und nicht gerade ein Dribbel-Wunder war. Also schoss er aus 30 Metern aufs Tor. Und tatsächlich erzielte er in seiner 35. Europacup-Begegnung zum ersten Mal einen Treffer!

Damals wurden Endspiele noch nicht durch Elfmeterschießen entschieden, und so standen sich Spanier und Deutsche nur zwei Tage später im Heysel-Stadion erneut gegenüber. Diesmal waren die Bayern so stark, wie sie zuvor schwach gewesen waren. Das mag damit zu tun gehabt haben, dass die überalterte Atlético-Elf konditionell überfordert wurde. Es spielte jedoch sicher auch eine Rolle, dass die Münchener nun die Ruhe eines Teams hatten, das sich mit dem Schicksal im Bunde wusste. Und dass Uli Hoeneß mehr Platz bekam, weil Gerd Müller den Auftrag erhielt, sich aus der Sturmmitte davonzuschleichen und seinen Gegenspieler mitzuziehen.

Nach einer Viertelstunde legte Hoeneß den ersten Alleingang hin, setzte seinen Schuss aber zu hoch an. In der 28. Minute schickte Breitner seinen Spezi erneut auf die Reise, und diesmal schob der den Ball kaltblütig durch die Beine von Torwart Reina. Noch schöner war das 2:0 in der 56. Minute: Vom linken Flügel flankte Kapellmann mit rechts auf den sprintenden Müller, der den Ball im Sprung annahm und dann direkt verwandelte. Das dritte Tor, wieder durch Müller, und das vierte, wieder durch Hoeneß, waren nur noch Zugaben, spiegelten aber das Kräfteverhältnis durchaus wider. Im „kicker“ wurde Hoeneß gar mit Johan Cruyff verglichen, was übertrieben war, sich aber als fast prophetisch herausstellte. Denn was Ajax recht gewesen war, das galt dem ersten deutschen Sieger bei den Landesmeistern von jetzt an nur als billig.

Unbeliebte Bayern in der Erfolgsspur

Das fing damit an, dass nach dem Sieg von Brüssel eine Stütze der Abwehr und der Trainer den Klub verließen, obwohl die Gründe und die Zeitpunkte andere waren als damals bei Vasovic und Michels: Paul Breitner wechselte zu Real Madrid, Udo Lattek wurde im Januar 1975 entlassen. Es setzte sich fort, indem die Bayern, wie einst Ajax in der Saison, die dem ersten Cup-Gewinn folgte, auf Klubs aus der DDR, Frankreich und England trafen. Und es endete damit, dass auch die Münchener ein Jahr nach dem großen Triumph wieder im Finale standen – und mit 2:0 siegten.

Dazwischen (und danach) war aber alles anders als bei Amsterdam. „Obwohl die Bayern das schafften, was Ajax geleistet hatte, konnten sie mit der Unternehmungslust und Fantasie der Holländer nicht mithalten. Ihnen fehlte ein Mittelfeldspieler von Weltklasseformat, ein Neeskens oder Netzer. Sie waren gezwungen zu improvisieren", bilanziert der englische Autor John Rowlinson. Diese Sichtweise wurde auch daheim vertreten. Einer der Gründe, weshalb die Unbeliebtheit der Bayern immer mehr zunahm, lag sicher in den langen Europacup-Nächten, bei denen die Zuschauer vor den Fernsehgeräten unmittelbar Vergleiche ziehen konnten. Da waren auf der einen Seite die drögen Bayern, die einfach nichts anzufechten schien, sobald sie den Schein des Flutlichtes erblickten – nicht das Schicksal, nicht Kritik an ihrer Spielweise und schon gar nicht das Murren über ihre Außendarstellung. Und da gab es auf der anderen Seite die Borussia aus Mönchengladbach, die, obwohl in der Bundesliga erfolgreicher als die Bayern, international immer wieder unter mysteriösen, tragischen oder dubiosen Umständen scheiterte. Unter der Last dieser Eindrücke fiel es schwer, Bayern-Fan zu werden, und stattdessen drückte Deutschland den Gladbachern die Daumen.

Schon im November 1975 sorgten die Münchener erneut für Ärger. Nachdem Mannschaften aus West- und Ostdeutschland fast anderthalb Jahrzehnte überhaupt nicht auf demselben Rasen gestanden hatten, schienen sie sich nun regelmäßig messen zu wollen: Dem Drama zwischen Bayern und Dresden vom Herbst 1973 war knapp einen Monat später das Duell Fortuna Düsseldorf gegen Lok Leipzig im UEFA-Cup gefolgt, ein halbes Jahr danach hatten sich die Nationalmannschaften beider Länder bei der Weltmeisterschaft gegenübergestanden, und schon im Oktober 1974 bekamen es die Münchener im Cup der Meister mit dem 1. FC Magdeburg zu tun.

Das Hinspiel im Olympiastadion kam einem irgendwie bekannt vor. Zur Pause führte der Gast aus der DDR auf einem erneut regendurchweichten Platz mit 2:0, dann drehten die Bayern das Spiel durch zwei Treffer von Gerd Müller und ein Eigentor noch um. Diesmal war es Heinz Krügel, Magdeburgs Trainer, der Optimismus verbreitete („Zu Hause werden wir alles in die richtigen Bahnen lenken") und sich in der Wortwahl vergriff. Auf die Frage, welche Ablösesumme er im Profifußball für seinen Spieler Martin Hoffmann heraushandeln könnte, antwortete er: „Keine Ahnung. Ich bin doch kein Araber."

Zum Rückspiel nach Magdeburg reiste der FC Bayern mit inzwischen gewohnt großem Gepäck und Gefolge: Küchengeräte, Lebensmittel – der Feinkosthändler Gerd Käfer und fünf seiner Angestellten ließen den Mannschaftsbus aus allen Schweißnähten platzen. Um zu erklären, was er gegen die ostdeutsche Küche habe, redete sich Neudecker diesmal mit „Furcht vor Typhus" heraus. Das war natürlich eine Argumentation, die im Osten niemanden beschwichtigen konnte, sondern erst recht als Provokation empfunden wurde. Ein DDR-Buch zur Geschichte des Europacups schimpft über die „blasierte Selbstdarstellung" der Bayern, die „arrogant und

Bayern-Präsident Neudecker und Trainer Udo Lattek: Unter ihrem Regime waren die Bayern erfolgreich, machten sich aber nicht immer beliebt.

überheblich ungeschriebene Gesetze der Gastfreundschaft brüskierten". Mit dieser Reaktion war zu rechnen, aber die Münchener wurden auch von der heimischen Presse scharf kritisiert. Der Sportinformationsdienst (sid) fürchtete gar um das Ansehen des ganzen bundesdeutschen Sports, und die „FAZ" beschwor das „Bild vom hässlichen Bayern" herauf.

Aber, und das muss man bewundernd hinzufügen, je größer der Trubel wurde, desto abgeklärter zeigten sich die Spieler. Gerd Müller köpfte schon nach 22 Minuten das 0:1 und ließ eine halbe Stunde später alle Sorgen verfliegen, als er eine ausgezeichnete Vorarbeit von Hoeneß mit dem 0:2 abschloss. Jürgen Sparwasser verkürzte noch einmal, aber es blieb beim Sieg der Bayern – erstaunlicherweise ihr erster Auswärtserfolg im Pokal der Meister.

Den nächsten hätte es in der kommenden Runde geben sollen, aber hier zeigte sich, dass das Auftreten der Bayern nicht nur abseits des Platzes kritikwürdig war. Gegen den UdSSR-Meister von 1973, Ararat Eriwan, galten die Deutschen als unantastbarer Favorit, umso mehr, da der Gegner die Saison 1974 bereits beendet hatte – auf dem fünften Platz. Daheim kamen die Bayern dann auch zu einem verdienten, wenn auch etwas glücklichen 2:0-Sieg. In Eriwan stand die Truppe jedoch mit dem Rücken zur Wand und hatte eine Stunde lang das Ausscheiden vor Augen. Aber den Armeniern gelang nur ein Treffer, und in den letzten 30 Minuten ging ihnen die Puste aus. Die Münchener waren damit zwar eine Runde weiter, aber der neue Bayern-Trainer Dettmar Cramer kommentierte die Niederlage bissig: „Es gibt keinen Anlass, um zu feiern. Einige Spieler haben die Erwartungen nicht erfüllt."

Ein hässliches Finale

Im Halbfinale bekamen die Bayern Gelegenheit, sich für eine schmerzliche Schlappe vom Oktober 1969 zu revanchieren, denn das Los hatte den AS St. Etienne zum Kontrahenten bestimmt. Froh war man in München über diese Chance aber nicht, denn die Form der Mannschaft gab zu dunklen Ahnungen Anlass: Als der Titelverteidiger sich in die kleine Bergarbeiterstadt im Südosten Frankreichs aufmachte, stand er in der Bundesliga nur auf dem elften Rang. Doch in der Not macht man aus einer solchen eben eine Tugend – und verteidigt sich. Schon im Mittelfeld brachten die Gäste ihre Gegner auf dem Schneeboden ins Schleudern, und als die ratlosen Franzosen nur noch Verzweiflungsflanken schlugen, landeten die alle in den riesigen Handschuhen von Sepp Maier. Zwei Wochen nach diesem kostbaren 0:0 gewannen die Bayern zwar durch ein Klassetor von Beckenbauer und ein Solo von Bernd Dürnberger mit 2:0, aber wieder waren die 74.000 Zuschauer im Olympiastadion mit ihrer Elf unzufrieden. Neudecker sagte den Reportern sarkastisch: „Stellen Sie sich vor: Für dieses Spiel gibt es auch noch eine Prämie!"

Es gab noch etwas Wertvolleres, nämlich einen Platz im Endspiel am 28. Mai 1975 in Paris. Leider sollte diese Begegnung der unansehnlichen Saison des FC Bayern in mehr als nur einer Hinsicht die Krone aufsetzen. „Alter Fußballglanz, wo bist du geblieben?", würde das Schweizer Blatt „Sport" am folgenden Tag titeln. Doch die Bayern trugen noch die wenigste Schuld daran, dass dieses Finale – nimmt man alles zusammen – das bisher hässlichste in der Geschichte des Wettbewerbs wurde.

Da war zunächst einmal der Gegner. Leeds United hatte den FC Zürich, Ujpest Dozsa Budapest und den RSC Anderlecht vom Tanzboden gerempelt, bevor die Engländer im Halbfinale gegen Johan Cruyff und den FC Barcelona zwei große Partien hinlegten (2:1 und 1:1). Doch schon beim Rückspiel in Katalonien war zumindest ein United-Spieler unangenehm aufgefallen, nämlich Gordon McQueen, der nach einem Revanchefoul vom Platz gestellt wurde. Im Prinzenpark von Paris schlugen nun gleich mehrere seiner Kollegen über die Stränge. Schon nach 180 Sekunden trat Terry Yorath den am Boden liegenden Björn Andersson gegen das Knie. Der Schwede musste ausgewechselt werden und fiel für fast eine ganze Saison aus. Uli Hoeneß wurde gleich dreimal böse gefoult, bis auch er vom Feld hinkte. So richtig sollte er sich von dieser Knieverletzung nie mehr erholen, aber das ahnten die Bayern an jenem Abend noch nicht. Da wussten sie nur, dass das Schicksal ihnen zwei schlimme Streiche gespielt hatte. Das aber konnte sie, wie bereits angedeutet, nicht schrecken.

In der 72. Minute deckte Torstensson mit dem Rücken zum Tor den Ball gegen drei Engländer ab und spielte dann Roth an. Der ging vier Schritte und schoss mit links aus zwölf Metern flach ins lange Eck. Damit hatte er bereits sein zweites europäisches Finale entschieden, denn Leeds hatte nun

Halbfinale der Landesmeister 1974/75, AS Saint Etienne - Bayern München 0:0 / 0:2. Gerd Müller und Uli Hoeneß nach dem Sieg im Rückspiel.

Finale der Landesmeister 1974/75, Bayern München - Leeds United 2:0 (in Paris). Das siegreiche Team des Endspiels in Paris. Hinten (v.l.n.r.): Roth, Dürnberger, Beckenbauer, Wunder, Weiß, Müller, Torstensson. Vorne: Kapellmann, Maier, Zobel, Schwarzenbeck.

wenig mehr zu bieten als ein weiteres schlimmes Foul, diesmal vom Treter Hunter am angehenden Arzt Kapellmann. Neun Minuten nach dem 1:0 fuhren die Bayern einen Konter über den rechten Flügel. Uniteds Verteidiger Paul Madeley war davon offensichtlich völlig unbeeindruckt, denn er trabte dösend neben Gerd Müller daher – bis dieser plötzlich zum kurzen Pfosten spurtete, wo er die Flanke nur noch in die Maschen drücken musste. Der FC Bayern hatte seinen Pokal verteidigt.

Aber darüber redete niemand. Denn obwohl die Engländer überhart agierten und die Deutschen ihren „nüchternen Perfektionismus" („Neue Züricher Zeitung") ausspielten, gab es doch kein Vertun darüber, wer das Finale hätte gewinnen müssen. Lange vor dem ersten Tor waren Leeds ein Hand- und ein Foulelfmeter verweigert und ein Treffer durch Peter Lorimer aberkannt worden. Heute würde man Billy Bremners Abseitsposition bei diesem Tor als deutlich „passiv" werten; die Sache wurde aus englischer Sicht auch noch dadurch verschlimmert, dass die Schotten von Celtic Glasgow mit einem ähnlichen Tor das 1967er Finale gewonnen hatten. Das aber durfte keine Entschuldigung für das Verhalten der Leeds-Fans sein, die schon vor dem Spiel in der Pariser Innenstadt krakeelten. Im Stadion brachen in der zweiten Halbzeit immer wieder Krawalle in dem Block der Engländer los, bei denen 40 Menschen zu Schaden kamen, und zahllose Wurfgeschosse landeten im Strafraum von Sepp Maier. Auch in der Nacht gab es weitere Prügeleien in den Straßen von Paris. Die UEFA hatte dieses Finale in die französische Hauptstadt gelegt, um an die Anfänge des Europacups vor 20 Jahren zu erinnern. Nun musste sie sich mit Rowdies und Schlägern befassen.

„Jedes Jahr gibt es Ärger mit britischen Anhängern", sagte UEFA-Generalsekretär Hans Bangerter bei der Anhörung, und diesmal fand sich niemand, der das „faire Publikum" in England von diesem Pauschalurteil ausgenommen wissen wollte. Nur zwölf Monate zuvor hatten nämlich die Fans von Tottenham Hotspur beim UEFA-Cup-Finale in Rotterdam randaliert, Autos in Brand gesteckt und Molotow-Cocktails geworfen. Daher wandte sich Bangerter jetzt an Jimmy Armfield, den neuen Trainer von Leeds, und sagte: „Warum können Sie nicht mit anderen Menschen zusammenleben? Wir sind das leid. Wir müssen etwas unternehmen." Armfield notierte später: „Um ehrlich zu sein, musste man ihm Recht geben." Armfields Klub, Leeds United, wurde für vier Jahre von der internationalen Bühne verbannt.

Rache für Mönchengladbach

Zum Glück verlief die nächste Saison, 1975/76, weniger schäbig und umstritten. Das galt auch für die Bayern, die in der Bundesliga auf die Beine kamen, Europa ein überragendes Talent namens Karl-Heinz Rummenigge präsentierten und endlich auch mittwochabends wieder für ausgelassene Stimmung sorgten. Wie etwa am 17. März 1976 im Olympiastadion. Es war der Tag der Rückspiele im Viertelfinale, das die Münchener über Jeunesse Esch aus Luxemburg und Malmö FF erreicht hatten. Der Name des Gegners Benfica Lissabon besaß noch immer einen guten Klang, obwohl der berühmteste Spieler des Klubs nicht mehr dabei war: Zum ersten Mal seit 1961 bestritt Benfica eine Saison ohne Eusébio.

An seinem Fehlen lag es nicht, dass die Portugiesen daheim nur zu einem 0:0 gegen die Bayern kamen, eher schon an den guten Paraden von Sepp Maier und der

Viertelfinale der Landesmeister 1975/76, Borussia Mönchengladbach - Real Madrid 2:2 / 1:1. Beim Rückspiel am 17. März in Madrid spielten die Borussen vor allem gegen den zwölften Mann, Schiedsrichter van der Kroft. Doch alle Proteste halfen nichts (hier Wimmer, Stielike und Wittkamp): Der Schiedsrichter ließ sich von seiner merkwürdigen Pfeiferei nicht abbringen, es blieb es beim 1:1, und die Borussen schieden aus.

Querlatte, die den Titelverteidiger rettete, als auch der Schlussmann nicht mehr helfen konnte. Im Rückspiel machten dann die Münchener das Spiel, aber auch sie trafen bis zur Pause nur einmal das Torgestänge. Dann jedoch, mit Beginn der zweiten Hälfte, begann die Party: Dürnberger schoss zwei Tore in sieben Minuten, und der 20-jährige Rummenigge bekam seinen ersten Europacup-Treffer im heimischen Stadion gutgeschrieben, obwohl es sich eher um ein Eigentor von Adolfo Messias gehandelt hatte. Dessen interessanter Name kam aber auch später nicht auf die Anzeigentafel, stattdessen leuchtete dort noch zweimal der von Gerd Müller auf. Mit 5:1 zog der FC Bayern in großer Manier in das Halbfinale ein, wo er nicht nur um seine dritte Endspielteilnahme hintereinander kämpfte, sondern auch seinen größten nationalen Rivalen rächen sollte.

Während die Münchener nämlich Benfica demontierten, wurde das nächste Trauerspiel mit Borussia Mönchengladbach in der Hauptrolle aufgeführt. Der amtierende Deutsche Meister hatte durch einen grandiosen 6:1-Sieg bei Wacker Innsbruck aufhorchen lassen und dann das starke Juventus Turin ausgeschaltet (2:0, 2:2), als sich erneut ein guter Bekannter meldete: das Lospech. Es enthielt den Borussen Teams wie Eindhoven, Split oder Lissabon vor und bescherte ihnen stattdessen Real Madrid. Aber selbst diese Startruppe um die Deutschen Günter Netzer und Paul Breitner wäre vielleicht besiegt worden, hätten sich nicht Dummheit und ein Holländer eingemischt. Die Dummheit unterlief den Gladbachern selbst, als sie im Hinspiel eine 2:0-Führung aus der Hand gaben, weil Torwart Kleff an einer Flanke vorbeisprang, die Roberto Martinez dankbar einköpfte. Dieser Fehler ließ die Partie kippen, und Pirri glich mit einem Weitschuss noch zum 2:2 aus.

Besagter Holländer griff im Rückspiel ein. Das durfte er zwar, denn sein Name war Leo van der Kroft und sein Nebenberuf Schiedsrichter, aber was er nach dem 0:1 durch Jupp Heynckes so an Entscheidungen traf, ließ Rainer Holzschuh im „kicker" von einem „eindeutig zugunsten der Spanier pfeifenden Unparteiischen" sprechen. Ein umstrittener Freistoß führte zum letztlich entscheidenden 1:1 durch Carlos Santillana, dann fanden gleich zwei Gladbacher Tore, in der 69. und 81. Minute, keine Gnade vor den Augen van der Krofts. „Das erste Tor war ein eindeutiges Abseits, dem zweiten ging ein Handspiel voraus", erklärte er später, aber die Fernsehbilder können das nicht bestätigen. Gladbach legte bei der UEFA Protest gegen die Wertung der Begegnung ein, doch die Funktionäre wollten sich nicht dazu durchringen, Tatsachenentscheidungen zu annullieren, was einen riskanten Präzedenzfall geschaffen hätte. Van der Kroft beendete noch im selben Jahr seine aktive Laufbahn, wurde aber später in die Schiedsrichter-Kommission der UEFA berufen.

Nun war es an den Bayern, diese vermeintliche Niedertracht zu sühnen, denn nachdem Netzer gegen seine alten Gladbacher gespielt hatte, fand es die Vorsehung nur angemessen, Breitner im Halbfinale gegen seine ehemaligen Kollegen aus München antreten zu lassen. Und selbstredend gelang den Siegertypen um „Kaiser Franz" das, woran die Fohlen um Berti Vogts gescheitert waren: Durch ein 1:1 in Madrid und einen 2:0-Sieg daheim kamen sie in das Finale. Alle drei deutschen Tore erzielte Gerd Müller, wobei vor allem das 1:0 nach neun Minuten des Rückspiels in München erwähnenswert ist: Der Mann, den sie das „Strafraumgespenst" nannten, markierte seinen 50. Treffer im Europapokal mit links – aus knapp 17 Metern Torentfernung.

Titel-Hattrick für die Roten

Was im Jubel der westdeutschen Presse etwas unterging, war die Tatsache, dass diesmal Real Madrid mit den Zähnen knirschte. Im ersten Spiel fehlten die angeschlagenen Pirri und Breitner, dann mussten Manuel Velazquez und Martinez verletzt vom Feld. Als auch noch Santillana im Strafraum gefoult wurde, ohne dass ein Pfiff erfolgt wäre, verlor ein 26-jähriger Zuschauer die Fassung und rannte auf das Spielfeld. Sein Ziel war der Schiedsrichter, aber als er auf seinem Weg Sepp Maier auf die Schulter schlug und Gerd Müller einen Kinnhaken verpasste, war er an die Falschen geraten: Maier setzte dem jungen Mann nach und packte ihn so sicher wie sonst nur ungenaue Flan-

Halbfinale der Landesmeister 1975/76, Real Madrid - Bayern München 1:1 / 0:2. Karl-Heinz Rummenigge jubelt, doch getroffen hat mal wieder (mit der Nummer 9) Gerd Müller, dessen Tore Real Madrid aus dem Wettbewerb kickten. Dies verdross auch Paul Breitner (rechtes Foto), der im „königlichen" Dress an seine alte Wirkungsstätte zurückgekehrt war.

ken. Da waren die spanischen Polizisten schon zur Stelle und wurden ihrem schlechten Ruf gerecht, indem sie auf jeden einhieben, der sich bewegte – Fußballer oder Amokläufer. „Da machst' was mit", seufzte Maier später zwischen zwei Buchdeckeln.

Ähnliches hätte er auch nach dem Endspiel vom 12. Mai 1976 stöhnen können. Die Roten aus München schafften ihren Hattrick und gewannen die Partie 1:0 – aber hinterher wurden sie schon wieder wie Halbstarke angefeindet, die einer zittrigen Oma die Handtasche entrissen hatten. Die englische Boulevard-Zeitung „The Sun" meinte: „Die Bayern holten sich den Pokal wie Diebe und trugen ihn davon, als wären sie auf der Flucht." Zürichs „Sport" formulierte etwas verquast, der Sieg sei „mit dem Makel behaftet, dass er ohne eine Überbeanspruchung von Fortuna nicht zu erreichen gewesen wäre".

Dass die Bayern schon vor dem Endspiel in der öffentlichen Meinung wieder einmal schlecht wegkamen, hing auch damit zusammen, dass sie erneut ihre geradezu reflexartige Taktlosigkeit bewiesen. Präsident Neudecker mokierte sich Anfang Mai plötzlich über den Austragungsort Glasgow und erklärte, in einem anderen Land könnte man mehr Zuschauer anlocken und so mehr Geld kassieren. Er schlug sogar gleich drei passendere Städte vor und sorgte damit dafür, dass er in Schottland nicht eben populär wurde. Mit Wohlwollen konnten die Deutschen also kaum rechnen. Alle Sympathien lagen beim Gegner, dem AS St. Etienne. Die Elf von Trainer Robert Herbin hatte sich in Frankreich und ganz Europa viele Freunde gemacht, weil sie alles mitbrachte, was man dafür brauchte: Sie kam aus einer kleinen Arbeiterstadt und war nicht mit Geld zusammengekauft, sondern mit Hilfe des genialen Talentspähers Pierre Garonnaire nach und nach aufgebaut worden. Sie hatte keine Stars und doch einen Liebling der Massen – den flinken Dominique Rocheteau. Sie war bescheiden und zurückhaltend: Herbin sandte flugs honigsüße Worte in Richtung der schottischen Fußballfreunde, als man ihn mit Neudeckers Vorschlag konfrontierte, woanders zu spielen.

Zwar hatte St. Etienne neben Dynamo Kiew und dem PSV Eindhoven auf dem Weg in das Finale auch die Glasgow Rangers ausgeschaltet, aber das verübelte man den netten Franzosen nun nicht mehr. Glasgow war auf ihrer Seite und fühlte mit ihnen, als sie großes Pech ereilte. Zuerst in der Woche vor dem Endspiel, als zwei der wichtigsten Spieler, Gérard Farison und Christian Synaeghel, bei einer Partie in Nimes spielunfähig getreten wurden, wo doch schon Rocheteau und Kapitän Jean-Michel Larque nicht fit waren. Dann im Finale selbst: Nach einer halben Stunde traf Außenstürmer Patrick Revelli nur die Latte des Bayern-Tores, und kurz vor der Halbzeit beförderte Jacques Santini, wenige Meter vor Maier völlig frei zum Kopfball gekommen, das Leder erneut krachend an die Unterkante des Querbalkens.

Doch trotz all dieser Begleitumstände kann man sich des Eindrucks nicht erwehren, dass ein Teil der Öffentlichkeit sich auf die Bayern einge-

Finale der Landesmeister 1975/76, Bayern München - AS Saint Etienne 1:0 (in Glasgow). Aller guten Dinge sind drei: Die Bayern kamen zum dritten Mal hintereinander ins Endspiel und gewannen ihren dritten Titel. Maier und Hansen mit dem Pokal auf der Ehrenrunde.

schossen hatte und sie aus Gewohnheit an den Pranger stellte. Denn auch die Deutschen durften von Pech reden: Schon nach zwei Minuten erzielte Müller einen Treffer, der wegen Abseits nicht gegeben wurde, obwohl Bernd Dürnbergers Pass im rechten Moment gekommen war. Und außer den oben erwähnten Großchancen brachten die Franzosen die Bayern kaum in Bedrängnis. Maier sagte: „Ich war noch in keinem Finale so wenig beschäftigt.“ Und Hoeneß fügte an: „Ich machte mir überhaupt keine Sorgen, bis Rocheteau kurz vor Ende eingewechselt wurde.“

Da war der einzige Treffer des Abends schon gefallen, natürlich durch Franz Roth. In der 57. Minute tippte Beckenbauer einen Freistoß 19 Meter vor dem Tor kurz an, und „Bulle“ schoss innen an der nun fehlpostierten Mauer vorbei in das linke Toreck. Der Europapokal, den er für sein Team gewonnen hatte, sollte für lange Zeit der letzte sein, den die im Mai 1976 unschlagbar scheinenden Bayern sich in die Vitrine stellen konnten. Aber wenigstens durften sie dieses Exemplar behalten, denn so belohnte die UEFA drei Titelgewinne hintereinander.

Sternstunden für Magdeburg und Mönchengladbach

Auch in der Saison 1976/77 spielten die Bayern international lange gut mit, bis zwei späte Tore von Dynamo Kiew sie im Viertelfinale aus jenem Wettbewerb warfen, durch den sie 42 Monate lang marschiert waren. Es ist nicht so, dass der Kopfball von Piotr Slobodjan in der 87. Minute an einem kalten Abend in der Ukraine die gute Phase deutscher Mannschaften im Europacup gänzlich beendet hätte – schon wenige Wochen später standen ja Gladbach und Hamburg in internationalen Endspielen. Aber rein von den Resultaten her gesehen, sollte es auch lange nicht mehr so glänzend werden wie 1974 bis 1976, und zwar nicht nur wegen der Bayern. In den 44 Jahren, in denen drei europäische Wettbewerbe ausgespielt wurden, passierte es nur dreimal, dass gleich zwei von ihnen in einer Saison durch deutsche Klubs gewonnen wurden. Allein zweimal war das in eben dieser kleinen Zeitspanne der Fall – auch wenn einige Leser in den alten Bundesländern jetzt kurz irritiert sein mögen.

Es war nämlich ein DDR-Klub, der Bayerns ersten Sieg bei den Landesmeistern 1973/74 für den deutschen Fußball vergoldete. In dieser Saison nahmen die Magdeburger zum vierten Mal am Pokal der Pokalsieger teil, und endlich war ihnen mehrere Runden lang das Losglück hold: Über den NAC Breda und die Bulgaren von Stara Zagora kam die Elf um die Nationalspieler Jürgen Sparwasser, Wolfgang Seguin und Jürgen Pommerenke in das Halbfinale. Hier hätten sie es mit dem AC Mailand oder Borussia Mönchengladbach zu tun bekommen können, aber am Ende war es Sporting Lissabon, das zwischen Magdeburg und dem Finale stand. Beim Hinspiel in Portugal wurde Torwart Ulrich Schulze zum Held des Tages. Er hielt einen Elfmeter und machte mehrere andere erstklassige Chancen zunichte. Die Ostdeutschen reisten so mit einem 1:1 in die Heimat, wo ihnen vierzehn Tage später Tore von Pommerenke und Sparwasser den wertvollen 2:1-Sieg sicherten. Zum ersten Mal stand eine Elf der DDR-Oberliga in einem europäischen Endspiel.

Der Gegner hieß – muss man es erwähnen? – natürlich AC Mailand. Denn Gladbach war wieder einmal gescheitert, wie so oft mehr an sich selbst und dem Schiedsrichter als an der anderen Mannschaft. Nach dem Rückspiel in Deutschland musste die Polizei den spanischen Referee Franco Martinez vor den empörten Zuschauern schützen, so sehr fühlte sich die Borussia benachteiligt. „Wenn es gegen Italiener geht, ist etwas mit den Schiedsrichtern nicht in Ordnung", schimpfte Vogts – aber Magdeburg sollte beweisen, dass das keine Rolle spielen muss.

Am 8. Mai 1974 betraten die beiden Teams vor leider nur 5.000 Zuschauern den Rasen des Feyenoord-Stadions „De Kuip" in Rotterdam, und wer gedacht hatte, dass Mailand als Favorit gelten müsse, wurde früh schlauer. Obwohl die Magdeburger sehr nervös wirkten, schien Milan durch sein eigenes Defensiv-System gehemmt und seltsam ziellos. „Der AC gleicht einem Trümmerhaufen", hatte die italienische Zeitung „Corriere dello Sport" schon Wochen vorher geschrieben, und wie auf Bestellung

Finale der Pokalsieger 1973/74: 1. FC Magdeburg - AC Mailand 2:0 (in Rotterdam). Torschütze Seguin bejubelt seinen Treffer zum 2:0. Es blieb der einzige Europapokal-Triumph eines DDR-Teams.

Endlich ein europäischer Titel: der 1. FC Magdeburg mit dem Cup der Pokalsieger.

unterlief dem Vorstopper Enrico Lanzi nach 40 Minuten ein Eigentor. Seguin erhöhte mit einem herrlichen Volley-Schuss eine Viertelstunde vor Schluss auf 2:0, und die Mailänder Elf mit dem 35-jährigen Karl-Heinz Schnellinger musste dankbar sein, dass es dabei blieb. Erich Honecker machte in einem Glückwunsch-Telegramm „bewundernswerten Kampfgeist, hohe taktische Disziplin und gewachsenes sportliches Können“ als die Schlüssel zum Erfolg aus. Eine absolut zutreffende Analyse.

Ein Jahr nach diesem überraschenden Triumph geschah ein vielleicht noch größeres Fußball-Wunder: Borussia Mönchengladbach hatte im Europacup erst Glück und dann auch noch Erfolg. Angemessenerweise trug sich dies im UEFA-Cup zu, dem kleinsten der beiden Brüder des Meistercups, aber immerhin. Über Wacker Innsbruck, Olympique Lyon, Banik Ostrau und den international liebgewonnenen 1. FC Köln kam die Elf von Trainer Hennes Weisweiler in die Finalspiele. Hier bot sich dem Team aber auf einmal ein völlig ungewohntes Bild: Es ging wieder gegen Twente Enschede, das unbeschriebene Blatt aus Holland. Mit anderen Worten, Gladbach war Favorit.

Das muss die Elf im Finalhinspiel fast so sehr verwirrt haben wie die tadellose Schiedsrichterleistung. Am 7. Mai 1975 hätte jedenfalls nur ein Klub gewinnen dürfen, und das war Twente, das insbesondere in der Schlussphase Herr im fremden Haus war. Die wenigen Chancen der Gladbacher machte derweil ein Deutscher zunichte: Enschedes Ex-Herthaner Volkmar Groß. Wenige Stunden vor dem Spiel hatte ihn die Polizei besucht, weil in Deutschland zwei Ex-Frauen von ihm Unterhalt einklagten. Seine Leistung beeinträchtigte das offenbar nicht.

Zum Rückspiel in Holland konnte Weisweiler den vorher am Oberschenkel lädierten Jupp Heynckes wieder aufbieten – und das entschied den Wettbewerb. Drei Tore schoss der Stürmer an diesem Tag, womit er sein Konto auf elf Treffer in nur zehn UEFA-Cup-Spielen brachte, zwei weitere steuerte der Däne Allan Simonsen bei. Der hohe 5:1-Sieg war ebenso typisch für Gladbach wie die Tatsache, dass Manager Helmut Grashoff zerknirscht mit dem Taschenrechner hantierte: Die Einnahmen aus acht Monaten UEFA-Cup deckten gerade die Erfolgsprämien für seine Spieler.

Dennoch waren dies so große Jahre für den deutschen Fußball, dass Berti Vogts nach dem ersten Spiel gegen Enschede ironisch darauf verwies, dass man „Deutschland für den Erfinder des Spiels“ halte. Das aber waren immer noch die Engländer. Doch von 1969 bis 1976 musste man sich in der Tat die Frage stellen: Was zum Teufel ist eigentlich mit den Engländern los?

Finale im UEFA-Pokal 1974/75: Borussia Mönchengladbach - Twente Enschede 0:0 / 5:1. Endlich eine europäische Trophäe! Berti Vogts und Wolfgang Kleff feiern mit dem UEFA-Pokal – Witzbold Kleff (Spitzname: Otto) auf eher zweideutige Art.

KAPITEL 5

Ab 1977 dominierten englische Klubs den europäischen Fußball. Den Auftakt macht der FC Liverpool mit einem 3:1-Sieg gegen Mönchengladbach. Auch 1978 und 1981 geht die Trophäe in die britische Hafenstadt.

Im Auftrag Ihrer Majestät

England dominiert den Kontinent

Noch in demselben Jahr, in dem der Schotte Matt Busby den ersten Pokal der Landesmeister für England gewann, wurde er in den Adelsstand erhoben. Auch Alex Ferguson, ebenfalls ein Schotte, durfte seinem Namen ein „Sir" voranstellen, gerade einmal zwei Wochen, nachdem er Manchester United 1999 zum Sieg in der Champions League geführt hatte. Doch dem Mann, der mehr für den englischen Vereinsfußball getan hat, als diese beiden zusammen, wurde eine solche Ehre nie zuteil. Er starb im Februar 1996 einfach als „Bob Paisley" und durfte nicht einmal mehr erfahren, dass das Fußball-Jahrbuch „Rothmans" ihn zum größten Trainer des 20. Jahrhunderts wählte. Viele seiner Freunde und Verwandten wurmt diese Missachtung bis heute, aber wir dürfen davon ausgehen, dass er selbst ohne Groll gegangen ist. Vermutlich wurde er nämlich auch deshalb nie Sir Bob Paisley, weil er, wie Kevin Keegan bemerkte, „überhaupt kein Ego hatte".

Die Reformen des „Mr. Liverpool"

Paisley übernahm am 26. Juli 1974 das Amt des Cheftrainers beim FC Liverpool. Zu diesem Zeitpunkt war er seit 20 Jahren im Trainerstab des Klubs beschäftigt, ohne jemals ein Stück Papier unterzeichnet zu haben. „Wer ehrliche Arbeit macht, wird auch korrekt dafür bezahlt", sagte er. „Es bestand nie Anlass, das in einem Vertrag festzuhalten." Diese Einstellung musste er nun ändern („Weil plötzlich die Jobs so vieler Leute von mir abhingen"), aber das war nicht der Grund, weshalb Paisley zunächst zögerte, den Posten auszufüllen. Ihm und der ganzen Stadt machte Sorgen, dass er in die Fußstapfen eines Goliaths treten sollte: Bill Shankly.

Zwei Wochen vorher, am 12. Juli, hatte der Klub eine außerordentliche Pressekonferenz einberufen. Die Reporter saßen inmitten der Vitrinen, in denen die damals noch überschaubaren Trophäen des FC Liverpool ausgestellt waren, und erwarteten, von neu verpflichteten Spielern zu hören. Als Bill Shankly erklärte, er trete als Trainer zurück, drangen Schreie des Entsetzens aus dem Pulk der Journalisten. Andere grinsten, weil sie diese Einleitung für einen der bissigen Scherze hielten, die der schottische Exzentriker oft machte. Aber Shankly sprach davon, müde zu sein, den Druck nicht mehr auszuhalten, seiner Frau Nessie zu viel zugemutet zu haben. Ungläubig blickten die Journalisten in die Gesichter der Männer vom Vorstand. Die sahen so aus, als wä-

Liverpools Trainer Bob Paisley. Obwohl er als Nachfolger von Bill Shankly ein schweres Amt anzutreten hatte, wirkte er äußerst erfolgreich.

ren sie gerade auf einer Beerdigung, und nun gab es keinen Zweifel mehr, dass es Shankly ernst meinte.

Shankly hatte den Verein 1959 in der 2. Liga übernommen und zu drei Meisterschaften, zwei Pokalsiegen und dem UEFA-Cup-Triumph 1973 über Gladbach geführt. „Ich will eine Mannschaft aufbauen, die unschlagbar ist, sodass man eine Elf vom Mars schicken muss, um uns zu besiegen", hatte er gesagt – und dieses Ziel auch fast erreicht. Ohne ihn, das schien so gut wie sicher, war alles vorbei. „Es war, als wäre eine Bombe explodiert", sagte selbst Paisley.

In diesem Sommer des Jahres 1974, wie auch in den beiden nächsten, gab es allerdings auch noch mehr Fragen zum englischen Vereinsfußball als nur die nach Liverpools Zukunft. Seit zwei Jahrzehnten spielten Europas Klubs um die Krone des Kontinents, und nur einmal war der Gewinner aus England gekommen. Bis sich Leeds United 1975 dem FC Bayern stellte, war Manchesters Sieg von 1968 sogar gleichbedeutend mit der einzigen Finalteilnahme der ältesten Liga der Welt.

Dabei konnte man keineswegs pauschal sagen, dass die englischen Klubs auf europäischem Parkett Probleme hatten. Zwar waren in diesem Jahrzehnt deutsche Fernsehreporter geradezu vernarrt in die Phrase, dass „Briten nur die Hälfte wert sind, sobald sie ihre Insel verlassen", aber das war offenkundig Unfug: Zwischen 1967 und 1974 gab es keine Finalspiele im Messe- oder UEFA-Cup ohne englische Beteiligung, und in sechs dieser acht Jahre ging die Trophäe auch in das Mutterland des Spiels. Im Cup der Pokalsieger standen zwischen 1963 und 1973 sechs verschiedene englische Teams in Endspielen, und vier von ihnen waren siegreich.

Der Cup der Meister aber schien mit einem Fluch belegt. „Unsere Herangehensweise war zu hektisch", ergab Paisleys Analyse. „Die besten europäischen Mannschaften zeigten uns, wie man effektiv aus der Abwehr heraus spielt. Wir mussten lernen, auch so geduldig zu sein. Das ging natürlich nicht über Nacht. Das Publikum wollte den schnelleren, aggressiveren englischen Stil." Vielleicht stimmt es wirklich, dass die Engländer gute Gegner überrennen und zu Fehlern zwingen konnten, dass sie aber gegen sehr gute Gegner andere Mittel benötigten. Auch Liverpools Kapitän Emlyn Hughes sagte: „Der Klub brauchte lange, um den kontinentalen Stil zu perfektionieren. Zu Anfang verloren wir viele taktische Schlachten, aber nach und nach lernten wir, wie man durch Geduld und Ballbesitz Resultate erzielt."

Einige englische Klubs, wie Tottenham und Chelsea, pflegten bereits eine etwas technischere Spielweise, die weniger von Flankenläufen und Zweikampfstärke lebte. Bei ihnen lag das aber an dem Personal, das zur Verfügung stand. Beim FC Liverpool unternahm Paisley den Versuch, den Fußballern, die er hatte, ein neues Spiel beizubringen. So zog er etwa Ray Kennedy unter dem Protestgeheul der Presse aus dem Sturm zurück in das Mittelfeld, weil er einen Aufbauspieler in ihm sah. Im Training gab es nun kaum noch Torschussübungen und Läufe um den Platz, sondern Spielformen auf Kleinfeldern. „Diese Partien Fünf-gegen-Fünf waren der Schlüssel zur Veränderung", bilanzierte Paisley.

Die Umstellung brauchte Zeit, und Paisley hatte das Glück, sie zu bekommen. Er war gerade vier Monate im Amt, da taumelte seine Elf in eine Formkrise und konnte nur eines von zehn Pflichtspielen gewinnen. In diese Phase fielen auch die Partien im Cup der Pokalsieger gegen Ferencvaros Budapest. Im Heimspiel führte Liverpool durch einen Treffer von Keegan bis zur zweiten Minute der Nachspielzeit, dann schoss der ungarische Mittelstürmer Mate nach einem sagenhaften Sololauf den Ausgleich. Dieses Auswärtstor entschied, denn in Budapest trennten sich die Teams 0:0. Paisley geriet so in die Kritik, dass er mit keinem Reporter mehr redete. Da konnte noch niemand ahnen, dass er in seiner Trainerkarriere kein zweites Mal derart erfolglose Wochen durchmachen sollte – und dass die Elf von Ferencvaros stark genug war, um sechs Monate später im Finale um den Europacup zu stehen. Das ging am 14. Mai 1975 zwar verloren, aber gegen einen außergewöhnlichen Gegner: Dynamo Kiew holte im ersten rein osteuropäischen Finale die erste internationale Trophäe für die UdSSR. Die Elf um Oleg Blochin und Wladimir Onischtschenko spielte in diesen Monaten auf einem furchteinflößenden Niveau und würde bald auch im Cup der Meister von sich reden machen.

Zuerst für den FC Liverpool, später für den Hamburger SV erfolgreich: Der Engländer Kevin Keegan.

Im Parallelschritt ins Finale

In jenem Wettbewerb konnte Paisley seine neue, nachdenkliche Art des Fußballs vorerst nicht testen, dafür aber im UEFA-Cup der Saison 1975/76. Die größte Bewährungsprobe erwartete ihn dabei im Halbfinale gegen den FC Barcelona. Dies war die eine Spielzeit, in der Hennes Weisweiler den Stolz Kataloniens betreute und sich mit jemandem anlegte, gegen den er keine Chance hatte: Johan Cruyff. Die Unstimmigkeiten der beiden Dickköpfe trugen viel dazu bei, dass Barcelona auch gegen Liverpool wieder einmal enttäuschte. Schon nach zwölf Minuten des Hinspiels im Camp Nou war eigentlich alles vorbei, denn da setzte Keegan seinen Sturmpartner John Toshack ein, und der schoss gewohnt schnörkellos das 0:1. „Eine go(a)ldene Nacht" betitelte Hobby-Poet Toshack später ein Gedicht über dieses Spiel. Keinen Reim hat er auf das Rückspiel verfasst, das 1:1 endete. Es reichte den Engländern aber, um in die Finalspiele gegen den FC Brügge einzuziehen.

Dieser belgische Klub konnte im Halbfinale den Hamburger SV ausschalten, der auf diese Weise zum ersten Mal in Kontakt mit dem Trainer Ernst Happel kam. Happel hatte Brügge erst im Sommer übernommen, aber seine Eigenwilligkeit schon ausreichend bewiesen: Als sich der Kader einmal über das Essen im Hotel beschwerte, dirigierte er den Mannschaftsbus vor eine abgewrackte Imbiss-Bude und wies die Spieler an, sich dort zu verpflegen.

Happel konnte mit Feyenoord Rotterdam bereits Holland seinen ersten Sieger in einem der Europapokale bescheren, und fast wäre ihm das Gleiche nun in Belgien gelungen. Zwei Dinge kamen dazwischen: erstens der RSC Anderlecht, der eine Woche nach dem Hinspiel zwischen Brügge und Liverpool im Finale gegen West Ham United den Pokal der Pokalsieger gewann. Zweitens eben besagtes Hinspiel an der Anfield Road. Hier führte Brügge bis eine halbe Stunde vor Schluss mit 2:0, dann drehte Liverpool in nur sieben Minuten die Partie. Wenige Tage später holte der Klub die Meisterschaft in England und schließlich, durch ein 1:1 in Brügge, auch den UEFA-Cup. Auf der Tribüne saß an jenem Tag in Belgien ein Mann, der genau dieses Double (Meisterschaft und UEFA-Cup-Sieg) erst drei Jahre zuvor schon einmal nach Liverpool gebracht hatte, Bill Shankly.

Paisley hatte seinen Lehrmeister also eingeholt, würde sich aber damit noch lange nicht zufrieden geben. Im September 1976 begann er den nächsten Angriff auf Europas Thron, auf den Pokal der Landesmeister. Lange Zeit war das aber kein Gipfelsturm, sondern ein schleppender Marsch. Besonders pittoresk konnte man Liverpools Stippvisiten auf dem Kontinent auch nicht nennen: Der einzig namhafte Gegner wurde den Engländern im Viertelfinale präsentiert – und da wären sie fast gescheitert: Bis zur 84. Minute des Rückspiels an der Anfield Road hielt der AS St. Etienne einen 1:2-Rückstand, der den Franzosen wegen des mit 1:0 gewonnenen Hinspiels gereicht hätte. Dann kam der blasse, rothaarige Dave Fairclough einige Meter hinter der Mit-

Halbfinale der Pokalsieger 1975/76, Eintracht Frankfurt - West Ham United 2:1 / 1:3. Schlam(m)assel im Upton Park: McDowell und Lambert klären vor Wenzel. Die Eintracht verliert mit 1:3 und scheidet aus dem Wettbewerb aus. West Ham unterliegt im Endspiel dem RSC Anderlecht, der auch in den beiden folgenden Spielzeiten das Finale erreicht.

tellinie an den Ball und vergaß für einen Moment, dass Liverpool neuerdings Kombinationsfußball spielte. Er stürmte in Richtung Tor, ließ sich auch durch einen versuchten Rempler von Christian Lopez nicht aus der Balance bringen und schoss das Tor, das seine Elf in das Halbfinale bugsierte. Hier leistete der FC Zürich nur bedingt Widerstand, und so hatte Paisley für den 25. Mai 1977 eine Final-Verabredung in Rom. Und zwar mit guten Bekannten, die aufreibendere Monate hinter sich wussten.

Borussia Mönchengladbach lieferte 1976/77 eine Europacup-Saison des üblichen homerischen Ausmaßes ab. Das Team trat unter Trainer Udo Lattek vielleicht weniger furios auf als unter seinem Vorgänger Weisweiler. Der Verteidiger Jürgen Wittkamp sollte später über Lattek sagen: „Er war vom Naturell her jemand, für den Sicherheit eine große Rolle spielte. Er hat das große Risiko immer gescheut." Gladbachs Reisebegleiter in Europa – Glanz und Gloria, Pech und Tragik – blieben trotzdem dieselben.

Während die anderen Favoriten sich gegen Trabzonspor (FC Liverpool), Banik Ostrau (Bayern München) oder PAOK Saloniki (Dynamo Kiew) warm spielten, bekam es Gladbach schon im Achtelfinale mit dem AC Turin zu tun. Nachdem die Italiener ihr Heimspiel verloren hatten, überlegten sie sich, dass ihre beste Chance in Deutschland darin bestünde, die Borussia krankenhausreif zu treten. Die Gladbacher Kabine hatte schon nach dem Erstrundenspiel gegen Austria Wien einem Lazarett geglichen, also hielten sich die Spieler den Grätschen und Schlägen der Turiner so gut es ging fern. Tore sahen die Zuschauer folglich nicht, immerhin aber drei rote Karten gegen Italiener.

Im Viertelfinale hätte Lattek sicher gerne gegen Zürich oder Dresden gespielt, aber das Los entschied, Ernst Happel und seinen FC Brügge an den Niederrhein zu schicken. Wie schon in den UEFA-Cup-Endspielen der vorangegangenen Saison, kamen die Belgier auf dem Platz des Gegners zu einer schnellen 2:0-Führung und verschenkten sie wieder: Christian Kulik und Allan Simonsen trafen zum 2:2. Doch das schien nicht zu genügen, denn das Rückspiel in Brügge stand lange 0:0. Dann – am selben Tag und in derselben Minute, in der Fairclough den FC Liverpool rettete – reckte sich Wilfried Hannes in den Abendhimmel und erzielte sein berühmtes Tor mit dem Hinterkopf. Er war genauso alt wie Fairclough, 20 Jahre, und ebenfalls erst kurz vor seinem Treffer eingewechselt worden.

Für die vorletzte Runde hießen die möglichen Gegner Liverpool, Zürich und Kiew. Selbstverständlich musste Gladbach gegen den Klub antreten, vor dem inzwischen ganz Europa zitterte, die Wunderelf aus der Ukraine. Dynamo hatte bislang 13 Tore in diesem Wettbewerb geschossen und nur ein einziges kassiert (bei Bayern München). Seit dem September 1974 war das Team im Europacup überhaupt nur dreimal geschlagen worden, und zwei dieser Niederlagen – in Eindhoven und München – waren ebenso vermeidbar wie folgenlos gewesen. Allein das 0:3 nach Verlängerung beim AS St. Etienne, das Dynamo im März 1976 im Cup der Meister stoppte, gab den westeuropäischen Klubs ein wenig Hoffnung: Das Team der großen Techniker, die zugleich so diszipliniert waren, konnte offenbar tatsächlich besiegt werden, wenn man das nötige Glück hatte.

Und das schlug sich ausnahmsweise tatsächlich auf die Seite der Borussen, die sich zudem taktisch geschickt verhielten und dem UdSSR-Meister den Raum nahmen, den er brauchte, um seine schnellen Außenstürmer einzusetzen. In Kiew passten die Gladbacher einmal bei einem Eckball nicht auf, was Onischtschenko zu Dynamos sechstem Zu-null-Sieg (!) in diesem Europacup nutzte – aber es war auch Kiews letzter. 14 Tage darauf bot die Borussia keine begeisternde, aber eine konzentrierte Leistung im Düsseldorfer Rheinstadion und siegte 2:0. Das entscheidende Tor erzielte Libero Wittkamp mit einem Hechtkopfball, für die Führung hatte Rainer Bonhof per Elfmeter gesorgt. „Was haben wir in all den Jahren nicht schon erlebt?", fragte er anschließend rhetorisch in die Runde. „Wir wurden betrogen, wir hatten Riesenpech, wir waren zum Teil auch noch zu unerfahren. Aber jetzt hat es endlich hingehauen."

Gladbachs Angstgegner

Das war kühn, weil voreilig formuliert, denn noch war das Finale nicht gespielt. Und in dem hatten die Gladbacher nicht direkt Pech, wenn sie auch früh den Pfosten trafen und Herbert Wimmer durch Verletzung verloren. Betrogen wurden sie auch nicht. Aber sie spielten unter ihren Möglichkeiten. Ob das nun an einem angeblichen Mangel an Erfahrung lag, an Latteks vorsichtiger Taktik oder an dem Anblick von mehr als 25.000 ekstatischen Liverpooler Fans, ist nicht zu beantworten. Jedenfalls wirkten die Deutschen schon vor dem Anpfiff nervös, während die Engländer fröhliche Gelassenheit verströmten. „Ich habe noch nie eine Mannschaft gesehen, die vor einem Spiel so entspannt war", sagte Paisley später.

In der 28. Minute trug Liverpools unenglischer Fußball erste Früchte. „Unsere Spitzen sollten ihre Gegenspieler auf die Flügel ziehen, damit die Mittelfeldleute in den freien Raum stoßen konnten", erläuterte Paisley. „Vogts hatte den Auftrag, Keegan zu beschatten, und als er sich endlich von ihm löste, konnte er nichts mehr gegen den Spielzug unternehmen." Präziser kann man es nicht analysieren. Während Steve Heighway den rechten Flügel entlang lief und nach innen zog, befand sich nicht ein einziger Feldspieler im Gladbacher Strafraum. Keegan trabte an der anderen Außenbahn entlang, wo Vogts ihm kaum von der Seite wich. Erst als Vogts sah, dass Terry McDermott nach vorne eilte und dass Heighway ihm jeden Moment den Ball in den Lauf legen würde, sprintete er nach innen, aber da war es zu spät.

Finale der Landesmeister 1976/77, FC Liverpool - Borussia Mönchengladbach 3:1 (in Rom). Uli Stielike (links) kann die Niederlage nicht verhindern.

Liverpool beherrschte Ball und Borussia, aber noch war die Begegnung nicht entschieden. Sie hätte sogar innerhalb kürzester Zeit kippen können. In der 51. Minute schnappte sich Simonsen einen hanebüchenen Fehlpass von Jimmy Case und pfefferte den Ball aus spitzem Winkel unter die Latte. Liverpools Torwart Ray Clemence nannte den Außenristschuss später den besten, der je hinter ihm eingeschlagen hat. Dieses Lob konnte er sich leisten, denn kurz darauf verhinderte er gegen den allein auf ihn zulaufenden Uli Stielike einen Rückstand und die dann wahrscheinliche Niederlage.

So aber köpfte Tommy Smith in der 65. Minute einen Eckball in das Gladbacher Tor, und in der Schlussphase entwischte Keegan nicht zum ersten Mal seinem Bewacher. Der deutsche Ex-Nationalspieler Willi Schulz meinte später, er habe schon nach 20 Minuten gewusst, dass die Borussia verlieren würde, weil Berti Vogts den kleinen Engländer nicht stoppen konnte. Nun, acht Minuten vor dem Ende stoppte er ihn – mit einer Sense von hinten, leider im Strafraum. Phil Neal verwandelte den Elfmeter zum 3:1. „Liverpool war die bessere Mannschaft und der Sieg verdient", sagte Bundestrainer Helmut Schön, und darüber gab es kein Vertun. „Die Spieler waren großartig und das Publikum auch", lobte Bill Shankly. „Das ist mein größter Moment", grinste sein Nachfolger Paisley. „Abgesehen von dem Tag vor ein paar Wochen, als ich beim Fünf-gegen-Fünf in der siegreichen Mannschaft war."

„Zum Bankett kam Berti Vogts aus dem Gladbacher Hotel herüber und setzte sich neben mich und meine Frau", erinnert sich Keegan an den Tag von Rom. „Er sagte, er wollte mir einen ausgeben, weil ich fantastisch gespielt hätte. Das war eine großartige Geste von ihm, die ich im umgekehrten Fall wohl nicht zustande gebracht hätte." Sie berührte Keegan auch deshalb, weil er schon beim Hamburger SV unterschrieben hatte und bald in Deutschland spielen würde. Paisley brauchte einen Ersatz und fand ihn: Er kaufte den 26-jährigen schottischen Stürmer Kenny Dalglish von Celtic Glasgow.

Liverpool, Brügge und Gladbach zeigten auch in der Folgesaison, dass einige Jahre der Übung in den untergeordneten Europacup-Wettbewerben sich auszahlen, falls man seine Elf zusammenhalten kann. Zwischen 1973 und 1976 blockierten diese drei Klubs fünf Finalplätze im UEFA-Cup, bevor sie in den folgenden Spielzeiten die Endspielteilnehmer bei den Meistern stellten: Liverpool und Gladbach 1977, Liverpool und Brügge 1978.

Ernst Happel und seine Belgier kamen über so starke Gegner wie Atlético Madrid und Juventus Turin in das 1978er Finale, aber je näher der große Tag rückte, desto wahrscheinlicher wurde, dass der Pokal nicht in die schmucke flämische Stadt wandern würde. Erstens hatte sich Happel ein wenig verzettelt. Er musste sich nicht nur um den Vereinsfußball kümmern, sondern als Teamchef der holländischen Nationalelf auch noch auf die WM in Argentinien vorbereiten. Zweitens waren zwei der wichtigsten Profis verletzt, der erfahrene Mittelstürmer Raoul Lambert und Spielmacher

Halbfinale der Landesmeister 1977/78, FC Liverpool - Borussia Mönchengladbach 1:2 / 3:0. Berti Vogts kommt zu spät, Johnsen erzielt den Ausgleich zum 1:1.

Paul Courant. Drittens kamen bei den Brüggern unangenehme Erinnerungen an die Elf hoch, gegen die sie im Endspiel antreten mussten, den FC Liverpool. Mit seinem Problem in der Nationalmannschaft, wo die Ajax-Spieler ihn, den alten Feyenoord-Mann, scheel anblickten, wurde Happel fertig: Er legte einige Fußbälle auf die Linie des 16-Meter-Raumes, schoss sie der Reihe nach an die Latte und hatte von da an den Respekt des ganzen Kaders. Das Problem Liverpool würde sich allerdings auf diese Weise kaum lösen lassen.

Wie und warum Paisleys rote Recken dieses Finale erreichten, muss wohl nicht extra erwähnt werden. Natürlich brachen sie zum dritten Mal in sechs Jahren die Herzen aller Gladbacher Fußballfreunde, diesmal in der Vorschlussrunde. Und natürlich lief es für die Deutschen wieder etwas unglücklich: Im Hinspiel, für das die Borussia erneut in das größere, aber sterile Rheinstadion von Düsseldorf ausgewichen war, traf Hannes Mitte der ersten Hälfte zum 1:0. Dann wurde Jupp Heynckes ein Treffer wegen Abseits aberkannt, und etwas später köpfte er an Torwart Clemence vorbei – an den Pfosten. In den Schlussminuten fielen noch zwei Tore – der Liverpooler Ausgleich und das 2:1 durch einen brachialen Freistoß von Rainer Bonhof –, aber Gladbach hätte schon einen deutlichen Sieg benötigt, um für die zweite Partie Zuversicht zu sammeln. Keine Stunde war an der Anfield Road gespielt, da stand es schon 3:0 für die Hausherren. Die italienische Zeitung „La Stampa“ schrieb später, die Borussen wären „zerquetscht“ worden. Die Wortwahl war vielleicht unpassend, aber anschaulich.

Liverpool zum Zweiten, aber nicht zum Dritten

Auch bei dem Endspiel gegen Brügge gab es keine Probleme mit den englischen Fans, abgesehen davon, dass es zu viele waren. Die Partie fand im Wembley-Stadion von London statt, das zu jener Zeit 92.000 Zuschauer fasste. Trotzdem bekam der FC Liverpool nur 20.000 Karten zugeteilt, was das Vorstandsmitglied Peter Robinson in Rage brachte: „Sollen weniger Liverpool-Fans dieses Finale in England sehen als das zuvor in Rom?“ Aber es gab ja noch einen Schwarzmarkt, weshalb die Ränge fast zur Gänze rot waren, als die Teams am 10. Mai 1978 den Rasen betraten.

Berti Vogts hatte nach dem Halbfinale geklagt, dass einige Gladbacher Spieler „Angst vor Liverpool hatten“, aber damit standen sie augenscheinlich nicht allein, denn im Finale versagten auch so einige belgische Beine den Dienst. Nur zwei Chancen erspielte sich Happels Elf in den 90 Minuten von Wembley. Liverpool hingegen scheiterte regelmäßig an Brügges dänischem Torwart Birger Jensen.

In der 65. Minute waren die Belgier wieder einmal unter Druck und konnten eine Flanke nicht weit genug klären. Der Ball kam zum Schotten Graeme Souness, der ihn 18 Meter vor dem Tor mit der Brust stoppte und einen kleinen Haken nach rechts schlug. Augenblicklich standen zwei Brügger neben und ein dritter vor ihm. Doch in der Zehntelsekunde, die Souness nun blieb, um die Lage zu überblicken und etwas zu tun, erspähte er seinen Landsmann Dalglish im Strafraum und spielte ihm einen Steilpass zu. Jensen lief aus dem Tor und verkürzte den Winkel, doch mit der Ruhe eines Mannes, der bei einem guten Buch vor dem Kamin sitzt, lupfte Dalglish den Ball in das lange Eck. Das war die Entscheidung, obwohl Liverpool bei einer Großchance von Brügge noch einmal das Glück bemühen musste.

Vor diesem Finale waren die Engländer keineswegs so locker gewesen wie vor dem des letzten Jahres. Der junge Vorstopper Alan Hansen, ein weiterer Schotte, hatte die halbe Stunde vor dem Anpfiff auf der Toilette verbracht. Sein Magen oder seine Nerven waren aber selbst durch das 1:0 noch nicht beruhigt, denn kurz vor dem Ende spielte er einen abenteuerlichen Fehlpass und gab so Jan Simoen die große Gelegenheit zum Ausgleich. Der Belgier umspielte Keeper Clemence und schien den Ball in das leere Tor zu schieben, als Phil Thompson herbeisprintete und das Leder noch vor der Linie wegschlagen konnte. „Das war ein großer Moment für mich“, sagte der Retter, „weil ich das Finale von Rom wegen einer Verletzung verpasst hatte. Deswegen wollte ich unbedingt, dass wir diesen Pokal verteidigen.“

Paisley hingegen blickte noch einen Schritt weiter. „Wir hatten gesehen, wie Ajax Amsterdam und Bayern München den Pokal der Meister dreimal in Folge holten“, sagte er viele Jahre später über den Traum, den er in diesen Monaten hegte: „Wir glaubten wirklich, dass wir deren Beispiel folgen konnten.“ Und dann legte er das Gesicht mit der großen Nase in Falten, und seine sonst stets schelmischen Augen blitzten etwas böse. Trotz all der Zeit, die vergangen war, trotz aller Erfolge, die er noch sammelte, ärgerte Bob Paisley sich auch im Ruhestand noch immer über den Beginn der Saison 1978/79. Was man verstehen kann. Das Losglück ließ Liverpool im Stich.

In der ersten Runde der neuen Spielzeit versuchte sich so mancher kleine Klub auf der großen Bühne, wie etwa der FC Valetta aus Malta, der die Grasshoppers aus Zürich zu 13 Toren einlud. Oder der luxemburgische Verein mit dem hübschen Namen Progrès Niederkorn, der gegen Real Madrid ein Dutzend Treffer stoisch hinnahm. Paisleys Männer dagegen trafen gleich auf ihren neuen Angstgegner – den englischen Überraschungsmeister Nottingham Forest. „Ob die UEFA und der Rest von Europa keine zwei englischen Teams im Cup wollten, weiß ich nicht", grummelte Paisley noch viele Jahre später. „Aber die Wahrscheinlichkeit, dass wir in der ersten Runde gegen Forest gelost werden würden, war sehr gering. Und doch ist genau das passiert. Ich weiß noch heute, wie deprimierend es für uns war, dass wir ausschieden."

In der Tat hatte Paisley seinen Mitarbeitern schon früh gesagt, dass er nur ein Team im Wettbewerb fürchtete, eben Nottingham. Dieser Klub, mit dem Gründungsjahr 1865 einer der ältesten der Welt, war als Aufsteiger Meister geworden und pflegte einen Stil, der noch vorsichtiger und unbritischer als der des FC Liverpool war. Das musste nicht überraschen, denn Stars hatte Nottingham keine. Stürmer Tony Woodcock etwa, ein Sohn der Stadt, war noch zu Beginn der Aufstiegssaison an einen Viertligisten ausgeliehen gewesen, der ihn aber nicht kaufen wollte – trotz eines Dumping-Preises von 15.000 Pfund. Und über Gary Birtles, der kaum zwei Jahre zuvor im Hauptberuf als Estrichleger gearbeitet hatte, sagte sein Trainer: „Ich wollte ihn mehrfach rauswerfen. Einer der Gründe, aus denen er bei Forest bleiben durfte, war, dass ich gerne Squash mit ihm spielte."

Dieser Trainer war ein alter Bekannter: Brian Clough. Mit Derby County war er 1973 auf, wie er fand, suspekte Art im Halbfinale an Juventus Turin gescheitert, nun nahm er einen zweiten Anlauf. Vermutlich war es ihm, anders als Paisley, durchaus recht, zum Auftakt gegen Landsleute zu spielen und nicht gegen abgefeimte Kontinentaleuropäer. In der abgelaufenen Saison hatten sich Nottingham und Liverpool viermal getroffen, zweimal in der Liga, zweimal in einem der zahlreichen englischen Cup-Wettbewerbe. In diesen vier Partien waren nur drei Tore gefallen, und Forest hatte nie verloren. Und so kam es, wie es kommen musste: In Nottingham schoss Birtles das 1:0 und bereitete das 2:0 vor, in Liverpool endete das Spiel 0:0, weil Forests Tormann Peter Shilton einen fulminanten Schuss von Dalglish hielt. Am 27. September 1978 war Liverpools internationale Siegesserie zu Ende. Vorerst.

Nottingham dagegen legte nun los. Das war auf der einen Seite verblüffend, denn zum ersten Mal seit Frankfurts Triumphzug von 1959/60 marschierte hier eine Mannschaft durch Europa, die – bis auf einen kleinen Ausflug in den Messe-Cup zehn Jahre zuvor – keinerlei Erfahrung auf diesem Terrain besaß. Auf der anderen Seite wurde jene Sensation kräftig von den Umständen begünstigt: Juventus Turin war schon beim Aufgalopp über die Glasgow Rangers gestürzt, Real Madrid und Dynamo Kiew folgten eine Runde später (gegen Zürich und Malmö FF). Damit waren nur noch zwei Klubs im Wettbewerb verblieben, die Clough etwas Kopfzerbrechen bereiten konnten: Glasgow und Köln. Sie wurden für das Viertelfinale gegeneinander gelost.

Das Favoritensterben in dieser Saison war so eklatant, dass Real Madrid nach dem Ausscheiden gegen die Grasshoppers im November 1978 ankündigte, die nun plötzlich freien Mittwoch-Termine für einen eigenen Wettbewerb zu nutzen! Fünf Monate zuvor war Santiago Bernabéu gestorben, und zu seinen Ehren wollte Real nun ein Turnier mit Hin- und Rückspielen gegen andere ehemalige Sieger des Meistercups austragen, die nicht mehr international aktiv waren. Das untersagte jedoch die UEFA mit dem Hinweis, dass „es zu früh ist, eine Europa-Liga einzuführen". Und so musste man in jenen Wochen schon nach Holland blicken, um ein Duell klangvoller Namen zu finden: Am 7. November trafen sich im Amsterdamer Olympiastadion der FC Bayern und Ajax zum Abschiedsspiel für Johan Cruyff. Vielleicht passierte es an diesem Abend, dass die unterschwelligen, manchmal offenen Feindseligkeiten zwischen Holländern und Deutschen richtig begannen, denn die Gäste aus München verdarben die Feier mit teutonischer Gründlichkeit. Sie machten nie Anstalten, die Sache locker anzugehen, um König Johan eine Peinlichkeit zu ersparen. Karl-Heinz Rummenigge und Paul Breitner schossen je drei Tore, Gerd Müller steuerte die anderen beiden zum schockierenden 0:8 bei. „Noch nie war Ajax so lächerlich gemacht worden", berichtete der Reporter Dieter Ueberjahn. „Ich habe in meinem ganzen Leben noch nie so hoch verloren", sagte Cruyff mit einem traurigen Lächeln. „Aber es bleibt dabei: Ich trete ab."

Während die Helden des europäischen Fußballs so zürnten, trauerten oder jubelten, räumten die Namenlosen aus Nottingham erst den AEK Athen (trainiert von Ferenc Puskás) aus dem Weg, dann die Grasshoppers Zürich (trainiert von dem Deutschen Helmuth Johannsen). Dass es dem Klub damit ernst war, sich zwischen die ganz Großen zu drängeln, wurde im Februar offenbar: Clough kaufte den 24-jährigen Trevor Francis von Birmingham City – für die Rekordsumme von einer Million Pfund, was damals etwa vier Millionen DM entsprach. Und neun Wochen zuvor hatte Verteidiger Viv Anderson, als erster Farbiger Englands überhaupt, für die Nationalelf gespielt. Das kleine Forest machte Schlagzeilen.

Bundesliga (fast) ohne Konkurrenz

Das tat allerdings auch die Bundesliga. In den Halbfinals der drei Europapokale tummelten sich gleich fünf deutsche Teams. So etwas war noch nie zuvor einem Land gelungen. Der immer kritische „kicker" merkte gleich an, dies sei „ein Beweis für die Vitalität der Bundesliga, aber auch ein Beleg dafür, dass es derzeit auf unserem Kontinent an überragenden Mannschaften fehlt, denn besonderer Leistungen bedurfte

Halbfinale der Landesmeister 1978/79, 1. FC Köln - Nottingham Forest 0:1. Das 3:3 aus dem Hinspiel konnten die Kölner nicht zum Einzug ins Finale nutzen. Hier attackiert Konopka den Nottingham-Star Tony Woodcock, der später zu einem der beliebtesten Spieler im Geißbock-Dress wurde.

es in den meisten Fällen nicht, um unter die letzten Vier vorzustoßen." Und wirklich begann der Europacup nach allgemeiner Einschätzung zu schwächeln. Als das Los Nottingham und Köln zusammenführte, jammerte der „Sunday Telegraph": „Was dem kränkelnden Wettbewerb gerade noch fehlte, war die Paarung der einzigen beiden Teams von nennenswerter Klasse." Im anderen Halbfinale standen Austria Wien und Malmö FF, weshalb die Zeitung gleich schon mal „ein so langweiliges oder einseitiges Endspiel wie so viele andere zuvor" prophezeite.

Der Frühling des Jahres 1979 deutete also erstens darauf hin, dass das Niveau des europäischen Fußballs niemanden von seinem Schalensitz riss. Zweitens, dass England und Deutschland die internationalen Pokalwettbewerbe als ihre Privatangelegenheit betrachten konnten. Und drittens, dass es bei diesem Duell die Briten waren, die am Ende die Nase vorn hatten. Denn so, wie Liverpool zuvor die Gladbacher verzweifeln ließ, so tat es nun Nottingham mit den Kölnern.

Dabei hätte es für die Truppe von Hennes Weisweiler anders kommen können, sollen, müssen. Vor britischen Teams brauchten sich die Kölner nicht länger ducken, schließlich konnten sie im Viertelfinale die Glasgow Rangers besiegen (1:0 und 1:1). Außerdem hatte die Elf ihren eigenen Millionen-Einkauf (wenn auch in DM), den Belgier Roger van Gool, wohingegen Trevor Francis im Europacup noch immer nicht spielberechtigt war. Und dann erreichten die Deutschen beim Hinspiel in Nottingham auch noch ein 3:3. Neun Minuten vor dem Ende erzielte der Japaner Yasuhiro Okudera mit einem Fernschuss den Ausgleich. Shilton, den Clough „den besten Torwart der Welt" nannte, ließ den Ball unter dem Körper hindurch ins Tor schlittern. Trotzdem erklärte Forests Co-Trainer Peter Taylor nur Minuten nach dem Abpfiff, dass sein Team ganz sicher in Köln gewinnen würde. „Der Mann meiner Nichte hatte in Deutschland unter Weisweiler studiert", enthüllte er einige Jahre später. „Er sagte mir, dass Weisweiler in seinem Innersten ein konservativer Mann wäre, dem es an Mut fehlte und der versuchen würde, das zu verteidigen, was er hatte."

Nach einer kurzen Drangphase wirkten die Deutschen im Rückspiel in der Tat wie ein Team, das ein 0:0 halten will. Man sollte aber entschuldigend anführen, dass Stürmer Dieter Müller kurz vor der Pause verletzt vom Platz musste. Weisweilers Entscheidung, ihn durch Heinz Flohe zu ersetzen, der noch an den Folgen eines Muskelrisses litt, kann kritisiert werden. Dass sich aber bei einem Eckball in der 65. Minute kein Kölner um Ian Bowyer kümmerte, war kaum Weisweilers Schuld. Aus wenigen Metern Torentfernung köpfte der Engländer den Ball an Toni Schumacher vorbei, dem in diesem Moment auch der heilige Antonius von Padua nicht helfen konnte, den der Keeper als Amulett um den Hals trug. In der letzten Minute des Spiels bot sich Harald Konopka noch die Chance zum Ausgleich. „Es war ein toller Schuss, ein übler Flatterball", sagte Shilton. Aber er hielt ihn, und Nottingham war im Finale.

Dass Köln scheiterte, war doppelt, gar dreifach bitter. Zum einen, weil das Endspiel am 30. Mai 1979 auf deutschem Boden ausgetragen wurde, in München. Zum anderen, weil die Halbprofis von Malmö FF als Außenseiter galten, die sich beharrlich von Runde zu Runde gemauert hatten. Gegen Monaco, Kiew und Wien kassierten sie in sechs Spielen kein einziges Tor, schossen allerdings selbst auch nur vier. Allein das Viertelfinale gegen Wisla Krakau geriet zu einem Spektakel (1:2, 4:1), doch das war für das Endspiel nicht zu erwarten. Malmö musste auf beide Innenverteidiger verzichten, die Nationalspieler Roy Andersson und Bo Larsson, und als nach einer halben Stunde auch noch der Einzelhandelskaufmann Staffan Tapper mit gebrochenem Zeh vom Platz stakste, wurde jede Form von schwedischer Offensive aus dem Drehbuch gestrichen.

Die einseitige Partie entschied sich in den Augenblicken vor dem Halbzeitpfiff. John Robertson wurde auf dem linken Flügel von zwei Verteidigern gestellt, doch anstatt den Ball zurückzuspielen, wippte er den Oberkörper einige Male von links nach rechts – und trat dann Richtung Grundlinie an. Die beiden Schweden kamen nicht

schnell genug hinterher, was Robertson den Wimpernschlag Zeit gab, den er für eine Flanke an den langen Pfosten brauchte. Und dort liefen eine Million Pfund heran. In seinem ersten Europacup-Spiel für Nottingham köpfte Trevor Francis aus kaum zwei Metern Entfernung das Tor, das seine horrende Ablösesumme refinanzierte, weil es den Pokal gewann. So erfüllte sich die Vorhersage, die der „Sunday Telegraph" schon Wochen zuvor gemacht hatte. Die „Gazetta dello Sport" sprach von einem „blassen Finale" und nannte die Schweden gar „dilettantisch". Selbst die Stockholmer Zeitung „Expressen" gab einen „Klassenunterschied" zu. Das hieß aber nicht, dass Nottingham viel Lob abbekam: „De Volkskrant" aus Holland wunderte sich, warum „zwei derart schwach spielende Mannschaften" das Finale erreicht hatten. Als man von Clough wissen wollte, warum seine Elf fußballerisch enttäuscht hatte, sagte er nur: „Mein Gott, was sind das für Fragen?" Dann flog er in den Urlaub nach Kreta.

Während der Trainer also in der Sommerpause Sonne tankte, wurde seinem Angreifer Trevor Francis erlaubt, sich in diesen Wochen ein paar zusätzliche Dollar in der US-Soccer-Liga zu verdienen. (Hier hatte er schon während seiner Wechselsperre gespielt – und einmal fünf Tore gegen Franz Beckenbauer und Cosmos New York erzielt.) Das Problem war nur, dass Francis zu spät aus Amerika zurückkam, die Meldefrist der UEFA verpasste und bis zum Viertelfinale nicht im Europacup spielberechtigt sein würde. Und noch andere Stürmer bereiteten Clough ein halbes Jahr nach dem Triumph von München, im November 1979, Kopfschmerzen. Tony Woodcock wechselte für 2,5 Millionen DM zum 1. FC Köln, was eine große Lücke in Forests Sturmreihe riss. Und schließlich grübelte Nottinghams Trainer über Laurie Cunningham und Kevin Keegan nach. Sie glänzten bei zwei Klubs, die Clough für beachtliche Hürden auf dem Weg zur Titelverteidigung hielt: Cunningham bei Real Madrid, Keegan beim Hamburger SV.

Siege und Wunder der Hamburger

Dass der HSV sich in jener Saison 1979/80 aufschwang, noch einen Schritt weiterzugehen als 1961 (dem Jahr der bitteren Halbfinalniederlage gegen Barcelona), kam nicht von ungefähr. Er hatte mittlerweile die Erfahrung und das Personal, auch wenn sich diese beide Faktoren paradoxerweise zunächst eher behinderten als unterstützten.

Das kam so: Nachdem es der Klub 1975/76 in die Vorschlussrunde des UEFA-Cups geschafft hatte, spielte er im folgenden Jahr im Pokal der Pokalsieger und gab eine ausgezeichnete Figur ab – bis es im Halbfinale zu Atlético Madrid ging. Auswärts wagte Trainer Kuno Klötzer eine kühne Aufstellung mit drei Stürmern (Arno Steffenhagen, Willi Reimann, Georg Volkert) vor dem offensiven Mittelfeldspieler Felix Magath, aber diese Taktik ging nur eine Halbzeit lang auf. Atlético siegte 3:1 und hätte, wie die spanische Zeitung „ABC“ meinte, auch doppelt so viele Tore schießen können. Nun standen die Dinge nicht gut für den HSV, doch Klötzer blieb seiner Linie treu: Im Rückspiel warf er noch einen vierten Angreifer ins Getümmel, Ferdinand Keller. Eben jener Keller war dann auch schon in der 27. Minute erfolgreich. Es war allerdings nicht der erste Treffer für den HSV, auch nicht der zweite. Kellers Tor bedeutete bereits das 3:0 und den Einzug in das Endspiel für die Hamburger.

Das Finale im Cup der Pokalsieger vom 11. Mai 1977 fand in Amsterdam statt. Da der Gegner RSC Anderlecht aus Belgien kam, durften die Deutschen auf die Unterstützung der holländischen Zuschauer zählen. Eigentlich. Denn daheim nannten die Fans den RSC schon „die Holländer“, weil sich in seinen Reihen gleich vier Nationalspieler der Niederlande fanden: Torwart Jan Ruiter, Arie Haan, Peter Ressel, Rob Rensenbrink. In der belgischen Liga durften nur jeweils drei von ihnen spielen, aber im Europacup galten andere Vorschriften – weshalb Anderlecht im Finale des folgenden Jahres gleich fünf Ausländer aufbieten konnte, vier Holländer und einen Dänen.

Ja, auch 1978 kam Anderlecht in das Endspiel dieses Wettbewerbs (und gewann deutlich gegen Austria Wien). Hier findet sich nun eine weitere Pikanterie des 1977er Finals, wenn sie auch erst in der Nachschau Bedeutung erlangt. Wie bereits erwähnt, hat nie ein Klub den Pokal der Pokalsieger verteidigen können. Kein Team hatte bessere Gelegenheit, diesen Fluch zu brechen, als der RSC Anderlecht, denn er stand in drei Finals in Folge und gewann zwei davon. Aber eben nicht das historisch so wertvolle mittlere von ihnen.

Das ging 1977 an den HSV – und zwar völlig verdient. Klötzer ließ wieder vier Angreifer stürmen, was den Hamburgern nach einer zittrigen Anfangsviertelstunde die Feldhoheit sicherte. Sogar „Les Sports“ aus Brüssel würdigte anschließend die „Vitalität“ und „bedingungslose Durchsetzung des Angriffsstils“ der Klötzer-Elf. Belohnt wurden diese Tugenden aber erst spät. In der 80. Minute grätschte ein Belgier Steffenhagen im Strafraum um, und Volkert verwandelte den Elfmeter zum 1:0. In der Nachspielzeit gelang Magath noch das 2:0. Auf den Schultern seiner verschwitzten Spieler schwebte Klötzer über den Rasen, verlegen grinsend und noch immer in seinem Trenchcoat. Genau hier begann der Ärger für den HSV.

Hamburgs Präsident Dr. Peter Krohn wurde von seinen Freunden „innovativ“ genannt, von seinen Feinden „meschugge“, von allen anderen „exzentrisch“. Er hatte den Klub an die europäische Spitze geführt, aber im konservativen Hamburg kamen viele seiner Ideen nicht gut an – etwa die infamen Trikots in Rosa und Himmelblau oder der Plan, aus dem HSV eine Aktiengesellschaft zu machen. Krohn überspannte den Bogen, als er den ungemein beliebten, aber etwas altmodischen Klötzer nach dem Gewinn des Europacups durch Rudi Gutendorf ersetzte. Der war, was Krohn wollte: ein Mann der Show. Doch gleich zwei Typen solchen Schlages waren selbst für eine Großstadt wie Hamburg zu viel. Außerdem nahm es die Mannschaft ihrem

Finale der Pokalsieger 1976/77, Hamburger SV - RSC Anderlecht 2:0 (in Amsterdam). Im Bild das 2:0 durch Magath.

Präsidenten sehr übel, dass er zunächst ihren erfolgreichen Trainer gefeuert hatte und dann auch zwei ausländische und teure Stars verpflichtete, um die niemand gebeten hatte, nämlich Kevin Keegan und den Jugoslawen Ivan Buljan von Hajduk Split.

Und so ging die Saison den Bach hinunter. Gutendorf schrie Kapitän Peter Nogly an und wurde seinerseits von Krohn abgekanzelt; nach einem Trinkgelage schleuderten die Spieler ein Bett vom Balkon ihres Hotels in den Swimmingpool; dann folgte Niederlage auf Niederlage, mit dem schauerlichen Tiefpunkt eines 0:6 in Liverpool im Supercup (dem Duell der Sieger im Europacup der Meister und der Pokalsieger). Am Ende war Gutendorf ebenso weg wie Krohn und darüber hinaus ein Großteil der Hoffnung auf weitere Ruhmestaten.

Doch inmitten des Chaos war ein Mann gekommen, der das Blatt wenden sollte. Günter Netzer wollte sich eigentlich um das Stadionheft des Vereins kümmern, als er beim HSV vorsprach, fand sich aber schließlich auf dem Sessel des Managers wieder. In dieser Funktion ging er vor der Saison 1978/79 daran, die inzwischen völlig vergiftete Atmosphäre innerhalb des Teams zu reinigen. Vom Vierersturm des Finals gegen Anderlecht durfte allein Willi Reimann bleiben, dafür kamen Zweitligaspieler wie Jimmy Hartwig und Horst Hrubesch. Und natürlich ein neuer Trainer: Branko

Zebec. Hrubeschs erstes Tor der Saison 1978/79 ließ bis Mitte September auf sich warten, Keegans gar bis Anfang November. Doch dann waren die ungleichen Zwillinge im Sturm nicht mehr zu kontrollieren. Sie schossen zusammen 30 Tore, und der HSV holte seinen ersten Meistertitel seit fast 20 Jahren. Der Angriff auf den Pokal der europäischen Meisterklubs konnte beginnen.

Hamburg und Nottingham absolvierten ihre Europa-Tournee der Saison 1979/80 im Gleichschritt: Beide starteten in Skandinavien (der HSV gegen Valur Reykjavik aus Island, Forest gegen Östers Växjo aus Schweden), bevor sie dann je zweimal hinter den Eisernen Vorhang reisten: Die Hamburger zum UdSSR-Meister Dynamo Tiflis und zu Hajduk Split; Forest zu den Rumänen von Arges Pitesti und anschließend in die DDR. Ernstliche Schwierigkeiten bekamen dabei nur die Engländer, und zwar im Viertelfinale gegen Dynamo Berlin. Das Hinspiel in Nottingham endete verblüffenderweise mit Forests erster Niederlage im Pokal der Meister, weil Hans-Jürgen Riediger nach 63 Minuten einen Konter zum einzigen Tor des Abends abschloss. Die Zeitung „Daily Mail" nannte das Rückspiel daraufhin „Nottinghams Einladung zur eigenen Beerdigung" – aber es gab ja noch Trevor Francis. Clough schlenderte vor dem Aufwärmen mit seinem Star über den Rasen des Jahn-Sportparks in Berlin, als er ihn unvermittelt fragte, ob er lieber auf dem Flügel oder im Zentrum stürmen wollte. Francis antwortete: „Heute habe ich Lust, Mittelstürmer zu spielen." Clough trottete davon, um den Rest des Teams davon zu unterrichten, dass es eine taktische Änderung geben würde. Francis schoss sein erstes Tor nach 15 Minuten, sein zweites nach 35; Nottingham gewann 3:1 und stand, wie der HSV, im Halbfinale.

Hier bekamen es die zwei Klubs mit ehemaligen Seriensiegern des Meistercups zu tun, und diesmal hatten die Deutschen die größeren Probleme. Nottingham besiegte Ajax Amsterdam daheim souverän mit 2:0 und ließ zwei Wochen später nur einen Gegentreffer zu, einen Kopfball des jungen Dänen Sören Lerby. Zwar sammelten die Holländer 19 Ecken, forderten einen Handelfmeter und vergaben in der Schlussphase noch eine gute Chance durch einen anderen Dänen, den ehemaligen Gladbacher Henning Jensen. Aber Ajax-Trainer Leo Beenhakker gestand zu, dass „es gegen diese Abwehrmauer unmöglich war, normal Fußball zu spielen". Clough juckte solche Kritik nicht; er war zu sehr damit beschäftigt, sich darüber zu freuen, dass er wieder im Endspiel stand – und dass er bislang Cunningham und Keegan aus dem Weg gegangen war. Die trugen nämlich im anderen Halbfinale ihre Händel aus.

Am 9. April 1979 stellte sich der HSV bei Real Madrid vor, dem Klub, für den Manager Günter Netzer drei Jahre gespielt hatte. Damit begannen die Querverbindungen aber erst, denn Real wurde von Vujadin Boskov trainiert, einem Mann, an dessen Seite Branko Zebec bei der WM 1958 im jugoslawischen Nationalteam gekickt hatte. Ein weiteres bekanntes Gesicht war das von Uli Stielike, der den Gegner aus seinem Heimatland brav als „eine der stärksten Mannschaften in Europa" lobte. Im Sturm standen Carlos Santillana und besagter Cunningham, während zwei zukünftige Trai-

Halbfinale der Landesmeister 1979/80, Hamburger SV - Real Madrid 5:1. Nach einem 0:2 im Hinspiel gewinnt der HSV im Rückspiel sensationell und erreicht das Finale gegen Nottingham Forest. Die Szene nach Spielende zeigt Jakobs, Hrubesch und Magath im Rausch der Begeisterung.

ner für die weniger filigrane Arbeit abgestellt waren, José Camacho und Vicente Del Bosque. Dieser Elf war es im Viertelfinale gelungen, einen 0:2-Rückstand aus dem Hinspiel gegen Celtic Glasgow noch wettzumachen, durch ein famoses 3:0, bei dem Cunningham alle Tore vorbereitete und Stielike das wichtige zweite erzielte.

Der HSV hätte im Bernabéu-Stadion noch viel deutlicher als Celtic untergehen können, denn Cunningham und Santillana standen kurz davor, beide einen Hattrick zu schießen: Der Spanier traf zum 1:0 (67.) und 2:0 (80.), nachdem er vorher schon einen Treffer aberkannt bekommen hatte; dieses Schicksal widerfuhr auch Cunningham, der darüber hinaus noch an der Latte scheiterte und zusehen musste, wie einer seiner Kopfbälle von der Torlinie geschlagen wurde. Trotzdem war Boskov mit dem Ergebnis zufrieden, und viele Real-Fans blickten schon sehnsüchtig voraus zum Finale. Denn das 25. Endspiel um den Cup der Meister würde, natürlich, in Madrid stattfinden.

Doch davor stand ja noch der bedeutungsvolle 23. April an, der Tag des Rückspiels im Hamburger Volksparkstadion. Am Morgen dieses Mittwoch entschied der Bundestag, keine westdeutschen Sportler zu den bevorstehenden Olympischen Spielen in

Moskau zu entsenden. Der Fußball ging dessen ungeachtet weiter. Und wie! „Besser kann Fußball kaum sein!“, schrieb der „Sport“ aus Zürich später und zählte genüsslich auf: „Sechs herrliche Tore, zwei Holzschüsse, drei Verwarnungen, ein Ausschluss fünf Minuten vor Schluss, ein spanischer Torwart, der sich entnervt nach einem Disput mit seinem Kapitän nach 28 Minuten auswechseln ließ, ein miserabler Schiedsrichter und eine Hamburger Elf, die 90 Minuten lang pausenlos Tempo machte und mit etwas mehr Abschlussglück doppelt so viele Tore hätte schießen können.“ Das „Hamburger Abendblatt“ sprach von einem „Rausch der Begeisterung“, und selbst der englische Reporter John Motson gestand zu, dass „es ein Spiel war, das den Vergleich mit den denkwürdigsten der ganzen Europacup-Geschichte aushält“.

Allerdings sieht man das in Madrid wohl etwas anders. Real verlor unter dem Hamburger Dauerdruck die Übersicht und vor allem die Nerven. Der Routinier Pirri, der letzte Verbliebene aus der Siegerelf von 1966, ließ sich dazu hinreißen, seinen eigenen Torwart mitten auf dem Platz anzuschnauzen. Der Keeper verließ kurz danach – angeblich wegen einer Verletzung – den Platz. Camacho und Del Bosque begingen Tätlichkeiten, von denen aber nur die zweite mit Platzverweis geahndet wurde, ein Faustschlag gegen Keegan. Zudem wurden Manfred Kaltz und Keegan des Öfteren im gegnerischen Strafraum von den Beinen geholt, was den italienischen Referee aber nicht weiter beeindruckte, der dazu noch einen frühen Treffer von Hrubesch wegen Abseits nicht gelten ließ.

Tja, nun ist schon so viel zu diesem Spiel gesagt – ohne dass die Rede auf die Tore kam. Kaltz und Hrubesch schossen den HSV nach etwa einer Viertelstunde mit 2:0 in Führung, doch dann weckte Cunninghams Anschlusstor Hoffnung auf der Madrider Bank. Sie währte allerdings nicht einmal bis zum Pausentee: Kaltz und Hrubesch wiederholten ihren Doppelschlag. Dass Hamburgs bester Spieler, Keegan, überhaupt nicht traf und dass das 5:1 durch Caspar Memering bis zur 90. Minute auf sich warten ließ, gehört zu den weiteren kaum glaublichen Zutaten des unvergesslichen Spiels. „Mit Kaltz, Hrubesch und Keegan in Superform ist dieser HSV unschlagbar“, sagte Boskov hinterher. Überprüft werden konnte diese Ansicht nicht, denn kurz vor dem Finale verletzte sich Horst Hrubesch am Knöchel und stand gegen Nottingham nicht in der Startelf.

Die Schmach von der Alster muss den Fußballfreunden in Madrid auf das Gemüt geschlagen haben, denn am 28. Mai 1980 hatten nur 50.000 Menschen eine Eintrittskarte für das Finale erworben, wodurch das Bernabéu-Stadion kaum zur Hälfte gefüllt war. Vielleicht schmollten die Daheimgebliebenen, vielleicht hatten sie aber auch gehört, dass Brian Clough auf den angeschlagenen Trevor Francis verzichten musste. Jedenfalls ließ sich erahnen, dass es keinen offenen Schlagabtausch geben würde und sich die Serie der mittelprächtigen Finals fortsetzen sollte.

Knapp 20 ereignisarme Minuten hatten sich dahingequält, als Nottinghams Linksaußen John Robertson endlich mit dem Ball auf Hamburgs Linksverteidiger

Manfred Kaltz zulief – bis dahin war es ausschließlich umgekehrt gewesen. Dann wackelte Robertson, genau wie ein Jahr zuvor, ein wenig mit den Hüften. Die waren inzwischen aber erheblich fülliger geworden, weshalb er diesmal keinen Sprint die Linie entlang wagte, sondern nach innen zog. Er spielte Gary Birtles an, erhielt den Ball mit Glück zurück und schoss aus 17 Metern flach in das von ihm aus gesehen rechte Toreck. Rudi Kargus, der vielleicht etwas zu weit vor der Linie gestanden hatte, blickte dem gedrungenen Schützen böse nach. Der aber schleppte sich schon, ohne großen Jubel, zurück in seine Hälfte. Er hatte das Jubiläumsfinale entschieden, denn jeder Ball, den die dichte englische Deckung nun durchließ, wurde eine Beute des bravourösen Peter Shilton, der Latte (bei einem Schuss von Kaltz) oder des Schiedsrichters. Jener verweigerte dem HSV in der zweiten Halbzeit einen Strafstoß und sah bei einem Treffer von Reimann dessen Kollegen Jürgen Milewski im Abseits.

Die „Gazzetta dello Sport" schrieb am nächsten Tag mit Häme (oder war es Respekt?), dass Forest „die Taktik kopierte, mit der einst italienische Vereine Erfolge feierten". Und wirklich konnte nicht einmal die Hereinnahme von Hrubesch den englischen Riegel aus seiner Verankerung lösen. Selbst der „Evening Standard" aus London beklagte, dass „ein ängstliches Team zu 90 Prozent defensiv spielte" und dafür mit dem Pokal belohnt wurde. Laut dem „Algemeen Dagbladet" aus Amsterdam „bestätigte das glanzlose Finale in Madrid den fortschreitenden Verfall des europäischen Fußballs".

Fortunen-Glanz statt Fußball-Magerkost

Tatsächlich war zwei Wochen vor dem Spiel zwischen Nottingham und Hamburg zum ersten Mal in der Geschichte des Europacups ein Endspiel selbst nach 120 Minuten ohne Tor geblieben. Und dabei stritten im Finale bei den Pokalsiegern doch Teams aus Spanien und England, von denen man Offensive erwartete. Es waren große Stürmer auf dem Feld, wie Argentiniens WM-Held Mario Kempes. Und an der Seitenlinie stand niemand anderes als Alfredo di Stéfano, das lebende Symbol für Zauberfußball. Doch di Stéfanos Elf, der FC Valencia, druckste sich ebenso verhuscht auf dem Rasen herum wie der Gegner, Arsenal London. So kam es zu der Premiere, dass ein Elfmeterschießen über den Gewinner eines europäischen Pokals entschied. Fast programmgemäß scheiterten gleich die ersten beiden Schützen, Valencias Mario Kempes und Arsenals Liam Brady. Dann aber trafen alle Spieler, unter anderem Rainer Bonhof, seit zwei Jahren im Trikot der Spanier. Erst der zwölfte Profi, der Engländer Graham Rix, beendete das Ringen mit einem Fehlschuss. Di Stéfano, der angeblich zwei Packungen Zigaretten während des Spiels geraucht haben soll, weinte vor Freude. Ernst Happel aber nannte die Partie „eines der schwächsten Endspiele überhaupt".

Trotz der beiden missratenen Endspiele 1980: Noch war es zu früh, den Europacup zu bestatten. Nur ein Jahr zuvor hatte der Kontinent ja eines der feinsten Finals überhaupt gesehen, ebenfalls bei den Pokalsiegern. Am 16. Mai 1979 trat in Basel der berühmte FC Barcelona an, um endlich seinen zwei kümmerlichen Messe-Cups (von 1960 und 1966) einen der beiden bedeutenderen Europapokale hinzuzufügen. Und fast wäre es wieder schiefgegangen. Trotz solcher Superstars wie Johan Neeskens und Hans Krankl und trotz eines unbekannten Gegners – Fortuna Düsseldorf.

Die Rheinländer konnten bis zum Finale nicht gerade brillieren, sieht man von einem 3:0-Sieg gegen den FC Aberdeen ab. Auch in der Bundesliga brachte die Elf von Trainer Dieter Tippenhauer keine Konstanz in ihre Leistung. Aber sie war immer für einen großen Tag gut. So einer war der 9. Dezember, als Bayern München im Rheinstadion mit 7:1 geschlagen wurde. Und so einer war der Tag des Finales in der Schweiz.

Zu diesem Treffen reisten allein 30.000 Fans aus Barcelona an. Sie sangen „Visca Catalunya!" – es lebe Katalonien –, weil die spanische Regierung der Region gerade eine teilweise Autonomie in Aussicht gestellt hatte. Und nach fünf Minuten ließen sie

Halbfinale der Pokalsieger 1978/79, Fortuna Düsseldorf - Banik Ostrau 3:1 / 1:2. Rudi Bommer köpft aufs Tor.

Finale der Pokalsieger 1978/79, Fortuna Düsseldorf - FC Barcelona 3:4. Brüderliche Co-Produktion: Thomas Allofs erzielt den Ausgleichstreffer zum 1:1, Klaus hilft mit.

auch ihren Klub hochleben, denn da erzielte Sanchez das 1:0. Den Fans aus Barcelona erschien das schon wie die Vorentscheidung, aber der Abend sollte noch einige Überraschungen bereithalten.

Kaum 180 Sekunden nach dem 1:0 glich Düsseldorf aus. Gutgeschrieben wurde das Tor Thomas Allofs, doch hätte es genauso gut Klaus Allofs sein können – die beiden Brüder waren gleichzeitig an den Ball gekommen. Nur vier Minuten später frohlockten wieder die Katalanen, weil sie den Sieg zum zweiten Mal in Reichweite glaubten: Gerd Zewe konnte vor dem jungen „El Lobo" Carrasco retten, der Schiedsrichter aber hatte es anders gesehen und auf Elfmeter entschieden. Der erfahrene Charly Rexach lief an und versuchte einen jener Kunstschüsse, bei denen man das Leder gemächlich in die Mitte stupst, während der Torwart in eine Ecke hechtet. Allerdings hechtete Jörg Daniel in diesem Fall nicht. Um genau zu sein: Er tat eigentlich überhaupt nichts, außer den Schuss problemlos in seinen Armen zu begraben.

Zum dritten Mal wähnten sich die Katalanen in der 34. Minute als Sieger: Barcelonas Kapitän Juan Manuel Asensi staubte zum 2:1 ab. Doch erneut mussten die

Fans der Blau-Roten ihre Feierlichkeiten abbrechen, denn noch vor dem Seitenwechsel schoss Wolfgang Seel aus spitzem Winkel das 2:2. Nun kamen die Katalanen wohl ins Grübeln ob dieses hartnäckigen Außenseiters, denn in der zweiten Hälfte gelang ihnen nicht mehr viel. Die Fortuna hatte das Pech, nach Dieter Brei auch noch Gerd Zimmermann durch Verletzung zu verlieren, aber sie rettete sich in die Verlängerung.

In der 103. Minute erreichte ein Neeskens-Pass Rexach, der, anders als beim Elfmeter, nun Glück hatte: Sein Schuss wurde von Zewe abgefälscht und senkte sich über Torwart Daniel hinweg. Sechs Minuten darauf fiel das 4:2 durch Hans Krankl. Doch es war immer noch nicht vorbei. Wolfgang Seel erzielte das 4:3, und in den letzten Minuten zogen sich die Katalanen in höchster Angst weit zurück und baten Fortuna um Hilfe gegen die Fortuna. Nach dem Abpfiff liefen viele katalanische Fans auf den Platz. Einer von ihnen ließ eine Eckfahne mitgehen, die noch heute im Museum des Klubs zu bewundern ist. Als Erinnerung an Barcelonas ersten wirklich großen internationalen Erfolg. Und als Erinnerung an ein herrliches Spiel, zu dessen Drama auch Düsseldorfer Schneid beigetragen hatte.

West gegen Ost

War der Europacup nach einem Vierteljahrhundert und an der Schwelle zu einem neuen Jahrzehnt nun noch das große Spektakel, wie dieses 1979er Spiel hoffen ließ? Oder war er zu einem Langweiler verkommen, bei dem die Angst jeden Pass diktierte, wie fast alle Journalisten im Sommer 1980 murrten? Wer sich von der nächsten Saison Aufschluss erhoffte, wurde enttäuscht. Im Wettbewerb der Meister waren die letzten vier Finals von in Rot spielenden Engländern gewonnen worden; in den letzten drei war jeweils nur ein Tor gefallen; seit 1977 hatte der Sieger jedes Mal im Finale oder im Halbfinale den Meister der Bundesliga geschlagen. Keine einzige dieser Serien sollte in der Spielzeit 1980/81 reißen.

Vor Saisonbeginn äußerte Liverpools Bob Paisley: „Es nutzt nichts, darüber zu jammern, dass die Erholungsphasen immer kürzer werden. Man muss mit der Zeit gehen. Früher gab es nur die Liga und den Pokal, und man konnte dem Fußball entfliehen, um auszuspannen. Aber die jungen Spieler kennen nur noch das Hochgeschwindigkeits-Leben. Deswegen müssen wir Mittel und Wege finden, um ihnen während der Saison Ruhe zu ermöglichen." Er konnte da schon vermuten, dass sein Team vor einer weiteren Mammut-Saison stehen würde: 63 Pflichtspiele in weniger als zehn Monaten. Und vielleicht ahnte er, dass sein Klub, wie so mancher andere, in den nächsten Monaten ungewöhnlich viele Verletzte haben würde. Beschwerden waren aber nicht angebracht, denn schließlich hing das höllische Pensum auch damit zusammen, dass der FC Liverpool an jeder Runde des Pokals der Meister beteiligt war.

Es begann mit einer Reise zu dem am weitesten nördlich gelegenen Klub des Wettbewerbs, Oulu Palloseura aus Finnland. Nach einem erbärmlichen 1:1 am Rande Lapplands kamen nur 16.500 Fans zum Rückspiel an die Anfield Road, Liverpools schlechtester Besuch seit fast zwei Jahrzehnten. Die Fans, die zu Hause vor dem Fernseher saßen, verpassten zwar den Rekord-Sieg ihres Team im Europacup (ein 10:1), dafür konnten sie mitverfolgen, wie ZSKA Sofia den Titelverteidiger Nottingham Forest in die Knie zwang. Die Bulgaren hatten ihr Heimspiel im Schatten des Witoscha-Berges nur 1:0 gewonnen, weil Peter Shilton wieder überragend hielt. Doch zwei Wochen später konnte Nottingham auf dieses gute Ergebnis nicht aufbauen. Das Glück hatte das Team schließlich verlassen. Cloughs Elf forderte ohne Erfolg zwei Elfmeter und bekam einen Treffer aberkannt, sodass das einzige Tor des Abends nach 34 Minuten fiel, durch Sofias Mittelfeldspieler Ruzhdi Kerimov. Nach dem Triumph über Ajax Amsterdam vom Herbst 1973 hatte ZSKA Sofia also erneut einen amtierenden Titelträger früh aus dem Wettbewerb geworfen. Es sollte nicht das letzte Mal gewesen sein.

Der bundesdeutsche Vertreter Bayern München bekam währenddessen keine Probleme mit Olympiakos Piräus (4:2 und 3:0) und erhielt zur Belohnung den Achtelfinalgegner Ajax Amsterdam. „Belohnung" ist nicht ironisch gemeint, denn die Holländer waren erst wieder im Begriff, eine gute Mannschaft aufzubauen. So hatten die Bayern Gelegenheit, eine alte Rechnung zu begleichen. Von der Elf, die Anfang 1973 das bittere 0:4 in Amsterdam erlebt hatte, war nur noch Paul Breitner übrig, aber das kühlte das bayerische Mütchen ebenso wenig wie der 8:0-Sieg beim Abschiedsspiel von Johan Cruyff. Dies hier war das erste ernsthafte Duell der beiden großen Klubs seit acht Jahren, und die Deutschen ließen sich die Chance zur Revanche nicht entgehen. Selbst ein überraschender 0:1-Rückstand im Hinspiel auf eigenem Platz konnte die Bayern nicht beirren, die durch Bernd Dürnberger, Karl-Heinz Rummenigge, Paul Breitner und zwei Tore von Dieter Hoeneß zu einem 5:1 kamen. Zum Rückspiel hatten nur noch 10.000 Ajax-Fans die Chuzpe, sich in das Amsterdamer Stadion zu trauen, aber die Münchener gingen die Sache arg lässig an: Sie spielten in Blau (!) und kassierten rasch zwei Tore, eines davon durch einen 18-Jährigen mit dem Namen Frank Edmundo Rijkaard. Aber ein schöner Schuss von Rummenigge brachte noch vor der Pause den Anschlusstreffer, der den Gastgebern die Moral raubte.

Auch Liverpool überstand diese Runde erheblich leichter als gedacht. In einer weiteren „Battle of Britain" trafen die Engländer auf die Schotten des FC Aberdeen, den ersten Meister des Landes seit 1965, der nicht aus Glasgow kam. Die Elf wurde von Alex Ferguson trainiert und rühmte sich so starker Nationalspieler wie Torwart Jim Leighton, Gordon Strachan und Alex McLeish. Aber der Schotte, der im Hinspiel in Aberdeen traf, hieß Terry McDermott – und spielte für Bob Paisley. Beim Rückspiel waren dann auch noch Liverpools andere Schotten erfolgreich, Kenny Dalglish und Alan Hansen, und mit einem Gesamtergebnis von 5:0 spazierten die Engländer unter die letzten acht Hoffenden des Wettbewerbs.

Vielleicht war es die Glücksgöttin leid, für schlechte, langweilige oder einseitige Finals verantwortlich gemacht zu werden; jedenfalls hielt sie in diesem Viertelfinale die vier verbliebenen Großen hübsch auseinander – und schickte sie jeweils nach Osteuropa: Liverpool traf auf Nottinghams Bezwinger Sofia, die Bayern auf Banik Ostrau, Real Madrid auf Spartak Moskau, Inter Mailand auf Roter Stern Belgrad.

In diesem vierteiligen Duell zwischen den Vertretern kapitalistischer Unterhaltungsindustrie und den Repräsentanten sozialistischer Körperertüchtigung setzten sich die Top-Profis des FC Liverpool zuerst durch. Die Engländer gewannen bereits ihr Heimspiel gegen die Staatsamateure von ZSKA Sofia mit 5:1 und mussten sich keine Sorgen mehr über den Rückkampf machen. „Wir haben zwar Nottingham geschlagen", sagte Sofias Betreuer Boris Stankov, „aber die sind ja auch nur ein kurzes Feuerwerk. Liverpool hat die Tradition von vielen Jahren."

Auch der FC Bayern gewann seine erste Partie, und zwar mit 2:0 im Olympiastadion. Das ließ Banik Ostrau noch hoffen, aber schon in der ersten Hälfte des Rückspiels in der CSSR schossen Dieter Hoeneß, Wolfgang Kraus, Jürgen Röber und Bernd Dürnberger die Deutschen mit 4:1 in Front. Etwas mehr Probleme hatten da schon Inter und Real, aber beide kamen nach einem Remis im Hinspiel noch in das Halbfinale.

Das schien ein ernüchterndes Ergebnis für den Fußball in den östlichen Ländern des Kontinents zu sein, die offenbar den Millionen nichts entgegensetzen konnten, die im Westen umgesetzt wurden. Vor Beginn der Saison 1980/81 hatte zudem Italien nach 14 Jahren die Ausländersperre gelockert: Inter Mailand holte Herbert Prohaska von Austria Wien, der AS Rom verpflichtete sogar den brasilianischen Wunderspieler Falcao. Für den Sinneswandel südlich der Alpen war zum Teil die Borussia aus Mönchengladbach verantwortlich. Als sie nämlich im November 1975 Juventus Turin aus dem Cup der Meister warf, wetterte Juves Präsident Gianpiero Boniperti gegen die Regeln seines Verbandes. Er wies darauf hin, dass die Borussia mit Henning Jensen und dem zweifachen Torschützen Allan Simonsen spielte. Das waren Ausländer, aber ihre Anwesenheit in der Bundesliga hatte offenbar keine negativen Auswirkungen auf die westdeutsche Nationalelf, die ja Weltmeister war.

In einem Buch von 1985 aus dem Ostberliner Sportverlag finden sich neben einigermaßen regulären Spielberichten zum Europacup unvermittelt lange Zitate von Westdeutschen, die Aspekte des Profitums geißeln – etwa von dem Gladbacher Spieler Ewald Lienen oder einem Mainzer Professor namens Gert Otto. Aber auch wenn die Staaten des Ostblocks auf internationaler Klubebene strukturell (oder ideologisch) im Nachteil waren, hieß das noch nicht, dass sie auch chancenlos sein mussten. Zur Illustration bietet sich ein kleiner Schlenker in den Pokal der Pokalsieger der Saison 1980/81 an. Denn während bei den Meistern die reichen Favoriten geschlossen in das Halbfinale kamen, tat sich in diesem Wettbewerb Unerwartetes.

Der Höhenflug von Carl-Zeiss Jena

Am 17. September 1980 eilten zu einem läppischen Erstrundenspiel 80.000 Zuschauer in das Olympiastadion von Rom. Sie wollten allerdings nicht den Gegner sehen, sondern den Mann mit dem hohen Scheitel in Reihen ihres AS Rom – Paolo Roberto Falcao. Sie kamen nicht umsonst: In der 72. Minute schoss der Brasilianer sein erstes Tor im neuen Trikot, was der Klub sofort mit einem kleinen Feuerwerk feierte. Das schien nicht verfrüht, denn Falcaos Tor bedeutete schon das 3:0.

Zwei Wochen darauf mussten sich die Römer dann doch um den Gegner kümmern, und zwar mehr, als ihnen lieb war. Er hieß Carl-Zeiss Jena und wurde nun schon seit neun Jahren von Hans Meyer trainiert. In dieser Zeit war der Verein nur einmal nicht im Europacup aktiv gewesen, und wenn er auch keine großen Erfolge

Finale der Pokalsieger 1980/81 in Düsseldorf, Carl-Zeiss Jena - Dynamo Tiflis 1:2 (in Düsseldorf). Jenas Torhüter Grapenthin rettet vor einem Dynamo-Stürmer.

feiern konnte, so hatte er doch zumindest den Respekt vor großen Namen verloren. Darum sagte der erst 37-jährige Meyer auch vor dem Rückspiel, er wünsche sich „ein frühes Tor, denn das könnte uns Flügel verleihen". Es fiel erst nach 25 Minuten, aber dann hob Jena trotzdem ab. Zur Halbzeit stand es 2:0, und fünf Minuten nach dem Wechsel wurde der eben erst eingewechselte Römer Scarnecchia vom Platz gestellt. Aber das Bollwerk der nun Blut und Wasser schwitzenden Italiener hielt, bis Meyer in der 70. Minute den jungen Andreas Bielau auf das Feld schickte. Dessen erster Kontakt mit dem Spielgerät brachte das 3:0. Da vergrub Roms Trainer, der Schwede Nils Liedholm, das Gesicht in den Händen und hoffte nur noch auf eine Verlängerung und ein Elfmeterschießen. Umsonst. Weil Bielau drei Minuten vor dem Ende erneut traf, musste Liedholm das Spiel als die „bitterste Stunde" seiner Laufbahn bezeichnen, während Jenas Nationalspieler Konrad Weise nur „Unfassbar!" rufen konnte. Er hatte sich trotz eines Nasenbeinbruchs geweigert, ausgewechselt zu werden.

Und die Wunder nahmen (zunächst) kein Ende. In der nächsten Runde wurde Jena gegen den Pokalverteidiger gelost, den FC Valencia. Bei den Spaniern hatte man inzwischen Alfredo di Stéfano entlassen und Rainer Bonhof wieder nach Hause ziehen lassen, dafür aber Fernando Morena geholt, einen fantastischen Stürmer aus Uruguay, der allerdings in Europa nie wirklich zurechtkam. Morena traf zwar beim Hinspiel in Jena, aber das war nur das späte Ehrentor zum 3:1. In Valencia schaffte es der Favorit nur einmal, Jenas starken Torwart Hans-Ulrich Grapenthin zu überwinden, und der DDR-Vertreter war im Viertelfinale.

Hier hatte er zum ersten Mal Losglück. Fortuna Düsseldorf oder Feyenoord Rotterdam blieben ihm erspart, stattdessen ging es gegen den walisischen Verein Newport County, der im Mittelfeld der dritten (!) englischen Liga herumkrebste. Beim Hinspiel in Jena stellten sich Meyers Männer sehr ungeschickt an und kassierten in der 90. Minute noch das 2:2. Zu allem Überfluss fielen vor der zweiten Partie sechs Spieler wegen Sperren oder Verletzungen aus. Am Ende war es ein Freistoßtor des Routiniers Lothar Kurbjuweit, das in Newport einen bitter umkämpften 1:0-Sieg sicherte. Wieder erhielt Grapenthin Lob, diesmal sogar vom großen Denis Law, der nun für den britischen Rundfunk arbeitete.

Fast zwei Jahrzehnte zuvor hatte Carl-Zeiss (unter dem Namen „Motor") schon einmal bei den Pokalsiegern im Halbfinale gestanden und war an Atlético Madrid gescheitert. Damals durften die Ostdeutschen nicht nach Spanien einreisen. Nun, 1981, waren die politischen Verhältnisse weniger verhärtet – aber ernst genommen wurde Jena noch immer nicht: Eine Woche vor dem Hinspiel gegen Benfica Lissabon meldete das portugiesische Fernsehen, dass Jena wegen seiner Verletzungssorgen auf die Partien verzichten würde. Das geschah am 1. April, aber vielen Fans entging zunächst die Bedeutung dieses Datums, und sie nahmen die Nachricht für bare Münze.

Kein Scherz war dann der 2:0-Hinspielsieg der Jenaer über das ruhmreiche Benfica. Ohne ihren Kapitän Weise kam die Elf schon nach 20 Minuten zu diesen beiden

Treffern und ging dann kein Risiko mehr ein. Man wusste schließlich, auf wen Verlass sein würde. Und tatsächlich konnte Lissabon am 22. April Grapenthin nur durch einen Kopfballaufsetzer in der 59. Minute überwinden. Davor und danach mochten die 80.000 auf den Rängen noch so johlen, kreischen und pfeifen – die Mauerblümchen aus Thüringen verloren vielleicht viele Zweikämpfe, aber nie die Ruhe. Benficas Trainer Lajos Baroti, ein Ungar, trauerte hinterher: „Wir hatten Chancen, um zwei Spiele zu gewinnen." Nun, erstens hatte er ja gewonnen, zweitens war er überhaupt nur in dieses Halbfinale gekommen, weil sein Team in der Runde zuvor in Düsseldorf vom Glück verfolgt gewesen war.

Jenes Aus hatte die Fortuna schwer getroffen, denn das 1981er Finale im Pokal der Pokalsieger war von der UEFA in das Rheinstadion von Düsseldorf vergeben worden. Und jetzt standen in diesem Endspiel nicht der westdeutsche Cupsieger, nicht der AS Rom, nicht Feyenoord Rotterdam, sondern Carl-Zeiss Jena – und ein weiterer Klub von jenseits des Eisernen Vorhangs. Dynamo Tiflis hatte West Ham United – damals ein Zweitligist, aber immerhin ein Abgesandter des Landes, das den Europacup beherrschte – und Rotterdam ausgeschaltet, aber selbst das schien für westdeutsche Fußball-Fans kein Anlass zu sein, sich das Spiel live anzusehen. Weniger als 5.000 Interessierte verfolgten am 13. Mai 1981 was doch einer der drei Höhepunkte eines jeden Fußballjahres sein sollte. In Ost und West gab man sich gegenseitig die Schuld für diese geringe Resonanz: DDR-Medien beklagten die negative Vorberichterstattung in der Bundesrepublik, während jene laut fragte, warum nur 1.000 DDR-Bürger in den Westen reisen konnten, um ihr Team zu unterstützen. Beide Seiten hatten wohl Recht, vergaßen aber zu erwähnen, dass Düsseldorf schon immer als Stadt galt, die ihre Liebe zum Fußball erst dann entdeckt, wenn ein lokaler Klub Erfolg hat.

Das Spiel selbst war dann erheblich besser, als man der Umstände wegen erwarten konnte. Jena ging in der 63. Minute durch Gerhard Hoppe in Führung, aber die Georgier glichen schon vier Minuten später aus. Der Traum der DDR-Oberliga vom zweiten Europacup-Sieger platzte dann kurz vor dem Ende. Wie Christoph Dieckmann 2003 zum 100. Geburtstag von Carl-Zeiss Jena in der „Zeit" schrieb: „Drei Minuten vor Schluss kurvte Darasselija durch unsere Deckung und tat uns für immer weh."

So tief der Schmerz auch war, Jena erkannte die Leistung des Siegers an. „Die besseren Einzelleistungen entschieden für Dynamo", sagte Hans Meyer. Nicht zu Unrecht hießen die Techniker aus Tiflis die „Brasilianer der UdSSR" – Vitali Daresselija, David Kipiani (die beide früh starben), Ramaz Shengelia und der spätere georgische Nationaltrainer Alexander Tschiwadse waren Artisten am Ball, die jedes westliche Geschwätz vom „Roboterfußball" ad absurdum führten.

Duelle der Giganten

So hatten 1981, wie schon sechs Jahre zuvor, zwei Mannschaften aus dem Ostblock ein Europacup-Finale unter sich ausgemacht und auf dem Weg dorthin prominente, reichere Konkurrenz düpiert. War das nun die Ausnahme von der Regel, dass die Entscheidungen letztlich auf dem westlichen Transfermarkt fielen? Oder war es ein Hinweis darauf, dass bei dem gemächlichen Sicherheitsfußball, der überall um sich griff, das potenzielle Können der teuren Stars gar nicht ausgeschöpft wurde und damit auch weniger glamouröse Teams die Chance bekamen, mitzuspielen? Immerhin hatte sich bereits ein kleiner Klub wie Nottingham an die Spitze geschwungen – und schon bald sollte die wichtigste Trophäe Europas nach Rumänien und Jugoslawien gehen.

Solche Gedanken macht man sich nur in der Nachschau. Im Frühling 1981 nahm die Öffentlichkeit Jena und Tiflis lediglich nebenbei wahr und blickte vornehmlich auf die Konkurrenz der Landesmeister. Und dort räkelte sich, wie erwähnt, im Halbfinale ein Quartett der Qualität und Prominenz. Zum ersten Mal seit 1972 waren nur ehemalige Sieger des Wettbewerbs so weit gekommen, und es waren nicht irgendwelche Sieger: Real, Bayern, Inter und Liverpool wussten mehr als die Hälfte aller bisher ausgespielten Meisterpokale in ihren Vitrinen.

Allein, beide Duelle der Giganten enttäuschten. In einer Saison, in der fast jede Mannschaft außergewöhnlich viele Verletzte zu beklagen hatte, musste Real gegen Inter Mailand den Nachwuchsmann Agustín Rodríguez Santiago ins Tor stellen und auf Cunningham und zwei andere Stammspieler verzichten. Aber im Madrider Sauwetter lief ein Deutscher zu großer Form auf: Uli Stielike, der wenige Wochen später zum besten Spieler der spanischen Liga gewählt wurde, beherrschte das Mittelfeld. Real siegte 2:0 gegen schüchterne Italiener, die auch 14 Tage später nur einen Lattenkopfball von Prohaska und ein Zufallstor ihres Liberos Graziano Bini zu bieten hatten. Das Publikum war so erbost über die mutlose Leistung seines Teams, dass es das Spielfeld eine Viertelstunde lang mit Obst bombardierte.

Auch Paisley hatte vor den Spielen gegen Bayern München Probleme mit der Fitness seines Kaders. Ein halbes Jahr lang konnte er nicht seine beste Elf aufbieten, weil im Laufe der Saison Graeme Souness, Kenny Dalglish, Alan Hansen, Ray Kennedy, David Fairclough, Phil Thompson und David Johnson ausgefallen waren – und das sind nur die Profis, die mindestens einen Monat fehlten. So kam es, dass im Hinspiel an der Anfield Road mit Ian Rush sogar ein 19-jähriger Schlacks auflief, der bislang weniger Spiele bestritten hatte, als er daheim in Wales Geschwister hatte. (Ian war eines von zehn Rush-Kindern.)

Zu allem Überfluss kugelte sich Terry McDermott nach wenigen Minuten des Spiels einen Daumen aus und litt solche Qualen, dass er zur Pause in der Kabine blieb. Trotzdem verließen sich die Bayern auf das „Modell Inter“ und ermauerten

Halbfinale der Landesmeister 1980/81, Bayern München - FC Liverpool 1:1. Karl-Heinz Rummenigge überlistet Liverpools Torhüter Ray Clemence, doch sein Treffer reicht nicht zum Einzug ins Finale.

sich ein 0:0. „Bayern zerstörte das Spiel“, meinte Paisley, „und unsere jungen Leute hatten nicht die nötige Erfahrung auf diesem Niveau. Jetzt wird es ganz schwer, aber wir müssen auch mal wieder Glück haben.“

Die defensive Ausrichtung der Deutschen erklärt sich vielleicht aus der Art von Fußball, die Trainer Pal Csernai bevorzugte. Oder sie mag daran gelegen haben, dass auch die Bayern Aufstellungssorgen hatten. Der 22-jährige Ersatzmann Walter Junghans stand für Manfred Müller im Tor, Kurt Niedermayer fehlte, Klaus Augenthaler und Udo Horsmann waren angeschlagen. Vielleicht aber hing die Übervorsicht der Münchener auch mit dem Bammel zusammen, den deutsche Teams inzwischen vor Klubs von der Insel hatten: Seit 1975 war nur ein einziger Klub der Bundesliga in einem der drei Europapokale bei einem Duell gegen Engländer siegreich geblieben, und zwar Mönchengladbach im UEFA-Cup 1978/79 gegen Manchester City. Und gerade die Bayern würden diesen Fluch noch genau kennen lernen. Zwischen 1981 und 1985 sollte der Klub fünfmal in Folge von britischen Vereinen aus dem Europacup geworfen werden. Zugegeben, im April 1981 konnten die Münchener noch nichts von jener Serie wissen – aber sie spielten, als ob sie es täten.

Diese Strategie rächte sich in der 82. Minute des Rückspiels in Deutschland. Auf Zuspiel von David Johnson, der trotz einer Zerrung weiterhumpeln musste, weil Bob Paisley nicht mehr auswechseln durfte, erzielte Ray Kennedy per Flachschuss das 0:1. Rummenigges Ausgleich zum 1:1 kam zu spät, um noch eine Schlussoffensive einzuleiten. „Die Engländer kompensierten mit ihrem ausgeprägten Sinn für Mannschaftsspiel alles Ungemach, an dem so manche andere Mannschaft zerbrochen wäre", schrieb der „Sport". Paisley strahlte: „Das war das 113. Europacupspiel dieses Klubs, und ich bin der Einzige, der an allen beteiligt war. Dies war die größte Partie überhaupt, weil wir so viele Verletzte hatten. Irgendwie ging alles schief, aber unsere Spieler machten trotzdem alles richtig."

Liverpools 114. Spiel im Europacup fand am 27. Mai 1981 in Paris statt. Die Stadt hätte lieber den FC Bayern im Finale gegen Real Madrid gesehen, denn die Erinnerung an den Vandalismus der Leeds-Fans von 1975 war noch so frisch wie unangenehm. Aber erneut war das Problem mit den Anhängern des FC Liverpool nicht ihr Benehmen, sondern ihre Anzahl. „Wir hätten das Stadion ganz allein mit unseren Fans füllen können", sagte Paisley über den Prinzenpark, der weniger als 50.000 Zuschauer fasste. „Ich weiß, wieviele Leute enttäuscht waren, dass sie keine Karten bekamen, um uns zu unterstützen."

Als die Mannschaften dann einliefen, waren vermutlich sogar mehr spanische als englische Fans im Stadion. Über einen ganzen Block zog sich eine gigantische Fahne mit der Aufschrift „Real Madrid". Als Alan Hansen sie sah, rutschte ihm wieder einmal vor einem großen Spiel das Herz in die Trikothose. „Ich war noch nervöser als vor dem Finale gegen Brügge", gab er später zu. Das galt aber mehr oder weniger für alle 22 Spieler. Es entwickelte sich eine äußerst harte, fast unfaire Partie ohne dramatische Torraumszenen. Zu Beginn hatten die Engländer zwei lauwarme Chancen, nach dem Wechsel vergab Real einige gute Möglichkeiten. Acht Minuten vor dem Ende erhielt Liverpool einen Einwurf in Höhe des gegnerischen Fünfmeter-Raumes. Fünf Madrilenen deckten zwei englische Angreifer ab, übersahen aber den linken Verteidiger Alan Kennedy, der von hinten heranrauschte. Der Mann, den seine Kollegen nach einer Zeichentrickfigur „Barney Geröllheimer" riefen, legte sich den Ball mit der Brust in den Lauf. Stielike kam zu spät, Del Bosque reagierte nicht, weil er glaubte, Garcia Cortés würde die Situation klären. Doch Cortés trat über den Ball. Kennedy hatte freie Bahn und konnte aus kurzer Distanz und unmöglichem Winkel zum 1:0 abschließen, weil der junge Torwart Agustin nicht die Nerven hatte, einfach nur stehen zu bleiben: Er warf sich hin, um das lange Eck abzudecken, und das Leder flatterte über ihn hinweg ins Netz.

„Ich bin stolz, der erste Trainer zu sein, der mit einem britischen Team dreimal den Pokal der Meister holt", sagte Paisley. Er hatte offenbar übersehen, dass er der erste Trainer überhaupt war, der die Trophäe dreimal gewann. Aber selbst dieser historische Aspekt konnte ein Gefühl der Unzufriedenheit nicht vertreiben. Die „Sunday Times" nannte Liverpool „keinen glänzenden Sieger" und setzte hinzu: „Aber die Zeit der brillanten Mannschaften ist wohl ohnehin vorbei." Immerhin blieb nach dem Spiel in Paris alles ruhig. Abgesehen von den inbrünstigen Gesängen der Fans aus der Beatles-Stadt.

Bayern mit Breitnigge

In der nächsten Saison, 1981/82, wurde – das ist die gute Nachricht – eine der Serien im Cup der Meister schließlich gekappt: Der Sieger trug keine roten Trikots. Allerdings – und nun kommt die schlechte – hätte er es erstens diesmal ruhig tun dürfen, zweitens setzte sich ansonsten alles wie gehabt fort: Ein englischer Verein ließ die Träume eines deutschen platzen und gewann ein dröges Finale 1:0. Und ZSKA Sofia verblüffte den Titelträger.

Das geschah am 17. März 1982, im Viertelfinale. Liverpool reiste mit einem 1:0 im Rücken nach Bulgarien, und konnte diesen Vorsprung bis zur 77. Minute halten. Dann unterlief Ersatztorwart Bruce Grobbelaar ein Patzer. Der Südafrikaner, der Ende 1994 angeklagt wurde, gegen Bezahlung absichtlich Spiele verloren zu haben, verschätzte sich bei einer Flanke, die Stoicho Mladenov einköpfte. Da war schon zum ersten Mal in der 18-jährigen Europacup-Geschichte des Klubs ein Liverpooler vom Platz gestellt worden (Mark Lawrenson), und die Unbilden wollten nicht enden: Der österreichische Referee Franz Wöhrer traf so manche skurrile Entscheidung und die Engländer zweimal Holz. In der Verlängerung purzelte schließlich ein Flatterball von Mladenov zum allgemeinen Erstaunen hinter Grobbelaar ins Tor.

Sechs Monate nachdem der große Bill Shankly überraschend an einem Herzanfall gestorben war, musste Liverpool den Traum von einem rein englischen Finale begraben. (Aston Villa hatte gerade durch einen Sieg über Kiew das Halbfinale erreicht.) Und nur wenige Wochen später verkündete Paisley bei einer Feier zu seinen Ehren: „Ich werde noch zwölf Monate Trainer sein. Dann bin ich seit 44 Jahren beim FC Liverpool und werde den Posten an einen anderen übergeben." Er sollte dieses Jahr mit der sechsten Meisterschaft seine Amtszeit beenden, in die auch drei Europapokale der Meister und ein UEFA-Cup fielen. Zwischen 1978 und 1981 war seine Elf in 85 Heimspielen hintereinander ungeschlagen geblieben; von insgesamt 534 Partien in allen Wettbewerben verlor Paisley als Trainer nur 96. Als er am Valentinstag 1996 an Alzheimer starb, hätte er es wahrlich verdient gehabt, als „Sir Bob Paisley" begraben zu werden.

Aber der Fußball ist selten sentimental – und die Bayern aus München fast nie. Sie dachten im Winter 1981 so wenig an Bill Shankly wie im Sommer 1982 an Bob Paisley. Sondern nur an den Pokal, der ihnen seit 1975 wie eine Fata Morgana vorkam, die immer unschärfer wurde, je weiter man sich ihr näherte. „Und wir sind doch die beste Mannschaft in Europa", hatte Paul Breitner nach der Halbfinalniederlage der Vorsaison gegen Liverpool gewettert. Präsident Willi O. Hoffmann nahm diese Worte des Lockenkopfes aus Freilassing ernst und setzte pro Kopf 35.000 Mark Prämie für den Gewinn des Cups aus, während sein Team die Mission mit sicheren Erfolgen gegen Östers Växjö, Benfica Lissabon und Universitatea Craiova aus Rumänien anging. Dann aber wollte Pal Csernai wieder einmal taktieren, was um ein Haar in die Lederhose gegangen wäre. (Das Tragen selbiger hatte Hoffmann inzwischen beim Klub eingeführt.)

Zum Hinspiel des Halbfinals traten die Münchener bei ZSKA Sofia an. Die Bulgaren trugen nicht nur Liverpools Skalp an ihrem Gürtel, sondern auch den der gefährlichen Spanier (genauer: Basken) von Real Sociedad San Sebastián. Die Bayern waren also gewarnt. Csernai nahm Dieter Hoeneß aus der Elf, dem er keine Defensivarbeit zutraute, bot den Isländer Asgeir Sigurvinsson als zusätzlichen Mittelfeldspieler auf und wünschte dem einsamen Stürmer Karl-Heinz Rummenigge alles Gute. Ergebnis: Nach 17 Minuten stand es 3:0 für Sofia. Csernai holte eiligst Sigurvinsson vom Feld, um Hoeneß doch noch zu bringen. Dass der Trainer seinen Fehler einsah und so schnell und mutig reagierte, rettete den Bayern das Spiel. Hoeneß bereitete das 3:1 durch Dürnberger vor, dann erzielte er selbst das 3:2. Da war erst eine knappe halbe Stunde gespielt, und die 70.000 Zuschauer im Levski-Stadion hatten schon mehr Treffer gesehen als in den bisherigen ZSKA-Heimspielen des Europacups 1981/82 zusammen. Doch es ging noch weiter: Kurz nach der Pause nutzte Tsetso Iontchev eine Unachtsamkeit der Münchener Abwehr zum 4:2. Auch in der Folgezeit ließ die Hintermannschaft des Deutschen Meisters kaum eine Gelegenheit aus, Unheil heraufzubeschwören. Aber es fiel nur noch ein Tor, in der 82. Minute – durch Paul Breitner. „Das schafft nur Bayern: Aus 0:3 noch 3:4!", jubelte der „kicker".

Aber noch gaben die Bulgaren die Sache nicht verloren. In der ersten Hälfte des Rückspiels sorgte ZSKA mit einigen Weitschüssen für Gefahr, und der unsichere Torwart Junghans verströmte bedenkliche Nervosität im Strafraum der Gastgeber. Dann aber flankte Rummenigge auf Breitner, der ohne Mühe zum 1:0 verwandelte. „Das Traumpaar schoss die Bayern ins Finale" würde der „kicker" tags darauf schreiben und damit ein inzwischen als „Breitnigge" bekanntes Duo meinen: Breitners 2:0 per Elfmeter (47.) folgten nämlich noch zwei Tore durch Rummenigge (65., 76.). Der FC Bayern hatte zum zwölften Mal in seiner Vereinsgeschichte ein Endspiel erreicht. Die ersten elf – von dem Finale um die Deutsche Meisterschaft 1932 bis zum DFB-Pokal-Endspiel am 1. Mai 1982 – waren ausnahmslos gewonnen worden.

Werbeträger im Endspiel

Die Niederlage der Bayern am 26. Mai in Rotterdam lässt sich am besten mit jenem Wort erklären, das Analytiker und Historiker gleichsam unbefriedigend finden: Pech. Beim Stand von 0:0 wurde ein Kopfball von Klaus Augenthaler auf der Linie geklärt. Und zwei Minuten vor dem Abpfiff hätte Günter Güttler den Ausgleich erzielen können, zog es aber vor, Dieter Hoeneß anzuspielen. Der traf dann zwar das Tor, soll aber im Abseits gestanden haben.

Oder vielleicht versagten den angeblich so abgebrühten Bayern die Nerven. Rummenigge, Augenthaler und Horsmann verfehlten jeweils aus fast idealer Schussposition das Tor um gleich mehrere Meter. Vielleicht aber, und vor allem abergläubische Gemüter werden auf diesen Fakt verweisen, war für die Münchener von Anfang an nichts drin, weil der Gegner aus England kam. Selbst ein Klub wie Aston Villa, der keine bekannten Spieler in seinen Reihen hatte, der 1981 zum ersten Mal seit sieben Jahrzehnten die Meisterschaft gewonnen hatte, der mitten in der Saison den Trainer entließ, weil in der heimischen Liga nichts zu holen war … selbst ein solcher Klub schien international unaufhaltsam. Allein Dynamo Berlin fügte der Elf aus Birmingham im Europacup 1981/82 eine Niederlage zu; niemand sonst schoss überhaupt ein Tor gegen die Engländer. Und schon in diesen Achtelfinal-Partien gegen Dynamo deutete sich an, dass Aston Villa auch das nötige Glück hatte: Das Team siegte in Berlin (1:2), weil der Schiedsrichter beim 0:1 übersah, dass sein Assistent aufgeregt Abseits winkte. Der DDR-Vertreter gewann das Rückspiel auf der Insel durch ein Tor von Frank Terletzki, schied aber nach der Auswärtstoreregel aus.

Selbst als Villa einmal Pech zu haben schien, stellte es sich als Glück heraus: In der neunten Minute des Endspiels klemmte sich Torwart Jimmy Rimmer einen Nerv ein und musste den Platz für Nigel Spink räumen, der bis dahin erst ein Spiel für Villa bestritten hatte – vor fast drei Jahren. Dieser Spink rettete dann seinem Team das torlose Unentschieden mit Paraden gegen Rummenigge, Breitner und Reinhold Mathy bis zur 66. Minute. In der erreichte ein Steilpass von Gary Shaw den englischen Linksaußen Tony Morley im Strafraum der Bayern. Morley zog Bayerns Libero Hans Weiner und Augenthaler aus der Mitte weg und legte den Ball dann nach innen. Dort stand nun völlig frei der Hüne Peter Withe, mit seinem ungepflegten Bart und den beiden Schweißbändern an den Handgelenken. Von seinem Schienbein prallte das Leder an den Innenpfosten. Und dann ins Tor.

Die portugiesische Zeitung „Mundo Deportivo“ bilanzierte: „Bayern vergab klare Chancen in einem grauen Spiel.“ „De Telegraaf“ aus Rotterdam gestand wenigstens zu, dass die Partie „um Klassen besser war als das letztjährige Finale zwischen Liverpool und Madrid“. Aber ein Fest des Fußballs war das Ganze dennoch nicht, denn nach dem Ende folgten so einige Eklats. Der „kicker“ schrieb über die 12.000 Fans aus England: „Sie brachen in Rotterdam ein wie Wölfe in eine Schafherde. Die Horde hinterließ eine Spur der Gewalt." Das waren markige und überzogene Worte, die aber wohl unter dem Eindruck der Ereignisse von Anderlecht in die Tasten gerammt worden waren. Dort hatten die englischen Anhänger in der Runde zuvor nämlich tatsächlich gewütet. Nach Schlägereien auf den Rängen mit vielen Verletzten war es zu einer Spielunterbrechung von fast zehn Minuten gekommen. Die UEFA verurteilte Villa dazu, das nächste Heimspiel vor leeren Tribünen auszutragen.

Auch die Bayern lieferten noch eine Peinlichkeit ab. Bei einem Empfang im Münchener Rathaus am nächsten Tag ergriff Paul Breitner das Mikrofon und sagte den versammelten Honoratioren: „Hier fehlt einer, der eigentlich anwesend sein müsste. Wenn verloren wird, dann verliert auch der Trainer. Ein bisschen mehr Anstand wäre wohl angebracht gewesen." Pal Csernai entschuldigte sich später für sein Fernbleiben („Ich war mit den Nerven fertig"), aber seine Tage in München waren gezählt. Der Hauptsponsor des Klubs bezeichnete ihn schon intern als „schlechten Werbeträger".

Dies war ein Wort, das 1981/82 öfter die Runde zu machen begann. Im Wettbewerb der Pokalsieger siegte der FC Barcelona im Finale mit 2:1. Über diesen Klub gäbe es viel zu sagen. Etwa, dass er von Udo Lattek betreut wurde, der mit diesem Erfolg zum ersten und einzigen Trainer wurde, der alle drei Europapokale holte – mit drei verschiedenen Vereinen. Oder dass ein anderer Deutscher den Triumph nicht mitfeiern konnte, weil er gerade erneut am Knie operiert worden war: Barcelonas Star Bernd Schuster. Oder dass das Siegtor in der 63. Minute durch Enrique Castro fiel, genannt „Quini". Ein Jahr zuvor war dieser Mann von einer Gruppe namens „Battallion Spanisches Katalonien" entführt worden, damit er Barcelona nicht zur Meisterschaft schießen konnte. Er wurde drei Wochen festgehalten und kam erst frei, als Real Madrid den Titel so gut wie sicher hatte.

Aber eigentlich muss man über den anderen Verein in diesem Endspiel reden, Standard Lüttich. Die Belgier kämpften sich nämlich in Trikots in das Finale, auf denen der Schriftzug „Maes Pils" den Fans Durst machen sollte. Das war ein Novum. Die UEFA hatte sich bislang strikt geweigert, die Trikotwerbung in ihren Wettbewerben zuzulassen, weshalb etwa Eintracht Frankfurt die Finals um den UEFA-Cup 1980 mit fast blanker Brust bestritt – um dann für das Siegerfoto eiligst in Hemden zu schlüpfen, auf denen „Minolta" stand.

Nachdem Lüttich so den Vorreiter gespielt hatte, wurde der Europacup schon im folgenden Jahr zum Tummelplatz des internationalen Markenfetischismus, von „Portas" und „Uhu" bis zu Exoten wie „Cirio" (Neapel) und „Citizen" (Athen). Nur die Endspiele, so bat sich die UEFA aus, sollten nicht durch solch Kommerzialismus befleckt werden. Diese Regel galt bis 1995, wurde aber zweimal gebrochen. Zum einen von Leverkusen, das im 1988er UEFA-Cup-Finale das Bayer-Kreuz tragen durfte, weil es zugleich Klubsymbol war. Zum anderen durch den RSC Anderlecht, der im

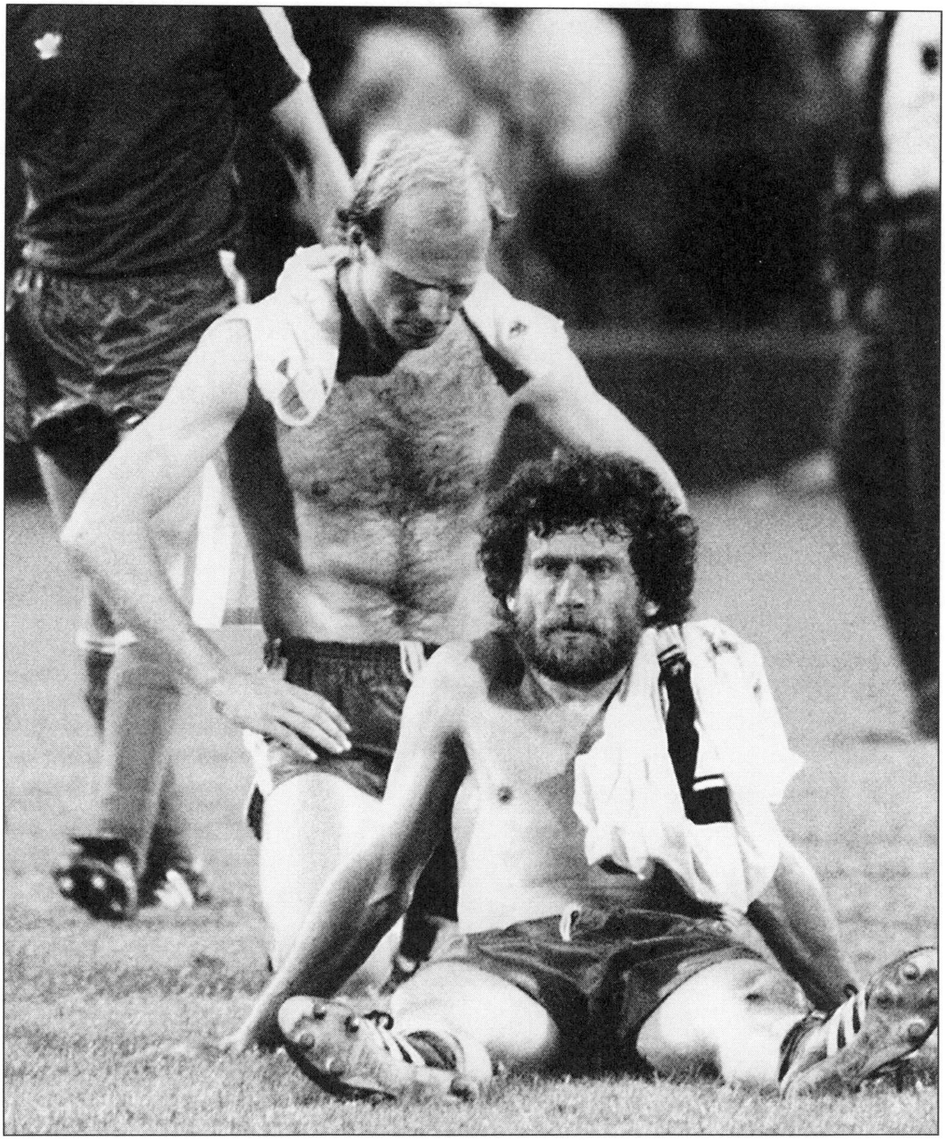

Finale der Landesmeister 1981/82, Aston Villa - Bayern München 1:0 (in Rotterdam). Dieter Hoeneß und Paul Breitner können es nicht fassen, dass sie das Endspiel im Europapokal der Landesmeister verloren haben.

ersten Endspiel um den UEFA-Cup 1983 gegen Benfica Lissabon mit einem „G" auf der Brust auflief, das für den Hauptsponsor stand, die „Generale Bank". Das war allerdings eine Dreistigkeit der Männer aus Brüssel. Man könnte sie mit Unkenntnis der Regularien erklären, wenn Anderlecht nicht auch für andere Merkwürdigkeiten gesorgt hätte, über die noch zu sprechen sein wird.

Zeitenwende im Europacup

Aber die Spielzeit 1982/83 brachte nicht nur auf dem Textil-Sektor Neues und Unerhörtes. Am 16. März 1983 endete das Viertelfinale im Pokal der Meister mit einem kollektiven Seufzer der Erleichterung, den man vom Nordkap bis nach Gibraltar zu hören glaubte und in den sich auch ein wenig Unglauben mischte. Titelträger Aston Villa war von einem Turiner Traum-Team zweimal geschlagen und dabei auf das Gründlichste demontiert worden – schon bei der 1:2-Niederlage in Birmingham konnte sich Villa glücklich schätzen, dass Juventus Chancen für vier bis fünf Tore ausließ. Und aus Liverpool kam noch sensationellere Kunde. Dort standen Massen von Fans vor dem ausverkauften Stadion, um mit den Gleichgesinnten drinnen zu singen und zu jubeln – stattdessen müssen ihnen die Hörorgane ob der Lautsprecherdurchsagen geschmerzt haben: Elfmeter-Tor für Widzew Lodz, 1:1 durch Miroslav Tlokinski, 33. Minute. Und dann sogar: Tor für Widzew Lodz, 1:2 durch Wlodzimierz Smolarek, 53. Minute. In diesem Augenblick wussten auch die Ohrenzeugen vor den Toren der Anfield Road, dass dies Bob Paisleys letztes Spiel im Europacup sein würde. Liverpool war beim Hinspiel in Lodz 2:0 geschlagen worden, nicht zuletzt deshalb, weil Grobbelaar einen Flankenball fallen gelassen hatte. Wegen der beiden Auswärtstore der Polen mussten die Engländer jetzt mindestens vier weitere Treffer erzielen, um in die nächste Runde zu kommen. Es gelangen ihnen nur noch zwei.

Am späten Abend des 16. März 1983 befand sich also zum ersten Mal seit sechs Jahren und zehn Monaten keine englische Elf mehr im wichtigsten europäischen Klubturnier. Und nicht nur das: Im Wettbewerb der Pokalsieger hatten die Bayern ihr England-Trauma kurzzeitig ausgesetzt und die Tottenham Hotspurs schon im Achtelfinale ausgeschaltet. Im UEFA-Cup schließlich waren Manchester United, Ipswich Town, der FC Southampton und Arsenal London alle gleich in der ersten Runde gescheitert. Mit anderen Worten: Als der Frühling kam, fanden alle drei Europacups ohne England statt. Das hatte es seit 1964 nicht gegeben.

War das schon der schleichende Beginn einer Zeitenwende, die zwei Jahre später durch eine Tragödie beschleunigt werden sollte? Auf den ersten Blick wirkt diese These absurd. Denn erstens gewann 1983 mit dem FC Aberdeen immerhin ein britisches Team den Europacup der Pokalsieger, und zweitens würden Liverpool, Tottenham und Everton in den beiden folgenden Saisons noch drei europäische Trophäen auf die Insel karren. Andererseits begann sich Anfang der 1980er schon deutlich abzuzeichnen, dass eine Liga die Muskeln spielen ließ, die seit 1968 nur jämmerliche zwei internationale Pokälchen gewonnen hatte. Das war natürlich Italiens „Serie A".

Mit dem Ende der Einfuhrsperre für ausländische Spieler begaben sich die großen Klubs des Landes, die alle reiche Familien oder Firmen hinter sich wussten, auf einen Einkaufsbummel sondergleichen. Nach der WM 1982 holte Fiat-Boss Dr. Gianni Agnelli seinem Klub Juventus Turin, der ohnehin schon mit sechs Weltmeistern und dem Ex-Nationalspieler Roberto Bettega antrat, zwei neue Superstars: den Franzosen Michel Platini und den Polen Zbigniew Boniek. Platini hatte zwar schon 1979 einen Vorvertrag bei Inter Mailand unterzeichnet, aber Agnelli überhäufte die Ehefrau des Franzosen so lange mit Präsenten, bis die Platinis auf einen Wechsel nach Turin bestanden.

Diese Wundermannschaft war natürlich unschlagbar. Zumindest theoretisch. In der Praxis unterlag sie dann in Ascoli und Genua und verlor am grünen Tisch die Heimpartie gegen Inter, weil Juves Fans angeblich einen Gästespieler durch Steinwürfe verletzt hatten. So reichte es am Ende in der „Serie A" nur zum zweiten Platz hinter dem AS Rom. Im Pokal der Meister aber lief alles nach Plan: Kopenhagen, Lüttich, Aston Villa und Lodz wurden allesamt beiseite geschoben. Wenn die Italiener auch hier und da mal ein Unentschieden ablieferten, so stand doch in allen Runden das Weiterkommen bereits nach dem Hinspiel so gut wie fest. Blieb nur noch das Finale in Athen. Blieb nur noch der Deutsche Meister, der HSV.

Happel-SV auf Erfolgskurs

Die Hamburger erreichten 1982/83 schon zum fünften Mal in sieben Jahren mindestens das Halbfinale eines der drei Europapokale, aber einiges war anders als zuvor. Zwar plante auch der neue Präsident Dr. Wolfgang Klein Großes (wie etwa einen eigenen HSV-Sender im Kabelfernsehen), aber er tat das leiser als sein Vorgänger Krohn. „Ich habe von Fußball keine Ahnung", sagte Klein etwas kokett, und vielleicht suchte der Klub auch deshalb nicht länger die spektakulären Verpflichtungen, die seine Kasse leerten, aber die Zeitungsspalten füllten. Also kein pummeliger Hans „Buffy" Ettmayer mehr, kein Keegan, keine Abschiedstournee eines Franz Beckenbauer. Stattdessen kamen Leute wie Wolfgang Rolff und Lars Bastrup von Klubs wie Fortuna Köln und Aarhus GF.

Und die Mannschaft pflegte nicht mehr Zebecs zögerlichen Stil, der zwar Erfolge gebracht hatte, vom „kicker" aber als „Fußball aus der Tiefkühltruhe" gescholten wurde. Bernd Wehmeyer, der drei Jahre lang nie auf 20 Spiele kam, weil er für einen Verteidiger zu risikofreudig wirkte, war nun aus genau diesem Grund Stammkraft geworden. Der neue HSV griff an. Er trieb sich selbst dann weit in der gegnerischen Hälfte herum, wenn er überhaupt nicht in Ballbesitz war. Dieses Offensiv-Pressing verblüffte die Bundesliga, dabei war es seit den Tagen des „totalen Fußballs" der Holländer ein alter Hut. Zumindest für Ernst Happel, der seit dem Sommer 1981 Trainer des HSV war und auf den die oben erwähnten Veränderungen zurückgingen.

In seinen ersten zwölf Monaten beim HSV gewann Happel zwar die Meisterschaft, verlor aber auch einige Illusionen – vornehmlich im UEFA-Cup. Das begann mit einer Partie gegen Utrecht (in Arnheim ausgetragen), bei der randalierende Fans Steine auf das Feld warfen, Zäune demolierten und die Männer auf der HSV-Trainerbank bedrohten. Und es endete im Mai 1982 mit den beiden Finalspielen, die gegen den IFK Göteborg 0:1 (auswärts) und 0:3 (daheim!) verloren wurden. Vor allem diese zweite Partie war eine Peinlichkeit. Gegen die blutjungen Halbprofis aus Schweden gebärdeten sich die gut bezahlten Bundesligastars so überheblich, dass das Publikum schon nach einer Stunde in das Lager des Gastes überwechselte. Nach dem Spielende vermeldete Jimmy Hartwig aus der Kabine der Hamburger: „Es herrscht eine Stimmung wie auf dem Zentralfriedhof in Wien." Man darf vermuten, dass Happel sich doppelt grantig zeigte, weil der Manager der Göteborger sein alter Spieler Ove Kindvall war, der Happel und Feyenoord Rotterdam 1970 den Pokal der Meister gesichert hatte. Und dann wurden die Schweden auch noch von einem erst 34-Jährigen namens Sven-Göran Eriksson trainiert, von dem nicht einmal seine Spieler je gehört hatten, als Kindvall ihn im Frühjahr 1979 zum IFK holte. „Zuerst haben wir immer ‚Sven-Erik Göransson' zu ihm gesagt", gab Stürmer Torbjörn Nilsson zu.

Also wird es an diesem Abend gebrodelt haben hinter dem in allen Lebenslagen zur Maske erstarrten Gesicht Happels. Aber er und sein Team lernten aus dieser Blamage und gingen die nächste internationale Saison, 1982/83, mit dem Vorsatz an, dass auch die scheinbar hoffnungsloseste Mannschaft ernst genommen werden muss. Das zahlte sich schon in der ersten Runde beim FC Dynamo Berlin aus. Ein Spiel, in dem der DDR-Klub eigentlich schon zur Pause hoch führen musste, endete 1:1, weil Wehmeyer mit einem feinen Pass seinem Kollegen Jürgen Milewski ein Kontertor ermöglichte. „Es wäre sträflich gewesen, den BFC zu unterschätzen, und wir hüten uns, dieses 1:1 nun schon als Sprung in die nächste Runde zu sehen", sagte Präsident Klein. Seine Elf gewann das Rückspiel verdient 2:0. Das war ein gutes Omen, denn als Happel 1970 seinen großen Erfolg mit Feyenoord feierte, geschah dies auch nach einem Sieg über eine Ost-Berliner Elf (damals war es Vorwärts).

In den nächsten beiden Runden tat sich der HSV im Volksparkstadion schwer – nur 1:0 gegen Olympiakos Piräus und gar 1:2 gegen Dynamo Kiew. Aber in beiden Fällen hatte das keine üblen Auswirkungen, denn auswärts stürmten die Hamburger wie einst Real Madrid und gewannen 3:0 (gegen Kiew) und 4:0 (in Griechenland). Das war eine Warnung für den Gegner im Halbfinale, Real Sociedad San Sebastián.

San Sebastián stellte eine gute Elf. 1980 hatten die Basken die Meisterschaft in Spanien erst am letzten Spieltag durch ihre erste Niederlage verloren, 1981 errangen sie den Titel durch ein Tor zwölf Sekunden vor Ende der Saison, und 1982 konnten sie diese Trophäe gegen das punktgleiche Real Madrid verteidigen. Das Verblüffende daran war, dass San Sebastián in jener Zeit, wie noch heute Athletic Bilbao, die Strategie der „La Cantera" verfolgte: Bis 1989 spielte kein Nicht-Baske für den Klub. Das

Als erster Trainer holte Ernst Happel den Europapokal der Landesmeister mit zwei verschiedenen Vereinen: 1970 mit Feyenoord Rotterdam, 1983 mit dem HSV. In Hamburg zählten auch Mannschaftskapitän Felix Magath (links) und Manager Günter Netzer zu den Vätern des Erfolges.

hieß, dass nur wenige Profis für San Sebastián überhaupt in Frage kamen – und dass der Verein bei dieser begrenzten Auswahl dem reicheren Bilbao auch noch den Vortritt lassen musste. Unter solchen Umständen ist es sensationell, dass gerade diese beiden Teams alle Meisterschaften zwischen 1981 und 1984 holten.

In den letzten drei so erfolgreichen Jahren hatte San Sebastián in 102 Ligaspielen nur 82 Tore kassiert. Auch gegen den HSV ging die Elf nicht einmal zu Hause ein Risiko ein und kam prompt nur zu einem 1:1. Das hieß aber nicht, dass die Basken beim Rückspiel bedingungslos auf das Auswärtstor gingen, das sie nun brauchten. Erst als Ditmar Jakobs in der 76. Minute das 1:0 köpfte, lösten sich die Gäste aus ihrer Deckung – und erzielten schon drei Minuten später den unerwarteten Ausgleich. Es blieb dem Jüngsten und an diesem Abend Besten vorbehalten, den HSV in das Finale zu bringen: In der 84. Minute fälschte Jakobs einen Schuss von Felix Magath ab – vor die Füße des 21-jährigen Thomas von Heesen, der aus kurzer Entfernung zum 2:1 einschoss.

So erhielt Ernst Happel am 25. Mai 1983 zum zweiten Mal nach 1978 die Chance, als erster Trainer mit zwei verschiedenen Klubs den Europacup der Meister zu erringen. Aber die Aussichten waren schlecht. Zum einen saß Jimmy Hartwig eine Gelbsperre ab, zum anderen stand bereits fest, dass die Leistungsträger Hrubesch und Bastrup den Verein verlassen würden. Und dann gab es auch noch ein weiteres Problem: den turmhohen Favoriten Juventus, der 30.000 siegesgewisse Tifosi mit nach Athen brachte.

Aber kaum waren 500 Sekunden gespielt, da verfiel der Trainer der Turiner – ein gewisser Giovanni Trapattoni – in eine Schnappatmung. Magath bekam in halblinker Position den Ball, täuschte einen Schuss an, ging dann noch vier Schritte und schlenzte das Leder von der Strafraumgrenze in das lange Eck, über den sich ungelenk streckenden Dino Zoff hinweg. „Tor! Toor!", schrie der sonst reservierte norddeutsche Reporter Fritz Klein in sein Mikrofon. „Ein herrlicher Treffer, ein wunderbarer Treffer!"

„Mein berühmtestes Tor", erinnerte sich Magath 20 Jahre später an diese Sekunden und setzte lächelnd hinzu: „Noch heute passiert es, dass sich Italiener dafür bedanken und mir Champagner überreichen. Das sind natürlich keine Juve-Fans." Damit bezieht er sich auf die Tatsache, dass Juventus in Italien – ähnlich wie der FC Bayern in Deutschland – von den Fans aller anderen Klubs gehasst wird. „Die Buckeligen", so nennt man Juve-Anhänger landauf, landab. Was daher kommt, dass Italiener einen Buckel für ein Glückssymbol halten und so darauf abzielen, dass die Turiner stets auf gutem Fuß mit der Dame Fortuna stehen. Wie auch in der 13. Minute des Finals von Athen, als Boniek einen Volley-Schuss von Kaltz auf der Linie abwehren konnte. (Die „13" ist in Italien eine Glückszahl.)

Aber genau das zeigt schon, dass der Außenseiter aus Deutschland keineswegs einen Sonntagsschuss ins Netz setzte und sich dann über die Zeit rettete. Wolfgang Rolff und Jürgen Milewski erzielten Tore, die wegen Abseits nicht gegeben wurden; Magath vergab völlig freistehend das 2:0. Zwar besaßen auch die Italiener Möglichkeiten, aber vorwiegend in der unterhaltsamen ersten Hälfte. Nach dem Wechsel verzweifelten sie immer mehr und fielen als Team auseinander. Der berüchtigte Claudio Gentile brach Bastrup per Ellenbogenschlag den Kiefer, seine Mitspieler forderten in der 73. Minute einen Elfmeter – das war das ganze Aufbäumen der Turiner.

„Ausschlaggebend war, dass der HSV eine Mannschaft stellte – im Gegensatz zu dem führungslosen Haufen der Juve-Stars mit ihrer miesen Organisation", erklärte die Publikation „Sport" aus der Schweiz den Sieg des Bundesligisten. Dazu kam ein taktischer Kniff von Happel. Am Morgen des Spiels hatte er sich mit dem Mannschaftsrat auf einem Golfplatz besprochen und dann Bastrup die Anweisung gegeben, den rechten Verteidiger Gentile vom Flügel weg in die Mitte zu locken. Aus eben jener verwaisten Position war dann das 1:0 gefallen. „Eigentlich hat Happel nur geraucht und uns diskutieren lassen", sagt Magath heute über jene Besprechung, die 1983 den wichtigsten Pokal Europas nach Westdeutschland brachte.

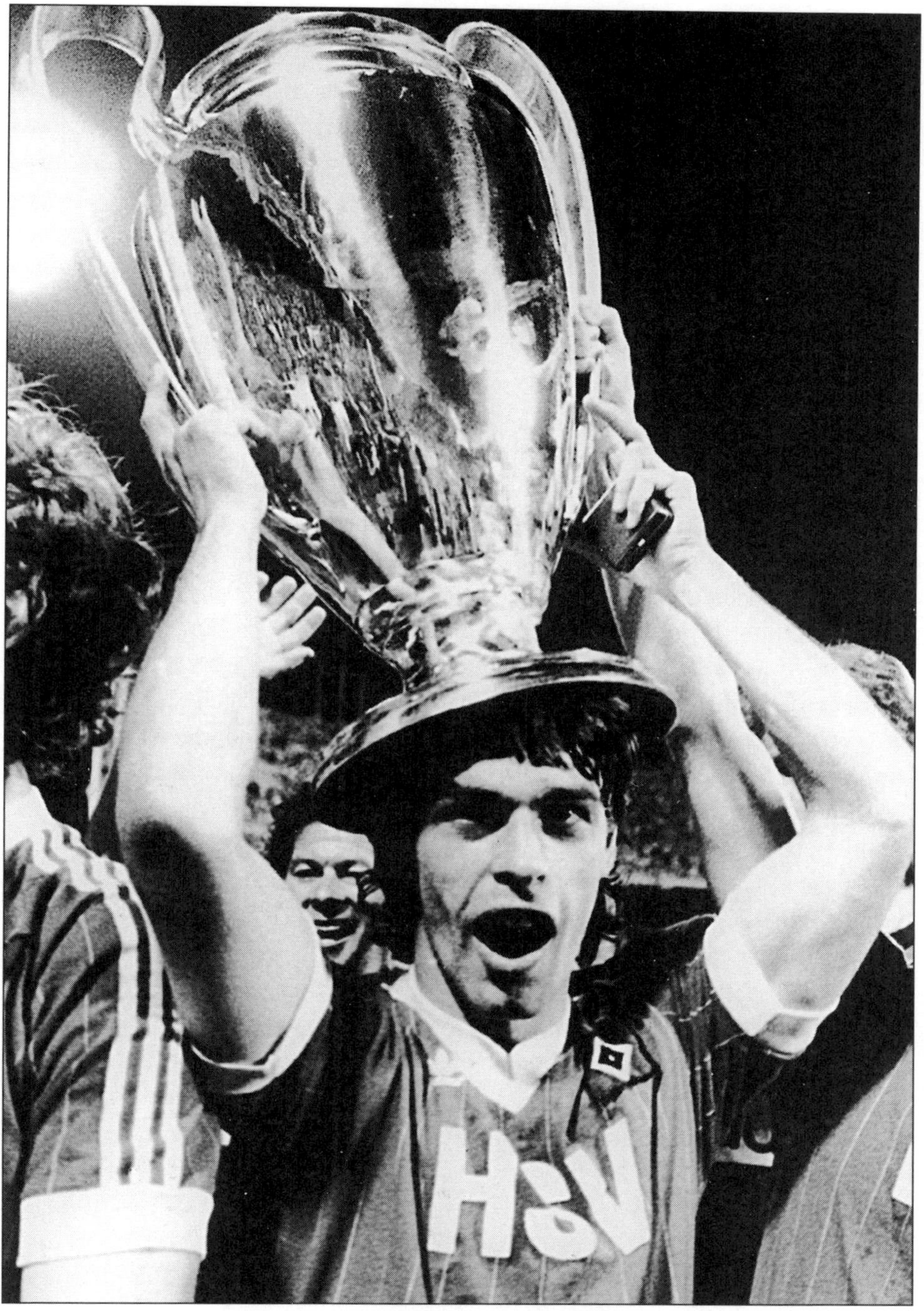

Hamburger SV - Juventus Turin 1:0 (in Athen). Mit dem Europapokal der Landesmeister erringt der HSV den größten Erfolg in seiner Vereinsgeschichte, und Mittelfeldspieler Milewski setzt sich eine Krone auf den Kopf.

Englands kurzes Comeback

So hatte der HSV eine Serie im Meistercup bestätigt – die der Ergebnisse von 1:0 – und eine andere gebrochen: die der englischen Dauertriumphe. Oder nur unterbrochen? Denn schon im nächsten Jahr waren Teams von der Insel wieder ganz vorne dabei. Im UEFA-Cup, den Tottenham gewann, hätte es sogar zu einem rein englischen Finale kommen können, wäre es mit rechten Dingen zugegangen. Nottingham Forest schlug im Hinspiel des Halbfinals den RSC Anderlecht 2:0, verlor dann aber in Brüssel mit 0:3. In dieser zweiten Partie wurde den Engländern ein Tor aberkannt, den Gastgebern ein Elfmeter zugesprochen. Erst ein Jahrzehnt später sollte sich herausstellen, dass der spanische Schiedsrichter Guruceta Mura von den Belgiern 50.000 DM erhalten hatte. Wie Anderlechts damaliger Präsident Constant Vanden Stock, nach dem heute das Stadion des Vereins heißt, der Zeitung „Het Laatste Niewus“ 1997 sagte: „Der Referee hatte Probleme, weil es seinem Geschäft nicht gut ging. Ich helfe Leuten gerne. Das Geld war ein Darlehen. Es passierte erst nach dem Spiel.“ Mura selbst machte nie eine Aussage. Er starb 1987 bei einem Autounfall.

Auch im Pokal der Meister stand ein englisches Team im Finale, der unvermeidliche FC Liverpool. Dass der Gegner AS Rom hieß und aus Italien kam, war kein Zufall: Die „Serie A“ hatte die Rolle der Bundesliga als Gegenspieler Englands übernommen. So gewann Juventus Turin (nach einem Halbfinalsieg über Manchester United) den Cup der Pokalsieger 1984, wenn auch mit Hängen und Würgen gegen den wenig renommierten FC Porto. Für die Bundesligaklubs hatte es nirgends auch nur bis zum Viertelfinale gereicht. So weit kam bei den Meistern immerhin Dynamo Berlin, und im Olympiastadion von Rom sah es eine Stunde lang auch so aus, als könnte dieser Klub als erster DDR-Verein das Halbfinale im ältesten Europacup erreichen. Dann aber schoss der AS Rom noch ein 3:0 heraus und konnte sich erlauben, das Rückspiel mit 1:2 zu verlieren.

Eben dieses Stadion sollte auch Schauplatz des Endspiels sein, weshalb die römischen Fans vor Entsetzen aufheulten, als ihre Star-Truppe um Falcao, Bruno Conti und Francesco Graziani im Halbfinale bei Dundee United mit 0:2 unterlag. Das große Finale im eigenen Hinterhof und dann vorher gegen Schotten rausfliegen – das durfte, das konnte doch nicht sein! War es auch nicht: Nationalstürmer Roberto Pruzzo traf vor der Pause zweimal, und in der zweiten Hälfte ging er in einem Zweikampf mit Dundees Torhüter zu Boden. Der Elfmeter bedeutete das 3:0 – und das Endspiel.

Auch dem FC Liverpool unter Paisleys Nachfolger Joe Fagan wurde es nicht leicht gemacht. Gegen Athletic Bilbao, Benfica Lissabon und Dinamo Bukarest schafften die Engländer in drei Heimspielen nur zwei Tore, gewannen aber alle Auswärtspartien. Ein besonders schwerer Gegner im Halbfinale war Dinamo Bukarest, das zuvor immerhin den Titelverteidiger HSV ausgeschaltet hatte. Als Ian Rush in Rumänien mit zwei Treffern den Sieg sichergestellt hatte, wusste sich Liverpool in seinem vierten Endspiel um den begehrtesten Preis – und in seinem zweiten, das in Rom ausgetragen wurde.

Diesmal war der Schauplatz, anders als 1977 gegen Gladbach, aber ein immenser Nachteil. In den Tagen vor dem 30. Mai 1984 standen 200.000 Bürger Roms geduldig an, um eine der knapp 70.000 Karten zu erhaschen. Wer keinen Erfolg hatte, trollte sich zum Zirkus Maximus, wo eine Großbildleinwand zeigen würde, wie die Engländer den römischen Wölfen zum Fraß vorgeworfen wurden. Zweifel hatte kaum einer der Tifosi: Zum sechsten Mal genoss ein Klub in einem Europacup-Finale Heimrecht, und die ersten fünf hatten alle gewonnen.

Aber diese fünf stellten sich auch nicht so dämlich an wie der AS Rom nach einer Viertelstunde des Endspiels. Da versuchte Torwart Franco Tancredi im Rückwärtslaufen eine Flanke abzufangen und stieß dabei mit Dalglish zusammen. Das passierte einen halben Schritt außerhalb des Fünfmeterraumes, weshalb der Schiedsrichter nicht pfiff. Der Ball trudelte orientierungslos herum, bis ihn ein Italiener wegschlagen wollte. Er traf aber nur den armen Tancredi, von dessen Kopf das Spielgerät in den Lauf von Phil Neal prallte. Mit dem Außenrist schoss der aus zehn Metern das 0:1.

Nun wurden die Römer vollends hektisch und hätten wohl schon in der regulären Spielzeit verloren, wenn die englische Abwehr nicht in der 44. Minute bereits den Pausentee gerochen hätte: Conti brachte gegen drei Verteidiger eine Flanke herein, die Pruzzo als Bogenlampe zum 1:1 in den Winkel köpfte. In den folgenden 76 Minuten stolperten die Römer konfus einher, während die Liverpooler darauf warteten, den entscheidenden Stoß anzusetzen. Ohne Resultat. Zum ersten Mal musste ein Elfmeterschießen auch im Cup der Meister entscheiden. „Was immer jetzt kommen mag“, sagte der 62-jährige Fagan seinen Spielern, „euch kann nichts passieren. Ich bin stolz auf jeden Einzelnen.“ Zwei Italiener verschossen, aber nur ein Engländer, und Liverpool war zurück auf dem Gipfel. Als die feiernden Sieger eine Traube bildeten, brannten auf den Rängen schon die ersten Schals. Der „kicker“ würde titeln: „Das Glück traf den Richtigen“, und auch Roms Trainer Nils Liedholm gab zu: „Liverpool war das stärkste Team, das je in Rom gespielt hat.“

Aber nicht alle waren so fair. Die Nacht hindurch hetzten italienische Fans Engländer durch die Straßen der Stadt. 40 Menschen wurden verletzt, einer verlor sein Leben. An diesem traurigen Abend wollte niemand glauben, dass es ein Jahr später noch viel, viel schlimmer kommen sollte. Und dass Englands Hegemonie auf dem Rasen abseits des Rasens beendet werden würde.

Vorsprung für die Bundesliga

Die englischen Klubs gewannen in den Jahren 1977 bis 1984 die meisten Titel. Aber waren sie auch wirklich die Besten? Nach Liverpools Sieg in Rom veröffentlichte die UEFA die neueste Leistungstabelle. Sie basierte auf den Einzelresultaten der letzten fünf Jahre und bestimmte, welches Land wieviele Starter im UEFA-Cup melden durfte. Hier stand die Bundesliga auf dem ersten Rang – mit atemberaubendem Vorsprung: Den Elften (das gerade erst im Kommen befindliche Italien) trennten nur zehn Punkte von dem Zweiten (Spanien); zwischen Spaniern und Deutschen lagen dann aber gleich 20 Zähler.

Diese Punkte hatten sich die (west-)deutschen Vereine im UEFA-Cup erspielt, der bis zur Einführung der Champions League als Gradmesser für die Leistungsdichte in den verschiedenen europäischen Spielklassen galt. Im Jahre 1979 etwa fanden sich drei Bundesliga-Klubs im Halbfinale des Wettbewerbs, und eine Saison später waren die Deutschen in dieser Runde sogar unter sich – ein bis heute unerreichter Rekord. Und natürlich stellte die Bundesliga in diesen zwei Jahren dann auch die Gewinner.

Es begann mit Borussia Mönchengladbach, das 1978/79 die Finalspiele über Sturm Graz, Benfica Lissabon, Slask Wroclaw (das frühere Breslau), Manchester City und den MSV Duisburg erreichte. In diesen Partien schoss die Elf 24 Tore, brauchte aber trotzdem einmal gehörigen Dusel – und zwar gleich in der zweiten Runde. Gladbach, das im Europacup so oft Pech gehabt hatte, konnte von Glück sagen, dass es auf einen Gegner traf, dem die Fußballgötter gewohnheitsmäßig noch übler mitspielen: Benfica Lissabon. Nach 180 Minuten war kein Tor zwischen den Klubs gefallen, sodass das Rückspiel am Bökelberg in die Verlängerung ging. Schiedsrichter Clive Thomas aus Wales hatte bereits einen Portugiesen wegen Nichtigkeiten vom Platz gestellt, nun pfiff er auch noch einen nicht ganz eindeutigen Elfmeter für die Borussia, den Hans-Günter Bruns verwandelte. Hans Klinkhammer erhöhte noch auf 2:0, und von da an war Gladbach unaufhaltsam.

In den Endspielen wartete Roter Stern Belgrad. Die Jugoslawen waren schon zum Auftakt eigentlich ausgeschieden, als sie bei Dynamo Berlin 2:5 verloren und im Rückspiel daheim bis zur 58. Minute 0:1 zurücklagen. Dann aber kamen sie noch zu vier Treffern, von denen der letzte, entscheidende ein Eigentor des Berliners Reinhard Lauck in der 90. Minute war. Im Halbfinale stoppte Belgrad dann noch einen anderen Berliner Verein, Hertha BSC. Doch Gladbach sollte beide Klubs rächen – und auch den armen Lauck. In Jugoslawien erstritt sich die Borussia nämlich vor fast 100.000 Zuschauern ein 1:1, weil Belgrads Verteidiger Ivan Jurisic den Ball ins eigene Netz köpfte. Der Mann war nicht zu beneiden, denn am 23. Mai 1979, nach 17 Minuten des zweiten Finals, kollidierte er mit dem kleinen Allan Simonsen. Das Federgewicht aus Dänemark hatte den Boden noch nicht berührt, da pfiff der Schiedsrichter schon. Und zwar einen Strafstoß, den Simonsen selbst verwandelte. In der restlichen Spiel-

Finale im UEFA-Cup 1978/79, Borussia Mönchengladbach - Roter Stern Belgrad 1:1 / 1:0. Gladbachs Spieler auf ihrer Ehrenrunde im Düsseldorfer Rheinstadion.

zeit trafen die Gäste das Lattenkreuz und verfehlten mehrfach aus wenigen Metern das Tor. Die jugoslawische Nachrichtenagentur „Tanjug“ beklagte die „geschickte Regie“ des italienischen Referees, die „dieses Treffen entschied“. Gladbachs Kapitän Berti Vogts forderte derweil seine Kollegen auf, sich den Pokal genau anzusehen. „Es wird für lange Zeit der letzte sein, den dieser Klub holt“, setzte er hinzu. In der Tat befand sich Gladbach im Umbruch: Simonsen war auf dem Sprung zum FC Barcelona, Vogts selbst beendete seine Karriere. Aber schon zwölf Monate später hätte die Borussia den Cup erneut gewinnen können.

Unter dem neuen Trainer Jupp Heynckes revanchierten sich die Gladbacher im November 1979 zunächst für ein acht Jahre zurückliegendes Unrecht: Die Borussia warf Inter Mailand raus, obwohl es im Hinspiel auf eigenem Platz nur zu einem 1:1 gereicht hatte. Das Wunder gelang, weil beim Rückspiel in Italien Harald Nickel seinen größten Tag feierte. Erst besorgte er mit einem Volleyschuss aus 25 Metern das 1:1, dann verwandelte er in der Verlängerung einen Elfmeter zum 2:3 – mit vereistem Knöchel und, wie immer, aus dem Stand. Dieses Resultat verlieh den Fohlen solche Flügel, dass auch St. Etienne, Craiova und – im Semifinale – der VfB Stuttgart in die Knie gingen.

Ein anderer Nickel verhalf Eintracht Frankfurt in die Endspiele. Dieser hier hieß Bernd – oder auch einfach „Dr. Hammer“. Er traf beim 4:1-Sieg gegen Feyenoord Rotterdam im Achtelfinale. Und er gab eine Ecke herein, die Bruno Pezzey ins Tor köpfte. Das geschah am 22. April 1980, in der drittletzten Minute des Spiels Frank-

Finale im UEFA-Cup 1979/80, Borussia Mönchengladbach - Eintracht Frankfurt 3:2 / 0:1. Auftakt zum zweiten Finalspiel: Die Spielführer Christian Kulik und Bernd Hölzenbein tauschen die Wimpel.

furt gegen Bayern München. Es war das 2:0 für die Eintracht und erzwang eine turbulente Verlängerung mit vier Toren. Erst als Werner Lorant kurz vor dem Abpfiff per Elfmeter das 5:1 besorgte, konnten die 50.000 im Waldstadion aufatmen und sich darauf freuen, dass ihr Club zum zweiten Mal nach 1960 wieder um europäische Ehren kämpfen durfte.

Jürgen Grabowski, die Frankfurter Ikone, konnte die Finals nicht mitspielen. Er hatte sich im März – gegen Gladbach! – so schwer verletzt, dass seine Karriere nach 15 Jahren im Eintracht-Trikot zu Ende war. Um ein Haar hätte er abtreten müssen, ohne noch eine Feier erleben zu dürfen. Gladbach gewann nämlich das erste Finalspiel am heimischen Bökelberg glücklich mit 3:2. Ausgerechnet Lothar Matthäus, der Grabowski so fatal gefoult hatte, sorgte mit einem Fernschuss für den 2:2-Ausgleich. Tja, und dann verteidigte die Borussia am 21. Mai 1980 in Frankfurt ihr Tor mit Mann und Maus und Matthäus. Bis zur 81. Minute. Fred Schaub, 19 Jahre alt und erst seit wenigen Augenblicken auf dem Platz, bekam plötzlich und zufällig aus einer Spielertraube heraus den Ball. Von der Grenze des Strafraums zog er mit links ab – und wenige Minuten später trugen die jubelnden Frankfurter den schüchtern lächelnden Grabowski auf ihren Schultern um den Platz.

Dies waren nur die beiden größten Triumphe der Bundesliga in jenen Jahren des UEFA-Cups. Fast ebenso unvergessen ist der 5. November 1980, an dem der 1. FC Köln mit 4:0 im Camp Nou des FC Barcelona siegte. Oder das 5:0 des 1. FC Kaiserslautern gegen Real Madrid vom 17. März 1982. Die Spanier verloren an jenem Abend dermaßen die Fassung, dass innerhalb von 30 Minuten drei von ihnen die rote Karte sahen. „Ich schäme mich für das, was heute hier passiert ist", sagte Uli Stielike anschließend. Verglichen mit dem, was im Europacup bald passieren sollte, waren drei Platzverweise jedoch kein Grund für Scham.

Karl-Heinz Körbel wirft sich in einen Schuss von Christian Kulik, der im Hinspiel zwei der drei Gladbacher Tore erzielte.

Nach dem Triumph:
Torschütze Fred Schaub und Ersatztorhüter Klaus Funk tragen die Eintracht-Legende Jürgen Grabowski durchs Waldstadion.

KAPITEL 6

Ruud Gullit zählte zu den Superstars beim AC Mailand, dem Dreamteam des italienischen Medienmoguls Berlusconi. 1989 und 1990 war die Mannschaft die beste Europas.

Alpträume und Traum-Teams

Von Heysel zur Champions League

Es liegt in der Natur der Sache, dass Katastrophen die Beteiligten unvorbereitet treffen und erst in der Analyse zwangsläufig oder vorhersehbar wirken. Am Morgen des 29. Mai 1985 ahnte jedenfalls niemand, dass noch vor Sonnenuntergang nichts im europäischen Fußball mehr so sein sollte wie zuvor. Natürlich hatte dieses besondere Drama eine Vorgeschichte, aber es zählt zu den vielen, widersprüchlichen Facetten des Tages von Brüssel, dass das dunkelste Kapitel dieser Vorgeschichte in jenem Frühling nur wenigen Menschen überhaupt bekannt war.

Was als die „Heysel-Tragödie" in die Historie des Fußballs einging, hatte einen Vorläufer, der erst 31 Monate zurücklag – und noch schockierender war. Dieses wohl schlimmste aller Fußball-Unglücke trug sich am 20. Oktober 1982 zu. Im UEFA-Cup traf Spartak Moskau in seinem Luzhniki-Stadion auf den FC Haarlem aus Holland. Bis zur letzten Spielminute stand es 1:0, dann erzielte Shvetsov einen zweiten Treffer für die Russen. Das ist auch schon alles, was man selbst zwei Jahrzehnte später mit Bestimmtheit über diesen Tag sagen kann. Der Rest ist Spekulation, denn die Behörden der UdSSR gaben sieben Jahre lang kaum Informationen heraus. Und als sie es im Sommer 1989 dann endlich taten, blieben noch immer Fragen offen.

Die Tragödien von Luzhniki und Brüssel

Die nur 10.000 Zuschauer waren alle auf eine Stehtribüne geschoben worden. Schon vor Ablauf der Partie wollten viele von ihnen gehen, mussten aber erkennen, dass – aus Sicherheitsgründen! – einige Ausgänge verschlossen waren. Offenbar versuchten Polizisten daraufhin, die Menge einen bestimmten Weg entlang zu dirigieren. Sie müssen wenig zimperlich vorgegangen sein, denn als 1997 bei einem Derby zwischen Spartak und Torpedo Moskau die Polizei auf Fans einschlug, sagte Spartaks Trainer Oleg Romantsev: „Es war ein Wunder, dass niemand getötet wurde. Die Szenen erinnerten mich an die Luzhniki-Tragödie."

Diese Tragödie nahm ihren Lauf, als Shvetsovs Tor fiel. Denn nun wollten Teile der Masse durch das Gedränge und über vereiste Treppenstufen wieder zurück auf die Tribüne. Es brach eine Panik aus. Menschen stürzten übereinander oder wurden an die Absperrungen gepresst. Das von der Regierung kontrollierte Blatt „Izvestia" gab die Zahl der Todesopfer später mit 66 an. Es ist aber inzwischen sicher, dass erheblich mehr Menschen an diesem Tag ihr Leben verloren. Die Tageszeitung „Sovietsky Sport" vermeldete später, 340 Zuschauer wären in dem Chaos gestorben. Die „St. Petersburg Times" sprach Ende der 1990er von fast 360 Toten.

Doch wie gesagt: Im Mai 1985 waren kaum Details über das Moskauer Unglück nach Westeuropa gelangt. Wäre das anders gewesen, dann hätte man sich in Brüssel vielleicht mehr Gedanken über die Baufälligkeit des Heysel-Stadions gemacht, über Fluchtwege, über die Möglichkeit einer Panik. Aber vielleicht auch nicht. Am 11. Mai 1985, also keine drei Wochen vor Heysel, waren im Stadion des englischen Drittligisten Bradford 56 Menschen gestorben, weil eine Holztribüne in Brand geriet. Einige von ihnen hatten es zunächst geschafft, dem Feuer zu entkommen, konnten dann aber nicht weiter fliehen, da viele Ausgänge geschlossen waren. Das Gesetz zur Sicherheit von Sportstätten schrieb feuersichere Tribünen nur für die ersten beiden Ligen vor. Aber schon 1976 hatte ein Merkblatt der Regierung Vorschläge gemacht, die dieses Drama von Bradford verhindert hätten – wenn sie denn befolgt worden wären. Vielleicht musste wirklich erst etwas bei dem größten Fest des europäischen Fußballs passieren – und live im Fernsehen übertragen werden.

Um 20.15 Uhr sollte der Anstoß zum Finale im Europacup der Landesmeister zwischen Juventus Turin und dem FC Liverpool stattfinden. Als das ZDF um diese Zeit nach Brüssel schaltete, flackerten Bilder in die Wohnzimmer der Fußball-Freunde, die den Atem stocken ließen. Viele Menschen lagen blutend und weinend auf dem Spielfeld, während auf den Tribünen italienische und belgische Fans inmitten von Tumulten mit dem Tode rangen. In brüchigem Tonfall sagte der Reporter Eberhard Figgemeier: „Ich bin entsetzt, bestürzt und betroffen über das, was sich hier in den letzten 60 Minuten abgespielt hat." Er erwähnte „bürgerkriegsähnliche Zustände" und versuchte, die Abfolge der Ereignisse zu rekonstruieren: „Dann stürmte Liverpool wie ein Menschenwall in diese italienische Kurve. Da brachen Betontrennmauern nieder, und darunter sollen eine Reihe von Zuschauern begraben gewesen sein."

Der „Block Z" des Stadions war eigentlich für neutrale Fans reserviert, um Italiener und Engländer zu trennen. Trotzdem standen am frühen Abend des 29. Mai 1985 hier in der Mehrzahl Tifosi. Als gegen 19 Uhr die ersten Leuchtraketen und Steine aus dem benachbarten englischen Block flogen, war dieser neuralgische Punkt praktisch ungesichert. Angeblich befanden sich 1.000 Sicherheitskräfte vor Ort, doch Louis Wouters, der Präsident des belgischen Verbandes, sollte sich später beklagen, dass die „Polizisten mit 120 Mann völlig unterbesetzt waren". So stellte sich ihnen niemand in den Weg, als die Liverpooler damit begannen, den Zaun zwischen den Blöcken zu durchbrechen. Einige Turiner gingen zum Gegenangriff über, die meisten eilten schutzsuchend die Stufen hinab. Dort prallte der Pulk auf eine marode Mauer, die unter dem Druck einstürzte. In ihren Trümmern wurden 39 Menschen von Nachrückenden zu Tode getrampelt oder vielleicht gar, wie Ludger Schulze schrieb „von Eisenpfosten aufgespießt, totgeschlagen, gesteinigt".

Italienische Fans gedenken während der Euro 2000 in Brüssel (beim Spiel Italien - Belgien) der Katastrophe vom 29. Mai 1985.

„Die Leibesvisitationen am Eingang waren sehr lax", sagte Figgemeier. „Ich weiß nicht, ob hier nicht bereits die entscheidenden Fehler gemacht worden sind. Und dass man alkoholisierte Fans ins Stadion gelassen hat." Kurz darauf fragte er verzweifelt: „Wo bleibt die Polizei?", und schilderte bedrückende Szenen: „Da trifft er ihn mit dem Stein am Kopf – und die Polizei schreitet nicht ein!"

In der schwersten Stunde seines Berufslebens hatte Figgemeier trotz der ihn umgebenden Verwirrung schon fast alle Punkte aufgeführt, die man in den nächsten Wochen vorbringen würde, um das Ausmaß der Tragödie zu erklären: die mangelnden Kontrollen, das Zögern der Polizisten, ein Stadion, das – wie der „kicker" schrieb – „schon vom Bau her nicht jene Sicherheitsgarantien gab, die unerlässliche Voraussetzung sind". Aber all diese Begleitumstände änderten nichts daran, dass das „Massaker von Brüssel" (Schulze) nur einen Auslöser hatte: die Aggressivität der englischen Zuschauer.

Das Spiel wurde schließlich um 21.40 Uhr angepfiffen, weil die UEFA befürchtete, dass eine andere Entscheidung weitere Prügeleien provoziert hätte. „Eine Absage hätte möglicherweise zu einer totalen Katastrophe geführt", meinte auch der Journalist Wolfgang Rothenburger, der als Augenzeuge auf der Pressetribüne saß. Das ZDF brach die Übertragung mit dem Anpfiff des Spiels ab. Und noch während die Profis aus Turin und Liverpool vor den Ball traten, berieten sich die Funktionäre der UEFA und setzten eine Sonderkommission ein, die am folgenden Wochenende Bericht erstatten sollte. Bert Milichip, der Präsident des englischen Verbandes, befand sich derweil in Südamerika. Er bestieg sogleich ein Flugzeug, um sich mit Premierministerin Margaret Thatcher zu besprechen. Schon vorab erklärte er, in der nächsten Saison des Europacups keinen Klub seines Landes starten zu lassen. Aber natürlich konnte das nicht alles sein. Denn wie schrieb die „L'Equipe", einst der Motor des ganzen Wettbewerbs, nach dem Trauma von Heysel? „Wenn es das ist, was aus dem Fußball werden soll, dann lasst ihn lieber sterben."

Nun, ganz so weit war es noch nicht. Am Sonntag nach den Ereignissen von Brüssel gab der europäische Dachverband eine Erklärung ab: „Die UEFA wird auf unbestimmte Zeit keine Anmeldungen englischer Klubs für die Klubwettbewerbe der UEFA akzeptieren." Die meisten der folgenden Punkte betrafen – neben individuellen Strafen für den FC Liverpool und auch Juventus Turin – verbesserte Sicherheitsstandards. Aber es war der zeitlich unbegrenzte Ausschluss der englischen Vereine, der aus sportlicher Sicht den größten Einfluss auf die kommenden Jahre des Europapokals hatte. Und somit auch auf ein Buch, dass sich in erster Linie mit diesem Aspekt der Veranstaltung befasst.

Es ist nicht leicht, im Schatten von Heysel über den internationalen Fußball zu schreiben. Darf der Autor etwa erwähnen, dass Juventus Turin die 90-minütige Farce in Brüssel durch ein Elfmetertor von Michel Platini gewann? (Der Schütze selbst meinte in der Pressekonferenz: „Heute bin ich ein trauriger Mann." Als er den, übrigens unberechtigten, Strafstoß verwandelte, hatte er allerdings noch ganz anders gewirkt.) Kann der Autor erwähnen, dass Uli Stielike eine Woche vor Heysel endlich seine internationale Pechsträhne durchbrochen hatte, weil er mit Real Madrid – dem Klub, der den Europacup geradezu erfand – die Finals im UEFA-Cup gewann? Oder dass zwei Wochen vor Heysel der Pokal der Pokalsieger an den FC Everton gegangen war – eine Elf, deren Heimatstadt Liverpool ist?

Natürlich darf und kann man das; andernfalls wäre dieses Buch hier abrupt zu Ende. Aber die Frage, wie die Jahre nach 1985 zu behandeln sind, ist eben nicht nur eine der Pietät. Die Verbannung der englischen Vereine war unvermeidlich und richtig, aber sie kastrierte natürlich den Wettkampfcharakter des europäischen Fußballs. Seit 1970 war mehr als ein Drittel aller Europapokale von Engländern gewonnen worden. Und zwar nicht nur wegen dominierender Klubs wie Liverpool: Die siebzehn Titel verteilten sich gleich auf zehn verschiedene Vereine; ginge man bis in die 1960er zurück, kämen sogar noch drei weitere Namen dazu.

Deshalb ist es verlockend, darauf zu verweisen, dass in den Saisons, die auf die dunkle Nacht von Brüssel folgten, drei Mannschaften den Pokal der Meister holten, die man an so exponierter Stelle nicht erwarten konnte. Es liegt ebenso nahe zu fragen, ob ein Klub wie der KV Mechelen den Pokal der Pokalsieger 1988 auch dann gewonnen hätte, wenn er im Verlauf des Wettbewerbs nicht auf den FC St. Mirren oder

Dynamo Minsk getroffen wäre, sondern auf den englischen Cup-Sieger. Aber all das ist müßig. Die drei Außenseiter, die den Meister-Pokal holten, spielten im Finale jeweils gegen einen ruhmreichen Gegner. Auch Mechelen schlug nicht irgendwen im Endspiel, sondern Ajax Amsterdam. Und Englands Pokalsieger von 1987 hieß Coventry City – nicht gerade ein Name wie Donnerhall.

Behandeln wir also den Rest der 1980er Jahre in dem Wissen, dass starke Konkurrenz nur aus der Ferne zusehen konnte. Das sollte allerdings nicht den Respekt vor den Mannschaften schmälern, die weiter unter Flutlicht stritten. Denn immerhin würde dieses Jahrzehnt auch noch eine Elf hervorbringen, die es mit den besten aufnehmen konnte, die je über Europas Spielfelder gezogen waren.

Ärgernisse in Holland, Dilemma in Mailand

Als die Europacup-Saison 1985/86 begann, grämten sich ein großer Star und zwei, die es noch werden sollten. Johan Cruyff hatte sich bei Ajax Amsterdam vom Technischen Direktor zum Trainer befördern lassen, obwohl er keine der nötigen Qualifikationen vorweisen konnte. Seine größten Hoffnungen setzte er in einen erst 20 Jahre alten Stürmer namens Marcel van Basten, der trotz seiner Jugend schon zweimal Torschützenkönig in Holland gewesen war. Mitte September schoss dieser van Basten, den alle nur „Marco" riefen, im Ligaspiel gegen Heracles Almelo dann auch gleich fünf Tore, davon drei innerhalb von fünf Minuten. Doch einige Tage danach verlor Ajax trotz van Basten und trotz des Mittelfeld-Motors Frank Rijkaard mit 0:2 beim FC Porto und schied zwei Wochen später durch ein 0:0 im Rückspiel aus dem Pokal der Meister aus. Etwa zwei Monate darauf sollte sich van Basten bei einer Partie gegen Groningen eine Verletzung am Sprunggelenk zuziehen, die nur scheinbar eine Kleinigkeit war.

Der zweite kommende Star, für den die Spielzeit wenig gut anfing, war der 22-jährige Sohn eines Lehrers aus Surinam. Ruud Gullit war eben erst von Feyenoord Rotterdam zum PSV Eindhoven gewechselt, weil dort angeblich eine große Elf aufgebaut wurde. Zum Auftakt des UEFA-Cups trafen die Holländer auf Avenir Beggen aus Luxemburg, dessen Fans „die Wichtel" heißen. Natürlich hatte der PSV keine Probleme mit diesem Zwerg – aber trotzdem beging Gullit im Rückspiel eine Tätlichkeit. Die UEFA sperrte ihn für vier Europacup-Partien, und so musste er tatenlos zusehen, wie Eindhoven in der nächsten Runde über das Team von Dnjepr Dnjepropetrowsk aus der Ukraine stürzte.

Aber diese Ärgernisse waren nichts gegen das Dilemma, in dem sich der AC Mailand befand. Der ehemalige Klub von Karl-Heinz Schnellinger hatte turbulente Jahre hinter sich: 1980 war die Torwartlegende Enrico Albertosi als eine der Hauptfiguren in einem Wettskandal aufgeflogen, in den sich auch Präsident Felice Colombo verwickelt fand. Der Verein wurde in die 2. Liga verbannt, sein oberster Funktionär auf

Lebenszeit gesperrt. Zwar gelang Milan der sofortige Wiederaufstieg, aber 1982 fehlte ein Punkt zum Klassenerhalt, sodass der stolze Klub nun auch auf sportlichem Weg Zweitligist geworden war.

Diese fußballerisch dunklen Tage waren 1985 vorbei; der AC hatte sich sogar für den UEFA-Cup qualifiziert, wenn er hier auch im Achtelfinale an dem kleinen KSV Waregem aus Belgien scheiterte. Das größere Problem waren nun die Finanzen. Der amtierende Präsident Giuseppe Farina (nicht der Ex-Rennfahrer gleichen Namens) war ebenfalls jemand, der Legalität nicht immer buchstabieren konnte. Bald würde sich der Mann, dem man sogar Waffenhandel unterstellte, nach Kenia absetzen und dabei noch so manche Lira aus der ohnehin schwindsüchtigen Vereinskasse mitgehen lassen. Zu Beginn des Jahres 1986 drohte Mailand der Bankrott.

Da betrat ein ehemaliger Jura-Student, Sänger auf Kreuzfahrten, Staubsauger-Vertreter und Bauunternehmer die Szene. Der gebürtige Milanese Silvio Berlusconi konnte in den späten 1960ern und 1970ern Geld und Macht anhäufen, weil er auf nie geklärte Weise Großbauten finanziert bekommen hatte. Seit 1973 war er auch in der Medienbranche umtriebig, gründete oder kaufte TV-Stationen und Zeitungen. Am 10. Februar 1986 übernahm Berlusconi 90 Prozent der Anteile am AC Mailand, der seit den 1960ern eine Aktiengesellschaft war. In den nächsten Monaten kaufte der neue starke Mann seinem Team gute Spieler, wie etwa Daniele Massaro, und ließ auf zwei seiner Fernsehsender Filme über die große Zeit des Klubs laufen. Die Aufbruchstimmung brachte fast 60.000 Milan-Tifosi dazu, sich Jahreskarten zu besorgen. Immerhin hatte ihnen Berlusconi für 1987 noch tollere Taten versprochen – und würde Wort halten.

Kleine Pokale für die „Königlichen"

Aber zunächst waren es noch andere Mannschaften mit großer Vergangenheit, die an bessere Tage anknüpften – oder das zumindest hofften. In der Saison 1985/86 spielte etwa Real Madrid zum vierten Mal innerhalb von fünf Jahren um eine europäische Trophäe. Gut, es war wieder nur der UEFA-Cup, aber dieser neuen Elf der Königlichen schien die Zukunft zu gehören. Sie war auch deshalb beliebt in Kastilien, weil sie im Kern aus jungen, einheimischen Spielern bestand. Wie etwa Manuel Sanchís, Martin Vásquez und José Miguel Gonzales, der „Michel" genannt wurde. Diese drei waren im selben Jahr geboren, 1965, und entstammten alle der Jugend von Real. Letzteres galt auch für den zwei Jahre älteren Stürmer Emilio Butragueño, dessen Vater in Madrid eine Parfümerie führte. „El Buitre" (Geier) rief man diesen Spieler, was nicht nur an seinem Nachnamen lag, sondern auch an seinem Appetit auf Abstauber. Und dann stieß noch der mexikanische Star Hugo Sánchez zu der Truppe, der in einem Tempo Treffer erzielte, als würden sie bald verboten: 22 in seiner ersten Saison, dann 34, 29, 27 und schließlich gar 38. Diese Torlawine bescherte Real in den kommenden

Halbfinale im UEFA-Cup 1984/85, Inter Mailand - Real Madrid 2:0 / 0:3. Uli Stielike für Real am Ball. Wenig später haben die „Königlichen" ihrer Titelsammlung auch den ersten UEFA-Pokal hinzugefügt.

Jahren fünf spanische Ligatitel in Folge – aber, fast nicht zu glauben, keinen Pokal der Landesmeister mehr, nicht einmal eine Finalteilnahme.

Der UEFA-Cup 1986, Reals zweiter hintereinander, konnte nur ein karger Trost sein. Zum ersten Endspiel war das Bernabéu-Stadion nicht einmal ansatzweise ausverkauft. Da der Gegner 1. FC Köln hieß, mochte man als deutscher Fan fast ausrufen: „Dann schenkt ihn doch her, den Pokal!" So freigiebig waren die „Königlichen" dann aber doch nicht. In ihrem ersten europäischen Finale überhaupt gingen die Kölner zwar durch einen Fernschuss von Klaus Allofs in Führung und vergaben in der 36. Minute das sichere 0:2, dann aber kam Real. Sánchez glich aus, Butragueño bereitete zwei weitere Tore vor, und in den Schlussminuten fielen noch das 4:1 und 5:1. „Ich bin sehr enttäuscht. Zeitweise spielte meine Mannschaft wie ein A-Jugendteam", murrte Kölns Trainer Georg Keßler. Da hatte man vorher von Uli Stielike, der seit Saisonbeginn in der Schweiz seine Karriere ausklingen ließ, Tipps eingeholt – und dann trotzdem im ersten Endspiel schon fast alle Chancen verspielt. Zu allem Unglück wurde der zweite Teil des Finales dann auch noch in Berlin ausgetragen und nicht im heimischen Stadion. Beim Halbfinalrückspiel der Kölner in Waregem war es nämlich zu so schweren Krawallen im deutschen Fanblock gekommen, dass er von der Polizei gestürmt werden musste. Die UEFA verhängte eine Platzsperre gegen den Bundesligisten, und so fanden sich am 6. Mai 1986 nur etwa 17.000 milde Interessierte im Olympiastadion ein. Sie sahen einen 2:0-Sieg durch Tore von Uwe Bein und Ralf Geilenkirchen, der die Kölner nicht glücklich machte, sie aber wenigstens rehabilitierte.

Während Reals Spieler den Pokal von Hand zu Hand reichten, machten sich ihre Fans in erster Linie Sorgen. Und zwar über den nächsten Tag. Wegen der bevorste-

Finale im UEFA-Cup 1985/86, Real Madrid - 1. FC Köln 5:1 / 0:2. Beim Hinspiel im Bernabéu-Stadion ist Kölns Keeper Schumacher gegen den Schuss von Sanchez machtlos.

henden WM in Mexiko kannte der Kalender des Fußballs so wenige freie Termine, dass das Finale um den Europacup der Meister nur 24 Stunden nach dem Rückspiel zwischen Köln und Madrid angepfiffen wurde. Der Austragungsort war das spanische Sevilla. In Madrid war man darüber deprimiert, denn das schien ein zusätzlicher Vorteil für den Klub zu sein, der gegen Steaua Bukarest ohnehin schon haushoher Favorit war. Dieser Klub war der alte Erbfeind Madrids, der FC Barcelona.

Nur zwei Treffer im Elfmeterschießen

Die Katalanen wurden vom Engländer Terry Venables trainiert und vom Deutschen Bernd Schuster dirigiert. Blieb nur noch die Frage, wer für die Tore zuständig war. Die Fans bevorzugten den Spanier „Pichi" Alonso, der spätestens seit dem Halbfinale gegen Göteborg als Publikumsliebling galt: Barcelona war in Schweden 0:3 untergegangen, aber ein Hattrick von Alonso im Camp Nou brachte noch die Wende. Trotzdem saß Alonso am 7. Mai 1986 zunächst auf der Bank, weil Venables den Schotten Steve Archibald in die Startelf holte. Schuster und Archibald besaßen dann auch die beiden besten Chancen ihres Teams, aber beide verfehlten mit Kopfbällen das Tor.

Drei Viertel der 70.000 Zuschauer im Stadion Sanchez Pizjuan waren aus Barcelona angereist, während Steaua von nur 1.000 Treuen angefeuert wurde. In Bukarests Elf stand zudem kaum jemand, den man außerhalb Rumäniens kannte: Der kommende Star Marius Lacatus war zum Zeitpunkt des Finals gerade 22 Jahre alt, Ersatzspieler Anghel Iordanescu machte erst als Nationaltrainer auch im Westen Schlagzeilen. Man kann es dem Team also nicht verübeln, dass es sich 120 Minuten darauf beschränkte, den Gegner zu frustrieren. Das klappte wohl besonders gut im Fall von Bernd Schuster: Als Venables den Deutschen kurz vor Ende der regulären Spielzeit vom Platz holte, verschwand der gleich vor Wut bebend in den Katakomben, zog sich um und verließ das Stadion. Er sah weder die Verlängerung noch das Elfmeterschießen.

Das erste Finale im Pokal der Meister, in dem selbst nach zwei Stunden noch kein Tor gefallen war, bekam nun doch noch vier unvergessliche Momente – und seinen Helden. Im Tor von Steaua stand ein 28-jähriger Mann, dessen Großmutter einst den Nachnamen Schmidt geführt hatte. Helmut Duckadam (die Schreibweise variiert) hatte im gesamten bisherigen Wettbewerb nur fünf Tore kassiert. Nun, im Elfmeterschießen, hechtete er dreimal in die rechte Ecke. Zwei der Schüsse boxte er vor der Linie weg, den dritten hielt er sogar fest. Trotzdem war noch nichts entschieden, denn auch Barcelonas Keeper Javier Urruti wehrte zwei Strafstöße ab und hatte nur gegen den Schuss von Lacatus keine Chance, der von der Unterkante der Latte ins Netz prallte.

Jetzt war Gavril Balint für Bukarest an der Reihe, der mit zweitem Vornamen tatsächlich „Pelé“ hieß. Er schob den Ball unerreichbar für Urruti neben den Pfosten. Marcos Alonso Pena musste nun unbedingt für Barcelona treffen. Er entschied sich für eine andere Ecke als seine Vorgänger, doch diesmal flog der Mann im grünen Torwart-Trikot nach links. Der Schuss hatte so wenig Tempo, dass Duckadam beinahe an ihm vorbeigesprungen wäre, aber schließlich konnte er das Leder doch an sich reißen und vor Freude in die Höhe werfen. Zum ersten Mal hatte ein Klub aus Osteuropa die wichtigste aller Trophäen gewonnen. Da Dynamo Kiew fünf Tage zuvor den Cup der Pokalsieger errungen hatte, wurden sogar zwei der drei internationalen Titel von 1986 hinter den „Eisernen Vorhang“ vergeben. Und weil Kiew gegen Atlético Madrid siegreich geblieben war, bedeutete das, dass spanische Mannschaften in einer einzigen Woche um drei europäische Preise stritten – aber nur den kleinsten von ihnen auch holten.

„Die Fans, die Barça verlieren sahen“, schreibt Jimmy Burns, „reagierten nicht gewalttätig, sondern eher mit resignierter Trauer, einem Stoizismus, der von einer kollektiven Leidensfähigkeit durchdrungen war, die sich angesichts zu häufig zerstörter Träume entwickelt hatte.“ Der Mann, der den jüngsten dieser Träume platzen ließ, sollte leider nicht mehr lange Fußball spielen. „Im Sommer 1986 stockte das Blut in meinem rechten Arm. Unterhalb der Schulter bildete sich ein Gerinnsel“, sagte

Finale der Landesmeister 1985/86, Steaua Bukarest - FC Barcelona 0:0 n.V., 2:0 n.E. (in Sevilla). Der große Held des Elfmeterschießens, Helmut Duckadam, brachte Barcelonas Stürmer schon in der regulären Spielzeit zum Verzweifeln.

Finale der Pokalsieger 1985/86, Dynamo Kiew - Atlético Madrid 3:0 (in Lyon). Oleg Blochin, Europas Fußballer des Jahres 1986, steuerte zum Sieg Kiews selbst einen Treffer bei.

Helmut Duckadam ein Jahrzehnt später dem Heimatforscher Georg Schmidt. „Bis heute weiß keiner, wie es zu dieser Arterien-Erkrankung kam." In einer schwierigen Operation konnten die Ärzte den Arm retten, aber die Laufbahn des Torwarts war vorbei. Eine deutsche Boulevard-Zeitung brachte die Hintergünde dieses plötzlichen Karriereendes etwas durcheinander. Sie meldete, der rumänische Geheimdienst habe Duckadam die Arme gebrochen, weil er sich weigerte, einen Mercedes abzugeben, den er als bester Spieler des Finals gewonnen hätte. „Ich habe einen gebrauchten ARO Geländewagen bekommen", stellte Duckadam klar. „So einen erhielt nach dem Europacupsieg jeder Spieler vom Verteidigungsministerium geschenkt."

Die Nacht der Nächte

Bayer Uerdingen - Dynamo Dresden, 19. März 1986

Seit dem Beginn der Europacupspiele vor einem halben Jahrhundert haben – neben vier Städtemannschaften aus den Anfangstagen des Messe-Pokals – insgesamt 46 deutsche Klubs an den diversen Wettbewerben teilgenommen. Einige sind oder waren Stammgäste, andere – wie Viktoria Köln und Stahl Brandenburg – tanzten nur einen Herbst unter Flutlicht und werden so bald wohl nicht wiederkehren.

Dieses Buch versucht zwar, viele von ihnen zu erwähnen, trägt aber der Seele des Europacups Rechnung, indem seine Perspektive sich nicht auf ein Land beschränkt. Daher ist es unmöglich, die Leistungen aller Oberliga- und Bundesligaklubs zu würdigen, die sich mit den Großen und nicht ganz so Großen Europas gemessen haben. Stellvertretend für all jene Fans, Spieler und Vereine, die sich auf diesen Seiten nicht wiederfinden, sei deshalb an eine Paarung erinnert, die einen der erwähnten Stammgäste mit einer Zweijahresfliege zusammenführte, beide aus Deutschland: Dynamo Dresden gegen Bayer Uerdingen im Cup der Pokalsieger 1985/86.

Mancher Fußballfreund aus den neuen Bundesländern wird sich nun mit Grausen ab- und mit Ärger einwenden, dass die Siege von Lok Leipzig gegen Düsseldorf (1973) und Bremen (1983) oder Magdeburgs Triumph über Schalke (1977) dem Zweck auch dienen würden. Nicht ganz. Obwohl sie für den Ausgang des Wettbewerbs letztlich unerheblich war, hat die Nacht von Uerdingen nicht nur deutsche, sondern auch europäische Fußballgeschichte geschrieben.

Viele Klubs konnten einen Rückstand von einigen Toren aus dem Hinspiel in den zweiten 90 Minuten drehen: Real Madrid bog im Dezember 1985 sogar eine Auswärtsniederlage von 1:5 noch um – leider gegen Borussia Mönchengladbach. Viele Klubs haben auch in kurzer Zeit eine Reihe von Toren erzielt: Unvergessen sind Werder Bremens fünf Treffer in nur 24 Minuten gegen Anderlecht im Dezember 1993. Das aber geschah in der Champions League, wo eine Niederlage noch nicht das Aus für Werder bedeutet hätte. Nein: Fünf Tore schießen zu müssen, um nicht auszuscheiden, und das in kaum 22 Minuten dann auch zu schaffen – das ist beispiellos.

Der Höhepunkt dieses Dramas hatte mindestens drei einleitende Kapitel. Das erste wurde am 20. März 1985 in Österreich geschrieben, wo Dynamo Dresden im Pokal der Pokalsieger einen tollen 3:0-Sieg aus dem Hinspiel gegen Rapid Wien noch herschenkte. Schon zur Pause hatte Rapid durch zwei Tore von Peter Pacult und einen Treffer von Leo Lainer den Rückstand egalisiert. Dynamos Stürmer Frank Lippmann kam in der zweiten Hälfte in die Partie, um Ulf Kirsten zu unterstützen. Doch es nützte nichts. Ein unberechtigter Strafstoß zog in der 70. Minute das 4:0 nach sich, anschließend traf Hans Krankl sogar noch zum 5:0. Dresdens Trainer Klaus Sammer und seine Spieler waren fassungslos. Kapitän Hans-Jürgen Dörner machte seiner Wut in einem Interview Luft. Er beklagte, dass der DDR-Sport sich allein um Athleten kümmere, die olympische Medaillen holen könnten, den Fußball aber links liegen lasse. Diese Aussagen hätten ihn um ein Haar seinen Platz in der Nationalelf gekostet.

Die zweite Vorgeschichte trug sich neun Monate später zu, im Dezember. Frank Lippmann war gerade Vater geworden und prostete bei einer vorgezogenen Silvesterfeier des Klubs sich selbst tüchtig zu. Auf der Rückfahrt nach Hause verursachte er einen Verkehrsunfall, in den offenbar ein Wagen der Polizei verwickelt war, und floh zu allem Überfluss auch noch vom Tatort. Sammer wollte Lippmann aus dem Kader werfen, änderte aber seine Meinung, als der Spieler sich vor dem gesamten Team entschuldigte. Die Staatsorgane waren nachtragender: Sie hatten von diesem Tag an ein (fast immer) wachsames Auge auf Lippmann.

Das dritte Ereignis war natürlich das Hinspiel zwischen Dynamo und Bayer Uerdingen am 5. März 1986 in Dresden. In der ersten Hälfte spielten die Westdeutschen stark und ließen nur zwei gute Chancen zu, eine durch Matthias Sammer, den Sohn des Trainers, und eine durch Dörner. Nach dem Wechsel aber traf Lippmann zum 1:0, weil sich Bayers Libero Matthias Herget auf schlammigem Boden nonchalant aus der Bedrängnis spielen wollte und den Ball verlor. Danach fiel Uerdingen auseinander, aber es kam nur noch zu einem weiteren Treffer, als sich Hans-Uwe Pilz durch vier Gegner hindurchschlängelte und einschoss. Der Coach der Gäste, Karlheinz Feldkamp, gab zu: „Wir hätten auch höher unterliegen können." Und Hans-Jürgen Dörner versprach den Reportern, diesmal im Rückspiel die Nerven zu behalten: „Wir werden nicht noch einmal 0:5 verlieren wie in Wien."

Am 19. März war die kleine Grotenburg-Kampfbahn im Krefelder Stadtteil Uerdingen längst nicht ausverkauft, obwohl es doch für Bayer in seiner ersten Europacupsaison um das Halbfinale ging. Und bereits nach 45 Minuten verließen schon so viele der etwa 20.000 Zuschauer in tiefer Enttäuschung das Stadion, dass die zweite Hälfte vor halbleeren Rängen begann. Da stand es 1:3, weil Ralf Minge und der überragende Lippmann für Dynamo getroffen hatten und weil Bayers Rudi Bommer ein Eigentor unterlaufen war: Kirsten grätschte in Lippmanns Flanke, aber der Ball wäre in Richtung Eckfahne geflogen, wenn der arme Bommer nicht im Weg gestanden hätte. „Das ist bitter. Und das ist gelaufen", sagte ZDF-Reporter Rolf Kramer nach diesem Genickschlag. In der Tat: Das zwischenzeitliche 1:1 durch Wolfgang Funkel schien in diesem Moment keinen Wert zu haben, denn dem Bundesligisten blieb nur noch eine Dreiviertelstunde, um fünf Tore zu schießen. Und als es in der 58. Minute noch immer 1:3 stand, waren die Chancen auf eine Wende bloß theoretischer Natur.

Auftakt zu einem sensationellen Spiel: Am 19. März 1986 gewann Bayer Uerdingen mit 7:3 gegen Dynamo Dresden. Wolfgang Funkel erzielt das 1:0.

Das heißt, vielleicht nicht ganz. Denn Dresden spielte da schon mit einem bedeutenden Handicap. In der ersten Hälfte hatten die Uerdinger den Dynamo-Torwart Bernd Jakubowski Mal um Mal grob attackiert. Bei einer dieser Aktionen, es war in der 40. Minute, brach Wolfgang Funkel das Schultergelenk des Keepers, der dazu noch auf den Kopf fiel und kurz bewusstlos wurde. In der Pause war Klaus Sammer deswegen gezwungen, einen unerfahrenen Mann zwischen die Pfosten zu stellen, den erst 22-jährigen Jens Ramme. Ein weiterer Nachteil wurde erst langsam deutlich: Dynamos Angreifer Ralf Minge, wegen seiner Kopfballstärke als Vorstopper aufgeboten, bestritt seine erste Partie nach fünfwöchiger Verletzungspause und kämpfte außerdem mit Magenproblemen.

Zudem war Lajos Németh aus Ungarn nicht gerade ein Auswärtsschiedsrichter. Allerdings muss zumindest seine erste Elfmeterentscheidung korrekt genannt werden: In der erwähnten 58. Minute war Minge zu langsam und stieß mit dem rechten Arm Friedhelm Funkel weg, als der einen Abpraller über die Linie drücken wollte. Wolfgang Funkel verwandelte den Strafstoß zum 2:3. Fünf Minuten danach war Minge schon wieder am falschen Ort zur falschen Zeit: Eine Freistoßflanke flog ihm gegen das Gesicht und von dort zum 3:3 ins eigene Tor. Nun wurden den Gästen die Knie weich: Nach dem folgenden Mittelanstoß konnten sie den Ball gerade einmal drei Sekunden behaupten, dann folgte der nächste Fehlpass und der nächste Uerdinger Angriff. Nur zwei Minuten nach dem Ausgleich zeigte Ramme eine Glanzparade, dann musste er aus dem Tor eilen, weil Wolfgang Schäfer einen wunderbaren Pass von Dietmar Klinger zu erlaufen drohte. Ramme kam zu spät: Schäfer hob den Ball über ihn hinweg, und Dörner konnte das Leder erst wegschlagen, als es schon die Linie überquert hatte – 4:3.

Nach diesen drei Toren in sieben Minuten fehlten dem Gastgeber jetzt lediglich zwei Treffer, und es waren noch 25 Minuten zu spielen. Die ersten Fans hielten auf ihrem Heimweg inne, lauschten dem Stadionlärm, kehrten um und eilten zurück in die Grotenburg. Die Dresdner wurden inzwischen mit jeder Sekunde nervöser, und am schlimmsten erging es wohl Dörner. Der Libero wusste, dass man es ihm ankreiden würde, wenn seine Elf wieder einmal in einer entscheidenden Phase Ruhe und Ordnung verlieren sollte. Aber Dörner war nicht der Typ, der seine Kollegen anschrie und den Gegner abgrätschte, um Zeichen zu setzen. So musste der exzellente Techniker beinahe zwangsläufig zur nächsten tragischen Figur des Abends werden.

Zunächst lief Klinger in der 78. Minute an zwei dilettantisch wirkenden Dresdner Spielern vorbei und schoss aus 17 Metern flach zum 5:3 ein. „Noch zwölf Minuten – und noch ein Tor. Unglaublich!“, staunte Kramer in sein Mikrofon. Da hatten die Uerdinger schon wieder den Ball erobert, und der nun folgende Angriff von Bayer endete damit, dass Ramme am Ball vorbeigriff, Schäfer aus drei Metern auf das Tor köpfte und Dörner das Leder an den rechten Arm bekam. Németh pfiff sofort. Wolfgang Funkel traf vom Kreidefleck zum 6:3 und hatte Tränen in den Augen, als ihn seine Kameraden in den Arm nahmen. „Mir ist vor lauter Glück schwindelig“, stammelte er noch nach dem Abpfiff.

Erst jetzt schien Dynamo aus einer Art Trance zu erwachen. Es klingt unglaubhaft, aber es ist wahr: Innerhalb von 65 Sekunden hielt Bayers bärenstarker Torwart Werner Vollack einen aufsetzenden Volley-Schuss von Jörg Stübner, warf sich vor die Füße von Lippmann, um zur Ecke zu klären, und drehte Minges Linksschuss aus sechs Metern mit einem Reflex noch um den Pfosten. Im Anschluss an die letzte dieser Szenen wurde der Ball zu Schäfer geklärt, der 80 Meter über das Feld rannte, Ramme anschoss, den Abpraller vor die Brust bekam und zum 7:3 einschob. Vier Minuten später beendete Németh das Drama.

Die Bayer-Elf zog bis morgens um fünf Uhr durch drei verschiedene Lokale, um das Wunder zu feiern. Ralf Minge konnte indessen nicht schlafen. Zum einen wegen seines Magens. Zum anderen, weil sein Zimmerkollege sich seit Mitternacht nicht mehr hatte blicken lassen: Frank Lippmann war durch die Tiefgarage aus dem Hotel geflohen – und damit auch aus der DDR. „Am besten, wir bleiben auch hier“, sagte Klaus Sammer zu seinem Co-Trainer Dieter Riedel. „Die schießen uns doch garantiert ab, wenn wir nach Dresden kommen.“ Er behielt Recht: Ein Klubfunktionär ohne jede Qualifikation wurde ihm als nomineller Cheftrainer vor die Nase gesetzt, und zur neuen Saison übernahm Eduard Geyer die Mannschaft. Karl-Heinz Dörner war zu diesem Zeitpunkt schon zum Jugendtrainer degradiert. ■

Bayern-K.o. durch Hacken-Tor

Mit einem alten Jeep hätten sich die Profis des FC Bayern München als Prämie für den Pokal der Meister 1986 wohl kaum zufrieden gegeben, aber beim Finale konnten sie wieder einmal nur zuschauen. Im Viertelfinale waren sie dem RSC Anderlecht unterlegen (2:1, 0:2), der dann seinerseits eine Runde später an Helmut Duckadam verzweifelte. Aber im Fußball gibt es ja immer eine nächste Saison. Nur zwölf Monate später erhielten die Bayern Gelegenheit zur Revanche, als sich Anderlecht erneut in München vorstellte, wieder im Viertelfinale. Auch im März 1987 führte der Bundesligist zur Pause des Heimspiels 2:0, aber diesmal ließ er, anders als ein Jahr zuvor, den Gegner nicht mehr vom Haken. Dieter Hoeneß schoss das 3:0 und 4:0, Roland Wohlfarth erzielte den fünften Treffer. Das Rückspiel war nur noch interessant, weil kurz vorher bekannt wurde, dass Udo Lattek seine zweite Amtszeit als Trainer der Bayern im Sommer beenden würde. Der Titel bei den Landesmeistern wäre ihm da als Souvenir gerade recht gekommen. Und die Chancen standen ja auch gut, denn den Halbfinalgegner respektierte man zwar an der Isar, aber bibbern musste man vor ihm nicht – auch wenn er Real Madrid hieß.

Die Bayern waren im Europacup erst einmal gegen die Spanier gelost worden, auf dem Weg zum Titelgewinn 1976. Das war ein gutes Vorzeichen. Ein anderes bestand in der in jeder Hinsicht farbigen Geschichte Reals auf deutschem Boden. In diesem Buch finden sich bereits einige Beispiele für die Katastrophen, in die Madrid gerne schlitterte, wenn es gegen Bundesligisten ging. Auch der 8. April 1987 konnte mit keiner Ausnahme aufwarten: Nach nur 36 Minuten lagen die Bayern im Olympiastadion 3:0 vorne. Das tat dem Gast Unrecht, der selbst drei große Chancen vergeben hatte, aber vor allem ließ es ihn schon wieder die Nerven verlieren: Juan Gómez („Juanito") trat Lothar Matthäus ins Gesicht und konnte schon nach 38 Minuten im Duschraum Körperpflege betreiben. In der zweiten Halbzeit klärte der bereits verwarnte Verteidiger Bernardino Mori („Mino") eine Flanke mit der Hand und musste sich ebenfalls vom Feld trollen. Den Elfmeter verwandelte Lothar Matthäus zum vierten Tor. Aber das Ergebnis lautete nur 4:1, weil Butragueño einmal Beute gemacht hatte. „Ob das reicht?", fragte daher der „kicker".

Es reichte. Im Bernabéu-Stadion herrschte eine aufgeladene, feindselige Atmosphäre. Von den Rängen flogen sogar zwei Messer auf Jean-Marie Pfaff, aber Bayerns Torwart blieb die Ruhe selbst und ließ sich nur von einem Mitspieler überwinden. Der Unglücksrabe hieß Klaus Augenthaler, dessen Abend völlig im Eimer war, als er nur drei Minuten nach dem Eigentor auch noch vom Platz gestellt wurde. Doch die Abwehr des Deutschen Meisters hielt allen Angriffen (auch solchen von den Tribünen) stand und sicherte dem Klub ein weiteres Finale.

Vor diesem Spiel am 27. Mai 1987 in Wien beschäftigten sich die Bayern mehr mit sich selbst als mit dem Gegner. „Ich muss mir immer den Vorwurf anhören, dass ich in großen Spielen keine große Leistung bringe", sagte Lothar Matthäus. „Das war vielleicht mal so, ist es aber nicht mehr." Auch Manager Uli Hoeneß gab sich optimistisch: „Ein Sieg in Wien bringt uns einen Schritt näher, in Europa die Nummer eins zu werden." Münchens Ex-Präsident Willi O. Hoffmann hatte einst gefordert, Bayern müsse „das Real Madrid der 80er Jahre werden". Nun, mit ein wenig Verspätung, schien das einzutreten. Hoffmanns Nachfolger Fritz Scherer hatte bereits seine Rede für das Siegerbankett verfasst, als der Kader nach Österreich reiste.

Das klingt nach dem Hochmut, den man den Bayern in Deutschland gerne vorhält. Aber ein solches Urteil wäre unfair, denn überall in Europa ging man davon aus, dass die Elf nicht verlieren konnte. Gegen Dynamo Kiew hätte das anders ausgesehen, aber dieses Team war im Halbfinale dem FC Porto zweimal unterlegen. Das wurde allenthalben damit erklärt, dass in der UdSSR die Saison gerade erst begonnen hatte. Vom portugiesischen Fußball erwartete man in jenen Jahren nämlich nicht viel. Die Nationalelf hatte bei der WM enttäuscht, und dann war ein solches Chaos im Verband ausgebrochen, dass alle gestandenen Profis die EM-Qualifikation boykottierten. (Was zu einem 2:2 daheim gegen Malta führte.) Dass Porto vor ein paar Jahren im Finale um den Cupsieger-Pokal gestanden hatte, fiel da kaum ins Gewicht. Allein der junge Paulo Futre war deutschen Fans einigermaßen ein Begriff – und natürlich der Algerier Rabah Madjer, der bei der WM 1982 ein Tor gegen Deutschland erzielt hatte.

Das erste Tor in diesem Finale erzielten die Münchener: Nach 25 Minuten traf der kleine Ludwig Kögl per Kopf. Dass ausgerechnet er der Schütze war, mag Glück gewesen sein, die Münchener Führung hingegen kam keineswegs überraschend. Die Bayern bestimmten die Partie, auch Matthäus zeigte eine gute Leistung und kontrollierte mit Hilfe von Andreas Brehme das Mittelfeld. Es ist deshalb gemein zu nennen, dass der „Expressen" aus Stockholm den Bayern am nächsten Tag „ein destruktives Profil" bescheinigte und die Ereignisse der zweiten Hälfte mit dem Satz feierte: „Endlich hat die Feigheit in einem Europacup-Finale verloren."

Was immer den Bayern in der Kabine auch Schlimmes widerfahren sein mag – feige wirkten sie nach dem Wechsel nicht. Eher unsicher, weil ihnen das vorentscheidende 2:0 nicht hatte gelingen wollen. Und dann, ohne Vorwarnung, kippte das Spiel. Mit einem Mal war Futre der dominierende Mann, nicht mehr Matthäus. Und plötzlich machten die Münchener Fehler. In der 77. Minute trat Michael Rummenigge zu langsam an und konnte einen Pass in den eigenen Strafraum nicht verhindern. Norbert Nachtweih fälschte den Ball direkt in den Lauf des Brasilianers Juary ab. Pfaff eilte dem Stürmer entgegen, aber die Arbeit wurde ihm abgenommen, weil Hans Pflügler mit einer verzweifelten Grätsche den Schuss abblockte. Doch nun gesellte sich den Fehlern das Unglück hinzu: Der Ball trudelte nicht ins Aus, sondern parallel zur Torlinie durch den Fünfmeter-Raum. Madjer, der auf einen Querpass von Juary spekuliert hatte, war schon fast zu weit gelaufen. Aber eben nur fast. Er stoppte, drehte dem Tor den Rücken

Finale der Landesmeister 1986/87, FC Porto - Bayern München 2:1 (in Wien). Wieder werden die Bayern – hier „Wiggerl" Kögl – in einem Endspiel gestoppt. Der vierte Titelgewinn im Europapokal der Landesmeister bleibt ein Traum.

zu und stupste das tückisch hüpfende Leder mit der Hacke des rechten Fußes vorbei an Hans Flick, der für Pfaff das leere Tor sichern wollte.

Das war und ist eines der besten Tore, die je in einem Finale um den Pokal der Landesmeister erzielt wurden. Fast exakt zehn Jahre später sollte ein ähnlicher Treffer, ebenfalls in einer Partie mit deutscher Beteiligung, eine noch schönere Erwiderung provozieren. Im Mai 1987 besaßen die Bayern jedoch nicht mehr die Kraft und die Moral, um auf Madjers Kunststück zu antworten. Keine drei Minuten nach seinem Tor ließ der Algerier am linken Flügel den Vizeweltmeister Norbert Eder wie einen Lehrling aussehen, und auch Nachtweih kam zu spät, um die Flanke abzuwehren. In der Mitte eilte Juary heran und schoss den Ball volley aus drei Metern ins Tor, während neben ihm Pflügler und Helmut Winkelhofer nur die Stirn in Falten legten.

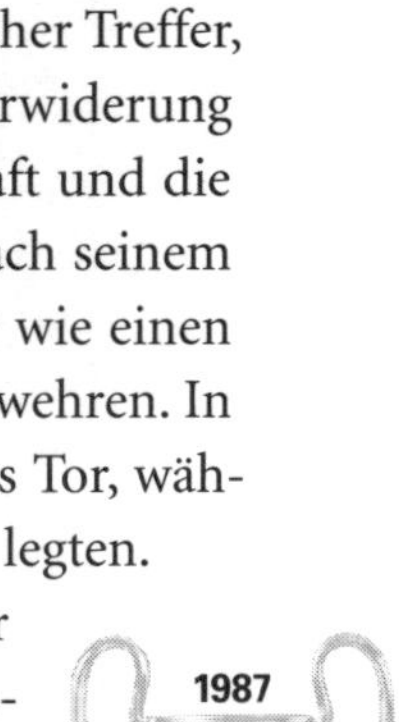

Präsident Scherer hielt dann doch noch eine Rede, aber zwei Tage später und nicht die, die er geplant hatte. „Es ist nicht richtig, dass jetzt alle über Lothar herfallen", sagte er. „Es waren mehrere, die versagt haben." Damit bezog er sich auf eine versteckte Kritik von Udo Lattek, der das Spiel als bitterste Niederlage seines Lebens bezeichnet hatte. Auch von Uli Hoeneß waren ähnliche Worte zu hören. Da konnte er nicht ahnen, dass es bei seinem nächsten Finale um diesen Pokal noch viel, viel schlimmer kommen sollte…

Lok unter Volldampf

Die Bayern waren im Frühsommer 1987 nicht die einzigen deutschen Vertreter, die litten. Im UEFA-Cup hatte Gladbach die große Chance auf eine neuerliche Finalteilnahme verschenkt, weil in 180 Minuten kein Tor gegen Dundee United gelingen wollte. Und im Pokal der Pokalsieger war es Marco van Basten, der dem deutschen Glück im Wege stand. Allerdings handelte es sich hier um keinen Bundesligaklub, der den Cup schon fast greifen konnte, sondern um Lokomotive Leipzig aus der DDR-Oberliga.

Daheim nannten sie den Klub die „Sphinx", weil seine Formschwankungen ein ewiges Rätsel waren. In der Saison 1986/87 zeigte sich Lok aber international zunächst konstant. Über Glentoran Belfast, Rapid Wien und den FC Sion rackerte sich der Verein in das Halbfinale vor, wo Girondins Bordeaux mit Jean Tigana, Gernot Rohr und Patrick Battiston wartete. In Frankreich wurde eine sensationell abgeklärte Leistung der Leipziger durch das Siegtor von Uwe Bredow belohnt. Doch so einfach wollte es Lok seinen Fans nicht machen: Im Rückspiel fiel schon nach drei Minuten das 0:1, und das Zittern ging los. Uwe Zötzsche hätte es in der Verlängerung beenden

Finale der Pokalsieger 1986/87, Ajax Amsterdam - Lokomotive Leipzig 1:0 (in Athen). Amsterdams Frank Rijkaard (rechts), der überragende Akteur des Finales, im Einsatz gegen Leipzigs Rechtsaußen Leitzke.

können, aber er vergab einen Strafstoß. Das hinderte ihn jedoch nicht daran, beim Elfmeterschießen erneut anzutreten – und diesmal zu treffen. Erst die Versuche 13 und 14 entschieden die Partie: Loks Tormann René Müller hielt gegen Zoran Vujovic, dann traf er selbst mit dem letzten Schuss des langen Abends.

Im Finale am 13. Mai 1987 in Athen war dann gegen Ajax Amsterdam nichts mehr von Loks Nervenstärke zu spüren. Die Elf um Olaf Marschall und Heiko Scholz verhielt sich vor allem in den ersten 45 Minuten zu schüchtern und überließ das Mittelfeld der Regiearbeit von Frank Rijkaard. In der 21. Minute köpfte van Basten eine Flanke an Müller vorbei ins Tor. Das war bereits die Entscheidung, weil die Leipziger keine wirklich zwingende Möglichkeit mehr zuwege brachten. Amsterdams Trainer Johan Cruyff sagte stolz: „Ajax ist auf dem besten Weg, an die Erfolge der 70er Jahre anzuknüpfen." Das war voreilig formuliert. Cruyff überwarf sich nur sieben Monate nach dem Sieg über Leipzig mit seinem Vorstand und machte sich auf nach Barcelona. Zu diesem Zeitpunkt spielte Marco van Basten schon beim AC Mailand. Die Mannschaft von Ajax zerbröselte, während Berlusconi Stein um Stein ein neues Superteam zusammensetzte.

Geld, Medien und Berlusconi

Der Aufbau der „Serie A" zum Marktführer in Europa ging einher mit dem Abstieg der Bundesliga. In den fünf Saisons 1979-83 standen westdeutsche Klubs achtmal in Endspielen um die internationalen Pokale und blieben dreimal siegreich. Aber in den acht folgenden Spielzeiten, 1984-91, schafften es trotz der Abwesenheit der englischen Vereine bloß vier Bundesligisten so weit – und nur einer gewann: Bayer Leverkusen. Dieser Erfolg eines Klubs, der zwar keine Fußballtradition, dafür aber einen großen Konzern im Rücken hatte, macht deutlich, wie der entscheidende Faktor nun hieß: Geld.

Selbst das mächtige Bayern München kämpfte während der 1980er Jahre mit Finanzsorgen, auch wenn man das in Deutschland nie so richtig glauben wollte. Im März 1980 musste Willi O. Hoffmann den entsetzten Mitgliedern mitteilen, dass der Verein Schulden von drei Millionen DM hatte, damals eine beachtliche Summe. Und noch im Winter 1985/86 ließ sich der Präsident von 1860 München, Karl Heckl, anlässlich des Münchener Hallenturniers zu einem Reim hinreißen, der dazu führte, dass die Ehefrau von Uli Hoeneß den Stecker des Mikrofons herauszog: „Alle Löwen lachen, wenn die Bayern pleite machen."

Zu dieser Zeit begannen sich die Veränderungen aber bereits abzuzeichnen. Fünf Monate nach Heckls launigem Scherz übertrug der Privatsender RTL zum ersten Mal ein Finale im Pokal der Landesmeister live. Es handelte sich zwar nur um den drögen Kick zwischen Barcelona und Bukarest, aber es stellte einen Anfang dar. Im Verlauf der Saison 1987/88 würde RTL die Rechte an der Bundesliga erwerben und einen

Berlusconi ist erst nach dem Landesmeister-Finale von 1989 am Ziel seiner Träume. Links neben ihm Trainer Sacchi.

tollkühnen Preiskrieg einleiten, der alle Schatzmeister glücklich und zumindest einige ihrer Klubs international bald wieder wettbewerbsfähig machen sollte

Während ein Fernsehsender aus Luxemburg so den Wandel forcierte, war der Medien-Zampano Silvio Berlusconi gar nicht zufrieden. Sein neuer AC Mailand war 1986/87 nur auf dem fünften Platz gelandet, sieben Punkte hinter den „Terrone" (Bauern) aus Neapel. Das konnte natürlich nur daran liegen, dass der Klub aus dem tiefen Süden noch mehr Geld ausgegeben hatte als Mailand, und zwar 20 Millionen DM allein für Diego Maradona. So legte Berlusconi nach und holte im Sommer 1987 neben Marco van Basten auch noch, für 15 Millionen DM, Ruud Gullit aus Eindhoven.

Und was war die Folge dieser ganzen Anstrengung? Eindhoven kämpfte sich bei den Landesmeistern auch ohne Gullit tatsächlich bis in das Halbfinale vor, wo der Gegner Real Madrid hieß – das seinerseits gleich in der ersten Runde den SSC Neapel besiegt hatte, bevor Rache an den Bayern genommen wurde. Und im Cup der Cupsieger schaffte es Ajax Amsterdam auch ohne van Basten wieder ins Finale. Das allerdings wurde wegen des Fluchs, der alle Titelverteidiger in diesem Wettbewerb verfolgte, natürlich wieder verloren, und zwar gegen den KV Mechelen aus Belgien. Der AC Mailand gurkte derweil nur im UEFA-Pokal herum, und das nicht lange: Schon in Runde zwei kam das Aus gegen Español Barcelona. Van Basten war wieder einmal verletzt, so kamen die Italiener zu keinem Treffer gegen die Spanier, die ihrerseits zwei erzielten.

Es wird Berlusconi nicht besänftigt haben, dass Español eine starke Elf stellte, die gleich zum Auftakt des Wettbewerbs fünf Tore gegen Borussia Mönchengladbach geschossen hatte und auch noch Inter Mailand auf ihrem Weg in die Finals ausschalten sollte. Trotzdem war dies eben nicht der große FC Barcelona, sondern nur der kleine und in jeder Hinsicht gemäßigte Nachbar Español. (Selbst der Lokalpatriotismus gerät bei diesem Klub eine Nummer kleiner: Erst 1995 ging er zur katalanischen Schreibweise „Espanyol" über.) Berlusconi brauchte also noch mehr Stars – und holte nach dem Ende der Saison 1987/88 auch noch Frank Rijkaard zu Milan.

Ein Tita(n) in Leverkusen

Doch bis dahin ging das Aufmucken der Kleinen in Europa unvermindert weiter. Españols Gegner in den Endspielen um den UEFA-Cup war Bayer Leverkusen, das sich überhaupt erst zum zweiten Mal mit internationaler Konkurrenz messen durfte. Und man kann nicht sagen, dass es die Rheinländer bei ihrem Siegeszug nur mit Fallobst zu tun hatten oder vom Glück verfolgt waren. In der ersten Runde gegen Austria Wien stand es zur Pause des Heimspiels 1:1, was den Gästen nach einem torlosen Unentschieden in der ersten Partie gereicht hätte. Doch in kaum einer Viertelstunde schraubte Bayer das Resultat auf 4:1, und später erzielte der überragende Südkoreaner Bum Kun Cha sogar noch das 5:1. Danach konnte man gegen den FC Toulouse etwas Atem schöpfen, denn Leverkusen hatte die Franzosen sicherer im Griff, als die Ergebnisse (1:1 und 1:0) glauben lassen. Ab dem späten November 1988 aber kamen nur noch Hochkaräter in das heimelige Ulrich-Haberland-Stadion.

Den Anfang machte Feyenoord Rotterdam. Wieder erstritt sich der Bundesligist in der Fremde ein Remis, diesmal ein 2:2. Im Rückspiel kam Bayer nur 15 Minuten lang in Gefahr, dann fiel den Holländern nichts mehr ein. Falko Götz traf nach einem Eckball zum 1:0, und mit einem Mal durfte sich der so oft als „Werksklub" diffamierte Verein Viertelfinalist im Europacup nennen – und gegen den weltberühmten FC Barcelona spielen. Der hatte noch immer große Stars wie Bernd Schuster und den Engländer Gary Lineker, aber am 16. März 1988 stieg jemand anderes endgültig in den Bereich der Legende auf, wenn auch nur nach rechtsrheinischen Maßstäben.

Im August 1987 hatte Bayer seinen ersten Brasilianer verpflichtet, den immerhin schon 29 Jahre alten Mittelfeldspieler Milton Queiroz da Paixo. Unter dem Namen „Tita" bestritt er mehr als 500 Profispiele in seiner Heimat und war Fußballer des Jahres geworden, ehe Bayer 600.000 DM in das Experiment investierte, ihn nach Deutschland zu holen. Tita war erst ab September in der Bundesliga spielberechtigt, im Europacup nur vom Viertelfinale an. Er bestritt also nicht einmal 30 Partien für Leverkusen, denn schon im nächsten Sommer wurde er vom Klub wegen einiger Eskapaden ausgemustert und für 1,3 Millionen DM an Pescara Calcio weiterverkauft. Dennoch wurde er zum Volkshelden und leitete die brasilianische Welle bei Leverkusen ein. Denn auf dem Feld gab es nichts an Tita auszusetzen, vor allem nicht im Camp Nou von Barcelona.

Doch davor lag noch das Hinspiel in Leverkusen. Lange hielt der Außenseiter aus Deutschland diese Partie offen. Erst in der letzten halben Stunde geriet Bayer ins Trudeln, aber da selbst der brillante Schuster mit einer guten Chance scheiterte, trennten sich die Teams 0:0. Auch auf katalanischem Boden wollte der Ball 59 Minuten lang nicht ins Tor. Dann glitt Christian Schreier durch die Abwehr, konnte aber Torwart Andoni Zubizarreta nicht überwinden. Von der Brust des Keepers prallte der Ball genau vor das Schussbein von Tita, der das sensationelle 0:1 markierte. Nun brauchte Barcelona zwei Tore. Fünf Minuten vor dem Abpfiff keimte bei den Gastgebern ein Hauch Hoffnung auf, weil Alois Reinhardt seinen Gegenspieler Lineker im Strafraum foulte. Aber ausgerechnet Bernd Schuster prügelte das Spielgerät vom Elfmeterpunkt in den Himmel über Barcelona. „Schuster zahlte für die Unfähigkeit einer Mannschaft, die völlig von ihm abhängig ist", seufzte die Zeitung „La Vanguardia".

Nach so viel internationalem Flair musste sich Bayer im Halbfinale mit einem Gegner aus der eigenen Liga begnügen: Werder Bremen. Die Norddeutschen waren auf dem Weg, Meister zu werden, und hatten im Verlauf des UEFA-Cups die Vorlage für viele kommende „Wunder von der Weser" abgeliefert: Ein 1:4 bei Spartak Moskau drehten die Bremer zu Hause noch durch das 6:2 nach Verlängerung. Aber die Erfolgsserie von Leverkusen konnten auch sie nicht stoppen. In 180 Minuten Fußball, die vor allem für die Zuschauer anstrengend waren, fiel nur ein Tor: ein Drehschuss von Verteidiger Alois Reinhardt. Leverkusen war jetzt nicht nur Finalist, sondern konnte auch aus einer unwahrscheinlichen Serie Mut schöpfen: Der Klub hatte mittlerweile 14 Spiele im UEFA-Cup bestritten – und keines davon verloren. In der Saison zuvor war man zwar an Dukla Prag gescheitert, aber nicht wegen einer Niederlage: Nach zwei Unentschieden hatte lediglich ein fehlendes Auswärtstor den Ausschlag für Dukla gegeben.

Eine der zahlreichen Weisheiten der Fußballgeschichte lautet: Wenn Serien reißen, dann meistens richtig. Am 4. Mai 1988 kamen in Barcelonas kleinerem Stadion, dem „Estadio de Sarria", auch die von Traditionen unbeleckten Leverkusener in Kontakt mit diesem Klischee. Alles ging schief im ersten Finale gegen Español Barcelona. Schon nach 18 Minuten musste Bum Kun Cha verletzt vom Platz; Sekunden vor der Halbzeitpause köpfte Españols Stürmer Losada an die Latte, und von dort fiel der Ball ins Tor; nur vier Minuten nach dem Wechsel konnten gleich mehrere Leverkusener nicht klären, und Miguel Soler schoss aus zehn Metern das 2:0. Noch keine Stunde war vorbei, als auch noch Florian Hinterberger patzte und so Losada seinen zweiten Treffer ermöglichte. Juan-Antonio Samaranch, Präsident des IOC und eingeschriebenes Mitglied bei Español, erhob sich beim Abpfiff und klatschte anhaltend, wohl in dem Glauben, die Angelegenheit wäre mit dem 3:0 entschieden. Auch Trainer Javier Clemente war zuversichtlich: „Bayer hat ein komplettes Team, aber das Toreschießen ist nicht seine Stärke."

Zwei Wochen später, am 18. Mai 1988, war es dann Tita, der Samaranchs und Clementes Blutdruck beschleunigte. Schon nach einer Viertelstunde brachte der Bra-

Finale im UEFA-Cup 1987/88, Español Barcelona - Bayer Leverkusen 3:0 / 0:3 n.V., 2:3 n.E. Falko Goetz erzielt das 2:0 und bringt Leverkusen die Hoffnung zurück.

Der Brasilianer Tita (links), Held des zweiten Endspiels in Leverkusen, präsentiert die erste große Fußball-Trophäe für Bayer.

silianer den Ball das erste Mal über die Linie, was ihm und seinem Team aber nichts nutzte, da der Schiedsrichter ein Foul an Barcelonas Schlussmann N'Kono gesehen haben wollte. Immerhin muss die Szene die Nerven des Torwarts aus Kamerun zum Flattern gebracht haben: In der 57. Minute konnte er eine scharfe Hereingabe nicht unter Kontrolle bringen, und Tita staubte zum 1:0 ab. Fünf Minuten später gelang Falko Götz das 2:0, und neun Minuten vor dem Ende köpfte Bum Kun Cha eine Freistoßflanke zum 3:0 ein. In der Verlängerung wankten zwei ausgepumpte Teams nur noch dem Elfmeterschießen entgegen. Das gab es dann auch, und es begann schlecht für die Deutschen, als Ralf Falkenmayer N'Konos Arme anvisierte. Aber seine Kollegen konnten alle verwandeln, während drei Spanier scheiterten: einmal an der Latte, einmal an Rüdiger Vollborn, einmal an der Torhöhe von 2,44 Metern.

Bei seinem Amtsantritt hatte Erich Ribbeck ironisch gesagt, er gehe nach Leverkusen, „weil da keine Zuschauer kommen". Nun, im Moment des Triumphes, bedankte er sich bei dem Publikum: „Die Fans haben uns fantastisch unterstützt. Zum ersten Mal ist der Funke richtig übergesprungen." Es gab noch ein weiteres Novum: Zum ersten Mal gewann ein Klub einen europäischen Titel, der noch keinen einzigen nationalen hatte. Außerdem beendete Bayers Sieg eine fünfjährige Durststrecke der Bundesliga. Seit den frühen 1970ern hatte es eine so lange Zeitspanne ohne deutschen Sieger nicht mehr gegeben – und bis zum neuen Jahrtausend sollte Ähnliches auch nicht wieder vorkommen.

Philips erleuchtet Europa

Aber damit war die Reihe der Premieren im Mai 1988 noch nicht zu Ende. Auch ein anderer Werksklub ließ nämlich aufhorchen: Der aus dem Team der Philips Glühlampenfabrik hervorgegangene PSV Eindhoven erreichte zum ersten Mal in seiner Geschichte das Finale im Europacup der Landesmeister. Auf seinem Weg dorthin setzte er allerdings höchst selten Glanzlichter: In den beiden Schlussrunden (gegen Girondins Bordeaux und das favorisierte Real Madrid) spielte der PSV jeweils auswärts 1:1 und ließ dann Torwart Hans van Breukelen und die Liberos Ronald Koeman oder Willy van de Kerkhoff dafür sorgen, dass es daheim beim 0:0 blieb.

Zur Ehrenrettung der Holländer sei erwähnt, dass der Klub international keineswegs so unbekannt war wie Bayer Leverkusen. Schon 1978 hatte er den UEFA-Cup errungen, und in der 1988er Elf standen ausgezeichnete Spieler wie der Belgier Eric Gerets, die Dänen Jan Heintze und Sören Lerby, Gerald Vanenburg und Wim Kieft. Nur ob Koeman beim Finale in ihr stehen würde, das war zuerst fraglich. Nach den Spielen gegen Bordeaux soll er über ein brutales Foul seines Kollegen Hans Gillhaus an Jean Tigana gesagt haben: „Dieser Todestritt war große Klasse." (In Deutschland würde man den Ausdruck „Blutgrätsche" verwenden.) Die UEFA sperrte Koeman deswegen vor der zweiten Halbfinalbegegnung mit Real Madrid für drei Partien. Das war der Grund, aus dem der Altstar van de Kerkhoff an diesem Abend noch einmal die Schuhe schnüren musste. Am 25. Mai 1988, dem Tag des Finals, war das dann nicht mehr nötig: Koemans Strafe wurde reduziert, als der Spieler darlegte, man habe ihn nicht korrekt zitiert. (Einen Monat später, bei der EM, tauschte Koeman das Trikot mit Olaf Thon – und tat dann so, als würde er sich damit den Hintern abputzen. Es bleiben also Zweifel an seinem Verhältnis zum Fairplay.)

Das Endspiel fand im mit 70.000 Zuschauern ausverkauften Stuttgarter Neckarstadion statt. Diesmal übertrug die ARD, aber sie hatte auch nicht mehr Glück als RTL zwei Jahre zuvor beim Langweiler Bukarest – Barcelona. Wieder fiel in 120 Minuten kein Tor, wieder musste ein Elfmeterschießen entscheiden. Und das gewann natürlich der PSV. Warum natürlich? Weil die andere Mannschaft das vom ewigen Zorn der Fußball-Götter verfolgte Benfica Lissabon war. Wir wollen die Leidensgeschichte nicht unnötig ausrollen – und eine Episode wird ja auch noch folgen –, aber Benfica hatte seine letzten vier europäischen Endspiele alle verloren und dabei oft außergewöhnliches Pech gehabt.

Irgendwie ging für die Portugiesen auch 1987/88 von Anfang an vieles daneben, trotz aller Siege. Das Auswärtsspiel der ersten Runde bei Partizan Tirana musste sogar abgebrochen werden, weil die Albaner gegen den Schiedsrichter handgreiflich wurden. Im Endspiel lief Benfica dann ohne seinen Kapitän Diamantino auf, der sich drei Tage vor der Partie verletzt hatte, und verlor nach 56 Minuten seinen gefährlichsten Stürmer: Rui Aguas erlitt eine Zerrung. Wie er die bekam, ist aber schleierhaft, denn bis zur letzten Viertelstunde brachten die zwei Teams nicht einmal eine Torchance zustande. Selbst das Elfmeterschießen zog sich zäh dahin. Erst beim Stand von 6:5 für Eindhoven fiel die Entscheidung. António Velosos Strafstoß war gar nicht einmal übel, aber van Breukelen erkannte aus der Schusshaltung schon früh die Ecke und boxte das Leder zur Seite weg. „De Volkskrant" aus Holland schrieb: „Die Begegnung verdiente eigentlich keinen Gewinner." Und das war nicht positiv gemeint.

Die Epoche Milans

Ein Buch wie dieses braucht gewisse Strukturhilfen, was letztlich nur ein anmaßender Ausdruck für den Versuch ist, Fußballgeschichte in Epochen einzuteilen. Hätte Duckadam im Mai 1986 nur zweimal auf die andere Ecke spekuliert und hätte Veloso im Mai 1988 seinen Fuß noch gedreht, um den Ball nach rechts zu stupsen, dann könnte man die Jahre 1986-88 nur schwerlich als eine Übergangsphase bezeichnen, während der Italien die Logistik seines Marsches an die Spitze ordnete. Dann stünden vielleicht ruhmreiche Klubs wie Barcelona und Lissabon in den Siegerlisten, und man müsste sich eine gänzlich neue Theorie aus den Fingern saugen, die auch wieder nur durch seidene Fäden zusammengehalten würde.

Aber um im Meer der Sieger und Besiegten, Namen und Daten wenigstens eine morsche Planke zu erhaschen, die einen über Wasser hält, ist es hilfreich, eine Einteilung in Epochen zu versuchen. Und die nächste lautet so: Mit Beginn der Spielzeit 1988/89 übernahm die „Serie A" für lange Zeit das Kommando unter Europas Flutlichtmasten. In den folgenden sieben Jahren erreichten zehn italienische Klubs die Finalspiele um den UEFA-Cup, und sechs von ihnen gewannen auch. Die Saison 1989/90 brachte sogar die Neuerung, dass alle drei europäischen Pokale in ein Land gingen, eben Italien.

Die herausragende Rolle spielte dabei die von Silvio Berlusconi aufgebaute Elf des AC Mailand, von der Europas Presse Mitte 1989 sagen würde, sie spiele „Fußball zum Verlieben" („Kronen-Zeitung") oder wie „im Paradies" („Gazzetta dello Sport"). In der Tat, die Elf um Libero Franco Baresi, Verteidiger Paolo Maldini und das Trio der holländischen Europameister galt zu Recht als würdiger Nachfolger der ganz großen Mannschaften, wie etwa dem Real der 1950er oder dem Ajax der frühen 1970er Jahre.

Aber es hätte natürlich, wie fast immer im Sport, anders kommen können. Auch und gerade das Beispiel Milan zeigt, dass sich Zeitalter im Fußball keineswegs so zwingend ergeben, wie es im Nachhinein vielleicht erscheint.

Wenn sich zum Beispiel am 9. November 1988 nicht dicker Nebel in das Stadion von Roter Stern Belgrad geschlichen hätte, dann wäre Milan vermutlich nicht Europacupsieger geworden. Die Jugoslawen führten mit 1:0 gegen den AC, was ihnen nach dem 1:1 in Mailand genügt hätte. Doch nach etwa einer Stunde Spielzeit wurde die Sicht so miserabel, dass die Partie abgebrochen und neu angesetzt wurde – gleich für den nächsten Tag. Diesmal brachte van Basten die Gäste in Führung, aber Dragan Stojkovic glich vom Elfmeterpunkt aus. Das zog weitere Strafstöße nach sich, denn auch in der Verlängerung fielen keine Treffer mehr. Beim Stand von 2:2 im Elfmeterschießen scheiterte ausgerechnet Belgrads Dejan Savicevic, der die Italiener so beeindruckt hatte, dass sie ihn bald kaufen würden. Besseres Wetter oder bessere Belgrader Nerven – und Milan wäre schon im Achtelfinale auf der Strecke geblieben.

Oder was wäre passiert, hätte George Smith aus Schottland im Viertelfinale etwas genauer hingesehen? Er war der Schiedsrichter des Spiels im Giuseppe-Meazza-Stadion (San Siro) zwischen dem AC Mailand und dem Deutschen Meister Werder Bremen. In der 32. Minute kämpften der Italiener Roberto Donadoni und Gunnar Sauer in Werders Strafraum um den Ball und gingen beide zu Boden. Den nun folgenden Pfiff von Mister Smith nannte Bremens Präsident Franz Böhmert „die Witznummer des Jahres". Marco van Basten verwandelte den Strafstoß ganz humorlos zum einzigen Tor, das in drei Stunden Zeitvertreib zwischen den beiden Mannschaften fiel. Zwar waren die Deutschen an jenem Abend in Mailand die deutlich unterlegene Elf, aber niemand kann wissen, was in einer möglichen Verlängerung geschehen wäre. Schließlich hatten die Bremer auch in diesem Wettbewerb schon bewiesen, dass es kein Wunder

Finale der Landesmeister 1988/89, AC Mailand - Steaua Bukarest 4:0 (in Barcelona). Maßgeblichen Anteil am Sieg der Italiener hatte das Trio der holländischen Europameister Marco van Basten, Ruud Gullit und Frank Rijkaard (von links).

gab, das man ihnen nicht zutrauen durfte: In der ersten Runde waren sie bei Dynamo Berlin mit 0:3 demontiert worden – und gewannen die zweite Partie 5:0.

Aber für „hätte“ und „wäre“ bekommt man keinen Pokal. Ein Nebeleinbruch und ein großzügiger Schotte sicherten dem AC Mailand das Halbfinale. Da zeigten die Italiener dann ihre ganzen Stärken, mussten aber auch erneut noch einmal das Glück bemühen. Im Hinspiel im Bernabéu-Stadion hatte Real Madrids Neuzugang Bernd Schuster kurz vor der Pause das 1:0 durch Hugo Sánchez vorbereitet, und alles lief gut für die Spanier. Doch zwölf Minuten vor dem Abpfiff köpfte van Basten an die Latte. Der Ball fiel herab und prallte vom Rücken des Torwarts Francisco Buyo hinter die

Linie. Es war kein schönes Tor, aber ein wichtiges, weil Madrid nun als demoralisierte Mannschaft nach Mailand fuhr. Und hier lud Berlusconis Kreation dann zum ersten ihrer vielen Gala-Empfänge, die bald auf dem ganzen Kontinent berühmt werden sollten. Schon vor dem Seitenwechsel schossen Carlo Ancelotti, Frank Rijkaard und Ruud Gullit ein 3:0 heraus, das um kein Tor zu hoch ausfiel. „Milan – ein Traum“, stand am nächsten Morgen im „kicker“, der nicht zu Übertreibungen neigt. Er hatte Recht: Eine großartige, rein holländische Kombination führte zum 4:0 durch van Basten kurz nach der Pause. Kaum 60 Minuten waren vorüber, da traf Donadoni zum 5:0. Eine argeres Debakel blieb Real nur erspart, weil der AC Mailand anschließend zu einer Art Schaulaufen überging.

Auch im Finale am 24. Mai 1989 konnte niemand Milans Feinmotoriker stoppen. Helmut Duckadam wäre es vielleicht gelungen, aber er stand ja nicht mehr im Tor von Steaua Bukarest, sondern reiste nur als Ehrengast des Klubs mit zum Endspielort Barcelona. Die Rumänen waren über Sparta Prag, Spartak Moskau den IFK Göteborg und Galatasaray Istanbul in das Endspiel vorgedrungen – und das keinesfalls durch Glückes Geschick: 22 Tore schoss Steaua gegen diese vier Gegner; sieben davon markierte Lacatus, sechs gingen auf das Konto eines 24-jährigen Linksfußes namens Gheorghe Hagi.

Im Camp Nou aber bekam es Steaua mit einem ganz anderen Kaliber zu tun. In gewisser Weise erinnerten die 90 Minuten an das Finale von 1960, in dem die Frankfurter Eintracht, beflügelt von einem tollen Turnierverlauf, eine offensive Ausrichtung wählte – und zur Strafe von Ausnahmekönnern an die Wand gespielt wurde, gegen die vielleicht wirklich nur ein Catenaccio geholfen hätte. Andererseits: Die Tore der Italiener waren nicht allein das Ergebnis ihres Sturmwirbels, sondern auch einiger gravierender Abwehrfehler. Zuerst ließ Duckadams Nachfolger Silviu Lung in der 18. Minute einen 17-Meter-Schuss von Angelo Colombo abprallen. Adrian Bumbescu hätte den Ball wegschlagen können, aber er reagierte so langsam, dass van Basten seinen rechten Fuß an das Leder bekam. Es flog an die Schienbeine von Lung, von dort an das Knie von Bumbescu und schließlich zu Ruud Gullit, der aus fünf Metern das leere Tor natürlich nicht verfehlte.

Neun Minuten später köpfte van Basten eine Rechtsflanke ins Tor, obwohl drei Rumänen neben ihm standen. Keiner von ihnen ging zum Ball hoch. In der 39. Minute erreichte eine Linksflanke Gullit, der auf der Strafraummarkierung stand. Er holte mit dem rechten Fuß den Ball aus der Luft herunter, ließ ihn einmal aufticken und verwandelte dann volley. In der 47. Minute spielte Rijkaard einen Pass in den Rücken der Abwehr, den sich van Basten erlief. Von der Ecke des Fünf-Meter-Raumes und aus der Drehung schoss er mit links das 4:0. Milan, ganz in Weiß, tanzte danach nur noch Ballett und ersparte den Rumänen so ein Trauerspiel.

Pläne für eine Europaliga

Ein Jahr, nachdem der erste Astra-Satellit ins All geflogen war, hatte der AC Mailand seinem Besitzer den wertvollsten aller Pokale beschert. Berlusconi belohnte seine Spieler mit 240.000 DM pro Nase und schmiedete sofort weitergehende Pläne. Schon vor dem Finale von Barcelona hatte er mit Real Madrids Präsidenten Ramon Mendoza ein Projekt beraten, das nun schon seit mehr als 30 Jahren unter den ehrgeizigen Vereinsbossen immer mal wieder ein Thema war: die Europaliga. Immerhin wäre Berlusconis spektakuläre Mannschaft in der abgelaufenen Saison beinahe an Belgrad oder Bremen gescheitert, und solche Risiken musste man als Unternehmer minimieren.

Der Medienexperte Berlusconi wusste auch schon, wie eine Europaliga zu finanzieren wäre, nämlich über die privaten Fernsehsender, die jeweils die Exklusivrechte am internationalen Fußball teuer erwerben und über den Fan refinanzieren sollten. Dass die UEFA solche Pläne strikt ablehnte, berührte den Italiener nur am Rande. Letzten Endes hatten die großen Klubs den längeren Hebel in der Hand: Schließlich zogen sie die Treuen in das Stadion und die Interessierten vor den Fernseher; sie sorgten für die Umsätze und trugen das Risiko. Es war nur eine Frage der Zeit, bis der Markt die Vereine zwingen würde, neue Einnahmequellen zu finden. Diese Entwicklung ließ sich sogar beschleunigen, indem man jenen Markt etwas anfeuerte: Im Sommer 1989, als noch nie ein deutscher Klub mehr als drei Millionen DM für einen Spieler ausgegeben hatte, bot Berlusconi für Sampdoria Genuas Stürmer Gianluca Vialli unerhörte 34 Millionen DM. Selbst das reichte nicht, um den Spieler aus seinem Vertrag herauszuholen – aber es erhöhte den Einsatz, mit dem die anderen Pokerspieler am Transfertisch nun rechnen mussten.

Anstelle von Vialli verpflichtete Mailand den Angreifer Marco Simone aus Como. Im Großen und Ganzen aber verließ sich der Klub in der Saison 1989/90 auf die Mannschaft, die Europa gerade verzaubert hatte. Mit einer wichtigen Ausnahme: Ruud Gullits Knie bereitete seit den April-Spielen gegen Madrid ernste Probleme. Der Holländer hatte das Finale gegen Bukarest ganze 31 Tage nach einer schweren Operation bestritten, was ein Fehler war: In der Spielzeit 1989/90 konnte er in der „Serie A“ nur zweimal eingesetzt werden.

Ansonsten aber war zuerst vieles unverändert. Im Oktober traf Milan im Achtelfinale wieder auf Real Madrid, und die ersten 15 Minuten des Hinspiels erinnerten an das 5:0-Drama vom April. Rijkaard und van Basten hatten da schon ein 2:0 herausgeschossen, sodass sich Madrids Trainer John Toshack zu einer unerhörten Maßnahme veranlasst sah: Nach einer Viertelstunde wechselte er Bernd Schuster aus. Das führte zwar dazu, dass Real kein weiteres Tor kassierte, aber es war der Anfang von Schusters Abgang bei Real. Und es half Toshacks Team auch nicht wirklich weiter. Das Rückspiel gewannen die Spanier zwar durch einen Treffer von Butragueño, aber Mailand stand trotzdem im Viertelfinale.

Hier zeigten sich erste Anzeichen von Ermüdung bei den Wunderspielern. Da die italienische Liga nur über Weihnachten eine kurze Pause einlegte, jagte Milan von Termin zu Termin. Im Dezember etwa flog die Elf nach Tokio zum Endspiel um den Weltpokal, und diese Partie ging dann auch noch in die Verlängerung. Vielleicht hingen den Spielern die Strapazen noch während des Frühjahrs 1990 in den Knochen – jedenfalls fanden sie gegen einen verbissenen KV Mechelen in zweimal 90 Minuten nicht die Kraft oder die Konzentration, um zu einem Tor zu kommen. Donadoni ließ sich sogar zu einem Faustschlag gegen einen Belgier hinreißen und wurde des Feldes verwiesen. Erst in der Verlängerung des Rückspiels in Mailand erlösten van Basten und Simone ihren Trainer Arrigo Sacchi, ihre Fans und ihren Besitzer Berlusconi.

Aber nun machte sich vor dem Halbfinale Kummer breit in Mailand: Donadoni war gesperrt, Gullit weiterhin nicht fit, und auch Carlo Ancelotti hatte sich verletzt. Wenige Tage vor dem ersten Halbfinale konnte Milan ein Testspiel gegen einen Zweitligisten aus der Schweiz nur 1:0 gewinnen. Das Tor ging auf das Konto eines Ersatzmannes namens Stefano Borganovo, den Berlusconi wenige Monate später an Florenz verscherbeln würde. Und um die Sorgenfalten noch etwas zu vertiefen, war die kommende internationale Hürde nicht von Pappe: Bayern München.

Zwei große Halbfinals

„Mailand, Benfica Lissabon, Olympique Marseille und wir: Das ist das beste Halbfinale, das es je gab", sagte Bayerns Manager Uli Hoeneß. Er hob seinen Klub mit vollem Recht auf dieselbe Stufe wie Milan, denn der Deutsche Meister war im bisherigen Wettbewerb noch ungeschlagen geblieben, trotz guter Gegner wie den Glasgow Rangers und dem PSV Eindhoven. Dabei, und auch das betonte Hoeneß nicht selten, kämpfte Europas Elite mit immer ungleicheren Waffen. Nach deutschen Maßstäben war der FC Bayern ein potenter Verein, der seiner Konkurrenz die besten Spieler stahl, aber im internationalen Vergleich stellte er einen Hungerleider dar. Denn das Geld floss inzwischen nicht mehr nur in Italien ungebremst.

Noch wenige Jahre zuvor hätte Hoeneß zum Beispiel ein Halbfinale mit Marseille nicht in den höchsten Tönen gelobt. Aber seit 1986 führte bei Olympique der gebürtige Pariser Bernard Tapie das Regiment. (Übrigens auf Bitten des Marseiller Bürgermeisters, der nicht mehr mit ansehen konnte, wie Misswirtschaft und Misserfolge den fußballerischen Stolz des französischen Südens ruinierten.)

Tapie war, wie Berlusconi, ein erfolgreicher Unternehmer. Und ebenfalls ehemaliger Schlagersänger und zukünftiger Politiker. Der Mann aus einfachen Verhältnissen hatte Ende der 1970er marode Firmen billig aufgekauft und dann saniert, meistens durch Massenentlassungen. Beim Fußballklub Marseille wählte er einen anderen Weg – den der Masseneinstellungen. Mit dem Geld seiner Firmen, aber auch mit öffentlichen Mitteln, holte er etwa den Uruguayer Enzo Francescoli von US Cagliari

Halbfinale der Landesmeister 1989/90, AC Mailand - Bayern München 1:0 / 1:2 n.V. Hier (von links) Pflügler, Rijkaard und Augenthaler im Dreikampf.

oder den englischen Nationalspieler Chris Waddle von Sheffield Wednesday, dazu natürlich vielversprechende Franzosen wie Didier Deschamps aus Nantes und Jean-Pierre Papin, der 1985/86 für den FC Brügge 20 Tore geschossen hatte. Diese Einkaufsstrategie brachte zunächst Erfolg, denn 1989 gewann Olympique zum ersten Mal seit 17 Jahren wieder die Meisterschaft. Aber im Europacup erfüllte das teure Team Tapies' Erwartungen nicht ganz: Im „besten Halbfinale, das es je gab", scheiterte der Klub 1990 wegen eines lumpigen Auswärtstores an Benfica Lissabon. Tapie musste also seine Anstrengungen verstärken. Finanziell und, wie man einige Jahre später erfahren würde, auch anderweitig.

Der FC Bayern strengte sich derweil auch an – auf rein sportlichem Weg, und das fast erfolgreich. Das Hinspiel in Mailand ging zwar durch ein Elfmetertor von van Basten 0:1 verloren, aber dies war ein Ergebnis, das hoffen ließ. „Die Chancen stehen nach wie vor 50:50", sagte Stefan Reuter. „Wir brauchen einen Supertag. In erster Linie Jürgen Kohler gegen Marco van Basten. Was der spielt, ist der Wahnsinn." Am 18. April 1990 zog sich Kohler gegen den holländischen Star dann recht gut aus der Affäre, leider hatten seine Kollegen nicht den erhofften Supertag erwischt. Mailand erspielte sich im Olympiastadion so viele Chancen, dass Berti Vogts das Team schon zur

Pause als „das beste, was ich in den letzten Jahren gesehen habe" bezeichnete. Doch da diese Chancen nicht van Basten hatte, sondern meistens Daniele Massaro, blieb es 58 Minuten lang beim 0:0. Und als das Tor dann fiel, waren es die Münchener, die mit hochgerissenen Armen jubelten: Der junge Thomas Strunz schüttelte Maldini ab und umspielte auch noch Torwart Giovanni Galli.

Etwa 250 Millionen Menschen sahen diese Partie weltweit an den Fernsehgeräten, was zu jener Zeit ein Rekord war. Sie bekamen nun auch noch einen 30-minütigen Zuschlag, der nicht etwa durch van Basten oder Rijkaard entschieden wurde, sondern von einen Ersatzmann. Borgonovo, der Mitte der zweiten Hälfte eingewechselt worden war, erzielte in der 101. Minute den Ausgleich. Bayerns Schotte Alan McInally gelang fünf Minute später die erneute Führung, aber ein 3:1 schaffte der Deutsche Meister nicht mehr. Und das hätte er wegen Borgonovos Auswärtstor ja tun müssen. „Milan ist nicht mehr so überragend wie noch vor einigen Monaten", kommentierte Lothar Matthäus diese knappe Angelegenheit. Seit zwei Jahren spielte er für Inter, deswegen trug sein Nachsatz Gewicht: „Aber der AC ist trotzdem die vielleicht stärkste Mannschaft der Welt."

Als ob der Klub das beweisen wollte, lief Milan am 23. Mai 1990 mit fast derselben Elf im Praterstadion von Wien auf, die ein Jahr zuvor Steaua Bukarest geschlagen hatte. Allein Alberico Evani war neu – und das auch nur, weil Donadoni noch immer seine Rotsperre absaß. Ruud Gullit konnte nach fast zwölf Monaten und zwei weiteren Operationen wieder spielen. Das schien auch vonnöten, denn van Basten sagte über den Gegner, er wäre „der härteste Brocken, den wir bekommen konnten und technisch und taktisch gleichwertig".

Dieser Gegner hatte einiges an Geld in sein Team gesteckt, etwa in die fünf Ausländer Jonas Thern, Mats Magnusson (beide Schweden), Aldair, Ricardo und Valdo (alle Brasilien). Und er wurde von einem Mann trainiert, der wusste, wie man im Europacup einen Favoriten blamiert: Sven-Göran Eriksson. Das Problem war nur, dass es sich um Benfica Lissabon handelte. Auf die Unglückssträhne dieses Klubs soll nicht mehr eingegangen werden. Es reicht wohl zu erwähnen, dass der arme Veloso keine Gelegenheit bekam, seinen kostspieligen Fehlschuss aus dem 1988er Finale wieder gutzumachen: Er brummte eine Sperre ab.

Vor 57.500 gepflegt gelangweilten Zuschauern waren 68 Minuten ins Land gezogen, als endlich etwas passierte. Wie das im Fußball oft ist, begann alles ganz gemächlich und endete dann so abrupt, dass viele Betrachter kaum mitbekamen, was geschah. Baresi nahm am eigenen Fünf-Meter-Raum einen Abstoß des Torwarts auf. Da die Portugiesen nicht die Absicht hatten, die eigene Hälfte zu verlassen, trabte Mailands Libero los und schob den Ball dann quer zu „Billy" Costacurta. Der lief ein paar Schritte fast verhuscht, während Benficas Magnusson einen Sicherheitsabstand von zwei Metern zu ihm hielt. So wagte sich Costacurta bis zur Mittellinie vor und konnte dabei die ganze Zeit den Kopf oben halten und eine An-

spielstation suchen. Die hieß van Basten, der sich so weit vom Strafraum entfernt hatte, dass ihm kein Verteidiger gefolgt war. Durch die erste Viererkette Benficas hindurch spielte Costacurta den Holländer an. Als der Ball noch fünf Meter von van Basten entfernt war, kam plötzlich Bewegung in Frank Rijkaard. Mit einem Seitenblick auf van Basten sprintete der Mittelfeldspieler nach vorne in eine Lücke, die sich zwischen den Gliedern der zweiten Viererkette auftat. Van Basten bog den Oberkörper leicht nach hinten und spielte das Leder direkt und sanft in den Lauf von Rijkaard. Der nahm es 25 Meter vor dem Tor an. Er befand sich jetzt auf gleicher Höhe mit den vier Abwehrspielern, aber weil er schon in vollem Lauf war, rannte er ihnen einfach davon. Benficas Torwart Silvino Louru hätte das Tor vielleicht verhindern können, wenn er nicht in Erwartung des Schusses das Gewicht nach rechts verlagert hätte. Aus zwölf Metern Entfernung schickte Rijkaard den Ball mit dem Außenrist direkt am Standbein des Keepers vorbei ins Netz.

Als die Spieler sich nachher von den Fans feiern und von den Fotografen ablichten ließen, stand Berlusconi unter ihnen und reckte den Pokal in die Luft. Da erinnerte er fast ein wenig an Santiago Bernabéu vor mehr als 30 Jahren. Vielleicht lag es an der Frisur; vielleicht auch nur daran, dass die Fußballer neben ihm wieder Weiß trugen, obwohl sie doch die „Rossoneri" heißen, die Rot-Schwarzen. Oder vielleicht kam es daher, dass man sich als Beobachter fragte, ob hier tatsächlich das neue Real Madrid in die Kameras grinste, das auf Jahre unbezwingbar sein würde.

Italien im Siegesrausch

„Wer stoppt diese Italiener?", fragte der „kicker" seine Leser. Damit meinte die Zeitung nicht nur den AC Mailand. Im Mai 1990 führte die Bundesliga zwar weiterhin die Fünf-Jahres-Wertung der UEFA an, aber mit nur noch zwei Punkten Vorsprung auf den Zweiten. Und das war mittlerweile die „Serie A", die alle Pokale der Saison errungen hatte. Beinahe wäre das der italienischen Liga schon in der Spielzeit davor gelungen, also 1988/89. Da standen neben dem AC Mailand bei den Landesmeistern auch in den zwei anderen Finals Klubs aus Italien. Zum einen war das Sampdoria Genua mit dem so wertvollen Gianluca Vialli, das sich unter anderem über Carl Zeiss Jena in die Endspiele gekämpft hatte. Aber am 10. Mai 1989 war das Team im Finale gegen den FC Barcelona wenig mehr als ein Requisit. Julio Salinas und Aitor Lopez Rekarte schossen das 2:0 in einem Spiel heraus, das vor allem deshalb so ansehnlich war, weil Barcelonas neuer Trainer Johan Cruyff aus Prinzip nie weniger als drei Stürmer auf den Platz schickte.

Interessanter als Sampdoria war das italienische Team, das zu dieser Zeit um den UEFA-Cup stritt, der SSC Neapel. Dieser Verein gehörte (und gehört) nicht zu den großen Klubs, die Italiener unter den respektvollen Ausdruck „Die Sieben Schwestern"

Halbfinale im UEFA-Cup 1988/89, SSC Neapel - Bayern München 2:0 / 2:2. Szene aus dem Rückspiel in München: Klaus Augenthaler foult Maradona.

fassen. Das sind nämlich: Juventus Turin, Inter Mailand, AC Mailand, AS Rom, Lazio Rom, AC Florenz und AC Parma. Bei dieser Liste fällt auf, dass die ganze südliche Hälfte des Landes nicht vertreten ist und dass sogar Parma wichtiger zu sein scheint als Cagliari, Palermo und Neapel. Dabei konnte Parma in den ersten 79 Jahren seiner Geschichte nie etwas in Italien gewinnen und spielte noch 1985 in der dritten Liga.

Aber Parma kommt eben aus dem reichen Norden, Neapel aus dem armen Süden. Selbst der Millionär Achille Lauro, der in den 1950ern Präsident des SSC und Bürgermeister von Neapel war, konnte nicht genug Geld investieren, um den Klub auf Augenhöhe mit den Vereinen des Nordens zu bringen: Sein Team holte als einzige Trophäe den nationalen Pokal 1962. Die Lage wendete sich erst zum Besseren, als der SSC in eine Aktiengesellschaft umgewandelt wurde, deren Anteilsmehrheit dann 1967 von Corrado Ferlaino gekauft wurde. Auch dieser Mann war, wie Berlusconi, im Baugewerbe reich geworden. Ferlaino investierte nicht gleich in Spieler, sondern verbesserte die Infrastruktur des Klubs. Dann erst sah er sich auf dem Transfermarkt um: 1980 kam der Holländer Ruud Krol, 1984 Maradona, 1987 der Brasilianer Careca und dann dessen Landsmann Alemão. Anfangs schienen die Ziele zu hoch gesteckt worden zu sein. Weder mit Krol noch mit Maradona kam Neapel über einen dritten Platz in der „Serie A" hinaus. Aber im Sommer 1986 stieg Maradona bei der WM in Mexiko zum besten Fußballer des Planeten auf, und er konnte diese Form mit nach Italien nehmen. Vier Jahre lang, bis zur nächsten WM, spielte Neapel nun um den Titel, wurde zweimal Meister und zweimal Zweiter.

In diese Phase fiel auch die UEFA-Cup-Saison 1988/89. Im Viertelfinale schaltete Neapel durch ein Tor in der letzten Minute der Verlängerung Juventus Turin aus. Im Halbfinale mussten die Bayern dran glauben. Mit etwas Pech – wie etwa bei Hans Dorfners Heber, der kurz vor der Linie noch geklärt wurde – unterlagen die Deutschen in Neapel mit 0:2. Im Rückspiel traf der unvermeidliche Careca zum 0:1 und 1:2, und da rettete auch der späte Ausgleich der Münchener nichts mehr. „Nicht auszudenken, wenn Maradona noch fünf Kilo weniger wiegen würde", sagte Franz Beckenbauer schelmisch über den Argentinier, der das erste Tor seiner Elf vorbereitet hatte.

Schwaben und Bremer gegen Maradona

Ein anderer Bundesligist freute sich derweil auf das Treffen mit dem gedrungenen Superstar: Der VfB Stuttgart hatte gerade Dynamo Dresden auf Distanz gehalten (1:0, 1:1) und so zum ersten Mal die Chance bekommen, einen europäischen Pokal zu holen.

Der große Triumph blieb den Schwaben letztlich verwehrt, aber dafür lieferten sie in Kooperation mit den Süditalienern eine Show ab, die für viele zähe Finals der Vergangenheit entschädigte. Stuttgart war ja auch kein Niemand, sondern konnte Könner aufbieten. In der VfB-Elf standen Nationalspieler wie Karl Allgöwer, Guido Buchwald und Jürgen Klinsmann, als Regisseur glänzte der Isländer Asgeir Sigurvinsson, und dann gab es noch den jungen Maurizio Gaudino, dessen Eltern 30 Jahre zuvor aus Neapel nach Deutschland gekommen waren. Diese Mannschaft musste sich auch vor Maradona und seinem Orchester nicht fürchten. Eher schon vor Schiedsrichter Gerassimos Germanakos aus Griechenland, der trotz seines Nachnamens den Germanen gar nicht gewogen zu sein schien. Aber das konnten die Stuttgarter nicht ahnen, als sie am 4. Mai 1989 in Neapel antraten.

Finale im UEFA-Cup 1988/89, SSC Neapel - VfB Stuttgart 2:1 / 3:3. Neapels Alemão erzielt beim zweiten Finale in Stuttgart das 1:0.

Nach einer knappen Viertelstunde entschloss sich Gaudino zu einem Schuss auf das gegnerische Tor, den Neapels Schlussmann Giuliani zum Grauen der 81.000 Tifosi ins eigene Netz lenkte. In der ganzen ersten Hälfte konnten sich die Gastgeber von dem Schock des 0:1 nicht erholen. Erst nach dem Wechsel drängten sie den VfB in die Abwehr zurück, ohne dass ein Treffer unmittelbar bevorzustehen schien. Dann pfiff sich Schiedsrichter Germanakos einen Handelfmeter zurecht, den Maradona zum 1:1 verwandelte. Kurz vor dem Ende traf dann erwartungsgemäß auch noch Careca. Auf dieses 1:2 konnten die Stuttgarter stolz sein, aber sie waren in erster Linie wütend: „Der Schiedsrichter war unser gefährlichster Gegner", sagte VfB-Trainer Arie Haan, und Präsident Gerhard Mayer-Vorfelder kündigte an, wegen der vielen Ungereimtheiten bei der UEFA Protest einzulegen.

Zu den Merkwürdigkeiten zählte unter anderem auch, dass der Grieche Germanakos das Spiel überhaupt leitete, denn eigentlich war der FIFA-Referee Sanchez Arminio aus Spanien angesetzt gewesen. Immerhin kümmerte sich der nun zwei Wochen später um das Rückspiel in Stuttgart. Er bekam einiges zu tun, weil er allein achtmal zum Mittelanstoß bitten musste. Das zweite Mal schon in der 20. Minute, als Alemão nach einem Doppelpass mit Careca das 0:1 erzielte. Klinsmann schaffte zwar den Ausgleich, weil Giuliani mal wieder mit einer Flanke überfordert war, aber fünf

Achtelfinale im UEFA-Cup 1989/90, SSC Neapel - Werder Bremen 2:3 / 1:5. Am Nikolaustag 1989 triumphierte Werder über Neapel. Hier erzielt Karlheinz Riedle das 1:0.

Minuten vor dem Wechsel fiel die Entscheidung: Maradona bediente per Kopf den aufgerückten Verteidiger Ciro Ferrara, gegen dessen wuchtigen Schuss Torwart Eike Immel keine Chance hatte. Nun brauchte der VfB unvermittelt drei Tore. So viele fielen zwar insgesamt noch, aber eines davon auf der falschen Seite: In der 62. Minute markierte (natürlich) Careca das 1:3. Ein Eigentor und ein Kopfball von Olaf Schmäler in der Schlussminute retteten dem VfB noch ein Unentschieden, das aber in der Addition eine Niederlage ergab. Im Neckarstadion feierten 20.000 mitgereiste Tifosi und italienische Gastarbeiter die endgültige Ankunft Neapels auf der europäischen Landkarte.

So jedenfalls interpretierte das Corrado Ferlaino. Nur 22 Monate später allerdings war alles vorbei: der Erfolg, der Traum, der Stolz. Zwar schossen Maradona und Careca ihren Klub in der Saison 1989/90 mit zusammen 26 Treffern wieder zur Italienischen Meisterschaft, aber in dieser Spielzeit brachen auch die ersten Risse in Neapels Gesamtkunstwerk auf. Ein deutscher Klub war daran nicht völlig unbeteiligt: Werder Bremen. Im November und Dezember 1989 spielte Otto Rehhagels Team im Achtelfinale des UEFA-Cups gegen den Titelträger – und schockierte ihn zweimal. In Neapel brachten Frank Neubarth und Karlheinz Riedle ihr Team innerhalb von vier Minuten vor und nach der Pause mit 2:0 in Führung, bevor Alemão und Careca zurückschlugen. Selbst das 2:2 wäre ein gutes Resultat für die Deutschen gewesen. Deshalb ging Neapel – unter dem Kommando des überragenden Maradona – auf weitere Tore aus und erlaubte den Bremern in einer turbulenten Schlussphase lediglich Befreiungsschläge oder lange Pässe. Einer von denen kam in der 90. Minute zu Wynton Rufer, der zwar noch die Hälfte des Spielfeldes zwischen sich und dem Tor hatte, aber keinen Gegner mehr. Außer Torwart Giuliani, versteht sich, der das 2:3 jedoch nicht verhindern konnte. „Wir freuen uns, aber noch sind wir nicht weiter", warnte Werders Dieter Eilts. Der unscheinbare Defensiv-Spezialist hatte die ersten beiden Treffer vorbereitet, aber das Rückspiel sollte für seine Mannschaft noch besser verlaufen und ihm den Beinamen „Ostfriesen-Alemão" einbringen.

Da Bremen mit einem Vorsprung in die zweite Partie ging, kann man die Ereignisse des 6. Dezembers 1989 streng genommen nicht als weiteres „Wunder von der Weser" werten. Andererseits: Dass Werder den SSC Neapel am Nikolaustag gleich mit 5:1 verprügelte, kam einem Wunder recht nahe. Bis zur 55. Minute hielten sich die Männer um den angeschlagenen Maradona noch recht akzeptabel. Da sahen sie zwar nicht wie eine Elf aus, die auf Sieg spielen muss, aber sie lagen auch nur 0:1 hinten, nachdem Riedle einen gewaltigen Abwehrfehler genutzt hatte (25.). Als Rufer und Riedle dann in nur sieben Minuten auf 3:0 erhöhten, ergab sich Neapel plan-, mut- und ratlos in sein Schicksal. In den letzten 180 Sekunden durften sogar die Arbeitsbienen Sauer und Eilts noch Tore schießen. (Neapels Anschlusstreffer zum 3:1 kam nicht etwa zustande, weil das Team sich wehrte, sondern musste einfach fallen, da Careca anscheinend nicht 90 Minuten Fußball spielen konnte, ohne ein Tor zu erzielen.) „Wir haben nicht nur das Spiel verloren, sondern auch unser Gesicht", jammerte Maradona.

Gottes Flucht aus Neapel

Nur vier Monate später war Bremens toller Sieg nicht mehr viel wert. Die Elf scheiterte wegen eines fehlenden Auswärtstores im Halbfinale am AC Florenz, der dann seinerseits die rein italienischen Endspiele gegen Juventus Turin verlor (1:3, 0:0). Das war der zweite Erfolg der „Serie A" im Mai 1990, dem ja noch Mailands Sieg bei den Landesmeistern folgte. Den ersten hatte Sampdoria Genua errungen, das sich im Finale der Pokalsieger für die Niederlage aus der Vorsaison schadlos hielt: Tore von Gianluca Vialli in der 105. und 107. Minute schlugen den RSC Anderlecht. Die Belgier wurden übrigens von Aad de Mos trainiert, der fünf Jahre später die undankbare Aufgabe bekam, Otto Rehhagel in Bremen zu ersetzen.

Kurz vor Beginn der Weltmeisterschaft 1990 waren also alle europäischen Titel in das Land gegangen, das dieses Turnier ausrichten würde: Italien. „Azzurri, jetzt seid ihr an der Reihe!", titelte daher die Zeitung „Tuttosport". Van Basten aber dämpfte die Euphorie seiner Gastnation: „Die italienischen Klubs sind auch deshalb so stark, weil

Hommage an den unvergessenen Fußballgott Maradona beim Spiel SSC Neapel gegen Juventus Turin (30. September 2000, 1:2).

viele Schlüsselpositionen von Ausländern besetzt sind." Der Verlauf der WM sollte diesem Satz Nachdruck verleihen, denn Italiens Nationalelf konnte vor eigenem Publikum die Erwartungen nicht erfüllen. So feierten die Zuschauer nicht selten die Spieler anderer Nationen, die sie von ihren Klubs kannten, etwa Andreas Brehme, Jürgen Klinsmann und Lothar Matthäus in Mailand, Rudi Völler und Thomas Berthold beim Endspiel in Rom. Vor dem Halbfinale in Neapel zwischen Italien und Argentinien mussten Journalisten und Politiker die Tifosi sogar aufrufen, ihre (vor allem aus Norditalienern bestehende) Nationalelf anzufeuern – und nicht etwa Maradonas Team. Diese Bitten wurden einigermaßen erhört, obwohl Kapitän Giuseppe Bergomi nach der Niederlage schimpfte: „Heute waren nicht alle für uns." Trainer Azeglio Vicini setzte hinzu: „Vom Publikum in Rom waren wir andere Unterstützung gewöhnt."

Je intensiver sich die Neapolitaner vom Rest Italiens ausgegrenzt fühlten, desto mehr vergötterten sie den Linksfuß aus Argentinien, der ihrer Stadt soviel Freude schenkte. Maradona war so beliebt, dass er sich fast alles erlauben konnte. Mal wurde er mit Carmine Giuliano fotografiert, einem hochrangigen Mann in der Camorra, der neapolitanischen Mafia. Mal überzog er seinen Urlaub in Südamerika, buchte insgesamt 35 Rückflüge, die er alle nicht nahm, und kehrte erst mit sechs Wochen Verspätung nach Neapel zurück. Maradona war allerdings nicht der einzige der königlich entlohnten Stars, der zu Eskapaden neigte. Glaubt man der kühnen Autobiografie von Corrado Ferlaino, dann betrachtete der halbe Kader des SSC Neapel die Fußballspiele als lästige Arbeitseinsätze nach einer Sex-Orgie und vor einer Drogen-Party. Es war, wie der Journalist Dirk Schümer schrieb, „ein Sündenpfuhl", in dem auch Ferlaino „jahrelang sein tägliches Bad zu nehmen pflegte". Vor allem war es ein Spiel mit dem Feuer – sowie mit dem Geld des Klubs und den Herzen der Fans.

Im März 1991 wurde Maradona bei einer Dopingkontrolle positiv getestet – auf Kokain. „Diego konnte machen, was er wollte, aber er musste am Donnerstag vor einem Spiel sauber sein", sagte Ferlaino viele Jahre später, nachdem er seine Anteile am SSC Neapel an eine Firma aus Luxemburg verkauft hatte. „Wenn es aber immer noch ein Risiko gab, dann bekam er eine kleine Pumpe mit Fremd-Urin. Bei der Kontrolle füllte er dann sein Glas aus dieser Pumpe. So haben wir ihn oft gerettet." Maradona bestreitet diese Darstellung, und Ferlainos Aussagen klingen wirklich etwas ungereimt, wenn man bedenkt, dass in Italien Doping-Kontrollen erst ab dem Februar 1991 regelmäßig durchgeführt wurden. Wie auch immer: Wenige Wochen später wurde Maradona erwischt. Noch während die FIFA dabei war, die Strafe festzulegen, bekam er zudem von einer Friseuse eine Vaterschaftsklage angehängt. Praktisch über Nacht floh er aus Italien. Neapel beendete die Saison auf dem siebten Platz. Zwei Jahre später war der Klub schon so verschuldet, dass er der Stadt die Stadionmiete nicht mehr zahlen konnte, und 1998 stieg Napoli schließlich aus der „Serie A" ab, in der man seit 1965 gespielt hatte. Zum Zeitpunkt der Fertigstellung dieses Buches existierte der SSC Neapel wegen Bankrotts nicht mehr unter diesem Namen.

Rückkehrer und neue Mächte

Der rasche Absturz Neapels war nicht der einzige Grund dafür, dass Italiens Klubs in den Jahren nach 1990 nicht ganz so kolossal dominierten, wie zu befürchten stand. Den UEFA-Cup machten Teams der „Serie A" zwar meistens unter sich aus, aber in den beiden anderen europäischen Pokalen wurden sie des Öfteren überrascht.

Ein Grund dafür war die Rückkehr Englands. Diese hing in gewisser Weise mit der Ernennung des Schweden Lennart Johansson zum neuen Präsidenten der UEFA zusammen. Johansson hatte seit seiner Zeit als Vorsitzender des Stockholmer Klubs AIK Solna gute Kontakte nach England, vor allem eine freundschaftliche Verbindung zu seinen Kollegen bei Arsenal London. In der ersten Jahreshälfte 1990 deutete er an, dass ein gutes Betragen der englischen Anhänger bei der WM positive Folgen für ihre Vereine haben könnte. Während des Turniers wurde dann die eigentlich abgelaufene Meldefrist für den Europacup bis zum 10. Juli verlängert, und da war schon klar, was das hieß: Bald würden die Klubs von der Insel wieder in die Konkurrenz eingreifen. Durch ihre lange Abwesenheit hatten sie allerdings so viele Ranglistenpunkte verloren, dass sie im UEFA-Cup nur einen Teilnehmer stellen konnten. Und weil für Liverpool, den amtierenden Meister, noch eine Sondersperre galt, schickte England lediglich zwei Teams in die internationale Saison 1990/91: Manchester United bei den Pokalsiegern, Aston Villa im UEFA-Cup. Aber es war ein Anfang.

Ein zweiter wichtiger Grund, der eine Alleinherrschaft Italiens verhinderte, war die Entstehung beziehungsweise Erneuerung weiterer Fußballmächte auf dem Kontinent. Dass sich Olympique Marseille ein großes Team zusammenkaufte, wurde bereits erwähnt. Nach der WM 1990 holte sich Tapie aber – neben zehn (!) neuen Profis – mit Franz Beckenbauer auch noch Prominenz an den Spielfeldrand. Offiziell war

Franz Beckenbauer und sein Chef Bernard Tapie im Jahr 1990.

der „Kaiser" zwar „Technischer Direktor", faktisch aber zweiter Cheftrainer. Das zeigte sich auch daran, dass er bei Spielen auf der Bank neben dem eigentlichen Coach Raymond Goethals aus Belgien saß. Aufgerüstet wurde zudem beim FC Barcelona, wo Johan Cruyff eine Elf zusammenbaute, die bald als „Dreamteam" auf Tournee ging. Auch hier hatte ein Baulöwe seine Tatzen im Spiel: Der gebürtige Baske Josep Luís Nuñez war durch die Heirat mit der Tochter eines Immobilienmaklers so einflussreich geworden, dass er 1978 zum Präsidenten des selbst ernannten „größten Klubs der Welt" gewählt wurde. Mit Titeln war es anfänglich nicht weit her. Nuñez konnte nur eine Meisterschaft feiern, bis er über seinen Schatten sprang und Cruyff um Hilfe bat. Der Holländer hatte Nuñez bei seinem Wahlsieg zwar kräftig unter die Arme gegriffen, aber er besaß auch ein mindestens so großes Ego wie der Präsident. Die Konflikte waren programmiert, aber zuerst tat Nuñez alles, was der neue Trainer wollte: Ronald Koeman und der elegante Däne Michael Laudrup kamen 1989, der bullige Bulgare Hristo Stoichkov wurde 1990 verpflichtet, und 1993 sollte Barcelona auch noch den brasilianischen Star Romario holen. Drei dieser vier Männer spielten im Sturm, was viel über Cruyffs Philosophie und den Stil seiner Traumelf sagt.

Der dritte Grund für den nachlassenden Erfolg der Italiener war, dass sie sich – nicht zuletzt durch ihre Vorliebe für kleine Trickssereien – das Leben selbst schwer machten.

Schon das Viertelfinale im Pokal der Meister 1990/91 führte die beiden Top-Favoriten zusammen: Marseille und den AC Mailand. Das Hinspiel in Italien endete nach Toren von Gullit und Papin 1:1. In Südfrankreich führte der Gastgeber zwei Wochen später durch einen schönen Volley-Schuss von Waddle mit 1:0, als der Schiedsrichter zwei Minuten vor dem Ende einen Freistoß pfiff. Ein Techniker muss gedacht haben, die Partie wäre zu Ende, denn an einem der Flutlichtmasten verlöschten plötzlich die Lampen. Die Italiener verließen das Feld, kamen zurück, als das Licht wieder zu flackern begann, und gingen nach einer Weile erneut, da sie meinten, es sei nicht hell genug. Alle Bitten und Befehle waren umsonst: Milan weigerte sich hartnäckig, das Spiel fortzusetzen. Vermutlich hoffte der Klub auf eine Neuansetzung, aber die UEFA demonstrierte Härte, selbst (oder gerade?) Berlusconis Verein gegenüber: Das Spiel wurde mit 3:0 für Olympique gewertet und Mailand wegen seiner Unsportlichkeit für das nächste Jahr vom Europacup ausgeschlossen. Damit hatten die Italiener auf einen Schlag zwei Chancen auf den Pokal verschenkt.

Unerwartete Sieger

An jenem Tag, dem 20. März 1991, wurde noch ein weiteres Spiel zweier Landesmeister abgebrochen, das in Dresden. Dynamo war der vorletzte Landesmeister der sich auflösenden DDR, deren Grenzen nach Westdeutschland inzwischen gefallen waren. Die Dresdner hatten die erste Partie bei Roter Stern Belgrad mit 0:3 verloren und lagen auch daheim 1:2 hinten, als die Lage auf den Rängen außer Kontrolle geriet. Vermummte Fans, wohl Hooligans aus dem gesamten Bundesgebiet, schleuderten Flaschen auf die Schiedsrichter und zettelten Schlägereien an. Die Polizei wollte gar mit einem Wasserwerfer einschreiten, aber das Gefährt passte nicht durch das Marathontor. Dresden wurde für zwei Jahre gesperrt, und da der Klub sich nur noch einmal für den Europacup qualifizierte (als Vizemeister in der letzten Saison der DDR-Oberliga) steht die Hälfte dieser Strafe noch immer aus.

Im Halbfinale traf Belgrad auf den FC Bayern, der sich zuvor an Porto für die Niederlage im Endspiel von 1987 gerächt hatte. In München ging der Bundesligist zwar durch ein wunderbares Tor gegen die Jugoslawen in Führung – Olaf Thon spielte mit der Hacke auf Roland Wohlfarth, der den Ball über den Torwart hob –, aber Sekunden vor dem Pausenpfiff schaffte Darko Pancev das 1:1. Das Aus für den Deutschen Meister schien in der 79. Minute besiegelt, als ein Konter das 1:2 durch Dejan Savicevic brachte. Doch 14 Tage später verwehrten allein Pech und unerwartetes Unvermögen den Bayern das Finale. In der 82. Minute traf nämlich Wohlfarth nur den Pfosten, und zu diesem Zeitpunkt führte seine Elf durch Tore von Augenthaler und Manfred Bender mit 2:1 in Belgrad. Das hätte noch immer für eine Verlängerung gereicht, aber in der letzten Spielminute kam ein verunglückter Befreiungsschlag von Klaus Augenthaler auf Raimond Aumann geflattert, und der Torwart machte eine äußerst unglückliche Figur: Statt den Ball über die Latte zu stupsen, beförderte er ihn unter dieselbe und sorgte damit für den 2:2 Endstand. So kam es nicht zum verlockenden Spiel um den Meisterpokal zwischen Bayern und Beckenbauer, dessen Marseiller Team nach dem Skandal um Mailand ohne Probleme gegen Spartak Moskau gewann.

Roter Stern Belgrad aber hatte einen für den Klub sehr bedeutsamen Schritt getan: Nach fast einem Vierteljahrhundert konnte man endlich mit dem Lokalrivalen Partizan gleichziehen, der ja 1966 das Finale bestritten hatte. Roter Stern ist und war

Europapokal der Landesmeister 1990/91, Roter Stern Belgrad - Dynamo Dresden 3:0 / 2:1. Vergeblich versuchen Dynamo-Spieler, beim Rückspiel randalierende Zuschauer zu beruhigen.

nicht nur der Verein des einfachen Mannes in Belgrad, sondern vor allem ein Symbol Serbiens. Partizan dagegen gilt als kroatischer Klub, so dass es auch keineswegs nur ein Zufall war, dass der Verein in den 1950er Jahren von Franjo Tudjman, dem ersten Präsidenten eines unabhängigen Kroatien, geleitet wurde. Nur Monate nach dem Endspiel sollten die ethnischen Konflikte eskalieren. Aber vorerst blickte Europa vor allem wegen des Fußballs auf den Balkan.

Eine Woche vor Belgrads Auftritt im Finale sicherte sich Inter Mailand mit seinem deutschen Trio den UEFA-Cup. Das 0:1 bei den Landsleuten vom AS Rom reichte zum Gesamtsieg, weil Matthäus und Nicola Berti (auf Pass von Klinsmann) im Hinspiel ein 2:0-Polster geschaffen hatten. Hier war also alles beim Alten geblieben, aber die Saison hatte trotzdem ihre erste große Überraschung schon gehabt: am 15. Mai im Wettbewerb der Cupsieger. Manchester United war auf seinem Marsch ins Endspiel allen namhaften Gegnern aus dem Weg gegangen, daher konnte niemand sagen,

Nach drei Halbfinal-Flops im Europapokal (1988/89 gegen SSC Neapel im UEFA-Cup, 1989/90 gegen AC Mailand und 1990/91 gegen Roter Stern Belgrad, jeweils im Landesmeister-Wettbewerb) neigte sich die Zeit von Trainer Jupp Heynckes bei Bayern München dem Ende zu. Im Oktober 1991, nach einem schlechten Beginn der Bundesliga-Saison, wurde er entlassen. Uli Hoeneß, dem Trainer einst sehr gewogen, sollte diesen Entschluss später bereuen.

wie stark die Elf wirklich war. Barcelona hingegen hatte Dynamo Kiew und Juventus Turin hinter sich gelassen und zählte unzweifelhaft zu den besten Teams des ganzen Kontinents. Aber an einem ungemütlichen Abend in Rotterdam gab es jemanden, der eine Rechnung offen wusste: Der Waliser Mark Hughes war 1986 für sieben Millionen DM von United zum FC Barcelona gewechselt und dort derart ignoriert worden, dass ihm der FC Bayern in Form eines Ausleihgeschäftes Asyl gewährte. Seit drei Jahren war er nun wieder in Manchester, auf Betreiben des Trainers Alex Ferguson, und er hatte wegen der Verbannung englischer Klubs lange warten müssen, um eine Chance zur Revanche zu erhalten. Als sie dann kam, nutzte Hughes sie weidlich. In der 67. Minute des Finals drückte er einen Kopfball von Steve Bruce über die Linie, sieben Minuten später nahm er einen Steilpass von Bryan Robson auf, überlief den Torwart und hämmerte den Ball aus spitzem Winkel an zwei Verteidigern vorbei ins Netz. Ein Freistoß von Ronald Koeman brachte noch das Anschlusstor, aber weil der Linienrichter kurz darauf bei einem Treffer von Antonio Pinilla Abseits winkte, reisten die katalanischen Fans wieder einmal desillusioniert in die Heimat zurück.

Auch das 36. Finale um den Pokal der Landesmeister hatte einen unerwarteten Sieger. Es sollte das letzte Endspiel des Wettbewerbs in seiner alten Form sein, und vielleicht höhnten am 29. Mai 1991 einige der 51.000 Zuschauer im italienischen Bari, dass Reformen mehr als überfällig wären. Der große Favorit Olympique Marseille schleppte sich zwar bemüht, aber schwerfällig über den Platz, während Roter Stern Belgrad sein wohl schlechtestes Spiel der ganzen Saison auf den Rasen murkste. Robert Prosinecki, der in Deutschland aufgewachsene Star der Jugoslawen, sagte hinterher: „Nach 60 Minuten war unser Ziel nur das Elfmeterschießen." Das sollten die beiden besten Mannschaften Europas sein? Die Stimmung unter den Beobachtern

fasste Michel Platini am besten zusammen, als er sich wunderte, wie eine Mannschaft Europacupsieger werden konnte, „die sich noch nicht mal einen Eckball erkämpft".

Sie wurde es, weil die Partie tatsächlich torlos endete und durch Schüsse aus elf Metern Entfernung entschieden werden musste. Prosinecki behielt die Nerven, aber Marseilles Verteidiger Manuel Amoros vergab gleich den ersten Strafstoß seines Teams, weshalb Pancev sechs Versuche später beim Stand von 4:3 für Belgrad den Sieg auf dem Fuß hatte. Er nahm vier Schritte Anlauf, und als er zum Schuss ausholte, bewegte sich Torwart Pascal Olmeta schon nach links. Der Ball schlug aber in der anderen Ecke ein, was Bernard Tapie zu einem erstaunlichen Satz veranlasste: „Ich musste heute Abend lernen, dass man mit Geld nicht alles kaufen kann." Im Lichte späterer Ereignisse darf man an der Ernsthaftigkeit dieser Worte zweifeln.

Bremen auf dem Gipfel

Die nächsten zwölf Monate zeigten einerseits, dass Erfolge tatsächlich nicht mit dem Scheckbuch errungen werden, andererseits aber eben auch, dass viele Peseten irgendwann Zinsen bringen. Aber der Reihe nach: Im UEFA-Cup setzte sich Ajax Amsterdam gegen die Finanzkraft der „Serie A" durch und schlug erst den FC Genua, dann im Finale den AC Turin. Trotz der ganzen Abgänge und trotz des Ärgers um Cruyff hatte es der neue Trainer Louis van Gaal geschafft, einen Teil der Elf zu halten, die 1987 gegen Lok Leipzig den Cup der Pokalsieger errungen hatte, etwa Aron Winter und Sonny Silooy. Dazu kamen Spieler, die damals schon im Kader standen, aber nicht zu den Stammkräften zählten, wie Dennis Bergkamp und Danny Blind. Schließlich waren da Jungspunde wie der 21-jährige Frank de Boer und der nur ein Jahr ältere Brian Roy. Dieses Team holte in Turin ein 2:2 und hatte beim Rückspiel das Glück, das man dem sympathischeren Team gönnt: Die Italiener trafen dreimal Pfosten oder Latte, aber es blieb beim 0:0. Ajax avancierte damit nach Juventus Turin zum zweiten Klub, der alle drei europäischen Pokale im Briefkopf führen durfte.

Nicht eine einzige dieser Trophäen besaß Werder Bremen, als der Klub 1991/92 sein Glück bei den Cupsiegern versuchte. Der Weg unter die letzten Vier verlief über den FC Bacau (Rumänien), Ferencvaros Budapest und Galatasaray Istanbul. Richtig unangenehm wurde erst das Hinspiel im Halbfinale beim FC Brügge: Werders Torwart Oliver Reck und sein Kollege Thorsten Legat wurden von Feuerzeugen getroffen; Uli Borowka berichtete später zudem von verbalen Ausfällen der belgischen Spieler gegenüber den Deutschen. Trotz der streckenweise chaotischen Begleitumstände ließen die Bremer aber nur ein Tor durch den jungen Nigerianer Daniel Amokachi zu. Dieses Resultat wurde im Heimspiel durch Tore von Marco Bode und Manfred Bockenfeld gedreht. Aber auch diese Partie war mindestens hektisch, wenn nicht gar hässlich. Reck geriet in eine dumme Kabbelei mit dem Stürmer Foeke Booy, woraufhin Schiedsrichter Howard King aus Wales sich dem Keeper festen Schrittes näherte. Uli Borowka drängte sich dem Unparteiischen in den Weg und flehte: „Yellow is enough." Tatsächlich beließ es Herr King bei der gelben Karte – und tatsächlich war die „enough", weil sie bereits Recks zweite im Wettbewerb war: Das Finale fand ohne ihn statt.

Werders Kontrahent im Endspiel hieß AS Monaco. Die Franzosen hatten Feyenoord Rotterdam und den AS Rom ausgeschaltet und besaßen eine junge, wenig prominente Mannschaft, von der man erst heute, ein Dutzend Jahre später, weiß, welche Könner in ihr versammelt waren: Lilian Thuram, Emmanuel Petit und Youri Djorkaeff würden sich dereinst Weltmeister nennen können; der Liberianer George Weah sollte 1995 zum Weltfußballer des Jahres gewählt werden, und auf der Trainerbank saß Arséne Wenger. Wie solche Talente zu einem Klub kamen, der selbst im Halbfinale nur 12.000 Zuschauer in sein Stadion locken konnte, erklärte der ehemalige Frankreich-Legionär Klaus Allofs so: „In einem Steuerparadies lässt sich finanziell eben alles besser regeln."

Leider kamen zum Finale am 6. Mai 1992 auch nicht gerade Unmassen von Fans in das Luz-Stadion von Lissabon. Nur 15.000 Menschen sahen die Partie, obwohl Monaco doch seinen portugiesischen Spielmacher Rui Barros aufbot. Nicht allerdings den jungen Thuram. Der hätte in der 41. Minute vielleicht besser aufgepasst, als Allofs nach einem Freistoß völlig freistehend zum 1:0 einschießen konnte. In der zweiten Hälfte rückten die Franzosen weit auf, um Druck zu machen und die Künste von Werders Ersatztorwart Jürgen Rollmann zu testen. Dazu kamen sie aber nicht, denn schon in der 55. Minute ging der Plan mit der Abseitsfalle nach hinten los: Auf einen Pass von Allofs konnte Rufer allein dem Tor zueilen und schloss kaltblütig zum 2:0 ab. Zwölf Minuten vor dem Ende musste Eilts noch auf der Linie klären, aber dann erhob sich Fürst Rainier III. von Monaco und küsste Beate Rehhagel zum Zeichen des Glückwunsches die Hand. Ihr Gatte Otto sagte den Reportern: „Heute habe ich den Gipfel erklommen." Das war nicht ganz richtig: Fast genau zwölf Jahre später sollte Otto Rehhagel als Nationaltrainer von Griechenland in demselben Stadion sogar den Olymp besteigen.

Zweimal waren also im Mai 1992 die Reichen und Feinen von seriös kalkulierenden Kaufleuten geschlagen worden. Über das dritte und größte europäische Finale des Jahres konnte man das nun wirklich nicht sagen, denn in ihm setzte sich der große FC Barcelona mit all seinen Stars gegen Sampdoria Genua durch. Aber nur wenige Fußball-Fans neideten den Katalanen diesen Erfolg. Zu lange hatte der weithin beliebte Klub warten müssen. Und fast wäre es gar nicht so weit gekommen. Im Achtelfinale schlug Barcelona daheim den 1. FC Kaiserslautern mit 2:0, lag aber am Betzenberg bis zur 90. Minute 0:3 hinten. Bjaerne Goldbaek und zweimal Demir Hotic hießen die Torschützen gegen Cruyffs Europaauswahl. Dann köpfte José Ma-

Finale der Pokalsieger 1991/92, Werder Bremen - AS Monaco 2:0 (in Lissabon). Rune Bratseth freut sich über den Pokal.

ria Bakero mit der letzten Aktion des Spiels eine Freistoßflanke ins Tor der Gastgeber. Selbst Koeman sagte hinterher: „Es wäre normal gewesen, wenn Kaiserslautern 4:0 oder 5:0 gewonnen hätte, so überlegen war die Mannschaft."

Aber was war schon normal in dieser Saison? Durch das Glückstor von Bakero erreichte Barcelona … Nein, nicht das Viertelfinale, sondern die Gruppenspiele. Gruppenspiele im Europacup? In der Tat.

Zweifellos zählte er im neuen Jahrhundert zu den „außergewöhnlichen Gentlemen" auf Europas Fußballplätzen: David Beckham, der 1999 mit Manchester United den Europapokal der Landesmeister gewann und dann zum Starensemble von Real Madrid wechselte.

Die Liga der außergewöhnlichen Gentlemen

Ein neuer Europapokal

Im Jahr 1968 stieß der damals 25-jährige Regensburger Gerhard Aigner auf eine Stellenannonce. Er hatte schon als Kellner in England gearbeitet, sich Geld in Spanien und der Schweiz verdient und stand gerade bei einem Autohersteller in München unter Vertrag. Aber irgendwie war das alles nicht, was Aigner wollte. Noch einige Jahren zuvor hatte er gehofft, vielleicht Fußballer zu werden; dann beendete eine Operation wegen Kinderlähmung diesen Traum. Trotzdem konnte Aigner nicht vom Spiel lassen, betreute beim VfB Regensburg Jugendteams und wurde Schiedsrichter.

Nun las er diese Stellenausschreibung, in der die UEFA einen hauptamtlichen Mitarbeiter suchte. Der europäische Fußballverband war damals keine 15 Jahre alt und beschäftigte nur sieben Angestellte. Aigner hatte einen guten Job. Er faltete die Zeitung zusammen und vergaß die Sache. Bis ihm einige Monate später dieselbe Anzeige schon wieder unter die Augen rutschte. Fußballer sind abergläubisch; Fußball-Funktionäre vielleicht auch: Gerhard Aigner glaubte an ein Zeichen und bewarb sich bei der UEFA.

Zunächst übertrug man ihm die Durchführung von Jugendturnieren. Es war eine undankbare Aufgabe: Die Reise- und Unterbringungskosten für die Mannschaften waren hoch, die Einnahmen gleich null. Zu jener Zeit galten solche Verhältnisse allerdings selbst im Europacup. Nicht für die Real Madrids des Kontinents natürlich, sondern für all die Klubs, die meldeten, reisten, spielten – und dann wieder auf das nächste Jahr hofften. „Wir mussten jenen Vereinen helfen, die eine sehr weite Reise zu einem Auswärtsspiel hatten, ausgeschieden waren und nun finanzielle Verluste beklagten“, sagt Aigner heute. „Unser Ziel war es, Geldmittel zu bekommen, um Klubs zu helfen, für die der Europacup ein Verlustgeschäft war – und um das Minus bei Jugendturnieren aufzufangen.“ Zu bekommen war dieses Geld natürlich nur von den reichen Klubs, die mit einem Teil ihrer Einnahmen das Fußvolk subventionierten. Dieses System war nicht spannungsfrei, aber es schien stabil – solange es um überschaubare Summen ging. Von denen aber konnte in den 1980er Jahren nicht mehr die Rede sein.

Die Geburt der Champions League

In Frankreich wurde 1983 der Vater aller europäischen Pay-TV-Sender gegründet: Canal Plus, der 1990 mithelfen sollte, Premiere anzuschieben. Ebenfalls 1983 erwarb der Australier Rupert Murdoch die Mehrheit an Satellite Television, Europas erstem Satellitensender, der seit kurzem über Eutelsat sein Angebot auf die Erde schickte. Im folgenden Jahr, 1984, begann das Privatfernsehen auch in Deutschland mit Sat.1 und RTL. Schon drei Monate nach seinem Start übertrug RTL zum ersten Mal ein Formel-Eins-Rennen, den Großen Preis von Brasilien. Damals wurde das Programm noch aus Luxemburg gesendet und erreichte nur wenige Haushalte. Trotzdem verfolgten 200.000 Menschen vor den Fernsehern den Sieg von Alain Prost. Schon da wurde deutlich, dass der Schlüssel zum Erfolg der privaten Sender in exklusiven Sportübertragungen lag.

Am verlockendsten war natürlich der Fußball, aber die Sender brauchten eine Weile, bis sie die Finanzen und die politischen Beziehungen hatten, um erfolgreich für die Übertragungsrechte an den nationalen Ligen zu bieten. RTL schaffte es schon 1988, Murdoch musste bis 1993 warten (da hieß seine Firma nach einer Fusion inzwischen British Sky Broadcasting), Canal Plus kam 1996 an die Reihe. Aber für einzelne, prestigereiche Spiele langten die Sender schon früher tief in ihre Kassen, wie etwa RTL für das Finale im Pokal der Landesmeister 1986. Und so stiegen die Preise in Bereiche, die Europa bis dahin nur vom Hörensagen aus Amerika kannte. Der vorläufige Höhepunkt war 1991 erreicht, als Bayern München RTL für ein einziges Spiel im Europapokal 1,7 Millionen Mark aus der Tasche ziehen konnte, obwohl es sich um eine Partie gegen das wenig zugkräftige Roter Stern Belgrad handelte. Nur „vorläufig" war dieser Höhepunkt deshalb, weil in eben jenen Monaten eine gravierende Änderung des Systems bereits beschlossene Sache war.

Seit Berlusconis Übernahme des AC Mailand wusste die UEFA, dass Unheil drohte. Der Italiener machte keinen Hehl daraus, dass er die Verbände für überflüssig hielt und ihm eine von den Vereinen organisierte Europaliga am liebsten wäre. Im Mai 1989 besprach er das Projekt mit dem Präsidenten von Real Madrid. Da war Gerhard Aigner seit fünf Monaten als Nachfolger von Hans Bangerter Generalsekretär der UEFA. Im nächsten Jahr wurde Lennart Johansson neuer Präsident des europäischen Verbandes, und diese beiden Männer begannen nun, das Gesicht des Europacups zu verändern.

Man kann Johansson, wie es Thorsten Petzold in einer akademischen Arbeit tat, als Mann beschreiben, der „die positiven Aspekte schwedischer Sozialdemokratie, wie Gleichheit, Leistungsfähigkeit, soziale Solidarität und Ehrlichkeit," repräsentierte. Man kann sagen, dass er den Pokal und vielleicht sogar die UEFA rettete. Man kann sich aber ebenso gut auch auf den Standpunkt stellen, dass die Neuerungen, die er und Aigner anschoben, den Europacup derart kommerzialisierten, dass er praktisch verschachert wurde. Eines aber ist sicher: Johansson und Aigner hatten keine wirkliche Wahl. Sie mussten den großen Klubs höhere, verlässlichere Einnahmen zusichern. Wenn sie dabei die Zügel nicht aus der Hand geben wollten, ging das nur über einen Kompromiss, der Aspekte einer Europaliga mit dem Charakter des alten Europacups verband. „Eine kleine Gruppe von Klubs bekam immer mehr Geld", sagte Aigner kurz vor seiner Pensionierung 2003. „Die UEFA wusste, dass es auf lange Sicht unmöglich war zu sagen: ‚Nein, ihr könnt dieses Geld nicht kriegen.' Also legten wir unsere Hand auf die Rechte und stimmten Gruppenspielen zu." Johansson ergänzt: „Als wir die Champions League starteten, mussten wir den Klubs finanzielle Garantien geben. Es ging um eine Summe von etwa 90 Millionen Schweizer Franken."

Am 22. März 1991 traf sich die Europacup-Kommission der UEFA, um die Änderung des Modus zu besprechen; am 19. April wurde der Plan bei einer Sitzung des Exekutiv-Komitees abgesegnet. Von der neuen Saison an, also 1991/92, würde im Pokal der Meister auf das Achtelfinale ein Ligaformat mit zwei Gruppen folgen, deren Sieger das Endspiel bestritten. Das war aber erst der schüchterne Anfang der Revolution. Zu Aigners Gunsten muss erwähnt werden, dass der Wettbewerb sich auch deshalb aufblähte, weil mit dem Zerfall der UdSSR und Jugoslawiens eine ganze Lawine neuer Meister aus neuen Ländern in den Europacup rollte: Zwischen 1990 und 1994 stieg die Zahl der Mitgliedsverbände der UEFA von 35 auf 49. Dennoch, das Tempo der Veränderungen war immens.

Ein Jahr nach Einführung der Gruppenphase bekam der Wettbewerb den unter Werbeleuten so hochgeschätzten Markencharakter, indem er in „Champions League" umgetauft wurde und ein eigenes Logo erhielt. Sogleich sicherte sich RTL für 30 Millionen DM die Übertragungsrechte an den Gruppenspielen. Zur Saison 1993/94 wurde die offizielle Bezeichnung in „UEFA Champions League" geändert und nach der Ligaphase noch ein Halbfinale eingeschoben, was vier Vereinen weitere Einnahmen sicherte. Die erste Runde und das Achtelfinale fielen 1994/95 unter den Verhandlungstisch, dafür wuchsen die anfänglich zwei Gruppen auf vier an, aus denen sich acht Teams für ein Viertelfinale qualifizierten. Dann erst legten Aigner und Johansson eine Denkpause von drei Jahren ein, bis es zur nächsten Umwälzung kommen sollte.

Die ersten für Nostalgiker ärgerlichen Auswirkungen produzierte die Gruppenphase schon gleich zu Beginn, 1991/92. Sowohl Barcelona als auch Sampdoria Genua erreichten das Finale, obwohl sie jeweils an einem ihrer Gruppengegner gescheitert wären, wenn man Hin- und Rückspiel als K.-o.-Runde gewertet hätte: Barcelona an Sparta Prag, Genua an Panathinaikos Athen, und zwar in beiden Fällen wegen der Auswärtstoreregel, die Aigners Vorgänger Bangerter einst erdacht hatte. Das anschließende Endspiel der beiden Teams ließ diesen Makel jedoch vergessen. Obwohl in den regulären 90 Minuten kein Tor fiel, unterhielt das Finale vom 20. Mai 1992 die 500 Millionen Fernsehzuschauer bestens. Und natürlich die 71.000 im Londoner Wembley-Stadion, die vor allem in der zweiten Hälfte die Köpfe wie bei einem Tennis-Spiel hin- und herwarfen. Das kam daher, dass Cruyffs Barcelona kein Risiko scheute und furchtlos stürmte, wodurch Sampdoria Raum für Konter bekam.

Als Hristo Stoichkov nach einer Stunde einen Pass von Laudrup aufnahm und den Ball vorbei an Genuas Torwart Gianluca Pagliuca pfefferte, schien der Mut belohnt. Doch der Schuss prallte an den Innenpfosten und hinaus ins Feld. Wie viele Katalanen dachten da wohl an Kubalas Pech im Finale von 1961 und glaubten, das Schicksal würde Barcelona auf ewig strafen? Und fast wäre es so gekommen, denn je kühner die Spanier angriffen, desto besser wurden Genuas Chancen: Vialli verfehlte mit einem Heber das Tor nur um Millimeter; Attilo Lombardo zwang Zubizarreta zu einer Glanzparade.

Zehn Minuten vor Ende der Verlängerung pfiff der deutsche Schiedsrichter Aron Schmidhuber einen umstrittenen Freistoß für Barcelona, 20 Meter vor dem Tor und in zentraler Position. Stoichkov tippte den Ball an, Bakero stoppte ihn. Drei Italiener lösten sich aus der Mauer, weil sie wussten, was folgen würde. Doch sie waren zu langsam: Es fehlten ihnen noch mindestens zwei Meter bis zum Ball, als Ronald Koeman schon einen seiner berüchtigten Gewaltschüsse losgelassen hatte. Pagliuca, der in der richtigen Ecke stand, machte einen Schritt zur Mitte hin, was ihn die Zehntelsekunde kostete, die er gebraucht hätte, um seine Finger an den Ball zu bringen. Genau zwischen seinen Händen und dem Pfosten flog das Leder halbhoch ins Netz.

Als er nach seiner Jubeltour zurück auf das Spielfeld ging, schlug Koeman die Hände vor das Gesicht, wie jemand, der nicht glauben kann, dass ausgerechnet er Barcelona endlich von seinen Dämonen befreien sollte. Aber so war es. Das Einzige, was die Fans daheim gestört haben mag, war, dass ihr Klub das bedeutendste Spiel seiner Geschichte in seltsamen gelben Trikots bestritten hatte. Das war Cruyff wohl bewusst, denn zur Siegerehrung schickte er seine Spieler in den traditionellen, blau-rot gestreiften Hemden. Jemand anderes zog sich hingegen aus: In den frühen Morgenstunden warf Barcelonas Vize-Präsident Joan Gaspart seine Kleider an das Ufer der Themse und sprang vor Freude in den Fluss.

Ein fataler Fehler beim VfB

Gasparts behaarte Brust trocknete ebenso rasch wie die katalanischen Freudentränen. Weniger als sechs Monate nach dem Sieg vom Wembley erreichte Titelverteidiger Barcelona im Achtelfinale (also der Qualifikation zur Gruppenphase) ein 1:1 bei ZSKA Moskau und ging im Rückspiel noch vor der Pause 2:0 in Führung. Dann folgte das nächste Trauma in Barcelonas Geschichte. Milchgesichtige Russen, von denen die Konstrukteure der schönen neuen Liga vermutlich noch nie gehört hatten, glitten über den Rasen des gigantischen Camp Nou und durch die Abwehr Barcelonas. Eine Woche nach seinem 21. Geburtstag traf Yevgeni Bushmanov zum 1:2. Denis Mashkarian, gerade 19 Jahre alt, glich aus. Und der 20-jährige Dmitri Korsakov erzielte das 2:3. All das passierte in kaum 15 Minuten, die so unwirklich waren, dass selbst die an Kummer gewöhnten Barça-Fans nur stumm und starr in die Nacht stierten. Sie blickten nicht einmal auf ihre Uhren. Cruyffs „Dreamteam" blieb noch eine halbe Stunde, um zwei Tore zu schießen, aber jeder im Stadion wusste, dass die Zeit abgelaufen war.

Barcelonas Ausscheiden war beileibe nicht das einzige merkwürdige Stück Fußball in dieser Saison. Gleich in der ersten Runde war der Deutsche Meister VfB Stuttgart auf Leeds United getroffen, das sich zum ersten Mal seit 18 Jahren wieder Meister nennen durfte. Man liest manchmal, dass der Klub diesen Titel dem exzentrischen Franzosen Eric Cantona zu verdanken hatte, aber der war erst im Winter zum Team

1. Runde der Landesmeister 1992/93, VfB Stuttgart - Leeds United 3:0 / 1:4 (gewertet 0:3) / 1:2 (in Barcelona). Nach Christoph Daums Wechselfehler hatte am Ende nur Leeds etwas zu jubeln (im Bild Gary McAllister).

gestoßen und bestritt in der Meistersaison gerade neun Spiele. Trotzdem: An guten Tagen war der Angreifer ein begnadetes Genie. Und zunächst verlief das Hinspiel in Stuttgart wie ein solcher Tag. In der ersten Hälfte setzte Cantona seine Kollegen meisterlich ein, und zur Krönung wäre ihm das 0:1 geglückt, wenn nicht ausgerechnet Stuttgarts Mittelstürmer Fritz Walter seinen Kopfball auf der Linie geklärt hätte. Aber nach etwa einer Stunde schien ein unzufriedener Maler die Leinwand zu wechseln, so unvermittelt änderte sich das Bild. Walter traf zum 1:0, Cantona wurde ausgewechselt, Walter traf zum 2:0. Sieben Minuten vor dem Ende erzielte Andreas Buck sogar noch das 3:0. VfB-Trainer Christoph Daum und Manager Dieter Hoeneß hatten allen Grund, sich zu umarmen: Dies schien geschafft, nun musste noch das Achtelfinale überstanden werden, dann winkte in den Gruppenspielen eine Einnahme von 20 Millionen Mark. Auch aus dem entfernten Köln hörte man einen tiefen Atemzug der Erleichterung. Burkhard Weber, der Sportchef von RTL, erläuterte bereits den Sendeplan für die Champions League: Drei Tage vor den Spielen ein Stimmungsbericht, dann jede VfB-Partie live und in voller Länge, anschließend eine Zusammenfassung der anderen Begegnungen.

Blieben noch drei verflixte Schriftstücke. Sie waren vor Beginn der neuen Saison vom Ligasekretariat des DFB an die im Europacup aktiven deutschen Vereine gegangen und wiesen auf eine neue Regel der UEFA hin: Nur noch drei ausländische Profis durften gleichzeitig eingesetzt werden, nicht mehr vier wie noch im Jahr zuvor. Bis zur 80. Minute des Rückspiels am 30. September 1992 in Leeds waren das nur Worte auf geduldigem Papier. Da stand es zwar 3:1 für den Gastgeber, aber durch das Stuttgarter Auswärtstor, das Buck nach einer halben Stunde geschossen hatte, waren die Deutschen mehr als im Soll. Dann jedoch traf Uniteds bester Stürmer, Lee Chapman, zum 4:1. Die nur 21.000 Zuschauer fassten neuen Mut, während Daum aktiv wurde, um Schlimmeres zu verhüten. Nach Chapmans Tor holte er Fritz Walter vom Feld und ersetzte ihn durch den Schweizer Stürmer Adrian Knup. Und drei Minuten später ging auch Walters Partner Maurizio Gaudino. Für ihn kam der Jugoslawe Jovica Simanic, ein Verteidiger der VfB-Amateure, der noch kein Bundesligaspiel bestritten hatte. Simanic nahm eine Position im defensiven Mittelfeld ein, neben dem Isländer Eyjölfur Sverrisson und vor einem weiteren Jugoslawen, Slobodan Dubajic.

Der einzige VfB-Verantwortliche, der augenblicklich erkannte, dass Daum einen fatalen Fehler beging, war Ulrich Ruf, Direktor für Finanzen und Organisation. Doch als er es endlich bis zum Spielfeldrand geschafft hatte, tauschten die Spieler schon die Trikots. Das war Pech – aber drei Tage später hatte der VfB großes Glück: Vor der UEFA-Kommission redete Gerhard Mayer-Vorfelder mit Politikerzungen auf den spanischen Vorsitzenden ein, und zum allgemeinen Erstaunen lautete das Urteil nicht auf Disqualifikation des VfB. Die Partie wurde mit einem zufällig gerade passenden 3:0 für die Engländer gewertet, sodass ein Entscheidungsspiel möglich und nötig wurde. Leslie Silver, seit einem Dutzend Jahren im Vorstand von Leeds United, war perplex: „Stuttgart hat kein Recht mehr, in diesem Wettbewerb dabei zu sein." Im Schwabenland sah man das natürlich anders; trotzdem war es ein starkes Stück, dass sich Daum sogar über die „Härte" des Schiedsspruches beklagte und Hoeneß („Der Regelverstoß war nicht so gravierend") einen Einspruch erwog.

Da hatte die UEFA also gerade erst einen Ligamodus eingeführt und musste dennoch zum ersten Mal seit mehr als 22 Jahren wieder im Europacup ein Entscheidungsspiel ansetzen. Das konnte schon sechs Tage nach dem Urteil ausgetragen werden, am 9. Oktober, weil die britischen Ligen wegen der WM-Qualifikation pausierten und in Deutschland der DFB-Pokal gespielt wurde, aus dem Stuttgart bereits ausgeschieden war. Nur etwa 10.000 Zuschauer kamen in den Camp Nou von Barcelona. Der VfB unterlag 1:2, weil Buck in der 77. Minute den Ball an Carl Shutt verlor, der freie Bahn zum Tor hatte. Zwei Minuten später traf Andre Golke, der das zwischenzeitliche 1:1 geschossen hatte, nur den Pfosten. Damit war alles vorbei: das Spiel, die Champions League für Stuttgart und bald auch die Amtszeiten von Christoph Daum und Dieter Hoeneß beim VfB.

Skandal bei Olympique

Noch lange nicht vorbei waren hingegen die Befremdlichkeiten in dieser Saison. Im Februar 1993 wurde Bernard Tapie vom französischen Verband bestraft, weil er einen Schiedsrichter – zwar verbal, aber offenbar massiv – unter Druck gesetzt hatte. Das stellte keinen Einzelfall dar: Marseilles mächtiger Präsident hatte schon aufgrund „schwerer Verfehlungen gegen die sportliche Moral" eine Sperre abgesessen und außerdem wegen der Beleidigung von Funktionären vor einem ordentlichen Gericht gestanden. Der Vorfall vom Februar ließ sich vielleicht mit einem zerknautschten Nervenkostüm erklären, denn Tapie musste ein hartes Jahr verdauen: Im Mai 1992 war er als Minister zurückgetreten, weil der Verdacht der Unterschlagung gegen ihn laut wurde; zwei Monate später hatte er begonnen, seine Aktienmehrheit bei Adidas abzustoßen, da ihm das Geld auszugehen begann.

Doch es gab auch Lichtblicke. Marseille neuester Einkauf hieß Rudi Völler, und der machte Tapie Freude. Gleich in seinem ersten Spiel für Olympique erzielte der Deutsche per Elfmeter den Siegtreffer gegen Toulouse – in der 88. Minute und mit einem dreisten Lupfer in die Mitte des Tores. Auch im Europacup lief alles bestens: In der Gruppe mit den Glasgow Rangers, dem FC Brügge und Barcelonas Nemesis ZSKA Moskau kamen die Franzosen auf den ersten Rang und sicherten sich einen Platz im Finale.

Der Gegner würde allerdings ein selten kapitaler Brocken sein. Berlusconis AC Mailand war nach dem Ablauf seiner Europacup-Sperre durch den Wettbewerb gerast, als wollte der Klub beweisen, dass allein Erbsenzähler ihm in den letzten beiden Saisons den Pokal verwehrt hatten: Die Elf bestritt zehn Spiele, gewann sie alle und kassierte dabei nur ein einziges Gegentor. Nimmt man das abgebrochene Halbfinale vom März 1991 aus der Wertung, dann war Milan seit April 1990 international unbesiegt. Aber die Geschichte von der Wunderelf ist damit noch nicht zu Ende: Auch in der „Serie A" hatte es 58 Spiele lang niemand geschafft, Mailand zu schlagen, bis der AC Parma zwei Monate vor dem Europapokal-Finale 1:0 im San Siro siegte. Was letztlich unerheblich war, denn die Meisterschaft stand da kaum mehr in Frage.

Marseille brauchte also alle Hilfe, die es kriegen konnte. Der französische Verband stimmte zu, das drittletzte Saisonspiel des Klubs vorzuziehen, damit die Elf eine längere Pause vor dem Finale bekam. So trat Olympique bereits am Donnerstag, den 20. Mai 1993, beim Aufsteiger US Valenciennes an. Zu diesem Zeitpunkt war Marseille mit vier Punkten Vorsprung vor dem verhassten Paris St. Germain Tabellenführer, während die Gastgeber jeden Zähler für den Klassenerhalt benötigten. In der 21. Minute schoss der Kroate Alen Boksic, auch ein Neuzugang, vor 18.000 Zuschauern das Siegtor für die Gäste vom Mittelmeer. Als sich Völler eine Minute vor dem Abpfiff verschwitzt auf die Ersatzbank setzte, war er frohen Mutes, zum ersten Mal in seinem Leben eine nationale Meisterschaft gewinnen zu können. In Wirklichkeit war er soeben abgestiegen.

Schon in der Halbzeit hatte der Präsident von Valenciennes Protest gegen die Wertung der Partie angekündigt und von Betrug geredet. Nach dem Abpfiff präzisierte sein Spieler Jacques Glassmann die Vorwürfe, indem er angab, von einem Marseiller Funktionär Geld geboten bekommen zu haben, um Olympique gewinnen zu lassen. Der Mittelsmann für den Handel sei Marseilles Spieler Jean-Jacques Eydelie gewesen, der so etwas gerüchteweise nicht zum ersten Mal machte. „Ich habe das abgelehnt", sagte Glassmann, „aber ich weiß, dass noch zwei andere Spieler kontaktiert wurden." Bei diesen, so kam nach und nach ans Licht, handelte es sich um Stürmer Christophe Robert und den Argentinier Jorge Burruchaga. (Der 1986 das Siegtor im WM-Finale gegen Deutschland erzielt hatte.) Am 23. Mai rief Tapie diese zwei an und ermahnte sie, die Aussage zu verweigern.

Schon der erste Teil der Untersuchung des Skandals zog sich ein Jahr hin und war eine Schlammschlacht par excellence. Man durchwühlte sogar den Garten von Roberts Tante und fand 250.000 Francs im Blumenbeet. Schließlich wurde Marseille die Meisterschaft 1993 aberkannt, der Klub in die 2. Liga verbannt und sein Präsident des Amtes enthoben. Tapie sprach wutentbrannt von einem Pariser Komplott gegen ihn und ganz Marseille. Aber es folgte noch ein zweiter Teil der Affäre. Der endete 1995 mit einem Prozess, in dessen Verlauf Tapies wichtigster Entlastungszeuge des Meineides überführt wurde. Wegen Korruption und der Bestechung eines Zeugen verurteilte das Gericht Bernard Tapie zu zwei Jahren Gefängnis.

Damit sollte das Schmierentheater um den Mann, der Olympique nach oben gebracht hatte, immer noch nicht zu Ende sein. Aber wir verlassen hier die Gerichtssäle und schauen zurück auf die sportliche Situation vor dem Europacupfinale 1993.

Champions-League-Finale 1992/93, Olympique Marseille - AC Mailand 1:0 (in München). Mailands Tassotti und Olympiques deutscher Stürmerstar Rudi Völler im Zweikampf. Über dem Titelgewinn für Marseille lag ein Schatten der Korruption, der in der folgenden Saison zum Ausschluss des Titelverteidigers aus dem europäischen Wettbewerb führte.

Warum war Marseille das Risiko eines miesen Geschäfts mit Valenciennes überhaupt eingegangen? Diese Frage ist nie schlüssig beantwortet worden. Man könnte glauben, dass jemand bei Olympique auf den Plan verfiel, den Sieg auf unlauterem Wege sicherzustellen, damit Trainer Goethals – nach Beckenbauers Abgang nun alleiniger Chef – ein Ersatzteam aufbieten konnte, um seine Stars für das Endspiel zu schonen. Aber dem war nicht so: Von der Elf, die sechs Tage später gegen Mailand antrat, fehlte in Valenciennes nur Basile Boli. Und außerdem konnte sich Olympique bei seinem Vorsprung in der Tabelle sogar einen Punktverlust erlauben: Man spielte noch daheim gegen den Verfolger Paris und beim bereits gesicherten FC Toulouse.

Die derzeit populärste Erklärung für Marseilles dummen Bestechungsversuch besagt, dass Spieler von Valenciennes dafür Geld bekamen, dass sie die Gesundheit ihrer Gegner nicht gefährdeten. Das klingt lächerlich. Was nutzen zwei oder drei bestochene Kicker, wenn die anderen grätschen, wie sie wollen? Und warum trat Marseille an Stürmer heran, nicht an Verteidiger? (Übrigens verletzte sich tatsächlich jemand: Der korrupte Robert musste nach 24 Minuten ausscheiden.)

So unangenehm es sein mag, es gibt viele Leute, die der Meinung sind, dass sich nur eine plausible Theorie für den versuchten Deal von Valenciennes denken lässt: Marseille verhielt sich einfach so wie immer. Wenn das stimmt, dann liegt auch ein Schatten auf Olympiques Europacup-Saison und dem Finale vom 26. Mai 1993 in München. Das soll nicht heißen, dass Rudi Völler seinen Pokal nicht mit Recht in die Höhe heben durfte. Aber bei der Vor- und Nachgeschichte der ganzen Chose muss sich die Stirn des Betrachters kräuseln, wenn er daran denkt, dass der Schiedsrichter der Partie der Schweizer Kurt Röthlisberger war – der vier Jahre später von der FIFA wegen des Verdachts auf Bestechlichkeit aus dem Verkehr gezogen wurde. Zudem behauptet der irische Spieler Tony Cascarino, der 1994 zu Marseille wechselte, dass Doping bei Olympique zum Alltagsgeschäft gehörte: „Eine Stunde vor dem Spiel gab es die Injektionen in einem Raum neben der Umkleidekabine."

Rotation bei Milan

Doch bei allem Geraune: Marseilles 1:0-Sieg über den AC Mailand wirkte korrekt. Wenn jemand seine Finger hier auf umstrittene Weise im Spiel hatte, dann war es Fabio Capello, Milans Trainer. Im Verlauf der Saison hatte er ein so genanntes „Rotations-System" eingeführt, um den großen Kader bei Laune zu halten und jedem Spieler Ruhepausen zu ermöglichen. Trotzdem überraschte es, dass er Ruud Gullit und Jean-Pierre Papin auf die Ersatzbank setzte. Papin war vor Saisonbeginn gekommen – und zwar aus Marseille. Er hatte ein Dutzend Tore in der „Serie A" erzielt und brannte sicher auf dieses Spiel gegen seinen alten Klub. Aber es stürmten Daniele Massaro und Marco van Basten. Vor allem der Einsatz des Holländers war überraschend, da er erst im Winter schon wieder zweimal operiert worden war.

Über weite Strecken der ersten Hälfte schien es, als habe Capello die richtige Wahl getroffen. Nach einer Flanke von van Basten köpfte Massaro den Ball gegen die Laufrichtung von Torwart Fabien Barthez, aber das Leder hüpfte knapp am Ziel vorbei. Der nächste gefährliche Kopfball kam von Maldini, dann musste Barthez gegen einen Schuss aus spitzem Winkel von Massaro retten. Olympique hingegen war zwar bemüht, blieb aber nervös und kam nur durch Konter zu Gelegenheiten: Völler scheiterte mit einem Linksschuss aus 16 Metern an Keeper Sebastiano Rossi; Boksic überlupfte den Torwart, aber auch die Latte. Zwei Minuten vor dem Seitenwechsel erhielt Marseille einen Eckball, den der Ghanaer Abedi Pelé an die vordere Ecke des Fünfmeter-Raumes schlug. Völler stieg den Bruchteil einer Sekunde zu früh hoch, sodass er den Ball verpasste. Doch hinter ihm stand sein Kollege aus der Abwehr, Basile Boli. Er nickte das Leder in die entfernte Torecke, und da kein Mailänder am langen Pfosten stand, entschied dieser Kopfball das Endspiel.

Auf eine gute erste Hälfte folgte nämlich eine bleierne zweite. „Marseille klammerte sich an diesen Treffer, als wäre er die Mona Lisa im Louvre", schrieb der „Telegraph" aus England und bilanzierte, dass Mailands „aristokratisches Gehabe" gegen den schieren Willen der Franzosen unterlag. In der Tat gab es nur einen aufregenden Moment in der zweiten Halbzeit, und zwar als der eingewechselte Papin mit gestrecktem und hohem Bein auf Barthez losging. Aber auch diese Aktion des französischen Stürmers vom AC Mailand konnte nicht verhindern, dass zum ersten Mal ein französischer Verein die größte europäische Trophäe gewann. Verteidigen durfte Olympique den Titel indes nicht: Am 6. September bestellte die UEFA Vertreter des französischen Verbandes nach Zürich, die den Stand der Ermittlungen gegen den Klub darlegen sollten. Noch am Abend verkündete Gerhard Aigner, dass Olympique Marseille vom Europacup ausgeschlossen würde.

Nicht ganz so große Sorgen wie Tapie, aber immerhin auch Sorgen, hatte in jenen Monaten Silvio Berlusconi. „Das ist wohl das Ende einer glanzvollen Ära", sagte er drei Tage nach dem verlorenen Finale von München, als sein Klub wenigstens noch Meister geworden war. „Ich fürchte, dass wir die Erfolge nicht so schnell wiederholen können." Es gab eine ganze Reihe von Problemen, die ihn düster dreinblicken ließen: Der Wechsel des verbitterten Gullit zu Sampdoria Genua, die Ankündigung Rijkaards, nach Amsterdam zurückzukehren, vor allem aber das Drama um Marco van Basten. Der Holländer war erst 28 Jahre alt, als ihm der Knöchel, der Ende 1985 nicht richtig behandelt worden war, endgültig den Dienst versagte. Zwei Jahre sollte sich der Mann, den sie in Italien ehrfurchtsvoll „San Marco" riefen, noch abquälen, um ein Comeback zu schaffen – umsonst. Das Finale gegen Marseille blieb van Bastens letztes Fußballspiel.

Zusätzlich grämte Berlusconi, dass er den sich abzeichnenden Niedergang nicht mehr wie früher mit dem Scheckbuch stoppen konnte. Die wirtschaftliche Lage in Italien war angespannt, und Milan hatte sich in den letzten Jahren finanziell überhoben. Nicht einmal die Einnahmen aus der Champions League konnten die Schieflage ausgleichen, und so kürzte Berlusconi seinem Team die Prämien um 35 Prozent und ließ es sogar zum Spiel um den italienischen Supercup in die USA fliegen, nach Washington. Das spülte ein paar hunderttausend Dollar in die Kasse, aber große Transfers waren nicht drin. Erst im November machte der Verein noch ein Schnäppchen, indem er Marcel Desailly aus Marseille rettete, wo sich das sinkende Schiff nach dem Motto „Spieler und Agenten zuerst!" rapide leerte. Trainer Fabio Capello war also gezwungen, Leuten eine Chance zu geben, die im letzten Jahr nur selten gespielt hatten, etwa dem Kroaten Zvonimir Boban und dem Montenegriner Dejan Savicevic. In erster Linie aber änderte er seine Strategie: Hinaus mit dem Offensivdrang der van Basten, Papin, Massaro, Gullit; hinein mit dem alten Kumpel Catenaccio.

In der Saison 1993/94 schoss Milan in der „Serie A“ 29 Tore weniger als noch im Jahr zuvor. Trotzdem kam der Klub vor dem aufstrebenden und investitionsfreudigen Juventus Turin ins Ziel. Hauptgrund dafür war, dass Capellos Abwehr in 34 Spielen nur 15 Treffer zugelassen hatte. Das stellte zwar bei weitem keinen Rekord für einen italienischen Meister dar, wie der „kicker“ in seiner Vorschau zum Finale der Champions League 1994 behauptete, war aber dennoch bemerkenswert. Insgesamt hatte der Klub in dieser Spielzeit 51 offizielle Partien bestritten, und nur in zwei von ihnen waren mehr als drei Tore gefallen. Die erste Partie, das Hinspiel im Achtelfinale der Champions League beim FC Kopenhagen, hatte im Oktober 1993 stattgefunden. Die zweite sollte bis zum 18. Mai 1994 auf sich warten lassen.

Ein Bremer Wunder ohne Folgen

So vorsichtig Mailand von Spiel zu Spiel tapste, so forsch traten einige andere Klubs auf. Der Deutsche Meister Werder Bremen schoss in den beiden Qualifikationsrunden neun Tore gegen Dynamo Minsk und Levski Sofia, womit er als erster Bundesligist die Teilnahme an der Champions League schaffte. Auch hier wurde die Produktion nicht heruntergefahren: Zum Auftakt verlor der SV Werder mit 2:3 beim FC Porto, und eine Woche später kassierte er im Heimspiel gegen Anderlecht schon wieder drei Treffer, alle bereits in der ersten Hälfte. Erst in der 66. Minute gelang Wynton Rufer das 1:3 – der Auftakt zu einem weiteren Wunder: Rune Bratseth und Bernd Hobsch trafen zum Ausgleich, Marco Bode brachte Bremen in Führung, Rufer erhöhte auf 5:3. „Mir kam es vor, als wenn ein Nachtgespenst unser Spiel zerstört hat“, sagte Anderlechts Trainer Johan Boskamp nach dem Abpfiff.

Was er damit meinte, verstanden die Bremer drei Monate später genau. Am 30. März 1994 kam es an der Weser zu einem neuerlichen übernatürlichen Phänomen – der höchsten Heimniederlage eines deutschen Klubs im Europacup seit Borussia Dortmunds erbärmlichem 1:6 gegen Manchester United im Messecup 1964/65. Rui Filipe und der Bulgare Emil Kostadinov schossen den FC Porto zur Halbzeit mit 2:0 in Führung, aber bis zur 70. Minute glaubten vielleicht einige Werder-Fans noch an die nächste Wende. Dann trafen innerhalb von vier Minuten zwei Männer mit Künstlernamen – Secretário und Domingos – zum 4:0. Kurz vor dem Ende erhöhte der Rumäne Ion Timofte vom Elfmeterpunkt auf 5:0 für den Gast. Die Bremer Zuschauer trösteten sich mit der Erinnerung an bessere Zeiten und sangen: „Es gibt nur einen Rudi Völler!“ Portos englischer Trainer Bobby Robson fasste das Geschehene griffig zusammen: „Wir hätten noch höher gewinnen können.“ Mit diesem Weser-Waterloo schied Werder auch rechnerisch aus der Champions League aus. Gegen den AC Mailand hatte man sich achtbar geschlagen (1:2 in Italien, 1:1 in Bremen), aber

Champions League Gruppe B 1993/94, Werder Bremen - RSC Anderlecht 5:3. Wieder ein „Wunder von der Weser": Bis zur 65. Minute steht es noch 0:3 – dann gelingen Werder noch fünf Tore, unter anderem von Wynton Rufer (im Bild).

Porto war einfach eine Klasse besser und erreichte verdientermaßen das Halbfinale. Mit dabei war auch der AC Mailand, der die Hälfte seiner Gruppenspiele mit einem 0:0 beendet hatte.

Ein anderer Klub, der unterhaltsame Partien garantierte, war natürlich der FC Barcelona. In der ersten Qualifikationsrunde unterlag Cruyffs Elf sozusagen erwartet unerwartet bei Dynamo Kiew mit 1:3 und konnte ein weiteres Desaster nur abwenden, weil Ronald Koeman wieder die rettende Kavallerie spielte: Im Camp Nou gelang ihm in der 67. Minute des Rückspiels das entscheidende 4:1. Fast konnte man glauben, dass Barcelona ein Osteuropa-Trauma verfolgte: In der Gruppenphase lag das Team durch Stoichkov und den Brasilianer Romario 2:0 bei Spartak Moskau vorne, steckte aber in den letzten zwölf Minuten noch zwei Treffer ein. Und zwei Wochen später brachte Valeri Karpin die Russen in Barcelona schon nach 180 Sekunden in Führung. Doch in der Endphase dieser Partie spielten sich die Katalanen plötzlich frei und gewannen noch 5:1. Es folgte ein problemloses 3:0 über Galatasaray Istanbul, und damit hatte sich Cruyffs Team auf einmal die Chance eröffnet, mit einem Sieg im letzten Gruppenspiel doch noch auf den ersten Platz zu kommen. Und der war in dieser Saison äußerst wichtig, denn sie wartete mit einer kurzlebigen Neuheit auf: Zum ersten und einzigen Mal in der Geschichte der Europapokale wurden die zwei Halbfinals in nur jeweils einer Partie entschieden, mit dem Heimrecht für die Gruppensieger.

Dieses letzte Spiel fand bei dem Klub von Jürgen Klinsmann statt, dem AS Monaco. Am Beispiel der Franzosen wird deutlich, dass schon vor der Erweiterung der Champions League auch Klubs um den Pokal der Meister spielten, die gar nicht Meister waren. Sieht man sich die Historie etwas genauer an, dann stellt man sogar fest, dass das ziemlich häufig vorkam. Zum einen traf es natürlich oft auf den Verteidiger der Trophäe zu: Schon bei seinem zweiten Auftritt auf der internationalen Bühne, 1956/57, war Real Madrid nur amtierender Tabellendritter. Zum anderen trat dieser Fall regelmäßig in skandinavischen Ländern auf, deren Ligen dem Kalenderjahr folgen. Malmö FF zum Beispiel holte zwischen 1978 und 1985 nie den Titel in Schweden, stand aber trotzdem im Finale um den Europacup der Landesmeister 1979.

Monacos Teilnahme an der Champions League 1993/94 hing dagegen nicht mit den Jahreszeiten zusammen, sondern mit Marseilles Bredouille. Nach Olympiques Disqualifikation durch die UEFA nominierte der französische Verband Paris St. Germain für die Champions League, aber die Hauptstädter weigerten sich. Vielleicht wollten sie von Olympique nichts geschenkt haben, vielleicht hüteten sie sich auch, das traditionell schlechte Verhältnis zwischen Paris und Marseille noch weiter zu belasten. Monaco hingegen war ein Klub, der niemandes Blut in Wallung brachte, also wurde er in das Rennen geschickt und schlug sich beachtlich: Über den AEK Athen und Steaua Bukarest kamen Klinsmann und Kollegen in die Gruppenphase, wo sie bis zum Schluss die Chance hatten, als Gastgeber eines Halbfinals aufzutreten. Dann aber ging das letzte Spiel daheim gegen Barcelona 0:1 verloren, und so musste Monaco nach Mailand reisen.

Diese Partie geriet ebenso undramatisch wie das zweite Halbfinale in Barcelona und machte damit deutlich, dass die Idee eines Rückspiels doch etwas für sich hat. Desailly brachte Mailand gegen Monaco früh in Führung, und in den 20 Minuten nach der Pause erhöhten Albertini und Massaro auf 3:0. Dieses Ergebnis bejubelten auch die Fans im Camp Nou, wo Stoichkov gegen den FC Porto schon vor der Pause zweimal getroffen hatte, bevor Koeman in der 73. Minute die Finalteilnahme endgültig sicherstellte. RTL hatte sich für diesen Abend etwas ganz Feines ausgedacht – eine Konferenzschaltung zwischen beiden Stadien, um nichts Aufregendes zu verpassen. Am Ende mussten die Reporter Ulli Potofski und Burkhard Weber die Schlussviertelstunde der Übertragung mit massig Gerede füllen; aber das konnten sie ja.

Das „Finale des Jahrhunderts"

So bekam Europa sein „Finale des Jahrhunderts" („El Mundo Deportivo" aus Spanien) zwischen Barcelona und dem AC Mailand. Das Prickelnde an der Partie waren nicht nur die großen Namen, sondern die zwei unterschiedlichen Systeme: Barcelona mit dem „attraktivsten Fußball in Europa" gegen das Mailänder „Minimalisten-Team", wie der „kicker" prophezeite. Auch Cruyff, noch nie ein Mann der Zwischentöne, erwartete die Italiener als „vulgäre Mannschaft, die in die Zeiten des Catenaccio zurückgefallen ist". Dass die 65.000, die am 18. Mai 1994 in das Olympiastadion von Athen kamen, dann nicht nur das Finale, sondern vor allem die Überraschung des Jahrhunderts zu sehen bekamen, lag auch an Jürgen Klinsmann: Eine Schwalbe des Schwaben im Halbfinale gegen Mailand hatte Alessandro Costacurta die rote Karte eingebracht; und da auch Franco Baresi für das Endspiel gesperrt war, musste Fabio Capello den Traumsturm der Katalanen ohne die Säulen seiner Defensive bremsen. Und genau das sollte überraschende Folgen haben.

Das Finale war kaum angepfiffen, da sahen sich die Katalanen verwundert einem italienischen Angriff nach dem anderen ausgesetzt. Sogar Verteidiger Christian Panucci suchte Barcelonas Strafraum heim. Als er sich nach einer Linksflanke durch die wie vom Donner gerührten Gegner schlängelte und den Ball ins Tor köpfte, hatte Cruyffs Team noch Glück: Der Linienrichter wollte jemanden im Abseits gesehen haben – eine Halluzination, die sich nur dadurch erklären lässt, dass er ebenso irritiert war wie die Männer in Blau und Rot. Kurz danach scheiterte Massaro mit einem schönen Drehschuss an Zubizarreta.

Finale der Champions League 1993/94, AC Mailand - FC Barcelona 4:0 (in Athen). Trainer Fabio Capello und Marcel Desailly bejubeln den grandiosen Erfolg von Milan.

Barcelona hielt sich 22 Minuten lang in der Partie, dann wurde aus dem Finale die Darbietung eines montenegrinischen Aktionskünstlers. Dejan Savicevic dribbelte sich an der rechten Seitenlinie durch und eilte dem Strafraum zu. Albert Ferrer schnitt ihm den Weg ab, traute sich aber keine Grätsche zu, weil er einen Elfmeter fürchtete. So rannte der Stürmer einfach immer weiter und provozierte den entscheidenden Fehler – durch Koeman: Obwohl Savicevic von Ferrer bedrängt wurde und Zubizarreta aus dem Tor geeilt war, orientierte sich auch der Holländer noch zum Ball hin und ließ in seinem Rücken Massaro allein. Im letzten Moment und schon im Fallen schaufelte Savicevic den Ball quer durch den Strafraum an den langen Pfosten, wo Massaro das Leder aus spitzem Winkel über die Linie brachte.

Nach diesem Tor rappelte sich Barcelona auf und kam zu zwei Chancen. Aber Sekunden vor der Pause musste Johan Cruyff ein Déjà-vu-Erlebnis der verdrießlichen Art verarbeiten: Wieder setzte sich Savicevic durch (diesmal auf der linken Seite), wieder eilte ihm Koeman entgegen. Sieben Katalanen deckten in diesem Moment ihren Strafraum ab, aber trotzdem stand Massaro erneut völlig frei. Mit dem linken Fuß prügelte er Savicevics Rückpass zum 2:0 ins Tor. Jetzt gab es kaum noch Zweifel am Sieger; die letzten wurden schon in der 48. Minute beseitigt. Und wie! Savicevic tat, was er den ganzen Abend getan hatte, mit dem einen Unterschied, dass er niemanden in der Mitte sah, nachdem er auf Außen allen Gegnern entwischt war. Also hob er den Ball volley aus 18 Metern über Zubizarreta hinweg in den Winkel. Danach hätte Milan, das muss man so deutlich sagen, in Gefilde eindringen können, die seit Real Madrids Stampede 1960 in einem Finale um den Europacup undenkbar schienen. Savicevic zum Beispiel, wer sonst, hatte Zubizarreta schon überwunden, scheiterte aber am Innenpfosten. Noch in derselben Minute, der 59., kombinierten sich Ersatz-Libero Filippo Galli und Marcel Desailly durch Barcelonas Hintermannschaft, und der Franzose vollendete zum 4:0. Savicevic schob später den Ball noch am leeren Tor vorbei, aber Barcelona war auch so erniedrigt genug. „Wir haben uns vor der ganzen Welt lächerlich gemacht", sagte Cruyff, ohne dass ihm jemand widersprochen hätte. Schon gar nicht die spanische Zeitung „AS": „Barça erhielt eine Lehrstunde und wurde vom Feld gejagt."

Dieser Abend war der Anfang vom Ende des besten Teams, das Barcelona seit den frühen 1960ern gehabt hatte – und des besten Trainers seiner Geschichte. Immer öfter geriet Cruyff nun mit Josep Nuñez aneinander, den es wurmte, dass die Fans alle Erfolge dem vergötterten Trainer gutschrieben, für alle Misserfolge aber den Präsidenten verantwortlich machten. „Nuñez kommt aus dem Baugewerbe", höhnte Cruyff. „Und Steine diskutieren nicht, deswegen ist es für Nuñez ungewohnt, dass man ihm widerspricht." Man darf anmerken, dass auch Cruyff niemand ist, der sich gerne eines Besseren belehren lässt, und so umkreisten sich die beiden stolzen Männer lauernd, bis einer begann, Fehler zu machen.

Das war Cruyff: Er beförderte seinen jungen Sohn Jordi zum Stammspieler der ersten Elf, dann stellte er auch noch seinen fast 30-jährigen Schwiegersohn Jesus Angoy ins Tor, dessen Fangkünste … Nun, erwähnen wir einfach, dass Angoy später als „Kicker“ im American Football eine zweite Karriere startete. Am schlimmsten aber war, dass Barcelona nicht mehr gewann. Der Europacup 1994/95 endete mit einer Niederlage gegen Paris Saint-Germain im Viertelfinale, bei der die Katalanen bis zur 73. Minute noch geführt hatten. In der Meisterschaft ging die Elf 0:5 bei Real Madrid unter und landete nur auf dem vierten Platz. Nuñez sah sich das noch ein weiteres Jahr an, dann tat er das Undenkbare und feuerte den Trainer.

Neuer Glanz bei Ajax

Während sich der große katalanische Verein so von innen heraus zersetzte, sorgte Cruyffs alter Klub für offene Münder und leuchtende Augen bei Europas Fußball-Fans. Ajax Amsterdam schien sich vorgenommen zu haben, die Lücke zu füllen, die durch Barcelonas Niedergang entstanden war. Unter Trainer Louis van Gaal spielten die Holländer weiterhin das mutige 4-3-3-System, das seit mehr als zwei Jahrzehnten Pflicht in Amsterdam war, aber sie interpretierten es noch offensiver als ihre Vorgänger. Danny Blind und Frank Rijkaard bildeten die Innenverteidigung, und da wenigstens einer von ihnen stets auf dem Weg nach vorne war, sprach van Gaal davon, dass er eigentlich „nur eine Dreier-Abwehrkette“ aufbot. Blind und Rijkaard waren zugleich die mit Abstand ältesten Spieler eines Teams, in dem nicht selten drei Teenager standen: Clarence Seedorf (19), Patrick Kluivert (18) und ein nigerianischer Stürmer, von dem es hieß, er habe Schuhgröße 48 – Nwankwo Kanu (18).

Am 19. April 1995 traf diese Mannschaft im Rückspiel des Halbfinals der Champions League auf Bayern München. Der Deutsche Meister hatte viel Mühe gehabt, so weit zu kommen: In seiner Gruppe verlor er beide Partien gegen Paris Saint-Germain und konnte Spartak Moskau zweimal nicht besiegen; im Viertelfinale musste gegen Göteborg die Auswärtstoreregel helfen. Nun war auch noch das Hinspiel gegen Ajax im Olympiastadion torlos über die Bühne gegangen, weil Trainer Giovanni Trapattoni wie immer recht defensiv spielen ließ. Die Münchner wussten also, dass es in Amsterdam schwierig werden würde. Dass die Gastgeber sich dann aber weit mehr als ein Dutzend klarer Chancen herausspielten und völlig verdient 5:2 gewannen, das kam schon einer Erniedrigung der Bayern gleich.

Van Gaal hatte schon vor den beiden Duellen den zaudernden Fußball der Münchener kritisiert: „Bayern spielt mit fünf Verteidigern. Das ist mehr ein Kontersystem.“ Leider ist nicht überliefert, welche netten Worte er für die Taktik des Finalgegners fand, denn das war der AC Mailand. Die Italiener waren trotz des erfolgreichen Sturmlaufes gegen Barcelona vom Vorjahr nicht davon zu überzeugen gewesen, ihre Spielweise risikoreicher zu gestalten. Man kann das in gewisser Weise sogar verstehen, denn das einzige Spiel in der Champions League 1994/95, bei dem sie mehr als zwei Tore schossen, hatte gleich unangenehme Auswirkungen. Hierbei handelte sich um die zweite Partie der Gruppenphase, die Milan mit 3:0 gegen Austria Salzburg gewann. Unmittelbar nach dem ersten Tor durch Giovanni Stroppa hatte ein Fan von den Rängen des San Siro eine Flasche an den Kopf des Gästetorwarts Otto Konrad geschleudert. Konrad erlitt eine Gehirnerschütterung und musste ausgewechselt werden, woraufhin die UEFA dem AC Mailand die Punkte aberkannte und ihn für die restlichen Heimspiele der Gruppe nach Triest verbannte. „Ein Skandalurteil!", krakeelte Silvio Berlusconi, der in diesem Leben kein Freund der UEFA mehr werden dürfte.

Bis zum letzten Gruppenspiel musste Mailand um das Weiterkommen fürchten. Das lag aber nicht nur an der Niederlage am grünen Tisch gegen Salzburg, sondern auch an zwei völlig einwandfreien Pleiten: Die Italiener verloren sowohl in Amsterdam als auch in Triest 0:2 gegen Ajax. Was in jenen innovativen Jahren mal wieder für eine Premiere im Europacup sorgte, nachdem Mailand sich im Halbfinale gegen Paris Saint-Germain durchgesetzt hatte: Zum ersten Mal bestritten zwei Teams ein Endspiel, die sich im Verlaufe des Wettbewerbs schon begegnet waren.

Die beiden sicheren Siege aus der Gruppenphase machten Ajax nicht unbedingt zum Favoriten. Erstens konnte niemand wissen, ob das – mit einem Durchschnittsalter von 24,7 Jahren – jüngste Team, das je ein Finale um den Cup der Meister bestritt, der Nervenbelastung gewachsen sein würde. Zweitens hatte Mailand schon im Jahr zuvor alle Prognosen widerlegt. Und auch am 24. Mai 1995 schien es eine Weile, als könnte Capello zum zweiten Mal einen holländischen Fachgenossen überraschen. Wieder spielten sich nämlich die als Betonmischer verschrieenen Italiener die besseren Möglichkeiten heraus. Und es war wieder Panucci, der die erste Chance des Spiels hatte, obwohl die 50.000 Zuschauer diesmal 37 Minuten auf sie warten mussten: Ein Rechtsschuss des Italieners strich aus Nahdistanz nur deshalb über die Latte, weil ein Verteidiger noch sein Bein in die Flugbahn bekam. Drei Minuten später scheiterte Simone mit einer Direktabnahme aus zehn Metern an den Fäusten von Ajax-Torwart Edwin van der Sar. Doch je länger die Partie dauerte, desto mehr glich sie einem Schachspiel, bei dem Figuren Zug um Zug verschoben werden, sodass die Lage sich nach und nach umkehrt.

In der 53. Minute schickte van Gaal den jungen Kanu auf den Rasen des Wiener Stadions, das nach Ernst Happel benannt ist. Der Nigerianer kam für den Mittelfeldspieler Seedorf, womit Amsterdam jetzt vier Stürmer aufbot, zudem noch den offensiv ausgerichteten Finnen Jari Litmanen. Nun hätte Savicevic, der einen Monat zuvor Paris Saint-Germain fast allein geschlagen hatte, viel Platz auf dem Flügel gehabt – wenn er einsatzfähig gewesen wäre. Doch eine Oberschenkelverletzung zwang Savicevic auf die Tribüne, und von dort musste er mit ansehen, wie seine Kollegen fast unmerklich immer mehr Teile des Feldes preisgaben. Nach 70 Minuten drehte

Halbfinale der Champion League 1994/95, FC Bayern - Ajax Amsterdam 0:0 / 2:5. Vergebens müht sich Alain Sutter gegen Michael Reiziger.

van Gaal die Schraube noch fester: Kluivert kam für Litmanen und orientierte sich ebenfalls nach vorne, während Rijkaard aufrückte und Litmanens Position hinter den Spitzen einnahm.

Sechs Minuten vor dem Abpfiff entwickelte sich eine typische Szene. Rijkaard trieb in zentraler Position den Ball bis kurz vor den Mailänder Strafraum, der von acht Italienern im Stile einer Handballabwehr abgeschirmt wurde. Wie schon viele Male zuvor, suchte Rijkaard den richtigen Anspielpartner für einen Doppelpass. Kluivert kam ihm entgegen; dann spürte er plötzlich, dass zwei Verteidiger schräg hinter ihm einen Fehler begingen und zu spät begriffen, dass ihre Kollegen eine Abseitsfalle stellten. Maldini reagierte noch mit Verzögerung und tat zwei Schritte vorwärts, aber das machte alles nur noch schlimmer, denn nun konnte er Kluiverts Weg zum Tor nicht mehr versperren. Costacurta hingegen versuchte, sich an Ronald de Boer vorbeizudrängen, als Rijkaard abspielte, um dann mit professioneller Gelassenheit den Arm zu heben. Das war doppelt dämlich, denn erstens war er zu langsam und de Boer nicht abseits, zweitens kam der Ball ganz woanders hin: zu Kluivert. Der drehte sich, sprintete auf das Tor zu, entging einer Verzweiflungsgrätsche von hinten und stupste den Ball mit der Pike an Torwart Rossi vorbei.

„Wir haben Charakter gezeigt, deswegen fühle ich mich nicht als Verlierer“, sagte Capello nach dem Abpfiff. Aber seine Gefühlslage änderte natürlich nichts daran, dass van Gaal der Gewinner war. „Rijkaards Spiel und seine Führungskraft waren der Schlüssel zu diesem Erfolg“, meinte der Holländer. Dieser Satz war zum Teil Analyse, zum Teil eine Verbeugung vor Rijkaard, dessen Karriere mit dem Finale von Wien endete. Er war erst 32 Jahre alt, aber da er – wie viele Holländer – schon sehr früh auf höchstem Niveau gespielt hatte, machte ihm sein Körper immer häufiger Ärger. Lange schien es sogar, als sollte eine Knieverletzung seinen Einsatz im Endspiel verhindern.

Das Bosman-Urteil

So bitter Rijkaards Abgang für Ajax auch war – van Gaal musste sich nicht um die Zukunft seiner Elf sorgen, dafür war sie einfach zu jung. Ohne Zweifel steckten noch drei, vielleicht vier große Saisons in diesem Team, dem ja auch ständig frische Beine aus dem exzellenten Nachwuchsprogramm des Klubs zugeführt werden konnten. Tatsächlich stand Ajax zwölf Monate später wieder im Endspiel und ein Jahr darauf im Halbfinale. Dennoch kam das Team nicht dazu, die Erfolge der Mannschaft um Cruyff aus den 1970ern zu wiederholen oder mehrere Jahre so zu dominieren, wie es der AC Mailand gerade getan hatte. Das lag nicht zuletzt am 15. Dezember 1995.

Eine Woche vor diesem schicksalsträchtigen Tag endete die Gruppenphase der Champions League. Der Deutsche Meister aus Dortmund verspielte in den letzten Minuten noch eine Führung gegen die Glasgow Rangers, aber das 2:2 war kein Unglück, denn die Borussia hatte sich neben Juventus Turin bereits für das Viertelfinale qualifiziert und kannte sogar schon den kommenden Gegner: Amsterdam. Die Holländer schubsten an jenem Abend Ferencvaros Budapest unbarmherzig hin und her und gewannen 4:0 nach Toren von Marc Overmars, Ronald de Boer und zweimal Jari Litmanen. Da war die Welt noch in Ordnung – für Ajax und auch die UEFA. Beide hätten allerdings wissen müssen, dass sich etwas Unbequemes anbahnte, denn Zeit genug war ihnen wahrlich gegeben worden.

Im Mai 1988 hatte der belgische Profi Jean-Marc Bosman einen Zwei-Jahres-Vertrag beim FC Lüttich unterschrieben, der ihm ein Gehalt von 120.000 belgischen Francs (etwas weniger als 6.000 DM) pro Monat garantierte. Als der Kontrakt 1990 auslief, wollte der Klub die Bezüge des Spielers gleich um 75 Prozent kürzen. Der sah sich nach einem neuen Verein um, bekam ein Angebot vom französischen Zweitligisten Dünkirchen über 100.000 Francs im Monat und stimmte zu. Nun musste Lüttich eingeschaltet und ausbezahlt werden, obwohl Bosman rechtlich gesehen ohne Vertrag war – so funktionierte damals der Profi-Fußball. Lüttich legte die Ablösesumme mal eben auf fünf Millionen Francs fest, erlaubte Dünkirchen aber, Bosman für eine Million probeweise auszuleihen. Alle Seiten stimmten dem Handel zu, und nun hatte

Lüttich eine Kopie des Abkommens rechtzeitig an den französischen Verband zu senden, damit Bosman spielberechtigt war. Dieses Schreiben wurde niemals abgeschickt. Im letzten Moment bekamen die Belgier Zweifel an der Zahlungsfähigkeit der Franzosen und zogen ihre Zustimmung zum Wechsel zurück: Der Fußballer Bosman war mit 26 Jahren arbeitslos, obwohl ihn ein Verein verpflichten wollte. Entrüstet ging der Spieler vor Gericht und klagte. Erstens gegen das Transfersystem, das ihn an einen Klub kettete, selbst wenn sein Vertrag erfüllt war. Zweitens, eher nebenher, gegen die Bestimmung, dass in einem europäischen Klub nur eine gewisse Anzahl von Ausländern spielen konnten. Diese Regel erschwerte es Bosman, außerhalb von Belgien Arbeit zu finden.

Nach fünf langen Jahren, vielen Instanzen und noch mehr Gutachten entschied der Europäische Gerichtshof am 15. Dezember 1995 in diesen zwei Klagepunkten zugunsten von Bosman, da die bemängelten Praktiken gegen geltendes EU-Recht verstießen. Beide Aspekte des Urteils hatten vor allem für einen Klub wie Ajax weit reichende Folgen. Das Ende der Ausländerbeschränkung erlaubte es einem betuchten Klub theoretisch, eine gute Mannschaft kollektiv umzusiedeln. In der Praxis wurde das in Ansätzen sogar Wirklichkeit: Der AC Mailand spielte bis 1993 mit nur drei Holländern, weil er mehr eben nicht aufstellen durfte; fünf Jahre später lief der FC Barcelona mit Frank de Boer, Philip Cocu, Marc Overmars, Michael Reiziger, Wins-

Ein Bild vom Juni 1995: Jean-Marc Bosman mit seinen Anwälten vor dem europäischen Gerichtshof in Luxemburg.

ton Bogarde und Patrick Kluivert auf. Fünf dieser sechs Holländer waren einst bei Ajax gewesen, wie auch Barcelonas Trainer Louis van Gaal. Im Jahre 2000 verpflichteten die Katalanen auch noch Marc Overmars, und drei Jahre später gab Edgar Davids ein kurzes Gastspiel im Camp Nou.

Noch bitterer für Ajax war die Abschaffung des alten Transfersystems: Der unvermeidliche Abgang guter Spieler zu reicheren Klubs wurde nicht mehr länger durch eine kräftige Ablösezahlung versüßt. Für Seedorf, der nach dem Gewinn der Champions League 1995 zu Sampdoria Genua wechselte, bekam Ajax noch 5,3 Millionen Mark überwiesen. Als sich aber Reiziger, Kluivert, Davids und Bogarde in den folgenden 24 Monaten dem AC Mailand anschlossen, erhielt Ajax nichts mehr. Allerdings war der Verein an dieser Entwicklung nicht ganz unschuldig. Wie die meisten nationalen Verbände – und auch die UEFA – hatte er die Bedeutung des Bosman-Prozesses lange unterschätzt, gar ignoriert, und es versäumt, mit den Jungstars langfristige Verträge abzuschließen. Berlusconi sollte später an diesem Ajax-Quartett mehr als 50 Millionen Mark verdienen, weil die Spieler aus laufenden Verträgen heraus weitertransferiert wurden.

„Wir hätten vielleicht besser auf die Tendenzen des Bosman-Urteils reagieren können, wenn wir politisch effizienter gewesen wären: Wir konnten einige der Spielergewerkschaften nicht erreichen", sagte Gerhard Aigner knapp ein Jahrzehnt später. Glaubt man Jürgen Rollmann, der 1995 Vorsitzender der Vereinigung der Vertragsfußballer in Deutschland war, dann hatte sich die UEFA gar nicht erst die Mühe gemacht, im Vorfeld einen Vergleich mit den Profis anzustreben, sondern ganz im Gegenteil versucht, Bosman „mit Geld dazu zu bringen, dass er seine Klage zurückzieht". Ein solches Vorgehen hatte 1979 noch Erfolg gehabt, als der Bundesligaspieler Hans-Jürgen Baake gegen das Prinzip der Ablösesummen klagte und vor einem Berliner Gericht gewann. Bevor der Rechtsstreit in die nächste Instanz gehen konnte, machte Hertha BSC Berlin dem Spieler plötzlich ein Angebot. Baake brauchte Geld, wollte spielen – und unterschrieb. Bosman aber hielt durch und veränderte den europäischen Fußball und seine Wettbewerbe.

Immer wieder Juventus

Im März 1996, als sich Amsterdam und Dortmund im Viertelfinale der Champions League trafen, hatten aber die alten Strukturen noch Bestand. Die Borussia trat mit dem Brasilianer Julio Cesar und dem Tschechen Patrick Berger an, Ajax mit den beiden Nigerianern Finidi George und Nwankwo Kanu, später kam noch der Kongolese Kiki Musampa. Ansonsten rannten nur Deutsche und Holländer über das Gras des Westfalenstadions. Am flinkesten war dabei Edgar Davids. Eine Woche vor seinem 23. Geburtstag erzielte er das 0:1 schon nach acht Minuten und bereitete kurz vor dem Ende das 0:2 durch Kluivert famos vor. Das Rückspiel gewannen die Holländer durch ein Tor von Musampa auch noch, und damit standen sie im Halbfinale gegen den Außenseiter Panathinaikos Athen. „Wir haben vor jeder Mannschaft Respekt", sagte van Gaal vor dem ersten Treffen in Amsterdam mit pflichtschuldig ernster Miene. Das schien nicht für seine Spieler zu gelten. In der ersten Hälfte vergab Kanu zwei gute Chancen mit einer eleganten Lässigkeit, die man sonst nur von englischen Cocktail-Partys kennt. Die Strafe folgte in der 87. Minute: Bei einem Konter Athens – es war erst der zweite im ganzen Spiel – stürzten sich drei Holländer auf den ballführenden Spieler und würdigten den Polen Krzysztof Warzycha keines Blickes. Der bekam das Spielgerät und erzielte sein sechstes Tor in diesem Wettbewerb. Der Sieg nutzte Athen am Ende nichts, weil die von Dortmunds Trainer Ottmar Hitzfeld als „beste Elf der Welt" gelobten Amsterdamer das Rückspiel erheblich konzentrierter angingen: Ein Abstauber und ein technisch anspruchsvoller Linksschuss, jeweils von Litmanen, sowie ein Stochertor des 19-jährigen Nordin Wooter sorgten für einen 3:0-Sieg von Ajax.

Wenige Wochen später bestand dann keine Gefahr mehr, dass Ajax seinen Gegner unterschätzen würde, denn im Finale trafen die Holländer auf das berühmte Juventus Turin. Das war zwar nicht direkt eine Überraschung; dennoch kam es ein wenig unerwartet, dass die Italiener so weit vorgedrungen waren. Noch zu Saisonbeginn hatten viele Beobachter an der Stärke des Teams gezweifelt. Roberto Baggio war für 18 Millionen Mark zum AC Mailand gewechselt, und Juve hatte dieses Loch nur mit drei Akteuren von Sampdoria Genua gestopft. Möglichkeiten wären ganz andere da gewesen, weil man durch den Baggio-Transfer sowie durch TV-Einnahmen eigentlich im Geld schwamm. (13 Millionen bekam Juventus allein vom italienischen Fernsehen.) Zudem belastete den Kader noch immer der Tod des Nationalspielers Andrea Fortunato, der im April 1995 mit 23 Jahren an Leukämie verstorben war. Insbesondere sein Freund Fabrizio Ravanelli war eine Zeit lang außer Tritt geraten: Zwischen Januar und Mai 1995 fand der Stürmer nur noch viermal das Tor. Aber trotz allem hatte Juventus den Titel gewonnen und sich für die Champions League qualifiziert.

In den Gruppenspielen trafen die Italiener natürlich auf Borussia Dortmund. Diese Partien waren die Begegnungen Nummer sechs und sieben (darunter ein Freundschaftsspiel) zwischen den beiden Vereinen in den letzten zweieinhalb Jahren. Allein das kann man als Anzeichen dafür nehmen, dass die Europaliga im Prinzip eigentlich schon Realität war. Und das innige Verhältnis der Klubs ging über sportliche Wettkämpfe hinaus: Seit 1992 hatte die Borussia drei Spieler von Juventus verpflichtet – Stefan Reuter, Andreas Möller und Julio Cesar – und ein vierter würde bald folgen. Deswegen war der Groll in Glasgow und bei Steaua Bukarest groß, als die Dortmunder im November 1995 mit 2:1 in Turin gewannen und sich so vor den Schotten und Rumänen die Teilnahme am Viertelfinale sicherten. Der Gastgeber war zu diesem Zeitpunkt nämlich schon für die nächste Runde qualifiziert und schonte vier Stammkräfte. Das erleichterte seinem Dauergegner aus Deutschland das Unterfangen, Turin nach fünf Niederlagen und einem Unentschieden endlich zu besiegen.

Aber vielleicht waren die Turiner ja wirklich nicht besser? Im Hinspiel des Viertelfinals entging die Elf jedenfalls einer hohen Niederlage bei Real Madrid nur deshalb, weil der chilenische Stürmer Ivan Zamorano das italienische Tor einfach aus keiner Entfernung und mit keinem Körperteil treffen konnte. So musste der 18-jährige Raúl Gonzáles Blanco in seiner ersten Europacup-Saison in die Bresche springen und das viel zu magere 1:0 erzielen. Dieses Resultat reichte nicht, da auch Juventus einen Jungstar hatte, nach dem bereits ein Teil des Fußballfeldes benannt worden war: Der Bereich kurz vor dem Strafraum hieß „Zona del Piero", weil Alessandro del Piero in seinen 21 Lebensjahren schon so manchen Freistoß von hier aus versenkt hatte. Der nächste folgte nach 17 Minuten des Rückspiels gegen Real. Torwart Santiago Cañizares lag in der richtigen Ecke, aber Del Pieros Schuss hatte eine solch fiese Länge, dass der Ball drei Meter vor dem Keeper aufprallte und über ihn hinwegsprang. Nach dem Wechsel verpfuschte Madrid eine Abseitsfalle, und Michele Padovano erzielte das entscheidende 2:0. Damit hatte Turin das Gröbste vorerst geschafft, denn im Halbfinale führte der FC Nantes nichts Böses im Schilde.

Fast 67.000 Zuschauer füllten am 22. Mai 1996 das Olympiastadion von Rom, um ihre Landsleute aus Turin gegen Ajax zu sehen. Diese Zahl lag unter der offiziellen Stadion-Kapazität von 83.000, aber aus Sicherheitsgründen hatte die UEFA nicht mehr Karten verkaufen lassen – eine Lehre aus dem Tag von Heysel, der zugleich der Tag war, an dem Juventus den Pokal der Meister zum ersten Mal gewonnen hatte. So jedenfalls stand es in den Geschichtsbüchern und im Briefkopf des Klubs. Im Verständnis vieler Fußball-Freunde aber war der Cup von 1985 eine befleckte Trophäe von begrenztem Wert, die am besten gar nicht hätte verliehen werden sollen. Nun erst, elf Jahre später, sollte Juventus sie wirklich bekommen.

Und so begann die Elf auch. Ajax-Torwart van der Sar konnte einen Schuss aus 25 Metern von Moreno Torricelli nicht festhalten, und Sonny Silooy weigerte sich, die Situation zu klären. So trudelte der Ball zu Ravanelli, der ihn aber am Tor vorbeinagelte. Nach 12 Minuten patzte die zittrige Ajax-Abwehr ein zweites Mal: Frank de Boer versuchte eine Kopfballrückgabe zu van der Sar, die ihm dermaßen missriet, dass sich Ravanelli zwischen den beiden Holländern hindurchstahl und aus dem sprichwörtlichen „unmöglichen Winkel" das 1:0 erzielte. Der Stürmer mit dem frühzeitig ergrauten Haupthaar hätte die Partie danach früh entscheiden können, als van der Sar wieder einen Schuss, diesmal von Didier Deschamps, abprallen ließ. Doch Ravanelli kam einen Schritt zu spät – und Amsterdam zurück in das Spiel.

Kurz vor der Pause kam nämlich der nächste Torwartfehler: Turins Angelo Peruzzi faustete einen harmlosen Freistoß von Frank de Boer mitten in den Fünfmeter-Raum, wo Jari Litmanen zum Ausgleich abstaubte. Es war der neunte Treffer des Finnen in seinem zehnten Spiel der Champions-League-Saison, aber auch sein letzter. Denn nach dem Seitenwechsel stand Ajax nur noch stumm und starr da, als ob es um ein weiteres Gegen-

Finale der Champions League 1995/96, Juventus Turin - Ajax Amsterdam 1:1 n.V., 4:2 n.E. (in Rom). Juves Kapitän Gianluca Vialli mit dem Pokal.

tor flehte. „Wie gelähmt", nannte der RTL-Reporter Marcel Reif die Holländer, die mindestens fünf erstklassige Chancen zuließen. Die beste hatte Gianluca Vialli, den Berlusconi einst zum AC Mailand holen wollte: Nach einem abgeblockten Schuss von Padovano reagierte er am schnellsten, legte das Leder am Torwart vorbei – und traf statt des leeren Tores das Außennetz.

In der Verlängerung drehte van der Sar einen Versuch von Del Piero so gerade noch um den Pfosten, dann hatte sich Ajax endlich erfolgreich in das Elfmeterschießen geschleppt. Kein guter Plan, bedenkt man die traditionellen Strafstoß-Probleme der Niederlande. Edgar Davids vergab den ersten Elfmeter seines Teams, Silooy den vierten. Als Vladimir Jugovic den Ball flach und hart zum 4:2 für Juventus in die linke Ecke schoss, hatte die italienische Sprache einen neuen Ausdruck: Lippismo. Er leitete sich vom Namen des Turiner Trainers Marcello Lippi ab und meinte stetigen Erfolg. „Wir haben einen verdienten Sieg über die bisher beste Mannschaft der Welt errungen", sagte Lippi und hatte Recht. Vor allem mit dem „bisher": Davids, Reiziger und Silooy hatten ihren Abschied aus Amsterdam schon vor dem Endspiel angekündigt, Kanu ging im Sommer zu Inter Mailand; der Rest des Kaders würde im Kielwasser von Bosman ebenfalls bald davontreiben.

Forsche Jugend

Dennoch spielten auch im folgenden Jahr, 1996/97, dieselben Namen die Hauptrolle; zumindest, wenn man von Klubnamen redet. Amsterdam, Dortmund und Turin schafften wieder den Sprung in das Viertelfinale, doch die Kräfteverhältnisse hatten sich verschoben. Während Ajax ausblutete, konnte der Deutsche Meister den Portugiesen Paulo Sousa verpflichten, natürlich von Juventus. Und dieser Klub wiederum ergriff nach dem Abgang von Ravanelli und Vialli (in Richtung England) teure Renovierungsmaßnahmen: Aus Bordeaux kam der elegante Mittelfeldstratege Zinedine Zidane, von Bergamo das aus Australien eingewanderte Kraftpaket Christian Vieri, schließlich von Lazio Rom ein ehemaliger Mitstreiter Rudi Völlers, der 26-jährige Alen Boksic. Die Runde der letzten Acht wurde komplettiert durch arrivierte Vereine wie den FC Porto und Atlético Madrid, aber auch durch unangemeldete Gäste wie Rosenborg Trondheim aus Norwegen und den AJ Auxerre aus Frankreich. Über Rosenborg wird noch zu sprechen sein. Zunächst aber ein Blick auf den französischen Vertreter.

Auxerre war einer jener Vereine, die Berlusconi in keine Europaliga gelassen hätte und von denen man nach der Einführung der Champions League allgemein dachte, sie wären von nun an chancenlos. Die Burgunder kamen aus einer Stadt mit weniger als 40.000 Einwohnern und hatten bis 1980 nie in der ersten Liga gespielt. Ihr Trainer war kein silbergelockter Weltmann wie Lippi oder eloquenter Gentleman wie Hitzfeld, sondern ein knorriger, verschmitzter Sohn eines Berufssoldaten, der Dinge sagte wie: „Es ist bekannt, dass wir zu 80 Prozent gegen den Mann spielen und nur zu 20 Prozent im Raum, während es bei den anderen umgekehrt ist. Das macht unseren Charme aus." Guy Roux war seit 1961 für das Team verantwortlich und führte es von der dritten Liga bis zur Meisterschaft, obwohl er so gut wie keinen Franc für Transfers zur Verfügung hatte. Auxerre machte diesen Nachteil durch ein „Centre de Formation" (ein Jugendinternat) wett, das Roux schon 1965 plante, als sein Klub noch ein Amateurverein war. Berühmte Nationalspieler wie Laurent Blanc, Joel Bats, Basile Boli oder Eric Cantona wurden hier ausgebildet – und wanderten früher oder später in die Metropolen ab. Doch Roux fand immer neue Talente und führte seine Elf

Halbfinale im UEFA-Cup 1992/93, Borussia Dortmund – AJ Auxerre 2:0 / 0:2 n.V., 6:5 n.E. Mit einer tollen Parade sicherte Stefan Klos (im Bild links, mit Michael Zorc) dem BVB den Einzug ins Finale, in dem er allerdings gegen Juventus Turin verlor. 1996/97 trafen Dortmunder und Franzosen in der Champions League wieder aufeinander.

1993 bis in das Halbfinale des UEFA-Cups, wo sie erst im Elfmeterschießen scheiterte. Drei Jahre später hatte der kleine Klub die nächste Stufe geschafft, das Viertelfinale der Champions League.

Der achte Verein in dieser Runde war ganz anders als Auxerre – und den Franzosen doch in mancher Hinsicht sehr ähnlich. Manchester United, heute der reichste Verein der Welt, ist kaum in einem Atemzug mit französischen Provinzteams zu nennen, aber dennoch gab es Mitte der 1990er Jahre so manche Verbindung zwischen Auxerre und dem United-Team, das Alex Ferguson über den Ärmelkanal schickte. Zum einen war da Eric Cantona, der es mit seinen Toren und seinen Interviews zum Volkshelden im rot gefärbten Teil Manchesters gebracht hatte. Zum anderen standen neben ihm viele Spieler, die Uniteds eigener Jugendarbeit entstammten: Paul Scholes, Nicky Butt sowie die Brüder Phil und Gary Neville waren alle zwischen 1974 und 1977 im Großraum Manchester geboren worden; Ryan Giggs kam zwar im walisischen Cardiff zur Welt, war aber mit sieben Jahren in die englische Industriestadt gezogen; der 21-jährige Londoner David Beckham spielte schon als Schüler für United. Ja, trotz Bosman war 1996/97 ein solch nostalgisch anmutender Rückfall in die Zeiten der „Busby Babes“ nicht ungewöhnlich: Selbst der einkaufsfreudige BVB hatte drei echte Dortmunder in seiner Mannschaft – Torwart Stefan Klos, Kapitän Michael Zorc und einen 19-Jährigen namens Lars Ricken.

Zwei aus diesem Trio hatten großen Anteil daran, dass der Deutsche Meister die Hürde Auxerre im Viertelfinale nahm. Klos faustete in der Schlussphase des Hinspiels einen varietéreifen Fallrückzieher von Lilian Laslandes noch aus dem Torwinkel, sodass seine Elf mit einem 3:1-Vorsprung ins schöne Burgund fahren konnte. Dort erzielte Ricken nach einer Stunde mit einem abgefälschten Schuss aus 18 Metern das 0:1, womit die Partie entschieden war, weil die Franzosen nun mit Wut, aber ohne den rechten Glauben angriffen. Auch Dortmunds großer Bruder Juventus Turin qualifizierte sich für das Halbfinale, obwohl er auf einem Rasen undefinierbarer Farbe im kühlen Trondheim sogar in Rückstand geraten war. Das 1:1 durch einen Kopfball von Vieri stellte sich als sehr hilfreich heraus, weil Juventus beim Rückspiel in Turin wieder nicht viel mit dem robusten und doch agilen Gegner anzufangen wusste. Der besiegte sich dann aber selbst: Erst verloren die Norweger in der Vorwärtsbewegung den Ball, im Anschluss wollte Torwart Jörn Jamtfall selbigen wegschlagen und schoss Zidane an, von dessen rechtem Schienbein das Leder in das 20 Meter entfernte, leere Tor prallte. Das 2:0 – ein von Nicola Amoruso verwandelter Elfmeter – war auch nicht herausgespielt und fiel erst in der Schlussminute.

Borussia besiegt Big Brother

Turins Probleme mit Trondheim machten den anderen Teams Mut, denn bis dahin hatten die Italiener unbeirrbar gewirkt: Fünf Siege, ein Unentschieden, 11:1 Tore – so war Juventus durch die Gruppenspiele geschlendert und hatte dabei auch Manchester United zweimal geschlagen. Trotzdem waren die Engländer noch im Wettbewerb, so ist das bei einem Ligaformat eben. Im Viertelfinale ließen sie Porto keine Chance (4:0, 0:0) und freuten sich auf den BVB, gegen den das große Team um Bobby Charlton, Denis Law und George Best vor fast 33 Jahren zehn Tore in zwei Spielen geschossen hatte. Die Erben dieser Helden brachten dann im April 1997 allerdings nicht einmal ein einziges zuwege, obwohl sie Chancen besaßen, die vielleicht selbst ein Ballquäler wie Nobby Stiles genutzt hätte. In Dortmund verfehlte Cantona im Strafraum freistehend das Tor, Butt traf nur den Pfosten, und Beckham musste erleben, wie sein Schuss zwar an Klos vorbeipfiff, dann aber von Martin Kree vor der Linie weggeschlagen wurde. In Manchester hatte Cantona das leere Tor im Visier, schoss jedoch den am Boden liegenden Jürgen Kohler an, Gary Pallister köpfte aus fünf Metern irgendwie am Ziel vorbei, und Andy Cole beulte nur das Außennetz aus, obwohl er Zeit und Raum genug gehabt hätte, um einen professionelleren Abschluss abzuliefern. Tore machten allein die Dortmunder: in jedem Spiel eins, jeweils nach abgefälschten Linksschüssen. Im Westfalenstadion hieß das Glückskind René Tretschok, in Old Trafford natürlich Lars Ricken. So war Manchester mit viel Pech kurz vor dem Finale ausgeschieden. Aber als ob er ahnte, dass seine Elf eines Tages dafür entschädigt werden würde, sagte Ferguson: „Wir haben in diesem Jahr eine gute Erfahrung gemacht. Es ist die Art von Erfahrung, die den Spielern das Vertrauen gibt, dass sie es schaffen können."

Solches Vertrauen besaßen die Teams im anderen Halbfinale zur Genüge, denn Ajax und Juventus hatten ja die letzten beiden Titel in der Champions League geholt. So entschied hier nicht die Psyche, sondern allein das Können – und zwar deutlich für die Turiner. Amsterdam war schon gegen Atlético Madrid im Viertelfinale in beiden Partien Rückständen nachgelaufen und hatte schließlich eine Verlängerung gebraucht. Beim Vergleich mit der Wunderelf aus Turin gab es dann nichts mehr zu erben. In der neuen Amsterdam Arena herrschte schon zur Pause betretenes Schweigen, denn Amoruso und Vieri schossen wie im Training ein 0:2 heraus. Litmanens Anschlusstor weckte zwar Hoffnungen, aber die stellten sich zwei Wochen später als falsch heraus, weil es für die Holländer noch viel übler kam. Zidane schwebte über den Rasen, als gelte die Schwerkraft nur für andere: Vor dem 3:1 neckte er Danny Blind mit einem Übersteiger und ging dann lässig an dem Routinier vorbei, als der auf den Hosenboden gefallen war. Das 4:1 markierte Zidane auf Pass von Deschamps selbst, indem er einen Haken schlug und den Ball mit dem Außenrist ins Netz drückte, während Torwart van der Sar und sein Mitspieler Richard Witschge am Boden herumkrabbelten. So harsch es in Dortmunder Ohren vor dem Finale auch klingen mochte: Turins Ensemble von Akrobaten war eigentlich unschlagbar.

Das 42. Endspiel um die höchste europäischen Trophäe fand am 28. Mai 1997 in München statt. Schon wieder, muss man sagen, denn das Olympiastadion war erst vier Jahre zuvor Austragungsort gewesen. Für Juventus war das nicht unbedingt ein Nachteil, denn seine Fans mussten nur den Sprung über die Alpen hinter sich bringen. Außerdem war im Vorfeld viel davon die Rede, dass es für den FC Bayern sehr peinlich wäre, wenn der neureiche Rivale aus Westfalen ausgerechnet im Freistaat den Pokal holen würde, den München seit mehr als zwei Jahrzehnten jagte. In der Tat war das Verhältnis des BVB zum Gegner Juventus Turin erheblich besser als das zum gastgebenden FC Bayern. Den ganzen Tag über sah man in München Fans, deren Zugehörigkeit nicht sofort einzuordnen war, weil Turin und Dortmund sich in letzter Zeit so oft getroffen hatten, dass viele Anhänger gleichzeitig schwarz-gelbe und schwarz-weiße Accessoires trugen. Und nach Spielschluss lief Jürgen Kohler in die Turiner Fankurve und klatschte den Tifosi Beifall. Allerdings waren da schon die meisten Italiener auf der Flucht vom Ort des Schreckens – denn ihr Team war vom Außenseiter überrumpelt worden.

Dabei hatte sich die Sache so gut angelassen. In der 4. Minute kam Mark Iuliano nach einem Eckball von Zidane drei Meter vor Klos völlig frei zum Kopfball und traf nur knapp daneben. Kurz danach entwischte Vieri sowohl Kohler als auch Matthias Sammer und hämmerte den Ball an das Außennetz. Dann rettete Klos gegen Boksic, und ganz allmählich streifte die Dortmunder Hintermannschaft ihre Nervosität ab und konnte nun auch zum Spielaufbau beitragen. In der 29. Minute erhielt der BVB einen Eckball. Dem unsicheren Peruzzi missglückte die Faustabwehr, und ein Kollege musste ihm helfen, den Ball auf den Flügel zu klären. Dort stand Dortmunds Schotte Paul Lambert, der sofort wieder in den Strafraum flankte. Das war eigentlich ein Fehler, denn in einer solchen Situation eilen alle Verteidiger vom Tor weg, um die Stürmer abseits zu stellen. Und wirklich wären gleich vier Borussen im menschenleeren Raum gewesen – wenn Sergio Porrini und der Uruguayer Paolo Montero so flott reagiert hätten wie ihre Kollegen. Zu allem Überfluss verpasste Porrini auch noch Lamberts Flanke, und Karlheinz Riedle erzielte das 1:0.

Es war das erste Mal in dieser Champions-League-Saison, dass Juventus in Rückstand geriet. Der Beobachter wollte sich gerade fragen, wie die Elf wohl auf eine solche Vorgabe reagieren würde, da fiel schon das 2:0, kaum fünf Minuten später. Wieder gab Andreas Möller eine Ecke herein, und Riedle musste bloß einen kleinen Hüpfer machen, um den Ball zu erreichen. Er schickte ihn mit solcher Wucht neben den Pfosten in das Netz, dass Di Livio, der diese Ecke abdeckte, sich immer noch nicht rührte, als der Dortmunder schon jubelnd abdrehte. Eine normale Mannschaft wäre jetzt eingeknickt, wenigstens bis zur Pause, aber Juve kam noch einmal: Zidane traf den Pfosten, und Vieri wurde ein Treffer wegen eines Handspiels aberkannt, für das man ihm auch beim schlechtesten Willen keine Absicht unterstellen konnte.

In der Halbzeit tat Marcello Lippi das, was alle Dortmunder fürchteten: Er ersetzte den Außenverteidiger Porrini durch Del Piero, an den die Borussia viele schlechte Erinnerungen hatte. So kam es in der zweiten Hälfte zu einem zauberhaften Tor, das im letzten Kapitel schon angedeutet wurde. Nach 64 Minuten spielten Boksic und Zidane einen Doppelpass, der dem Kroaten freie Bahn in den Strafraum verschaffte. Er legte den Ball zurück auf Del Piero, doch der war seinem Mitspieler viel zu ungestüm und zu weit an den kurzen Pfosten entgegengelaufen, wodurch der Ball in seinen Rücken kam. Um die Sache noch kniffliger zu machen, flog das Leder etwa in Kniehöhe, aber das war alles egal. Von der Hacke seines linken Fußes ließ Del Piero das Spielgerät vorbei an Klos in das entfernte Toreck tropfen: Rabah Madjer hatte seinen würdigen Nachfolger gefunden. Vielleicht gab es einige ebenso schöne Treffer in der Geschichte der Europacup-Finals; ein schöneres ganz sicher nicht. Zehn Jahre und einen Tag zuvor hatte ein solches Traumtor die Bayern aus dem Konzept gebracht; dass es Dortmund anders erging, lag daran, dass der Klub seinen eigenen Del Piero hatte.

Das 2:2 schien nur noch eine Frage der Zeit, da sagte der Radio-Reporter Manfred Breuckmann in der 70. Minute: „Jetzt kommt gleich Lars Ricken, der Mann für die entscheidenden Tore. Und der macht dann das 3:1.

Finale der Champions League 1996/97, Borussia Dortmund - Juventus Turin 3:1 (in München). Lars Ricken lupft den Ball, und die neue Nummer eins in Europa heißt: Borussia Dortmund.

Wir hoffen es jedenfalls." Während Ricken den Rasen betrat, führte Turin einen Einwurf in der gegnerischen Hälfte aus. Der Ball wurde blöderweise zu Boksic geworfen, der von drei Dortmundern umzingelt war. Sousa nahm das Leder auf, spitzelte es zu Möller, und der spielte ohne zu zögern einen Steilpass auf Ricken. Der junge Mann rannte dem Ball entgegen und erreichte ihn knapp 30 Meter vor dem Turiner Tor. Als der RTL-Kommentator Marcel Reif „Lupfen, jetzt!" rief, lupfte er. Peruzzi, der sechs Meter vor der Linie stand, breitete die Arme aus, machte sich zum Sprung bereit – und blickte dem Ball dann nur noch wehmütig nach. Die unschlagbarste Mannschaft seit der Ära des AC Mailand war geschlagen.

Auf der Ehrentribüne applaudierten in diesem Moment einige ehemalige Spieler von Manchester United: Ray Wood, Bobby Charlton, Jackie Blanchflower, Bill Foulkes, Dennis Viollet, Kenny Morgans und Albert Scanlon – die Überlebenden des Flugzeugunglücks vom Februar 1958, bei dem die meisten der „Busby Babes" ums Leben gekommen waren. Dass sie als Gäste der Stadt München dieses Finale erlebten, war nicht das einzig Besondere an der Partie. Auch nicht, dass sich Dortmund als erst dritter deutscher Klub in die Siegerliste der bedeutendsten europäischen Trophäe eintragen konnte. Das Besondere am Endspiel von 1997 war vielmehr, dass es das vorerst letzte war, das noch erkennbar in der Tradition des einstigen Europapokals der Landesmeister stand.

Weniger Cups, aber mehr Vereine

Acht Monate zuvor, im September 1996, hatte die UEFA in London die nächste Veränderung des Europacups diskutiert: Die Ausweitung der Champions League von 16 auf 24 Teams und die Zulassung der Vizemeister aus den acht stärksten Ligen, die über eine Qualifikationsrunde den Sprung in das Hauptfeld schaffen konnten. Nur wenige Wochen später wurde der Plan bei einer Sitzung in der Türkei gebilligt. Der DFB-Präsident Egidius Braun, zugleich zweiter Mann bei der UEFA, zählte zu den Funktionären, die diesen Schritt unterstützten. Dabei galt Braun, anders als sein Vorgänger und sein Nachfolger beim DFB, nicht als jemand, der den Glamour suchte, sondern als Fürsprecher der kleinen Vereine. Dass er die erneute Vergrößerung der Champions League befürwortete, zeigt, unter welchem Druck die UEFA weiterhin operierte. „So bleibt der sportliche Anreiz in der Bundesliga ungeschmälert", verteidigte Braun den neuen Modus und fügte hinzu: „Ein Anreiz, den es in einer Europaliga gar nicht geben könnte." Und wirklich führte die UEFA noch immer Rückzugsgefechte, um sich und die nationalen Ligen vor einer europaweiten Klasse für Top-Klubs zu retten, bei der niemand auf- oder absteigen konnte.

Wie ernst diese Gefahr war, zeigte sich im Oktober 1996. Da ließ der offenbar verwirrte Pressesprecher der UEFA, Frits Ahlström aus Schweden, verlauten, dass der nächste Schritt in einer kontinentalen Klasse bestünde, „deren Mannschaften dann nicht mehr in ihren nationalen Ligen spielen". Braun und Aigner dementierten das sogleich, aber der „kicker" kommentierte, dass „die mächtigen Traditionsklubs mit Real Madrid und AC Mailand an der Spitze nicht locker lassen werden, bis sie doch noch genügend Verbündete für ihre Revolution gefunden haben". Zu denen gehörte etwa Juventus Turin, das im April 1997, noch bevor die erweiterte Champions League überhaupt begonnen hatte, gleich die nächste Reform vorschlug: Gruppen mit je sechs Teams (was jedem Teilnehmer zehn Spiele garantierte!), gefolgt von einer Art Endrunde innerhalb von einer Woche und in einem Land, also im Stile der alten Europameisterschaften. Und auch den FC Bayern muss man zu den „Verbündeten für die Revolution" zählen, denn noch 1998 meinte Karl-Heinz Rummenigge in einer TV-Sendung: „Ich muss sagen, dass die Euro-Liga kommen wird. Es ist politisch gewollt. Es wird irgendwann dazu kommen. Ich weiß nicht, ob in fünf oder in zehn Jahren."

Nun, sie wurde bis heute abgewendet, durch eine neuerliche Erweiterung der Champions League schon 1999 auf bis zu vier Klubs aus einem Land. Wie verzweifelt sich die UEFA in jenen Jahren unter dem Damoklesschwert des Silvio Berlusconi wegduckte, beweist unter anderem die Tatsache, dass ihr bei der Neuordnung von 1996 eine mögliche Konsequenz völlig entgangen war: Für die veränderte Champions League konnten sich mehr Klubs aus einem Land qualifizieren, als man eigentlich wollte. Da dieser gar nicht so unwahrscheinliche Fall auch sofort eintrat, weil Bayern München und Bayer Leverkusen 1997 die ersten Ränge in der Bundesliga belegten, während Dortmund als Titelverteidiger schon einen Teilnehmerplatz sicher hatte, musste eilig eine Sonderregel her.

Doch bei allem Verständnis für die Nöte der UEFA: Irgendwann ist Schluss mit der Bemäntelung von Panikattacken. Dieses Buch hat wahrlich einige Beispiele dafür geboten, dass vieles von dem, was Fußball-Freunden an der Entwicklung des Europacups aufstößt, Vorläufer hat und schon immer im Schwange war. Aber mit der Entscheidung vom Herbst 1996, die Champions League auch Nicht-Meistern zu öffnen, tat die UEFA ihren Wettbewerben keinen Gefallen: Von der Saison 1997/98 an war der internationale Vereinsfußball eine völlig andere Veranstaltung. Ganz im Gegensatz zu einer starren Europaliga nach amerikanischem Vorbild wertete die neue Champions League nämlich nicht die nationalen Spielklassen ab, sondern die beiden anderen Europapokale. So wurde dem Cup der Cupsieger gleich 1997 der FC Barcelona entrissen, der als spanischer Pokalgewinner in der Champions League antrat. Und der UEFA-Cup fand ohne den AC Parma, Feyenoord Rotterdam, Paris Saint-Germain oder Newcastle United statt, die als die zweitbesten Teams ihrer Länder dorthin gehört hätten.

Dass die UEFA diesen Fehler schnell bemerkte und zu korrigieren suchte, machte alles nur noch konfuser. Im Mai 1999 endete die 39-jährige Geschichte des Pokals der Pokalsieger auf recht deprimierende Weise. Unter den letzten acht Teams standen Panionios Athen, Valerengen Oslo, Varteks Varazdin aus Kroatien, Maccabi Haifa und RCD

Mallorca – was sich, bei allem Wohlwollen, nicht wie ein europäisches Viertelfinale las. Aber immerhin waren diese Vereine alle Pokalsieger oder -finalisten ihres Landes, im Gegensatz etwa zum holländischen Vertreter Heerenveen. Weil 1998 mit Ajax und Eindhoven zwei für die Champions League qualifizierte Klubs das Endspiel um den nationalen Cup bestritten, gab es in den Niederlanden ein Spiel um den dritten Platz. In diesem Spiel zwischen den Verlieren der Halbfinals sollte der Verein ermittelt werden, den Holland zum Pokal der Pokalsieger schicken konnte. So etwas war nun ganz offenbar grober Unfug, weshalb die UEFA diesen Wettbewerb einstellte und die nationalen Pokalgewinner in den UEFA-Cup schickte. Das änderte aber nichts an der Situation: 1999 trugen der AC Bologna und Inter Mailand sogar zwei Spiele um den dritten Platz bei der „Coppa Italia" aus, weil die Finalisten (Parma und Florenz) als Dritter und Vierter der „Serie A" inzwischen auch noch in die Champions League gerutscht waren.

Die Prominenz machte sich also rar im UEFA-Cup. Man konnte zum Beispiel am Ende des 20. Jahrhunderts guten Gewissens davon ausgehen, dass Klubs wie Real Madrid, Manchester United und der AC Mailand nie mehr in diesem Wettbewerb auftauchen würden. Um diesen krassen Gegensatz zu mildern, ließ sich die UEFA wieder etwas einfallen: Von 1999 an wurde in der Champions League eine zweite Gruppenphase eingeschoben, um zu ermöglichen, dass einige Klubs, die in der ersten gescheitert waren, in den UEFA-Cup weitergereicht werden konnten. Der war zwar zu diesem Zeitpunkt schon in vollem Gange, aber was machte das schon? In den Jahren 2000 und 2002 bestritten Mannschaften das Finale um den ehemaligen Pokal der Messestädte, die während der ersten Monate der Saison in einem ganz anderen Wettbewerb gespielt hatten. Auch das blieb nicht ohne peinliche Folgen, die bei größerer Voraussicht zu vermeiden gewesen wären: Seit Beginn der Spielzeit 1997/98 wurde der UEFA-Cup in nur einem Finale entschieden und auf einem neutralen Platz ausgetragen. Für 2002 hatte sich die UEFA auf Rotterdam geeinigt, aber dann erdreistete sich Feyenoord, in der ersten Gruppenphase der Champions League auszuscheiden und in der Trostrunde namens UEFA-Cup alle Gegner zu schlagen. Als Borussia Dortmund am 8. Mai zum Endspiel den Rasen betrat, hatte keiner der Spieler jemals einen weniger neutralen Finalort zu Gesicht bekommen.

Millionäre und Euro-Helden im UEFA-Cup

Diese Wirrungen haben etwas Komisches an sich, weil sie fast wie ein Rückfall in die chaotischen Anfangstage des Messe-Cups anmuten. Aber das Siechtum des UEFA-Cups ist zumindest aus deutscher Sicht zugleich recht traurig, denn in der ersten Hälfte der 1990er machten die Teams aus der Bundesliga hier oft eine gute Figur. Und auf gewisse Weise war ja der UEFA-Cup sogar dafür verantwortlich, dass Deutschland 1997 nach knapp anderthalb Jahrzehnten Pause wieder den Pokal der Meister gewinnen konnte.

2. Runde im UEFA-Cup 1993/94, FC Valencia - Karlsruher SC 3:1 / 0:7. Jubel nach dem 5:0 von Edgar Schmitt – ab da war er nur noch der „Euro-Eddy“.

In der Saison 1992/93, als der VfB Stuttgart in der Königsklasse durch einen Wechselfehler Ruhm und Reichtum verpasst hatte, fand Borussia Dortmund genau das im UEFA-Cup – dank des Fernsehens. Gleich zum Auftakt der Europacup-Wettbewerbe blieben der 1. FC Köln und Pokalsieger Hannover 96 auf der Strecke; einen Monat später erwischte es Eintracht Frankfurt, Werder Bremen und – wegen Daums Fauxpas – auch den Meister Stuttgart. Schließlich scheiterte Kaiserslautern im Achtelfinale des UEFA-Cups an Ajax Amsterdam. Wie die Lemminge hatten sich gleich sechs Bundesligisten in den Abgrund gestürzt: Von Dezember an stand nur noch Dortmund lächelnd auf dem Hügel, blickte in die Ferne und wartete auf die Offerten der TV-Anstalten. Da das Angebot plötzlich karg und die Nachfrage groß war, nahm die Borussia mindestens 25 Millionen Mark ein. Mit diesem Geld wurde schon in der Winterpause Matthias Sammer aus Italien geholt, im Sommer folgte Karlheinz Riedle, ein Jahr später kamen Andreas Möller und Julio Cesar. Dieses Quartett kostete den Klub etwa 30 Millionen Mark, aber es erspielte zwei Meisterschaften und ermöglichte die Mai-Nacht von München 1997.

Bliebe noch zu erwähnen, dass der Klub natürlich nicht allein durch die Dummheit der Konkurrenz zum Krösus wurde, sondern durch Siege über Kölns Bezwinger

Celtic Glasgow, Real Saragossa mit Andreas Brehme, den AS Rom mit Thomas Hässler und den schon erwähnten AJ Auxerre. Erst Juventus Turin mit Möller und Jürgen Kohler war dann in den Finals (noch) zu stark für die Borussen.

Die nächste Saison des UEFA-Cups, 1993/94, verlief aus deutscher Sicht nicht ganz so erfolgreich – dafür aber spektakulärer. Das lag vor allem am 3. November 1993, an dem der Karlsruher SC in seiner ersten internationalen Saison überhaupt im Wildparkstadion den FC Valencia begrüßte, der schon zum 20. Mal im Europacup spielte. Die Stars der Spanier waren Predrag Mijatovic, zu Saisonbeginn von Partizan Belgrad gekommen, und der bulgarische Stürmer Lubsolav Penev. Mijatovic und Penev waren es auch, die im Hinspiel für eine 3:0-Führung sorgten. Valencia wiegte sich in Sicherheit, aber dann passierten zwei Dinge, die den KSC noch hoffen ließen: Erstens köpfte Edgar Schmitt in der 80. Minute das Anschlusstor, zweitens handelte sich Penev seine zweite gelbe Karte des Turniers und eine Sperre ein.

Aber auch der Bundesligist ging geschwächt in das Rückspiel, denn der 19-jährige Libero Jens Nowotny fehlte seit September und hatte bereits die erste Runde des UEFA-Cups verpasst, in der seine Elf etwas überraschend den PSV Eindhoven ausschalten konnte. Fast wäre auch Schmitt an jenem großen Dienstagabend im November nicht dabei gewesen, denn eine Woche vor der Partie überschlug er sich auf der Autobahn mit seinem Wagen fast so oft, wie er gegen Valencia treffen sollte. „Da habe ich noch einmal Geburtstag feiern dürfen", sagte er über die Tatsache, dass er lebend aus dem Wrack gestiegen war. Als die Begegnung um 18 Uhr angepfiffen wurde, stand Schmitt dann doch auf dem Feld. Eine halbe Stunde lang sah es nicht so aus, als könnte er zum Helden werden, denn in dieser Zeit stand vor allem der 24-jährige Torwart Oliver Kahn im Mittelpunkt des Geschehens. Dann aber fielen zwei Bälle vor Schmitts Schussbein, die er beide nicht erst stoppte, sondern sogleich dahin schickte, wo Stürmer sie am liebsten sehen. Nur 180 Sekunden später senkte sich ein Lupfer von Rainer Schütterle hinter Valencias erfahrenen Tormann José Manuel Sempere ins Netz: Innerhalb von kaum acht Minuten hatte das Team von Trainer Winfried Schäfer ein 3:0 herausgeschossen. Trotzdem fehlte den Spaniern nur ein Treffer, um im Gesamtstand gleichzuziehen. Und fast hätten sie den noch kurz vor dem Wechsel geschafft, aber das Leder knallte an den Pfosten von Kahns Tor.

Für die Ereignisse der zweiten Halbzeit fand Valencias Trainer Guus Hiddink später nur die Erklärung, dass seine Mannschaft mit der bitteren Kälte im Wildpark nicht klargekommen wäre. Dabei hätten seine Spieler doch wenigstens in der 46. Minute eigentlich noch auf Kabinentemperatur sein müssen – trotzdem konnten sie nicht verhindern, dass Karlsruhes Russe Valerij Shmarov das 4:0 erzielte. Dann brachte sich Schmitt wieder in Erinnerung, mit zwei Toren in nur vier Minuten, darunter ein Schuss aus fast 30 Metern. Kurz vor dem von den Spaniern jetzt erflehten Abpfiff erhöhte der Kroate Slaven Bilic gar auf 7:0.

Nach diesem Spiel war Schmitt natürlich „Euro-Eddy", aber der KSC hatte auch „Euro-Olli": Die nächste Runde wurde gegen Girondins Bordeaux mit seinen Jungstars Zinedine Zidane und Christophe Dugarry überstanden, weil Kahn mehr hielt, als ein Torwart normalerweise halten kann. Patrick Battiston, der in Deutschland nicht unbekannte Manager der Franzosen, sagte hinterher: „Die Karlsruher waren nicht besser. Aber sie hatten Oliver Kahn." Auch das Viertelfinale, gegen Boavista Porta, gestaltete der KSC erfolgreich. Dann endete das Abenteuer so jäh wie unerwartet. Der Halbfinal-Gegner Austria Salzburg hatte zwar Eintracht Frankfurt per Elfmeterschießen aus dem UEFA-Cup befördert, schien aber ein relativ leichtes Los zu sein. Als der KSC mit einem 0:0 aus Österreich heimkehrte, war Europa noch in Ordnung, doch bereits das frühe 0:1 durch Hermann Stadler im Wildpark bedeutete das Aus, weil der Gastgeber nicht mehr als ausgleichen konnte. „Euro-Eddy" wurde in diesem Spiel durch einen Verteidiger namens Wolfgang Feiersinger kaltgestellt, der drei Jahre später Borussia Dortmund als Libero in das Finale der Champions League führte – und dort dann nicht spielen durfte, weil Sammer rechtzeitig fit wurde. Nun, immerhin stand Feiersinger in den UEFA-Cup-Endspielen 1994. Wie zuvor Austria und Rapid Wien, so scheiterte aber auch Salzburg bei dem Versuch, zum ersten Mal einen europäischen Pokal nach Österreich zu holen: Inter Mailand gewann beide Spiele 1:0. Etwa 24 Monate später sollte Rapid Wien, in dessen Reihen der 21-jährige Deutsche Carsten Jancker stürmte, einen erneuten Anlauf wagen. Doch das Finale um den Pokal der Pokalsieger 1996 ging gegen Paris Saint-Germain 0:1 verloren, und so wartet das Land von Hugo Meisl, Matthias Sindelar und Ernst Happel noch heute auf einen internationalen Titel.

Der Pokal der Verlierer

Für Deutschland aber gingen die guten Jahre im UEFA-Cup unvermindert weiter. In der Saison 1994/95 schafften es gleich zwei Klubs so weit wie Karlsruhe ein Jahr zuvor. Leider mussten beide im Halbfinale gegen Italiener antreten. Im Fall von Borussia Dortmund war das – wer sonst? – der spätere Sieger Juventus Turin. Doch auch wenn die Westfalen verloren, deutete sich schon schüchtern an, dass die Dinge irgendwann auch anders laufen konnten. Im Hinspiel in Italien stand es 2:1 für Dortmund, als Jürgen Kohler in der 88. Minute eines seiner seltenen Tore erzielte. Ein Jahr später wäre das toll für den BVB gewesen, aber im April 1995 spielte Kohler eben noch für Juventus. Diese Partie fand übrigens in Mailand statt, weil sich in Turin spätestens seit der Einführung der Champions League niemand mehr für den UEFA-Cup interessierte: Zu Juves vier Heimspielen waren insgesamt weniger als 30.000 Tifosi gekommen! Ausverkauft war jedoch das Westfalenstadion. Dort unterlag eine ersatzgeschwächte Borussia dann 1:2, weil Del Piero damals noch Roberto Baggio die Freistöße schießen ließ, der das auch gar nicht mal schlecht machte.

Im zweiten Halbfinale traf Bayer Leverkusen auf den AC Parma und verlor beide Partien (1:2, 0:3). In diesen Wochen ging es am Rhein hoch her: Im Hinspiel betreute Dragoslav Stepanovic die Leverkusener, in Parma saß dann schon Erich Ribbeck auf der Bank. Aber auch bei einem stabileren Umfeld wäre der Bundesligist wohl nicht an den Italienern vorbeigekommen, bei denen der Portugiese Fernando Couto das eigene Tor sicherte, der Kolumbianer Faustino Asprilla das gegnerische in Gefahr brachte und der kleine Gianfranco Zola alles regelte, was es dazwischen noch so gab. „Wir haben immer unsere Ziele, aber es ist nie ein ‚Muss' dahinter", sagte Parmas Trainer Nevio Scala munter. „Unsere einzige Verpflichtung ist die, den Fans Vergnügen zu bereiten."

Für einen Klub, der es erst 1990 in die „Serie A" geschafft hatte, konnte Parma allerdings schon auf so manches erreichte Ziel verweisen: 1993 und 1994 stand die Elf sogar im Finale um den Cup der Pokalsieger. Das erste dieser zwei Spiele wurde gegen den FC Antwerpen mit 3:1 gewonnen, was natürlich – wegen des Fluches – bedeutete, dass das zweite verloren ging. Falls der Leser noch immer nicht glaubt, dass dieser Pokal verwünscht war: Parma unterlag im Finale 1994 Arsenal London, das es zwölf Monate später erneut bis ins Endspiel schaffte. Aber auch Arsenal konnte den Titel nicht verteidigen. Weil ein Marokkaner namens Mohamed Ali Amar, der sich „Nayim" nannte, in der 120. Minute das Siegtor für Real Saragossa schoss – von der Mittellinie aus. In diesem Wettbewerb soll es mit rechten Dingen zugegangen sein?

Wenden wir uns also lieber wieder dem UEFA-Cup zu, wo man wenigstens begreifen konnte, was geschah. In den beiden Jahren, bevor der gesamte Europapokal umgekrempelt wurde, also 1996 und 1997, lockerte sich endlich der Würgegriff Italiens, das seit 1989 immer mindestens einen Finalisten gestellt hatte. In diesen zwei Spielzeiten triumphierten Mannschaften aus der Bundsliga, und obwohl sie eine ähnliche Strategie wählten, indem sie mitten im Wettbewerb den Trainer wechselten, hätten sie unterschiedlicher kaum sein können.

Da war zum einen Bayern München, von dessen Präsidenten Franz Beckenbauer die Definition des UEFA-Cups als „Pokal der Verlierer" überliefert ist und dessen Manager Uli Hoeneß einige Jahre zuvor dem 1. FC Kaiserslautern grummelnd zur Meisterschaft gratuliert hatte, mit dem Nachsatz: „Ob das gut für den deutschen Fußball ist, wird man dann im Europacup sehen." Ja, an der Säbener Straße galt nur der Wettbewerb der Meister als richtiger internationaler Vergleich, alles andere war nur ein niedlich verpackter Intertoto-Cup. Die Fans empfanden das nicht anders, denn zum ersten Spiel kamen nur 16.000 in das Olympiastadion, um die neue Elf von Raymond Goethals zu sehen, Lokomotive Moskau. Da sich die Russen die Frechheit herausnahmen, auch noch zu gewinnen, schienen die Bayern schon im September von den lästigen Flutlichttreffen mit den anderen Verlierern befreit. Nur Jürgen Klinsmann, der große Kosmopolit, war offenbar entschlossen, in Europa zu verweilen: In Moskau schoss er die ersten beiden von schließlich 15 Toren in dieser europäischen

Achtelfinale im UEFA-Cup 1994/95, Deportivo La Coruña - Borussia Dortmund 1:0 / 1:3 n.V. Lars Rickens Siegtor im Rückspiel.

Saison. Das letzte fiel zwölf Minuten vor Abpfiff des zweiten Finalspiels, womit Klinsmann spät, aber nicht zu spät José Altafini vom AC Mailand (1962/63) und John Wark von Ipswich Town (1980/81) überholte, die mit jeweils 14 Treffern in einem Europacup-Jahr bis dahin Rekordhalter waren.

Klinsmanns Begeisterung steckte seine Kollegen an. Nach der Niederlage gegen Moskau gewannen die Bayern sieben Partien in Folge und mussten sich erst im Hinspiel des Halbfinals wieder mit einem 2:2 begnügen. Das war allerdings ein schlechter Zeitpunkt, denn diese Partie fand in München statt, und der Gegner hieß FC Barcelona. Im Camp Nou brauchte der Bundesligist jetzt, in den Worten von Lothar Matthäus, „ein Wunder“ – und bekam es. Markus Babbel und Marcel Witeczek schossen vor 115.000 Zuschauern einen 2:1-Sieg heraus. Es war eines der letzten Spiele für Johan Cruyff als Trainer in Barcelona. Und einer der absurdesten Abende in der Geschichte der deutschen Fernsehunterhaltung: Das DSF übertrug das andere Halbfinale zwischen Bordeaux und Slavia Prag live, weil die Rechte für die Bayern-Partie an Leo Kirchs Pay-TV-Sender Premiere gegangen waren. Da aber nur wenige Fans dieses Programm abonniert hatten, setzte das DSF seinen Reporter Dieter Nickles und den Experten Udo Lattek in eine spanische Weinbar und schaltete sie in das laufende

Finale im UEFA-Cup 1995/96, Bayern München - Girondins Bordeaux 2:0 / 3:1. Bayern gewinnt mit Franz Beckenbauer auf der Trainerbank den UEFA-Cup. Szenen aus dem ersten Endspiel in München: Helmer erzielt per Kopf das 1:0; Scholl und Kahn feiern den 2:0-Sieg.

Spiel aus Bordeaux ein, wann immer sich etwas in Barcelona tat. So sahen die Zuschauer in Deutschland gleichzeitig ein Spiel aus Frankreich und zwei Deutsche, die in Spanien ein anderes Spiel kommentierten – vor einem Fernseher sitzend, auf dem eine Bierflasche stand. (Die Sendung wurde von einer Brauerei gesponsert, und wer zahlt, muss auch im Bild sein.)

Ähnlich bizarr ging es weiter: Zwölf Tage nach dem grandiosen Sieg in Barcelona feuerte der FC Bayern seinen Trainer Otto Rehhagel, den er damit für immer verärgern sollte. Beckenbauer übernahm die Elf für die letzten drei Wochen der Saison und gewann den UEFA-Cup gegen ein chancenloses Team aus Bordeaux, bei dem der baskische Linksverteidiger Bixente Lizarazu positiv auffiel, während Zinedine Zidane so enttäuschte, dass man ihm in den nächsten Jahren vorhalten würde, in Endspielen immer zu versagen. „Das Ziel vor der Saison war, den Namen des FC Bayern international aufzupolieren. Das ist uns eindrucksvoll gelungen“, sagte Abwehrspieler Thomas Helmer. So hatte München am Ende doch noch Frieden mit dem UEFA-Pokal geschlossen.

Schalkes Null triumphiert

Für einen anderen deutschen Klub stand das nie in Frage. Als der FC Schalke 04 im November 1977 schon in der 2. Runde dieses Wettbewerbs vom 1. FC Magdeburg vorgeführt wurde, war die Ernüchterung groß. Es wäre aber noch ein Schuss Bitterkeit hinzugekommen, wenn die Königsblauen da schon geahnt hätten, dass ihr nächster internationaler Auftritt beinahe zwei Jahrzehnte auf sich warten lassen sollte. Erst am 10. September 1996 war es wieder so weit. Da schaute Roda Kerkrade mit seinem Trainer Huub Stevens in Gelsenkirchen vorbei. Die Holländer zählten auch nicht gerade zur Stammbesetzung des europäischen Theaters, aber seit einigen Jahren spielten sie eine gute Rolle in der nationalen Liga. Stevens, seit dem März 1993 im Amt, hatte wie einst Nereo Rocco begonnen, die Etablierten mit einem rigiden Defensiv-Stil zu ärgern: 1995 kassierte Roda nur 28 Tore, die wenigsten in der ganzen Ehrendivision; 1996 waren es 35, noch immer der drittbeste Wert. Deswegen kam es einem Schock gleich, als Schalke schon nach 14 Minuten 2:0 gegen Kerkrade führte. Der Belgier Marc Wilmots erhöhte sogar noch auf 3:0. Vom Rückspiel nahm Schalke ein 2:2 mit und stand in der nächsten Runde gegen Trabzonspor aus der Türkei.

Roda aber hatte in den zwei Partien gegen den Bundesligisten mehr Tore bekommen als in seinen ersten acht Saisonspielen in Holland zusammen. Warum gerade acht? Nun, weil Stevens die Elf nur so lange betreute: Am 9. Oktober wurde er neuer Trainer von – Schalke 04. In Gelsenkirchen war Jörg Berger von den Spielern gestürzt worden, was die Anhäger auf die Barrikaden rief, die den alten Coach sehr mochten. Sie wären wohl noch erboster gewesen, wenn sie schon gewusst hätten, dass Stevens' Ausführungen über „attraktiven Fußball“ und „offensives Spiel“ durch ein bald geflügeltes Wort relativiert werden sollten: „Die Null muss stehen.“

Sie stand in fünf von Schalkes nächsten zehn UEFA-Cup-Spielen. Im gesamten Turnier gelang es keinem Klub, im Parkstadion einen Treffer zu erzielen, und auf des Gegners Platz war immer irgendein Schalker für ein Tor gut: Beim uncharakteristisch turbulenten 3:3 in Trabzon traf Stevens' Landsmann Johan de Kock zweimal, in Brügge gelang Michael Büskens auf schneebedecktem Rasen ein wertvolles Auswärtstor, und Youri Mulder schließlich sorgte in Valencia mit dem frühen 0:1 dafür, dass 46.000 Spanier schnell ruhig wurden. Nur im Halbfinale auf der Insel Teneriffa wollte der Ball nicht über die Linie. De Kock vergab eine Viertelstunde vor Ende einen Elfmeter, und so verlor Schalke mit 1:0 gegen ein Team, das nach zwei Platzverweisen am Ende nur noch neun Spieler auf dem Feld hatte. Der Trainer des Gewinners hieß Jupp Heynckes. Er weigerte sich, nach dem Abpfiff zusammen mit Stevens vor den Kameras zu erscheinen („Das ist in Spanien und international nicht üblich"), und prophezeite seinem Kollegen ein schwieriges Rückspiel: „Schalke muss sich Gedanken machen, sie müssen das Spiel machen."

Damit hatte die Elf zwei Wochen später tatsächlich Probleme, aber sie verlor nie Ruhe und Geduld. Wegen seiner vielen kopfballstarken Spieler ließ Stevens konsequent über die Außenbahnen spielen, was entweder zu Flanken oder zu Ecken führen sollte. In der 67. Minute konnte ein Spanier einen Kopfball von Thomas Linke noch vor der Torline wegschlagen, aber wenig später führte einer von Schalkes 17 Eckbällen zum Erfolg: Olaf Thon flankte, Linke köpfte, Heynckes musste sich mit der Verlängerung anfreunden. Die wurde ebenfalls durch eine Standardsituation entschieden, weil Thons Freistoß aus der 107. Minute auf dem Schädel von Marc Wilmots landete. „Steht auf, wenn ihr Schalker seid!", sangen 57.000 Fans aus tiefster Seele, obwohl sie schon alle standen. Bei seiner sechsten Europacup-Teilnahme und in einer Saison, die mit dem Tode von Reinhard Libuda begonnen hatte, war ihr Klub zum ersten Mal in ein Finale vorgestoßen.

Am 3. und 17. März 1997 wurde dieser UEFA-Cup entschieden, der letzte, dessen Sieger zwei Endspiele bestreiten musste. Üblicherweise heißt es, dass ein solcher Modus dem Favoriten entgegenkommt, weil sich seine Klasse über die lange Strecke von 180 oder gar 210 Minuten durchsetzen sollte. „Klar sind wir Favorit", sagte deshalb Inter Mailands Spielmacher Ciriaco Sforza guten Mutes. Er dachte wohl daran, wie sehr der „FC Internazionale Milano" anderthalb Jahre nach dem Bosman-Urteil seinem Namen Ehre machte: Neben dem Schweizer Sforza standen der Engländer Paul Ince, der Holländer Aron Winter, der Chilene Ivan Zamorano, der Argentinier Javier Zanetti sowie die Franzosen Jocelyn Angloma und Youri Djorkaeff. Zwar fehlten einige dieser Stars wegen Sperren im Hinspiel, aber das konnte bei einem Klub von solchem Kaliber keine Auswirkungen haben. Hatte Schalke nicht zwölf Jahre zuvor noch Geld bezahlt, damit Inter die Feiern zum Vereinsjubiläum bereicherte? Und war der UEFA-Cup nicht auch schon 1991 und 1994 nach Mailand gewandert? Nun, es sollte in diesem Jahrzehnt sogar noch ein dritter hinzukommen. Aber nicht der von 1997.

In einem chancenarmen, doch äußerst intensiven Hinspiel fiel im Parkstadion nur ein Tor: In der 70. Minute nahm Wilmots eine Kopfballvorlage von Yves Eigenrauch auf, ging ein paar Schritte mit dem Ball und schickte ihn aus mehr als 20 Metern an Nationaltorwart Gianluca Pagliuca vorbei ins Netz. Zwei Wochen später hätte derselbe Spieler schon früh alles entscheiden können, aber diesmal rettete Pagliuca nach wenigen Minuten gegen Wilmots' Schuss aus der Drehung. So entwickelte sich das nächste zähe Ringen darum, die Null zu kippen. Unter den 84.000 Zuschauern

Finale im UEFA-Cup 1996/97, FC Schalke 04 - Inter Mailand 1:0 / 0:1 n.V., 4:1 n.E. Nach einem 1:0 und einem 0:1 fällt die Entscheidung im Elfmeterschießen. Jens Lehmann pariert den entscheidenden Elfmeter von Zamorano.

im ausverkauften San Siro waren etwa 18.000 Fans der Königsblauen, und die glaubten schon an ein torloses Remis und die Sensation, als Zamorano fünf Minuten vor dem Abpfiff aus kurzer Entfernung zum 1:0 traf.

In der Verlängerung ging dem Bundesligisten dann sehr schnell die Kraft aus. Obwohl Inter nach einem Feldverweis gegen Salvatore Fresi in Unterzahl spielte, bekam die Elf mehr Chancen als während der 90 Minuten zuvor. Allein Maurizio Ganz hatte dreimal Pech: Einmal traf er die Latte, dann köpfte er knapp über das Tor, und schließlich forderte er (vielleicht zu Recht) einen Strafstoß. Dieser Wunsch wurde ihm etwas später gleich mehrfach erfüllt, denn nach neun Monaten UEFA-Cup musste der Sieger in einem Elfmeterschießen ermittelt werden. In bester deutscher Tradition trafen alle Schalker Schützen, auch wenn einer von ihnen ein Belgier war. Zamorano aber scheiterte an Torwart Jens Lehmann, und als Inter auch noch den Fehler beging, einen Holländer antreten zu lassen, war die Oper in Mailand aus.

Schalkes Manager Rudi Assauer mit Zigarre und „Pott".

Lehmann ging auf Aron Winter zu, gab ihm den Ball und erklärte dem Schützen, er würde in der Mitte des Tores stehen bleiben. Der irritierte Winter versuchte, das Leder weit in die rechte Ecke zu schieben und verfehlte das Ziel. Um 23.23 Uhr verwandelte Wilmots den letzten Elfmeter des Tages und den berühmtesten der Schalker Vereinsgeschichte.

„Das Team ohne Stars holte den Pokal", wunderte sich der „Corriere dello Sport" am nächsten Tag, und dies war der Tenor europaweit: „Den Millionenstars von Inter versagten die Nerven, die Handwerker hatten sie", schrieb etwa der „Blick" aus Zürich. Genau eine Woche später sollte sich dieses Szenario wiederholen, denn obwohl Dortmund im Gegensatz zu Schalke einige Stars hatte, besaß Juventus wiederum noch mehr davon als Inter. Keine Frage: Im Mai 1997 stand die Bundesliga prächtig da.

Die Folgen der Champions League

In der Saison 1997/98 begann ein völlig neuer Europacup. Wem diese Einschätzung zu harsch erscheint, der schaue sich die Schlussrunden der nächsten Jahre um den Pokal an, auf dem sich noch immer eingraviert fand, dass er für die „europäischen Meisterklubs" gestiftet war: 1998 standen zum ersten Mal drei Teams aus einem Land im Viertelfinale; 1999 bestritten zum ersten Mal zwei Klubs das Endspiel, die nicht amtierende Meister waren; 2000 stellte zum ersten Mal eine einzige Liga drei der letzten vier Teams; 2001 wurde zum ersten Mal ein Halbfinale zwischen zwei Mannschaften ausgetragen, die beide nur als Tabellendritter in den Wettbewerb gekommen waren.

Diese Statistiken sollen keinen Kulturpessimismus fördern. Ob diese Entwicklung des Europacups eine gute oder schlechte Sache ist, lässt sich ebenso wenig beantworten wie die Frage, für wen sie von Vor- oder Nachteil ist. So wird zum Beispiel häufig beklagt, dass die großen Summen, die in der Champions League ausgeschüttet werden, die Reichen noch reicher und die Armen komplett chancenlos werden lassen. Doch genauso gut könnte man argumentieren, dass gerade die reichen, ambitionierten Vereine zunehmend Probleme bekommen: Ein Klub wie der FC Porto kann es sich leisten, nur zwei oder drei Jahre international gut dazustehen, um dann ein neues Team aufzubauen, während für die Manchesters, Mailands und Madrids schon eine Saison abseits des Scheinwerferlichts eine Katastrophe darstellt. Das zwingt sie zu immer höheren finanziellen Risiken; man denke nur an die teuren, weil sehr großen Kader in England, die horrende Verschuldung der italienischen Klubs und die mühsamen, aberwitzigen Tourneen durch Asien, die Real Madrid aus wirtschaftlichen Gründen unternehmen muss.

Dazu kommt die Vielzahl der Gruppenspiele. Theoretisch helfen sie den Top-Klubs, weil sie ein unglückliches Ausscheiden gegen eine Maurertruppe aus Belgien oder Israel unwahrscheinlich machen. In der Praxis hingegen führen sie dazu, dass die mit Nationalspielern gespickten Klubs dem Ende einer jeden Saison nur noch groggy entgegentorkeln, weil zu viele ihrer Stars überspielt oder verletzt sind. Und keinem Klub hat der Ligamodus bisher mehr genutzt als dem vergleichsweise kleinen AS Monaco, der die Saison 2003/04 fast bankrott begann, drei Stammspieler verlor, sich keine Transfers, sondern nur Ausleihgeschäfte leisten konnte und dann sein zweites Heimspiel auch noch mit fünf Toren Unterschied verlor. Trotzdem standen die Franzosen ein halbes Jahr später im Finale, was den alten Kämpen Kenny Dalglish zu der sarkastischen Äußerung trieb: „Früher hatte man nur noch sehr geringe Chancen, wenn man 8:3 geschlagen wurde."

Man könnte also sagen, dass sich die Vor- und Nachteile der Champions League für die großen Klubs und großen Ligen am Ende neutralisieren. Eine dramatische Auswirkung dürfte sie allerdings an Orten haben, von denen man nur selten hört. Die Rede ist von all den kleinen Ligen, die kaum einmal in die Schlagzeilen kommen. In Ländern wie etwa Norwegen können schon verhältnismäßig kleine Summen einen normalen Verein zur Supermacht werden lassen. Zwischen 1960 und 1990 holte der norwegische Klub Rosenborg Trondheim fünf Meistertitel, womit er ungefähr so erfolgreich war wie Viking Stavanger und IF Valerengen. Doch pünktlich zum Beginn der Champions League hatte Trainer Nils Arne Eggen eine gute Elf beisammen, sodass sein Team international vertreten war, als der Markt zu explodieren begann. Nach der WM 1994 kam auch noch der ehemalige Werder-Profi Rune Bratseth, ein gebürtiger Trondheimer, als Sportdirektor ins Boot. In den nächsten zehn Jahren nahm Rosenborg im Europacup fast 44 Millionen Euro ein. Bayern München bekam zwar mehr als dreimal so viel, aber die spielen auch nicht in einer Liga, in der man 2004 mit 25 Millionen Euro den Etat aller (!) 14 Klubs decken konnte. „Wir haben jetzt ein Stadion mit 21.000 Sitzplätzen, eine Rasenheizung und eine Halle zum Training", sagt Trondheims Präsident Knut Skoglund heute. „Das Geld aus der Champions League hat es uns auch ermöglicht, ein neues Vereinsheim zu bauen." Das ist schön für den Klub, aber vielleicht weniger gut für die Liga. Der Pressesprecher des Fußball-Verbandes von Island, Omar Smarason, meint jedenfalls: „Wenn sich jemals ein isländisches Team für die Gruppenphase der Champions League qualifizieren sollte, werden wir zweifellos eine totale Dominanz der nationalen Liga durch dieses Team erleben, wie in Norwegen."

Real ohne Tor, aber mit Titel

Am 4. Dezember 1996 wurde Europa zum ersten Mal richtig auf Rosenborg aufmerksam, weil ein Tor von Vegard Heggem in der 70. Minute den AC Mailand in seinem eigenen Stadion schlug: Trondheim, nicht das große Milan, stand im Viertelfinale der Champions League. Und eine Saison später wäre das den Norwegern fast schon wieder gelungen, obwohl inzwischen gleich 24 Mannschaften in sechs Gruppen spielten, darunter auch die Vizemeister der betuchten Ligen. Am vorletzten Spieltag reiste Real Madrid mit seinem neuen Trainer Jupp Heynckes in das kalte Trondheim und kam in Teufels Küche. Tore von Roar Strand und Harald Martin Brattbakk schlugen den Favoriten 2:0, und nun brauchte Rosenborg nur noch einen Sieg beim abgeschlagenen Olympiakos Piräus oder ein wenig Glück, um als einer der besten Gruppenzweiten in die nächste Runde zu kommen. Beides ging schief. Bis zur 88. Minute führte Trondheim in Griechenland, dann gelang Piräus mit einem eher harmlosen Freistoß das 2:2. Und weil Juventus einen fast ebenso späten Treffer gegen Manchester United schaffte, quetschte sich Turin noch unter die letzten Acht.

Hier fanden sich auch gleich drei Bundesligisten ein, von denen aber nur Dortmund weiterkam. Die Borussia und ihr neuer Trainer Nevio Scala machten eine Krise durch, doch das galt auch für den Gegner, der zum Zeitpunkt der Viertelfinalspiele seit knapp sechs Stunden ohne Torerfolg war – Bayern München. Demzufolge standen beide Partien zwischen den Rivalen nach 90 Minuten 0:0, und erst ein Linksschuss des Schweizers Stéphane Chapuisat in der Verlängerung sicherte dem BVB das Weiterkommen. So eng ging es beim dritten deutschen Vertreter nicht zu: In einem sehr unterhaltsamen Hinspiel trennte sich Bayer Leverkusen 1:1 von Real Madrid, doch zwei Wochen später in Spanien war die Elf auf verlorenem Posten. Der Franzose Christian Karembeu, Fernando Morientes und Kapitän Fernando Hierro schossen Real zu einem nie gefährdeten 3:0-Sieg. Dieses Resultat rettete Heynckes, dessen Stuhl wegen Madrids schlechter Form in der „Primera División“ schlimm wackelte. Nun, noch fiel er nicht. Dafür etwas anderes.

Um 20.40 Uhr am 1. April 1998 positionierten sich die Teams von Real Madrid und Borussia Dortmund im ausverkauften Bernabéu-Stadion, um den Fotografen Bilder der Halbfinalisten zu ermöglichen. In diesen Momenten hingen und zerrten etwa 50 Real-Fans der Gruppe „Ultra Sur“ an dem Zaun, der die Südkurve vom Rasen trennte. Das Tor an diesem Ende des Spielfeldes war durch Seile mit der Umzäunung verbunden – und als diese nachgab, knickten die Torpfosten um. Der holländische Schiedsrichter Mario van der Ende schickte die Teams wieder in ihre Kabinen, während sich immer mehr Angestellte des gastgebenden Vereins auf dem Rasen einfanden, um den Schaden zu begutachten und ausgiebig zu besprechen. Behoben wurde er nämlich erst um 21:45 Uhr, als endlich ein Ersatztor stand, das von Madrids Trainingsgelände herbeigeschafft worden war. 15 Minuten später wurde angepfiffen. Die-

Viertelfinale der Champions League 1997/98, Bayern München - Borussia Dortmund 0:0 / 0:1 n.V. Bayern verliert das Rückspiel gegen die Borussia. Hier setzt sich Heiko Herrlich gegen Markus Babbel durch.

ser Skandal brachte Real eine hohe Geldstrafe und eine Platzsperre für das nächste Heimspiel im Europacup ein. Er hatte aber keine weiteren Auswirkungen auf die laufende Saison, denn die Spanier gewannen den Aprilscherz von einem Fußballspiel durch Tore von Morientes und Karembeu mit 2:0 und schaukelten im Rückspiel gekonnt ein 0:0 über die Runden.

Das Finale fand am 20. Mai 1998 vor 50.000 Zuschauern in der Amsterdam Arena statt. Reals Gegner hieß Juventus Turin, das sein drittes Endspiel hintereinander nicht ganz so souverän wie in den Vorjahren erreicht hatte. Dreimal war die Elf besiegt worden – in Manchester, Rotterdam und Monaco –, aber das entmutigte die Tifosi nicht: Vor dem Spiel bedeckte ein riesiges schwarz-weißes Trikot die italienische Kurve, auf dem „Campione d'Italia" stand, mit einer „25" darunter. So oft hatte Turin mittlerweile die Meisterschaft in Italien gewonnen, wenn man die beiden Titel vor Einführung der „Serie A" mitrechnete. Vielleicht war es auch ein trotziger Hinweis darauf, dass tatsächlich zwei echte Champions und zwei legendäre Klubs das Finale dieser renovierten europäischen Liga bestritten.

Wie im Jahr zuvor, so fand Juventus auch 1998 schneller in die Partie. In der Anfangsviertelstunde hätte Reals Brasilianer Roberto Carlos einen Schuss von Di Livio fast ins eigene Tor abgefälscht, dann verfehlte Zidanes Linksschuss sein Ziel um etwa eine Handbreit. Nach dem Wechsel rettete Madrids deutscher Torwart Bodo Illgner gleich zweimal gegen Filippo Inzaghi, doch beide Paraden wirkten spektakulärer, als sie waren: Juventus konnte sich keine richtig große Chance erspielen, während Real

immerhin auf Raúls Gelegenheit verweisen durfte, der das Leder aus fünf Metern hauchdünn neben das Tor schob. In der 67. Minute wurde ein Ball aus dem Turiner Strafraum geklärt und kam zu Roberto Carlos. Der hatte nun das Glück, dass ihm sein Direktschuss aus 16 Metern misslang und nicht in Richtung Tor schlitterte – sondern auf Juves Verteidiger Mark Iuliano zu, dessen Beine nicht mehr rechtzeitig aus der Flugbahn wollten. Von Iulianos rechtem Fuß prallte der Ball an den linken und dann zu einem Stürmer, den Karlsruher Fans noch als 0:7-Verlierer kannten: Predrag Mijatovic war als Erster beim Leder, legte es am herausstürzenden Peruzzi vorbei und schoss es mit links halbhoch ins Netz. Der Schütze, der aus derselben Stadt in Montenegro stammt wie Dejan Savicevic, widmete das Siegtor anschließend seinem Sohn Andrija, der mit einem unheilbaren Hydrozephalus (Wasserkopf) geboren worden war.

So hatte Real Madrid nach einer quälenden Wartezeit von 32 Jahren den größten Pokal wieder gewonnen. Eine bessere historische Verbindung zu den Anfängen der Trophäe ließ sich für die erweiterte und von vielen Traditionalisten kritisierte Champions League kaum denken. Trotzdem schien es zuerst, als hätten moderne Vereinsführer keinen Sinn mehr für Gefühlsduselei: Noch bevor der Mai endete, war Jupp Heynckes entlassen. Kein Pokal war offenbar gut genug, um unerhörte elf Punkte Rückstand auf Barcelona in der „Primera División“ vergessen zu lassen. Dann aber schlug doch noch die Stunde der Sentimentalität. Eine Woche nach dem Finale trugen Reals Präsident Lorenzo Sanz und seine Kollegen vom Vorstand die Trophäe zu einem Friedhof und stellten sie auf ein Grab. Es war das von Don Santiago Bernabéu.

Diese Geste sollte wohl unter anderem ausdrücken, dass der Mann, der fast ein halbes Jahrhundert zuvor aus Real Madrid den größten Klub der Welt gemacht hatte, jetzt endlich in Frieden ruhen konnte, weil Nachfolger da waren, die sein Werk fortsetzen würden. Und tatsächlich stand Real kurz davor, ein zweites „weißes Ballett“ aufzubauen. Sogar ein neuer di Stéfano würde bald in Madrid Einzug halten – obwohl im Mai 1998 viele Leute über eine dementsprechende Prophezeiung nur ungläubig gelacht hätten.

Der Franzose Zinedine Zidane drohte, zur tragischen Figur zu werden. Er stand wenige Wochen vor seinem 26. Geburtstag, was ungefähr das Alter ist, in dem ein Profi seine Zukunft zur Gegenwart gemacht haben sollte, um nicht als gescheitertes Talent zu gelten. Dieser Karrieresprung schien Zidane jedoch gehörig misslungen: Er hatte zum dritten Mal in ebenso vielen Jahren ein großes Finale verloren – zuerst mit Bordeaux gegen die Bayern, nun zweimal mit Juventus. Woran das lag, war so schwer greifbar wie der Mann selbst. Einige Beobachter glaubten, Zidane wäre trotz seiner grenzenlosen Fähigkeiten als Fußballer nicht in der Lage, eine Elf zu führen und Verantwortung zu übernehmen. Tatsächlich war er vor allem Fremden gegenüber still, geradezu schüchtern, und galt als beinahe überdisziplinierter Familienmensch. Der Autor Andrew Hussey schreibt, Turins Präsident Gianni Agnelli wäre „verdutzt“ ge-

Wenige Wochen nach der Europapokal-Niederlage wurde Zinedine Zidane mit der französischen Nationalelf im eigenen Land Fußball-Weltmeister – und erzielte im Finale gegen Brasilien zwei Tore.

wesen, dass sein Mittlfeldstar allen Verlockungen der Stadt widerstand, und bilanziert: „Zidane war entrückt, unergründlich."

Aber es gab auch eine andere Seite des Spielers, die diesen Einschätzungen allerdings nicht widerspricht, sondern sie eher ergänzt. Zidane ist der Abstammung nach ein Berber, weil seine Eltern aus der Bergregion Kabylei im nördlichen Algerien nach Frankreich kamen. Er wuchs in einem sehr heiklen Bezirk Marseilles mit Namen La Castellane auf, in dem sein Bruder noch heute eine Amateurelf betreut. „Zuerst bin ich ein Kabyleier aus Algerien", charakterisiert Zidane sich selbst. „Dann ein Algerier aus Marseille. Dann erst ein Franzose." Dieser Stolz auf seine Herkunft ist natürlich zum Teil eine Reaktion auf die Repressalien, die er als Sohn von Einwanderern zu erdulden hatte. Als Kind litt Zidane oft unter Alpträumen, wenn sein Vater aus dem Haus war, um die Nachtschicht anzutreten. Aber er lernte auch, wie er sagt, „dass ein Immigrant doppelt so hart arbeiten muss wie andere und nie aufgeben darf". All das erklärt vielleicht seine Zurückhaltung (die einfach nur Misstrauen sein könnte), seinen Familiensinn, seine Disziplin. Es lässt aber auch vermuten, dass er durch eine harte Schule ging und keineswegs der sensible Schöngeist ist, auf den ihn seine Kritiker reduzierten. Sein Benehmen auf dem Platz ist meist tadellos – aber eben nicht immer. Und wenn seine Kontrollmechanismen einmal versagen, dann gründlich.

Vier Wochen nach der Finalniederlage gegen Real Madrid spielte Zidane bei der WM im eigenen Land gegen Saudi-Arabien. Trotz einer sicheren 2:0-Führung seiner Elf ließ er sich ohne Vorwarnung zu einer Tätlichkeit hinreißen, wurde des Feldes verwiesen und fehlte Frankreich in den nächsten beiden Partien. An diesem Tiefpunkt seiner Laufbahn suchte und fand Zidane schließlich den di Stéfano in sich – den Alleskönner, in dem zugleich ein großes Kämpferherz schlägt. Das Endspiel um die Weltmeisterschaft gewann eine französische Elf, die eigentlich ohne Stürmer spielte, gegen Brasilien, weil der vermeintliche Dirigent Zidane zwei Tore in der Manier eines Mittelstürmers erzielte. Es sollten nicht seine letzten in einem großen Finale sein, denn von nun an würde ihn auch der Europapokal freundlicher behandeln. Wie es sich für einen algerischen Franzosen geziemt, dessen Frau spanische Vorfahren hat und dessen Kinder alle italienische Vornamen tragen.

Das Trauma von Barcelona

Fast genau ein Jahr nach diesen Ereignissen bewies die Champions League endgültig, dass sie trotz Geld, Glamour und gierigem Kalkül sehr wohl noch in der Lage war, Emotionen zu wecken. Das Finale vom 26. Mai 1999 stand an Intensität keinem der großen Dramen nach, die der Europapokal in früheren Zeiten geboten hatte, und zudem zeigte es, dass der Fußball auch auf höchstem Niveau und bei bester Planung oft einen grotesken Verlauf nehmen kann.

Kurz vor 22.30 Uhr erhob sich Lennart Johansson, der Präsident der UEFA, von seinem Sitz in der Ehrenloge des Camp Nou von Barcelona und ging zu dem Aufzug, der ihn zur Siegerehrung nach unten an den Spielfeldrand befördern würde. In diesem Augenblick fragte Martina Rummenigge ihren Mann Karl-Heinz, wie lange noch zu spielen sei. „Es ist vorbei“, antwortete der. „Da geht nichts mehr schief.“ Der deutsche Journalist Ludger Schulze drehte sich gerade auf der Pressetribüne zu seinen Kollegen um, weil eine Diskussion über die Auswechslung von Lothar Matthäus entbrannt war. Und der Radioreporter Günther Koch sagte: „Das ist der Schlusspfiff! Oder nein, es gibt Ecke.“ Johansson betrat den Lift und überlegte sich, welche Worte er zu wählen habe, um Bayern München zu beglückwünschen und Manchester United zu trösten.

Der FC Bayern wartete seit 1976 auf den Pokal am Ende des Regenbogens und hatte in dieser Zeit zwei Finals verloren. Und auch die Saison 1998/99 war denkbar ungünstig gestartet: In einer Gruppe mit Manchester United und dem FC Barcelona verlor München gleich das Auftaktspiel beim leichtesten Gegner, Bröndby Kopenhagen, und lag in der zweiten Partie bis Sekunden vor dem Abpfiff auf eigenem Platz 1:2 gegen United zurück. Das war praktisch das sichere Aus. Aber dann griff Manchesters dänischer Torwart Peter Schmeichel an einem Einwurf vorbei, und der Ball landete bei seinem Kollegen Teddy Sheringham. Von Bayerns Giovane Elber bedrängt, fand Sheringham nur den ungünstigsten Ort für das Spielgerät: das eigene Tor. Damit waren die Bayern im letzten Moment noch gerettet. Anschließend bewiesen sie Nervenkraft: Zwei Siege über Barcelona, einer über Kopenhagen und ein Unentschieden in England sicherten das verloren geglaubte Viertelfinale. Dort gelangen sichere Siege über Otto Rehhagels 1. FC Kaiserslautern, der München in der vergangenen Bundesliga-Saison so geärgert hatte. Im Halbfinale schließlich konnte gar Rache an Dynamo Kiew für das bittere Ausscheiden von 1977 genommen werden.

Bayern war im Verlauf des Wettbewerbs immer besser in Schwung gekommen. Und dass all diese guten Resultate auch gute Omen waren, stand spätestens in der 6. Minute des Finals fest. Da schoss Mario Basler einen Freistoß von der Strafraumgrenze rechts an der Mauer vorbei in das Torwarteck. Es mag Schmeichel irritiert haben, dass Markus Babbel sich neben die englischen Verteidiger gestellt und dann den Weg freigemacht hatte. Das kann aber nicht erklären, warum der Däne in der Mitte seines Kastens stand und nichts tat, außer leicht in die Knie zu gehen, während das Leder an ihm vorbeisirrte. In den Worten von Karl-Heinz Rummenigge: Es konnte nichts mehr schief gehen.

Weil die Engländer wie mit Gewichten bepackt spielten, stand es noch immer 1:0, als 90 Minuten vorbei waren. Mehmet Scholls Heber an den Pfosten, Carsten Janckers Fallrückzieher an die Latte: ärgerlich, aber scheinbar unerheblich. Manchesters Trainer Alex Ferguson ermahnte sich selbst, würdevoll zu bleiben, seinem Freund Ottmar Hitzfeld zu gratulieren und seinen Spielern zu sagen, dass es einfach nicht ihr Jahr war. Schon das Halbfinale hatte United mit mehr Glück als Verstand hinter sich gebracht: Juventus Turin führte in Old Trafford, bis Ryan Giggs in der 90. Minute das 1:1 schaffte. Im Rückspiel schoss Inzaghi schon in den ersten elf Minuten ein 2:0 für die Italiener heraus. Aber dann ... dann war etwas passiert, was Ferguson sich nicht genau erklären konnte. Sein Kapitän Roy Keane sprang in die Bresche, oder genauer: in einen Eckball von Beckham. Das bedeutete das 2:1, und das 2:2 fiel schon in der 34. Minute durch Dwight Yorke. Am Ende gewann United diese Partie sogar noch mit 2:3. Ein solches Wunder käme nun, in der Nachspielzeit des Finals, wahrlich nicht ungelegen.

Plötzlich bemerkte Ferguson, wie sein Torwart über den Platz rannte. Er murrte: „Was macht der Idiot denn da?" Auch Günther Koch sah den Mann im hellgrünen Trikot nach vorne eilen. „Jetzt kommt Schmeichel! Vorsicht, der Schmeichel kommt!", mahnte er vor Uniteds Ecke in der 91. Minute. Aber die Bayern passten auf. Gleich fünf Verteidiger stiegen mit Schmeichel und Manchesters Jaap Stam zum Kopfball hoch. Das Leder fiel vor den rechten Fuß von Thorsten Fink. In diesem Moment

Finale der Champions League 1998/99, Bayern München - Manchester United 1:2 (in Barcelona). Matthäus hatte den Pokal schon fast in den Händen, doch UEFA-Präsident Lennart Johansson (der hier Ottmar Hitzfeld die Trost-Medaille überreicht) übergab die Trophäe an jemand anderen: Manchester hatte durch zwei Tore in der Nachspielzeit noch mit 2:1 gewonnen.

konnte Scholl, der den kurzen Pfosten bewacht hatte, endlich die Linie verlassen und für alle Fälle auf Abseits spielen, weil keine direkte Gefahr für das Tor drohte. Doch Finks Klärungsversuch kam nur bis an den Rand des Strafraums. Dort wartete Ryan Giggs. Hätte der den Ball gestoppt, um ihn sich auf seinen stärkeren linken Fuß zu legen, wären gleich zwei Stürmer abseits gewesen. Der Waliser nahm das Leder aber direkt und mit rechts. Es flog in den Fünfmeter-Raum zu dem eingewechselten Sheringham, dessen Schuss an genau der Stelle die Linie überquerte, wo zwei Sekunden vorher Scholl gestanden hatte.

Lennart Johansson surrte noch immer erdwärts. Rummenigge erstarrte in seinem Sitz. Ludger Schulze hatte nicht das Tor gesehen, sondern nur die entsetzten Blicke seiner Kollegen auf das Feld. Während sie ihm in der Hektik erklärten, was gerade passiert war, ging die Partie weiter. Stefan Effenberg verlor einen Zweikampf mit Giggs, und Manchester gewann die nächste Ecke. „Das ist die 91. Minute", sagte Günther Koch, wohingegen Kommentator Marcel Reif den Zuschauern von RTL erklärte: „Wir sind in der 93. Minute." Diesmal sprang nur Thomas Linke hoch, aber da schwebte Sheringham schon einen halben Meter über ihm in der Luft und nickte den

Ball in den Fünfmeter-Raum, zu seinem norwegischen Kollegen Ole Gunnar Solskjaer. Der verlängerte die Vorlage über den Kopf von Michael Tarnat hinweg in die Maschen. „Ich kriegte nur mit, wie die englischen Fans hinter dem Tor losschrien. Dann bin ich am Pfosten zusammengesackt", meinte der erschütterte Tarnat hinterher. Ludger Schulze sah auch diesen Treffer nicht, wieder nur die geweiteten Augen anderer Journalisten. „Das darf es nicht geben", stieß Reif hervor. Lennart Johansson trat aus dem Aufzug und war noch immer der Meinung, die Bayern würden die Medaillen für den ersten Platz bekommen. 70 Sekunden später pfiff Schiedsrichter Pierluigi Collina ab.

Die Rückkehr der Bayern

Selbst die notorisch optimistischen und selbstsicheren Bayern mögen an jenem Abend gedacht haben, dass dieser Pokal einfach nicht mehr für sie vorgesehen war. Nach drei glücklich gewonnenen Endspielen waren jetzt genauso viele unglücklich verloren worden, zweimal sogar nach eigener Führung. Und in der folgenden Saison, 1999/2000, hatte das Schicksal eine beinahe noch hinterhältigere Wendung in petto: Viermal trafen die Münchener auf Real Madrid, erst in der zweiten Gruppenphase, dann im Halbfinale. Drei dieser Partien wurden von den Deutschen gewonnen, die dabei zehn Tore schossen. Dennoch waren sie am Ende ausgeschieden. Jens Jeremies unterlief beim mit 0:2 verlorenen Hinspiel in der K.-o.-Runde ein Eigentor; eine Woche später wurde Elber ein eventuell korrekter Treffer aberkannt, als es 1:0 für seine Elf stand. Am Ende gewann Bayern nur 2:1, was „El Mundo Deportivo" aus Barcelona zu einem halb boshaften, halb mitleidigen Kommentar inspirierte: „Die Deutschen starben in der für sie typischen Art: Sie kämpften bis zum Abpfiff."

Die Metapher vom Tode war zwar unangebracht, aber tatsächlich zeichnete die Münchener in diesen Jahren weniger große Klasse aus als vielmehr nie erlahmender Kampfgeist. Zwölf Tage nach dem Nackenschlag gegen Madrid entrissen sie Leverkusen die sichere Meisterschaft; zwölf Monate darauf verwies ein Tor in 94. Minute des letzten Bundesligaspiels Schalke 04 auf den zweiten Platz. Und dazwischen lag eine weitere Champions-League-Expedition, die mehr Moral als Klasse verlangte. Am selben Tag, als der Hamburger SV seine Rückkehr in den wichtigsten internationalen Wettbewerb mit einem begeisternden 4:4 gegen Juventus Turin feierte, machte sich der FC Bayern beim schwedischen Außenseiter Helsingborg das Leben selbst schwer. Noch in der ersten Hälfte sah Samuel Kuffour wegen einer Notbremse die rote Karte. Aber Oliver Kahn, wahrlich kein Elfmetertöter, hielt den anschließenden Strafstoß, und München gewann das Spiel. Eine Woche danach lag das Team daheim gegen Rosenborg Trondheim bis zur 73. Minute hinten und konnte von Glück reden, dass Roar Strand eine todsichere Chance zum 0:2 ausgelassen hatte. Dann drehten Jancker und Elber in nur vier Minuten die Partie.

Und so schaufelte sich der Klub 2000/01 eine Grube nach der anderen, um sich dann schließlich doch am eigenen Schopf herauszuziehen. Die Zwischenrunde zum Beispiel schien schon überstanden, da gingen die Bayern bei Olympique Lyon dermaßen unter, dass Beckenbauer von einer „Blamage" und „Altherren-Fußball" sprach. Zudem hatte sich Kapitän Stefan Effenberg vier Minuten vor dem Ende, als er schon wusste, dass nun alles vom letzten Gruppenspiel gegen Arsenal London abhing, eine überflüssige gelbe Karte abgeholt, die eine Sperre nach sich zog. Aber auch ohne ihn gewann Bayern 1:0, und Karl-Heinz Rummenigge atmete auf: „Jetzt wünsche ich mir für das Viertelfinale Manchester. Eine Revanche wäre sehr reizvoll." Da wusste er noch nicht, dass seine Mannschaft gleich viermal diese Gelegenheit erhalten würde. Und dass sie jede einzelne weidlich nutzen sollte.

Die Serie der Vergeltungen begann am 3. April 2001 in Manchester. United spielte anfangs stark, verlor dann aber zunehmend Linie und Puste. Nachdem Alexander Zickler in der Schlussphase nur die Latte getroffen hatte, glaubten die Engländer schon, wenigstens ein glückliches 0:0 geschafft zu haben. Aber diesmal war es Hitzfeld, der den Matchwinner einwechselte: Der Brasilianer Paulo Sergio stand erst neun Minuten auf dem Platz, als er 240 Sekunden vor dem Abpfiff das 0:1 erzielte. United-Trainer Ferguson ließ sich nicht irre machen und erinnerte sein Team an den Sieg bei Juventus zwei Jahre zuvor: „Es ist noch alles drin. Wir müssen in München nur ein Tor machen, dann sieht die Sache anders aus." Manchester machte zwar ein Tor im Olympiastadion, aber da hatten die Bayern bereits zwei vorgelegt. Diesmal wusste Rummenigge schon, wie der Gegner im Halbfinale heißen würde: „Gegen Real haben wir noch eine Rechnung offen."

Genau so wie vor Jahresfrist gewannen die Bayern auch im Halbfinale 2001 ihr Heimspiel gegen Madrid mit 2:1. Sogar die Torfolge war dieselbe. Aber diesmal hielt „El Mundo Deportivo" sich bedeckt und sah auch niemanden dahinscheiden, zumindest nicht die Deutschen. Das Hinspiel im Bernabéu-Stadion acht Tage zuvor war nämlich ganz anders verlaufen als in der letzten Saison. Real besaß zwar Feldvorteile, mehr Chancen und ein gutes Dutzend Eckbälle, bekam aber vor allem mit einem Gegner Probleme: Oliver Kahn. Wegen der Rettungstaten des „herausragenden Torhüters" – so das Lob von Reals Schlussmann Iker Casillas – war das Bayern-Tor wie zugenagelt gewesen. Und so hatte an diesem Abend nur ein Schütze Grund zum Jubel, nämlich Bayerns Giovane Elber. „Die Feiglinge haben gesiegt", jammerte eine spanische Zeitung nach jenem Spiel, aber die hatte nicht mitbekommen, dass diese europäische Saison des FC Bayern nicht mit den Füßen oder durch die Taktik entschieden wurde – sondern gemäß dem Kommentar von Karl-Heinz Rummenigge: „Es war ein Sieg des Willens und des Charakters."

Diese Stärken sollten die Münchener nun auch durch den 23. Mai 2001 tragen, der so einige Prüfungen bereithielt. Mehr als 74.000 Zuschauer sahen das Finale gegen den FC Valencia im Mailänder Giuseppe-Meazza-Stadion, an das der deutsche

Finale der Champions League 2000/01, Bayern München - FC Valencia 1:1 n.V., 5:4 n.E. (in Mailand). Oliver Kahn pariert den Elfmeter von Zahovic...

...und präsentiert am Ende die ersehnte Trophäe.

Fußball seit der WM 1990 und Schalkes UEFA-Cup-Sieg 1997 positive Erinnerungen hatte. „Heute ist ein guter Tag, um Geschichte zu schreiben", verkündete ein Banner der Bayern-Fans mit grimmiger Hoffnung, als ihr Team in Trikots auf das Feld lief, die in Schnitt und Farbe an die großen Zeiten des Klubs erinnerten. In den modischen silber-grauen Hemden von 1998/99 hing das Pech; jene von 1999/2001 forderten wohl das Unglück heraus, weil sie so viel Blau enthielten, das der Klub einst eingeführt hatte, um zu zeigen, dass er den ganzen Freistaat Bayern repräsentierte. Gegen Valencia spielten die Münchener aber in dem klassischen Rot und Weiß der Tage von, nun ja, Franz „Bulle" Roth bis Sepp Weiß.

Nach kaum zwei Minuten musste man fürchten, dass den Bayern bald die Textil-Tricks ausgehen würden, denn da pfiff Schiedsrichter Dick Jol aus Holland einen albernen Handelfmeter gegen Abwehrchef Patrik Andersson, der alles Menschenmögliche getan hatte, um seinen Arm vom Ball wegzuhalten. Gaizka Mendieta verwandelte zum 1:0, und die Bayern wateten wieder knietief im Schlamassel. Alles wurde noch schlimmer, als Mijnher Jol nur 180 Sekunden später erneut Strafstoß signalisierte, nachdem Effenberg von Valencias Franzosen Jocelyn Angloma gefoult worden war. Scholl schoss den Ball nämlich in die Mitte des Tores, und da befand sich noch der linke Fuß von Santiago Cañizares. Nach diesen herben Enttäuschungen für die Deutschen schon in den ersten Minuten des Finals, machten die Spanier den Fehler, dem Gegner Zeit zu geben, um seine Fassung und sein Spiel zu reparieren. Mendieta und der enorm talentierte 21-jährige Argentinier Pablo Aimar schafften es nicht, weitere Chancen für Valencia einzuleiten, weil Bayerns gerade erst 20 Jahre alter Kanadier mit englischem Pass, Owen Hargreaves, keinen Platz im Mittelfeld kannte, an dem er nichts zu suchen hatte. So gewannen die Bayern allmählich ein Übergewicht und damit auch ihre Ruhe zurück. In der 50. Minute war sich Jol wieder nicht sicher, wann ein Handspiel unabsichtlich ist, und gab im Zweifel den nächsten Elfmeter. Der Leidtragende hieß Amadeo Carboni, der Torschütze zum 1:1 Effenberg.

In den folgenden 70 Minuten war das Finale mehr ein Nervenkrieg als ein Spiel, fast ein Rückfall in die späten 1970er und 1980er. Als der Norweger John Carew, der zu Saisonbeginn von Rosenborg Trondheim nach Valencia gewechselt war, in der letzten Minute der Verlängerung einen Kopfball am Tor vorbeisetzte, gab es keine Rettung mehr für die beiden Teams. Sie mussten sich in einem Elfmeterschießen der Fügung beugen: Valencia als Verlierer des Vorjahres, die Bayern als Verlierer ihrer letzten drei Spiele um diesen Pokal. Gleich den ersten Schuss schickte der spät eingewechselte Paulo Sergio über die Latte, und nun waren die Deutschen so gut wie erledigt, da Kahn – wie viele große Torhüter – nicht als Spezialist für solche Situationen galt. Als er dennoch gegen Zlatko Zahovic hielt, fassten Bayerns Anhänger neuen Mut. Aber nur für eine Minute, denn dann scheiterte Andersson an Cañizares, und es warteten nur noch zwei Schützen pro Team auf ihren Auftritt. Einer war Carboni, der Unglücksrabe aus der 50. Minute. Kahn war schon zur anderen Seite unterwegs, als er die rechte Hand hochriss und den Ball parierte. Beim Stand von 5:5 verwandelte Linke, der sich vier Jahre vorher im Trikot von Schalke nicht getraut hatte. Dann schaufelte Mauricio Pellegrino Valencias nächsten Strafstoß in die linke Ecke – und vor die Fäuste von Oliver Kahn. „Seit zwei Jahren denke ich an Barcelona, wenn ich aufwache", sagte der Torwart nach dem Spiel. „Ich weiß nicht, was passiert wäre, wenn es wieder nicht geklappt hätte." Aber nach genau einem Vierteljahrhundert hatte es zum vierten Mal geklappt.

15 Minuten vor Mitternacht durfte Kapitän Stefan Effenberg endlich den Heiligen Gral des FC Bayern in die Höhe recken, jenen Cup, den man wegen der prägnanten Henkel in seinem Mutterland Frankreich etwas respektlos „den Pokal mit den großen Ohren" nennt. Da hielt sich Ottmar Hitzfeld den unerbittlichen Blitzlichtern der Fotografen wieder einmal dermaßen fern, dass die Münchener „tz" zwei Tage später schreiben würde, er habe einfach zugeschaut, „als ob nichts geschehen wäre". Dabei hatte er gerade eine Stufe auf der Karriereleiter von Trainern genommen, auf der vor ihm kein Helenio Herrera, Nereo Rocco, Rinus Michels oder Bob Paisley je gewesen war: Als erst zweiter Coach der Geschichte war es Hitzfeld gelungen, mit zwei verschiedenen Klubs den wichtigsten Europacup zu gewinnen. Allein Ernst Happel hatte dies zuvor geschafft.

Hitzfeld und Happel verband eine Vorliebe für das Pokerspiel (nicht in einem übertragenen Sinn, sondern am Kartentisch) und der Glaube, dass Fußballer mehr leisten können, wenn man sie wie mündige Menschen behandelt, anstatt wie Maschinen oder Marionetten. Was die beiden großen Trainer trennte, war Hitzfelds innerer Zwang zur Askese (diesmal auch in der übertragenen Bedeutung). Happel versagte sich schon während seiner aktiven Zeit nichts und sah keinen Grund, einen Kurs in Diplomaten-Sprache zu belegen, als er Trainer wurde. Hitzfeld hingegen trat selbst ungeliebten Journalisten gegenüber so charmant und beredt auf, dass er kaum einen Gesprächspartner je verärgert entließ.

Ottmar Hitzfeld holte als erster Trainer nach Ernst Happel den Europacup der Landesmeister mit zwei verschiedenen Vereinen – erst mit Borussia Dortmund, dann mit Bayern München.

Aber das war nur eine scheinbare Offenheit. So gut Hitzfeld auch noch mit den schwierigsten Profis umgehen konnte, so sehr hielt er zu seinen Spielern eine, wie Oliver Kahn sich ausdrückte, „natürliche Distanz" – die sich auch auf die meisten anderen Menschen erstreckte und vielleicht erstrecken musste. Hitzfeld fand in den ausgehenden 1990er Jahren eine andere Medien- und Fußballlandschaft vor, als sie noch Happel umgeben hatte. Hitzfelds Biograf Josef Hochstrasser schreibt: „Der liebenswürdige und friedliebende Mensch Hitzfeld gegen den kompromisslosen, harten und nur am Erfolg interessierten Cheftrainer Hitzfeld – welche Zerreißprobe, der ein und dieselbe Person ausgesetzt war!“ Auch in dieser Hinsicht war der Mann, der seinen Vornamen nach Ottmar Walter, dem Weltmeister von 1954, bekommen hatte, das perfekte Symbol für die Champions League: Zu gleichen Teilen stimmig und ungereimt, hin- und hergerissen zwischen traditionellen Werten und kühlem Kalkül. Ein anderes solches Symbol war wieder – oder weiterhin? – Real Madrid.

Di Stéfanos galaktische Erben

Trotz der bisher geschilderten Spektakel waren es nicht die Bayern, die den Europacup über die Zeitenwende hievten, auch nicht Manchester United oder der aufstrebende FC Valencia. Als ob in der Fußball-Historie ein 50 Jahre alter Kreis geschlossen werden sollte, fiel diese Rolle Real Madrid zu. Die Erben von di Stéfano und Puskás waren, zählt man allein die Titel, nicht so erfolgreich wie das Team der 1950er. Aber in vielen Aspekten erinnerte Reals Elf des neuen Jahrtausends frappant an das „weiße Ballett“. So dominierte sie den Wettbewerb zum Beispiel weniger, als dass sie ihn vielmehr definierte: Wer auch immer gewann und verlor – Real blieb der Maßstab. Überall in Europa kamen die Menschen nicht nur zu Madrids Spielen, um ihr eigenes Team gegen die Millonarios anzufeuern, sondern um große Namen und große Kunstfertigkeit aus der Nähe bestaunen zu dürfen. Los Galacticos hieß diese Truppe bald, aber der Vergleich mit Außerirdischen, die einen unzivilisierten Planeten besuchen, ist irreführend. Das neue Real war eher ein Wanderzirkus, der über den Kontinent reiste, um die Menschen mit oft unproduktiven, aber immer faszinierenden Tricks zum Lächeln zu bringen.

Und so wie ein Wanderzirkus immer neue Attraktionen braucht, aber zugleich etwas Antiquiertes hat, so war das neue Real einerseits hypermodern und kommerziell, andererseits das Relikt einer untergegangenen Epoche. Die Gentos und Kopas spielten einst in einer Formation, die „Pyramide“ hieß – mit zwei Verteidigern, drei Mittelfeldspielern und fünf Stürmern. Ein halbes Jahrhundert später liefen auch ihre Nachfolger mit einer Besetzung auf den Rasen, in der man selbst unter dem Mikroskop nicht mehr als zwei richtige Verteidiger finden konnte.

Diese Rekonstruktion des alten Real begann 1992/93 – bei Atlético Madrid! Der exzentrische Präsident jenes Klubs, Jesus Gil, beschloss in einem seiner mannigfaltigen Zustände von Unzurechnungsfähigkeit, ein paar lumpige Peseten zu sparen und die ganze Jugendabteilung des Vereins aufzulösen. Eines der Talente, das plötzlich

Alte Helden und galaktische Erben: Raymond Kopa, Figo, Alfredo di Stéfano, Ronaldo und Zinedine Zidane im Dezember 2002 bei einem Spiel Reals gegen eine Weltauswahl.

keine Mannschaft mehr hatte, war der 15-jährige Sohn eines Elektrikers aus Madrid: Raúl. Am 2. März 1993 hatte der Junge noch im Bernabéu-Stadion gestanden und freudig gejauchzt, als David Ginola für Paris Saint-Germain ein Tor gegen Atléticos Rivalen Real erzielte. Einige Wochen später spielte er selbst in Weiß.

Um Raúl herum bauten der Präsident Lorenzo Sanz, sein Nachfolger Florentino Pérez und der Sportdirektor Jorge Valdano, ein Argentinier, ihre Wunderelf auf – mit allerdings hoher Fluktuation. Als Real am 24. Mai 2000 zum Finale der Champions League gegen Valencia den Rasen des Stade de France in Paris betrat, standen nur drei Spieler in der Startelf, die schon 1998 gewonnen hatten: Roberto Carlos, Fernando Redondo und eben Raúl. In der 39. Minute köpfte Fernando Morientes aus drei Metern Entfernung eine Flanke des Neuzugangs Michel Salgado (angeblich ein Verteidiger) zum 1:0 ins Tor. Nach 67 Minuten schoss der Engländer Steve McManaman volley aus 17 Metern das 2:0. Es waren schöne Tore in einem schönen Spiel, aber am kräftigsten

klatschten die 73.000 Zuschauer eine Viertelstunde vor dem Ende. Ein Eckball von Valencia kam zu Reals Brasilianer Savio, der das Leder nicht einfach wegschlug, sondern aus dem eigenen Strafraum einen überlegten Pass in den Lauf von Raúl spielte, der so früh gestartet war, dass er bereits keinen Gegner mehr vor sich hatte, als er den Ball annahm. Da dies noch tief in Reals Hälfte geschah, stand Raúl nicht abseits und musste nun bloß noch 65 Meter rennen, den Torwart aussteigen lassen, eine Sekunde warten, bis Valencias Miroslav Djukic herangebraust war, und dann den Ball hinter dem Rücken des verblüfften Verteidigers über die Linie schieben.

Zwei Monate nach diesem Triumph wurde Florentino Pérez, Besitzer einer riesigen Baufirma, neuer Präsident bei Real, weil es ihm gelungen war, sich mit zwei wagemutigen Versprechen beliebt zu machen: Die enormen Schulden des Klubs abzutragen und zugleich den Portugiesen Luís Figo zu verpflichten. Das Erste schien schwierig, das Zweite unmöglich, denn Figo spielte beim FC Barcelona und besaß Reliquien-Status in Katalonien. Doch Pérez hielt Wort. Er glich die Bilanzen Reals aus, indem er Landbesitz des Klubs an die Stadt abgab, und noch im Sommer kam Figo für 61,4 Millionen Euro nach Kastilien. Das war ein Ablöse-Weltrekord, der nur ein Jahr Bestand hatte: Vor der Saison 2001/02 ging Zinedine Zidane von Juventus zu Real und kostete 71,6 Millionen. Weitere zwölf Monate später überwies Pérez 45 Millionen an Inter Mailand und erhielt dafür den Brasilianer Ronaldo. Und im Juni 2003 wechselte die Summe von 35 Millionen den Besitzer und David Beckham in das berühmteste Trikot der Welt. Keiner dieser Herren war Spezialist für die Defensive, weshalb Pérez sich Mitte 2004 um Patrick Vieira von Arsenal London bemühte. Als das nicht klappte, lud er eben Europas Fußballer des Jahres von 2001 in den Einkaufswagen, den Engländer Michael Owen – natürlich ein Stürmer.

Reals neues Ballett war unübertrefflich, aber nicht unbesiegbar. Im Viertelfinale der Champions League 2001/02 setzte die Elf zum Beispiel eine liebgewonnene Tradition fort und verlor zum dritten Mal in drei Jahren bei Bayern München mit 1:2. Aber im Rückspiel hielt die Münchener Mauer nur 69 Minuten lang, dann kassierte der Bundesligist zwei Tore. Offenbar hatte Real nie am Weiterkommen gezweifelt, denn Figo provozierte in dieser Partie eine gelbe Karte, die ihn für das erste Halbfinale sperrte – in Barcelona. In der Höhle des katalanischen Löwen schossen Zidane und McManaman ein 2:0 heraus, sodass Figos gehemmter Auftritt beim 1:1 im Rückspiel nicht mehr ins Gewicht fiel. Nach diesen süßen Siegen über große Rivalen hätte Pérez nur noch ein Finale gegen Manchester United zu seinem Glück gefehlt. Aber die Engländer waren wegen der Auswärtstoreregel an einem Niemand gescheitert: Bayer Leverkusen.

Leverkusen im Finale

Das europäische Spieljahr 2001/02 wurde von der Zeitung „The Times" später in einem netten Wortspiel zusammengefasst: „The Who's Greatest Hit". In der Tat machten nicht die berühmten Teams die meisten Schlagzeilen, sondern ein Klub, dessen Name bei vielen internationalen Beobachtern noch immer die Nachfrage „Who?" (Wer?) provozierte. Unter Trainer Klaus Toppmöller spielte sich Bayer 04 nämlich mit offensivem Kombinationsfußball in das Finale, wie man ihn auch von Real selten besser sah. Das barg Risiken, wie 2:4 in Lyon, 1:4 bei Arsenal oder 0:4 gegen Juventus zu verlieren, aber es brachte auch Siege über Barcelona, La Coruña und, vielleicht als Höhepunkt, zu Hause ein 4:2 im Viertelfinale gegen den FC Liverpool, der in seinen 15 vorangegangenen Europacup-Spielen der Saison nur acht Tore zugelassen hatte.

Von außen wirkte es manchmal, als könnte Toppmöller selbst nicht fassen, dass er im Begriff war, dem Jet Set des Fußballs den Champagner wegzutrinken. Nach dem Spiel gegen Barcelona rannte er mit fliegenden Rockschößen auf das Feld – um sei-

Finale der Champions League 2001/02, Bayer Leverkusen - Real Madrid 1:2 (in Glasgow). Leverkusen darf mitspielen im Konzert der Großen – und Ramelow darf gegen einen Weltstar wie Figo fighten.

nem Sohn das Trikot von Patrick Kluivert zu sichern. An der Anfield Road kaufte er sich eine Liverpool-Mütze, die kaum auf seine widerspenstig lockigen Haare passte. Und vor dem Treffen mit Real schwelgte er Journalisten gegenüber in Kindheitserinnerungen an schwarz-weiße, flackernde Fernsehbilder von di Stéfano und Puskás.

Aber Toppmöller lief mitnichten bloß mit großen Augen durch ein Lederball-Schlaraffenland; er wusste genau, was er tat und wie die Dinge standen. Vor dem Hinspiel im Halbfinale bei Manchester United ließ er brav wissen, dass es „ein Traum" sei, im legendären Old Trafford antreten zu dürfen, aber diese Hochachtung wurde dem Gegner nur abseits des Spielfeldes entgegengebracht. Auf dem Rasen steckte Toppmöllers Mannschaft zweimal einen Rückstand weg und kam zu einem verdienten 2:2. „In der zweiten Hälfte stellte Leverkusen das bessere Team und machte uns das Leben zu Hölle", gab Alex Ferguson hinterher zu und unterstrich so, was Toppmöller wiederholt festgestellt hatte: „Meine erste Elf kann mit jedem Gegner mithalten."

Das war ebenso korrekt wie die implizierte Schlussfolgerung: Leverkusen hatte Probleme, sobald Stammspieler ausfielen. Und das war der Hauptgrund, aus dem Bayer am 15. Mai 2002 im traditionsreichen Hampden Park von Glasgow gegen Real Madrid nur als Außenseiter galt. Denn Toppmöller konnte besagte erste Elf nicht aufbieten. Beim 1:1 im zweiten Halbfinale gegen Manchester hatte Jens Nowotny sich das Kreuzband gerissen und der Brasilianer Zé Roberto seine dritte gelbe Karte in diesem Wettbewerb gesehen. Außerdem plagte sich Leverkusens bester Spieler, Michael Ballack, seit drei Wochen mit einer Fußverletzung herum. Wie um diesem Pech die Krone aufzusetzen, gelang Raúl schon nach neun Minuten des Endspiels das 1:0, weil Bayers Spieler bei einem Einwurf unaufmerksam waren. Reals gemütlich wirkender Coach Vicente del Bosque – den seine Spieler auch deshalb liebten, weil er einmal gesagt hatte: „Man sollte sich als Trainer nicht so wichtig nehmen" –, lächelte trotzdem nur kurz. Entweder las er regelmäßig „El Mundo Deportivo", oder er wusste noch aus seiner Zeit als Spieler, dass Madrid mit deutschen Teams schon immer Probleme hatte. Und wirklich kam Bayer zurück.

Fünf Minuten nach dem 1:0 stürzte sich der Abwehrchef Lucio in eine Freistoßflanke und köpfte den Ausgleich. Nun war die Partie völlig ausgeglichen, bis Schiedsrichter Urs Meier sich schon darauf vorbereitete, zur Pause zu bitten. Da sorgte ein behänder Spielzug über Santiago Solari und Roberto Carlos für Unordnung in Leverkusens Hintermannschaft. Zidane nutzte das, indem er eigentlich gar nichts tat. Er stand nur am Rand des Strafraums und wartete. Während Ballack heranlief, um den Franzosen zu decken, legte Roberto Carlos den Ball so unpräzise zurück, dass Zidane ihn entweder erst stoppen oder volley mit seinem schwächeren linken Fuß nehmen musste. Er wählte die zweite Möglichkeit, und das war das zweite Tor. Mit dieser meisterhaften Einzelaktion hatte Zidane die Voraussetzung geschaffen, um in seinem vierten internationalen Endspiel auf Klubebene endlich als Sieger vom Platz zu gehen.

Den Rest musste Iker Casillas erledigen. Der junge Tormann kam in der 68. Minute für den verletzten Luís Cesar in die Partie, als alles gelaufen schien, weil Leverkusen müde in den Seilen hing. Aber das war ein Irrtum. In der 90. Minute lief Keeper Jörg Butt in Reals Strafraum und köpfte einen Eckball am Tor vorbei. Das war nicht das Ende, sondern erst der Anfang von Bayers Schlussoffensive: In den nächsten 240 Sekunden bekam Leverkusen seine drei besten Chancen des ganzen Spiels – Casillas wehrte sie alle ab.

„Wir haben in den letzten Minuten sehr gelitten", sagte Raúl einige Jahre später über diesen Abend. „Leverkusen hätte den Ausgleich schaffen können. Und dann wären wir nicht mehr in der Lage gewesen, sie zu stoppen." Aber Leverkusen verlor das Spiel. So wie in den Wochen zuvor schon die Meisterschaft und den DFB-Pokal. Und wie Borussia Dortmund sieben Tage vorher den UEFA-Cup.

Deutsche Niederlagen im UEFA-Cup

Zwischen dem glorreichen Mai 1997, als Schalke und Dortmund Finalsieger wurden, und dem Sommer 2002 hatte die Bundesliga in zwölf europäischen Wettbewerben (der Cup der Pokalsieger war ja 1999 eingestellt worden) fünfmal im Endspiel gestanden, aber nur einmal gewonnen. Den Anfang dieser Negativ-Serie machte 1998 der VfB Stuttgart. Dies war das erste Jahr, in dem alles, was Rang und Namen hatte, in die Champions League gestopft wurde, und so kamen die Schwaben über Gegner wie Germinal Ekeren, Slavia Prag und Lokomotive Moskau in das Finale des Cups der Pokalsieger. Hier wartete dann der erste richtige Brocken, und der war gleich unverdaulich: Durch ein Tor von Gianfranco Zola gewann der FC Chelsea am 13. Mai 1998 in Stockholm mit 1:0.

Vor allem im UEFA-Cup gaben deutsche Mannschaften von da an eine unrühmliche Figur ab: 1999 schaffte kein Bundesligist auch nur das Achtelfinale; 2000 stand nur einer im Viertelfinale; 2001 kam Kaiserslautern zwar unter die letzten Vier, wurde dort aber von dem baskischen Klub Deportivo Alavés lächerlich gemacht. Die Pfälzer verloren in Spanien 1:5, zu Hause 1:4. Eine ähnlich magere Zeit hatten deutsche Klubs Mitte der 1980er durchgemacht, mit einem wichtigen Unterschied: Damals konnten die Engländer nicht eingreifen und Punkte sammeln.

Im Mai 1996 verlor die Bundesliga zum ersten Mal den wertvollen dritten Rang in der Fünfjahres-Wertung der UEFA, und zwar an Spanien. Das kostete Deutschland zwar einen Starter im UEFA-Cup, aber der wurde bald wieder zurückgewonnen, weil Bremen, Bayern, Dortmund und Schalke Mitte des Jahrzehnts tüchtig Punkte sammelten. Doch die Dürre, die auf 1997 folgte, wollte nicht enden. Der Sieg der Bayern in der Champions League 2001 und die Finalteilnahmen von Stuttgart, Leverkusen und Dortmund sahen auf den ersten Blick nicht schlecht aus, waren aber für eine vermeintlich große europäische Spielklasse viel zu wenig. Italiener und Spa-

3. Runde im UEFA-Cup 1999/2000, Glasgow Rangers - Borussia Dortmund 2:0 / 0:2 n.V., 1:3 n.E. Tanko, Reuter und Nerlinger jubeln, nachdem die Borussia im Rückspiel das Elfmeterschießen gewonnen hat. Wenig später schieden die Dortmunder gegen Galatasaray Istanbul aus dem Wettbewerb aus.

nier mischten ohnehin immer in der Spitze mit, und auch die Engländer verbuchten in jenen Jahren den Sieg von Chelsea über den VfB und einen UEFA-Cup-Triumph des FC Liverpool, der am 16. Mai 2001 ausgerechnet an einem deutschen Spielort, dem Dortmunder Westfalenstadion, realisiert wurde. So überholte die englische Premier League, die noch 1996 nur den siebten Platz der Fünfjahres-Wertung belegt hatte, 2001 die Bundesliga. Und diesmal kostete das einen Qualifikationsplatz für die Champions League.

Einige Optimisten glaubten damals, das wäre auch nur vorübergehend, aber sie wussten nicht, dass Leo Kirch an jedem einzelnen Tag dieses Jahres 30 Millionen Dollar verlor. Kirchs Medienimperium finanzierte die Klubs der Bundesliga, doch sein Plan, den Fußball als Pay-TV-Unterhaltung zu verkaufen, war ein Rohrkrepierer – zumindest in Deutschland, wo die Fans für das Spiel im Fernsehen nicht bezahlen wollten, weil sie Fußball als ein Grundrecht betrachteten, nicht als Luxusgut. In Deutschland waren und sind die Anhänger des Spiels grundsätzlich nicht bereit, ähnlich viel Geld für das Betrachten von Profispielen auszugeben wie etwa die englischen: Im Sommer 2002 kostete die billigste reguläre Dauerkarte für den Deutschen

Meister 115 Euro, für den englischen 952 Euro. Da hatte die Holdinggesellschaft Kirch Media bereits Insolvenz angemeldet, und diverse Unter- und Tochterfirmen folgten. Den Klubs der Bundesliga fehlten nun Millionen, die eingeplant und zum Teil schon ausgegeben waren.

Unter diesen Umständen konnte es kaum verwundern, dass das deutsche Abschneiden in den Europacups der Spielzeiten 2002/03 und 2003/04 noch miserabler war als in den Jahren zuvor. Als im März 2003 die Viertelfinals in der Champions League und dem UEFA-Cup begannen, war kein deutsches Team vertreten, und der „kicker" befand: „Das Waterloo ist perfekt." Weiter war davon die Rede, zum ersten Mal seit 1983/84 wäre „der deutsche Vereinsfußball außen vor, wenn die Wettbewerbe auf Europas Fußball-Bühne in die entscheidende Phase gehen". Dabei sah es noch viel düsterer aus. Denn 1984 stand Dynamo Berlin im Viertelfinale des Meistercups. Sprach man also wirklich vom „deutschen Vereins-Fußball", nicht bloß vom westlichen, musste man gar bis 1956/57 zurückgehen. Und die Dinge wurden nicht besser: Als im März 2004 die Viertelfinalspiele der folgenden Saison anstanden, war schon wieder kein deutscher Klub mehr im Rennen.

Neureiche und Neulinge

Schockieren muss an dieser Bilanz der Bundesliga höchstens das Abschneiden von Bayern München, dem finanziell stärksten deutschen Klub. In der Vorrunde der Saison 2002/03 sammelte er in einer Gruppe mit dem AC Mailand, RC Lens aus Frankreich und Deportivo La Coruña nur zwei Punkte aus sechs Spielen und endete auf dem letzten Platz. Da mochte man noch an Pech glauben – oder wenigstens argumentieren, dass die Bundesliga eben nicht mit den ruinösen Geschäftspraktiken in Italien, Spanien und England mithalten konnte oder wollte. Das klang zunächst plausibel. Man stelle sich nur folgendes vor: Am 24. April 2003 war dem russischen Milliardär Roman Abramovich so langweilig, dass er das Rückspiel im Viertelfinale der Champions League zwischen Manchester United und Real Madrid besuchte. Er wurde Zeuge einer der fehlerhaftesten, aber großartigsten Partien der letzten zehn Jahre. Ronaldo schaffte einen Hattrick für Real, doch United gewann ein Spiel 4:3, das auch 9:9 hätte enden können. Abramovich hatte solchen Spaß, dass er sich entschloss, einen Fußball-Klub zu kaufen. Im Sommer erwarb er den FC Chelsea für 150 Millionen Euro. „Ich betrachte den Verein als Hobby", sagte er leichthin – und gab noch mal eben 140 Millionen für neues Personal aus. Prompt spielte sich Chelsea in der kommenden Saison unter die besten vier Vereine Europas. „Heute kann ein Klub eine Weltelf aufbauen, und niemand kann etwas dagegen tun", klagte Gerhard Aigner deshalb im Herbst 2003. „Wenn jemand aus irgendwelchen Gründen irgendwo sein Geld unterbringen muss, kauft er sich eine Mannschaft, und plötzlich ist die Kandidat auf den Champions-League-Titel."

Man findet schnell Indizien, wenn man diesen Pessimismus füttern und zugleich die Bundesliga entschuldigen will. Am 28. Mai 2003 zum Beispiel bestritten die teuren Teams vom AC Mailand und von Juventus Turin das Finale der Champions League vor 63.000 Zuschauern im Stadion Old Trafford, der Heimat des Weltkonzerns Manchester United. In zwei Stunden spielten sich die Superstars gerade fünf lauwarme Chancen pro Mannschaft heraus und erzielten keinen Treffer. Das heißt, einen schossen sie doch: In der Anfangsphase traf Mailands brillanter Ukrainer Andrij Shevchenko ins Tor, aber der deutsche Schiedsrichter Markus Merk sah Filippo Inzaghi im Abseits und gab den Treffer nicht. Es war eine richtige Entscheidung, aber sie beraubte das Publikum der gewünschten Unterhaltung. Als Turins Torwart Gianluigi Buffon nach 17 Minuten einen Kopfball von Inzaghi aus der Ecke fischte, war das Reservoir an spektakulären Torraumszenen bereits erschöpft. Selbst das Elfmeterschießen endete mit dem Ergebnis von nur 3:2, und zwar für Milan, weil der brasilianische Torwart Dida einen Strafstoß mehr hielt als Buffon. Es war ein Spiel auf technisch und taktisch hohem Niveau, in gewisser Hinsicht sogar das beste seit vielen Jahren. Aber es war zugleich eine Vorführung kalter Perfektion, die gerade die neutral gesinnten englischen Zuschauer befremdete.

Für die Spieler selbst war es eine große und bedeutende Partie von historischer Dimension. „Genau 40 Jahre zuvor hatte mein Vater mit Milan in Wembley den Pokal der Landesmeister geholt", sagte Paolo Maldini später, der Kapitän des Siegerteams. „Als ich mir die Trophäe auf den Kopf setzte, das waren unbeschreibliche Momente der Freude und des Glücks." Aber emotional weniger beteiligte Beobachter beklagten, dass sich Turin und Mailand zu gut kannten, um zahlenden Zuschauern Kurzweil abzuliefern. Ein Risiko, das es nicht gegeben hatte, als aus jedem Land nur eine Mannschaft um diesen Titel stritt – oder höchstens zwei.

Doch man kann auch die andere Seite der Medaille betrachten. Seit der großen Restauration des Europacups in den 1990ern ist es durchaus nicht so, dass nur das große Geld entscheidet und der Fußball damit seelenlos geworden ist. Jedem Fan, der die oft zähen, meistens brutalen und fast immer langweiligen Turniere der 1980er miterlebt hat, musste im neuen Jahrhundert so manches Mal das Herz aufgehen, und zwar nicht nur wegen der tollkühnen Auftritte von Real Madrid, das für keine noch so große Prämie ein 0:0 nach Hause gurkte. Am 17. Mai 2000 etwa gewann zum ersten Mal ein türkischer Klub einen Europapokal, als Galatasaray Istanbul gegen Arsenal London den UEFA-Cup holte. Zugegeben, die Sensation kam nach torlosen 120 Minuten im Elfmeterschießen zustande. Aber schon ein Jahr später trafen, wieder im UEFA-Pokal, Liverpool und Alavés aufeinander und legten das vielleicht begeisterndste aller Finalspiele um einen internationalen Pokal überhaupt hin.

Das Tohuwabohu begann nach zwei Minuten und 57 Sekunden mit einem Kopfballtor von Markus Babbel zum 1:0 für Liverpool. Es endete vorläufig nach 88 Minu-

Ölmilliardär Roman Abramovich mit seiner Frau beim Spiel Paris St. Germain gegen FC Chelsea am 14.9.2004 (0:3).

ten und 13 Sekunden mit einem Kopfballtor von Jordi Cruyff zum 4:4. „Dieses Spiel wird möglicherweise durch ‚Golden Goal' entschieden", sagte der atemlose ZDF-Reporter Béla Réthy und behielt Recht: In der Verlängerung gab es zwei Abseitstore und zwei Platzverweise (beide für Spanier), dann köpfte Delfi Geli von Alavés drei Minuten vor dem Ende den Ball ins eigene Netz. Das war nicht zu überbieten, aber die 3:2-Siege von Feyenoord über Dortmund und Porto gegen Celtic Glasgow in den nächsten beiden Jahren konnten sich ebenfalls sehen lassen. Ja, selbst das 2:0 des FC Valencia gegen Olympique Marseille vom 20. Mai 2004 war kein schlechtes Spiel.

Es bleibt spannend

Die größte Ohrfeige für alle Schwarzmaler lieferte jedoch die Saison 2003/04 der Champions League. In diesem Jahr konnten die Bayern ihr Scheitern nicht mit der Macht der Finanzen erklären. Die UEFA hatte zum ersten Mal seit dem Beginn der Champions League Reformen wieder zurückgenommen, die zweite Gruppenphase gestrichen und durch ein Achtelfinale ersetzt. Hier blieben die Münchener an ihrem alten Weggefährten Real Madrid hängen, aber das war keine Frage des Bankkontos. In derselben Runde kegelte nämlich Porto den Favoriten Manchester United durch ein Tor in der 90. Minute des Rückspiels hinaus, und La Coruña gewann zweimal gegen Juventus Turin. Und damit hatten die Favoritenstürze erst begonnen: Im Viertelfinale reichte dem AC Mailand nicht einmal ein 4:1-Sieg aus dem ersten Spiel gegen La Coruña, während Real Madrid nach einem 4:2 im Bernabéu-Stadion noch gegen den AS Monaco den Kürzeren zog.

Die „Arena AufSchalke“ in Gelsenkirchen, die sich so lange auf den Finaltag und den Besuch von Weltstars vorbereitet hatte, bestaunte am 26. Mai 2004 also nicht die VIPs des Fußball-Glamours, sondern Monaco und Porto. Dass den Portugiesen der Rummel, der ein solches Ereignis begleitet, etwas weniger fremd war, entschied vermutlich die Partie. Als die Mannschaften das Spielfeld betraten, schwebten nämlich Trapez-Künstler unter der Decke der Arena, kahlköpfige Männer trommelten auf Pauken ein, und Stelzenläufer rannten geschäftig umher. Inmitten dieses ohrenbetäubenden Durcheinanders wedelten Monacos Fans übermütig mit winzigen Fähnchen, während ihre Spieler den starren Blick eines kleinen Angestellten bekamen, der in eine Vernissage der High Society geraten ist. Portos Anhänger hingegen entfalteten schweigend ein riesiges Plakat, das an den Sieg von 1987 gegen Bayern München erinnerte.

Nach knapp 20 Minuten verlor Monaco dann auch noch seinen vielseitigsten Offensivspieler, Ludovic Giuly, durch Verletzung. Noch vor der Pause wurde Portos 19-jähriger Brasilianer Carlos Alberto zum drittjüngsten Torschützen in einem Finale um den höchsten europäischen Pokal, und damit war die Begegnung als Wettkampf vorbei. Deco und der Russe Dmitri Alenichev erhöhten in der Schlussphase zwar noch auf 3:0, aber das wäre kaum nötig gewesen. Die in den vorhergehenden Monaten so stürmischen Franzosen fanden nämlich nie die Pass- und Laufwege, die eine bis zur Penetranz konzentrierte und disziplinierte portugiesische Elf hätten überraschen können.

Das war vor allem ein Verdienst ihres Trainers José Mourinho – und spiegelte auch die Ernsthaftigkeit und den Ehrgeiz seines Charakters wider. Mourinhos Vater Felix hütete einst das Tor der Nationalelf Portugals, aber José schaffte es nie über den Status eines brauchbaren Amateurkickers hinaus. Darum wurde er auch nicht Profi, sondern Lehrer, träumte aber immer von einer Karriere im großen Fußball. Er belegte nebenbei einen Trainerkurs bei Andy Roxburgh, dem Technischen Direktor der UEFA, kam aber erst 1992, als er schon 29 war, und auf einem ungewöhnlichen Weg in Kontakt mit der Welt, zu der er gehören wollte: als Dolmetscher für den englischen Trainer Bobby Robson bei Sporting Lissabon.

Bald schon war Robson so angetan von dem Wissen und der Detailfreudigkeit seines Übersetzers, dass er ihn auch als Spielbeobachter einsetzte. Als Robson eine Saison darauf zum FC Barcelona wechselte, nahm er Mourinho mit – als Co-Trainer. „Acht Jahre als Dolmetscher“, lachte der Engländer ein Jahrzehnt später. „Und dann gewinnt er mit Porto alles, was greifbar ist.“ Doch nicht viele Leute konnten über Mourinho lachen, der Porto 2003 zum Sieg im UEFA-Cup führte und ein Jahr darauf die Champions League holte. Denn er wirkte nicht wie jemand, der solche Erfolge genießen konnte, sondern jeden Sieg als Zwischenschritt betrachtete, der seine persönliche Messlatte nur noch höher legte.

Vor dem Finale 2004 in Gelsenkirchen sagte er seinem Team: „Wir werden diesen Tag nie vergessen. Es ist besser, eine gute Erinnerung zu haben, also sorgt dafür, dass ihr diesen Tag in guter Erinnerung behaltet.“ Aber kaum waren die Medaillen ver-

Finale der Champions League 2003/04, AS Monaco - FC Porto 0:3 (in Gelsenkirchen). Die vertrauten Farben Blau und Weiß in der Arena AufSchalke – nur handelt es sich hier um die Fans des FC Porto.

José Mourinho siegte mit dem FC Porto in der Champions League – und wechselte anschließend zum FC Chelsea, dessen Boss Abramovich mit dem Scheckbuch wedelte.

teilt, da eilte er vom Rasen, als habe er selbst den Triumph bereits vergessen. In der Pressekonferenz meinte er kühl: „Ich möchte Porto verlassen." Wohin er gehen würde, das war den meisten Anwesenden da schon klar, denn Roman Abramovich hatte nie einen Zweifel daran gelassen, dass er für sein sündig teures Chelsea-Team einen Mann suchte, der wusste, wie man Titel gewinnt.

Und tatsächlich stand Mourinho in der nächsten Saison an der Seitenlinie und dirigierte die Mannschaft, die Abramovichs Millionen gekauft hatte, den FC Chelsea – der knapp 50 Jahre zuvor am ersten Europacup hätte teilnehmen sollen, dann aber nicht durfte, weil die englische Liga alles Fremde zweifelnd beäugte. Auch im neuen Jahrtausend galten dem Klub kritische Blicke, diesmal aber aus anderen Gründen. Während sich die Arrivierten – wie Real, Inter, Juve und Bayern – mal mehr, mal weniger mühsam in das Achtelfinale der Saison 2004/05 kämpften und das Weiterkommen der diversen Außenseiter – wie Monaco, aber auch Bremen und Leverkusen – wohlwollend registriert wurde (weil die Kleinen nun einmal dazugehören), gab es so manchen Fan, dem unbehaglich wurde, als Chelsea seine Gruppe meilenweit vor dem FC Porto (!), ZSKA Moskau und Paris St. Germain gewann. Abramovich hatte all dies, mit seiner Füller Arbeit, aus dem Scheckbuch gestampft – darüber gab es keine zwei Meinungen. Viele Traditionalisten verachteten deswegen Chelseas Triumphzug. Aber nicht wenige von ihnen sangen auch gerne das alte Lied, das die Zeile „So wie einst Real Madrid" enthält. Hatte Don Santiago Bernabéu in seiner Ära wirklich anders gehandelt als Roman Abramovich?

Schon wer am Abend nach dem Champions-League-Finale 2004 freudig oder enttäuscht durch die Nacht nach Hause getrottet war, konnte sich über solche Fragen Gedanken machen. Konnte, wenn er oder sie nur wollte, über das Zeltdorf für die Sponsoren, die zahllosen Männer in feinem Zwirn und die Shuttle-Busse mit grellen Werbeaufklebern die Nase rümpfen und denken, dass Gabriel Hanot sich hier sehr fremd gefühlt hätte. Aber sobald das Dunkel all dies hinter einem verschluckt hatte, blieb nur die Erinnerung an die Gesichter der Spieler des AS Monaco, die beim Schlusspfiff genauso geblickt hatten wie ihre Landsleute von Stade Reims 49 Jahre zuvor. Enttäuscht, natürlich. Aber zugleich auch stolz darüber, dabei gewesen zu sein. Vielleicht sogar froh, dass es vorbei war. Denn auch nach einem halben Jahrhundert sind Spiele um den Europapokal noch immer etwas ganz Besonderes, Eigentümliches.

Bleiben mit neun Titeln im wichtigsten europäischen Wettbewerb auch international die „Königlichen“: Real Madrid, hier nach dem Titelgewinn 2002.

Der größte Moment in der Geschichte des legendären schottischen Vereins Celtic Glasgow: Am 25. Mai 1967 nimmt Mannschaftskapitän Billy McNeill den Pokal der Landesmeister entgegen.

Die Champions

Lexikon der europäischen Pokalsieger

Vorbemerkung: Im Folgenden sind alle Vereine aufgeführt, die einen der europäischen Pokalwettbewerbe gewonnen haben. Die Reihenfolge orientiert sich alphabetisch an den jeweiligen Heimatstädten. Ausführlich porträtiert sind nur die Klubs, die den Cup der Landesmeister bzw. die Champions League gewonnen haben. (Stand: 31.1.2005)

FC Aberdeen

Gegründet 1881
Schottischer Meister 1955, 1980, 1984, 1985
Schottischer Pokalsieger 1947, 1970, 1982, 1983, 1984, 1986, 1990
Europapokal der Pokalsieger 1983

Ajax Amsterdam

Gegründet 18.3.1900
Niederländischer Meister 1918, 1919, 1931, 1932, 1934, 1937, 1939, 1947, 1957, 1960, 1966, 1967, 1968, 1970, 1972, 1973, 1977, 1979, 1980, 1982, 1983, 1985, 1990, 1994, 1995, 1996, 1998, 2002, 2004
Niederländischer Pokalsieger 1917, 1943, 1961, 1967, 1970, 1971, 1972, 1979, 1983, 1986, 1987, 1993, 1998, 1999, 2002
UEFA-Cup 1992
Europapokal der Pokalsieger 1987
Europapokal der Meister / Champions League 1971, 1972, 1973, 1995

Unsere holländischen Nachbarn haben so einige Klubs, die sich mit ungewöhnlichen Bezeichnungen schmücken. Manche benannten sich nach Königen (Willem II Tilburg), andere nach Königinnen (Wilhelmina Vooruit), ein Amsterdamer Verein gar nach einem Spieler (BDK, was für Bok de Korver steht). Sehr beliebt war auch die griechische Geschichte und Mythologie. Nach dem persischen König Xerxes, der vor Salamis der griechischen Flotte unterlag, hieß einst ein Erstligist aus Delft. Dann fallen einem noch Heracles Almelo, Sparta Rotterdam und natürlich Ajax Leiden ein.

Moment. Leiden? Nun, heute kennt man dieses Ur-Ajax – wenn überhaupt – nur noch als Cricket-Klub, aber es gründete sich 1892 auch als Verein für Fußball und schmückte sich mit dem Namen eines Helden aus dem Trojanischen Krieg. Etwa ein Jahr später benutzten die Amsterdamer Freunde Floris Stempel, Carel Reeser und Han Dade denselben Ausdruck für ihren losen Zusammenschluss von Fußball-Freunden, der bis dahin als „Union" gekickt hatte. Als sie dann im März 1900 im Café „Oost-Indië" in der Kalverstraat zusammenkamen, um ihren Verein endlich offiziell und ordentlich zu gründen, hatten sie inzwischen von dem Klub aus Leiden erfahren. Wie es sich für höfliche Menschen geziemt, baten die Amsterdamer die Leidener um die Erlaubnis, den Namen „Ajax" benutzen zu dürfen. Zum Glück wurde diese Bitte großherzig gewährt, denn ein Jahrhundert später gibt es in der Fußballwelt – trotz „Bayern", „Benfica" und „Juventus" – keinen Klubnamen, der so eindeutig und zugleich so bedeutungsschwanger ist wie der simple Zweisilber „Ajax".

Die Basis für solch anhaltenden Ruhm legte der Amsterdamer Verein später als all seine heutigen Kollegen im Pantheon der ganz Großen. National gaben eher die Vereine aus Den Haag oder Rotterdam den Ton an, bis Ajax in den 1930ern zum ersten Mal für längere Zeit an der Spitze mitspielen konnte. Piet van Reenen hieß der Star jener Zeit, ein Stürmer, der in 235 Spielen zwischen 1929 und 1942 beachtliche 272 Tore schoss. „Goaltjes-Piet" war zugleich der erste, aber nicht der letzte Ajax-Star, der mit dem Nationalteam so seine Probleme hatte: Sein Länderspieldebüt endete mit einem 2:6-Debakel in Ungarn, sein zweiter Auftritt für Oranje brachte 1931 zwar einen Sieg gegen den Rivalen Belgien, aber trotzdem wurde er danach nie wieder von Trainer Rob Glendenning eingeladen – mochte er auch, wie im April 1932 gegen Veendam, mal sieben Tore in einer Partie schießen.

Mit dem Krieg begann auch die nächste dürre Phase der Ajax-Geschichte. Selbst die lokale Konkurrenz von DWS Amsterdam und Blauw Wit Amsterdam stand nun oft vor den Rot-Weißen. Da hätte niemand ahnen können, dass diese beiden Klubs (und noch ein dritter) in den 1970ern schon fusionieren mussten, um im Schatten von Ajax überhaupt noch wahrgenommen zu werden.

Der rasante Aufstieg des Vereins wird meistens auf eine Zeitspanne von nur wenigen Monaten in der Saison 1964/65 zurückgeführt. Vermutlich wurde die Saat aber schon ein Jahrzehnt zuvor gelegt, im Juli 1954. Da stimmten die Mitglieder des Klubs gegen den Ratschlag ihres Vorstandes und für die Einführung des Profifußballs. Der Streit zwischen den Befürwortern des Amateurismus und denen des bezahlten Sports drohte damals, den gesamten holländischen Fußball zu spalten, aber am Ende kam es zu einem Burgfrieden und der Gründung der „Ehrendivision". Gleich die Premieren-Spielzeit der neuen Liga wurde von Ajax gewonnen, und im Verlauf dieser Saison bestritt Jesaja „Sjaak" Swart sein erstes von schließlich 603 Spielen für den Klub. Er, und nicht Cruyff, ist bis heute „Mister Ajax".

Trotzdem katapultierten erst folgenreiche sechs Monate den Verein ein Jahrzehnt später nach ganz oben. Oder vielmehr taten das drei Männer, die während dieser Wochen auf der Bildfläche erschienen: Im Juli 1964 wurde Jaap van Praag zum neuen Vorsitzenden gewählt, vier Monate später feierte der 17-jährige Johan Cruyff sein Debüt in der ersten Elf, und am 22. Januar 1965 übernahm Rinus Michels den Trainerposten. An seinem ersten Tag als Coach sagte er: „Die Situation ist die: Wir müssen bei null anfangen. Gewiss ist ein gutes Spielerkontingent vorhanden, aber was Disziplin und Taktik angeht, liegt manches im Argen."

Damit ist schon viel über den Stil gesagt, den Ajax die nächsten 40 Jahre pflegen sollte. Zwar wurde und wird viel über den Offensivdrang und die beinahe südamerikanische technische Beschlagenheit der Amsterdamer geschrieben, aber man vergisst nur zu leicht, dass hinter allem ausgefeilte Planung und ein rigides, geradezu teutonisches Regiment steht. Der Stürmer Dennis Bergkamp, heute bei Arsenal London, verspottete vor einigen Jahren das Ajax-System, mit dem er aufwuchs, in sehr bitteren Worten: „Wenn ich meinen Laufweg verlasse, kriege ich einen Elektroschock durch die Kette, die um meinen Hals hängt."

Andererseits konnte Ajax nur so das aggressive, auf ständigem Positionstausch beruhende System perfektionieren, für das die Elf in den frühen 1970ern berühmt wurde, den so genannten „totalen Fußball". Der Begriff geht wohl auf Frantisek Fardhonc zurück, der Anfang jenes Jahrzehnts Nationaltrainer der Niederlande war. Denn obwohl der Ausdruck

„totaal voetbal" erst zur WM 1974 Einzug in die holländische Sprache hielt, benutzte ihn Fardhonc schon zwei Jahre zuvor, um Amsterdams Sieg im Cup der Meister zu beschreiben. Da hieß der Trainer der Elf schon nicht mehr Rinus Michels, sondern Stefan Kovacs – was aber am Ajax-Stil nichts änderte.

Und das galt auch unter den vielen Männern, die Michels und Kovacs folgten. Bis 1991 hielt es niemand von ihnen, auch nicht der große Johan Cruyff, länger als drei Jahre auf dem Posten aus, aber trotzdem zeichnete Ajax Kontinuität aus – jedenfalls in Bezug auf die Spielidee. Mit der Umsetzung klappte es allerdings nicht mehr ganz so gut: Zwischen 1976 und 1986 holte Ajax zwar sechs nationale Meisterschaften, aber in den drei Europapokalen reichte es nur noch einmal für das Halbfinale. Cruyffs Amtszeit (1985-88) leitete dann langsam die nächste große Phase ein, die aber am engsten mit dem Namen Louis van Gaal verbunden ist. Van Gaal führte die Elf von 1991 bis 1997 und in drei europäische Finals, von denen zwei gewonnen wurden. Der Höhepunkt dieser zweiten Ajax-Ära war der Sieg in der Champions League 1995. Er kam aber in einer neuen, anderen Fußball-Welt zustande, denn nach dem Bosman-Urteil war es Ajax nicht mehr möglich, seine Stars zu halten oder wenigstens finanziellen Gewinn aus ihnen zu schlagen.

Ähnlich wie eine andere große Elf der 1970er, nämlich Borussia Mönchengladbach, hatte Ajax stets Probleme mit seinen Spielstätten. Die eigentliche Heimat des Klubs war seit 1934 „De Watergraafsmeer", das die Fans nur liebevoll „De Meer" nannten. Dieses Stadion war aber noch kleiner als der Gladbacher Bökelberg, weshalb Ajax mit seiner wachsenden Popularität oft in das 1928 erbaute Olympiastadion ausweichen musste. Das rühmte sich zwar der ersten dauerhaften Flutlichtanlage Europas und fasste dreimal so viele Zuschauer wie „De Meer", aber es war eben auch arg in die Jahre gekommen. So begann schon 1986 die Planung für einen Neubau, der zum Vorbild für viele der moderneren Fußballanlagen werden sollte: Die „Amsterdam Arena" kostete fast 100 Millionen Euro und wurde im August 1996 mit einem Spiel zwischen Ajax und dem AC Mailand feierlich eröffnet. Die Gäste gewannen mit 3:0.

FC Barcelona

Gegründet 20.11.1899
Spanischer Meister 1929, 1945, 1948, 1949, 1952, 1953, 1959, 1960, 1974, 1985, 1991, 1992, 1993, 1994, 1998, 1999
Spanischer Pokalsieger 1910, 1912, 1913, 1920, 1922, 1925, 1926, 1928, 1942, 1951, 1952, 1953, 1957, 1959, 1963, 1968, 1971, 1978, 1981, 1983, 1988, 1990, 1997, 1998
Messe-Cup / UEFA-Cup 1958, 1960, 1966
Europapokal der Pokalsieger 1979, 1982, 1989, 1997
Champions League 1992

„Mehr als nur ein Klub" – das sagen viele Vereine von sich, aber auf keinen trifft es so sehr zu wie auf den FC Barcelona. „El Barça és més que un club" ist ein Wahlspruch, den die Legende schon dem Gründer des Vereins zuschreibt, obwohl das vermutlich übertrieben ist. Der war nämlich ein Schweizer mit Namen Hans Gamper, und es darf bezweifelt werden, dass der damals 22-Jährige schon so hochfliegende Pläne hatte, als er im Oktober 1899 per Zeitungsannonce Gleichgesinnte suchte, um Fußballspiele zu organisieren.

Gamper, der Sohn eines Bankdirektors, war eher zufällig in Barcelona hängengeblieben, weil ihm sein Onkel dort einen Job anbot. Fast noch mehr als die Finanzen liebte der junge Mann den Sport: Er hatte in Basel und Lyon Fußball gespielt und scheint auch ein guter Radrennfahrer gewesen zu sein. Schon einen Monat nach dem Erscheinen seiner Anzeige wusste Gamper so viele Mitstreiter an seiner Seite, dass er einen Verein aus der Taufe heben konnte. Dessen Name und das daraus resultierende Kürzel – FCB – sollte angeblich ebenso einen Verweis auf den FC Basel darstellen wie die Vereinsfarben: Blau und Rot. Das ist jedoch so viele Jahre später nicht mehr eindeutig zu klären; es gibt auch die Theorie, dass es sich um die Farben der Schule handelt, an der die englischen Brüder Witty ausgebildet wurden, die zusammen mit Gamper den Klub in Barcelona gründeten.

Ähnlich mythenumrankt ist das Wappen des Vereins. Man liest manchmal, dass sich in der linken oberen Ecke die Nationalfahne Englands befinde, das rote Kreuz auf weißem Grund. Dabei handelt es sich genauer gesagt um das Emblem des Heiligen Georg, und der ist allerdings unter dem Namen „Jordi" zugleich Schutzpatron Kataloniens. Die Gründer wollten wahrscheinlich eher darauf verweisen, schließlich findet sich direkt neben dem Kreuz die Flagge Kataloniens, vier rote Streifen auf gelbem Grund.

Von Beginn an war der Charakter des FC Barcelona also von Lokalstolz geprägt, selbst wenn nur zwei der elf Gründungsväter auch wirklich Katalanen waren. Das zeigt sich auch in der erbitterten Feindschaft mit dem Lokalrivalen Español, der sich fast genau ein Jahr nach dem FC formierte. Wie sein Name schon sagt, verstand sich Español als spanischer Verein – und als monarchistischer. Er trug eine Krone im Wappen und erweiterte schon 1910 seinen Namen durch den Zusatz „Real [= königlicher] Club de Fútbol". Im selben Jahr endete ein Derby damit, dass Españols Fans den Schiedsrichter bedrohten und die Spieler des FC geschlossen das Feld verließen.

Bald schon brauchte Barça aber ein größeres Feindbild. Bis zur Gründung der „Primera División" 1928 wurde der Sieger des Pokals zugleich als Spanischer Meister betrachtet, und Gampers Verein gelang dieses Kunststück siebenmal, während Español gänzlich leer ausging. Auch den ersten Ligatitel Spaniens holte sich der FC Barcelona, während sein Nachbar nur Siebter wurde. Da zählte Barça schon weit mehr als 10.000 Mitglieder und war auch in politischer Hinsicht so etwas wie eine Institution in Katalonien. Bei einem Benefizspiel 1925 zum Beispiel hatte eine englische Kapelle die spanische Nationalhymne intoniert und war daraufhin von Barças Fans niedergepfiffen worden. Der (spanische) Militäroberbefehlshaber von Barcelona verbot dem Klub danach für eine halbes Jahr jegliche Aktivität. Noch schlimmer wurden die Schikanen nach dem Ende des Bürgerkrieges 1939, denn in Barcelona hatte man den letztlich siegreichen Faschisten von General Franco am heftigsten Widerstand geleistet.

Doch Barça ließ sich nicht unterkriegen, schon gar nicht auf dem Rasen. Bis in die frühen 1950er war der Klub neben dem baskischen Athletic Bilbao der erfolgreichste des spanischen Fußballs. In der Saison 1951/52 etwa holte man das Double und den im ersten Kapitel dieses Buches behandelten Lateinpokal. Da zudem noch zwei kleinere Turniere gewonnen wurden, feierten Barcelonas Fans diese Spielzeit als „das Jahr der fünf Pokale". Aber schon bald änderte sich das Bild, denn es begann die große Zeit von Real Madrid, das noch mehr als Español für all das stand, was der katalanische Nationalismus verabscheute. Zwischen 1954 und 1958 wurde Barcelona in der Liga dreimal Zweiter und zweimal Dritter, während Real vier Titel holte. Nun verstärkte Barcelona seine Anstrengungen und hatte schließlich mit der Ankunft der Exil-Ungarn Sandor Kocsis und Zoltan Czibor die Wunderelf beisammen, die Real den Titel wieder entreißen konnte.

Aber wie um Barcelona zu demütigen, glänzte Madrid inzwischen auf einem anderen, edleren Parkett – dem Europacup der Landesmeister. Mehr als 30 Jahre lang sollte Barça verzweifelt versuchen, es den Königlichen auf diesem Niveau gleichzutun. Das Scheitern war oft tragisch, meistens unerwartet und fast immer spektakulär. Im Grunde muss man Barcelona bis heute als die größte Enttäuschung des internationalen Fußballs bezeichnen, denn es kann eigentlich nicht angehen, dass sich ein Team Stars aus aller Herren Länder leistet – etwa Ladislao Kubala, Johan Cruyff, Hans Krankl, Diego Maradona oder Bernd Schuster –, ohne auch nur mit einem von ihnen je den Pokal der Meister zu gewinnen. Selbst das Halbfinale schaffte Barça in diesem Wettbewerb bis 1985 nur dreimal. Im Jahr danach standen die Katalanen dann in ihrem zweiten Endspiel – und verloren sensationell gegen Steaua Bukarest.

Erst Johan Cruyff brach den Fluch, diesmal aber nicht als Spieler, sondern als Trainer. In seine Amtszeit (1988-96) fielen nicht nur vier Meisterschaften in Folge, sondern auch der lang ersehnte Sieg im Meisterpokal, der inzwischen Champions League hieß. Nach der großen Elf der spätern 1950er war die von Cruyff zusammengestellte Mannschaft das zweite Dreamteam der Klubgeschichte; das dritte – so hofft ganz Katalonien – wurde geboren, als Ronaldinho 2003 zum FC Barcelona stieß.

Noch immer hat Barcelona sich nicht dazu durchgerungen, sein Trikot mit Werbung zu beflecken. Die Stimmberechtigten unter den heute 120.000 Mitgliedern entscheiden sich mit ritueller Regelmäßigkeit gegen diese Maßnahme und liefen sogar eine Zeit lang gegen das Nike-Logo auf den Hemden Sturm. Trotzdem ist Barcelona einer der reichsten Vereine der Welt, was erstens an der Handelskraft der Stadt liegt, zweitens an dem beachtlichen Grundbesitz des Klubs. Das ist so seit 1922, als Hans Gamper mit seinem eigenen Geld das Stadion „Les Corts“ finanzierte, das zu Anfang 21.500 Zuschauer fasste. Es wurde auf eine Kapazität von 40.000 erweitert, erwies sich aber dennoch spätestens in den 1950ern als zu klein. Der Verein selbst brachte die 35 Millionen Euro auf, die es kostete, das gigantischste Stadion seiner Zeit zu errichten: das 1957 eröffnete Camp Nou.

Der Spielerberater José-Maria Minguella sagt: „Barça hat drei große Stars gehabt: Einer war Kubala, und wegen ihm bauten sie Camp Nou. Ein anderer war Cruyff, der dafür sorgte, dass das Stadion gefüllt wurde. Der dritte war Maradona, wegen dem die Kapazität von 90.000 auf 120.000 erhöht werden musste.“ Der Name dieser Kultstätte ist übrigens einer Mischung aus Lokalpatriotismus und Fantasielosigkeit geschuldet. Während es – noch ungetauft – errichtet wurde, bezeichneten es die Fans des Klubs als „unseren Platz“ oder „unser Feld“, eben Camp Nou. Daran änderte sich dann nichts mehr.

Roter Stern Belgrad

Gegründet 4.3.1945
Landesmeister (Jugoslawien, Serbien und Montenegro) 1951, 1953, 1956, 1957, 1959, 1960, 1964, 1968, 1969, 1970, 1973, 1977, 1980, 1981, 1984, 1988, 1990, 1991, 1992, 1995, 2000, 2001, 2004
Nationaler Pokalsieger (Jugoslawien, Serbien und Montenegro) 1948, 1949, 1950, 1958, 1959, 1964, 1968, 1970, 1971, 1982, 1985, 1990, 1993, 1995, 1996, 1997, 1999, 2002, 2004
Europapokal der Meister 1991

„Etoile Rouge“ nennen die Franzosen diesen Klub, „Red Star“ die Engländer, „Estrella Roja“ die Italiener. In der Landessprache heißt all dies „Crvena Zvezda“, aber der Name scheint etwas so Magisches zu haben, dass man ihn überall übersetzt – eben in Roter Stern. (Bei Steaua Bukarest zum Beispiel fiele das niemandem ein, obwohl auch dies „Stern“ bedeutet.) Andererseits ist diese Vereinnahmung völlig in Ordnung, denn sie wird auch von den Serben selbst betrieben: Das riesige Stadion des Klubs heißt offiziell so wie der Verein, wird aber von jedermann in Belgrad nur „Maracanã“ genannt – nach der Betonschüssel in Rio de Janeiro, die sich wiederum den Namen mit einer Papageienart teilt.

Roter Sterns Geschichte reicht nicht sehr weit zurück, weil dieser Klub, anders als einige seiner Kollegen aus den ehemaligen Ostblockstaaten, keinen Vorläufer vor dem Krieg hatte. Die Mitglieder eines studentischen Kommunistenbundes der Universität Belgrad bestritten das erste uns bekannte Fußballspiel in Jugoslawien nach dem Ende der Kampfhandlungen, im November 1944. Ihr Sieg gegen eine Soldatenelf muss sie so inspiriert haben, dass sie schon weniger als vier Monate später Roter Stern Belgrad aus der Taufe hoben. (Aus dem unterlegenen Gegner entstand übrigens über Umwege Partizan Belgrad, was den Grundstock für eine erbitterte Feindschaft legte.)

Der neue Verein übernahm zunächst die Spielstätte des aufgelösten SK Jugoslavija 1923 Belgrad, musste aber bis 1951 auf seine erste Meisterschaft warten. Da hatte Partizan schon deren zwei geholt, was Roter Stern offenbar nicht ruhen ließ: Der Klub gewann in den 1950ern noch viermal den jugoslawischen Titel und vertrat sein Land auch bei der zweiten und dritten Auflage des jungen Europacups. Bei beiden Versuchen scheiterte man denkbar knapp, zuerst im Halbfinale an Florenz, dann im Viertelfinale an Manchester United. Dieses zweite Duell wird aber leider nicht wegen des turbulenten 3:3 im Rückspiel in Belgrad in Erinnerung bleiben, sondern weil Manchester auf der Rückreise nach England einen unheilvollen Zwischenstopp in München machte.

Die 1960er waren eine vergleichsweise magere Zeit in der Geschichte des Vereins; in der Saison 1962/63 landete man in der jugoslawischen Liga sogar nur auf dem siebten Rang – die bis heute schlechteste (!) Platzierung von Roter Stern überhaupt. Doch mit Beginn des nächsten Jahrzehnts machte der Verein auch auf internationaler Ebene wieder von sich reden: 1971 stand er nach einem 4:1-Sieg gegen Panathinaikos Athen so gut wie im Finale um den Landesmeisterpokal, ging aber dann im Rückspiel unter. Damit war eine Art Blaupause erstellt, denn in den folgenden Jahren scheiterten die Serben oft sehr knapp und sehr spät. 1975 warf Roter Stern das große Real Madrid aus dem Pokal der Pokalsieger, blieb dann aber im Halbfinale an Ferencvaros Budapest hängen – obwohl man nach der 1:2-Hinspielniederlage in Ungarn guten Mutes war. 1979 gingen die Finals im UEFA-Cup unglücklich gegen Gladbach verloren. 1987 schlugen die Serben im Wettbewerb der Meister Real schon wieder, diesmal mit 4:2, wobei das zweite Tor der Gäste erst in der 87. Minute fiel. Das aber war letztlich entscheidend, denn in Spanien verlor Roter Stern mit 0:2 und schrammte so am Halbfinale vorbei.

Man muss allerdings hinzufügen, dass schon die Teilnahme von Roter Stern an diesem Wettbewerb 1986/87 äußerst umstritten war. Der Meister hieß nämlich eigentlich Partizan Belgrad, aber als aufgedeckt wurde, dass die Hälfte der Erstligavereine die Partien des letzten Spieltages verschoben hatten, wurden alle Begegnungen neu angesetzt. Partizan weigerte sich, an dieser Farce teilzunehmen, und so wurde Roter Stern zum Meister ausgerufen. Nach ausgedehnten Auseinandersetzungen vor Gericht bekam Partizan seinen Titel schließlich zurück – aber da spielte Roter Stern schon im Europacup.

Einer der Stars jener Elf und später ihr Kapitän war Dragan Stojkovic. Er nahm noch zwei vergebliche Anläufe, mit dem Klub endlich einen Europacup zu holen, und wechselte dann 1990 in den Westen, zu Olympique Marseille. Gleich in seinem ersten Jahr dort erreichte er endlich das Finale um den Cup der Meister und traf auf – sein altes Team aus Belgrad. Legendärerweise weigerte er sich, beim Elfmeterschießen anzutreten, obwohl Trainer Raymond Goethals ihn zum Schützen bestimmt hatte. Das mag nicht nur an seiner alten Verbundenheit zu Roter Stern gelegen haben, sondern auch an seinem Ärger über Goethals, der ihn erst in der Verlängerung eingewechselt hatte. So sah Stojkovic vom Mittelkreis aus mit an, wie seine Landsleute die höchste Trophäe des europäischen Fußballs gewannen. Und das nicht durch Zufall: Zu jener Zeit wurden in Jugoslawien Spiele, die nach 90 Minuten unentschieden standen, durch Elfmeterschießen entschieden. Die Belgrader hatten also erheblich mehr Übung als die Franzosen.

Das Siegerteam hätte auch in den nächsten Jahren eine gute Rolle in Europa spielen sollen, aber keine zwei Monate nach dem Finaltriumph befand sich Belgrad im Kriegszustand. Trotzdem fehlte Roter Stern nicht viel zur Titelverteidigung: In der Saison 1991/92 brauchte das Team nur einen Sieg im vorletzten Gruppenspiel, um das Endspiel zu erreichen. Doch wegen der Wirren in Jugoslawien fand diese Partie in Sofia statt, wo die Belgrader nach 1:0-Führung gegen Sampdoria Genua 1:3 verloren. Spieler wie Dejan Savicevic, Sinisa Mihajlovic oder Darko Pancev, Europas Torjäger des Jahres 1991, gingen dann nach Italien – während sich daheim Serben und Kroaten weiter massakrierten.

Mehr als zehn Jahre nach dieser Tragödie sind die ehemals jugoslawischen Klubs noch immer nicht annähernd wieder auf dem Standard, den sie einmal hatten. Das ist nicht nur eine Folge des Krieges, sondern auch der Entwicklung im Westen des Kontinents, wo in den 1990ern immer mehr verlockendes Geld immer lockerer saß. Aber Zoran Avramovic, der Marketing-Direktor von Roter Stern, macht einen Silberstreif am Horizont aus: „Wir haben daran gearbeitet, eine stabile Finanzlage zu schaffen, damit wir unsere Spieler nicht mehr abgeben müssen. Da es zur Zeit in England, Spanien und Italien nicht mehr so viele Transfers gibt, können wir sie noch zwei oder drei Jahre halten.“ Doch er fügt auch hinzu: „Trotzdem wird der Tag kommen, an dem ein Spieler das 50fache von dem geboten bekommt, was wir anbieten können. Dann können wir von den Spielern nicht erwarten, dass sie bleiben – und mögen sie Belgrad noch so lieben.“

Aston Villa (Birmingham)

Gegründet 1874
Englischer Meister 1894, 1896, 1897, 1899, 1900, 1910, 1981
Englischer Pokalsieger 1887, 1895, 1897, 1905, 1913, 1920, 1957
Europapokal der Meister 1982

Vor und nach 1982 fiel der Klub aus Birmingham im internationalen Fußball kaum auf. Drei Viertelfinalteilnahmen sind alles, was für Aston Villa zu Buche steht – außer dem schockierenden Sieg im Pokal der Meister über Bayern München natürlich. Trotzdem ist dies ein Verein von durchaus historischer Bedeutung.

Schon 1874 gründeten vier Mitglieder der Cricketmannschaft von Villa Cross Wesleyan Chapel im Birminghamer Stadtteil Aston einen Fußballklub, damit sie sich auch in der kalten Jahreszeit an der frischen Luft sportlich betätigen konnten. Damit ist Villa einer der ältesten Vereine der ganzen Welt und gehörte selbstredend zu den zwölf Gründungsmitgliedern der englischen Liga 1888 – wie auch das 1879 gegründete West Bromwich Albion. Da West Bromwich verwaltungstechnisch gesehen zu Birmingham gehört, müssen die Begegnungen zwischen Villa und Albion in der Spielzeit 1888/89 als die ersten Stadtderbys gelten, die unter Ligabedingungen ausgetragen wurden. (Im Jahr zuvor hatten die beiden Teams auch das englische Pokalfinale bestritten.)

Jene lang zurückliegenden Jahrzehnte sind auch die bis heute erfolgreichste Zeit von Aston Villa, was nicht zuletzt daran lag, dass der Klub einer der ersten war, der sich gute Spieler einfach einkaufte. Seit dieser Zeit, also noch vor der Wende zum 20. Jahrhundert, gilt Villa als der „Lackschuh"-Klub der Stadt, doch die Investitionen zahlten sich aus: Zwischen 1894 und 1900 wurde der Klub fünfmal Meister und schaffte 1897 als erstes englisches Team überhaupt das Double. Im selben Jahr zog der Verein auch in den Villa Park, in dem er noch heute seine Heimspiele austrägt (und in dem Lothar Emmerich sein berühmtes Tor aus spitzem Winkel gegen Spanien bei der WM 1966 erzielte). Villas sechste Meisterschaft folgte 1910 – dann herrschte in dieser Hinsicht für mehr als 70 Jahre Ruhe.

Die 1930er begannen vielversprechend für Villa, denn der Stürmer Tom Waring, genannt „Pongo", stellte mit 49 Toren in 42 Saisonspielen den noch immer gültigen Rekord für die oberste englische Spielklasse auf. Zum Titel reichte das aber nicht, denn Villa wurde nur Zweiter hinter Arsenal. Mitte des Jahrzehnts stieg der Verein dann zum ersten Mal ab.

30 Jahre später stand Villa, das seit 1896 als GmbH organisiert wurde, sogar kurz vor der Pleite. Erst der Verkauf von Anteilen an Fans und Gönner rettete den Klub 1966 vor dem Bankrott. Auf dem Spielfeld blieben die Dinge aber weiterhin düster: 1967 ging es wieder in die zweite Liga, 1970 gar für zwei Jahre in die dritte. Als Villa 1975 unter dem Trainer Ron Saunders endlich den Weg in die höchste Spielklasse zurückfand, hatte der FC Bayern gerade den zweiten seiner drei Meistercups in Folge gewonnen, war Dynamo Kiew amtierender Sieger im Pokal der Pokalsieger, stand der RSC Anderlecht schon in den Startlöchern, um Kiew abzulösen. All diese Klubs sollte Villa nur sieben Jahre später auf dem Weg zum größten aller Vereinstitel schlagen.

Richtig erklären kann man das bis heute nicht. Villa hatte keine wirklichen Stars in seinen Reihen, was üblicherweise dazu verleitet, den Triumph einem genialen Trainer zuzuschreiben. Das aber war Ron Saunders nur sehr bedingt. Als er 1974 zu Villa kam, hatte man ihn gerade nach weniger als fünf Monaten im Amt bei Manchester City entlassen, und er konnte nicht viel mehr vorweisen als einen Erstligaaufstieg mit Norwich. Auch nach seiner Zeit im Villa Park sorgte Saunders nicht gerade für Furore, sieht man einmal davon ab, dass die beiden Klubs, die er bis zu seinem frühzeitigen Abschied vom Fußball 1987 trainerte, ausgerechnet die Lokalrivalen von Aston Villa waren: Birmingham City und West Bromwich Albion.

Doch in den acht Jahren, in denen der Disziplinfanatiker Saunders bei Villa das Kommando führte, wurde er zum Architekten eines Aufstiegs, der ebenso erstaunte wie der von Nottingham Forest etwa zur selben Zeit, wenn er auch nicht ganz so flott vor sich ging. Zwischen 1977 und 1980 landete das Team von Saunders stets unter den besten acht Klubs der First Division. Weiter nach oben schien es aber nicht zu gehen, weil Villa im Sturm nichts zu bieten hatte: 1979/80 reichten Gary Shaw magere neun Tore, um bester Schütze seines Vereins zu werden.

Dann überzeugte Saunders den Klub, 500.000 Pfund für den knapp 30-jährigen Angreifer Peter Withe auszugeben. Der hatte schon im Trikot von Nottingham die Meisterschaft und die Torjägerkanone gewonnen und schoss Villa in der Spielzeit 1980/81 prompt mit 20 Treffern zum Titel. Ein Jahr später sollte er auch noch im Finale des Pokals der Landesmeister das Tor erzielen, das Bayern München besiegte. Was dazu führte, dass der Anblick von Schweißbändern an den Handgelenken eines Fußballers vielen Bayern-Fans noch heute Schüttelfrost verursacht. Sie waren nämlich das Markenzeichen von Withe.

Als die Spieler von Villa am Abend des 26. Mai 1982 den wertvollsten Pokal des europäischen Fußballs in die Höhe reckten, war allerdings der Mann, der sie so weit gebracht hatte, nirgends zu sehen. Im Februar hatte Saunders von einem Moment auf den nächsten seinen Rücktritt erklärt, weil das Team in der Liga nur auf Platz 19 lag und der Vorstand ihm trotzdem kein Geld für Neuverpflichtungen geben wollte. Sein Assistent Tony Barton übernahm den Posten, rettete Villa vor dem Abstieg und gewann den Europacup.

Doch der Lorbeer wurde rasch welk. Nur fünf Jahre nach dem Sieg über die Bayern stieg Villa als Tabellenletzter ab. Zwar kehrte der Klub sogleich wieder in die erste Liga zurück, aber seitdem lässt er seine Fans im Unklaren darüber, wohin die Reise geht. Zum Beispiel folgte einem zweiten Platz 1993 nur 24 Monate später eine Horrorsaison, an deren Ende so gerade noch der rettende Rang 18 stand. Im Jahre 1997 ging Aston Villa an die Börse, aber das Resultat war das Gleiche wie bei vielen anderen Fußballklubs: Innerhalb von sechs Jahren fiel der Wert der Aktie um beinahe 90 %. Anfang 2003 gründete sich eine Dachorganisation der Fans, die unter anderem eine feindliche Übernahme ihres Klubs verhindern wollte. Ihr Sprecher, Professor Carl Chinn, sagte: „Seit 20 Jahren fehlt uns der Schwung, die Entschlossenheit und die Fantasie. Wenn es beim Klub keinen radikalen Wechsel gibt, dann werde ich es wahrscheinlich nicht mehr erleben, dass Villa wieder zu den Großen des Fußballs zählt."

Slovan Bratislava

Gegründet 3.5.1919

Landesmeister (Slowakei) 1940, 1941, 1942, 1944, (CSSR) 1949, 1950, 1951, 1955, 1970, 1974, 1975, 1992, (Slowakei) 1994, 1995, 1996, 1999

Nationaler Pokalsieger (CSSR) 1962, 1963, 1968, 1974, 1982, (Slowakei) 1994, 1997, 1999

Europapokal der Pokalsieger 1969

Werder Bremen

Gegründet 4.2.1899

Landesmeister 1965, 1988, 1993, 2004

Nationaler Pokalsieger 1961, 1991, 1994, 1999, 2004

Europapokal der Pokalsieger 1992

RSC Anderlecht

(Brüssel)

Gegründet 29.5.1908

Belgischer Meister 1947, 1949, 1950, 1951, 1954, 1955, 1956, 1959, 1962, 1964, 1965, 1966, 1967, 1968, 1972, 1974, 1981, 1985, 1986, 1987, 1991, 1993, 1994, 1995, 2000, 2001, 2004

Belgischer Pokalsieger 1965, 1972, 1973, 1975, 1976, 1988, 1989, 1994

UEFA-Cup 1983

Europapokal der Pokalsieger 1976, 1978

Ferencvaros Budapest

Gegründet 3.5.1899
Ungarischer Meister 1903, 1905, 1907, 1910, 1911, 1912, 1913, 1926, 1927, 1928, 1932, 1934, 1938, 1940, 1941, 1949, 1963, 1964, 1967, 1968, 1976, 1981, 1992, 1995, 1996, 2001, 2004
Ungarischer Pokalsieger 1913, 1922, 1927, 1928, 1933, 1935, 1942, 1943, 1944, 1958, 1972, 1974, 1976, 1978, 1991, 1993, 1994, 1995, 2003, 2004
Messe-Cup 1965

Steaua Bukarest

Gegründet 7.6.1947
Rumänischer Meister 1951, 1952, 1953, 1956, 1960, 1961, 1968, 1976, 1978, 1985, 1986, 1987, 1988, 1989, 1993, 1994, 1995, 1996, 1997, 1998, 2001
Rumänischer Pokalsieger 1949, 1950, 1951, 1952, 1955, 1962, 1966, 1967, 1969, 1970, 1971, 1976, 1979, 1985, 1987, 1988, 1989, 1992, 1996, 1997, 1999
Europapokal der Meister 1986

Als Steaua Bukarest 1986 dem FC Barcelona trotzte und den Pokal der Meister gewann, schien das ein Wunder zu sein, das sich nur durch das traditionelle Versagen der Katalanen in entscheidenden Momenten erklären ließ. Heute, fast zwei Jahrzehnte später, betrachtet man das differenzierter, denn die 1990er haben den Fußball-Fans Respekt vor dem rumänischen Fußball gelehrt. Die große Nationalelf um das Genie Gheorghe Hagi, mit so bekannten Leuten wie Adrian Ilie, Dan Popescu, Dorinel Munteanu oder Ioan Lupescu, verpasste bei der WM 1994 das Halbfinale erst im Elfmeterschießen und stand vier Jahre später im Achtelfinale.

Aber 1986 sah das anders aus. Da hatte sich Rumänien seit 16 Jahren nicht mehr für eine WM qualifiziert, und der erste Auftritt des Landes überhaupt bei einer EM-Endrunde (1984 in Frankreich) brachte nur den letzten Platz in der Gruppe ein. Einzelne Spieler besaßen auch in der Bundesliga einen guten Ruf, zum Beispiel Marcel Raducanu, der in Dortmund das Spiel lenkte. Doch im Großen und Ganzen war der rumänische Fußball eine erheblich unbekanntere Größe als seine Brüder aus anderen Ostblockländern wie etwa Jugoslawien, Ungarn oder der CSSR.

Wusste man mit Rumänien Mitte der 1980er wenig anzufangen, so galt das erst recht für Steaua. Das mag seltsam klingen, wo dies doch der erfolgreichste Klub des Landes ist. Aber als die rumänische Nationalelf zur EM 1984 fuhr, war nur ein einziger Spieler des Vereins im Aufgebot, der Routinier Lazslo Bölöni – und der war gerade erst von Tirgu Mures in die Haupstadt gewechselt und hatte noch kein Spiel für seinen neuen Klub bestritten. Steaua machte Anfang der 1980er nämlich eine schwierige Zeit durch, während der man Universitatea Craiova oder Dinamo Bukarest den Vortritt lassen und schon mal einen beschämenden sechsten Platz hinnehmen musste. So bauten Trainer Emeric Jenei und sein Assistent Anghel Iordanescu, der noch immer auch die Stiefel für Steaua schnürte, das Team nahezu komplett und nach einem durchdachten Plan neu auf. Im Endspiel von Sevilla räumte hinter dem 33-jährigen Bölöni der gerade 21-jährige Libero Miodrag Belodedici auf; neben Victor Piturca, der am Tag nach dem Finale 30 wurde, stürmte Marius Lacatus, erst seit einem Monat 22; und als der 36-jährige Iordanescu in die Partie kam, spielte er an der Seite des 23-jährigen Gavril Balint. Was all diese Fußballer aus verschiedenen Generationen einte, war der Hunger nach Erfolg, und eben den brachten sie am Ende auch nach Bukarest zurück.

Vor jener etwa siebenjährigen Durststrecke, die diese Elf schließlich überwand, waren Titel und Trophäen etwas ganz Natürliches für Steaua gewesen. Anders als die Stadtrivalen Carmen Bukarest und Rapid Bukarest, wurde Steaua erst nach dem Krieg gegründet, und zwar im Jahre 1947, elf Monate vor dem späteren Konkurrenten Dinamo. Zuerst hieß der Klub „Verein für Sportler der Armee", was bereits erklärt, warum er schon in den ersten Wochen seiner Existenz den Vizemeister Carmen Bukarest in der obersten Liga ersetzen durfte. In den folgenden Saisons wechselte der neue Verein noch zweimal die Bezeichnung und landete erst 1962 beim noch heute gültigen „Steaua".

Da war das Team aber schon längst zum emsigen Titelsammler geworden. In den 1950ern holte der Klub vier Meisterschaften und ebenso viele Pokale in Rumänien. Dinamo brachte es während dieser Zeit nur auf einen Ligatitel, aber es zeichnete sich schon ab, dass diese beiden Teams noch so manchen Strauß ausfechten würden. Steaua war der Klub der Armee und wurde vom Verteidigungsministerium protegiert; wer einige Jahre als Fußballer für den Klub spielte, hatte damit, bürokratisch gesehen, seinen Wehrdienst absolviert. Dinamo erhielt hingegen Unterstützung vom Innenministerium, weil es die Polizei repräsentierte – auch die berüchtigten Schergen der „Securitate". (Was vielleicht der Räuberpistole Nahrung gab, die fälschlicherweise über Steauas Torwart Helmuth Duckadam kolportiert wird und die sich im Haupttext dieses Buches behandelt findet.) Das machte Dinamo im Land äußerst unbeliebt und trieb viele Rumänen zu Steaua, obwohl dieser Verein wiederum enge Beziehungen zum Ceausescu-Regime hatte. Valentin Ceausescu, der Sohn des Diktators, war von 1983 bis zur Revolution sogar Präsident von Steaua. Gica Popescu, ein ehemaliger Star des Klubs, spricht aber für die Mehrheit, wenn er sagt: „Valentin war anders als der Rest seiner Familie. Er hatte wirklich Klasse." Valentin Ceausescu arbeitet heute als Physiker in Bukarest und muss keine Repressalien fürchten.

Dinamo war der erste Klub Rumäniens, der am Europacup teilnahm. In der Saison 1956/57 schaltete er in der Qualifikation Galatasaray Istanbul aus, ging aber im Achtelfinale in Sofia mit 1:8 unter. Steaua gab ein Jahr später sein internationales Debüt (als „CCA" oder „Armeeklub") und hätte den Deutschen Meister Borussia Dortmund düpiert, wenn es die Auswärtstoreregel schon gegeben hätte. So aber schieden die Rumänen in einem Entscheidungsspiel aus und hatten für einige Zeit ihr Highlight gehabt. Im Sommer 1960 drückte man sich vor einem Treffen mit den Tschechen von Spartak Králové (Königgrätz) und zog seine Meldung vom Europacup zurück. Warum, das wurde ein Jahr später deutlich, als der Klub schon in der ersten Runde gegen Austria Wien ausschied.

Bis zur glorreichen Saison 1985/86 schaffte Steaua im Cup der Meister nie auch nur die zweite Runde, und in den beiden anderen europäischen Wettbewerben war das mit großem Abstand beste Resultat ein knappes Ausscheiden gegen Bayern München im Viertelfinale des Pokals der Pokalsieger 1972. Vielleicht ist es doch ein Wunder, dass dieser Klub 1986 dem FC Barcelona die Stirn bieten konnte...

Sechs Titel in Folge zwischen 1993 und 1998 legen die Vermutung nicht eben nahe, aber die politischen Umwälzungen im Ostblock und dann im eigenen Land trafen Steaua wirtschaftlich härter als seinen Rivalen Dinamo. Letzterer gehört, trotz des Regimewechsels, noch immer dem Innenministerium, während Steaua von dem Politiker Gigi Becali gekauft wurde. Der ist zwar reich, aber nicht so reich, dass er den Klub international wettbewerbsfähig halten könnte – oder auf Hilfe von oben verzichten darf: „Ich habe Gott versprochen, dass ich eine Kirche bauen werde, wenn wir die Qualifikationsspiele für den UEFA-Cup gewinnen", sagte er im Herbst 2003. „Und so soll es sein. Ich werde mein Versprechen mit jeder Partie, die wir überstehen, wiederholen." Steaua schied in Runde zwei gegen Liverpool aus.

Borussia Dortmund

Gegründet 19.12.1909
Deutscher Meister 1956, 1957, 1963, 1995, 1996, 2002
Deutscher Pokalsieger 1965, 1989
Europapokal der Pokalsieger 1966
Champions League 1997

Für einen Verein, der in seinem Heimatland eigentlich nur zweieinhalb wirklich erfolgreiche Jahrzehnte hatte, kann Borussia Dortmund auf eine erstaunliche Bilanz in internationalen Wettbewerben verweisen: Der Ruhrgebietsklub holte als erstes deutsches Team einen Europapokal, hatte zweimal die Chance, zu der kleinen Gruppe von Teams zu gehören, die in allen drei kontinentalen Wettbewerben zu den Siegern zählen, und ist der Verein, der die letzte Konkurrenz der Champions League gewann, an der wirklich nur Meister teilnahmen. Das ist umso erstaunlicher, wenn man bedenkt, dass unter den Klubs von großer geschichtlicher Bedeutung für den Fußball des Landes – Bayern München natürlich ausgenommen – allein der HSV an diese Bilanz herankommt, während Schalke, Hertha und Nürnberg (oder auch Mönchengladbach und Köln) arg hinterherhinken.

Es scheint, als habe der BVB immer ein gutes Gespür für Timing gehabt. Vor dem Krieg gehörte er bloß zu der recht umfangreichen Gruppe von Westklubs, die versuchten, Schalke Paroli zu bieten. Noch 1933, als die königsblauen Knappen gerade zum ersten Mal um die Deutsche Meisterschaft spielten, kickte die Borussia mehr schlecht als recht in der Zweitklassigkeit. Doch dann kam der 18. Mai 1947, an dem nicht nur der Machtwechsel eingeläutet wurde, sondern auch eine Rivalität begann, die für das nächste halbe Jahrhundert die hitzigste im deutschen Fußball sein sollte. Was eigentlich seltsam ist.

Als der BVB an jenem Maitag nämlich durch ein 3:2 über die alternde Schalker Elf Westfalenmeister wurde, löste er einen Klub an der Spitze ab, der ihm eigentlich sehr ähnlich war. Natürlich gibt es Unterschiede zwischen der Borussia und dem S04: Dortmund war und ist etwas feiner, seine Fans waren und sind etwas kritischer und kühler, seine Führungspersonen waren und sind etwas geschäftsmäßiger und technokratischer. Dortmund war Stahl, Schalke war Kohle. Doch man merkt schon: Es geht nur um Nuancen.

In diesem Buch ist viel von Rivalitäten die Rede, die weit über Dinge hinausgehen, die bloß Fußball betreffen. Auch Deutschland hat solche, um den Ausdruck etwas zu dehnen, „Derbys", und sie sind älter und waren einst bedeutsamer als die Hassliebe zwischen Dortmund und Schalke: Bayern gegen 1860 etwa, Nürnberg gegen Fürth, Hamburg gegen St. Pauli. Bei diesen Duellen schürten auch Klassenunterschiede oder gar konfessionelle Differenzen das Feuer. Das heute klassische Ruhrpott-Derby hat solche Feinheiten nicht zu bieten. Vielleicht ist das der Grund, aus dem es noch immer recht wach ist, während die anderen genannten Rivalitäten ein wenig dösen. Dazu kommt natürlich der nicht unbedeutende Faktor, dass Dortmund und Schalke vom Mai 1947 an leistungsmäßig nie mehr so weit auseinander liegen sollten, dass Rivalität in Neid hätte umschlagen können, was ein zu niederes Gefühl für ein echtes Derby wäre: Nie trennte mehr als eine Liga die Klubs – und das auch nicht besonders häufig.

Die beiden Vereine waren auch Westdeutschlands Vertreter in drei der ersten vier Europacups. (Der vierte kam ebenfalls aus dem Westen: Rot-Weiß Essen.) Der BVB blieb 1956 früh an Manchester United hängen, ein Jahr später am AC Mailand, sollte aber noch Gelegenheit zum Üben bekommen, denn dies waren die ersten richtig glorreichen Jahre des Klubs. Schon beim dritten Anlauf, 1963/64, stand Dortmund knapp vor dem Finale im Cup der Meister, scheiterte aber unglücklich und etwas fragwürdig an Inter Mailand. Manchmal wird vergessen, dass die Borussia nur sieben Monate nach der couragierten Leistung gegen das große Inter seinen bis heute schwärzesten Moment im Europacup erlebte: Im Winter 1964 kam das Team daheim gleich mit 1:6 gegen Manchester United unter die Räder. Das geschah allerdings im weniger prominenten Messe-Cup, weshalb die deutsche Fußballgeschichte diese 90 Minuten gerne überspringt und zur nächsten Saison blickt, die mit Dortmunds historischem Gewinn des Pokals der Pokalsieger endete. Was an diesem Tag endete, war allerdings auch die erste Hochphase des BVB. Ein halbes Jahr nach dem Finalsieg über Liverpool blieb er in der ersten Runde des nächsten Wettbewerbs an den Glasgow Rangers hängen – und verschwand für viele Jahre aus dem Scheinwerferlicht, national und international.

Als Dortmund zurückkam, geschah es wieder zum rechten Zeitpunkt. Diesmal wurde der Europacup zwar nicht neu eingeführt wie Mitte der 1950er, aber vieles wurde neu organisiert. An Ostern 1986 verhinderte der damals hoch verschuldete BVB den Abstieg in die 2. Liga erst in buchstäblich letzter Sekunde – und hielt sich so in greifbarer Nähe der Fleischtöpfe, die das Privatfernsehen bald füllen würde. Richtig in die Vollen griff der Klub in der Saison 1992/93, in der er zwar nur im UEFA-Cup spielte, dafür aber mehr Geld einnahm als alle anderen Konkurrenten aus der Bundesliga. Diese Einnahmen wurden in eine erlesene Kollektion von Profis investiert, die ein halbes Jahrzehnt später den Sieg in der Champions League erringen sollte. Eine Woche zuvor hatte Schalke den UEFA-Cup geholt, und die BVB-Fans, die in München den Sieg ihres Teams über Juventus Turin bejubelten, wussten nicht genau, in welchen Gesang sie einstimmen sollten: „Ruhrpott, Ruhrpott“ (wegen der Nähe zu Schalke) oder „Den Pott haben wir, eine Klasse besser als der S04“ (wegen der Distanz zu Schalke).

In den Stunden des größten Triumphes machte der BVB wohl die größten Fehler. Dass die Mannschaft zerfallen würde, oder wenigstens umgebaut werden musste, war ebenso klar wie die Tatsache, dass Erfolgstrainer Ottmar Hitzfeld seine Belastungsgrenze bereits überschritten hatte. Es wäre vermutlich klug gewesen, in diesem Moment die Ambitionen zurückzuschrauben und auf einen gemächlichen Neuaufbau zu setzen – aber wer den Vorteil der Nachschau hat, ist immer auch ein Besserwisser. Im Sommer 1997 bestand durchaus die Chance, dass Dortmund ein ehernes Gesetz der Bundesliga brechen könnte. Dieses Gesetz besagt, dass es nur Bayern München an der Spitze gibt, dass die Rivalen dahinter wechseln wie die Moden – mal Gladbach, mal Hamburg, mal Bremen für ein paar Jahre.

Der BVB hingegen wollte auf Dauer auf Schulterhöhe mit den Bayern sein. Er ging an die Börse und investierte von Neuem und auf allen Ebenen: in Spieler, in den mehrfachen Ausbau des Westfalenstadions, in Tochterfirmen und hochfahrende Projekte. Damit erkaufte sich der Klub beachtliche Erfolge – eine weitere Meisterschaft, eine Teilnahme am UEFA-Cup-Finale –, aber sie waren nicht beachtlich genug. Bei der Drucklegung dieses Buches stand Borussia Dortmund vor einem Berg von Schulden und einer ungewissen Zukunft.

PSV Eindhoven

Gegründet 31.8.1913
Niederländischer Meister
1929, 1935, 1951, 1963, 1975, 1976, 1978, 1986, 1987, 1988, 1989, 1991, 1992, 1997, 2000, 2001, 2003
Niederländischer Pokalsieger 1950, 1974, 1976, 1988, 1989, 1990, 1996
UEFA-Cup 1978
Europapokal der Meister 1988

Am 15. Mai 1891 kaufte der holländische Ingenieur Gerard Philips mit Geld, das er sich von seinem Vater geliehen hatte, ein leerstehendes Fabrikgebäude in Eindhoven, einer Stadt unweit der Grenze zu Belgien. Zu diesem Zeitpunkt spielten Klubs wie Olympia Rotterdam und RAP Amsterdam schon um den ersten offiziellen Fußballtitel des Landes, den der Haagse VV aus Den Haag am Ende gewann. Und bald sollte auch in Eindhoven vor die Schweinsblase getreten werden, denn Herr Philips stellte 1892 zehn Leute ein und begann mit der Produktion von Glühbirnen. Das hätte, den Chef mitgerechnet, schon zu einer Elf gereicht, aber so richtig begann die rapide expandierende Firma Philips erst im Jahre 1900 mit dem Betriebssport für ihre Angestellten. Als das Unternehmen im August 1913 ein großes Sportfest zur 100-Jahr-Feier der holländischen Unabhängigkeit von Frankreich ausrichtete, war Fußball eine von 19 Sportarten, die die Arbeiter von Philips betrieben. Noch bevor die Festivitäten beendet waren, hatten Gerard Philips und sein Bruder Anton beschlossen, die „Philips Sport Vereniging" zu gründen.

Wie der PSV zu seinen Vereinsfarben kam, darüber gibt es zwei Versionen – aber beide haben mit einem Umsturz zu tun. Entweder fiel bei der konstituierenden Sitzung am 31. August 1913 ein Glas Tomatensaft um, das die weiße Tischdecke rot einfärbte, oder Jan Willem Hofkes, einer der Mitgründer, kippte aus Versehen Himbeersaft auf die Seiten seines Notizbuches. Dass keine der beiden Legenden eine bei diesem Anlass näherliegende Flüssigkeit erwähnt, nämlich Rotwein, zeigt schon, dass es sich beim PSV um einen braven, ordentlichen Klub handelte. Das hat sich bis heute nicht geändert, auch wenn der Verein schon 1928 für Leute geöffnet wurde, die nicht bei und für Philips arbeiteten. Aggressive, gewaltbereite Fans, mit denen so viele holländische Klubs Probleme haben, gibt es beim PSV kaum. Als Bayer Leverkusen im UEFA-Cup der Saison 1994/95 schlechte Erfahrungen in Eindhoven machte, lag das vor allem daran, dass Hooligans aus anderen Städten extra zum Besuch der Deutschen nach Eindhoven gereist waren. Der PSV selbst bringt einfach das Blut nicht zum Kochen, weder bei seinen Anhängern, noch bei denen des Gegners. In dieser Hinsicht ist er übrigens seinem Kontrahenten vom September 1994 nicht unähnlich, dem immer noch oft als „Werksklub" bezeichneten TSV Bayer 04.

Erfolge feiern konnte der PSV allerdings viel früher als sein Bruder im Geiste aus Leverkusen. Schon 1929 fuhr Eindhoven die erste Meisterschaft ein; in der Finalrunde der fünf Sieger der regionalen Ligen kam der Klub zwei Punkte vor Deventer ins Ziel, vier vor dem Titelverteidiger Feyenoord Rotterdam. In den nächsten Jahrzehnten spielte der PSV dann eine brauchbare, aber keine herausragende Rolle. Anfang der 1950er musste man selbst dem Lokalrivalen VV 1909 Eindhoven zweimal den Vortritt lassen, der 1954 sogar Meister wurde. Immerhin stellte Coen Dillen im Trikot des PSV den bis heute gültigen Torrekord der holländischen Liga auf: 43 Tore in der Spielzeit 1956/57.

Als Feyenoord und Ajax mit Beginn der 1970er den holländischen Klubfußball auf den Gipfel des Kontinents schossen, blickte der PSV ein wenig verlegen auf vier Meistertitel und zwei Pokalsiege zurück. Nicht schlecht, aber bei der kleinen Anzahl von wirklich großen Klubs in Holland auch nicht besonders aufregend. Bei dem bis zu diesem Zeitpunkt einzigen Ausflug in den Europacup war man 1963/64 im Viertelfinale des Meisterpokals gegen den FC Zürich ausgeschieden. Dass die Schweizer dann in der nächsten Runde acht Tore gegen Real Madrid kassierten, spiegelt die damaligen Kräfteverhältnisse gut wider.

Man könnte glauben, dass sich die Geschicke des PSV zum Besseren wendeten, weil die Firma Geld in den Klub pumpte. Stattdessen war dies eher dem typischen Glücksfall geschuldet, im rechten Moment den rechten Trainer geholt zu haben. Dieser Mann war Kees Rijvers, ein 33-maliger holländischer Nationalspieler, der zuvor schon Twente Enschede von einem Abstiegskandidaten zum Vizemeister umgemodelt hatte. Rijvers kam 1972 nach Eindhoven und blieb für acht Jahre, die vieles, wenn nicht gar alles, beim PSV veränderten. Von seinem alten Klub Twente holte er die 21-jährigen Zwillinge aus Helmond, René und Willy van de Kerkhof zu sich, bei Atvidaberg in Schweden fand er den sogar noch jüngeren Stürmer Ralf Edström. Zu diesen Grünschnäbeln kam noch die Klublegende Willy van der Kuylen, der zwischen 1964 und 1980 unglaubliche 13-mal bester Torschütze seines Teams war. (Auch van der Kuylen stammte übrigens aus Helmond.)

Diese Truppe wurde unter Rijvers in den späten 1970ern dreimal Meister und gewann 1978 den UEFA-Cup gegen den SEC Bastia aus Frankreich. Das Hinspiel bei den Korsen endete auf einem eigentlich unbespielbaren Platz torlos, in Eindhoven schossen Willy van de Kerkhof und van der Kuylen zwei der Treffer beim sicheren 3:0 des PSV. In der Siegerelf stand auch ein 24-jähriger Verteidiger mit Namen Huub Stevens.

Das nächste wichtige Jahr in der Geschichte des PSV war 1983, als die Trikotwerbung in den Niederlanden erlaubt wurde. Nun engagierte sich der Philips-Konzern erheblich stärker als zuvor beim Klub, weil er die Werbemöglichkeiten erkannte. Zwischen 1984 und 1986 konnte sich Trainer Jan Reker solche Routiniers wie den Torwart Hans van Breukelen und den bissigen Belgier Eric Gerets leisten sowie Talente wie Ruud Gullit und Ronald Koeman von den vermeintlich potenteren Klubs Feyenoord und Ajax klauen. Diese zweite große PSV-Elf wurde zwischen 1986 und 1989 viermal in Folge Meister und landete am 25. Mai 1988 in Stuttgart den Hauptgewinn, den Pokal der Landesmeister. Im Finale standen einige Akteure für den PSV auf dem Platz, die zuvor oder danach auch in der Bundesliga spielten: Gerald Vanenburg etwa, oder die Dänen Jan Heintze und Sören Lerby. Sie alle bewiesen bei diesem Triumph vor allem gute Nerven. Nicht allein, weil sie das Endspiel gegen Benfica Lissabon im Elfmeterschießen gewannen, denn auch vorher schon hing das Weiterkommen oft am seidenen Faden: Sowohl im Halb- als auch im Viertelfinale entschied nur die Auswärtstoreregel für den PSV.

Seitdem hält man in Eindhoven dieses Niveau, wenigstens national: Man muss schon in das Jahr 1981 zurückgehen, um eine Abschlusstabelle der holländischen Liga zu finden, in der der PSV nicht unter den ersten drei Teams platziert war! Vor allem mit Brasilianern, die sich in der weniger hektischen holländischen Liga an Europa gewöhnen sollten, machte der Klub gute Erfahrungen: 1988 kam der 22-jährige Romário von Vasco da Gama, 1994 von Cruzeiro ein gewisser Ronaldo, damals noch keine 18 Jahre alt.

International fiel dem PSV das Siegen aber erheblich schwerer. Zwischen 1997 und 2003 nahm Eindhoven siebenmal in Serie an der Champions League teil – und schied siebenmal in der ersten Gruppenphase aus. Dieser Fluch wurde erst in der Spielzeit 2004/05 endlich gebrochen.

AC Florenz

Gegründet 26.8.1936
Italienischer Meister 1956,
1969
Italienischer Pokalsieger 1940,
1961, 1966, 1975, 1996
Europapokal der Pokalsieger 1961

Eintracht Frankfurt

Gegründet 8.3.1899
Deutscher Meister 1959
Deutscher Pokalsieger 1974,
1975, 1981, 1988
UEFA-Cup 1980

FC Schalke 04

(Gelsenkirchen)

Gegründet 4.5.1904
Deutscher Meister 1934, 1935,
1937, 1939, 1940, 1942, 1958
Deutscher Pokalsieger 1937, 1972, 2001, 2002
UEFA-Cup 1997

Sampdoria Genua

Gegründet 1927
Italienischer Meister 1991
Italienischer Pokalsieger 1985,
1988, 1989, 1994
Europapokal der Pokalsieger 1990

Celtic Glasgow

Gegründet 6.11.1887
Schottischer Meister 1893, 1894,
1896, 1898, 1905, 1906, 1907,
1908, 1909, 1910, 1914, 1915, 1916, 1917,
1919, 1922, 1926, 1936, 1938, 1954, 1966,
1967, 1968, 1969, 1970, 1971, 1972, 1973,
1974, 1977, 1979, 1981, 1982, 1986, 1988,
1998, 2001, 2002, 2004
Schottischer Pokalsieger 1892, 1899, 1900,
1904, 1907, 1908, 1911, 1912, 1914, 1923,
1925, 1927, 1931, 1933, 1937, 1951, 1954,
1965, 1967, 1969, 1971, 1972, 1974, 1975,
1977,1980, 1985, 1988, 1989, 1995, 2001,
2004
Europapokal der Meister 1967

Wer durch die Straßen von Glasgow geht und einen Pub sucht, in dem man vielleicht Fußball schauen und dabei ein Guinness trinken kann, der sollte sich zuerst den Türrahmen der Lokalität genau ansehen. Ist er blau, handelt es sich um einen Pub für Rangers-Fans; ist er grün, versammeln sich hier Anhänger von Celtic. Wer nun als Tourist glaubt, das mache nur einen Unterschied, falls Rangers und Celtic gerade gegeneinander spielen, der ist schon in die komplexen Fallstricke geraten, die der Glasgower Fußball für den Uneingeweihten bereithält. In einem Rangers-Pub ist man zum Beispiel auch gezwungen, die englische Nationalelf anzufeuern, wenn ein Spiel von ihr im Fernsehen läuft. In einer Kneipe mit grünem Türrahmen hätte ein solches Verhalten dagegen fatale Folgen; hier muss man sein Glas erheben und der Elf Irlands zuprosten. Es gibt noch weitere von diesen Benimmregeln, deswegen sollte der harmlose Reisende sein Bier vielleicht am besten zusammen mit Fans von Queen's Park trinken. Der ist der älteste Fußballklub des Landes und nahezu unbefleckt von den Rangers-Celtic-Dogmatismen, die Glasgow zu einer geteilten Stadt machen. Andererseits: Solche Fans muss man erst finden.

Dass sich in Glasgow – und mehr oder weniger in ganz Schottland – alles auf die Dualität der Blauen und der Grünen konzentriert, macht schon ein Blick auf das Wappen von Celtic deutlich. Da steht nämlich „1888", obwohl der Klub eigentlich ein Jahr älter ist. Seine Ursprünge gegen auf die Volksküchen zurück, mit denen die katholische Kirche die armen irischen Einwanderer Ende des 19. Jahrhunderts am Leben erhielt. Wer hungrig durch die Stadt irrte, bekam hier eine warme Suppe und ein Stück Brot. Im November 1887 gründete ein Priester mit Namen Walfrid in einer dieser Stuben im Ostteil Glasgows einen Fußballklub, der Wohltätigkeitsspiele abhalten und Geld für Bedürftige sammeln sollte. Schon am 28. Mai 1888 spielte dieses neue, irische und katholische Team zum ersten Mal gegen die protestantischen Rangers aus dem Süden der Stadt (und gewann 5:2). Es war Celtics erste offizielle Partie überhaupt; vielleicht prangt deswegen „1888" im Vereinswappen.

Von Beginn an war Celtic also ein irischer Klub, kein wirklich schottischer. Schon vor dem Anfang des 20. Jahrhunderts nannte man seine Spieler und Fans die „Bhoys", oder präziser: die „Bould Bhoys". Die Verballhornung der Schreibweise von „Bold Boys" (kühne Burschen) geht auf die 1840er zurück, als sich Amerikaner so über die weiche Aussprache der irischen Immigranten in New York lustig machten. (Aus demselben Grund wird der erste Buchstabe von „Celtic" auch nicht wie ein „K" ausgesprochen, sondern wie ein scharfes „S".) Ein anderer Spitzname lautet „Tims", und der kommt von einer irischen Jugendbande, die – vermutlich nach ihrem Anführer – Tim Malloys hieß.

Bereits zwei Jahre nach dem ersten Spiel gegen die Rangers war Celtic so populär, dass man dem Klub die Miete für sein Spielfeld drastisch erhöhte. So zog der Verein 1890 an die Kerrydale Street, wo er noch heute daheim ist. Früher hieß das Stadion „Parkhead", heute kennt man es eher als „Celtic Park". Immer noch weht allerdings die Fahne Irlands über dem Stadion, was ein steter Stein des Anstoßes ist. Im Jahre 1952 stimmte der Verband sogar wegen dieser Flagge darüber ab, ob Celtic aus der Liga ausgeschlossen werden sollte. (Eine einzige Stimme entschied zugunsten des Vereins.) Und der Platz hat durchaus noch andere Stellen von Bedeutung: Einer der Torpfosten soll die Heimstatt des Geistes von Keeper John Thomson sein. Thomson starb im Alter von nur 22 Jahren am 5. September 1931 nach einem Derby gegen die Rangers, in dessen Verlauf er das Knie eines Angreifers gegen die Schläfe bekommen hatte.

Die Westtribüne des Celtic Parks heißt nach dem Trainer Jock Stein, die Osttribüne nach den „Löwen von Lissabon". Beide Namen verweisen auf den größten Tag des Vereins, den 25. Mai 1967. Zu diesem Zeitpunkt hatte Celtic schon 21 nationale Meisterschaften gesammelt, aber die wirklich ruhmreichen Tage lagen arg lange zurück, denn allein elf dieser Titel stammten aus der Zeit zwischen 1905 und 1919. Seit etwa den 1930ern waren die Rangers das dominantere Team in Schottland, und sie hatten ihr Land auch schon sechsmal im Cup der Meister vertreten, als Celtic 1966/67 zum ersten Mal überhaupt auf dieser edelsten aller europäischen Bühnen spielen durfte. Zu verdanken war das einem Ex-Profi des Klubs, der Celtic Anfang 1965 als Trainer übernahm, eben Jock Stein. Von einem peinlichen achten Platz am Ende dieser Saison führte Stein die Elf zur Meisterschaft 1966, zwei Punkte vor den Rangers, und dann auch noch gleich zu acht weiteren Titeln in ebenso vielen Jahren.

Lange jagten die Rangers diesen Rekord des Rivalen von neun Meisterschaften in Serie, bis sie ihn 1997 endlich wenigstens egalisieren konnten. Der anderen enormen Leistung von Celtic haben sie aber bis heute nichts entgegenzusetzen, was noch immer für viel Groll und Unmut bei den Rangers sorgt. Steins Celtic gewann nämlich 1967 als erster britischer Verein den Europacup der Landesmeister, in Lissabon gegen Inter Mailand. Und die rein schottische Elf, der dieses Wunder gelang, mischte auch in den folgenden Saisons an der europäischen Spitze mit: 1969 und 1971 kam sie bis in das Viertelfinale, 1970 stand sie im Endspiel gegen Feyenoord, ein Jahr darauf bedeutete erst ein Elfmeterschießen im Halbfinale die Endstation.

Dann begann der schleichende Abstieg des Klubs auf internationalem Parkett, wie auch der Niedergang des schottischen Fußballs an sich. Zu Beginn der 1980er hatten Aberdeen und Dundee United noch eine kurze Hochphase, aber danach verirrte sich kein Verein des Landes mehr auch nur in die Vorschlussrunde bei einem der drei europäischen Wettbewerbe, bis Celtic im UEFA-Cup 2002/03 in das Finale kam. Die schottische Liga ist wohl einfach zu klein, um zwei Giganten wie Celtic und den Rangers ernsthafte Wettbewerbspraxis zu ermöglichen. Seit vielen Jahren steht deshalb im Raum, die beiden Klubs in die englische Liga abzuschieben, was sich aber vermutlich ebenso wenig realisieren lässt wie der im Jahre 2000 diskutierte Plan einer Atlantik-Liga, in der die großen Teams aus Ländern wie Schottland, Holland, Belgien, Schweden und Portugal spielen sollten. Immerhin zeigen solche Ideen aber, wie verzweifelt die Lage ist.

Glasgow Rangers

Gegründet 15.7.1873
Schottischer Meister 1891, 1899, 1900, 1901, 1902, 1911, 1912, 1913, 1918, 1920, 1921, 1923, 1924, 1925, 1927, 1928, 1929, 1930, 1931, 1933, 1934, 1935, 1937, 1939, 1947, 1949, 1950, 1953, 1956, 1957, 1959, 1961, 1963, 1964, 1975, 1976, 1978, 1987, 1989, 1990, 1991, 1992, 1993, 1994, 1995, 1996, 1997, 1999, 2000, 2003
Schottischer Pokalsieger 1894, 1897, 1898, 1903, 1928, 1930, 1932, 1934, 1935, 1936, 1948, 1949, 1950, 1953, 1960, 1962, 1963, 1964, 1966, 1973, 1976, 1978, 1979, 1981, 1982, 1993, 1996, 1999, 2000, 2002, 2003
Europapokal der Pokalsieger 1972

IFK Göteborg

Gegründet 4.8.1904
Schwedischer Meister 1908, 1910, 1918, 1935, 1942, 1958, 1969, 1982, 1983, 1984, 1987, 1990, 1991, 1993, 1994, 1995, 1996
Schwedischer Pokalsieger 1979, 1982, 1983, 1992
UEFA-Cup 1982, 1987

Hamburger SV

Gegründet 29.9.1887
Deutscher Meister 1923, 1928,
1960, 1979, 1982, 1983
Deutscher Pokalsieger 1963, 1976, 1987
Europapokal der Pokalsieger 1977
Europapokal der Meister 1983

Wie viele deutsche Klubs, so schwindelt auch der HSV ein klein wenig bei seinem beeindruckenden Gründungsdatum. Wer da nämlich 1887 das Licht der Welt erblickte, war der SC Germania aus Wandsbek, einem Ort, der erst 1937 per Gesetz an die Hansestadt Hamburg angegliedert wurde. Und Fußball spielten die Germanen wohl erst ab 1891, als einige Engländer sich dem Klub anschlossen. Doch da der SC Germania einer von drei Vereinen ist, aus denen im Sommer 1919 der Hamburger SV erwuchs, findet man in Statistikbüchern eben das Gründungsjahr 1887. Und wenn man ehrlich ist, dann klänge „1919" auch viel zu grünschnäbelig für einen Verein, der auf allen Eben so kräftig an der deutschen Fußballgeschichte mitgeschrieben hat.

Schon 1922, also gerade drei Jahre nach der eigentlichen Geburt des Klubs, war der HSV an den fünf vermutlich legendärsten Stunden Fußball beteiligt, die dieses Land zu bieten hat. Nach einem lockeren Halbfinalsieg über Wacker München (vom FC Bayern war damals noch eher selten die Rede) erreichte der HSV das Endspiel um die Deutsche Meisterschaft gegen den alles überragenden 1. FC Nürnberg. Die erste Partie musste wegen hereinbrechender Dunkelheit beim Stand von 2:2 abgebrochen werden. Da hatten die beiden Teams an die reguläre Spielzeit von anderthalb Stunden schon eine 30-minütige Verlängerung angehängt und dann noch weitere 69 Minuten um ein Sudden-Death-Tor gerungen. Das war nicht gefallen, und so traf man sich zu einem Wiederholungsspiel. In dem hieß es nach der ersten Hälfte der normalen Verlängerung 1:1, als einer der Nürnberger kollabierte. Da die Franken nach zwei Platzverweisen und einer früheren schweren Verletzung jetzt nur noch sieben einsatzfähige Spieler hatten, wurde auch das zweite Finale abgebrochen. Nach langem Hick-Hack erklärte der DFB die Hamburger zum Meister – doch die lehnten ab.

Noch heute steht auf der offiziellen Internetseite des Klubs zu diesem Drama: „Der DFB erklärte den HSV zum Meister. Allerdings mit der Weisung, auf den Titel zu verzichten. Was echte HSVer aber nie taten." Stattdessen nahmen die Hamburger die ganzen Unappetitlichkeiten des Jahres 1922 mit dem edlen Stoizismus echter Hanseaten hin, dachten sich im Stillen ihren Teil – und holten den Titel eben im nächsten Jahr sauber und fair, mit einem 3:0 über den Berliner Verein Oberschöneweide. Da trat die Elf schon lange mit den beiden Elementen ihres Trikots an, die heute berühmt sind. Zum einen waren da die roten Hosen, nach denen traditionsbewusste HSV-Fans ihr Team noch immer nennen. Zum anderen zierte das Hemd schon die außergewöhnliche Raute – ein sehr besonderes Wappen, weil sich auf ihm weder Buchstaben und Zahlen finden, noch Symbole, die man mit Hamburg verbinden könnte. Das Logo wurde 1919 entweder von Henry Lütjens oder einem Knaben namens Otto Sommer, dem Sohn des HSV-Platzwartes, entworfen.

Und auch etwas anderes verfolgte die Hamburger schon in jenen Jahren, nämlich der Vorwurf, etwas zu geschäftstüchtig zu sein. Der Klub musste einige Strafen zahlen, weil er anderen Teams Spieler abspenstig machte. In der Tat hatten die Hamburger gute Kontakte zur Geschäftswelt, und schon Ende der 1920er konnte der Verein ein riesiges Gelände erwerben, den so genannten Ochsenzoll. Unter diesen Umständen war es ein feinsinniger Zug des Schicksals, ausgerechnet dem feinen HSV eine klassische Arbeiterfamilie zukommen zu lassen, die ihn dereinst geradezu definieren würde: Im Jahre 1938 stieß Erwin Seeler zum Klub, der zuvor ein Star im kommunistisch angehauchten Arbeitersport gewesen war. Seine Söhne Dieter und Uwe sollten beide Hamburger Legenden werden.

So war der HSV schon früh beides: bodenständig und edel; im Pech wie 1922 und erfolgreich wie 1923. Nach dem Krieg beherrschte er die Oberliga Nord zum Beispiel nach Belieben, aber gerade das machte ihm zu schaffen. Ging es nämlich nach den leichten Ligaspielen in der Endrunde um die Meisterschaft plötzlich gegen stärkere Gegner, knickte die Elf oft ein. Zwei Finals wurden verloren, bevor es 1960 gegen den favorisierten 1. FC Köln endlich klappte. Durch diesen Erfolg qualifizierte sich der Verein auch zum ersten Mal für den Europacup und schaffte es gleich in das Halbfinale, wo man gegen den FC Barcelona bis zur letzten Minute des Rückspiels die Nase vorn hatte.

Kurz vor dem Ziel zu scheitern schien das Schicksal des Klubs auf internationaler Ebene zu sein: 1968 ging das Finale im Cup der Pokalsieger an den AC Mailand, 1976 stolperte man im Halbfinale des UEFA-Cups über Brügge. Aus der Saison zuvor datiert das erste Zusammentreffen mit Juventus Turin: Im Viertelfinale des UEFA-Cups verpennten die Deutschen die ersten zehn Minuten in Turin und konnten dann kein Mittel finden, um den sensationellen Dino Zoff im Juventus-Tor zu bezwingen.

Diese Auflistung deutet zugleich an, dass der HSV bis Mitte der 1970er eine ordentliche, aber keine bedeutsame Rolle in der Bundesliga spielte. Nie ging es tiefer als Platz 14, nie höher als Rang 4. Aber 1976 holte die Elf um Verteidiger Manfred Kaltz den DFB-Pokal und in der Saison darauf auch den Cup der Cupgewinner gegen den RSC Anderlecht. Das sorgte für eine Kette von Ereignissen, auf die im Hauptteil dieses Buches näher eingegangen wird, und an deren Ende ein von Ernst Happel trainiertes Team stand, das es mit jedem Gegner aufnehmen konnte.

Der Meisterschaft 1979 folgte der erste Versuch im Cup der Meister seit 1960 – und die nächste Enttäuschung ganz nah vor dem Triumph: Im Finale unterlag der von Kevin Keegan geführte HSV dessen Landsleuten und Außenseitern aus Nottingham. Das Ganze wiederholte sich, wenn auch in einem anderen Wettbewerb, drei Jahre später. Da ließen sich die Hanseaten in den Finals um den UEFA-Cup vom IFK Göteborg die Butter vom Brot nehmen. Deswegen herrschte allenthalben Skepsis vor, als sich der HSV nach der Deutschen Meisterschaft 1982 erneut in das Finale um den höchsten kontinentalen Titel kämpfte. Aber diesmal war der Gegner, Juventus Turin, der Favorit, und diesmal verwirklichten die Hamburger ihren Traum.

In gewisser Weise verfolgt dieser Titel – und die anderen, die in den Jahren unter Happel errungen wurden – den Klub bis heute. Er ist der Maßstab, an dem sich der HSV misst und den er doch nicht erreichen kann, was vielleicht auch daran liegt, dass er den Schwung jener Ära nicht in die 1990er retten konnte, als Geld auf den Fußball herabregnete. Eigentlich wäre der HSV neben Hertha BSC Berlin der Klub, der das schaffen könnte, was so viele seit Beginn der Bundesliga versuchen: Bayern München auf Dauer Paroli zu bieten. Bis heute hat er aber sein Potenzial nicht ausgeschöpft und muss daher auf seine Tradition verweisen: Seit 1919 hat der Hamburger SV immer in der höchstmöglichen Liga gespielt. Da können selbst die Bayern nicht mithalten.

Ipswich Town

Gegründet 1887
Englischer Meister 1962
Englischer Pokalsieger 1978
UEFA-Cup 1981

Galatasaray Istanbul

Gegründet 20.10.1905
Türkischer Meister 1939, 1962, 1963, 1969, 1971, 1972, 1973, 1987, 1988, 1993, 1994, 1997, 1998, 1999, 2000, 2002
Türkischer Pokalsieger 1963, 1964, 1965, 1966, 1973, 1976, 1982, 1985, 1991, 1993, 1996, 1999, 2000
UEFA-Cup 2000

Dynamo Kiew

Gegründet 1927
Landesmeister (UdSSR) 1961, 1966, 1967, 1968, 1971, 1974, 1975, 1977, 1980, 1981, 1985, 1986, 1990, (Ukraine) 1993, 1994, 1995, 1996, 1997, 1998, 1999, 2000, 2001, 2003, 2004
Nationaler Pokalsieger (UdSSR) 1954, 1964, 1966, 1974, 1978, 1982, 1985, 1987, 1990, (Ukraine) 1993, 1996, 1998, 1999, 2000, 2003
Europapokal der Pokalsieger 1975, 1986

Leeds United

Gegründet 4.10.1919
Englischer Meister 1969, 1974, 1992
Englischer Pokalsieger 1972
Messe-Cup 1968, 1971

Bayer 04 Leverkusen

Gegründet 15.6.1904
Deutscher Pokalsieger 1993
UEFA-Cup 1988

Benfica Lissabon

Gegründet 28.2.1904
Portugiesischer Meister 1930, 1931, 1942, 1943, 1945, 1950, 1955, 1957, 1960, 1961, 1963, 1964, 1965, 1967, 1968, 1969, 1971, 1972, 1973, 1975, 1976, 1977, 1981, 1983, 1984, 1987, 1989, 1991, 1994
Portugiesischer Pokalsieger 1940, 1943, 1944, 1949, 1951, 1952, 1953, 1955, 1957, 1959, 1962, 1964, 1969, 1970, 1972, 1980, 1981, 1983, 1985, 1986, 1987, 1993, 1996, 2004
Europapokal der Meister 1961, 1962

Früher, als in den Stadien noch richtig gesungen wurde, schmetterten Fußball-Fans inbrünstig den festen Glauben an eine glorreichen Zukunft ihrer Elf in die Nachmittagsluft und beschworen eine Mannschaft aus Granit herauf – „so wie einst Real Madrid". Aber wären in den 1960ern nur einige wenige Bälle anders gehüpft, hätte hier und da nicht Holz im Wege gestanden, dann würde die Schlusszeile des Liedes wohl lauten: „So wie einst Benfica."

(Worauf sich auch viel bessere Reime finden ließen als das unpassende „Granit".)

Eigentlich hätte Benfica Lissabon nämlich den europäischen Fußball dieses Jahrzehnts so dominieren sollen, wie Real Madrid die späten 1950er prägte. Aber dies ist der Klub des Konjunktivs, die große tragische Mannschaft des Europacups. Benfica gewann die ersten beiden Endspiele, die es erreichte – 1961 gegen Barcelona, 1962 gegen Real Madrid. Das reicht bis zum heutigen Tag, um dem Namen des Vereins einen Anklang von Glamour und Größe zu geben. Es waren zwei tolle Finals, in denen insgesamt 13 Tore fielen und die einen Maßstab setzten, dem der Europacup seitdem hinterherhechelt. Für Benfica und seine Anhänger zählt das aber nicht. In ihr Bewusstsein hat sich eher das eingebrannt, was danach passierte. Zum Beispiel drei verlorene Endspiele in den folgenden sechs Jahren, von denen zwei unglücklicherweise auf dem Platz des Gegners ausgetragen wurden. Zum Beispiel drei weitere verlorene Finals knapp zwei Jahrzehnte später, von denen eines im Elfmeterschießen entschieden wurde und die beiden anderen an nur einem Tor hingen. Doch trotz – oder wegen? – solcher Dramen ist Benfica noch immer, wie seine Fans singen, „nosso orgulho, orgulho de Portugal": unser Stolz, der Stolz Portugals.

Auch dieser Stolz der Nation schummelt allerdings ein klein wenig, wenn es um das Datum seiner Gründung geht. Anfang 1904 fanden sich 24 junge Männer aus dem feinen Lissabonner Stadtteil Belém zusammen, um den Klub „Grupo Sport Lisboa" ins Leben zu rufen. Dass es sich hierbei nicht gerade um einen Arbeiterklub handelte, bewies die Ernennung eines Akademikers, Dr. Januário Barreto, zum ersten Präsidenten und die Wahl des Vereinsmottos. Man einigte sich auf den lateinischen Spruch „E Pluribus Unum", der sich auch im Wappen der USA findet: Aus vielem (werde) eines.

Das war prophetisch, denn am 13. August 1908 – oder vielleicht auch einen Monat später – fusionierte Sport Lisboa mit einem anderen Verein, dem 1906 gegründeten Sport Club de Benfica. Der kam, wie der Name schon sagt, aus dem Stadtteil Benfica, einem Ort, wo Händler und Arbeiter lebten, der aber trotzdem zu den besseren Gegenden Lissabons zählte. Übersetzt meint „Benfica" etwa so viel wie: Hier fühle dich wohl. Am wohlsten fühlten sich die Mitglieder dieses Sportklubs auf dem Sattel eines Rades, aber der neu entstandene Verein, der nun 276 Mitglieder zählte, sollte unter der Bezeichnung „Sport e Benfica Lisboa" vor allem auf dem Fußballfeld für Aufsehen sorgen: Zwischen 1912 und 1914 gewann Benfica die Stadtmeisterschaft von Lissabon dreimal in Folge, und da kristallisierte sich schon heraus, dass der schärfste Rivale Sporting sein würde, das seit 1906 aktiv war.

Mit der Saison 1921/22 begannen in Portugal Spiele um eine nationale Meisterschaft, an der die Sieger der regionalen Wettbewerbe teilnahmen. Hier spielte Benfica keine große Rolle, weil man schon daheim kaum an Sporting und Belenenses vorbeikam. Von 1920 bis 1933 konnte Benfica kein einziges Mal Meister der Region Lissabon werden – und trotzdem holte der Klub 1930 seinen ersten großen Titel. Als Zweiter der Stadtmeisterschaft von Lissabon durfte er an der nationalen Endrunde teilnehmen und schlug im Finale den FC Barreirense (der zuvor den Favoriten Belenenses ausgeschaltet hatte).

Als 1934 eine nationale Liga eingeführt wurde, hatte sich Benfica als einer der drei Top-Klubs Portugals etabliert, neben Sporting und dem FC Porto. In den nächsten 66 Jahren sollte der Verein nur ein einziges Mal nicht auf einem der ersten drei Plätze landen – und das war ein vierter Rang 1941! Die wahrhaft dominante Mannschaft blieb allerdings Sporting, das zwischen 1947 und 1954 sieben Meisterschaften holte. Der eine Ausrutscher hingegen markierte den wohl entscheidenden Punkt in der Geschichte von Benfica Lissabon: In der Saison 1949/50 unterbrach der Klub kurzfristig die Erfolgsserie von Sporting und durfte zur Belohnung zusammen mit Atlético Madrid, Girondins Bordeaux und Lazio Rom am Lateinpokal teilnehmen, der in jenem Jahr in Portugal ausgetragen wurde. Durch ein „Golden Goal" in der 146. Minute des Endspiels gegen Bordeaux holte sich Benfica seine erste internationale Trophäe. Anschließend unternahm das Team die für die Zukunft sehr wichtige Gastspielreise durch die Kolonien in Afrika, wo Benfica so manches Talent entdeckte und nach Portugal lotste.

Auch die nächsten historischen Daten lagen in den 1950ern: Nachdem Benfica schon fünf Spielstätten ausprobiert hatte, wurde es am 1. Dezember 1954 endlich so richtig heimisch, als das „Estádio da Luz" eingeweiht wurde, das schon damals 60.000 Menschen Platz bot. Das „Stadion des Lichts" bekam kurz darauf Portugals erste Flutlichtanlage, trägt seinen Namen aber nicht wegen der daraus resultierenden Helligkeit, sondern nach dem Stadtteil Luz. Zweieinhalb Jahre später, am 23. Juni 1957, stand Benfica wieder im Finale um den Lateinpokal, diesmal gegen Real in Madrid. Die Partie ging zwar verloren, aber nur deshalb, weil Benficas Tormann sich durch einen Schuss di Stéfanos von der Mittellinie überraschen ließ: Ganz offenbar war Benfica im Kommen.

In dieser Finalelf standen schon einige der zukünftigen Helden: Mário Coluna, Domiciano Cavem, José Águas. Sie erhielten zwei Jahre später den Kosmopoliten Bela Guttmann als neuen Trainer, der schon mit dem AC Mailand und dem FC Porto Meisterschaften gewonnen hatte. Nun konnten die 1960er Jahre kommen, die Benfica große Stars wie Eusébio brachten, große Triumphe – und eben auch große Enttäuschungen. Das beste Beispiel für die Mischung aus begeisterndem Angriffsfußball und großem Unglück findet sich allerdings nicht auf Klubebene: Bei der WM 1966 fegte eine portugiesische Nationalelf, die zu mehr als der Hälfte aus Benfica-Spielern bestand, durch Englands Stadien, schlug den Weltmeister Brasilien und schoss in fünf Spielen 15 Tore. Aber es reichte nicht: Im Halbfinale musste man mal wieder gegen einen Gastgeber antreten und unterlag England knapp.

Der Abstieg in den folgenden Jahrzehnten hatte jedoch nicht nur Pech als Ursache. Das Ende der Militärdiktatur und die Unabhängigkeit der Kolonien in den 1970ern spielten ebenso eine Rolle wie die immer größere Finanzkraft der europäischen Konkurrenz, der Benfica – aus einem kleinen Land mit einer wenig attraktiven Liga – nichts entgegensetzen konnte. Schon Mitte der 1990er hatte der Klub mehr als 50 Millionen Mark Schulden, musste seine Fans um Spenden bitten und verstärkt auf den Nachwuchs setzen. Den potenziellen Geldsegen Champions League verpasste Benfica durch sein übliches schlechtes Timing: Seit es diesen Wettbewerb gibt, war der Klub nur einmal Meister (1994). Die Saison 2000/01 beendete Benfica sogar auf dem schlechtesten Platz seiner Geschichte, dem sechsten, und musste grollend anerkennen, dass der FC Porto ihm vielleicht auf lange Zeit hinaus enteilt war.

Sporting Lissabon

Gegründet 1.7.1906
Portugiesischer Meister 1923, 1934, 1941, 1944, 1947, 1948, 1949, 1951, 1952, 1953, 1954, 1958, 1962, 1966, 1970, 1974, 1980, 1982, 2000, 2002
Portugiesischer Pokalsieger 1941, 1945, 1946, 1948, 1954, 1963, 1971, 1973, 1974, 1978, 1982, 1995, 2002
Europapokal der Pokalsieger 1964

FC Everton (Liverpool)

Gegründet 1878
Englischer Meister 1891, 1915, 1928, 1932, 1939, 1963, 1970, 1985, 1987
Englischer Pokalsieger 1906, 1933, 1966, 1984, 1995
Europapokal der Pokalsieger 1985

FC Liverpool

Gegründet 15.3.1892
Englischer Meister 1901, 1906, 1921, 1923, 1947, 1964, 1966, 1973, 1976, 1977, 1979, 1980, 1982, 1983, 1984, 1986, 1988, 1990
Englischer Pokalsieger 1965, 1974, 1986, 1989, 1992, 2001
UEFA-Cup 1973, 1976, 2001
Europapokal der Meister 1977, 1978, 1981, 1984

Für Fußball-Fans, die in den 1970er Jahren aufwuchsen oder sich zumindest gut an sie erinnern können, mögen die Klubs aus Mailand, Madrid und Manchester tun, was sie wollen – sie werden nie den mythischen Status des FC Liverpool erreichen. Seine Elf dominierte den europäischen Fußball mehr als ein halbes Jahrzehnt so sehr, dass ein bekannter Reporter-Scherz überhaupt nicht wie ein solcher wirkte: „Falls Sie das Spiel auf einem Schwarz-Weiß-Gerät sehen: Liverpool ist die Mannschaft mit dem Ball." Und seine loyalen und sangesfreudigen Fans wurden zu Vorbildern für jeden, der in seinem Klub mehr als nur einen Sportverein sah.

Aber der Name des FC Liverpool ist vermutlich für alle Zeiten nicht nur mit großen Triumphen verbunden, sondern mit noch größeren Tragödien. Das Drama von Heysel, bei dem 39 Menschen starben, und das Unglück im Hillsborough-Stadion von Sheffield, das 95 Menschen ihr Leben kostete, markieren folgenreichere Daten in der Vereinsgeschichte als die vier Siege im Pokal der Landesmeister. Heysel beendete Liverpools führende Rolle im europäischen Fußball, weil der Klub aus allen internationalen Wettbewerben verbannt wurde. Hillsborough führte zur Umstrukturierung des englischen Fußballs und seiner Spielstätten, was der legendärsten Stehplatztribüne der Welt den Garaus machte, dem „Kop" im Stadion an der Anfield Road.

Diese Tribüne, auf der in den 1960er Jahren bis zu 27.000 Fans standen und unentwegt sangen, bekam ihren Namen von einem südafrikanischen Hügel, an dem während des zweiten Burenkrieges (1899 bis 1902) mehr als 300 britische Soldaten starben, von denen viele aus Liverpool kamen. Im Jahre 1906 schlug deshalb der Journalist Ernest Edwards vor, die neu errichtete Tribüne im Andenken an die Gefallenen „Spion Kop" zu nennen. (Was Holländisch ist und bloß einen Platz meint, von dem aus man spähen kann.)

Da hatte der FC Liverpool gerade seine zweite englische Meisterschaft gewonnen, und das Stadion an der Anfield Road war bereits der Ort, den andere Teams am meisten fürchteten. Ohne diesen Platz hätte es den Klub auch gar nicht gegeben, denn bis 1892 war es die Heimat des FC Everton. Dessen Präsident, der Pub-Besitzer John Houlding, war zugleich Eigentümer des Geländes und erhöhte den Mietpreis regelmäßig und nach eigenem Gutdünken. Zudem wollte er aus Everton eine GmbH machen, was auf Widerstand stieß. Am 12. März 1892 hielten die Vereinsmitglieder eine Versammlung ab, um über die Zukunft des FC Everton – mit oder ohne Houlding – zu entscheiden, als der mächtige Mann unangemeldet den Raum betrat. Nach einer verbalen Auseinandersetzung stürmte Houlding von dannen, etwa 20 Getreue im Schlepptau. Drei

Tage später gründeten sie einen neuen Klub, aus dem der FC Liverpool wurde. Um zu demonstrieren, dass er in größeren Dimensionen dachte und nicht bloß einen Teil von Liverpool vertreten wollte, übernahm Houlding die Stadtfarbe Rot für die Kluft seines Teams und fügte dem Wappen 1901 den „Liverbird" hinzu, eine imaginäre Kreuzung aus einem Adler und einem Kormoran und seit dem 18. Jahrhundert ein Element des Stadtwappens.

In Liverpools erster Elf standen zehn Schotten, die schon 1894 den Aufstieg in die oberste Liga schafften, nach einem Entscheidungsspiel gegen Newton Heath, aus dem dereinst Manchester United werden sollte. Obwohl am Ende dieser Debütsaison in der ersten Liga der Abstieg stand, gingen im Schnitt 12.500 Zuschauer zu den Heimspielen des FC Liverpool. Vizemeister FC Everton kam auf 17.500, aber langsam kehrten sich die Verhältnisse um: Als Liverpool 1901 Meister wurde, waren beide Teams etwa gleichauf; als der Erste Weltkrieg begann, strömten 20.000 zum FC Liverpool, obwohl der im unteren Mittelfeld herumkrebste, während der neue Meister aus Everton nur 18.500 begrüßte.

Zu Beginn der 1920er Jahre holte Liverpool zwei Meisterschaften in Folge, doch dann wurde die Geduld der Fans auf eine lange Probe gestellt. Bis zur ersten Saison nach dem Zweiten Weltkrieg mussten sie warten, um wieder feiern zu können – diesmal eine Elf, in der Bob Paisley und Joe Fagan standen, die später auch als Trainer zu Legenden werden sollten. Bevor es so weit war, musste der Klub jedoch durch das tiefste Tal seiner Geschichte schreiten. Liverpool wurde 1954 Letzter und stieg in die 2. Liga ab, aus der es endlose acht Jahre lang keinen Ausweg zu geben schien. Sechsmal hintereinander kam der Verein auf dem dritten oder vierten Platz ins Ziel – doch nur die beiden ersten berechtigten zur Rückkehr ins Oberhaus. Aber die Revolution war bereits im Gange, denn seit dem 1. Dezember 1959 führte Bill Shankly das Kommando. „Der Klub hatte mich schon 1951 angesprochen", enthüllte Shankly später. „Doch der Haken war, dass der Trainer nicht das Team aufstellen sollte. Also nahm ich den nächsten Zug nach Hause. Später boten sie mir den Job wieder an, aber diesmal zu meinen Bedingungen. Ich war der erste Trainer in Liverpool, der tatsächlich die Mannschaft aufstellte." Der Journalist John Keith schrieb: „Shankly hatte noch nie einen großen Klub trainiert. Ich denke, die Fans fragten sich damals, wer dieser Mann wohl wäre. Sie brauchten nicht lange, um zu erkennen, dass er der Messias war."

Unter Shankly stieg Liverpool 1962 mit großem Vorsprung wieder in die 1. Liga auf und errang schon zwei Jahre später die Meisterschaft. Sie führte zu dem ersten, aber nicht dem letzten großen Duell mit einem Bundesligisten: Im Viertelfinale des Cups der Meister entschied nach drei Unentschieden das Los für Liverpool und gegen Köln. Sechs Wochen nach diesem Münzwurf holte Liverpool zum ersten Mal überhaupt den englischen Pokal und erreichte 1965/66 im Europacup der Cupsieger das Endspiel, unterlag aber überraschend Borussia Dortmund.

In jenen ersten Jahren auf internationaler Bühne exportierte der Verein nicht nur seinen Fußball, sondern auch seine Fans. Auf dem „Kop" war in den frühen 1960er Jahren der Brauch entstanden, während der Spiele zu singen, was Fans bis dahin nicht taten. In der Beatles-Stadt Liverpool schmetterte man Hits des Merseybeat, wie „You'll Never Walk Alone", das Gerry and the Pacemakers 1963 herausgebracht hatten. Das Stück war schon betagt und stammte paradoxerweise aus einem amerikanischen Musical, aber heute gilt es als der Fußball-Song par excellence und als Liverpooler Vereinshymne. (Weshalb es in anderen englischen Stadien nie gesungen wird!)

Shankly gewann 1973 wieder eine Meisterschaft und Liverpools erste internationale Trophäe: den UEFA-Cup gegen Gladbach. Doch im Jahr danach trat er völlig unerwartet zurück. Was für viele nach dem Anfang vom Ende aussah, läutete in Wahrheit die ganz große Ära des Vereins ein: Shanklys Nachfolger Bob Paisley holte in neun Jahren sechs Meistertitel, einen UEFA-Cup und dreimal den Cup der Meister, und als Joe Fagan ihn ablöste, gewann der gleich in seiner ersten Saison drei weitere Trophäen (Meisterschaft, Ligapokal, Europacup der Meister). Nichts schien Liverpool aufhalten zu können – dann kam die Nacht des Finals im Meistercup 1985 gegen Juventus, die Nacht von Heysel.

Fagan nahm dieses traumatische Erlebnis dermaßen mit, dass er am Ende der Saison seinen Posten aufgab. Stürmer Kenny Dalglish, Idol der Fans auf dem „Kop", wurde gebeten, als Spielertrainer die Elf zu führen. In seine sechsjährige Amtszeit fielen zwei weitere Meisterschaften, aber auch das nächste Drama, das Stadionunglück von Hillsborough 1989. Seither wartet Liverpool im Grunde darauf, wieder ganz nach oben zu kommen. Der größte Rivale des Klubs, Manchester United, wurde zum dominierenden Team der 1990er, während die Erben Shanklys vom alten Ruhm zehrten. Nicht einmal ein Everton-Fan mit Namen Michael Owen konnte das ändern. Er debütierte 1997 als 17-Jähriger in Liverpools Elf, gewann vier Saisons später den UEFA-Cup und wurde Europas Fußballer des Jahres. Aber als es ihm dämmerte, dass sich sein Traum von der Meisterschaft nicht erfüllen würde, wechselte er 2004 zu Real Madrid. Ein ebenso trauriger wie realistischer Fan schrieb in einem Internet-Forum: „Real ist eben ein größerer Klub als Liverpool. Auch wenn das mal anders war."

FC Arsenal (London)

Gegründet 1.5.1886
Englischer Meister 1931, 1933, 1934, 1935, 1938, 1948, 1953, 1971, 1989, 1991, 1998, 2002, 2004
Englischer Pokalsieger 1930, 1936, 1950, 1971, 1979, 1993, 1998, 2002, 2003
Messe-Cup 1970
Europapokal der Pokalsieger 1994

FC Chelsea (London)

Gegründet 1905
Englischer Meister 1955
Englischer Pokalsieger 1970, 1997, 2000
Europapokal der Pokalsieger 1971, 1998

Tottenham Hotspur (London)

Gegründet 5.9.1882
Englischer Meister 1951, 1961
Englischer Pokalsieger 1901, 1921, 1961, 1962, 1967, 1981, 1982, 1991
UEFA-Cup 1972, 1984
Europapokal der Pokalsieger 1963

West Ham United (London)

Gegründet 1895
Englischer Pokalsieger 1964, 1975, 1980
Europapokal der Pokalsieger 1965

Atlético Madrid

Gegründet 26.4.1903
Spanischer Meister 1940, 1941, 1950, 1951, 1966, 1970, 1973, 1977, 1996
Spanischer Pokalsieger 1960, 1961, 1965, 1972, 1976, 1985, 1991, 1992, 1996
Europapokal der Pokalsieger 1962

Real Madrid

Gegründet 6.3.1902
Spanischer Meister 1932, 1933, 1954, 1955, 1957, 1958, 1961, 1962, 1963, 1964, 1965, 1967, 1968, 1969, 1972, 1975, 1976, 1978, 1979, 1980, 1986, 1987, 1988, 1989, 1990, 1995, 1997, 2001, 2003
Spanischer Pokalsieger 1905, 1906, 1907, 1908, 1917, 1934, 1936, 1946, 1947, 1962, 1970, 1974, 1975, 1980, 1982, 1989, 1993
UEFA-Cup 1985, 1986
Europapokal der Meister / Champions League 1956, 1957, 1958, 1959, 1960, 1966, 1998, 2000, 2002

Der Verein, der wie kein anderer Klub Spaniens für die Vormacht Kastiliens steht und noch immer eine zentralistische, Madrider Politik repräsentiert, hat eigentlich katalanischere Wurzeln als sein ewiger Rivale FC Barcelona. Während Barça von einem Schweizer ins Leben gerufen wurde, versammelten sich die Gründer von Real Madrid in einem Kleidergeschäft mit Namen „El Capricho", das einer Gruppe von Katalanen gehörte. Einer von ihnen, ein gewisser Juan Padrós, war mitten in Barcelona geboren worden – und fungierte als Real Madrids erster offizieller Präsident.

Die Einschränkung „offiziell" ist nötig, weil es zwei Vorläuferklubs gab – den „Madrid Foot Ball Club" und eine Gruppe mit dem seltsamen Namen „Foot Ball Sky". Wann genau aus diesen beiden Organisationen der FC Madrid wurde, ist nicht sicher zu bestimmen. Es gibt Fotografien, die zu belegen scheinen, dass dieser neue Klub schon Spiele austrug, lange bevor Padrós und seine Freunde am 6. März 1902 begannen, einen richtigen Vorstand zu wählen und dem Kind einen Namen zu geben. Erst zwölf Tage später kamen sie dazu, die Gründungsurkunde den Behörden vorzulegen, weshalb man oft liest, der Verein wäre erst am 18. März entstanden. Der Klub selbst beharrt aber auf dem sechsten Tag des Monats und feierte auch an diesem Datum des Jahres 2002 sein großes Jubiläum. Allerdings nicht mehr als FC Madrid, sondern als Real. König Alfonso hatte 1920 der Bitte des Klubs entsprochen, diesen Zusatz tragen zu dürfen, was aber nicht als unerhörte Ehre verstanden werden darf: Die Klubs aus San Sebastián und Irún konnten sich da schon längst „königlich" nennen, und viele andere Vereine des Landes sollten noch folgen.

Interessanterweise begann mit der Umbenennung in Real Madrid eine schwierige Zeit für den Klub. Er hatte bis dahin fünfmal den Pokal geholt, dessen Gewinner bis zur Einführung der „Primera División" 1929 als Meister galt. Doch zwischen 1917 und 1932 wurde der Trophäenschrank überhaupt nicht mehr geöffnet, während die Katalanen des FC Barcelona und die Basken von Athletic Bilbao die Szene beherrschten. Wenn Real zu jener Zeit auch keinen Erfolg hatte, so besaß es doch zumindest etwas sehr Wichtiges – Geld. Mitte der 1920er verärgerte der Klub seine Konkurrenten, indem er fünf Kicker von anderen Teams weglockte, weil er ihnen eine Testspielreise durch England in Aussicht stellen konnte. Ein Jahr später, 1926, lockte Real den Stürmer José Peña mit einem lukrativen Vertrag in die Hauptstadt. Dieser Moment gilt als Beginn des Professionalismus in Spanien, zumindest des nicht mehr verdeckten.

Anfang Februar 1929, eine Woche vor dem Start der neuen, nationalen Liga, stand Real im Pokalfinale gegen Español Barcelona und verlor 1:2. Santiago Bernabéu, von dem im Hauptteil dieses Buches ausgiebig die Rede ist, saß im Publikum und war besonders beeindruckt vom Wundertorwart des Gegners, dem berühmten Ricardo Zamora, über den ein Kollege später sagte: „Er war zu seiner Zeit bekannter als Greta Garbo. Und er sah auch besser aus." Ein Jahr nach dem Finale kaufte Bernabéu diesen Zerberus für 150.000 Peseten. Das waren damals weniger als 2.000 Mark, aber trotzdem eine kühne Summe. Mit Zamora im Kasten holte Real 1932 und 1933 die Meisterschaft, 1934 den Pokal. Der Transfer des Keepers hatte auch noch einen anderen Effekt: Er überzeugte Bernabéu, dass man aus einem Tief herauskommen kann, wenn man investiert. Eine Philosophie, die den Verein bis heute charakterisiert.

Das nächste Tief war auch gar nicht weit entfernt, denn als die große Elf um Zamora zerfiel, hungerte Madrid wieder einmal vor sich hin. In den 1940ern erkämpfte man sich zwei Pokale, aber was die Ligaform von Real betrifft, war dies eine düstere Dekade: 1943 und 1948 drohte gar der Abstieg. Also öffnete Bernabéu wieder die Kriegskasse und beteiligte sich an dem Feilschen um den Mann, der Real und gleich den ganzen europäischen Fußball mit verändern sollte. Am dritten Spieltag der Saison 1953/54 gab Alfrédo di Stéfano in der Partie gegen Racing Santander sein Debüt. Er schoss ein Tor an diesem Tag – und dann noch 26 mehr im Verlaufe der Spielzeit, an deren Ende Real vier Punkte vor Barcelona stand und seine erste Meisterschaft seit mehr als 20 Jahren feierte. Noch wichtiger als dieser Titel war der in der nächsten Saison, die Real gleich fünf Punkte vor dem Rivalen aus Katalonien abschloss, denn mit ihm begann das Abenteuer, das dafür sorgen sollte, dass Real jenen Wahlspruch wahr werden ließ, der doch eigentlich Barcelona gehörte: Mit dem Beginn des Europacups wurde aus Real in der Tat „mehr als ein Klub".

„Bescheidenheit steht bei Real Madrid nicht auf der Tagesordnung", schreibt Phil Ball in seinem Buch über den Verein. „Manche Klubs mögen sich als historisch, behaglich, freundlich, klein oder sogar erfolgreich bezeichnen, aber nur einer hat offenbar die echte Kühnheit besessen, sich selbst als ‚der Beste' zu beschreiben." Dass Real dermaßen unbescheiden auftrat und auftritt, macht es den meisten Fans schwer, den Verein wirklich zu mögen. Aber, und darin ist er Bayern München nicht unähnlich, das scheint auch keinesfalls das Ziel von Real Madrid zu sein. Respekt verlangt er, nicht Liebe, und Respekt verdient er auch.

Reals fünf Siege im Pokal der Meister von 1956 bis 1960 waren weniger Triumphe einer unschlagbaren, zusammengekauften Mannschaft, sondern Erfolge des Willens. Darin spiegelte sich etwas vom Charakter Bernabéus wider, der ja auch nicht bloß einen Besitzstand wahrte, sondern eine Vision hatte, die er dann mit allen Mitteln verwirklichte, die ihm zur Verfügung standen – inklusiver finanzieller und politischer. Dieser unbedingte Siegeswille, der Real stets prägte, war auch einer der Gründe, aus denen Günter Netzer im Trikot der Königlichen nicht überzeugen konnte. So sehr man in Madrid Flair und Finesse liebte, so viel Wert legte man zugleich – anders als in Barcelona, aber genauso wie bei den Bayern – auf Ernsthaftigkeit und Effizienz, und diese Elemente gingen dem Deutschen etwas ab.

Netzer findet hier Erwähnung, weil er im Sommer 1973 zu Real kam, dem Jahr, als in Spanien der Ausländerstopp aufgehoben wurde. Diese Transferbeschränkung hatte sicher dazu beigetragen, dass Real und die anderen spanischen Klubs ab Mitte der 1960er den Anschluss an die europäische Spitze verloren. Barcelona und Valencia fanden schon Ende der 1970er den Kontakt wieder, aber bei Real dauerte es etwas länger, auch wenn der Klub weiter eifrig nationale Titel sammelte. 1985 und 1986 holten die Königlichen schließlich zweimal den UEFA-Cup, nachdem sie beide Male im Halbfinale Inter Mailand ausgeschaltet hatten, doch im Cup der Meister wollte es nicht klappen: Zwischen 1987 und 1989 stand Madrid dreimal unter den letzten Vier, kam aber nie bis in das Endspiel.

Erst 1998, unter Trainer Jupp Heynckes, endete das 32-jährige Warten durch einen 1:0-Sieg über Juventus Turin in Amsterdam. Auch diese Siegerelf war schon mit teuren und erlesenen Importen besetzt (Bodo Illgner, Roberto Carlos, Clarence Seedorf, Christian Karembeu, Fernando Redondo, Pedrag Mijatovic, Davor Suker), doch erst in den folgenden Jahren ging man bei Real so richtig daran, eine Zauberelf wie in den 1950ern aufzubauen. Es mag der sensationellen Transfers fast ein wenig zu viel gewesen sein; bald feierte Europa jede Niederlage Reals als einen Sieg des Sports über den Mammon. Aber wer „der Beste" war, ist und bleiben will, den ficht kleinkarierte Kritik nicht an.

1. FC Magdeburg

Gegründet 22.12.1965
Meister der DDR 1972, 1974, 1975
Pokalsieger der DDR 1969, 1973, 1978, 1979, 1983
Europapokal der Pokalsieger 1974

AC Mailand

Gegründet 16.12.1899
Italienischer Meister 1901, 1906, 1907, 1951, 1955, 1957, 1959, 1962, 1968, 1979, 1988, 1992, 1993, 1994, 1996, 1999, 2004
Italienischer Pokalsieger 1967, 1972, 1973, 1977, 2003
Europapokal der Pokalsieger 1968, 1973
Europapokal der Meister / Champions League 1963, 1969, 1989, 1990, 1994, 2003

Vieles, was einen der größten und bekanntesten Klubs der Welt betrifft, liegt im Dunkeln. Nein, damit sind nicht die Machenschaften des Mannes gemeint, der den Verein seit 1986 führt, sondern Einzelheiten aus den ersten Jahren des AC Mailand. Seine Gründungsurkunde zum Beispiel ist nicht mehr aufzufinden, daher wissen wir nur, dass er irgendwann zwischen dem 9. und 17. Dezember 1899 offiziell entstanden ist. Wie viele Leute damals anwesend waren, ist auch nicht gesichert, aber in jedem Fall war ein halbes Dutzend von ihnen britischer Abstammung. Daraus leitete sich auch der Name ab, den der Klub lange trug, nämlich „Milan Cricket and Football Club". Ob man von Anfang an die englische Schreibweise des Stadtnamens wählte, also „Milan" statt „Milano", ist ebenfalls ungewiss. Es gibt sogar einige Quellen, die darauf bestehen, dass der Klub heute mit vollem Namen „Milan AC Milano" heißt, was wirklich sehr bizarr wäre – aber auch nicht ganz auszuschließen ist. Unter Mussolini wurde der Verein nämlich gezwungen, die Bezeichnung „Football Club" in „Associazione Calcio" zu ändern und den italienischen Namen seiner Heimatstadt anzunehmen, setzte aber aus Trotz offenbar „Milan" immer noch hinzu. Der Klub selbst ist keine große Hilfe, wenn man Aufklärung wünscht – er kann einem noch nicht mal ganz genau sagen, ob er im Moment der „AC Milan" oder „Milan AC" ist.

Schon zwei Jahre nach seiner Gründung gewann Milan einen Pokal des italienischen Fußball-Verbandes, der als Vorläufer der nationalen Meisterschaft gilt. (Obwohl es zur selben Zeit auch noch einen offiziellen Wettbewerb der Teams gab, die Turnvereinen angeschlossen waren.) Im Halbfinale gewann der spätere AC gegen Juventus, im Endspiel schlug er Genua 1893. In der Siegerelf standen Spieler mit unitalienischen Namen wie Davies, Allison und Kilpin. Letzterer hieß mit Vornamen Herbert und war der Sohn eines Metzgers aus Nottingham. Auf ihn gehen auch die Vereinsfarben des Klubs zurück (Rot und Schwarz), die Längsstreifen auf den Trikots und das Wappen, in dem sich das Kreuz des Heiligen Georg findet. Milans Präsident zu dieser Zeit hieß Alfred Edwards – der Verein war also weiter in ausländischer Hand.

Aber nicht mehr lange. Als Milan seinen Titelgewinn 1906 und 1907 wiederholte, standen in der Mannschaft nun zwar nicht mehr so viele Briten, dafür aber die Schweizer Ernst Widmer, Alfred Bosshard und Hans-Walter Imhoff – sowie der Deutsche Johann Ferdinand Mädler. Dann jedoch schloss der Italienische Verband für das Jahr 1908 alle Teams aus, die Ausländer aufboten: Milan, Genua und den AC Turin. Das führte zu heftigen Diskussionen innerhalb des Klubs. Eine Gruppe um den Künstler Giorgio Muggiani forderte, diese Regel zu missachten, aber als er sich nicht durchsetzen konnte, gründete er mit seinen Gefolgsleuten einen neuen Klub und nannte ihn trotzigerweise „Internazionale".

Die ganze Aufregung war eigentlich umsonst, denn der Verband schwächte die Ausländersperre schon bald wieder ab, aber sie sorgte trotzdem für das Entstehen einer ganz eigenen Rivalität, die im nächsten Eintrag noch zur Sprache kommen wird. Schon am 18. Oktober 1908, sieben Monate nach der Aufsplitterung, spielten Milan und Inter zum ersten Mal gegeneinander. Der Stammverein gewann 2:1, was schon zeigt, dass die Kräfteverhältnisse recht ausgeglichen waren, und vermuten lässt, dass der Klub sich durch die Spaltung keinen Gefallen tat. Das belegen auch die Resultate der nächsten Jahre: Bis zur Einführung der „Serie A" im Jahre 1929 konnte Mailand nur noch zwei Titel holen, beide durch Inter, während Klubs wie Genua und das heute vergessenen Pro Vercelli dominierten.

Noch heute gilt diese Zeit als eine der zwei schwarzen Phasen in der Geschichte von Milan – und sie dauerte sehr lange. Bis Mitte der 1940er Jahre kam der Klub meistens im Mittelfeld der Liga ins Ziel und fast immer hinter Inter. Erfolg hatte er also nicht, dafür aber Geld. Schon als der Klub ins Leben gerufen wurde, saß Piero Pirelli im Vorstand, und 1909 wurde er für 20 Jahre Präsident von Milan. Er war der Sohn des Mannes, der die berühmte Reifenfirma gegründet hatte, und besaß die Mittel, um Milan den Bau des San-Siro-Stadions zu ermöglichen, das 1925 eingeweiht wurde. Schon sechs Jahre später musste die Spielstätte aber an die Stadt verkauft werden, weil die Zuschauerzahlen in jener Phase des Misserfolges immer mehr sanken. Zwei Jahre nach dem Ende des Krieges zog dann auch Inter von der alten „Arena Napoleonica" in das geräumige San Siro.

Von großer Bedeutung für den Aufschwung des AC war die Öffnung der „Serie A" für ausländische Profis im Jahre 1948. Der Klub holte gleich drei Spieler vom amtierenden Olympiasieger Schweden: Gunnar Gren, Gunnar Nordahl und Nils Liedholm, die als das Trio Gre-No-Li in die italienische Fußballhistorie eingingen. Als dann noch die alles überragende Mannschaft des AC Turin am 4. Mai 1949 durch ein Flugzeugunglück praktisch ausgelöscht wurde, etablierte sich Milan endgültig als eines der drei Top-Teams, neben Juventus und Inter. Zwischen 1951 und 1962 wurden sechs Meisterschaften gewonnen und viele wichtige und teure Spieler geholt: 1954 brach Milan den Weltrekord für Ablösesummen und kaufte den großartigen Uruguayer Juan Alberto Schiaffino, 1958 kam der Brasilianer José Altafini, 1960 wurden für Gianni Rivera unerhörte 200.000 Dollar ausgegeben (natürlich auch ein Rekord). Auch danach rissen die Investitionen nicht ab, denn 1965 zog der Deutsche Karl-Heinz Schnellinger gen Süden,1967 schaute der nächste Schwede vorbei – Kurt Hamrin.

Diese Stars hatten daheim härter zu kämpfen als international, könnte man meinen. Milan holte zwischen 1962 und 1979 nur noch einen Titel in der „Serie A“, aber gleich vier Europacups, darunter den der Meister 1963 und 1969. Diese Vorliebe für die europäische Plattform scheint sich bis heute gehalten zu haben, denn obwohl Juventus die nationale Liga fest im Griff hat, verlassen diesen Klub oft kurz vor dem großen Ziel die Nerven, ganz im Gegensatz zu Milan. Von den sieben Finals, die der AC seit Ende der 1980er Jahre im höchsten kontinentalen Klubwettbewerb erreicht hat, wurden fünf gewonnen, während Juventus im selben Zeitraum in vier Endspielen stand und drei verlor. Natürlich siegte Milan auch im direkten Aufeinandertreffen 2003.

Doch vor diesen großen Triumphen lag die zweite schlimme Periode der Klubgeschichte. In der Saison nach der einzigen Meisterschaft der 1970er Jahre wurde Milan wegen eines Bestechungsskandals in die 2. Liga versetzt, kam zurück und stieg dann 1982 zum ersten und bislang einzigen Mal auf sportlichem Wege ab: Am Ende fehlte ein Punkt auf Genua, was man vermutlich Inter schuldete, das den AC zweimal besiegt hatte, aber Genua nicht schlagen konnte.

Über die Umstände, die zur grandiosen Renaissance des AC Mailand führten, gibt der Hauptteil dieses Buches genauer Auskunft, aber die Essenz kann in einem Satz zusammengefasst werden: Am 10. Februar 1986 übernahm Silvio Berlusconi die Aktienmehrheit des schwer angeschlagenen und verschuldeten Klubs. Nur drei Jahre und viele Millionen Lire später schickte Milan die Wunderelf um die Holländer Marco van Basten, Ruud Gullit und Frank Rijkaard auf große und siegreiche Tournee durch die Stadien Europas. Seither musste der AC nur zwei Saisons lang kurz Luft holen und spielt ansonsten stetig oben mit. Und das, während Inter seit 1989 keine Meisterschaft mehr feiern durfte.

Inter Mailand

Gegründet 9.3.1908
Italienischer Meister 1910, 1920, 1938, 1940, 1953, 1954, 1955, 1963, 1965, 1966, 1971, 1980, 1989
Italienischer Pokalsieger 1939, 1978, 1982
UEFA-Cup 1991, 1994
Europapokal der Meister 1964, 1965

Seit 1995 sponsert die Firma Pirelli den FC Internazionale und ist inzwischen auch einer der Hauptanteilseigner. Auch daran zeigen sich die engen Verbindungen zwischen Inter und seinem Stadtrivalen Milan, der ja lange unter der Präsidentschaft eines Pirelli stand. Die beiden Vereine teilen sich zudem das Stadion, das nach einem Spieler beider Klubs heißt, und sogar das Design ihres Trikots – nur die Farben der breiteren Längsstreifen sind andere. „Das Blau soll für den Himmel stehen“, sagt der Journalist Fabio Monti über Inters Trikot, was vermutlich keine übertrieben poetische, nachgeschobene Erklärung ist, denn einer der Vereinsgründer war schließlich von Beruf Kunstmaler.

In den frühen Jahren des Bestehens der zwei Klubs galt Inter als der etwas feinere, als Sammelbecken für Akademiker und Kosmopoliten. Der AC hatte den Ruf eines Arbeitervereins und war politisch eher links anzusiedeln. Davon ist aber schon lange – und erst recht seit der Ankunft von Silvio Berlusconi – nichts mehr zu spüren. Schon früh ging die Entwicklung beider Vereine dahin, nicht bestimmte Gruppen, Stadtteile oder Ideologien zu vertreten, und deshalb lässt sich auch bei keinem Mailänder vorhersagen, zu welchem der beiden Riesen seiner Stadt er wohl hält. Allein sein Alter könnte dem Fragenden einen kleinen Hinweis geben. Denn wer nicht schon mit der Muttermilch Rot-Schwarz oder Blau-Schwarz eingesogen hat, der ließ sich wohl in seiner Jugend von Erfolgen und Glamour verführen. Aus diesem Grund sind viele jüngere Fußball-Freunde in Mailand heute Fans des AC, viele ältere hingegen standhafte (und leidgeprüfte) Inter-Anhänger.

Bis Berlusconi kam und sein holländisches Dreigestirn kaufte, war nämlich Inter der vermutlich berühmtere und sicher erfolgreichere Verein, der nicht umsonst den kleinen gelben Stern, der in Italien für zehn Meisterschaften steht, lange vor Milan auf sein Trikot bekam. Schon in der ersten Saison der Serie A, 1929/30, gewann Inter beide Partien gegen den Nachbarn und holte vor Genua und Juventus den Titel. Da hieß der Klub offiziell „Ambrosiana“, nachdem er auf Geheiß der neuen, faschistischen Machthaber zuerst mit US Milanese fusionieren, dann einen italienischeren Namen annehmen musste. (Ambrosius ist der Schutzpatron Mailands, nach dem auch die berühmte Bibliothek der Stadt benannt ist, die erste öffentliche Bücherei Europas.) Ab 1933 konnte man diesem Namen wenigstens ein „Inter“ nachsetzen; mit dem Ende Mussolinis verwarf der Klub das „Ambrosiana“ und ist seitdem wieder der FC Internazionale Milano.

Die kurzfristige Umbenennung ging aber nicht mit einer Unterdrückung des Klubs durch die Machthaber einher. Zwischen 1933 und 1941 landete Inter nur einmal auf einem schlechteren Platz als dem vierten und gewann zwei Meisterschaften. Der Star jener Elf war Giuseppe Meazza, nach dem heute das San-Siro-Stadion benannt ist, weil er am Ende seiner Karriere auch für den AC spielte und sich so kein Tifosi brüskiert fühlen muss. Als Milan mit seinem schwedischen Trio Ende der 1940er Jahre aufkam, zog Inter prompt nach und holte 1950 Lennart Skoglund von AIK Stockholm, mit dem die Blau-Schwarzen 1953 und 1954 Meister wurden.

Die ganz große Ära begann aber ein Jahr nach dem zweiten dieser Titel, als Angelo Moratti das Präsidentenamt übernahm, der Herr über eine ganze Flotte von Öltankern. Er lockte viele Stars zu seinem Klub, gab gerüchteweise 35 Millionen Mark aus, holte und feuerte Trainer im Halbjahres-Takt – und lungerte mit seiner Elf doch im Niemandsland herum, bis er im Mai 1960 den Coup landete, der ihn berühmt machen sollte. Im Jahr zuvor hatte der argentinische Coach Helenio Herrera als Chef des FC Barcelona den AC Mailand geradezu aus dem Europacup gefegt, was eine Rolle bei Morattis Entscheidung gespielt haben mag, genau diesen Mann auf die Trainerbank von Inter zu setzen.

Unter Herrera eilte der Klub von Triumph zu Triumph: Drei nationale Ligatitel und zwei Europapokale der Landesmeister zwischen 1963 und 1966, dazu auch noch zwei Weltpokale. Freunde aber machte sich die Elf mit ihrem ausgeklügelten Defensivsystem nicht. Wer heute von Catenaccio spricht, der denkt nicht an Nereo Rocco, den perfektesten Protagonisten des Stils, der über zwei Amtsperioden insgesamt acht Saisons bei Milan wirkte. Nein, er denkt allein an das Inter der 1960er Jahre. Womöglich ist der Klub sogar als unbeliebtester aller Europacup-Sieger in die Historie eingegangen, was sich im verlorenen Endspiel von 1967 zeigte, als ganz Europa aufatmete, weil ein forsches Team wie Celtic Glasgow endlich Inter stoppte. An diesem Tag endete eine Ära, denn schon bevor Moratti im folgenden Jahr sein Präsidentenamt abgab, hatte das Auseinanderbrechen der großen Elf begonnen.

Inter hatte auch in den beiden folgenden Jahrzehnten noch seine großen Momente – schon 1972 reichte es wieder zu einem Finale bei den Landesmeistern, das gegen Ajax verloren wurde –, aber dies war national die große Phase von Juventus, international die der Mitteleuropäer und dann der Briten. Seine letzte wahrhaft tolle Elf schickte dieser große Klub 1989 ins Rennen, als Walter Zenga, Andreas Brehme, Giuseppe Bergomi, Nicola Berti und Lothar Matthäus mit elf Punkten Vorsprung auf Neapel Meister wurden. Doch schon in der ersten Runde des Meistercups blieb die Mannschaft an Malmö FF hängen – und den Pokal holte wieder der AC Mailand. Nicht einmal Massimo Moratti, der Sohn von Angelo, konnte das Ruder herumreißen: 1995 wurde er Präsident und gab in den nächsten knapp zehn Jahren 750 Millionen Euro für Spieler aus, darunter Ronaldo, dessen Gehalt allein 6,2 Millionen Euro pro Saison fraß. Es nutzte alles nichts. Drei UEFA-Cup-Siege in den 1990er Jahren waren ein magerer Trost, vor allem, weil zwei von ihnen gegen italienische Teams gelangen, was wie Hohn wirkte, da in der „Serie A“ nichts klappen wollte. Am hämischsten schlug das Schicksal in der Saison 2001/02 zu: Am letzten Spieltag fiel Inter durch eine Niederlage bei Lazio Rom vom ersten auf den dritten Platz zurück. Meister wurde wieder einmal Juventus.

Dieser Klub ist dann auch das größte Feindbild der Blau-Schwarzen. Inter gegen Turin ist „il derby d'Italia“, das Duell der einzigen beiden Klubs, die seit 1929 ohne Unterbrechung in der „Serie A“ spielen. Inters Partien gegen den AC sind hingegen lautstarke, farbenfrohe und durchchoreographierte Spektakel – keine feindseligen Angelegenheiten. Erst recht nicht seit 1983, als ein Inter-Anhänger außerhalb des Stadions ums Leben kam und die Fan-Gruppen beider Klubs sich auf eine Art Waffenstillstand einigten, um den bengalischen Feuern und einfallsreichen Gesängen keinen hässlichen Beigeschmack zu geben. Als Milan in die zweite Liga abstieg, lieh Inter seinem Mitbewohner im San Siro sogar drei Spieler aus, weil der nicht die finanziellen Mittel hatte, um eine schlagkräftige Truppe auf die Beine zu stellen. Und wer durch das Museum schlendert, das sich im Giuseppe-Meazza-Stadion befindet, der kann gleichzeitig rot-schwarze und blau-schwarze Reliquien betrachten. Inter gegen Milan ist in der Tat das große europäische Derby, das gar nicht wie ein solches wirkt, sondern wie das, was es ist: ein Jahrestreffen zerstrittener Familienmitglieder, die tief in sich wissen, dass Blut dicker als Wasser ist.

Manchester City

Gegründet 1880
Englischer Meister 1937, 1968
Englischer Pokalsieger 1904, 1934, 1956, 1969
Europapokal der Pokalsieger 1970

Manchester United

Gegründet 1878
Englischer Meister 1908, 1911, 1952, 1956, 1957, 1965, 1967, 1993, 1994, 1996, 1997, 1999, 2000, 2001, 2003
Englischer Pokalsieger 1909, 1948, 1963, 1977, 1983, 1985, 1990, 1994, 1996, 1999, 2004
Europapokal der Pokalsieger 1991
Europapokal der Meister / Champions League 1968, 1999

Fragt man Engländer nach ihrem Lieblingsklub, geben sie in der Regel schnell, stolz und bereitwillig Auskunft. Viele Anhänger von

Manchester United zögern jedoch inzwischen einen Moment mit der Antwort, dann sagen sie meistens Dinge wie: „Ich bin United-Fan – aber schon ganz lange, nicht erst seit den 1990ern!“ Fürchten sie zudem noch eine bestimmte Zusatzfrage, nämlich die nach ihrer Herkunft, dann setzen sie oft schon von selbst hinzu: „Und ja, ich komme aus London.“

Mehr noch als Real Madrid steht Manchester United heute für all die umstrittenen Begleiterscheinungen, die der Fußball-Boom des letzten Jahrzehnts mit sich brachte. Man mag ihn kaum noch als „Klub“ bezeichnen, eher als eine Weltmarke der Unterhaltungs-Industrie, die ihre Fußball-Mannschaft dazu nutzt, Werbefeldzüge zu führen, um Marktanteile zu sichern. Lange bevor auch Real Madrid den wirtschaftlichen Sinn solcher Aktionen erkannte, tourte United beharrlich durch Asien oder die USA; als Real erst begann, sich ein Team von Superstars zu zimmern, deren vordringliche Aufgabe nicht das Gewinnen von Fußballspielen war, da hatte Manchester schon seine Pop-Ikone, bei der es gar nicht so sehr darauf ankam, wie sie spielte. Mit einer Mischung aus Resignation und Respekt reihte der Reporter Marcel Reif 2004 David Beckham unter die fünf wichtigsten Fußballer Europas aller Zeiten ein, „weil er die Popkultur wie kein Zweiter mit dem Fußball verknüpfte. Ein guter, aber kein herausragender Spieler, der neue Maßstäbe in der Vermarktung schuf.“

Das alles gilt natürlich auch für den Verein, dessen markantestes Gesicht Beckham lange war. Der Status des „größten Klubs der Welt“ kann United allein von Real Madrid streitig gemacht werden, dabei konnte Manchester in den letzten zehn Jahren nicht einmal einen Bruchteil der internationalen Erfolge vorweisen, die etwa der AC Mailand oder Juventus Turin hatten. Siebenmal stand United im Viertelfinale der Champions League, konnte aber bloß ein einziges Endspiel erreichen – und das wurde nur mit unerhörtem Glück gewonnen. In England hingegen lief alles reibungslos: In den elf Saisons zwischen 1993 und 2003 wurde Manchester achtmal Meister (und zweimal Vizemeister) und feierte vier Pokalsiege.

Diese Mischung aus nationaler Übermacht, internationalem Versagen, Kommerzialisierung und Narzissmus hat United im eigenen Land zur Zielscheibe des Hasses für fast alle ganz normalen Fußball-Fans werden lassen. Inzwischen ist das Klischee unausrottbar, nach dem Manchester City der wahre Klub der Stadt ist, während rote United-Trikots vor allem in London verkauft werden – an Leute, die kein echtes Interesse am Fußball haben, es aber gerade schick finden, so zu tun als ob. „Anyone but United“ („Irgendwer, außer United“) ist die Standardantwort auf die Frage, wer Meister werden soll, und es finden sich sogar Pubs, in deren Fenstern Schilder mit der Aufschrift „ABU“ hängen, was bedeuten soll: United-Fans unerwünscht. Selbst das von deutschen Reportern penetrant benutzte Kürzel „ManU“, das hundert Jahre lang kaum ein Engländer in den Mund nahm, ist heute nicht mehr ganz so selten, weil sich prächtig ein „r“ hinterherschieben lässt: Dann wird aus ManU nämlich „manure“, also Mist im Sinne von Dung.

Doch es war natürlich nicht immer so. United kannte auch ganz andere Phasen in seiner Geschichte, etwa den Abstieg in die 2. Liga 1974 oder die Jahrzehnte der Erfolglosigkeit, bevor Matt Busby das Traineramt übernahm und zwei große Teams formte. Und natürlich die Welle der Sympathie, die den Klub trug, nachdem die erste dieser Mannschaften beim Flugzeugunglück von München 1958 zerbrach.

Manchester United wurde von Angestellten der Eisenbahn gegründet und ist vermutlich älter, als Nachschlagewerke ausweisen. Wann genau der „Lancashire & Yorkshire Railway Football Club“ entstand, ist unbekannt, aber 1878 wurde er in Newton Heath FC unbenannt, nach der Gegend von Manchester, in der sich das Hauptlager der Eisenbahngesellschaft befand. Die Elf von Newton Heath spielte vornehmlich in Grün und Dunkelgelb, aber auch schon in dem roten Hemd, das seit 1928 Standard ist. Sie rekrutierte sich vor allem aus Walisern, die auf Arbeitssuche nach Manchester gekommen waren. Eine Kombination aus finanziellen Problemen und Unzufriedenheit mit dem alten Namen führte 1902 zur Neugründung und Umbenennung des Klubs. Am 26. April 1902 wurde aus Newton Heath, auf den Vorschlag einer gewissen Frau Rocca, Manchester United FC.

Uniteds erste Meisterelf entsprang einem Skandal. Zu Beginn des 20. Jahrhunderts durften englische Profis nicht mehr als vier Pfund pro Partie verdienen, aber Manchester City wurde dabei ertappt, unter dem Tisch mehr zu bezahlen. Der Verband sperrte fast den ganzen Klubvorstand und 17 Spieler des Kaders. Fünf von ihnen zog sich United an Land, darunter den großartigen walisischen Außenstürmer Billy Meredith. Als diese Kicker 1907 wieder spielen durften, begann Uniteds Aufstieg: Zwischen 1908 und 1911 gewann der Klub zwei Meisterschaften und einen Pokal, außerdem zog er in ein neues Stadion. Der Brauereibesitzer John Henry Davies, ein großer Gönner des Vereins, brachte die knapp 60.000 Pfund auf, dies es kostete, die imposante Spielstätte zu errichten. (Heute wären das 5,2 Millionen Euro.) Sie liegt in einer Gegend, die nach dem Befehlshaber eines Freiwilligenkorps „Trafford Park" heißt, weshalb das Stadion als „Old Trafford" bekannt wurde. Es war das beste seiner Zeit, aber auch teuer im Unterhalt. Bald musste United Spieler abgeben, um der Schulden Herr zu werden, und als 1915 auch noch ein Bestechungsskandal ruchbar wurde und drei Spieler auf Lebenszeit gesperrt wurden, ging es mit dem Klub so weit bergab, dass er schließlich sogar für einige Jahre in die 2. Liga sackte.

Erst der Mann, von dem in diesem Buch so oft die Rede ist, wendete das Ruder: Am 19. Februar 1945 unterschrieb der 34-jährige Schotte Matt Busby, ein Ex-Profi von Manchester City und des FC Liverpool, einen Vertrag als Cheftrainer bei United. Schon in seiner ersten Saison führte er Manchester auf den 2. Platz, nur einen Punkt hinter Liverpool – das beste Ergebnis seit 36 Jahren. Es sollte noch toller kommen. United holte ein Jahr später den Pokal, dann drei Meisterschaften in den 1950ern. Mit großer Wahrscheinlichkeit hätte diese Elf um Bobby Charlton, Duncan Edwards, Tommy Taylor und Roger Byrne über kurz oder lang auch in Europa für Furore gesorgt, aber am 6. Februar 1958 starben acht der Profis bei jenem Unglück in München. Es grenzt an ein Wunder, dass Busby innerhalb weniger Jahre den Neuaufbau schaffte und schon 1965 und 1967 zwei weitere Ligatitel gewann, von denen der zweite die Grundlage für den Triumph im Pokal der Landesmeister 1968 bildete.

Als Busby 1969 zum ersten Mal zurücktrat (und 1971 dann auf Dauer), begann die nächste schwere Phase des Klubs, deren symbolischer Tiefpunkt eine Heimniederlage gegen Manchester City 1974 war, bei der Uniteds Ex-Star Denis Law per Hacke das Siegtor für seinen neuen Klub erzielte und seinen alten in die Unterklassigkeit schickte. (Allerdings war United da rechnerisch schon nicht mehr zu retten.) Der nächste Schotte auf dem Trainerstuhl leitete die nächste Glanzzeit ein. 1986 übernahm Alex Ferguson den Verein und machte ihn zu dem, was er heute ist: reich, berühmt, aber auch unbeliebt.

Olympique Marseille

Gegründet 1899
Französischer Meister: 1937,
1948, 1971, 1972, 1989, 1990, 1991, 1992
Französischer Pokalsieger 1924, 1926, 1927,
1935, 1938, 1943, 1969, 1972,1976, 1989
Champions League 1993

„Droit au but" – geradewegs aufs Ziel zu – fordert das Wappen von Olympique Marseille, was ein besonders schönes Motto für einen Fußballverein ist, weil „but" auch Tor bedeutet. Umsetzen konnte der Klub seinen Wahlspruch aber eigentlich nie, weil Olympique nichts mehr zu lieben scheint als Umwege, verschlungene Pfade und Achterbahnfahrten. Das war wohl schon immer so: Sein Vorläuferklub, der FC 1898 Marseille, löste sich nach weniger als zwölf Monaten schon wieder auf, damit 1899 die Sociéte Sportive de Olympique de Marseille entstehen konnte, deren Mitglieder Radrennen und Rugby zunächst mit größerer Leidenschaft betrieben als Fußball.

Das galt im Großen und Ganzen für alle anderen Franzosen auch, weshalb ein nationaler Verband erst 1919 ins Leben gerufen wurde. Natürlich spielten die Klubs auch davor schon um Trophäen, aber unter der Ägide von verschiedenen Sport-, Spiel- und Turnorganisationen: Zwischen 1910 und dem Beginn des Ersten Weltkrieges 1914 wurden zum Beispiel zeitgleich vier unterschiedliche Meisterschaften ausgespielt. Marseille tauchte schon recht früh, in der Saison 1903/04, zum ersten Mal in den Endrunden um einen dieser Titel auf und gewann in der Folge regelmäßig die „Region Küste", scheiterte dann aber ebenso regelmäßig im Viertel- oder Halbfinale, gerne am Racing Club Paris. Schließlich lief sogar ein Stadtrivale namens Stade Helvétique de Marseille (ein Klub mit Schweizer Wurzeln) Olympique den Rang ab.

Nach dem Krieg galt bis zur Gründung der nationalen Liga 1932 der Sieger des seit 1917 ausgespielten Pokals als Meister des Landes. Und hier tat sich Olympique nun langsam hervor, und zwar in der für den Klub bald typischen Art: gleichzeitig positiv und negativ. Im Jahre 1918 stand die Elf nach einem Sieg über den AS Lyon im Viertelfinale, wurde dann jedoch disqualifiziert, weil sich herausstellte, dass der Torwart eigentlich einem anderen Marseiller Verein angehörte. Aber am 13. April 1924 war es endlich so weit: Ein 3:2 nach Verlängerung über den FC Sète sicherte Olympique seinen ersten Titel. Drei weitere folgten, bevor das Jahrzehnt zu Ende war, und auch im neuen Liga-Fußball mischten die Südländer später kräftig mit: 1937 landeten sie auf dem ersten Platz, punktgleich mit dem FC Sochaux, holten aber wegen des besseren Torverhältnisses die Meisterschaft. Vor dem nächsten Krieg folgten dann noch zwei Vizemeistertitel.

Star dieser Elf war der in Casablanca geborene Larbi Ben Barek, möglicherweise der erste von später inflationär vielen farbigen Fußballern, die den Beinamen „schwarze Perle" trugen. Noch heute gilt er den Fans von Olympique als großes Idol, obwohl er das Pech hatte, nie einen Titel mit dem Klub zu holen, weil er erst nach den großen Saisons 1937 und 1938 kam – und für Stade Français in Paris spielte, als Marseille 1948 seine für geraume Zeit letzte Meisterschaft feierte. Zwar durfte auch Ben Barek Trophäen stemmen (er schoss Atlético Madrid 1950 und 1951 mit 25 Toren zu zwei Spanischen Meisterschaften), aber er hätte das offenbar gerne für Marseille getan: 1953 kehrte er noch einmal für zwei Spielzeiten an die französische Mittelmeerküste zurück, da war er schon Ende dreißig.

Solche emotionalen Bande sind typisch für den Klub, den alle nur „OM" nennen. Der französische Weltmeister Didier Deschamps, der Anfang 1990 als 21-Jähriger zu Olympique kam, sagt: „Mein Wechsel vom FC Nantes auf den Planeten Marseille war sehr schwierig, weil ich eine Welt entdeckte, in der nichts so ist wie anderswo." Zinedine Zidane, der in der Stadt aufwuchs, aber nie für den Klub spielte, meinte kürzlich: „Marseille wird immer in meinem Herzen sein, besonders jene Stelle unter der Anzeigentafel auf der Nordtribüne des Stade Vélodrome, von wo aus ich so viele Tore gesehen habe." Und Olympiques heutiger Präsident, Christophe Bouchet, erklärt: „Was wir hier haben, ist etwas Besonderes. Die Hingabe der Fans ist so, dass es nie wieder einen Klub wie uns geben kann." Dann nimmt er sich einen Moment Zeit, um eine Spitze gegen Lyon loszulassen, das drei Meistertitel in Folge geholt hat: „Lyon kann ohne Druck seinen Geschäften nachgehen, weil es niemanden interessiert. Wir hingegen sind Superstars." Da hatte Marseille seit einem Jahrzehnt nichts mehr gewonnen, aber Bouchet machte keinesfalls einen Scherz. In einem Land, in dem Fußball nur selten Herzenssache ist, gilt Marseille als die große Ausnahme: ein Klub mit einer Menge Fans und großem Stolz.

Viel davon geht auf die frühen 1970er zurück, als Olympique die erste starke Elf beisammen hatte, die auch außerhalb Frankreichs Aufsehen erregte. Mit dem Brasilianer Jairzinho, Spielmacher Gilbert Gress sowie den Stürmern Roger Magnusson und Josip Skoblar holte Marseille zwischen 1969 und 1972 zwei Pokale und zwei Meisterschaften. Die entscheidende Figur war aber wohl, nicht zum letzten Mal in Olympiques Historie, der Präsident. Der Verleger Marcel Leclerc hatte den Verein 1965 übernommen, als er zweitklassig war, und führte ihn bis in den Europacup der Meister, wo dann allerdings böses Lospech wartete: 1971 musste man in Runde eins gegen Ajax ran, ein Jahr später gegen Juventus.

Im Juli 1972 überwarf sich Leclerc mit den anderen Mitgliedern des Vorstandes, weil der Vorwurf gegen ihn laut wurde, er habe Gelder des Klubs dazu genutzt, um seine Publikationen zu finanzieren, was den Klub in die Schuldenfalle manövriert hätte. Damit begann die nächste Talfahrt des Vereins, die 1980 zum erneuten Abstieg führte. Vier Jahre spielte Marseille in der 2. Liga, dann erst gelang die Rückkehr. Im April 1986 startete eine weitere Bergfahrt, als jemand die Präsidentschaft übernahm, für den man wirklich einmal das Adjektiv „schillernd" verwenden darf. Bernard Tapie findet sich im Hauptteil dieses Buches ausführlicher gewürdigt, und es ist an dieser Stelle auch gar kein Platz, um die Aufs und Abs und Unappetitlichkeiten seiner acht Jahre währenden Herrschaft im Detail zu beschreiben, daher sollen die Eckdaten genügen: Marseille gab viel Geld aus (unter anderem für Franz Beckenbauer als „Technischen Direktor"), bekam dafür viele Titel zurück – vier Meisterschaften in Folge und die Champions League 1993 –, versank dann aber in dem Sumpf eines Bestechungsskandals, der Tapie seine Ämter und seine Freiheit kostete, den Klub seine Mannschaft und wieder einmal den Platz in der ersten Liga.

Doch Marseille war offenbar nichts anderes als Dramen mehr gewohnt und kehrte zum wiederholten Mal, wie es Bouchet ausdrückt, „vom Rande des Abgrundes" zurück. Nach zwei Jahren in der 2. Liga gelang der Aufstieg, und Olympique schaffte 1999 und 2004 gar den Einzug in die Endspiele um den UEFA-Cup. Beide wurden klar verloren, aber auch so ist Marseille der einzige Klub seines Landes, der den wichtigsten Europacup gewonnen hat. Und, wie die Marseiller prahlen, der einzige echte Klub Frankreichs überhaupt.

KV Mechelen

Gegründet 1904
Belgischer Meister 1943, 1946, 1948, 1989
Belgischer Pokalsieger 1987
Europapokal der Pokalsieger 1988

Borussia Mönchengladbach

Gegründet 1.8.1900
Deutscher Meister 1970, 1971, 1975, 1976, 1977
Deutscher Pokalsieger 1960, 1973, 1995
UEFA-Cup 1975, 1979

FC Bayern München

Gegründet 27.2.1900
Deutscher Meister 1932, 1969, 1972, 1973, 1974, 1980, 1981, 1985, 1986, 1987, 1989, 1990, 1994, 1997, 1999, 2000, 2001, 2003
Deutscher Pokalsieger 1957, 1966, 1967, 1969, 1971, 1982, 1984, 1986, 1998, 2000, 2003
UEFA-Cup 1996
Europapokal der Pokalsieger 1967
Europapokal der Meister / Champions League 1974, 1975, 1976, 2001

Während die Männer um Gabriel Hanot 1954/55 über die Einführung eines Europacups debattierten, verlor der FC Bayern München mit 1:6 beim 1. FC Nürnberg, mit 1:5 bei den Offenbacher Kickers, mit 0:4 beim SSV Reutlingen und stieg als Tabellenletzter aus der Oberliga ab. Als der schon bald prächtigste europäische Wettbewerb dann im September 1955 aus den Startlöchern kam und der 1. FC Saarbrücken gegen den berühmten AC Mailand antreten durfte, kickten die Bayern in der dunkelsten Provinz gegen den FC Penzberg und den VfB Helmbrechts. Aber nur 20 Jahre später kannte und fürchtete man die Roten aus München von Oslo bis Palermo. Das an sich ist schon ungewöhnlich, wenn auch – wie das Beispiel Nottingham Forest zeigt – nicht völlig unmöglich. Was den Klub aus München einzigartig werden lässt, ist, dass er sich seit seiner ersten Hochphase an der nationalen und internationalen Spitze gehalten hat. Er gehört sogar inzwischen der erlesensten aller europäischen Gesellschaften an: dem Quartett, das alle drei Europacups sein Eigen nennen kann. (Die anderen Mitglieder sind Ajax, Barcelona und Juventus. Selbst Riesen wie Real Madrid und Inter Mailand können hier nicht mehr aufgenommen werden. Es sei denn, der Pokal der Pokalsieger wird eines Tages reanimiert.)

Von allen heutigen Top-Vereinen des Kontinents ist Bayern München der einzige, der beim Start des Europacups nicht nur unterklassig spielte, sondern auch erst eine einzige nationale Meisterschaft vorzuweisen hatte. Das zeigt zum einen, wie sehr Europas Fußball, allen Unkenrufen zum Trotz, von traditionsreichen, alteingesessenen Klubs dominiert wird. Zum anderen macht es deutlich, wie atemberaubend der Aufstieg des FC Bayern und sein hartnäckiges Verweilen an der Spitze in einem historischen Kontext sind. Die Tatsache, dass der Verein in den 20 Jahren zwischen 1976 und 1996 keinen internationalen Titel holte, darf nämlich nicht zu der Annahme führen, er sei in jener Zeit nicht wettbewerbsfähig gewesen: Allein Juventus Turin und eben Bayern München standen seit den 1970ern in jedem Jahrzehnt mindestens einmal im Finale um den Cup der Meister oder die Champions League!

Damit haben die Besonderheiten aber noch kein Ende. Nimmt man den kurzen Ausflug in den Messe-Cup 1962/63 einmal aus, dann überstand der FC Bayern bei seiner ersten richtigen Qualifikation für einen europäischen Wettbewerb gleich acht Runden in Folge schadlos. Er drang nämlich 1966/67 in das Endspiel des Cups der Cupsieger vor, schlug dort die Glasgow Rangers und musste erst im Halbfinale der nächsten Saison die Titelverteidigung abschreiben, weil sich der AC Mailand noch als eine Nummer zu groß herausstellte. Damit vergaben die Bayern auch die Chance, 1968/69 europäisch mitzumischen – eine von lediglich drei Saisons, in denen der Klub seit 1966 nicht international spielte.

Diese beängstigende Konstanz auf hohem Niveau hat allerdings auch Opfer gefordert. Zum Beispiel das älteste der wirklich großen deutschen Fußball-Derbys. Zwar wurden schon vor Sonntag, dem 21. September 1902, hochklassige und hitzige Lokalrivalitäten ausgefochten – etwa in Karlsruhe und Berlin –, aber als an diesem Tag der FC Bayern zum ersten Mal gegen die Fußballabteilung des TSV 1860 München antrat, war das die Geburt eines echten Klassikers, der auch mehr als sechs Jahrzehnte später noch die Massen packte und nicht nur die: Gleich Bayerns erste Bundesligapartie überhaupt führte am 14. August 1965 die Roten und die Blauen aus München zusammen und resultierte in einem wüsten Getrete, das die Zeitungen als „Wirtshausrauferei" bezeichneten.

Niemand möchte Gewalttätigkeiten auf dem Fußballplatz sehen, aber es ist dennoch schade, dass dieses Derby enorm an Brisanz verloren hat. Das liegt weniger an der Übermacht der Bayern, denn die ist kein modernes Phänomen: Schon 1908 lag der Klub mit acht Siegen aus elf Vergleichen deutlich vor dem TSV und hat diese Führung seitdem stetig ausgebaut. Nein, es ist Bayerns ewige Präsenz im Europacup, die die Maßstäbe verschoben hat. Schon Mitte der 1970er musste man sich fragen, ob der wahre Rivale des Vereins nicht Ajax Amsterdam hieß, und heute ist es ganz sicher Real Madrid. Siege oder (seltene) Niederlagen gegen die Löwen büßen in einem solchen Kontext schnell an auch emotionaler Bedeutung ein.

Wie es dazu kommen konnte, das ist im Grunde die Geschichte einer einzigen Mannschaft, der um Franz Beckenbauer, und vieler Glücksfälle. Als elf Mitglieder des MTV 1879 München am 27. Februar 1900 ihren eigenen Klub aus der Taufe hoben, weil der Stammverein seine Fußballabteilung nicht beim Verband anmelden wollte, da standen die Vorzeichen zwar gut, aber auch nicht besser als bei anderen Klubs aus großen Städten, wie Berlin, Hamburg, Frankfurt oder Stuttgart. Die Heimat des FC Bayern war das gehobene Viertel Schwabing, seine Gönner durchaus betucht, seine Mitglieder sogar lange Zeit ausschließlich Leute mit vernünftigem Schulabschluss. Schon früh holte der Klub die inoffizielle Stadtmeisterschaft, nach Siegen über Fürth und Nürnberg sogar 1910 den bayerischen Titel. Auf nationaler Ebene war zunächst kaum Staat zu machen, weil Klubs aus Karlsruhe die Szene im Griff hatten, bis nach dem Ersten Weltkrieg die große Ära der Achse Nürnberg-Fürth begann. Doch am 12. Juni 1932 gewann der FC Bayern durch ein 2:0 über Eintracht Frankfurt seine erste Deutsche Meisterschaft. Verteidigen konnte er den Titel nicht, weil er in der Endrunde um die Süddeutsche Meisterschaft ausgerechnet an 1860 scheiterte. Trotzdem schien die Zukunft rosig zu sein – wurde dann aber braun.

Unter den Nazis bekam der FC Bayern große Probleme, weil er als judenfreundlicher Verein galt, und versank für lange Zeit in der Bedeutungslosigkeit. Erst Ende der 1950er Jahre konnte sich der Klub wieder berappeln und sogar den DFB-Pokal gewinnen, aber für einen Platz in der neu gegründeten Bundesliga reichte das 1963 nicht. Allerdings hatten die Bayern in jenem Jahr schon viele richtige Leute auf den richtigen Posten – und Glück gehabt: Der beste Nachwuchsmann, ein gewisser Beckenbauer, hatte eigentlich zum TSV 1860 wechseln wollen, bevor er im letzten Moment seine Meinung änderte, was sich einige Jahre später in den Fällen von Uli Hoeneß und Paul Breitner wiederholte. Der Präsident hieß 1963 Wilhelm Neudecker, der Schatzmeister Willi O. Hoffmann. Diese beiden überredeten im Mai 1963 den Jugoslawen Zlatko Cajkovski, Trainer des FC Bayern zu werden. Und „Tschik", wie man ihn rief, baute das große Team des Klubs. („Ich mache Mannschaften", hieß unbescheiden auch seine Biografie.) Er holte Beckenbauer, Sepp Maier und später Georg Schwarzenbeck aus der Nachwuchself hoch, fand Franz „Bulle" Roth und tat Neudecker den Gefallen, Gerd Müller einzusetzen. Ein Jahr nach Cajkovski, 1964, kam Robert Schwan als ehrenamtlicher Mitarbeiter zum Klub und stieg rasch zum mächtigen Manager auf, der dann auch den Deal mit Hoeneß und Breitner über die Bühne und an den Löwen vorbeibrachte.

Dieser überschaubare Kern von Menschen führte den FC Bayern in den nächsten Jahrzehnten an die Spitze und hält ihn noch immer dort: Neudecker amtierte bis 1979, dann folgte ihm für sechs Jahre Hoffmann, und seit 1994 heißt der Präsident Beckenbauer; Schwan war bis 1977 Manager, im Juli 1979 übernahm Hoeneß den Posten und hat ihn weiterhin inne. Wirklich schlimme Phasen haben sie und ihr Klub seit den frühen 1960ern nicht erlebt. Etwas anderes zu sagen, wäre Jammern im Schlaraffenland. Die zweitschlechteste Bundesligaplatzierung überhaupt, ein zehnter Platz 1975, fiel zum Beispiel mit dem Gewinn des mittleren von drei Meistercups hintereinander zusammen. Und die 1990er, die etwas schleppend anliefen, brachten den UEFA-Cup-Sieg und ein Champions-League-Finale, bevor sie mit drei Meisterschaften in Folge in das neue Jahrtausend übergingen, das mit dem vierten Sieg im höchsten europäischen Wettbewerb begann. Fortsetzung folgt sicher.

SSC Neapel

Gegründet 1904
Italienischer Meister 1987, 1990
Italienischer Pokalsieger 1962, 1976, 1987
UEFA-Cup 1989

Newcastle United

Gegründet 1882
Englischer Meister 1905, 1907, 1909, 1927
Englischer Pokalsieger 1910, 1924, 1932, 1951, 1952, 1955
Messe-Cup 1969

Nottingham Forest

Gegründet 1865
Englischer Meister 1978
Englischer Pokalsieger 1898, 1959
Europapokal der Meister 1979, 1980

Als Brian Clough am 6. Januar 1975 das Traineramt bei Nottingham Forest übernahm, war der Klub ein mittelmäßiger Zweitligist, der seit 110 Jahren Fußball spielte, aber in dieser Zeit nur zwei Pokale gewonnen hatte. Er war zudem der einzige Verein in den englischen Profi-Ligen, der nicht als Aktiengesellschaft geführt wurde, was bedeutete, dass Cloughs Budget sehr beschränkt war. Aber nur vier Jahre und fünf Monate später sicherte sich Forest mit einem Sieg über den Hamburger SV schon zum zweiten Mal die höchste europäische Vereinstrophäe, die selbst Giganten wie Juventus Turin und dem FC Barcelona bis dahin verwehrt geblieben war. Wir reden hier also über ein Mysterium.

Nottingham Forest wurde 1865 als „Forest Football Club" gegründet. Das erste offizielle Spiel fand am 22. März des folgenden Jahres statt, natürlich gegen den Ortsrivalen Notts County. Glaubt man der Zeitung des nächsten Tages, endete es torlos. Vertraut man der ersten Vereinschronik von Forest, dann siegte dieser Verein 1:0. Aber unabhängig vom tatsächlichen Ergebnis darf diese Paarung als das älteste Fußball-Derby des Universums gelten. Um Punkte konnten die beiden Nachbarn allerdings erst 1892 zum ersten Mal ringen, weil bei der Gründung der englischen Liga 1888 zwar County zugelassen wurde, nicht aber Forest. (Siehe auch den Eintrag zu Aston Villa.) Kaum war Forest endlich in der ersten Liga, stieg County prompt ab, was durchaus typisch für das Verhältnis der zwei Vereine ist, denn sie ziehen es offenbar vor, sich aus dem Weg zu gehen. Seit nunmehr zehn Jahren haben sie zum Beispiel gar nicht mehr gegeneinander gespielt, da sie stets in verschiedenen Ligen waren.

Forest gewann seinen ersten Titel am 14. April 1898, als gegen Derby County der englische Pokal errungen wurde. Das hieß aber nicht, dass die Mannen aus der Stadt von Robin Hood damals die Großen das Fürchten lehrten. In der Liga spielte man im unteren Mittelfeld herum, und in jener am Ende siegreichen Pokalsaison entging man nur knapp der Peinlichkeit, gegen den Amateurklub Southampton St. Mary's zu verlieren, den heutigen FC Southampton. Es musste schon ein Entscheidungsspiel her, bis Forest im Finale stand und dann den Cup holte. Damit wurden aber für die nächsten 61 Jahre die Feierlichkeiten schon wieder eingestellt. Forest stieg 1911 ab und blieb, von zwei kurzen Saisons abgesehen, bis 1957 unterklassig.

Schon in dieser Phase zeigte sich, dass man bei Forest dem Trainer vertraute und ihn nicht voreilig feuerte. Seit 1938 führte Billy Walker das Team, aber er musste auch dann nicht seine Papiere nehmen, als das Team 1949 gar in die 3. Liga abstieg, wo es immerhin zu einem Wiedersehen mit County kam. Acht Jahre später, 1957, hievte Walker den Klub zurück in das Oberhaus und gewann am 2. Mai 1959 erneut den Pokal, diesmal gegen Luton Town. Dann erst ging Walker, und zwar aus freien Stücken.

Seine größte Chance, sich endlich einen Namen zu machen, verpasste Nottingham Forest in der Saison 1966/67. Unter Trainer Johnny Carey hatte der Klub eine aufregende Elf beisammen, die nur ein einziges Heimspiel verlor und für Zuschauerzahlen sorgte, die selbst die große Clough-Elf des nächsten Jahrzehnts nicht antasten würde. Knapp 40.000 kamen zu jedem Spiel und hofften bis zuletzt auf den ersten Meistertitel, doch am Ende landete man vier Punkte hinter Manchester United auf dem zweiten Platz – und verlor auch noch das Pokalhalbfinale gegen Tottenham. Schon im nächsten Jahr warfen den nicht eben vermögenden Klub Verletzungen von Schlüsselspielern zurück, und 1972 stieg Forest erneut in die zweite Liga ab.

Es gab also nichts, was die englische und europäische Fußballwelt auf die Verwandlung vorbereitet hätte, die mit der Ankunft von Brian Clough begann. Er war ein exzellenter Stürmer gewesen, dessen Karriere viel zu früh durch eine Knieverletzung beendet wurde. Als er sich 1965 entschloss, dem Fußball als Mann an der Seitenlinie treu zu bleiben, sagte er: „Ich weiß, dass ich besser bin als all die Trainer, die seit dem Krieg entlassen wurden. Hätten die irgendeine Ahnung vom Spiel gehabt, dann wären sie schließlich nicht entlassen worden." Mit solchen Sprüchen und noch viel heftigeren etablierte sich Clough schnell als einzig würdiger Nachfolger des ebenfalls als „großmäulig" verschrienen Bill Shankly vom FC Liverpool. Wie Shankly so glaubte auch Clough fest daran, dass es wenig Sinn machte, nett und respektvoll über den Gegner zu sprechen, da es vor allem darum ging, seine eigenen Spieler stark zu reden. Diesem Credo konnte er ein Trainerleben lang folgen, weil er keinerlei Angst vor hämischen Schlagzeilen kannte, nicht an mangelndem Selbstvertrauen litt – und Erfolg hatte.

Mit seinem langjährigen, loyalen Assistenten Peter Taylor führte Clough den Verein Derby County erst in die erste Liga zurück, 1972 dann zur ersten Meisterschaft der Klubgeschichte, schließlich gar in das Halbfinale im Europacup der Meister. Dasselbe versuchte er dann wenige Jahre später in Nottingham – und schaffte es sogar zwei Schritte weiter. Forest stieg 1977 als Dritter der 2. Liga auf und legte gleich einen Durchmarsch hin. Ohne Heimniederlage und satte sieben Punkte vor Liverpool gewann der Klub 1978 seinen ersten und bis heute einzigen Meistertitel. In der darauf folgenden Europacup-Saison schaltete Nottingham Titelträger Liverpool und den 1. FC Köln aus und gewann das Finale in München gegen Malmö. Ein Jahr später verteidigte Forest den Titel nach Siegen über Dynamo Berlin und Ajax Amsterdam im Endspiel gegen den HSV.

Wie Clough all das in die Wege leitete, bleibt sein Geheimnis. Er war kein Verfechter eines Offensiv-Stils, was aber auch daran lag, dass er nie die Spieler hatte, um so etwas zu praktizieren. Zwar brachte er Forest dazu, die Rekordablösesumme von 4 Millionen Mark für Trevor Francis zu zahlen, aber das zwang ihn schon bald, Tony Woodcock für 2,5 Millionen an den 1. FC Köln abzugeben. Forest hatte wenig Geld, und Clough musste stets Spieler finden, mit denen niemand sonst etwas anzufangen wusste. Er konnte diesen Klub nicht dauerhaft an der Spitze halten und liebäugelte deshalb mit dem Posten als englischer Nationaltrainer. Dass der Verband ihn für unpassend hielt und nie bei ihm anfragte, war eine der zwei Sachen, die Clough bis an sein Lebensende wurmten.

Die andere Sache war, dass Peter Taylor 1982 seinen Rücktritt vom Fußball erklärte, aber nur ein Jahr später Cheftrainer bei Derby wurde – und Forest einen Spieler abluchste. Clough und Taylor sprachen nie wieder miteinander, und für Nottingham ging es bergab. Der Klub holte noch zwei Ligapokale, aber in der Saison 1992/93, als der Abstieg schon unvermeidlich war, trat Clough zurück, weil Zweifel an ihm laut wurden. Forest schaffte rasch die Rückkehr und kam 1995/96 sogar in das Viertelfinale des UEFA-Cups, wo Bayern München zu stark war. Doch seit 1999 ist der drittälteste englische Profiklub wieder einer unter vielen Zweitligisten.

Paris Saint-Germain

Gegründet 12.8.1970
Französischer Meister 1986, 1994
Französischer Pokalsieger 1982, 1983, 1993, 1995, 1998, 2004
Europapokal der Pokalsieger 1996

AC Parma

Gegründet 10.10.1913
Italienischer Pokalsieger 1992, 1999
UEFA-Cup 1995, 1999
Europapokal der Pokalsieger 1993

FC Porto

Gegründet 28.9.1893
Portugiesischer Meister 1922, 1925, 1932, 1939, 1940, 1956, 1959, 1978, 1979, 1985, 1986, 1988, 1990, 1992, 1993, 1995, 1996, 1997, 1998, 1999, 2003, 2004
Portugiesischer Pokalsieger 1956, 1958, 1968, 1977, 1984, 1988, 1991, 1994, 1998, 2000, 2001, 2003
UEFA-Cup 2003
Europapokal der Meister / Champions League 1987, 2004

Ein Cartoon war alles, was Portos Fans am 26. Mai 2004 brauchten, um Größe zu demonstrieren. Vor dem Anpfiff des Finals in der Champions League gegen den kleinen AS Monaco entrollten sie ein Plakat, auf dem ein Fußballer in einem blau-weiß gestreiften Trikot dargestellt war, der den Ball mit der Hacke spielt. Mehr war nicht nötig, um an den bis dahin wichtigsten Tag in der Geschichte des FC Porto zu erinnern und an eines der drei sensationellsten Tore, die je in einem europäischen Endspiel gefallen sind. Rabah Madjers eleganter Treffer kippte das Finale im Meistercup 1987 und verankerte Portos Namen im Gedächtnis der Fußball-Fans, denen bis dahin eher die Klubs Benfica und Sporting Lissabon ein Begriff gewesen waren.

Die lange Zeit nachgeordnete Bedeutung, die der FC Porto außerhalb seines Landes genoss, zeigt sich an kleinen Details. Etwa an dem Gründungsdatum, das in fast allen deutschen Nachschlagewerken und Stadionführern zu finden ist: 2. August 1906. Was an diesem Tag ins Leben gerufen wurde, waren zum einen neue Abteilungen wie Tennis, Leichtathletik und Boxen, zum anderen die erste klubeigene Anlage, das Rainha-Feld. Als Fußballverein existierte der FC Porto da allerdings schon um einiges länger: Am 28. September 1893 hatte ein adeliger Weinexporteur namens António Nicolau de Almeida diesen Verein in der zweitgrößten Stadt des Landes gegründet. Die Datenverwirrung mag daher kommen, dass der FC Porto Anfang 1907 eine ordentliche Versammlung abhielt, bei der er seinen ersten richtigen Präsidenten wählte, den hierzulande oft als Klubgründer aufgeführten José Monteiro da Costa. Eine von da Costas ersten Amtshandlungen war die Änderung des Vereinsnamens. Aus dem englischen „Football Club do Porto" wurde das portugiesische „Futebol Clube do Porto".

Dass der FC Porto aber schon ganz offiziell vor 1906 spielte, zeigt ein Blick in die Geschichte der portugiesischen Fußball-Trophäen. Die erste war nämlich ein Pokal, den König Carlos I. im Jahre 1894 stiftete. Sein Gewinn sollte gleichbedeutend mit der Meisterschaft des Landes ein, aber es kam nur zu einer einzigen Auflage, bei der sich lediglich zwei Mannschaften um den Preis stritten: der FC Lisbonense und eben der FC Porto, in dessen Elf damals ein halbes Dutzend Briten stand.

So gab es bis 1921, als ein nationaler Pokal eingeführt wurde, nur regionale Meisterschaften in Portugal. Der FC Porto gewann dabei sechs der ersten acht Titel in Oporto, wie die Stadt auf Portugiesisch heißt, und erwarb sich so das Recht, seine Region zu vertreten, als der Wettbewerb 1921/22 um eine Endrunde auf Landesebene erweitert wurde. Prompt holte man diese erste portugiesische Meisterschaft gegen Sporting.

Auf Historisches besaß der FC Porto auch in den folgenden Jahrzehnten ein Abonnement: 1934 wurde als Experiment eine nationale Liga eingeführt, deren Sieger sich ebenfalls Meister nennen konnten, und in der ersten Saison triumphierte wieder Porto, zwei Punkte vor Sporting. Vier Jahre darauf, 1938/39, begann die offizielle Geschichte der 1. Liga Portugals, der „Campeonato da Primeira Divisão" – und erneut gewann Porto die erste Spielzeit, wieder hauchdünn vor Sporting.

Gab es aber mal nichts einzuweihen, dann hatte der Klub so seine Probleme. Bis in die späten 1950er Jahre gehörte er zwar eindeutig zu den besten vier Teams des Landes, und als dann der Niedergang des CF Belenenses (aus Lissabon) begann, bildete Porto mit Benfica und Sporting das unangefochtene Top-Trio. Aber an Siegerurkunden war nicht leicht heranzukommen, denn erst hatte Sporting seine triumphale Zeit mit sieben Titeln in acht Saisons, dann kam die große Benfica-Ära, die von 1959 bis 1977 währte und 14 Meisterschaften umfasste. Porto durfte nur so zwischendurch mal feiern, wie etwa 1956, als man nur eine einzige Partie verlor (gegen Sporting), aber Benfica trotzdem nur wegen des Torverhältnisses so eben noch auf Distanz halten konnte.

Dieser Liga-Titel, offiziell erst Portos dritter, katapultierte den Klub zum ersten Mal in den Europacup der Meister, aber gegen das sehr starke Athletic Bilbao gingen beide Spiele in der ersten Runde knapp verloren. Das war keinesfalls ein ehrenrühriges Abschneiden, wenn man bedenkt, dass Portugal als armes Land galt und der FC Porto zu jener Zeit keinen einzigen Trainingsplatz mit Rasen besaß. Drei Jahre später holte Porto die nächste Meisterschaft, diesmal unter Trainer Bela Guttmann, der daraufhin gleich von Benfica abgeworben wurde. Im Europacup war wieder der Aufgalopp schon das Ende (gegen Bratislava) und Portos kurzer Höhenflug damit gestoppt.

Die entscheidende Wende zum Guten und zur heutigen Prominenz hat ihren Ursprung im Jahre 1977, als Porto den bisherigen Nationaltrainer Portugals verpflichtete, José Maria Pedroto. Der hatte auch den brasilianischen Klub Palmeiras schon zu zwei überraschenden Meisterschaften geführt und wiederholte jenes Kunststück nun in Porto. Wieder war es das Torverhältnis, das 1978 den Ausschlag für Porto und gegen Benfica gab und die 18-jährige Dominanz der Lissabonner Klubs beendete. Das schien nicht viel zu besagen, denn im Europacup erlebte Porto den größten Schock der Vereinsgeschichte und wurde beim AEK Athen mit 6:1 geschlagen. Nur zwölf Monate später, nach der erfolgreichen Titelverteidigung daheim, sah die Sache aber ganz anders aus: In der ersten Runde kegelte Porto den AC Mailand hinaus, in der zweiten scheiterte er nur wegen eines Auswärtstores (von Uli Stielike) an Real Madrid. Der FC Porto war in Europa angekommen.

Anfang 1984 erkrankte Pedroto schwer und wurde im Sommer durch seinen Schüler Artur Jorge ersetzt. In der Zwischenzeit führte jedoch Interims-Coach Antonio Morais die Elf in das Finale um den Cup der Pokalsieger, das gegen Giovanni Trapattonis teures Juventus-Team nur wegen eines dummen Torwartfehlers 1:2 verloren wurde. „Der FC Porto gewann Sympathien und war die bessere Mannschaft", lobte die „Basler Zeitung". Der FC Bayern hätte also gewarnt sein können, als er drei Jahre später im Endspiel um den Meistercup auf Porto traf – war es aber nicht. Der Algerier Rabah Madjer, ein bekennender Bayern-Fan, erzielte sein legendäres Tor mit der Hacke, der Brasilianer Juary traf 120 Sekunden später zum 2:1, und Porto saß auf Europas Thron.

Dass es so nicht weitergehen konnte, war den Realisten unter Portos Fans bewusst. National blieb der Klub an der Spitze – er holte zwischen 1988 und 1999 neun Meisterschaften –, aber international wurde es immer schwieriger, mit den steigenden Gehältern und Ablösesummen zu konkurrieren. Als sich dann auch noch in Portugal selbst neue Gegner auftaten, brauchte man in Porto neue Ideen – und fand José Mourinho. Der war als Übersetzer für Coach Bobby Robson zum Fußball gekommen und hatte den Engländer so beeindruckt, dass der Mourinho 1996 zu seinem Co-Trainer beim FC Barcelona machte. Mourinho war jung, ehrgeizig und bis zur Arroganz selbstbewusst. Als er in Porto ankam, sagte er: „Das ist die schlechteste Porto-Elf seit 26 Jahren. Aber wir werden im nächsten Jahr trotzdem Meister." Das wurde er – und dazu auch noch UEFA-Cup-Sieger. Eine Saison später gewann er in Gelsenkirchen gar die Champions League gegen Monaco, und die Fans hatten einen neuen Helden.

AS Rom

Gegründet 22.7.1927
Italienischer Meister 1942, 1983, 2001
Italienischer Pokalsieger 1964, 1969, 1980, 1981, 1984, 1986, 1991
Messe-Cup 1961

Lazio Rom

Gegründet 9.1.1901
Italienischer Meister 1974, 2000
Italienischer Pokalsieger 1958, 1998, 2000, 2004
Europapokal der Pokalsieger 1999

Feyenoord Rotterdam

Gegründet 19.7.1908
Niederländischer Meister 1924, 1928, 1936, 1938, 1940, 1961, 1962, 1965, 1969, 1971, 1974, 1984, 1993, 1999
Niederländischer Pokalsieger 1930, 1935, 1965, 1969, 1980, 1984, 1991, 1992, 1994, 1995
UEFA-Cup 1974
Europapokal der Meister 1970

Der Bezirk Feijenoord wird im Norden von der Maas begrenzt, die Rotterdam durchtrennt. Jenseits des Stromes und vor allem auch im Westen der Stadt liegt eigentlich das Einzugsgebiet des ältesten der großen Rotterdamer Klubs – Sparta. Zwischen 1909 und 1915 holte Sparta fünf holländische Meisterschaften. Da war Feyenoord gerade erst im Entstehen begriffen, was auch damit zu tun hatte, dass Sparta ein klassisch bürgerlicher Klub war (er hegte und pflegte das Kricketspiel), während das 1908 als „Wilhelmina Rotterdam" gegründete Feyenoord trotz seines monarchistischen Ur-Namens als Hollands typischster Arbeiterklub gilt. Das ist im Übrigen ein weiterer Aspekt der hitzigen Feindschaft zwischen Feyenoord und Ajax, denn im Südosten von Rotterdam hält man die Männer aus Amsterdam in erster Linie für feine Pinkel, die groß dahersalbadern und komplexe Theorien ausarbeiten, anstatt den Ball einfach laufen zu lassen und die Klappe zu halten.

Dass die Händel mit Sparta weniger ausgeprägt sind und dass der Norden und der Westen der Stadt nur „eigentlich" feindliches Gebiet für Feyenoord darstellen, liegt an der deutlichen Vormachtstellung der Vertreter der Arbeiterklasse seit den 1920er Jahren. Sparta stieg in seiner langen Geschichte zwar erst 2002 zum ersten Mal aus Hollands Ehrendivision ab, doch es spielte auch nie eine große

Rolle in der Liga. Spätestens seit den Europacup-Erfolgen der 1970er – doch vermutlich schon viel früher – repräsentierte Feyenoord die Stadt Rotterdam auf dem Fußballfeld.

Die entscheidenden Weichen wurden in den 1930er Jahren gestellt, und zwar von einem der wichtigsten Männer der holländischen Fußballgeschichte. Als Schatzmeister von Feyenoord setzte der Kohlenhändler Cornelius Rocus Johannes Kieboom Gott und die Welt in Bewegung, um die Vision seines Präsidenten Leen van Zandvliet Wirklichkeit werden zu lassen: ein neues, großes Stadion. Er brachte tatsächlich so viele Geschäftsmänner der Stadt dazu, Geld zu geben, dass am 27. März 1937 das „Stadion Feijenoord" eröffnet werden konnte. Wegen seiner Form hatte es rasch den Beinamen weg, unter dem man es heute kennt: „de Kuip", die Schüssel. Die 61.000 Zuschauer, die die Schüssel fassen konnte, sahen in dieser Zeit erfolgreiche Spiele einer guten Elf: 1936 und 1938 wurde Feyenoord Meister unter dem ungarisch-österreichischen Trainer Richard Dombi, der zuvor den FC Bayern München zur seiner ersten Deutschen Meisterschaft geführt hatte. Ein weiterer Titel folgte 1940, und im selben Jahr übernahm der mehr als umtriebige „Cor" Kieboom auch das Präsidentenamt von van Zandvliet – und gab es 28 Jahre lang nicht mehr ab.

Das war wichtig für Feyenoord, denn nach dem Krieg folgten harte Jahre. „De Kuip" war zwar das Huhn, das goldene Eier legte, aber in den Niederlanden war es verboten, Spieler zu bezahlen. Viele Stars wanderten deshalb in Länder mit Profifußball ab; so verlor Feyenoord gute Leute wie Arie de Vroet und Piet Steenbergen an den französischen Klub Le Havre. Als sich dann auch noch ein neuer holländischer Profiverband gründete und Spieler abwarb, um seine eigene Meisterschaft auf die Beine zu stellen, drohte Rotterdam ganz auszubluten. Da handelte Kieboom: Er suchte sich Verbündete bei den anderen Klubs seiner Stadt, Sparta und Excelsior, und arrangierte im Juni 1954 ein geheimes Treffen mit Vertretern des Königlich-Niederländischen Verbandes in einer Utrechter Hotelsuite. Das Resultat dieser als „Schlafzimmer-Konferenz" in die Historie eingegangenen Debatte war die Duldung des Halbprofitums durch den Verband und die Einführung einer nationalen Spielklasse, der „Ehrendivision".

Nun konnte Feyenoord seine Finanzkraft einbringen und tat das auch. Vom Den Haager Klub Holland Sport kamen gleich drei neue Spieler, und 1958 überwies Rotterdam fast 140.000 Gulden für den Ersatztorwart der Nationalelf, Peters Graafland von Ajax. Der große Wurf war da aber schon gelungen: Im Juli 1955 hatte Feyenoord für Coen Moulijn lächerliche 25.000 Gulden an Delft gezahlt. Der Linksaußen wurde eine Art früher Pop-Star und bildete ein gefährliches Duo mit dem Stürmer Cor van der Gijp.

Diese Elf trug Feyenoord in die 1960er Jahre, die vier Meisterschaften brachten und den Klub auch international auf die Landkarte hievten. Bei seiner ersten Europacupteilnahme ertrotzte sich Feyenoord 1961 ein achtbares 1:1 bei Tottenham, hatte allerdings sein Heimspiel zuvor verloren. In der nächsten Saison drang das Team sogar bis in das Halbfinale vor und erreichte daheim ein 0:0 gegen den Titelverteidiger Benfica Lissabon. Bedenkt man Hollands Status in der Fußballwelt zu jener Zeit, dann waren dies ermutigende Resultate.

Als Ajax Mitte des Jahrzehnts seine Wundertruppe beisammen hatte und von 1966 bis 1968 drei Titel in Folge sammelte, musste Feyenoord sich etwas einfallen lassen. Zwei Jahre, nachdem Kieboom 1967 sein Amt abgegeben hatte, holte der Verein unter Trainer Ben Peeters das Double. Trotzdem trat Peeters danach in die zweite Reihe zurück und coachte wieder die Jugendteams, denn Feyenoord hatte den Mann an der Angel, der in Den Haag so Großes geleistet hatte: den Österreicher Ernst Happel.

Mit der ihm eigenen Mischung aus weichem Kern, eherner Schale, Witz und Mürrischkeit nahm Happel die Herzen seiner Schützlinge im Sturm. Spielmacher Willem van Hanegem war die Ausnahme: In bestem Netzer/Weisweiler-Stil liebte er Happel ebenso sehr, wie er ihn hasste. Als Happel fast 20 Jahre nach seiner Zeit bei Feyenoord als Trainer der österreichischen Nationalelf in Sittard gastierte, schauten einige seiner alten Spieler vorbei, um den damals schon todkranken Mann noch einmal zu sehen. Auch van Hanegem war dabei.

Mit Happel ging Feyenoord in die Europacup-Saison 1969/70 und schaffte die Sensation, die viele Leute heute vergessen haben, weil Ajax in den Jahren danach die Welt verzauberte: Rotterdam schaltete den AC Mailand aus und gewann das Finale gegen Celtic Glasgow, damals zwar schon auf dem absteigenden Ast, aber immer noch eines der großen Teams des Kontinents. Es war Hollands erster internationaler Titel – und dann auch gleich im wichtigsten aller Klubwettbewerbe.

Danach konnte es eigentlich nur abwärts gehen, aber eine Zeit lang hielt sich Feyenoord noch oben, obwohl alle Welt plötzlich holländische Spieler verpflichten wollte. Viele Leute meinen, dass Happels größte Tat überhaupt war, die Meisterschaft 1971 zu holen, denn seine Elf musste das Aus in der ersten Runde des Europacups als Titelträger verdauen und sich dann noch mit der bärenstarken Ajax-Elf jener Ära herumschlagen. Auch Happels Nachfolger Wiel Coerver hatte zunächst Erfolg: Gleich in seinem ersten Jahr holte er 1974 die Meisterschaft und den UEFA-Cup (gegen Tottenham). Dann aber war der Niedergang nicht mehr aufzuhalten.

Es brach die Zeit an, in der nicht nur Ajax die Meriten sammelte, sondern auch noch der PSV Eindhoven groß aufkam. In den nächsten 30 Jahren sollte Feyenoord das schwächste Element dieses Triumvirats sein und nur drei Meisterschaften holen. Selbst der UEFA-Cup-Sieg 2002 gegen Dortmund war nur ein kleiner Trost, denn jene Saison hatte Rotterdam in der Champions League begonnen, die inzwischen eindeutig eine Nummer zu groß für den stolzen Verein war. Zudem macht der Klub seit nun schon vielen Jahren mehr durch den üblen Teil seiner Anhängerschaft auf sich aufmerksam als durch seine sportlichen Taten. Es ist einer der schmerzlichsten Anblicke im europäischen Fußball, das so schöne „De Kuip“ durch jene Plastikröhre verschandelt zu sehen, die Gästefans erlaubt, wenigstens halbwegs sicher in ihren Block zu gelangen.

Real Saragossa

Gegründet 28.3.1932
Spanischer Pokalsieger 1964, 1966, 1986, 1994, 2001
Europapokal der Pokalsieger 1995

Dynamo Tiflis

Gegründet 1925
Landesmeister (UdSSR) 1964, 1978, (Georgien) 1990, 1991, 1992, 1993, 1994, 1995, 1996, 1997, 1998, 1999, 2003
Nationaler Pokalsieger (UdSSR) 1976, 1979, (Georgien) 1992, 1993, 1994, 1995, 1996, 1997, 2003, 2004
Europapokal der Pokalsieger 1981

Juventus Turin

Gegründet 1.11.1897
Italienischer Meister 1905, 1926, 1931, 1932, 1933, 1934, 1935, 1950, 1952, 1958, 1960, 1961, 1967, 1972, 1973, 1975, 1977, 1978, 1981, 1982, 1984, 1986, 1995, 1997, 1998, 2002, 2003
Italienischer Pokalsieger 1938, 1942, 1959, 1960, 1965, 1979, 1983, 1990, 1995
UEFA-Cup 1977, 1990, 1993
Europapokal der Pokalsieger 1984
Europapokal der Meister / Champions League 1985, 1996

„Die Wahrheit ist, dass jede Provinzmannschaft, die nach Turin fährt, damit rechnet, betrogen zu werden", schreibt der Engländer Tim Parks, der seit einem Vierteljahrhundert in Italien lebt und Fan eines solchen kleinen Teams ist (Hellas Verona). „Wir werden verlieren, sagen sie sich, aber in Turin haben wir wenigstens den Trost, dass wir nur deshalb verloren haben, weil eine Verschwörung gegen uns läuft." In der Folge geht Parks darauf ein, wie viele und welche Gerüchte es über Juventus Turin gibt. Ob die allein der italienischen Schwäche für noch die abstrusesten Verschwörungstheorien geschuldet sind, sei dahingestellt. In diesem Buch ist allerdings bereits erwähnt worden, dass Derby Countys Trainer Brian Clough zeitlebens überzeugt war, dass es bei dem Halbfinale im Meistercup 1973 zwischen seinem Klub und Juve nicht mit rechten Dingen zuging. Und während die vorliegenden Vereinsporträts noch entstanden, verurteilte ein ordentliches Gericht Turins ehemaligen Mannschaftsarzt Riccardo Agricola zu 22 Monaten Gefängnis, weil ihm nachgewiesen wurde, zumindest einige von Juves Profis zwischen 1994 und 1998 systematisch gedopt zu haben. Der Prozess war ins Rollen gekommen, nachdem der tschechische Trainer Zdenek Zeman 1998 Akteure von Juventus beschuldigt hatte, sich verbotener Substanzen zu bedienen.

Diese düsteren Aspekte werden hier nicht erwähnt, um Juventus zu diskreditieren, sondern um auf etwas hinzuweisen, was außerhalb Italiens vielen Leuten nicht bewusst ist: Juventus Turin ist der vielleicht größte italienische Klub und hat die meisten Fans – aber er ist zugleich der im Land am meisten gehasste und der, dem jeder misstraut. Möglicherweise hat das auch mit Turins Abschneiden auf Europas Bühnen zu tun. Seitdem die italienische Liga existiert, gab es nur ein Jahrzehnt, in dem „Juve" nicht mindestens drei Meisterschaften geholt hat – und dieses Jahrzehnt waren die kriegsverseuchten 1940er. Doch trotz der starken Position, die der Verein seit etwa 1925 in Italien innehat, dauerte es mehr als ein halbes Jahrhundert, bis Juventus auch einen internationalen Titel erringen konnte. Zwischen 1929 und 1938 nahm der Klub siebenmal am Mitropacup teil, ohne je das Finale zu schaffen. Nach dem Krieg kam es zu einem Auftritt im Lateinpokal, der nur mit einem dritten Platz endete. Und als der moderne Europacup dann begann, brauchte Juventus 17 Teilnahmen, um endlich erfolgreich zu sein – im UEFA-Cup 1976/77. Da mag der eine oder andere Tifosi schon angefangen haben, darüber nachzudenken, warum Juve nicht mehr dieselbe Elf zu sein schien, wenn sie den Alltag der „Serie A" verließ.

Der so umstrittene und doch so glorreiche Verein wurde am ersten Novembertag des Jahres 1897 von einigen Schülern aus der Taufe gehoben, unter ihnen die Brüder Eugenio und Enrico Canfari. Keiner der Gründer dürfte damals volljährig gewesen sein, weshalb es passend wirkt, dass sie für ihren Sportverein nicht den zuerst geplanten Namen „Augusta" verwendeten, sondern ihn „Juventus" nannten, also Jugend. Zwei Jahre später ergänzten die Mitglieder auf Anregung des anglophilen Präsidenten Enrico Canfari die Bezeichnung um „Football Club". Die Vereinsfarben in jener

Frühphase waren Schwarz und – Rosa. Noch heute läuft Juventus manchmal in rosa Trikots auf, und Torwart Gianluigi Buffon, der 2001 von Parma nach Turin wechselte, scheint sogar eine richtige Vorliebe für dieses Jersey zu haben. Doch zum Glück für spätere Generationen von Juve-Fans musste man Anfang des 20. Jahrhunderts Fußballkluft in der Regel aus England bestellen, wenn man größere Stückzahlen brauchte. Im Jahre 1903 kam es bei einer solchen Lieferung zu einer Panne, denn der Exporteur aus Nottingham schickte einen Satz von Trikots, wie sie Notts Country trug: schwarz und weiß gestreift. Seither sind Juves Spieler die „Bianconeri", die Weiß-Schwarzen.

In jenen neuen Hemden gewann Juventus schon 1905 die Meisterschaft des Fußball-Verbandes. Im Gegensatz zum AC Mailand, der die Titel der beiden folgenden Jahre mit vielen Ausländern holte, standen in Juves Siegerelf außer dem Briten Jack Diment und dem Schweizer Paul Arnold Walty nur Italiener. Das wird aber nicht der Grund gewesen sein, weshalb Juve aus diesem Erfolg zunächst kein Kapital schlagen konnte. Der Turiner Fußball hinkte einfach etwas hinterher. (So ging Diment bald zum Rivalen AC Turin, gewann dort aber auch nichts.) Und das lag nicht an fehlender Wirtschaftskraft: US Pro Vercelli, aus einer Stadt, die vor allem für ihre Reisfelder bekannt war, gewann bis 1922 sieben Titel, während Turin doch die großen Fiat-Werke zu bieten hatte.

Im Jahr nach Pro Vercellis letzter Meisterschaft wurde Edoardo Agnelli, der Sohn des Fiat-Gründers Giovanni Agnelli, neuer Präsident von Juventus Turin, und nun begann der Aufstieg. Es kamen Leute wie Verteidiger Virginio Rosetta (von Pro Vercelli) oder – trotz seines Nachnamens – Stürmer Giovanni Ferrari (von Alessandria) zu Juve. Und es kamen Südamerikaner wie die Argentinier Luisito Monti und Raimundo Orsi. Mit dieser Elf ging Juve in die 1930er und dominierte die noch junge „Serie A": Fünf Meisterschaften holte der Klub in Folge und zog zudem noch in das neu erbaute „Stadio Communale", das Platz für 71.000 Fans hatte und lange das größte Stadion des Landes war. Doch 1934/1935 riss Juves Erfolgsserie, vermutlich aus zwei Gründen: Nach neun Spieltagen der Saison trat Erfolgstrainer Carlo Carcano zurück; Juve rettete sich zwar als Erster ins Ziel, doch in der Sommerpause starb Edoardo Agnelli bei einem Flugzeugabsturz.

Der Klub kam erst wieder hoch, als Edoardos Sohn Gianni 1947 das Präsidentenamt übernahm. Da schien es inzwischen, als sollte auf alle Ewigkeit Lokalrivale AC Turin mit der Ikone Valentino Mazzola den Titel holen, doch diese Elf zerschellte Anfang Mai 1949 mit ihrem Flieger am Berg Superga. Juventus übernahm das Zepter und gab es seitdem nicht mehr aus der Hand.

Eine solche Verzahnung von Tragik und Ruhm verfolgt den Klub bis heute. Juve hatte in jedem Jahrzehnt Stars, die den Europacup der Meister hätten holen sollen: John Charles, Giampiero Boniperti und Omar Sivori in den 1950ern und 1960ern; Dino Zoff, Roberto Bettega und Helmut Haller in den 1970ern; Michel Platini, Paolo Rossi und Zbigniew Boniek in den 1980ern. Aber als Letztere es dann schließlich schafften, den Heiligen Gral zu erhaschen, war er blutbefleckt: Das Finale 1985 im Heysel-Stadion gegen Liverpool besaß keinen Wert, nachdem vor dem Anpfiff mehr als drei Dutzend Menschen ihr Leben verloren hatten.

Dieser Sieg machte Juventus immerhin zum ersten Klub, der alle drei Europapokale geholt hatte (und das in einer Spanne von nur acht Jahren), aber so richtig froh wurde man in Turin erst 1996, als die Champions League gegen Ajax unter normalen Umständen gewonnen wurde. Allerdings gingen die nächsten drei Endspiele in diesem Wettbewerb dann allesamt verloren, wie zuvor schon die Finals von 1983 (gegen den HSV) und 1973. Womit wir wieder beim Anfang dieses kleinen Exkurses wären. Scheitert Turin nun in Europa Mal um Mal an seinen Nerven, oder haben all die Juve-Hasser Recht, die behaupten, es wäre einfach schwieriger, auf internationaler Ebene wichtige Partien zu manipulieren? Beide Erklärungen wirken, bei näherem Hinsehen, wenig plausibel. Vielleicht hat das Team, dem man in Italien einen Pakt mit der Dame Fortuna nachsagt, einfach kein Glück, wenn es sich mit den Besten Europas misst.

Dinamo Zagreb

Gegründet 26.4.1911
Landesmeister (Jugoslawien) 1948, 1954, 1958, 1982, (Kroatien) 1993, 1996, 1997, 1998, 1999, 2000, 2003
Nationaler Pokalsieger (Jugoslawien) 1951, 1960, 1963, 1965, 1969, 1973, 1980, 1983, (Kroatien) 1994, 1996, 1997, 1998, 2001, 2002
Messe-Cup 1967

FC Valencia

Gegründet 18.3.1919
Spanischer Meister 1942, 1944, 1947, 1971, 2002, 2004
Spanischer Pokalsieger 1941, 1949, 1954, 1967, 1979, 1999
Messe-Cup / UEFA-Cup 1962, 1963, 2004
Europapokal der Pokalsieger 1980

1977 holt der englische Meister FC Liverpool erstmals den Meistercup. Verlierer im Finale war Borussia Mönchengladbach.

Zum 5. Mal hintereinander erfolgreich: 1960 siegte Real Madrid mit 7:3 gegen Eintracht Frankfurt. Es war der Schlusspunkt einer bis heute unübertroffenen Siegesserie.

Europapokal: Statistik der Endspiele

Europapokal der Landesmeister/ Champions League

1956: Real Madrid

13.6., Parc des Princes, Paris
Real Madrid – Stade de Reims, 4:3
Real Madrid: Juan Adelarpe Alonso, Angel Atienza, Marcos Alonso „Marquitos", Rafael Lesmes, Miguel Muñoz, José Maria Zárraga, José Iglesias „Joseito", José Ramón Marsal, Alfredo di Stéfano, José Héctor Rial, Francisco Gento
Stade de Reims: René Jacquet, Simon Zimny, Robert Jonquet, Raoul Giraudo, Michel Leblond, Robert Siatka, Michel Hidalgo, Léon Glovacki, Raymond Kopa, Remé Bliard, Jean Templin
Tore: 0:1 Leblond (6.); 0:2 Templin (10.); 1:2 di Stefano (14.); 2:2/3:2 Rial (30., 79.); 3:3 Hidalgo (62.); 4:3 „Marquitos" (67.)
Schiedsrichter: Athur Edward Ellis (England)
Zuschauer: 38.239

1957: Real Madrid

30.5., Santiago-Bernabéu-Stadion, Madrid
Real Madrid – AC Florenz, 2:0
Real Madrid: Juan Adelarpe Alonso, Manuel Torres, Marcos Alonso „Marquitos", Rafael Lesmes, Miguel Muñoz, José Maria Zárraga, Raymond Kopa, Enrique Mateos, Alfredo di Stéfano, José Héctor Rial, Francisco Gento
AC Florenz: Guiliano Sarti, Ardico Magnini, Sergio Cervato, Aldo Scaramucci, Alberto Orzan, Armando Segato, „Julinho" Julio Botelho, Guido Gratton, Guiseppe Virgili, Miguel Angelo Montuori, Maurilio Prini
Tore: 1:0 di Stefano (69., Elfm.); 2:0 Gento (75.)
Schiedsrichter: Leo Horn (Niederlande)
Zuschauer: 124.000

1958: Real Madrid

28.5., Heysel-Stadion, Brüssel
Real Madrid – AC Mailand, 3:2 n.V.
Real Madrid: Juan Adelarpe Alonso, Angel Atienza, José Santamaria, Rafael Lesmes, Juan Santisteban, José Maria Zárraga, Raymond Kopa, José Iglesias „Joseito", Alfredo di Stéfano, José Héctor Rial, Francisco Gento
AC Mailand: Narciso Soldano, Alfio Fontana, Eros Beraldo, Mario Bergamaschi, Cesare Maldini, Luigi Radice, Giancarlo Danova, Nils Liedholm, Juan Alberto Schiaffino, Ernesto Grillo, Tito Ernesto Cucchiaroni
Tore: 0:1 Schiaffino (59.); 1:1 di Stéfano (74.); 1:2 Grillo (77.); 2:2 Rial (79.); 3:2 Gento (107.)
Schiedsrichter: Albert Alsteen (Belgien)
Zuschauer: 67.000

1959: Real Madrid

3.6., Neckar-Stadion, Stuttgart
Real Madrid – Stade De Reims, 2:0
Real Madrid: Rogelio Antonio Dominguez, Marcos Alonso „Marquitos", José Emilio Santamaria, José Maria Zárraga, Juan Santisteban, Antonio Ruiz, Raymond Kopa, Enrique Mateos, Alfredo di Stéfano, José Héctor Rial, Francisco Gento
Stade de Reims: Dominique Colonna, Bruno Rodzik, Robert Jonquet, Raoul Giraudo, Armand Penverne, Robert Lamartine, René Bliard, Michel Leblond, Just Fontaine, Roger Piantoni, Jean Vincent
Tore: 1:0 Mateos (1.); 2:0 di Stéfano (47.)
Schiedsrichter: Albert Dusch (Deutschland)
Zuschauer: 72.000

1960: Real Madrid

18.5., Hampden Park, Glasgow

Real Madrid – Eintracht Frankfurt, 7:3

Real Madrid: Rogelio Antonio Dominguez, Marcos Alonso „Marquitos", José Emilio Santamaria, Enrique Pérez „Pachin", José Maria Zárraga, José Maria Vidal, Darcy Silveira dos Santos „Canario", Luis del Sol, Alfredo di Stéfano, Ferenc Puskás, Francisco Gento

Eintracht Frankfurt: Egon Loy, Friedel Lutz, Hermann Höfer, Hans Weilbächer, Hans-Walter Eigenbrodt, Dieter Stinka, Richard Kress, Dieter Lindner, Erwin Stein, Alfred Pfaff, Erich Meier

Tore: 0:1 Kress (18.); 1:1 di Stéfano (27.); 2:1 di Stéfano (30.); 3:1 Puskás (46.); 4:1 Puskás (56.); 5:1 Puskás (60.); 6:1 Puskás (71.); 6:2 Stein (72.); 7:2 di Stéfano (73.); 7:3 Stein (75.)

Schiedsrichter: Jack Mowatt (Schottland)

Zuschauer: 134.000

1961: Benfica Lissabon

31.5., Wankdorf-Stadion, Bern

Benfica Lissabon – FC Barcelona, 3:2

Benfica Lissabon: Alberto Costa Pereira, Mário João, Ângelo Martins, José Neto, Germano Figueiredo, Fernando Cruz, José Augusto, Joaquim Santana, José Águas, Mário Coluna, Domiciano Cavém

FC Barcelona: Antonio Ramallets, Alfonso Rodriguez „Foncho", Enrique Gensana, Sigfrido Gracia, Martin Vergés, Jesús Garay, Ladislao Kubala, Sándor Kocsis, Evaristo de Macedo, Luis Suárez, Zoltán Czibor

Tore: 0:1 Kocsis (20.); 1:1 Águas (30.); 2:1 Ramallets (32., Eigentor); 3:1 Coluna (55.); 3:2 Czibor (75.)

Schiedsrichter: Gottfried Dienst (Schweiz)

Zuschauer: 26.732

1962: Benfica Lissabon

2.5., Olympia-Stadion, Amsterdam

Benfica Lissabon – Real Madrid, 5:3

Benfica Lissabon: Alberto Costa Pereira, Mário João, Ângelo Martins, Domiciano Cavém, Germano Figueiredo, Fernando Cruz, José Augusto, Eusébio Ferreira de Silva, José Águas, Mário Coluna, António Simões

Real Madrid: José Araquistáin, Redro Casado, José Emilio Santamaria, Vicente Miera, Rafael Bautista Hernández „Felo", Enrique Pérez „Pachin", Justo Tejada, Luis Del Sol, Alfredo di Stéfano, Ferenc Puskás, Francisco Gento

Tore: 0:1 Puskás (17.); 0:2 Puskás (25.); 1:2 Águas (25.); 2:2 Cavém (34.); 2:3 Puskás (38.); 3:3 Coluna (51.); 4:3 Eusébio (63.); 5:3 Eusébio (68.)

Schiedsrichter: Leo Horn (Niederlande)

Zuschauer: 61.257

1963: AC Mailand

22.5., Wembley-Stadion, London

AC Mailand – Benfica Lissabon, 2:1

AC Mailand: Giorgio Ghezzi, Mario David, Mario Trebbi, Morales Benitez, Cesare Maldini, Giovanni Trapattoni, Gino Pivatelli, Dino Sani, José Altafini, Gianni Rivera, Bruno Mora

Benfica Lissabon: Alberto Costa Pereira, Domiciano Cavém, Fernando Cruz, Humberto Fernandes, Raúl Machado, Mário Coluna, José Augusto, Joaquim Santana, José Torres, Eusébio Ferreira de Silva, Antónion Simões

Tore: 0:1 Eusébio (18.); 1:1 Altafini (58.); 2:1 Altafini (66.)

Schiedsrichter: Arthur Holland (England)

Zuschauer: 45.715

1964: Inter Mailand

27.5., Praterstadion, Wien

Inter Mailand – Real Madrid, 3:1

Inter Mailand: Giuliano Sarti, Tarcisio Burgnich, Giacinto Facchetti, Carlo Tagnin, Aristide Guarneri, Armando Picchi (Kaptän), Jair de Costa, Alessandro Mazzola, Aurelio Milani, Luis Suárez, Mario Corso

Real Madrid: Vicente Train, Isidro Sánchez, José Emilio Santamaria, Enrique Pérez „Pachin", Ignacio Zoco, Lucien Muller, Amancio Amaro, Rafael Bautista Hernández, „Felo", Alfredo di Stéfano, Ferenc Puskás, Francisco Gento

Tore: 1:0 Mazzola (43.); 2:0 Milani (62.); 2:1 „Felo" (69.); 3:1 Mazzola (76.)

Schiedsrichter: Josef Stoll (Österreich)

Zuschauer: 71.333

1965: Inter Mailand

27.4., Stadion San Siro, Mailand

Inter Mailand – Benfica Lissabon, 1:0

Inter Mailand: Giuliano Sarti, Tarcisio Burgnich, Giacinto Facchetti, Gianfranco Bedin, Aristide Guarneri, Armando Picchi (Kaptän), Jair de Costa, Alessandro Mazzola, Joaquim Peiró, Luis Suárez, Mario Corso

Benfica Lissabon: Alberto Costa Pereira, Domiciano Cavém, Germango Figueiredo, Raúl Machado, Fernando Cruz, José Neto, Mário Coluna, José Augusto, José Torres, Eusébio Ferreira da Silva, António Simões

Tor: 1:0 Jair (42.)

Schiedsrichter: Gottfried Dienst (Schweiz)

Zuschauer: 89.000

1966: Real Madrid

11.5., Heysel-Stadion, Brüssel
Real Madrid – FK Partizan Belgrad, 2:1
Real Madrid: José Ariquistáin, Enrique Pérez „Pachin", Pedro De Felipe, Manuel Sanchis, José Martinez Pirri, Ignacio Zoco, Francisco Serena, Amancio Amaro, Ramón Moreno Grosso, Manuel Velázquez, Francisco Gento
FK Partizan Belgrad: Milutin Soskic, Fahrudin Jusufi, Ljubomir Mihajlovic, Radoslav Becejac, Branko Rasovic, Velibor Vasovic, Mane Bajic, Vladimir Kovacevic, Mustafa Hasanagic, Milan Galic, Josip Pirmajer
Tore: 0:1 Vasovic (55.); 1:1 Amaro (70.); 2:1 Serena (75.)
Schiedsrichter: Rudolf Kreitlein (Deutschland)
Zuschauer: 46.745

1967: Celtic Glasgow

25.5., Estádio Nacional, Lissabon
Celtic Glasgow – Inter Mailand, 2:1
Celtic Glasgow: Ronnie Simpson, Jim Craig, Tommy Gemmill, Bobby Murdoch, Billy McNeill, John Clark, Jimmy Johnstone, Willie Wallace, Steve Chalmers, Berti Auld, Bobby Lennox
Inter Mailand: Giuliano Sarti, Tarcisio Burgnich, Giacinto Facchetti, Giancarlo Bedin, Aristide Guarneri, Armando Picchi, Angelo Domenghini, Alessandro Mazzola, Renato Cappellini, Mauro Bicicli, Mario Corso
Tore: 0:1 Mazzola (11., Elfm.); 1:1 Gemmell (63.); 2:1 Chalmers (84.)
Schiedsrichter: Kurt Tschenscher (Deutschland)
Zuschauer: 45.000

1968: Manchester United

29.5., Wembley-Stadion, London
Manchester United – Benfica Lissabon, 4:1 n.V.
Manchester United: Alex Stepney, Shay Brennan, Bill Foulkes, Nobby Stiles, Tony Dunne, Pat Crerand, Bobby Charlton, George Best, Brian Kidd, David Sadler, John Aston
Benfica Lissabon: José Henrique, Adolfo Calisto, Humberto Fernandes, Jacinto Santos, Fernando Cruz, Jaime Graça, Mário Coluna, José Augusto, José Torres, Eusébio Ferreira de Silva, António Simões
Tore: 1:0 Charton (55.); 1:1 Graça (80.); 2:1 Best (97.); 3:1 Kidd (98.); 4:1 Charlton (100.)
Schiedsrichter: Concetto Lo Bello (Italien)
Zuschauer: 92.225

1969: AC Mailand

28.5., Santiago-Bernabéu-Stadion, Madrid
AC Mailand – Ajax Amsterdam, 4:1
AC Mailand: Fabio Cudicini, Angelo Anquilletti, Karl-Heinz Schnellinger, Roberto Rosato, Saul Malatrasi, Giovanni Trppatoni, Kurt Hamrin, Giovanni Lodetti, Angelo Sormani, Gianni Rivera, Pierino Prati
Ajax Amsterdam: Gert Bals, Wim Suurbier (46. Ben Muller), Barry Hulshoff, Velibor Vasovic, Theo Van Duivenbode, Ton Pronk, Henk Groot (46. Klaas Nuninga), Sjaak Swart, Inge Danielsson, Johan Cruyff, Piet Keizer
Tore: 1:0 Prati (7.); 2:0 Prati (39.); 2:1 Vasovic (60., Elfm.); 3:1 Sormani (66.); 4:1 Prati (75.)
Schiedsrichter: José Ortiz de Mendibil (Spanien)
Zuschauer: 31.782

1970: Feyenoord Rotterdam

6.6., Stadion San Siro, Mailand
Feyenoord Rotterdam – Celtic Glasgow, 2:1 n.V.
Feyenoord Rotterdam: Eddie Pieters Graafland, Pieter Romeijn (105. Augustinus Haak), Rinus Israël, Theo Laseroms, Theo Van Duivenbode, Franz Hasil, Wim Jansen, Wim van Hanegem, Henk Wery, Ove Kindvall, Coen Moulijn
Celtic Glasgow: Evan Williams, David Hay, Tommy Gemmell, Bobby Murdoch, Billy McNeill, Jim Brogan, Jimmy Johnstone, Bobby Lennox, Willie Wallace, Berti Auld (77. George Connelly), John Hughes
Tore: 0:1 Gremmell (30.); 1:1 Israël (32.); 2:1 Kindvall (117.)
Schiedsrichter: Concetto Lo Bello (Italien)
Zuschauer: 53.187

1971: Ajax Amsterdam

2.6., Wembley-Stadion, London
Ajax Amsterdam – Panathinaikos Athen, 2:0
Ajax Amsterdam: Heinz Stuy, Johan Neeskens, Velibor Vasovic, Barry Hulshoff, Wim Suurbier, Nico Rijnders (46. Horst Blankenburg), Sjaak Swart (46. Arie Haan), Gerrie Mühren, Dick van Dijk, Johan Cruyff, Piet Keizer
Panathinaikos Athen: Panayotis Ekonomopoulos, Ionnais Tomaras, Fragiskos Sourpis, Aristidis Kamaras, George Vlachos, Kostas Eleftherakis, Dimitrios Domazos, Anthimos Kapsis, Charis Grammos, Antonis Antoniadis, Totis Filakouris
Tore: 1:0 van Dijk (5.); 2:0 Haan (87.)
Schiedsrichter: Jack Taylor (England)
Zuschauer: 83.179

1972: Ajax Amsterdam

31.5., Stadion De Kuip, Rotterdamm
Ajax Amsterdam – Inter Mailand, 2:0
Ajax Amsterdam: Heinz Stuy, Wim Suurbier, Horst Blankenburg, Barry Hulshoff, Ruud Krol, Johan Neeskens, Arie Haan, Sjaak Swart, Gerrie Mühren, Johan Cruyff, Piet Keizer
Inter Mailand: Ivano Bordon, Mauro Bellugi, Tarcisio Burgnich, Mario Giubertoni (20. Mario Bertini), Giancinto Facchetti, Gianfranco Bedin, Gabriele Oriali, Alessandro Mazzola, Mario Frustalupi, Jair da Costa (59. Sergio Domenicacu), Roberto Boninsegna
Tore: 1:0 Cruyff (47.); 2:0 Cruyff (76.)
Schiedsrichter: Robert Héliès (Frankreich)
Zuschauer: 61.354

1973: Ajax Amsterdam

30.5., Stadion Crvena Zvezda, Belgrad
Ajax Amsterdam – Juventus Turin, 1:0
Ajax Amsterdam: Heinz Stuy, Wim Suubier, Barry Hulshoff, Horst Blankenburg, Ruud Krol, Johan Neeskens, Arie Haan, Gerrie Mühren, Johnny Rep, Johan Cruyff, Piet Keizer
Juventus Turin: Dino Zoff, Gianpiero Marchetti, Franceso Morini, Sandro Salvatore, Silvio Longobucco, Franco Causio (57. Antonello Cuccureddu), Guiseppe Furino, Fabio Capello, José Altafini, Pietro Anastasi, Roberto Bettega (49. Helmut Haller)
Tor: 1:0 Rep (5.)
Schiedsrichter: Milivoje Gugulovic (Jugoslawien)
Zuschauer: 89.484

1974: FC Bayern München

15.5., Heysel-Stadion, Brüssel
FC Bayern München – Atlético Madrid, 1:1 n.V.
FC Bayern München: Sepp Maier, Johnny Hansen, Hans-Georg Schwarzenbeck, Franz Beckenbauer, Paul Breitner, Rainer Zobel, Franz Roth, Jupp Kapellmann, Conny Torstensson (76. Bernd Dürnberger), Gerd Müller, Uli Hoeneß
Atlético Madrid: Miguel Reina, Francisco Melo, Adelardo Sanchez, Ramon Heredia, José Luis Capón, Eusebio Bejarano, Luis Aragonés, Javier Irureta, José Garate, Armando Ufarte (69. Heraldo Becerra), Ignacio Salcedo (90. Alberto Fernandez)
Tore: 0:1 Aragonés (114.); 1:1 Schwarzenbeck (120.)
Schiedsrichter: Vital Loraux (Belgien)
Zuschauer: 48.722

Wiederholung
17.5., Heysel-Stadion, Brüssel
FC Bayern München – Atlético Madrid, 4:0
FC Bayern München: Sepp Maier, Johnny Hansen, Hans-Georg Schwarzenbeck, Franz Beckenbauer, Paul Breitner, Rainer Zobel, Franz Roth, Jupp Kapellmann, Conny Torstensson, Gerd Müller, Uli Hoeneß
Atlético Madrid: Miguel Reina, Francisco Melo, Adelardo Sanchez (61. Domingo Benegas), Ramon Heredia, José Luis Capón, Eusebio Bejarano, Luis Aragonés, Heraldo Becerra, Alberto Fernandez (65. Armando Ufarte), José Garate, Ignacio Salcedo
Tore: 1:0 Hoeneß (28.); 2:0 Müller (56.); 3:0 Müller (69.); 4:0 Hoeneß (82.)
Schiedsrichter: Alfred Delcourt (Belgien)
Zuschauer: 23.325

1975: FC Bayern München

28.5., Parc des Princes, Paris
FC Bayern München – Leeds United, 2:0
FC Bayern München: Sepp Maier, Bernd Dürnberger, Hans-Georg Schwarzenbeck, Frank Beckenbauer, Björn Andersson (4. Klaus Wunder), Rainer Zobel, Franz Roth, Jupp Kapellmann, Conny Torstensson, Gerd Müller, Uli Hoeneß (38. Sepp Weiss)
Leeds United: David Stewart, Paul Reaney, Paul Madeley, Norman Hunter, Frank Gray, Billy Bremner, Johnny Giles, Terry Yorath (75. Eddie Gray), Peter Lorimer, Joe Jordan, Allan Clark
Tore: 1:0 Roth (71.); 2:0 Müller (83.)
Schiedsrichter: Michel Kitabdjian (Frankreich)
Zuschauer: 48.374

1976: FC Bayern München

12.5., Hampden Park, Glasgow
FC Bayern München – AS Saint-Etienne, 1:0
FC Bayern München: Sepp Maier, Johnny Hansen, Hans-Georg Schwarzenbeck, Franz Beckenbauer, Udo Horsmann, Bernd Dürnberger, Franz Roth, Jupp Kapellmann, Karl-Heinz Rummenigge, Gerd Müller, Uli Hoeneß
AS Saint-Etienne: Yvan Curkovic, Gérard Janvion, Oswaldo Piazza, Christian Lopez, Pierre Repellini, Dominique Bathenay, Jean-Michel Larqué, Jacques Santini, Hervé Revelli, Patrick Revelli, Christian Sarramagna (83. Dominique Rocheteau)
Tor: 1:0 Roth (57.)
Schiedsrichter: Karoly Palotai (Ungarn)
Zuschauer: 54.864

1977: Liverpool FC

25.5., Olympia-Stadion, Rom
Liverpool FC – VfL Borussia Mönchengladbach, 3:1
Liverpool FC: Ray Clemence, Phil Neal, Tommy Smith, Emlyn Hughes, Joey Jones, Jimmy Case, Terry McDermott, Ray Kennedy, Kevin Keegan, Steve Heighway, Ian Callaghan
VfL Borussia Mönchengladbach: Wolfgang Kneib, Berti Vogts, Hans-Jürgen Wittkamp, Frank Schäfer, Hans Klinkhammer, Rainer Bonhof, Horst Wohlers (79. Wilfried Hannes), Uli Stielike, Herbert Wimmer (24. Christian Kulik), Allan Simonsen, Jupp Heynckes
Tore: 1:0 McDermott (28.); 1:1 Simonsen (51.); 2:1 Smith (65.); 3:1 Neal (83., Elfm.)
Schiedsrichter: Robert Wurtz (Frankreich)
Zuschauer: 52.078

1978: Liverpool FC

10.5., Wembley-Stadion, London
Liverpool FC – FC Brügge, 1:0
Liverpool FC: Ray Clemence, Phil Neal, Phil Thompson, Alan Hansen, Emlyn Hughes, Jimmy Case (63. Steve Heighway), Terry McDermott, Ray Kennedy, Kenny Dalglish, David Fairclough, Graeme Souness
FC Brügge: Birger Jensen, Alfons Bastijns, Georges Leekens, Eduard Krieger, Gino Maes (65. Jos Volders), Julien Cools, René Vandereycken, Lajos Kü (58. Dirk Sanders), Dany Decubber, Jan Simoen, Jan Sørensen
Tor: 1:0 Dalglish (64.)
Schiedsrichter: Charles Corver (Niederlande)
Zuschauer: 92.500

1979: Nottingham Forest

30.5., Olympiastadion, München
Nottingham Forest – Malmö FF, 1:0
Nottingham Forest: Peter Shilton, Viv Anderson, Larry Lloyd, Kenny Burns, Frank Clark, John McGovern, Trevor Francis, Ian Bowyer, Gary Birtles, Tony Woodcock, John Robertson
Malmö FF: Jan Möller, Roland Andersson, Magnus Andersson, Kent Jönsson, Ingemar Erlandsson, Robert Prytz, Staffan Tapper (34. Claes Malmberg) Anders Ljungberg, Jan Ove Kinnvall, Tommy Hansson (82. Tommy Andersson)
Tor: 1:0 Francis (45.)
Schiedsrichter: Erich Linemayr (Österreich)
Zuschauer: 57.500

1980: Nottingham Forest

28.5., Santiago-Bernabéu-Stadion, Madrid
Nottingham Forest – Hamburger SV, 1:0
Nottingham Forest: Peter Shilton, Viv Anderson, Larry Lloyd, Kenny Burns, Frank Gray (78. Bryn Gunn), Martin O'Neill, John McGovern, Gary Mills (67. John O'Hare), Ian Bowyer, Gary Birtles, John Robertson
Hamburger SV: Rudi Kargus, Manfred Kaltz, Peter Nogly, Ditmar Jakobs, Ivan Buljan, Holger Hieronymus (46. Horst Hrubesch), Felix Magath, Caspar Memering, Willi Reimann, Kevin Keegan, Jürgen Milewski
Tor: 1:0 Robertson (19.)
Schiedsrichter: Antonio da Silva Garrido (Portugal)
Zuschauer: 51.000

1981: Liverpool FC

28.5., Parc des Princes, Paris
Liverpool FC – Real Madrid, 1:0
Liverpool FC: Ray Clemence, Phil Neal, Phil Thompson, Alan Hansen, Alan Kennedy, Sammy Lee, Terry McDermott, Graeme Souness, Ray Kennedy, Kenny Dalglish (85. Jimmy Case), Dave Johnson
Real Madrid: Augustin Rodriguez, Rafael Garcia Cortes (85. Francisco Pineda), Andrés Sabido, Antonio Garcia Navajas, José Camacho, Angel de los Santos, Vicente Del Bosque, Uli Stielike, Juan „Juanito" Gomez, Carlos Alonso „Santillana", Laurie Cunningham
Tor: 1:0 Kennedy (82.)
Schiedsrichter: Károly Palotai (Ungarn)
Zuschauer: 48.360

1982: Aston Villa

26.5., Stadion De Kuip, Rotterdam
Aston Villa – FC Bayern München, 1:0
Aston Villa: Jimmy Rimmer (10. Nigel Spink), Ken Swain, Kenneth McNaught, Alan Evans, Gary Williams, Dennis Mortimer, Gordon Cowans, Des Bremner, Peter Withe, Gary Shaw, Tony Morley
FC Bayern München: Manfred Müller, Wolfgang Dremmler, Klaus Augenthaler, Hans Weiner, Udo Horsmann, Bernd Dürnberger, Wolfgang Kraus (79. Kurt Niedermayer), Paul Breitner, Reinhold Mathy (52. Günther Güttler), Karl-Heinz Rummenigge, Dieter Hoeneß
Tor: 1:0 Withe (67.)
Schiedsrichter: Georges Konrath (Frankreich)
Zuschauer: 46.000

1983: Hamburger SV

25.5., Olympia-Stadion, Athen
Hamburger SV – Juventus Turin, 1:0
Hamburger SV: Uli Stein, Manfred Kaltz, Ditmar Jakobs, Holger Hieronymus, Bernd Wehmeyer, Jürgen Groh, Wolfgang Rolff, Lars Bastrup (56. Thomas von Heesen), Felix Magath, Jürgen Milewski, Horst Hrubesch
Juventus Turin: Dino Zoff, Claudio Gentile, Sergio Brio, Gaetano Scirea, Antonio Cabrini, Massimo Bonini, Michel Platini, Marco Tardelli, Zbigniew Boniek, Roberto Bettega, Paolo Rossi (56. Domenico Marocchino)
Tor: 1:0 Magath (9.)
Schiedsrichter: Nicolae Rainea (Romenien)
Zuschauer: 73.500

1984: Liverpool FC

30.5., Olympia-Stadion, Rom
Liverpool FC – AS Rom, 1:1 n.V., 5:3 n.E.
Liverpool FC: Bruce Grobbelaar, Phil Neal, Mark Lawrenson, Alan Hansen, Alan Kennedy, Craig Johnston (69. Steve Nicol), Sammy Lee, Graeme Souness, Ronnie Whelan, Kenny Dalglish (86. Michael Robinson), Ian Rush
AS Rom: Franco Tancredi, Michele Nappi, Dario Bonetti, Ubaldo Righetti, Sebastiano Nela, Bruno Conti, Agostino Di Bartolomei, Toninho Cerezo (115. Marco Strukelj), Paolo Roberto Falcão, Roberto Pruzzo (64. Odoancre Chierico), Francesco Graziani
Tore: 1:0 Neal (15.); 1:1 Pruzzo (44.)
Elfmeterschießen: Steve Nicol; 0:1 Agostino di Bartolomei; 1:1 Phil Neal; Bruno Conti; 2:1 Graeme Souness; 2:2 Ubaldo Righetti; 3:2 Ian Rush; Francesco Graziani; 4:2 Alan Kennedy
Schiedsrichter: Erik Fredriksson (Schweden)
Zuschauer: 69.693

1985: Juventus Turin

29.5., Heysel-Stadion, Brüssel
Juventus Turin – Liverpool FC, 1:0
Juventus Turin: Stefano Tacconi, Luciano Favero, Sergio Brio, Geatano Scirea, Antonio Cabrini, Massimo Bonini, Michel Platini, Marco Tardelli, Massimo Briaschi (84. Claudio Prandelli), Paolo Rossi (89. Beniamino Vignola), Zbigniew Boniek
Liverpool FC: Bruce Grobbelaar, Phil Neal, Alan Hansen, Mark Lawrenson (3. Gary Gillespie), Jim Beglin, Steve Nicol, Kenny Dalglish, John Wark, Ronnie Whelan, Paul Walsh (46. Craig Johnston, Ian Rush
Tor: 1:0 Platini (58. Elfm.)
Schiedsrichter: André Daina (Schweiz)
Zuschauer: 58.000

1986: Steaua Bukarest

7.5., Stadion Sánchez Pizjuan, Sevilla
Steaua Bukarest – FC Barcelona, 0:0 n.V., 2:0 n.E.
Steaua Bukarest: Helmuth Ducadam, Stefan Iovan, Adrian Bumbescu, Ilie Barbulescu, Mihai Majaru, Lucian Balan (72. Anghel Iordanescu), Ladislao Bölöni, Gavril Balint, Marius Lacatus, Victor Piturca (107. Marin Radu)
FC Barcelona: Javier Urruticoechea, Gerardo Miranda, Miguel „Migueli" Bernardo, José Ramon Alexanko, Julio Alberto, Victor Muñoz, Bernd Schuster (85. José Moratalla), Francisco José Carrasco, Angel Pedraza, Steve Archibald (106. Angel „Pichi" Alonso), Marcos Alonso
Elfmeterschießen: Mihai Majaru; José Ramon Alexanko; Ladislao Bölöni; Angel Pedraza; 1:0 Marius Lacatus; Angel „Pichi" Alonso; 2:0 Gavril Balint; Marcos Alonso
Schiedsrichter: Michel Vautrot (Frankreich)
Zuschauer: 70.000

1987: FC Porto

27.5., Praterstadion, Wien
FC Porto – FC Bayern München, 2:1
FC Porto: Józef Mlynarczyk, João Pinto, Celso dos Santos, Eduardo Luis, Augusto Soares Inacio (66. Antõnio Frasco), Joaquim „Quim" Carvalho Azevedo (46. Juary Jorge dos Santos), Jaime Magalhães, Antõnio Sousa, Antõnio dos Santos Andre, Rabah Madjer, Paulo Futre
FC Bayern München: Jean-Marie Pfaff, Helmut Winklhofer, Norbert Nachtweih, Norbert Eder, Hans Pflügler, Hans-Dieter Flick (82. Lars Lunde), Lothar Matthäus, Andreas Brehme, Dieter Hoeneß, Michael Rummenigge, Ludwig Kögl
Tore: 0:1 Kögl (25.); 1:1 Madjer (78.); 2:1 Juary (80.)
Schiedsrichter: Alexis Ponnet (Belgien)
Zuschauer: 57.500

1988: PSV Eindhoven

25.5., Neckar-Stadion, Stuttgart
PSV Eindhoven – Benfica Lissabon, 0:0 n.V., 6:5 n.E.
PSV Eindhoven: Hans van Breukelen, Eric Gerets, Ivan Nielsen, Ronald Koeman, Jan Heintze, Berry van Aerle, Gerard Vanenburg, Edward Linskens, Søren Lerby, Wim Kieft, Hans Gillhaus (107. Anton Janssen)
Benfica Lissabon: Silvino Louro, António Veloso, José Carlos Mozer, Dito, Alvaro Magalhaes, Elzo, Jaime Pacheco, Sheu Han, Chiquinho, Mats Magnusson (112. Hajry), Rui Aguas (51. Geovanio Vando)
Elfmeterschießen: 1:0 Ronald Koeman; 1:1 Elzo; 2:1 Wim Kieft; 2:2 Dito; 3:2 Ivan Nielsen; 3:3 Hajry; 4:3 Gerard Vanenburg; 4:4 Antõnio Pacheco; 5:4 Søren Lerby; 5:5 José Carlos Mozer; 6:5 Anton Janssen; António Veloso
Schiedsricher: Luigi Agnolin (Italien)
Zuschauer: 70.000

1989: AC Mailand

24.5., Stadion Nou Camp, Barcelona
AC Mailand – Steaua Bukarest, 4:0
AC Mailand: Giovanni Galli, Mauro Tassotti, Franco Baresi, Alessandro Costacurta (74. Filippo Galli), Paolo Maldini, Angelo Colombo, Frank Rijkaard, Roberto Donadoni, Carlo Ancelotti, Ruud Gullit (59. Antonio Pietro Virdis), Marco van Basten
Steaua Bukarest: Silviu Lung, Dan Petrescu, Ilie Bumbescu, Stefan Iovan, Nicolae Ungureanu, Daniel Minea, Gheorghe Hagi, Tudorel Stoica, Iosif Rotariu (46. Gavril Balint), Marius Lacatus, Victor Piturca
Tore: 1:0 Gullit (18.); 2:0 van Basten (28.); 3:0 Gullit (39.); 4:0 van Basten (47.)
Schiedsrichter: Karl-Heinz Tritschler (Deutschland)
Zuschauer: 97.000

1990: AC Mailand

23.5., Praterstadion, Wien
AC Mailand – Benfica Lissabon, 1:0
AC Mailand: Giovanni Galli, Mauro Tassotti, Franco Baresi, Alessandro Costacurta, Paolo Maldini, Angelo Colombo (90. Flippo Galli), Frank Rijkaard, Carlo Ancelotti (75. Daniele Massaro), Alberigo Evani, Ruud Gullit, Marco van Basten
Benfica Lissabon: Silvino Louro, José Carlos, Ricardo Gomes, Aldair Nascimento, Samuel Quina, Vitor Paneira (76. Vata Garcia), Hernâni Neves, Jonas Thern, Jaime Pacheco (60. César Brito), Valdo Candido Filho, Mats Magnusson
Tor: 1:0 Rijkaard (68.)
Schiedsrichter: Helmut Kohl (Österreich)
Zuschauer: 57.500

1991: Roter Stern Belgrad

29.5., Stadion San Nicola, Bari
Roter Stern Belgrad – Olympique de Marseille, 0:0 n.V., 5:3 n.E.
Roter Stern Belgrad: Stevan Stojanovic, Refik Sabanadzovic, Vladimir Jugovic, Miodrag Belodedic, Illija Najdoski, Slobodan Marovic, Dejan Savicevic (84. Vlada Stosic), Robert Prosinecki, Sinisa Mihajlovi, Dragisa Binic, Darko Pancev
Olympique de Marseille: Pascal Olmeta, Basile Boli, José Carlos Mozer, Bernard Casoni, Manuel Amoros, Laurent Fournier (75. Philippe Vercruysse), Bruno Germain, Eric di Meco (111. Dragan Stojkovic), Chris Waddle,
Jean-Pierre Papin, Abedi Pelé
Elfmeterschießen: 1:0 Prosinecki; Manuel Amoros; 2:0 Dragisa Binic; 2:1 Bernard Casoni; 3:1 Miodrag Belodedic; 3:2 Jean-Pierre Pain; 4:2 Sinisa Mihajlovic; 4:3 José Carlos Mozer
Schiedsrichter: Tullio Lanese (Italien)
Zuschauer: 57.000

1992: FC Barcelona

20.5., Wembley-Stadion, London
FC Barcelona – Sampdoria Genua, 1:0 n.V.
FC Barcelona: Andoni Zubizarreta, Fernando „Nando" Muñoz Garcia, Ronald Koeman, Albert Ferrer, Juan Carlos Moreno, José Maria Bakero, Michael Laudrup, Josep Guardiola (113. José Ramon Alexanko), Eusebio Sacristan Mena, Julio Salinas (65. Andino Goikoetxea), Hristo Stoitchkov
Sampdoria Genua: Gianluca Pagliuca, Moreno Mannini, Marco Lanna, Pietro Vierchowod, Fausto Pari, Attilio Lombardo, Toninho Cerezo, Srecko Katanec, Ivano Bonetti (74. Giovanni Invernizzi), Gianluca Vialli (101. Renato Buso), Roberto Mancini
Tor: 1:0 Koeman (112.)
Schiedsrichter: Aron Schmidhuber (Deutschland)
Zuschauer: 70.827

1993: Olympique de Marseille

26.5., Olympiastadion, München
Olympique de Marseille – AC Mailand, 1:0
Olympique de Marseille: Fabien Barthez, Jocelyn Angloma (62. Jean-Philippe Durand), Eric di Meco, Basile Boli, Franck Sauzée, Jean-Jacques Eydelie, Alen Boksic, Rudi Völler (79. Jean-Christophe Thomas), Abedi Pelé, Didier Deschamps
AC Mailand: Sebastiano Rossi, Mauro Tassotti, Paolo Maldini, Demetrio Albertini, Alessandro Costacurta, Franco Baresi, Gianluigi Lentini, Frank Rijkaard, Marco van Basten (86. Stefano Eranio), Roberto Donadoni, Daniele Massaro (Jean-Pierre Papin)
Tor: 1:0 Boli (43.)
Schiedsrichter: Kurt Röthlisberger (Schweiz)
Zuschauer: 64.400

1994: AC Mailand

18.5., Olympia-Stadion, Athen
AC Mailand – FC Barcelona, 4:0
AC Mailand: Sebastiano Rossi, Mauro Tassotti, Christian Panucci, Demetrio Albertini, Filippo Galli, Paolo Maldini (83. Stefano Nava), Roberto Donadoni, Marcel Desailly, Zvonimir Boban, Dejan Savicevic, Daniele Massaro
FC Barcelona: Andoni Zubizarreta, Albert Ferrer, Josep Guardiola, Ronald Koeman, Miguel Angel Nadal, José Maria Bakero, Sergi Barjuan (71. Enrique Estebaranz Lopez „Quique"), Hristo Stoitchkov, Guillermo Amor, Romario da Souza Faria, Aitor Beguiristain (51. Eusebio Sacristan Mena)
Tore: 1:0 Massaro (22.); 2:0 Massaro (45.); 3:0 Savicevic (47.); 4:0 Desailly (58.)
Schiedsrichter: Philip Don (England)
Zuschauer: 70.000

1995: Ajax Amsterdam

24.5., Praterstadion, Wien
Ajax Amsterdam – AC Mailand, 1:0
Ajax Amsterdam: Edwin van der Sar, Michael Reiziger, Danny Blind, Frank de Boer, Clarence Seedorf (53. Nwankwo Kanu), Frank Rijkaard, Edgar Davids, Ronald de Boer, Finidi George, Jari Litmanen (70. Patrick Kluivert), Marc Overmars
AC Mailand: Sebastiano Rossi, Christian Panucci, Alessandro Costacurta, Franco Baresi, Paolo Maldini, Roberto Donadoni, Marcel Desailly, Demetrio Albertini, Zvonimir Boban (84. Gianluigi Lentini), Daniele Massaro (88. Stefano Eranio), Marco Simone
Tor: 1:0 Kluivert (84.)
Schiedsrichter: Ion Craciunescu (Rumänien)
Zuschauer: 49.730

1996: Juventus Turin

23.5., Olympia-Stadion, Rom
Juventus Turin – Ajax Amsterdam, 1:1 n.V., 5:3 n.E.
Juventus Turin: Angelo Peruzzi, Moreno Torricelli, Pietro Vierchowod, Ciro Ferrara, Gianluca Pessotto, Antonio Conte (44. Vladimir Jugovic), Paolo Sousa (57. Angelo di Livio), Didier Deschamps, Fabrizio Ravanelli (77. Michele Padovano), Gianluca Vialli, Alessandro del Piero
Ajax Amsterdam: Edwin van der Sar, Sonny Silooy, Danny Blind, Frank de Boer (69. Arnold Scholten), Ronald de Boer (91. Nordin Wooter), Edgar Davids, Winston Bogarde, Finidi George, Kiki Musampa (46. Patrick Kluivert), Jari Litmanen, Nwankwo Kanu
Tore: 1:0 Ravanelli (13.); 1:1 Litmanen (41.)
Elfmeterschießen: Edgar Davids; 1:0 Ciro Ferrara; 1:1 Jari Litmanen; 2:1 Gianluca Pessotto; 2:2 Arnold Scholten; 3:2 Michele Padovano; Sonny Silooy; 4:2 Vladimir Jugovic
Schiedsrichter: Manuel Diaz Vega (Spanien)
Zuschauer: 70.000

1997: Borussia Dortmund

28.5., Olympiastadion, München
Borussia Dortmund – Juventus Turin, 3:1
Borussia Dortmund: Stefan Klos, Jürgen Kohler, Matthias Sammer, Martin Kree, Stefan Reuter, Paul Lambert, Andreas Möller (89. Michael Zorc), Paulo Sousa, Jörg Heinrich, Karlheinz Riedle (67. Heiko Herrlich), Stéphane Chapuisat (70. Lars Ricken)
Juventus Turin: Angelo Peruzzi, Sergio Porrini (46. Alessandro Porrini), Ciro Ferrara, Paolo Montero, Mark Juliano, Angelo di Livio, Didier Deschamps, Zinedine Zidane, Vladimir Jugovic, Alen Boksic (88. Alessio Tacchinardi), Christian Vieri (73. Nicola Amoruso)
Tore: 1:0 Riedle (29.); 2:0 Riedle (34.); 2:1 del Piero (65.); 3:1 Ricken (71.)
Schiedsrichter: Sandor Puhl (Ungarn)
Zuschauer: 59.000

1998: Real Madrid

20.5., Amsterdam Arena
Real Madrid – Juventus Turin, 1:0
Real Madrid: Bodo Illgner, Christian Panucci, Manuel Sanchis, Fernando Hierro, Roberto Carlos, Clarence Seedorf, Fernando Redondo, Christian Karembeu, Raúl Gonzalez (90. José Amavisca) Fernando Morientes (81. Jaime Sánchez), Pedrag Mijatovic (89. Davor Suker)
Juventus FC: Angelo Peruzzi, Moreno Torricelli, Paolo Montero, Mark Juliano, Gianluca Pessetto (70. Daniel Fonseca), Angelo di Livio (46. Alessio Tacchinardi), Didier Deschamps (77. Antonio Conte), Zinedine Zidane, Edgar Davids, Alessandro del Piero, Filippo Inzaghi
Tor: 1:0 Mijatovic (66.)
Schiedsrichter: Hellmut Krug (Deutschland)
Zuschauer: 48.500

1999: Manchester United

26.5., Stadion Nou Camp, Barcelona
Manchester United – FC Bayern München, 2:1
Manchester United: Peter Schmeichel, Gary Neville, Denis Irwin, Ronny Johnsen, Jaap Stam, David Beckham, Nicky Butt, Jesper Blomqvist (67. Teddy Sheringham), Ryan Giggs, Andy Cole (81. Ole Gunnar Solskjær), Dwight Yorke
FC Bayern München: Oliver Kahn, Markus Babbel, Samuel Osei Kuffour, Lothar Matthäus (80. Thorsten Fink), Thomas Linke, Michael Tarnat, Jens Jeremies, Stefan Effenberg, Mario Basler (90. Hasan Salihamidzic), Alexander Zickler (71. Mehmet Scholl), Carsten Jancker
Tore: 0:1 Basler (6.); 1:1 Sheringham (90.); 2:1 Solskjær (90.)
Schiedsrichter: Pierluigi Collina (Italien)
Zuschauer: 90.245

2000: Real Madrid

24.5., Stade de France, Paris
Real Madrid – CF Valencia, 3:0
Real Madrid: Iker Casillas, Ivan Campo, Iván Helguera, Aitor Karanka, Michel Salgado (85. Fernando Hierro), Fernando Redondo, Roberto Carlos, Steve McManaman, Raúl Gonzales, Fernando Morientes (72. Bortolini Savio), Nicolas Anelka (80. Manuel Sanchís)
CF Valencia: Santiago Cañizares, Jocelyn Angloma, Miroslav Djukic, Mauricio Pellegrino, García León Gerardo (69. Adrian Ilie), Gaizka Mendieta, Francisco Farínos, López Gerard, Kily Gonzales, Miguel Angulo, Claudio Lopez
Tore: 1:0 Morientes (39.); 2:0 McManaman (67.); 3:0 Raúl (75.)
Schiedsrichter: Stefano Braschi (Italien)
Zuschauer: 80.000

2001: FC Bayern München

23.5., Giuseppe-Meazza-Stadion, Mailand
FC Bayern München – CF Valencia, 1:1 n.V., 6:5 n.E.
FC Bayern München: Oliver Kahn, Samuel Kuffour, Patrik Andersson, Thomas Linke, Willy Sagnol (46. Carsten Jancker), Owen Hargreaves, Stefan Effenberg, Bixente Lizarazu, Mehmet Scholl (108. Paulo Sergio), Giovane Elber (100. Alexander Zickler), Hasan Salihamidzic
CF Valencia: Santiago Cañizares, Jocelyn Angloma, Fabian Ayala (89. Miroslav Djukic), Mauricio Pellegrino, Amadeo Carboni, Gaizka, Mendieta, Ruben Baraja, Pablo Aimar (46. David Albelda), Kily Gonzales, Juan Sanchez (66. Zlatko Zahovic), John Carew
Tore: 0:1 Mendieta (3., Elfm.); 1:1 Effenberg (50., Elfm.)
Elfmeterschießen: Sergio; 0:1 Mendieta; 1:1 Salihamidzic; 1:2 Carew; 2:2 Zickler; Zahovic; Andersson; Carboni; 3:2 Effenberg; 3:3 Baraja; 4:3 Lizarazu; 4:4 Kily Gonzales; 5:4 Linke; Pellegrino
Schiedsrichter: Dick Jol (Niederlande)
Zuschauer: 79.000

2002: Real Madrid

15.5., Hampden Park, Glasgow
Real Madrid – Bayer Leverkusen, 2:1
Real Madrid: Cesar (68. Iker Casillas), Michel Salgado, Fernando Hierro, Ivan Helguera, Roberto Carlos, Luis Fígo (61. Steve McManaman), Claude Makelele (73. Flavio Conceicao), Santiago Solari, Zinedine Zidane, Raúl Gonzales, Fernando Morientes
Bayer Leverkusen: Jörg Butt, Zoltan Sebescen (65. Ulf Kirsten), Boris Zivkovic, Lucio (90. Marko Babic), Diego Placente, Bernd Schneider, Carsten Ramelow, Yildiray Bastürk, Michael Ballack, Oliver Neuville, Thomas Brdaric (39. Dimitar Berbatov)
Tore: 1:0 Raúl (9.); 1:1 Lucio (14.); 2:1 Zidane (45.)
Schiedsrichter: Urs Meier (Schweiz)
Zuschauer: 50.500

2003: AC Mailand

28.5., Old Trafford, Manchester
AC Mailand – Juventus Turin, 0:0 n.V., 3:2 n.E.
AC Mailand: Dida, Alessandro Costacurta (66. Roque Junior), Alessandro Nesta, Paulo Maldini, Kakha Kaladze, Rui Costa (87. Massimo Ambrosini), Gennaro Gattuso, Andrea Pirlo (71. Serginho), Clarence Seedorf, Andrij Shevchenko, Filippo Inzaghi
Juventus Turin: Gianluigi Buffon, Lilian Thuram, Igor Tudor (42. Alessandro Birindelli), Ciro Ferrara, Paolo Montero, Mauro Camoranesi (46. Antonio Conte), Alessio Tacchinardi, Edgar Davids (66. Marcelo Zalayeta), Gianluca Zambrotta, Alessando del Piero, David Trezeguet
Elfmeterschießen: Trezeguet; 1:0 Serginho; 1:1 Birindelli; Seedorf; Zalayeta; Kaladse; Montero; 2:1 Nesta, 2:2 del Piero, 3:2 Shevchenko
Schiedsrichter: Markus Merk (Deutschland)
Zuschauer: 63.200

2004: FC Porto

26.5., Arena AufSchalke, Gelsenkirchen
FC Porto – AS Monaco, 3:0
FC Porto: Vitor Baía, Paulo Ferreira, Jorge Costa, Ricardo Carvalho, Nuno Valente, Pedro Mendes, Costinha, Deco, Maniche, Derlei (79. Benni McCarthy), Carlos Alberto (60. Dmitri Alenichev)
AS Monaco: Flavio Roma, Hugo Ibarra, Julien Rodriguez, Gael Givet (72. Sébastien Squillaci), Patrice Evra, Edouard Cissé (64. Shabani Nonda), Akis Zikos, Lucas Bernardi, Jérome Rothen, Fernando Morientes, Ludovic Giuly (23. Dado Prso)
Tore: 1:0 Carlos Alberto (39.); 2:0 Deco (71.); 3:0 Alenichev (75.)
Schiedsrichter: Milton Nielsen (Dänemark)
Zuschauer: 53.000

Europapokal der Pokalsieger

1961: AC Florenz

1. Finale
17.5., Ibrox Stadion, Glasgow
Glasgow Rangers – AC Florenz, 0:2
Glasgow Rangers: Ritchie, Shearer, Caldow, Davis, Paterson, Baxter, Wilson, McMillan, Scott, Brand, Hume
AC Florenz: Albertosi, Roboti, Castelletti, Gonfiantini, Rimbaldo, Kurt Hamrin, Micheli, da Costa, Milan, Petris
Tore: 0:1 Milan (12.); 0:2 Milan (88.)
Schiedsrichter: Erich Steiner (Österreich)
Zuschauer: 80.000

2. Finale
27.5., Stadio Comunale, Florenz
AC Florenz – Glasgow Rangers, 2:1
AC Florenz: Albertosi, Roboti, Castelletti, Gonfiantini, Orzan, Rimbaldo, Hamrin, Micheli, da Costa, Milan, Petris
Glasgow Rangers: Ritchie, Shearer, Caldow, Davis, Paterson, Baxter, Wilson, McMillan, Scott, Brand, Millar
Tore: 1:0 Milan (12.); 1:1 Scott (60.); 2:1 Hamrin (86.)
Schiedsrichter: Vilmos Hernadi (Ungarn)
Zuschauer: 50.000

1962: Atlético Madrid

10.5., Hampden Park, Glasgow
Atlético Madrid – AC Florenz, 1:1 n.V.
Atlético Madrid: Madinabeytia, Rivilla, Calleja, Ramirez, Chuzo, Glaria, Jones, Adelardo, Mendonca, Peiro, Collar
AC Florenz: Sarti, Orzan, Castelletti, Ferretti, Gonfiantini, Rimbaldo, Kurt Hamrin, Can Bartu, Milani, Dell'Angelo, Petris
Tore: 1:0 Peiro (11.); 1:1 Hamrin (27.)
Schiedsrichter: Thomas Wharton (Schottland)
Zuschauer: 27.389

Wiederholung
5.9., Neckarstadion, Stuttgart
Atlético Madrid – AC Florenz, 3:0
Atlético Madrid: Madinabeytia, Rivilla, Calleja, Ramirez, Griffa, Glaria, Jones, Adelardo, Mendonca, Peiro, Collar
AC Florenz: Albertosi, Robotti, Castelletti, Malatrasi, Orzan, Marchesi, Kurt Hamrin, Ferretti, Milani, Dell'Angelo, Petris
Tore: 1:0 Jones (8.); 2:0 Mendonca (27.); 3:0 Peiro (59.)
Schiedsrichter: Kurt Tschenscher (Deutschland)
Zuschauer: 38.120

1963: Tottenham Hotspur

19.5., Feyenoord Stadion, Rotterdam
Tottenham Hotspur – Atlético Madrid, 5:1
Tottenham Hotspur: Brown, Baker, Norman, Hendry, Blanchflower, Marchi, Cliff Jones, White, Smith, Greaves, Dyson
Atlético Madrid: Madinabeytia, Rivilla, Griffa, Rodriquez, Ramiro, Glaria, Jones, Adelardo, Chuzo, Mendonca, Collar
Tore: 1:0 Greaves (16.); 2:0 White (35.); 2:1 Collar (47. Elfm.); 3:1 Dyson (67.); 4:1 Greaves (80.); 5:1 Dyson (85.)
Schiedsrichter: Andries van Leeuwen (Niederlande)
Zuschauer: 49.143

1964: Sporting Lissabon

13.5., Heysel-Stadion, Brüssel
Sporting Lissabon – MTK Budapest, 3:3 n. V.
Sporting Lissabon: Carvalho, Gomes, Battista, Carlos, Morais, Mendes, Géo, Mascarenhas, Osvaldo Silva, Figueiredo, Bocaleri
MTK Budapest: Kovalik, Keszei, Danzki, Jenei, Nagy, Kvacs, Sandor, Vasas, Bödör, Kuti, Halapi
Tore: 0:1 Sandor (19.); 1:1 Mascaranhas (40.); 2:1 Figueredo (45.); 2:2 Kuti (73.); 2:3 Sandor (75.); 3:3 Figueiredo (80.)
Schiedsrichter: Lucien van Nuffel (Belgien)
Zuschauer: 3.208

Wiederholung
15.5., Bosuil-Stadion, Antwerpen
Sporting Lissabon – MTK Budapest, 1:0
Sporting Lissabon: Carvalho, Gomes, Battista, Carlos, Morais, Mendes, Géo, Mascarenhas, Osvaldo Silva, Figueiredo, Peridis
MTK Budapest: Kovalik, Keszei, Danzki, Jenei, Nagy, Kvacs, Sandor, Vasas, Bödör, Kuti, Halapi
Tor: 1:0 Morais (19.)
Schiedsrichter: Gérard Versyp (Belgien)
Zuschauer: 19.924

1965: West Ham United

19.5., Wembley-Stadion, London
West Ham United – TSV 1860 München, 2:0
West Ham United: Standen, Kirkup, Burkett, Peters, Brown, Moore, Sealey, Boyce, Hurst, Dear, Sissons
TSV 1860 München: Radenkovic, Wagner, Kohlars, Bena, Reich, Luttrop, Heiß, Küppers, Brunnenmeier, Grosser, Rebele
Tore: 1:0 Sealey (70.); 2:0 Sealey (72.)
Schiedsrichter: Istvan Szolt (Ungarn)
Zuschauer: 97.974

1966: Borussia Dortmund

5.5, Hampden Park, Glasgow
Borussia Dortmund – Liverpool FC, 2:1 n. V.
Borussia Dortmund: Tilkowski, Cyliax, Redder, Kurrat, Paul, Assauer, Libuda, Schmidt, Held, Sturm, Emmerich
Liverpool FC: Lawrence, Lawler, Byrne, Milne, Yeats, Stevenson, Callaghan, Hunt, St. John, Smith, Thompson
Tore: 1:0 Held (62.); 1:1 Hunt (68.); 2:1 Libuda (109.)
Schiedsrichter: Pierre Schwinte (Frankreich)
Zuschauer: 41.657

1967: FC Bayern München

31.5., Frankenstadion, Nürnberg
FC Bayern München – Glasgow Rangers, 1:0 n. V.
FC Bayern München: Maier, Nowak, Kupferschmidt, Roth, Beckenbauer, Olk, Nafziger, Ohlhauser, Gerd Müller, Koulmann, Brenninger
Glasgow Rangers: Martin, Johansen, Provan, Jardine, McKinnon, Greig, Henderson, A. Smith, Hynd, D. Smith, Johnstone
Tor: 1:0 Roth (108.)
Schiedsrichter: Concetto Lo Bello (Italien)
Zuschauer: 69.480

1968: AC Mailand

23.5., Feyenoord Stadion, Rotterdam
AC Mailand – Hamburger SV, 2:0
AC Mailand: Cudiccini, Anquiletti, Schnellinger, Rosato, Scala, Trapattoni, Hamrin, Lodetti, Sormani, Rivera, Prati
Hamburger SV: Özcan, Sondermann, Kurbjuhn, Dieckmann, Horst, Schulz, B. Dörfel, Krämer, Seeler, Hönig, G. Dörfel
Tore: 1:0 Hamrin (3.); 2:0 Hamrin (19.)
Schiedsrichter: José Maria Ortiz (Spanien)
Zuschauer: 53.276

1969: Slovan Bratislava

21.5., St.-Jakob-Park, Basel
Slovan Bratislava – FC Barcelona, 3:2
Slovan Bratislava: Vencel, Filo, Hrivnak, Zlocha, Horvath, Hrdlicka, Cvetler, Moder (67. Hatar), Joszef Capkovic, Jokl, Jan Capkovic
FC Barcelona: Sadurni, Franch (11. Pereda), Eladio, Rifé, Olivella, Zabalza, Pellicer, Castro (46. Mendoca), Rexach, Zaldua, Fusté
Tore: 1:0 Cvetler (2.); 1:1 Zaldua (16.); 2:1 Hrivnak (29.); 3:1 Jan Capkovic (42.); 3:2 Rexach (52.)
Schiedsrichter: Laurens van Ravens (Niederlande)
Zuschauer: 19.478

1970: Manchester City

29.4., Praterstadion, Wien
Manchester City – Gornik Zabrze, 2:1
Manchester City: Corrigan, Book, Pardoe, Doyle (23. Bowyer), Booth, Oakes, Heslop, Bell, Lee, Young, Towers
Gornik Zabrze: Kostka, Oslizlo, Florenski (85. Kuchta), Gorgon, Olek, Latocha, Szoltysik, Wilczek (75. Skowronek), Szaryniski, Banas, Lubanski
Tore: 1:0 Young (11.); 2:0 Lee (43. Elfm.); 2:1 Oslizlo (70.)
Schiedsrichter: Paul Schiller (Österreich)
Zuschauer: 7.968

1971: Chelsea FC

19.5., Karaiskaki Stadion, Piräus
Chelsea FC – Real Madrid, 1:1 n. V.
Chelsea FC: Bonetti, Boyle, Harris, Hollins (91. Mullery), Dempsey, Webb, Weller, Hudson, Osgood (86. Baldwin), Cooke, Houseman
Real Madrid: Borja, José Luis, Zunzunegui, Pirri, Benito, Zoco, Perez (65. Fleitas), Amancio , Grosso, Velazquez, Gento (75. Grande)
Tore: 1:0 Osgood (56.); 1:1 Zoco (90.)
Schiedsrichter: Rudolf Scheurer (Schweiz)
Zuschauer: 43.000

Wiederholung
21.5., Karaiskaki Stadion, Piräus
Chelsea FC – Real Madrid, 2:1
Chelsea FC: Bonetti, Boyle, Harris, Cooke, Dempsey, Webb, Weller, Baldwin, Osgood (73. Smethurst), Hudson, Housemann
Real Madrid: Borja, José Luis, Zunzunegui, Pirri, Benito, Zoco, Fleitas, Amancio, Grosso, Velazquez (75. Gento), Bueno (60. Grande)
Tore: 1:0 Dempsey (32.); 2:0 Osgood (38.); 2:1 Fleitas (74.)
Schiedsrichter: Anton Bucheli (Schweiz)
Zuschauer: 24.000

1972: Glasgow Rangers

24.5., Stadion Camp Nou, Barcelona
Glasgow Rangers – Dynamo Moskau, 3:2
Glasgow Rangers: McCloy, Jardine, Mathieson, Greig, Johnstone, Smith, McLean, Conn, Stein, MacDonald, Johnston
Dynamo Moskau: Pilgui, Basseliev, Dolmatov, Zykov, Dolbonosov (69. Gershkovich), Zhukov, Baidatchini, Yakubik (56. Estrekov), Sabo, Makovikov, Yevruzhikhin
Tore: 1:0 Stein (23.); 2:0 Johnston (40.); 3:0 Johnston (49.); 3:1 Estrekov (60.); 3:2 Makovikov (87.)
Schiedsrichter: José Maria Ortiz de Mendebil (Spanien)
Zuschauer: 24.701

1973: AC Mailand

16.5., Kaftadzogleio-Stadion, Saloniki
AC Mailand – Leeds United, 1:0
AC Mailand: Vecchi, Sabadini, Zignoli, Anquiletti, Turone, Benetti, Rosato (59. Dolci), Sogliano, Bigon, Rivera, Chiarugi
Leeds United: Harvey, Reaney, Cherry, Bates, Madeley, Hunter, Lorimer, Jordan, Jones, Gray (54. McQueen), Yorath
Tore: 1:0 Chiarugi (4.)
Schiedsrichter: Christo Michas (Griechenland)
Zuschauer: 45.000

1974: 1. FC Magdeburg

8.5., Feyenoord Stadion, Rotterdam
1. FC Magdeburg – AC Mailand, 2:0
1. FC Magdeburg: Schulze, Tyll, Enge, Zapf, Gaube, Abraham, Seguin, Raugust, Pommerenke, Sparwasser, Hoffmann
AC Mailand: Pizzaballa, Sabadini, Anquiletti, Lanzi, Schnellinger, Benetti, Maldera, Tresoldi, Bigon, Rivera, Bergamaschi (60. Turini)
Tore: 1:0 Lanzi (43., Eigentor); 2:0 Seguin (74.)
Schiedsrichter: Arendt van Gemert (Niederlande)
Zuschauer: 4.641

1975: Dynamo Kiew

14.5., St.-Jakob-Park, Basel
Dynamo Kiew – Ferencvaros Budapest, 3:0
Dynamo Kiew: Rudakov, Troshkin, Matvienko, Resjko, Fomenko, Muntjan, Konkov, Burjak, Kolotov, Onischenko, Blochin
Ferencvaros Budapest: Geczi, Martos, Megyesi, Pataki, Rab, Nyilasi (61. Onhausz), Juhasz, Mucha, Szabo, Mate, Magyar
Tore: 1:0 Onischenko (18.); 2:0 Onischenko (39.); 3:0 Blochin (67.)
Schiedsrichter: Robert Holley Davidson (Schottland)
Zuschauer: 10.897

1976: RSC Anderlecht

5.5., Heysel-Stadion, Brüssel
RSC Anderlecht – West Ham United, 4:2
RSC Anderlecht: Ruiter, Lomme, Broos, van Blinst, Thissen, Dockx, Coeck (32. Vercauteren), van der Elst, Haan, Ressel, Rensenbrink
West Ham United: Day, Coleman, Lampard (47. A. Taylor), Bonds, T. Taylor, McDowell, Brooking, Paddon, Holland, Jennings, Robson
Tore: 0:1 Holland (28.); 1:1 Rensenbrink (42.); 2:1 van der Elst (48.); 2:2 Robson (68.); 3:2 Rensenbrink (73., Elfm.); 4:2 van der Elst (87.)
Schiedsrichter: Robert Wurtz (Frankreich)
Zuschauer: 51.296

1977: Hamburger SV

11.5., Olympia-Stadion, Amsterdam
Hamburger SV – RSC Anderlecht, 2:0
Hamburger SV: Kargus, Kaltz, Ripp, Nogly, Hidien, Steffenhagen, Keller, Reimann, Memering, Magath, Volkert
RSC Anderlecht: Ruiter, van Binst, Broos, van den Daele, Thissen, Dockx (81. van Poucke), van der Elst, Coeck, Haan, Ressel, Rensenbrink
Tore: 1:0 Volkert (80., Elfm.); 2:0 Magath (90.)
Schiedsrichter: Patrick Partridge (England)
Zuschauer: 66.000

1978: RSC Anderlecht

3.5., Parc de Princes, Paris
RSC Anderlecht – Austria Wien, 4:0
RSC Anderlecht: de Bree, van Binst, Broos, Dusbada, Thissen, Vercauteren (87. Dockx), Coeck, Haan, van der Elst, Nielsen, Rensenbrink
Austria Wien: Baumgartner, R. Sara, Baumeister, Obermayer, J. Sara, Prohaska, Daxbacher (60. Martinez), Gasselich, Morales (74. Drazan), Pirkner, Parits
Tore: 1:0 Rensenbrink (13.); 2:0 Rensenbrink (44.); 3:0 van Binst (45.); 4:0 van Binst (80.)
Schiedsrichter: Heinz Aldinger (Deutschland)
Zuschauer: 48.769

1979: FC Barcelona

16.5., St.-Jakob-Park, Basel
FC Barcelona – Fortuna Düsseldorf, 4:3 n.V.
FC Barcelona: Artola, Zuviria, Migueli, Costas (66. Martinez), Albaladejo (57. de la Cruz), Neeskens, Sanchez, Asensi, Rexach, Krankl, Carrasco
Fortuna Düsseldorf: Daniel, Zewe, Baltes, Zimmermann (84. Lund), Köhnen, Brei (24. Weikl), Schmitz, Bommer, Thomas Allofs, Klaus Allofs, Seel
Tore: 1:0 Sanchez (5.); 1:1 T. Allofs (8.); 2:1 Asensi (34.); 2:2 Seel (41.); 3:2 Rexach (104.); 4:2 Krankl (111.); 4:3 Seel (114.)
Schiedsrichter: Karoly Palotai (Ungarn)
Zuschauer: 58.500

1980: Valencia CF

14.5., Heysel-Stadion, Brüssel
Valencia CF – Arsenal FC, 0:0 n.V., 5:4 n.E.
Valencia CF: Perreira, Carrette, Botubot, Arias, Tendillo, Solsona, Saura, Bonhof, Kempes, Subirats (112. Castellanos), Pablo Rodriguez
Arsenal FC: Jennings, Rice, Nelson, Talbot, O'Leary, Young, Brady, Sunderland, Stapleton, Price (105. Hollins), Rix
Elfmeterschießen: Kempes; Brady; 1:0 Solsona; 1:1 Stapleton; 2:1 Rodriguez; 2:2 Sunderland; 3:2 Castellanos; 3:3 Talbot; 4:3 Bonhof; 4:4 Hollins; 5:4 Arias; Rix
Schiedsrichter: Vojtech Christov (CSSR)
Zuschauer: 40.000

1981: Dynamo Tiflis

13.5., Rheinstadion, Düsseldorf
Dynamo Tiflis – Carl Zeiss Jena, 2:1
Dynamo Tiflis: Gabelia, Kostava, Chivadze, Chisanishvili, Tavadze, Daraselia, Svanadze (67. Kakilashvili), Sulakvelidze, Gutsaiev, Kipiani, Shengelia
Carl Zeiss Jena: Grapenthin, Brauer, Kurbjuweit, Schnuphase, Schilling, Hoppe (88. Oevermann), Lindemann, Krause, Bielau (76. Töpfer), Raab, Vogel
Tore: 0:1 Hoppe (63.); 1:1 Gutsaiev (67.); 2:1 Daresselia (87.)
Schiedsrichter: Riccardo Lattanzi (Italien)
Zuschauer: 9.000

1982: FC Barcelona

12.5., Stadion Camp Nou, Barcelona
FC Barcelona – Standard Lüttich, 2:1
FC Barcelona: Urruticoechea, Miranda, Migueli, Alesanco, Manolo, Sanchez, Moratalla, Vigo, Simonsen, Quini, Carrasc
Standard Lüttich: Preud'homme, Gerets, Poel, Meeuws, Plessers, Vandermissen, Daerden, Haan, Botteron, Tahamata, Wendt
Tore: 0:1 Vandersmissen (7.); 1:1 Simonsen (44.); 2:1 Quini (63.)
Schiedsrichter: Walter Eschweiler (Deutschland)
Zuschauer: 110.000

1983: Aberdeen FC

11.5., Ullevi Stadion, Göteborg
Aberdeen FC – Real Madrid, 2:1 n.V.
Aberdeen FC: Leighton, Rougvie, McLeish, Miller, McMaster, Cooper, Strachan, Simpson, McGhee, Black (87. Hewitt), Weir
Real Madrid: Rodrigues, Jose, Metgod, Bonet, Camacho (91. San José), Angel, Gallego, Stielike, Diaz (103. Salguero), Juanito, Santillana
Tore: 1:0 Black (4.); 1:1 Juanito (15., Elfm.); 2:1 Hewitt (112.)
Schiedsrichter: Gianfranco Menegali (Italien)
Zuschauer: 17.804

1984: Juventus Turin

16.5., St.-Jakob-Park, Basel
Juventus Turin – FC Porto, 2:1
Juventus Turin: Tacconi, Gentile, Cabrini, Bonini, Brio, Scirea, Vignola (89. Caricola), Tardelli, Rossi, Platini, Boniek
FC Porto: Ze Beto, Joao Pinto, Luis (82. Costa), Pereira, Enrico, Magalhaes (65. Walsh), Frasco, Sousa, Gomes, Pacheco, Vermelinho
Tore: 1:0 Vignola (12.); 1:1 Sousa (29.); 2:1 Boniek (41.)
Schiedsrichter: Adolf Prokop (DDR)
Zuschauer: 60.000

1985: Everton FC

15.5., Feyenoord Stadion, Rotterdam
Everton FC – Rapid Wien, 3:1
Everton FC: Southall, Stevens, van den Hauwe, Ratcliffe, Mountfield, Reid, Steven, Bracewell, Sheedy, Gray, Sharp
Rapid Wien: Konsel, Lainer, Weber, Garger, Brauneder, Hrstic, Kranjcar, Kienast, Weinhofer (67. Panenka), Pacult (60. Gröss), Krankl
Tore: 1:0 Gray (57.); 2:0 Steven (72.); 2:1 Krankl (83.); 3:1 Sheedy (85.)
Schiedsrichter: Paolo Casarin (Italien)
Zuschauer: 38.500

1986: Dynamo Kiew

2.5., Stade de Gerland, Lyon
Dynamo Kiew – Atlético Madrid, 3:0
Dynamo Kiew: Chanov, Baltacha (38. Bal), Bessonov, Kuznetsov, Demianenko, Rats, Yakovenko, Yaremchuk, Zavarov (70. Yevtushenko), Belanov, Blochin
Atlético Madrid: Fillol, Renones, Arteche, Ruiz, Villaverde, Prieto, Ramos, Marina, Landaburu (61. Quique Setien), Cabrera, da Silva
Tore: 1:0 Zavarov (4.); 2:0 Blochin (85.); 3:0 Yevtushenko (87.)
Schiedsrichter: Franz Wöhrer (Österreich)
Zuschauer: 39.000

1987: Ajax Amsterdam

19.5., Olympia-Stadion, Athen
Ajax Amsterdam – Lokomotive Leipzig, 1:0
Ajax Amsterdam: Menzo, Silooy, Rijkaard, Verlaat, Boeve, Wouters, Winter, Mühren (83. Scholten), van't Schip, van Basten, Witschge (66. Bergkamp)
Lokomotive Leipzig: Müller, Kreer, Baum, Lindner, Zötzsche, Scholz, Liebers (76. Kühn), Bredow, Marschall, Richter, Edmond (55. Leitzke)
Tor: 1:0 van Basten (21.)
Schiedsrichter: Luigi Agnolin (Italien)
Zuschauer: 35.000

1988: KV Mechelen

11.5., Meinau Stadion, Straßburg
KV Mechelen – Ajax Amsterdam, 1:0
KV Mechelen: Preud'homme, Clijsters, Sanders, Rutjes, Deferm, Hofkens (73. Theunis), Emmers, E. Koeman, de Wilde (60. Demesmaeker), den Boer, Ohana
Ajax Amsterdam: Menzo, Blind, Wouters, Larsson, Verlaat (73. Meijer), van't Schip (57. Bergkamp), Winter, Mühren, Scholten, Bosman, Witschge
Tor: 1:0 den Boer (53.)
Schiedsrichter: Dieter Pauly (Deutschland)
Zuschauer: 40.000

1989: FC Barcelona

10.5., Wankdorf-Stadion, Bern
FC Barcelona – Sampdoria Genua, 2:0
FC Barcelona: Zubizarreta, Aloisio, Alesanco, Urbano, Milla (61. Soler), Amor, Eusébio, Roberto, Lineker, Salinas, Beguiristain (74. Lopez-Rekarte)
Sampdoria Genua: Pagliuca, L. Pelligrini (49. Bonimi), Lanna, Mannini (27. St. Pellegrini), Cerezo, Salsano, Victor, Pari, Mancini, Dossena, Vialli
Tore: 1:0 Salinas (4.); 2:0 Lopez-Rekarte (8.)
Schiedsrichter: George Courtney (England)
Zuschauer: 45.000

1990: Sampdoria Genua

9.5., Ullevi Stadion, Göteborg
Sampdoria Genua – RSC Anderlecht, 2:0 n.V.
Sampdoria Genua: Pagliuca, Pellegrini, Mannini, Vierchowood, Carboni, Pari, Katanec (93. Salsano), Invernizzi (53. Lombardo), Dossena, Vialli, Mancini
RSC Anderlecht: de Wilde, Grün, Marchoul, Keshi, Kooiman, Vervoort, Musonda, Gudjohnson, Jankovic (112. Oliveira), Degryse (103. Nilis), van der Linden
Tore: 1:0 Vialli (105.); 2:0 Vialli (108.)
Schiedsrichter: Bruno Galler (Schweiz)
Zuschauer: 20.103

1991: Manchester United

15.5., Feyenoord Stadion, Rotterdam
Manchester United – FC Barcelona, 2:1
Manchester United: Sealey, Irwin, Bruce, Pallister, Blackmore, Phelan, Robson, Ince, Sharpe, Hughes, McClair
FC Barcelona: Busquéts, Alexanco (73. Pinilla), Nando, Koeman, Ferrer, Goicoeechea, Eusébio, Bakero, Beguiristain, Salinas, Laudrup
Tore: 1:0 Bruce (68.); 2:0 Hughes (75.); 2 : 1 Koeman (79.)
Schiedsrichter: Bo Karlsson (Schweden)
Zuschauer: 45.000

1992: Werder Bremen

6.5., Estadio da Luz, Lissabon
Werder Bremen – AS Monaco, 2:0
Werder Bremen: Rollmann, Wolter (35. Schaaf), Borowka, Bratseth, Bode, Bockenfeld, Eilts, Votava, Neubarth (75. Kohn), Rufer, Klaus Allofs
AS Monaco: Ettori, Valéry (62. Djorkaeff), Petit, Mendy, Sonor, Dib, Gnako, Passi, Rui Barros, Weah, Fofana (59. Clément)
Tor: 1:0 Allofs (40.); 2:0 Rufer (55.)
Schiedsrichter: Pietro D'Elia (Italien)
Zuschauer: 16.000

1993: AC Parma

12.5., Wembley-Stadion, London
AC Parma – FC Royal Antwerpen, 3:1
AC Parma: Ballotta, Benarrivo, di Chiarra, Minotti, Apolloni, Grün, Alessandro Melli, Zoratto (26. Pin), Osio (75. Pizzi), Guoghi, Brolin
FC Royal Antwerpen: Stojanovic, Kiekiens, Broeckaert, Taeymans, Smidts, Jakovljevic (51. van Veirdeghem), van Rethy, Segers (85. Moukrim), Severeyens, Lehnhoff, Czerniatynski
Tore: 1:0 Minotti (9.); 1:1 Severeyens (11.); 2:1 Melli (30.); 3:1 Cuoghi (84.)
Schiedsrichter: Karl-Josef Assenmacher (Deutschland)
Zuschauer: 37.393

1994: Arsenal London

4.5., Parkstadion, Kopenhagen
Arsenal London – AC Parma, 1:0
Arsenal London: Seaman, Dixon, Winterburn, Davis, Bould, Adams, Campbell, Morrow, Alan Smith, Merson (86. McGoldrick), Selley
AC Parma: Bucci, Benarrivo, di Chiara, Minotti, Apolloni, Sensini, Brolin, Pin (71. Melli), Crippa, Zola, Asprilla
Tor: 1:0 Smith (19.)
Schiedsrichter: Vaclav Krondl (Tschechische Republik)
Zuschauer: 33.765

1995: Real Saragossa

10.5., Parc des Princes, Paris
Real Saragossa – Arsenal FC, 2:1 n.V.
Real Saragossa: Cedrun, Belsue, Caceres, Aguado, Solana, Poyet, Aragon, Pardeza, Higuera (77. Sanjuan) (111. Angel Garcia), Nayim, Esnaider
Arsenal FC: Seaman, Dixon, Adams, Linighan, Winterburn (47. Morrow), Keown (46. Hillier), Parlour, Schwartz, Merson, Wright, Hartson
Tore: 1:0 Esnaider (68.); 1:1 Hartson (76.); 2:1 Nayim (120.)
Schiedsrichter: Piero Ceccarini (Italien)
Zuschauer: 42.000

1996: Paris Saint Germain

8.5., König-Baudouin-Stadion, Brüssel
Paris Saint Germain – Rapid Wien, 1:0
Paris Saint Germain: Lama, Le Guen, N'Gotty, Roche, Fournier (78. Llacer). Djorkaeff, Bravo, Colleter, Guerin, Loko, Rai (12. Dely Valdez)
Rapid Wien: Konsel, Ivanov, Schöttel, Hatz, Guggi, Kühbauer, Heraf, Stöger, Marasek, Jancker, Stumpf (46. Barisic)
Tor: 1:0 N'Gotty (28.)
Schiedsrichter: Pierluigi Pairetto (Italien)
Zuschauer: 38.402

1997: FC Barcelona

14.5., Feyenoord Stadion, Rotterdam
FC Barcelona – Paris Saint Germain, 1:0
FC Barcelona: Baia, Ferrer, Abelardo, Popescu (46. Amor), Barjuan, Guardiola, De la Pena (85. Stoichkov), Couto, Luis Enrique (89. Pizz), Figo, Ronaldo
Paris Saint Germain: Lama, Fournier (58. Algerino), N'Gotty, Le GuenDomi, Leroy, Guérin (68. Dely Valdez), Rai, Cauet, Loko (78. Pouget), Leonardo
Tor: 1:0 Ronaldo (37., Elfm.)
Schiedsrichter: Markus Merk (Deutschland)
Zuschauer: 52.000

1998: Chelsea FC

13.5., Rasunda Stadion, Stockholm
Chelsea FC – VfB Stuttgart, 1:0
Chelsea FC: de Goey, Petrescu, Leboeuf, Clarke, Poyet (81. Newton), Duberry, Wise, Granville, di Matteo, Vialli, Flo (71. Zola)
VfB Stuttgart: Wohlfart, Schneider (55. Endreß), Berthold, Poschner, Yakin, Hagner (79. Ristic), Haber (75. Djordjevic), Soldo, Balakov, Bobic, Akpoborie
Tor: 1:0 Zola (71.)
Schiedsrichter: Stefano Braschi (Italien)
Zuschauer: 30.216

1999: Lazio Rom

19.5., Villa Park, Birmingham
Lazio Rom – RCD Mallorca, 2:1
Lazio Rom: Machegiani, Favalli, Pancaro, Nesta, Mihajlovic, Nedved (84. Lombardo), D. Stankovic (56. Conceicao), Almeyda, Mancini (91. Couto), Salas, Vieri
RCD Mallorca: Roa, Soler, Siviero, Olaizola, Marcelino, Dani Garcia, Ibagaza, J. Stankovic, Lauren, Engonga Biagini (73. Paunovic)
Tore: 1:0 Vieri (7.); 1:1 Dani Garcia (11.); 2:1 Nedved (81.)
Schiedsrichter: Günter Benkö (Österreich)
Zuschauer: 33.021

Messe-Pokal

1955-58: FC Barcelona

1. Finale
5.3., Stamford Bridge, London
Auswahl London – FC Barcelona, 2:2
Auswahl London: Kelsey, P. Sillett, Langley, Blanchflower, Norman, Coote, Groves, Greaves, Smith, Haynes, Robb
FC Barcelona: Estrems, Olivelia, Segarra, Gracia, Gensana, Ribelles, Basora, Evaristo, Martinez, Villaverde, Tejada
Tore: 0:1 Tejada (4.); 1:1 Greaves (5.); 1:2 Martinez (43.); 2:2 Langley (88., Elfm.)
Schiedsrichter: Albert Dusch (Deutschland)
Zuschauer: 45.466

2. Finale
1.5., Stadion Camp Nou, Barcelona
FC Barcelona – Auswahl London, 6:0
FC Barcelona: Ramallets, Olivella, Segarra, Vergés, Brugué, Gensana, Tejada, Evaristo, Martinez, Suarez, Basora
Auswahl London: Kelsey, Wright, Cantwell, Blanchflower, Brown, Bowen, Medwin, Groves, Smith, Bloomfield, Lewis
Tore: 1:0 Suarez (6.); 2:0 Suarez (8.); 3:0 Martinez (42.); 4:0 Evaristo (52.); 5:0 Verges (63.); 6:0 Evaristo (75.)
Schiedsrichter: Albert Dusch (Deutschland)
Zuschauer: 62.000

1958-60: FC Barcelona

1. Finale
29.3., St.-Andrews-Stadion, Birmingham
Birmingham City – FC Barcelona, 0:0
Birmingham City: Schofield, Farmer, Allen, Watts, Smith, Neal, Astall, Gordon, Weston, Orrit, Hooper
FC Barcelona: Ramallets, Olivella, Gracia, Segarra, Rodri, Gensana, Coll, Kocsis, Martinez, Ribelles, Villaverde
Schiedsrichter: Lucien van Nuffel (Belgien)
Zuschauer: 40.500

2. Finale
4.5., Stadion Camp Nou, Barcelona
FC Barcelona – Birmingham City, 4:1
FC Barcelona: Ramallets, Olivella, Gracia, Verges, Rodri, Segarra, Coll, Ribelles, Martinez, Kubala, Czibor
Birmingham City: Schofield, Farmer, Allen, Watts, Smith, Neal, Astall, Gordon, Weston, Murphy, Hooper
Tore: 1:0 Martinez (3.); 2:0 Czibor (6.); 3:0 Czibor (48.); 4:0 Coll (78.); 4:1 Hooper (82.)
Schiedsrichter: Lucien van Nuffel (Belgien)
Zuschauer: 70.000

1960/61: AS Rom

1. Finale
27.9., St.-Andrews-Stadion, Birmingham
Birmingham City – AS Rom, 2:2
Birmingham City: Schofield, Farmers, Sissons, Hennessey, Foster, Beard, Hellawell, Bloomfield, Harris, Orritt, Auld
AS Rom: Cudicini, Fontana, Corsini, Guiliano, Losi, Carpanesi, Orlando, Da Costa, Manfredini, Angelillo, Menichelli
Tore: 0:1 Manfredini (30.); 0:2 Manfredini (56.); 1:2 Hellawell (78.); 2:2 Orritt (85.)
Schiedsrichter: Robert H. Davidson (Schottland)
Zuschauer: 21.000

2. Finale
11.10., Olympiastadion, Rom
AS Rom – Birmingham City, 2:0
AS Rom: Cudicini, Fontana, Corsini, Pestrin, Losi, Carpanesi, Orlando, Lojacono, Manfredini, Angelillo, Menichelli
Birmingham City: Schofield, Farmers, Sissons, Hennessey, Smith, Beard, Hellawell, Bloomfield, Harris, Orritt, Singer
Tore: 1:0 Farmers (56., Eigentor); 2:0 Pestrin (90.)
Schiedsrichter: Pierre Schwinte (Frankreich)
Zuschauer: 60.000

1961/62: FC Valencia

1. Finale
8.9., Luis-Casanova-Stadion, Valencia
FC Valencia – FC Barcelona, 6:2
FC Valencia: Zamora, Piquer, Mestre, Sastre, Quincoces, Chicao, Nunez, Ribellas, Waldo, Guillot, Yosu
FC Barcelona: Pesudo, Benitez, Rodri, Olivella, Verges, Gracia, Cubilla, Kocsis, Re, Villaverde, Camps
Tore: 0:1 Kocsis (4.); 1:1 Yosu (14.); 1:2 Kocsis (20.); 2:2 Guillot (35.); 3:2 Yosu (42.); 4:2 Guillot (54.); 5:2 Guillot (67.); 6:2 Nunez (74.)
Schiedsrichter: Joseph Barberan (Frankreich)
Zuschauer: 65.000

2. Finale
12.9., Stadion Camp Nou, Barcelona
FC Barcelona – FC Valencia, 1:1
FC Barcelona: Pesudo, Benitez, Garay, Fuste, Verges, Gracia, Cubilla, Kocsis, Goyvaerts, Villaverde, Camps
FC Valencia: Zamora, Piquer, Mestre, Sastre, Quincoces, Chicao, Nunez, Urtiaga, Waldo, Guillot, Yosu
Tore: 1:0 Kocsis (46.); 1:1 Guillot (87.)
Schiedsrichter: Giulio Campanati (Italien)
Zuschauer: 60.000

1962/63: FC Valencia

1. Finale
12.6., Dinamo Stadion, Zagreb
Dinamo Zagreb – FC Valencia, 1:2
Dinamo Zagreb: Skoric, Belin, Braun, Biscam, Markovic, Perusic, Kobescak, Zambata, Knez, Matus, Lamza
FC Valencia: Zamora, Piquer, Chicai, Paquito, Quincoces, Sastr, Maño, Sanchez-Lage, Waldo, Ribelles, Urtiaga
Tore: 1:0 Zambata (13.); 1:1 Waldo (64.); 1:2 Urtiaga (67.)
Schiedsrichter: Giuseppe Adami (Italien)
Zuschauer: 40.000

2. Finale
26.6., Luis-Casanova-Stadion, Valencia
FC Valencia – Dinamo Zagreb, 2:0
FC Valencia: Zamora, Piquer, Chicai, Paquito, Quincoces, Sastr, Maño, Sanchez-Lage, Waldo, Ribelles, Nunez
Dinamo Zagreb: Skoric, Belin, Braun, Raus, Markovic, Perusic, Kobescak, Zambata, Knez, Matus, Lamza
Tore: 1:0 Manio (68.); 2:0 Nunez (78.)
Schiedsrichter: Kevin Howley (England)
Zuschauer: 55.000

1963/64: Real Saragossa

25.6., Stadion Camp Nou, Barcelona
Real Saragossa – FC Valencia, 2:1
Real Saragossa: Yarza, Cortizo, Santamaria, Reija, Isasi, Pais, Canario, Duca, Marcelino, Villa, Lapetra
FC Valencia: Zamora, Arnal, Villegani, Paquito, Quincoces, Roberto, Suco, Guillot, Waldo, Urtiaga, Ficha
Tore: 1:0 Villa (40.); 1:1 Urtiaga (42.); 2:1 Marcelino (83.)
Schiedsrichter: Fernandes de Campos (Portugal)
Zuschauer: 50.000

1964/65: Ferencvaros Budapest

Finale
23.6., Stadio Comunale, Turin
Ferencvaros Budapest – Juventus Turin, 1:0
Ferencvaros Budapest: Geczi, Novak, Horvath, Juhasz, Matrai, Orosz, Karaba, Varga, Albert, Rakosi, Fenyvesi
Juventus Turin: Anzolin, Gori, Sarti, Bercellino, Castano, Leoncini, Stachini, Del Sol, Combin, Mazzia, Menichelli
Tor: 1:0 Fenyvesi (74.)
Schiedsrichter: Gottfried Dienst (Schweiz)
Zuschauer: 25.000

1965/66: FC Barcelona

1. Finale
14.9., Stadion Camp Nou, Barcelona
FC Barcelona – Real Saragossa, 0:1
FC Barcelona: Sadurni, Benitez, Eladio, Montesinos, Gallego, Torres, Zaballa, Muller, Zaldua, Fuste, Vidal
Real Saragossa: Yarza, Irusquieta, Reuija, Pais, Santamaria, Violeta, Canario, Santos, Marcelino, Villa, Laperta
Tor: 0:1 Canario (40.)
Schiedsrichter: Istvan Zsolt (Ungarn)
Zuschauer: 70.000

2. Finale
21.9., La Romareda, Saragossa
Real Saragossa – FC Barcelona, 2:4 n.V.
Real Saragossa: Yarza, Irusquieta, Reuija, Pais, Santamaria, Violeta, Canario, Santos, Marcelino, Villa, Laperta
FC Barcelona: Sadurni, Foncho, Eladio, Montesinos, Gallego, Torres, Zaballa, Mas, Zaldua, Fuste, Pujol
Tore: 0:1 Pujol (3.); 1:1 Villa (20.); 2:1 Marcelino (50.); 2:2 Zaballa (79.); 2:3 Torres (85.); 2:4 Pujol (100.)
Schiedsrichter: Concetto Lo Bello (Italien)
Zuschauer: 35.000

1966/67: Dinamo Zagreb

1. Finale
30.8., Dinamo-Stadion, Zagreb
Dinamo Zagreb – Leeds United, 2:0
Dinamo Zagreb: Skoric, Gracanin, Brncic, Belin, Ramljak; Blaskovic, Cercek; Piric, Zambata, Gucmirtl, Rora
Leeds United: Sprake, Reaney, Cooper, Bremner, Charlton, Hunter, Bates, Lorimer, Belfitt, Gray, Grady
Tore: 1:0 Cercek (39.); 2:0 Rora (59.)
Schiedsrichter: Adolfo Perales (Spanien)
Zuschauer: 40.000

2. Finale
6.9., Elland Road, Leeds
Leeds United – Dinamo Zagreb, 0:0
Leeds United: Sprake, W. Bell, Cooper, Bremner, Charlton, Hunter, Reaney, Belfitt, Greenhoff, Giles, Grady
Dinamo Zagreb: Skoric, Gracanin, Brncic, Belin, Ramljak; Blaskovic, Cercek; Piric, Zambata, Gucmirtl, Rora
Schiedsrichter: Antonio Sbardella (Italien)
Zuschauer: 35.000

1967/68: Leeds United

1. Finale
7.8., Elland Road, Leeds
Leeds United – Ferencvaros Budapest, 1:0
Leeds United: Sprake, Reaney, Cooper, Bremner, J. Charlton, Hunter, Lorimer, Madeley, Jones (46. Belfitt), Giles (46. Greenhoff), Gray
Ferencvaros Budapest: Geczi, Novak, Pancsics, Havasi, Juhasz, Szucs, Szoke, Varga, Albert, Rakosi, Fenyvesi (46. Balint)
Tor: 1:0 Jones (41.)
Schiedsrichter: Rudolf Scheurer (Schweiz)
Zuschauer: 25.000

2. Finale
11.9., Nep Stadion, Budapest
Ferencvaros Budapest – Leeds United, 0:0
Ferencvaros Budapest: Geczi, Novak, Pancsics, Havasi, Juhasz, Szucs, Rakosi, Szoke (46. Karaba), Varga, Albert, Katona
Leeds United: Sprake, Reaney, Cooper, Bremner, J. Charlton, Hunter, Grady, Lorimer, Jones, Madeley, Hibbitt (46. Bates)
Schiedsrichter: Gerhard Schulenburg (Deutschland)
Zuschauer: 76.000

1968/69: Newcastle United

1. Finale
29.5., St.-James-Park, Newcastle
Newcastle United – Ujpesti Dozsa Budapest, 3:0
Newcastle United: McFaul, Craig, Clark, Gibb, Burton, Moncur, Scott, Robson, Davies, Arentoft, Sinclair (75. Elliott)
Ujpesti Dozsa Budapest: Szentmihalyi, Kaposzta, Solymosi, Bankuti, Nosko, E.Dunai, Fazekas, Gorocs, Bene, A.Dunai, Zambo
Tore: 1:0 Moncur (63.); 2:0 Moncur (72.); 3:0 Scott (83.)
Schiedsrichter: Joseph Hannet (Belgien)
Zuschauer: 60.000

2. Finale
11.6., Dozsa Stadion, Budapest
Ujpesti Dozsa Budapest – Newcastle United, 2:3
Ujpesti Dozsa: Szentmihalyi Kaposzta, Solymosi, Bankuti, Nosko, E.Dunai, Fazekas, Gorocs, Bene, A.Dunai, Zambo
Newcastle United: McFaul, Craig, Clark, Gibb, Burton, Moncur, Scott (46. Foggon), Arentoft, Robson, Davies, Sinclair
Tore: 1:0 Bene (31.); 2:0 Gorocs (44.); 2:1 Moncur (46.); 2:2 Arentoft (50.); 2:3 Foggon (74.)
Schiedsrichter: Joseph Heymann (Schweiz)
Zuschauer: 37.000

1969/70: Arsenal London

1. Finale
22.4., Astrid-Park, Brüssel
RSC Anderlecht – Arsenal London, 3:1
RSC Anderlecht: Trappeniers, Heylens, Velkeneers; Nordahl, Kialunda, Cornelis (68. Peeters); Desanghere, Devrindt, Mulder, Van Himst, Puis
Arsenal London: Wilson, Storey, McNab, Kelly, McLintock, Simpson; Armstrong, Sammels, Radford, George (77. Kennedy), Graham
Tore: 1:0 Devrindt (25.); 2:0 Mulder (30.); 3:0 Mulder (74.); 3:1 Kennedy (82.)
Schiedsrichter: Rudolf Scheurer (Schweiz)
Zuschauer: 37.000

2. Finale
28.4., Highbury Stadion, London
Arsenal London – RSC Anderlecht, 3:0
Arsenal London: Wilson, Storey, McNab, Kelly, McLintock, Simpson, Armstrong, Sammels, Radford, George, Graham
RSC Anderlecht: Trappeniers, Heylens, Maartens, Nordahl, Velkeneers, Kialunda, Desanghere, Devrindt, Mulder, Van Himst, Puis
Tore: 1:0 Kelly (25.); 2:0 Radford (75.); 3:0 Sammels (76.)
Schiedsrichter: Gerhard Kunze (DDR)
Zuschauer: 51.612

1970/71: Leeds United

1. Finale
28.5., Stadio Comunale, Turin
Juventus Turin – Leeds United, 2:2
Juventus Turin: Piloni, Spinosi, Salvadore, Marchetti, Furino, Morini, Haller, Capello, Causio, Anastasi (72. Novellini), Bettega
Leeds United: Sprake, Reaney, Cooper, Bremner, J. Charlton, Hunter, Lorimer, Clarke, Jones (72. Bates), Giles, Madeley
Tore: 1:0 Bettega (27.); 1:1 Madeley (48.); 2:1 Capello (55.); 2:2 Bates (77.)
Schiedsrichter: Laurens van Ravens (Niederlande)
Zuschauer: 65.000

2. Finale
3.6., Elland Road, Leeds
Leeds United – Juventus Turin, 1:1
Leeds United: Sprake, Reaney, Cooper, Bremner, J. Charlton, Hunter, Lorimer, Clarke, Jones, Giles, Madeley (56. Bates)
Juventus Turin: Tancredi, Spinosi, Salvadore, Marchetti, Furino, Morini, Haller, Capello, Causio, Anastasi, Bettega
Tore: 1:0 Clarke (12.); 1:1 Anastasi (20.)
Schiedsrichter: Rudolf Glöckner (DDR)
Zuschauer: 42.400

UEFA-Pokal

1972: Tottenham Hotspur

1. Finale
3.5., Molineux-Stadion, Wolverhampton
Wolverhampton Wanderers – Tottenham Hotspur, 1:2
Wolverhampton Wanderers: Parkes, Shaw, Taylor, Hegan, Munro, McAlle, McColliog, Hibbitt, Richards, Dougan, Wagstaffe
Tottenham Hotspur: Jennings, Kinnear, Knowles, England, Mullery, Beal, Gilzean, Perryman, Chivers, Peters, Coates (68. Pratt)
Tore: 0 1 Chivers (57.); 1:1 McCalliog (72.); 1:2 Chivers (87.)
Schiedsrichter: Tofik Bakhramov (Sowjetunion)
Zuschauer: 38.562

2. Finale
17.5., White Hart Lane, London
Tottenham Hotspur – Wolverhampton Wanderers, 1:1
Tottenham Hotspur: Jennings, Kinnear, Knowles, Mullery, England, Beal, Gilzean, Perryman, Chivers, Peters, Coates
Wolverhampton Wanderers: Parkes, Shaw, Taylor, Hegan, Munro, McAlle, McColliog, Hibbitt (55. Mike Bailey), Richards, Dougan (84. Curran), Wagstaffe
Tore: 1:0 Mullery (30.); 1:1 Wagstaffe (41)
Schiedsrichter: Laurens van Ravens (Holland)
Zuschauer: 54.303

1973: Liverpool FC

1. Finale
10.5. Anfield Road, Liverpool
Liverpool FC – Borussia Mönchengladbach, 3:0
Liverpool FC: Clemence, Lawler, Lindsay, Smith, Lloyd, Hughes, Keegan, Cormark, Toshack, Heighway (83. Hall), Callaghan
Borussia Mönchengladbach: Kleff, Vogts, Michallik, Danner, Bonhof, Kulik, Jensen, Wimmer, Rupp (82. Simonsen) Netzer, Heynckes
Tore: 1:0 Keegan (20.); 2:0 Keegan (32.); 3:0 Lloyd (61)
Schiedsrichter: Erich Linemayer (Österreich)
Zuschauer: 41.169

2. Finale
23.5. Bökelberg Stadion, Mönchengladbach
Borussia Mönchengladbach – Liverpool FC, 2:0
Borussia Mönchengladbach: Kleff, Vogts, Surau, Danner, Bonhof, Kulik, Jensen, Wimmer, Rupp, Netzer, Heynckes
Liverpool FC: Clemence, Lawler, Lindsay, Smith, Lloyd, Hughes, Keegan, Cormack, Toshak, Heighway (77. Boersma), Callaghan
Tore: 1:0 Heynckes (29.); 2:0 Heynckes (40.)
Schiedsrichter: Pavel Kazakov (UdSSR)
Zuschauer: 34.905

1974: Feyenoord Rotterdam

1. Finale
21.5., White Hart Lane, London
Tottenham Hotspur – Feyenoord Rotterdam, 2:2
Tottenham Hotspur: Jennings, Evans, Naylor, Pratt, England, Beal (79. Dillon), McGrath, Perryman, Chivers, Peters, Coates
Feyenoord Rotterdam: Treytel, Rijsbergen, van Daele, Israël, Vos, de Jong, Jansen, van Hanegem, Ressel, Schoenmaker, Kristensen
Tore: 1:0 England (39.); 1:1 van Hanegem (43.); 2:1 Israël (64., Eigentor); 2:2 de Jong (85.)
Schiedsrichter: Rudolf Scheurer (Schweiz)
Zuschauer: 46.281

2. Finale
29.5., Feyenoord Stadion, Rotterdam
Feyenoord Rotterdam – Tottenham Hotspur, 2:0
Feyenoord Rotterdam: Treytel, Rijsbergen, van Daele, Israël, Vos, de Jong, Jansen, Ramljak, Ressel, Schoenmaker, Kristensen (76. Boskamp, 86. Wery)
Tottenham Hotspur: Jennings, Evans, Naylor, Pratt (77. Holder), England, Beal, McGrath, Perryman, Chivers, Peters, Coates
Tore: 1:0 Rijsbergen (43.); 2:0 Ressel (85.)
Schiedsrichter: Concetto Lo Bello (Italien)
Zuschauer: 59.317

1975: Borussia Mönchengladbach

1. Finale,
7.5., Rheinstadion, Düsseldorf
Borussia Mönchengladbach – Twente Enschede, 0:0
Borussia Mönchengladbach: Kleff, Wittkamp, Stielike, Vogts, Surau, Bonhof, Wimmer, Danner (75. Del`Haye), Kulik (78. Schäffer), Simonsen, Jensen
Twente Enschede: Gross, Drost, van Lerssel, Overweg, Oranen, Thijssen,. Pahlplatz, van der Vail, Bos, Jeuring (86 Achterberg), Zuidema
Schiedsrichter: Karoly Palotai (Ungarn)
Zuschauer: 42.368

2. Finale
21.5., Diekman-Stadion, Enschede
Twente Enschede – Borussia Möchengladbach, 1:5
Twente Enschede: Gross, Drost, van Lerssel, Overweg, Oranen, Thijssen, Pahlplatz (75. Achterberg), van der Vail, Bos (53. Mühren), Jeuring, Zuidema

Borussia Möchengladbach: Kleff, Wittkamp, Vogts, Surau (13. Schäffer), Klinkhammer, Bonhof, Wimmer (75. Köppel), Danner, Simonsen, Jensen, Heynckes
Tore: 0:1 Simonsen (02.); 0:2 Heynckes (09.); 0:3 Heynckes (50.); 0:4 Heynckes (60.); 1:4 Drost (76.) 1:5 Simonsen (86. Elfm.)
Schiedsrichter: Paul Schiller (Österreich)
Zuschauer: 21.767

1976: Liverpool FC

1. Finale
28.4., Anfield Road, Liverpool
Liverpool FC – FC Brügge, 3:2
Liverpool FC: Clemence, Smith, Neal, Thompson, Kennedy, Hughes, Keegan, Fairclough, Heighway, Toshak (46. Case),
FC Brügge: Jensen, Bastijns, Krieger, Leekens, Volders, Callaghan, Cools, Vandereycken, de Cubber, van Cool, Lambert, Le Fevre
Tore: 0:1 Lambert (05.); 0:2 Cools (15.); 1:2 Kennedy (58.); 2:2 Case (60.); 3:2 Keegan (65. Elfm.)
Schiedsrichter: Ferdinand Biwersi (Deutschland)
Zuschauer: 49.981

2. Finale
19.5., Olympiastadion, Brügge
FC Brügge – Liverpool FC, 1:1
FC Brügge: Jensen, Bastijns, Krieger, Leekens, Volders, Cools, Vandereycken, de Cubber (68. Hinderyckx), van Cool, Lambert (75. Sanders)
Liverpool FC: Clemence, Smith, Neal, Thompson, Kennedy, Hughes, Keegan, Case, Heighway, Toshack (62. Fairclough), Callaghan
Tore: 1:0 Lambert (11.); 1:1 Keegan (15.)
Schiedsrichter: Rudolf Glöckner (DDR)
Zuschauer: 29.423

1977: Juventus Turin

1. Finale
4.5., Stadio Comunale, Turin
Juventus Turin – Athletic Bilbao, 1:0
Juventus Turin: Zoff, Cuccureddu, Gentile, Scirea, Morini, Tardelli, Furino, Benetti, Causio, Boninsegna (39. Gori), Bettega
Athletic Bilbao: Iribar, Onaederra, Escalza, Goicoechea, Guisasola, Villar, Irureta, Angel Rojo, Churruca, Ruiz Dani, Francisco Rojo
Tor: 1:0 Tardelli (14.)
Schiedsrichter: Charles Corver (Niederlande)
Zuschauer: 75.000

2. Finale
18.5., San-Mames-Stadion, Bilbao
Athletic Bilbao – Juventus Turin, 2:1
Athletic Bilbao: Iribar, Lasa (63. Carlos Ruiz), Guisasola, Alexanco, Escalza, Villar, Churruca, Irureta, Amorrortu, Ruiz Dani, Francisco Rojo
Juventus FC: Zoff, Currureddu, Morini, Scirea, Gentile, Causio, Tardelli, Furino, Benetti, Boninsegna (59. Spinosi), Bettega
Tore: 0:1 Bettega (07.); 1:1 Churruca (11.); 2:1 Carlos Ruiz (78.)
Schiedsrichter: Erich Linemayer (Österreich)
Zuschauer: 43.000

1978: PSV Eindhoven

1. Finale
26.4., Furiani Stadion, Bastia
SEC Bastia – PSV Eindhoven, 0:0
SEC Bastia: Hiard, Buckhardt, Guesdon, Orlanducci, Cazes, Papi, Lacusta (56. Félix), Larios, Rep, Krimau, Mariot
PSV Eindhoven: van Beveren, van Kraay, Krijgh, Stevens, Brandts, Poortvliet, R. van der Kuijlen, W. van der Kerkhof, Deyckers, R. van der Kerkhof, Lubse
Schiedsrichter: Dusall Maksimovic (Jugoslawien)
Zuschauer: 15.000

2. Finale
9.5., Philips Stadion, Eindhoven
PSV Eindhoven – SEC Bastia, 3:0
PSV Eindhoven: van Beveren, Krijgh, Stevens, van Kraay (79. Deacy), Brandts, W. van der Kerkhof, Poortvliet, van der Kuijlen, Lubse, Deyckers, R. van der Kerkhof
SEC Bastia: Hiard (75. Weller), Marchiom, Orlanducci, Guesdon, Cazes, Lacuesta, Larios, Papi, Rep, Krimau, Mariot (67. De Zerbi)
Tore: 1:0 W. van der Kerkhof (24.); 2:0 Deyckers (67.); 3:0 van der Kuijlen (69.)
Schiedsrichter: Nicolae Rainea (Rumänien)
Zuschauer: 27.000

1979: Borussia Mönchengladbach

1. Finale
9.5., Roter-Stern-Stadion, Belgrad
Roter Stern Belgrad – Borussia Mönchengladbach, 1:1
Roter Stern Belgrad: Stojanovic, Juvonovic, Mitetovic, Jurisic, Jovin, Muslin (88. Krmpotic), Petrovic, Blagojevic, Milosavljevic (88. Milovanovic), Savic, Sestic
Borussia Mönchengladbach: Kneib, Vogts, Hannes, Schäfer, Ringels, Schäffer, Kulik, Nielsen (75. Danner), Wohlers (80. Gores), Simonsen, Lienen
Tore: 1:0 Sestic (21.); 1:1 Jurisic (60., Eigentor);
Schiedsrichter: Ian Foote (Schottland)
Zuschauer: 87.500

2. Finale
23.5., Rheinstadion, Düsseldorf
Borussia Mönchengladbach – Roter Stern Belgrad, 1:0
Borussia Mönchengladbach: Kneib, Vogts, Hannes, Schä-

fer, Ringels, Schäffer, Kulik (58. Köppel), Gores, Wohlers, Simonsen, Lienen
Roter Stern Belgrad: Stojanovic, Jovanovic, Miletovic, Jurisic, Jovin, Muslin, Petrovic, Blagojevic, Milovanovic (46. Sestic), Savic, Milosavljevic
Tor: 1:0 Simonsen (15. Elfm.)
Schiedsrichter: Alberto Michelotti (Italien)
Zuschauer: 45.000

1980: Eintracht Frankfurt

1. Finale
7.5., Bökelberg Stadion, Mönchengladbach
Borussia Mönchengladbach – Eintracht Frankfurt, 3:2
Borussia Mönchengladbach: Kneib, Schäffer, Schäfer, Hannes, Ringels, Matthäus, Kulik, Nielsen (86. Thychosen), Del'Haye (72. Bödeker), H. Nickel, Lienen
Eintracht Frankfurt: Pahl, Ehrmantraut, Neuberger, Körbel, Pezzey, Lorant, Hölzenbein (79. Nachtweih), Karger (81. Trapp), Borchers, B. Nickel, Bum Kun Cha
Tore: 0:1 Karger (37.); 1:1 Kulik (44.); 1:2 Hölzenbein (71.); 2:2 Matthäus (76.), 3:2 Kulik (88.)
Schiedsrichter: Emilio Guruceta Muro (Spanien)
Zuschauer: 25.000

2. Finale
21.5., Waldstadion, Frankfurt
Eintracht Frankfurt – Borussia Mönchengladbach, 1:0
Eintracht Frankfurt: Pahl, Pezzey, Neuberger, Körbel, Ehrmantraut, Lorant, Hölzenbein, Borchers, B. Nickel, Bum kum Cha, Nachtweih (77. Schaub)
Borussia Mönchengladbach: Kneib, Bödeker, Hannes, Schäfer, Ringels, Matthäus (86. Thychosen), Fleer, Kulik, Nielsen (68. Del'Haye), H. Nickel, Lienen
Tore: 1:0 Schaub (81.)
Schiedsrichter: Alexis Ponnet (Belgien)
Zuschauer: 59.000

1981: Ipswich Town

1. Finale
6.5., Portman Road, Ipswich
Ipswich Town – AZ 67 Alkmaar, 3:0
Ipswich Town: Cooper, Mills, Osman, Butcher, McCall, Wark, Thijssen, Mühren, Gates, Brazil, Mariner
AZ 67 Alkmaar: Treytel, Metgod, van der Meer, Spelbos, Hovenkamp, Arntz, Peters, Nygaard (75. Welzl), Jonker, Kist, Toi
Tore: 1:0 Wark (28. Elfm.); 2:0 Thijssen (46.); 3:0 Mariner (56.)
Schiedsrichter: Adolf Prokop (DDR)
Zuschauer: 27.532

2. Finale
20.5., Olympiastadion, Amsterdam
AZ 67 Alkmaar – Ipswich Town, 4:2
AZ 67 Alkmaar: Treytel, Reynders, Metgod, Spelbos, Hovenkamp, Peters, Jonker, Arntz, Nygaard, Welzl (79. Talan), Toi (46. Kist)
Ipswich Town: Cooper, Mills, Osman, Butcher, McCall, Wark, Thijssen, Mühren, Gates, Brazil, Mariner
Tore: 0:1 Thijssen (4.); 1:1 Welzl (6.); 2:1 Metgod (24.); 2:2 Wark (32.); 3:2 Toi (40.); 4:2 Jonker (74.)
Schiedsrichter: Walter Eschweiler (Deutschland)
Zuschauer: 28.500

1982: IFK Göteborg

1. Finale
5.5., Ullevi-Stadion, Göteborg
IFK Göteborg – Hamburger SV, 1:0
IFK Göteborg: Wernersson, Karlsson, Svensson, Hysén, Fredriksson, Tord Holmgren, Strömberg, Karlsson, Corneliusson, Nilsson (19. Sandberg), Tommy Holmgren (46. Schiller)
Hamburger SV: Stein, Hieronymus, Kaltz, Jakobs, Groh, Wehmeyer, Hartwig, Magath, von Heesen (82. Memering), Bastrup, Hrubesch
Tore: 1:0 Tord Holmgren (87.)
Schiedsrichter: John Carpenter (Irland)
Zuschauer: 42.548

2. Finale
19.5., Volksparkstadion, Hamburg
Hamburger SV – IFK Göteborg, 0:3
Hamburger SV: Stein, Kaltz (75. Hidien), Hieronymus, Groh, Jakobs, Wehmeyer, Hartwig, Magath, von Heesen, Hrubesch, Bastrup
IFK Göteborg: Wernersson, Svensson, Hysén (19. Schiller), Karlsson, Fredriksson Tord Holmgren, Strömberg, Karlsson, Corneliusson (68. Sandberg), Nilsson, Tommy Holmgren
Tore: 0:1 Corneliusson (26.); 0:2 Nilsson (61.); 0:3 Frederiksson (63. Elfm.)
Schiedsrichter: George Courtney, England
Zuschauer: 62.000

1983: RSC Anderlecht

1. Finale
4.5., Heysel Stadion, Brüssel
RSC Anderlecht – Benfica Lissabon, 1:0
RSC Anderlecht: Munaron, Hofkens, Peruzovic, Olsen, de Groote, Frimann, Coeck, Vercauteren, Lozano, van den Bergh (78. Czerniatynski), Brylle-Larsen
Benfica Lissabon: Bento, Pietra, Alvaro, Coelho, José Luis, Shéu, Frederico (78. Bastos Lopes), Carlos Manuel, Chalana, Diamantino, Filipovic (68. Nene)
Tore: 1:0 Brylle-Larsen (30.)
Schiedsrichter: Bogdan Dochev (Bulgarien)
Zuschauer: 58.000

2. Finale
18.5., Estádio da Luz, Lissabon
Benfica Lissabon – RSC Anderlecht, 1:1

Benfica Lissabon: Bento, Pietra, Coelho, Bastos Lopes, Veloso (62. Alves), Carlos Manuel, Strömberg, Shéu (50. Filipovic), Chalana, Diamantino, Nene
RSC Anderlecht: Munaron, Peruzovic, de Greef, Broos, Olsen, de Groote, Friman-Hansen, Lozano, Coeck Vercauteren, van den Bergh (78. Brylle-Larsen)
Tore: 1:0 Shéu (32.); 1:1 Lozano (39.)
Schiedsrichter: Charles Corver (Niederlande)
Zuschauer: 80.000

1984: Tottenham Hotspur

1. Finale
9.5., Astrid-Park, Brüssel
RSC Anderlecht – Tottenham Hotspur, 1:1
RSC Anderlecht: Munaron, Grün, de Greef, Olsen, de Groote, Hofkens, van der Eyecken, Scifo, Brylle-Larsen, van den Bergh (81. Arnesen), Czerniatynski (85. Vercauteren)
Tottenham Hotspur: Parks, Thomas, Robert, Stevens (80. Mabbutt), Hughton, Perryman, Miller, Hazard, Galvin, Falco, Archibald
Tore: 0:1 Miller (58.); 1:1 Olsen (85.)
Schiedsrichter: Bruno Galler (Schweiz)
Zuschauer: 35.000

2. Finale
23.5., White Hart Lane, London
Tottenham Hotspur – RSC Anderlecht, 1:1 n.V., 4:3 n.E.
Tottenham Hotspur: Parks, Thomas, Miller (78. Ardiles), Roberts, Hughton, Mabbutt (74. Dick), Hazard, Stevens, Galvin, Archibald, Falco
RSC Anderlecht: Munaron, Hofkens, Grün, de Greef, Olsen, de Groote, Arnesen (77. Gudjohnsen), Vercauteren, Scifo, Czerniatynski (103. Brylle-Larsen), van der Eyecken
Tore: 0:1 Czerniatynski (60.); 1:1 Roberts (84.)
Elfmeterschießen: 1:0 Roberts; Olsen; 2:0 Falco; 2:1 Grün; 3:1 Stevens; 3:2 Scifo; 4:2 Archibald; 4:3 Vercauteren; Thomas; Gudjohnsen
Schiedsrichter: Volker Roth (Deutschland)
Zuschauer: 46.258

1985: Real Madrid

1. Finale
8.5., Sóstói-Stadion, Székesfehérvár
Videoton Székesfehérvár – Real Madrid, 0:3
Videoton Székesfehérvár: P. Disztl, Borsányi, L. Disztl, Csuhay, Horvath, Palkovics, Végh, Wittman, Vadász, Novath (62. Gyenti), Bursca
Real Madrid: Ángel, Chendo, Sanchís, Stielike, Camacho, San José, Michel, Gallego, Butragueño (80. Juanito), Santillana (86. Salguero), Valdano
Tore: 0:1 Michel (31.); 0:2 Santillana (77.); 0:3 Valdano (88.)
Schiedsrichter: Michel Vautrot (Frankreich)
Zuschauer: 38.000

2. Finale
22.5., Santiago-Bernabéu-Stadion, Madrid
Real Madrid – Videoton Székesfehérvár, 0:1
Real Madrid: Ángel, Chendo, Sanchís, Stielike, Camacho, San José, Míchel, Gallego, Butragueño, Santillana, Valdano (57. Juanito)
Videoton Székesfehérvár: P. Distzl, Csuhay, L. Disztl, Végh, Horvath, Bursca, Csongradi (57. Wittman), Vadász, Szabo, Májer, Novath (51. Palkovics)
Tore: 0:1 Májer (86.)
Schiedsrichter: Alexis Ponnet (Belgien)
Zuschauer: 98.300

1986: Real Madrid

1. Finale
30.4., Santiago-Bernabéu-Stadion, Madrid
Real Madrid – 1. FC Köln, 5:1
Real Madrid: Agustin, Salguero, Solana, Camacho, Vazquez (83. Santillana), Míchel, Juanito, Gordillo, Butragueño, Sanchez, Valdano
1. FC Köln: Schumacher, Geils, Gielchen, Steiner, Prestin, Geilenkirchen, Hönerbach, Bein (71. Häßler), Janssen, Littbarski (84. Dickel), Klaus Allofs
Tore: 0:1 Allofs (29.); 1:1 Sanchez (38.); 2:1 Gordillo (42.); 3:1 Valdano (51.); 4:1 Valdano (84.); 5:1 Santillana (89.)
Schiedsrichter: George Courtney (England)
Zuschauer: 85.000

2. Finale
6.5., Olympiastadion, Berlin
1. FC Köln – Real Madrid, 2:0
1. FC Köln: Schumacher, Prestin, Gielchen, Geils (82. Schmitz), Geilenkirchen, Steiner, Bein, Hönerbach, Janssen (51. Pisanti), Littbarski, Klaus Allofs
Real Madrid: Agustin, Chendo, Maceda, Solana, Camacho, Michél, Gallego, Valdano, Gordillo, Butragueño (88. Juanito), Sanchez (20. Santillana)
Tore: 1:0 Bein (22.); 2:0 Geilenkirchen (72.)
Schiedsrichter: Robert Valentine (Schottland)
Zuschauer: 15.000

1987: IFK Göteborg

1. Finale
6.5., Ullevi-Stadion, Göteborg
IFK Göteborg – Dundee United, 1:0
IFK Göteborg: Wernersson, Carlsson, Hysén, Larsson, Fredriksson, Johansson (68. R. Nilsson), Tord Holmgren (89. Zetterlund), Andersson, Tommy Holmgren, Pettersson, L. Nilsson
Dundee United: Thompson, Malpas, Narey, Hegarty (55. Clark), Holt, McInally, Kirkwood, Bowman, Bannon, Sturrock (89. Beaumont), Redford
Tore: 1:0 Pettersson (38.)
Schiedsrichter: Sigfried Kirschen (Deutschland)
Zuschauer: 50.023

2. Finale
20.5., Tannadice Park, Dundee
Dundee United – IFK Göteborg, 1:1
Dundee United: Thompson, Malpas, Clark, Narey, Holt (46. Hegarty), McInally, Ferguson, Kirkwood, Sturrock, Redford (72. Bannon), Gallacher
IFK Göteborg: Wernersson, Carlsson,Hysén, Larsson, Fredrikson, R. Nilsson (78. Zetterlund), Tord Holmgren, Andersson, Tommy Holmgren (70. Johansson), Stefan Pettersson, L. Nilsson
Tore: 0:1 L. Nilsson (22.); 1:1 Clark (60.)
Schiedsrichter: Ioan Igna (Rumänien)
Zuschauer: 20.911

1988: Bayer Leverkusen

1. Finale
4.5., Sarria-Stadion, Barcelona
Español Barcelona – Bayer Leverkusen, 3:0
Español Barcelona: N'Kono, Job, Miguel Angel, Gallert, Solér, Orejuela (66. Golobart), Urquiaga, Inaki, Valverde, Pichi Alonso (69. Lauridsen), Losada
Bayer Leverkusen: Vollborn, Rolff, de Kayser, A. Reinhardt, Hinterberger, Bum Kun Cha (18. Götz), Tita, Buncol, Falkenmayer (75. K. Reinhardt), Waas, Täuber
Tore: 1:0 Losada (45.); 2:0 Solér (49.); 3:0 Losada (56.)
Schiedsrichter: Dusan Krchfiak (CSSR)
Zuschauer: 42.000

2. Finale
18.5., Ulrich-Haberland-Stadion, Leverkusen
Bayer Leverkusen – Español Barcelona, 3:0 n.V., 3:2 n.E.
Bayer Leverkusen: Vollborn, Rolff, Seckler, A. Reinhardt, K. Reinhardt, Schreier (46. Waas), Buncol, Falkenmayer, Bum Kun Cha, Götz, Tita (62. Täuber)
Español Barcelona: N'Kono, Miguel Angel, Gallert, Golobert (73. Zuniga), Utquiaga, Job, Orejuela (66. Zubillaga), Inaka, Solér, Pichi Alonso, Losada
Tore: 1:0 Tita (57.); 2:0 Götz (63.); 3:0 Bum Kun Cha (81.)
Elfmeterschießen: 0:1 Pichi Alonso; Falkenmeyer; 0:2 Job; 1:2 Rolff; Urkiaga; 2:2 Waas; Zuniga; 3:2 Täuber; Losada
Schiedsrichter: Johannes Keizer (Niederlande)
Zuschauer: 22.000

1989: SSC Neapel

1. Finale
3.5., San-Paolo-Stadion, Neapel
SSC Neapel – VfB Stuttgart, 2:1
SSC Neapel: Giuliani, Renica, Ferrera, Francini, Corradini (46. Crippa), Alemao, Fusi, de Napoli, Careca, Maradona, Carnevale
VfB Stuttgart: Immel, Allgöwer, N. Schmäler, Hartmann, Buchwald, Schäfer, Katanec, Sigurvinsson, Schröder, Walter (70. Zietsch), Gaudino
Tore: 0:1 Gaudino (17.); 1:1 Maradona (68.); 2:1 Careca (87.)
Schiedsrichter: Gerasimos Germanakos (Griechenland)
Zuschauer: 83.000

2. Finale
17.5., Neckarstadion, Stuttgart
VfB Stuttgart – SSC Neapel, 3:3
VfB Stuttgart: Immel, Allgöwer, N. Schmäler, Hartmann, Schäfer, Katenec, Sigurvinsson, Schröder, Walter (77. O. Schmäler), Klinsmann, Gaudino
SSC Neapel: Giuliani, Renica, Ferrera, Francini, Corradini, Alemao (30. Carannante), Fusi, de Napoli, Cereca (70. Bigliardi), Maradona, Carnevale
Tore: 0:1 Alemao (18.); 1:1 Klinsmann (27.); 1:2 Ferrera (39.); 1:3 Careca (62.); 2:3 de Napoli (70. Eigentor); 3:3 O. Schmäler (89.)
Schiedsrichter: Victoriano Arminio (Spanien)
Zuschauer: 67.000

1990: Juventus Turin

1. Finale
2.5., Stadio Comunale, Turin
Juventus Turin – AC Florenz, 3:1
Juventus Turin: Tacconi, Napoli, De Agostini, Galia, Brio (46. Alessio), Bonetti, Aleinikov, Rui Barros, Marocchi, Casiraghi, Schillaci
AC Florenz: Landucci, Dell'Oglio, Volpenica, Pin, Battistini, Dunga, Nappi, Kubik (87. Malusci), Baggio, Buso, Di Chiara
Tore: 1:0 Galia (3.); 1:1 Buso (10.); 2:1 Casiraghi (59.); 3:1 De Agostini (73.)
Schiedsrichter: Emilio Soriano Aladren (Spanien)
Zuschauer: 47.519

2. Finale
16.5., Stadio Partenio, Avellino
AC Florenz – Juventus Turin, 0:0
AC Florenz: Landucci, Dell'Oglio, Volpecina, Pin, Battistini, Dunga, Nappi (71. Zironelli), Kubik, Baggio, Buso,Di Chiera
Juventus Turin: Tacconi, Napoli, De Agostini, Galia, Bruno, Alessio, Aleinikov, Rui Barros (72. Avallone), Marocchi, Casiraghi (79. Rosa), Schillaci
Schiedsrichter: Aron Schmidhuber (Deutschland)
Zuschauer: 30.999

1991: Inter Mailand

1. Finale
8.5., Giuseppe-Meazza-Stadion, Mailand
Inter Mailand – AS Rom, 2:0
Inter Mailand: Zenga, Bergomi, Brehme, Battistini, Ferri, Paganin (65. G. Baresi), Bianchi, Berti, Matthäus, Klinsmann, Serena (90. Pizzi)
AS Rom: Cervone, Tempestilli, Nela, Berthold, Aldair (72. Carboni), Comi (75. Muzzi), Gerolin, Giannini, Di Mauro, Rizzitelli, Völler

Tore: 1:0 Matthäus (55., Elfm.); 2:0 Berti (67.)
Schiedsrichter: Alexei Spirin (UdSSR)
Zuschauer: 68.887

2. Finale
22.5., Olympiastadion, Rom
AS Rom – Inter Mailand, 1:0
AS Rom: Cervone, Tempestilli (57. Salsano), Gerolin, Berthold, Aldair, Nela, Desideri (69. Muzzi), Di Mauro, Giannini, Völler, Rizzitelli
Inter Mailand: Zenga, Bergomi, Brehme, Battistini, Ferri, Paganin, Bianchi, Berti, Matthäus, Klinsmann, Pizzi (67. Mandorlini)
Tore: 1:0 Rizzitelli (81.)
Schiedsrichter: Joel Quiniou (Frankreich)
Zuschauer: 70.901

1992: Ajax Amsterdam

1. Finale
29.4., Stadio Delle Alpi, Turin
AC Turin – Ajax Amsterdam, 2:2
AC Turin: Marchegiani, Bruno, Annoni, Cravero (77. Bresciani), Mussi (80. Sordo), Benedetti, Scifo, Martin Vasquez, Venturin, Lentini, Casagrande
Ajax Amsterdam: Menzo, Silooy, Blind, Jonk, F. de Boer, Winter, Kreek, Bergkamp, Van't Schip, Pettersson, Roy (82. Groenendijk)
Tore: 0:1 Jonk (14.); 1:1 Casagrande (62.); 1:2 Pettersson (73. Elfm.); 2:2 Casagrande (82.)
Schiedsrichter: Joseph Worrall (England)
Zuschauer: 65.377

2. Finale
13.5., Olympia-Stadion, Amsterdam
Ajax Amsterdam – AC Turin, 0:0
Ajax Amsterdam: Menzo, Silooy, Blind, Jonk, F. de Boer, Winter, Kreek (80. Vink), Alflen, Van't Schip, Pettersson, Roy (65. van Loen)
AC Turin: Marchegiani, Mussi, Cravero (58. Sordo), Benedetti, Fusi, Policano, Martin Vasquez, Scifo (62. Bresciani), Venturin, Casagrande, Lentini
Schiedsrichter: Zoran Petrovic (Jugoslavien)
Zuschauer: 42.000

1993: Juventus Turin

1. Finale
5.5., Westfalenstadion, Dortmund
Borussia Dortmund – Juventus Turin, 1:3
Borussia Dortmund: Klos, Reinhardt, Franck (46. Mill), Schmidt, Grauer, Lusch, Reuter, Zorc (70. Karl), Chapuisat, M. Rummenigge, Poschner
Juventus Turin: Peruzzi, Carrera, De Marchi, D. Baggio, Kohler, Cesar, Conte, Marocchi, Vialli, R. Baggio (76. di Canio), Möller (88. Galia)
Tore: 1:0 Rummenigge (2.); 1:1 D. Baggio (26.); 1:2 R. Baggio (31.); 1:3 R. Baggio (74.)
Schiedsrichter: Sandor Puhl (Ungarn)
Zuschauer: 37.000

2. Finale
19.5., Stadio Delle Alpi, Turin
Juventus Turin – Borussia Dortmund, 3:0
Juventus Turin: Peruzzi, Carrera, Torricelli (66. Di Canio), De Marchi, Kohler, Cesar, Galia, D. Baggio, Vialli (80. Ravanelli), R. Baggio, Möller
Borussia Dortmund: Klos, Reinhardt, Schmidt, Zelic, Poschner, Reuter (65. Lusch), Zorc, Karl, Sippel, M. Rummenigge (44. Franck), Mill
Tore: 1:0 D. Baggio (5.); 2:0 D. Baggio (43.); 3:0 Möller (65.)
Schiedsrichter: John Blankenstein (Niederlande)
Zuschauer: 62.781

1994: Inter Mailand

1. Finale
26.4., Ernst-Happel-Stadion, Wien
SV Casino Salzburg – Inter Mailand, 0:1
SV Salzburg: Konrad, Lainer, Weber, Winklhofer (61. Steiner), Fürstaller, Aigner, Amerhauser (46. Muzek), Artner, Marquinho, Pfeifenberger, Stadler
Inter Mailand: Zenga, A. Paganin, Orlando, Jonk, Bergomi, Battistini, Bianchi, Manicone, Berti, Bergkamp (89. Dell'Anno), Sosa (75. Ferri)
Tore: 0:1 Berti (35.)
Schiedsrichter: Kim Milton Nielsen (Dänemark)
Zuschauer: 47.500

2. Finale
11.5., Giuseppe-Meazze-Stadion, Mailand
Inter Mailand – SV Casino Salzburg, 1:0
Inter Mailand: Zenga, A. Paganin, Fontolan (67. Ferri), Jonk, Bergomi, Battistini, Orlando, Manicone, Berti, Bergkamp (89. M. Paganin), Sosa
SV Salzburg: Konrad, Lainer, Weber, Winklhofer (67. Amerhauser), Fürstaller, Aigner, Jurcevic, Artner (73. Steiner), Marquinho, Feiersinger, Hütter
Tore: 1:0 Jonk (62.)
Schiedsrichter: James McCluskey (Schottland)
Zuschauer: 80.326

1995: AC Parma

1. Finale
3.5., Ennio-Tardini-Stadion, Parma
AC Parma – Juventus Turin, 1:0
AC Parma: Bucci, Benarrivo (9. Mussi), Couto, di Chiara, Minotti, Apolloni, Pin, D. Baggio, Sensini, Zola (89. Fiore), Asprilla
Juventus Turin: Rampulla, Fusi (72. del Piero), Di Livio, Tacchinardi, Jarni, Carrera (46. Marocchi), Deschamps, Sousa, R. Baggio, Vialli, Ravanelli

Tore: 1:0 D. Baggio (5.)
Schiedsrichter: Antonio Lopez Nieto (Spanien)
Zuschauer: 22.062

2. Finale
17.5., Stadio Delle Alpi, Torino
Juventus Turin – AC Parma 1:1
Juventus Turin: Peruzzi, Torricelli, Jarni, Ferrara, Porrini, Sousa, Di Livio (81. Carrera), Marocchi (74. Del Piero), Vialli, Baggio, Ravanelli
AC Parma: Bucci, Benarrivo (46. Mussi), Minotti, Di Chiara (80. Castellini), D. Baggio, Couto, Susic, Fiore, Crippa, Zola, Asprilla
Tore: 1:0 Vialli (33.); 1:1 D. Baggio (54.)
Schiedsrichter: Frans van der Wijngart (Belgien)
Zuschauer: 80.754

1996: FC Bayern München

1. Finale
1.5., Olympiastadion, München
FC Bayern München – Girondins Bordeaux, 2:0
FC Bayern München: Kahn, Matthäus (54. Frey), Helmer, Babbel, Hamann, Sforza, Kreuzer, Scholl, Ziege, Klinsmann, Papin (70. Witeczek)
Girondins Bordeaux: Huard, Friis-Hansen, Dogon, Grenet, Lizarazu, Lucas, Croci, Dutuel, Witschge, Bancarel, Tholot (90. Anselin)
Tore: 1:0 Helmer (34.); 2:0 Scholl (60.)
Schiedsrichter: Serge Muhmenthaler (Schweiz)
Zuschauer: 62.000

2. Finale
15.5., Lesure-Park, Bordeaux
Girondins Bordeaux – FC Bayern München, 1:3
Girondins Bordeaux: Huard, Bancarel, Friis-Hansen, Dogon, Lizarazu (31. Anselin), Croci (58. Dutuel), Lucas (80. Grenet), Zidane, Witschge, Tholot, Dugarry
FC Bayern München: Kahn, Matthäus, Babbel, Helmer, Strunz, Sforza, Frey (60. Zickler), Scholl, Ziege, Klinsmann, Kostadinov (75. Witeczek)
Tore: 0:1 Scholl (53.); 0:2 Kostadinov (65.); 1:2 Dutuel (76.); 1:3 Klinsmann (78.)
Schiedsrichter: Vadim Zhuk (Weißrussland)
Zuschauer: 36.000

1997: FC Schalke

1. Finale
7.5., Parkstadion, Gelsenkirchen
FC Schalke 04 – Inter Mailand, 1:0
FC Schalke 04: Lehmann, Thon, De Kock, Linke, Eigenrauch, Nemec, Müller, Anderbrügge, Büskens (67. Max), Latal, Wilmots
Inter Mailand: Pagliuca, Bergomi, Paganin, Galante, Pistone, Zanetti, Fresi (62. Berti), Sforza, Winter, Zamorano, Ganz
Tore: 1:0 Wilmots (70.)
Schiedsrichter: Marc Batta (Frankreich)
Zuschauer: 56.000

2. Finale
21.5., Giuseppe-Meazza-Stadion, Mailand
Inter Mailand – FC Schalke 04, 1:0 n. V., 1:4 n.E.
Inter Mailand: Pagliuca, Bergomi (71. Angloma), Fresi, Paganin, Pistone, Djorkaeff, Sforza (81. Winter), Ince, Zanetti (120. Berti), Ganz, Zamorano
FC Schalke 04: Lehmann, Linke, Thon, De Kock, Eigenrauch, Büskens, Latal (111. Held), Müller (97. Anderbrügge), Nemec, Max, Wilmots
Tor: 1:0 Zamorano (84.)
Elfmeterschießen: 0:1 Anderbrügge; Zamorano; 0:2 Thon; 1:2 Djorkaeff; 1:3 Max; Winter; 1:4 Wilmots
Schiedsricher: Jose Garcia-Aranda (Spanien)
Zuschauer: 81.675

1998: Inter Mailand

6.5., Parc des Princes, Paris
Inter Mailand – Lazio Rom, 3:0
Inter Mailand: Pagliuca, Colonnese, West, Fresi, Zanetti, Elias, Winter (68. Cauet), Djorkaeff (68. Moriero), Simeone, Ronaldo, Zamorano (72. Sartor)
Lazio Rom: Marchegiani, Grandoni (55. Gottardi), Negro, Nesta, Favalli, Fuser, Venturin (50. Almeyda). Jugovic, Nedved, Casiraghi, Mancini
Tore: 1:0 Zamorano (05.); 2:0 Zanetti (60.); 3:0 Ronaldo (70.)
Schiedsrichter: Antonio Lopez Nieto (Spanien)
Zuschauer: 44.412

1999: AC Parma

12.5., Luzhniki-Stadion, Moskau
AC Parma – Olympique de Marseille, 3:0
AC Parma: Buffon, Thuram, Sensini, Cannavaro, Vanoli, Boghossian, D. Baggio, Fuser, Véron (77. Fiore), Chiesa (73. Balbo), Crespo (85. Asprilla)
Olympique de Marseille: Porato, Blondeau, Blanc, Domoraud, Edson (46. Camara), Issa, Bravo, Brando, Gourvennec, Pirès, Maurice
Tore: 1:0 Crespo (26.); 2:0 Vanoli (36.); 3:0 Chiesa (55.)
Schiedsrichter: Hugh Dallas (Schottland)
Zuschauer: 61.000

2000: Galatasaray Istanbul

17.5., Parkstadion, Kopenhagen
Galatasaray Istanbul – Arsenal London, 0:0 n.V., 4:1 n.E.
Galatasaray Istanbul: Taffarel, Capone, Popescu, Bülent, Davala, Hagi, Suat (93. Yilderim), Okan (83. Hakan Ünsal), Sükür, Ergün
Arsenal London: Seaman, Dixon, Keown, Adams, Silvinho, Parlour, Petit, Vieira, Arif (93. Hasan Sas), Overmars (114. Suker), Bergkamp (73. Kanu), Henry

Elfmeterschießen: 1:0 Ergün; Suker; 2:0 Sükür; 2:1 Parlour; 3:1 Davala; Vieira; 4:1 Popescu
Schiedsrichter: Antonio Nieto Lopez (Spanien)
Zuschauer: 38.919

2001: Liverpool FC

16.5., Westfalenstadion, Dortmund
Liverpool FC – Deportivo Alavés, 5:4 n.V.
Liverpool FC: Westerveld, Carragher, Henchoz (56. Smicer), Hyypiä, Babbel, Gerrard, McAllister, Hamann, Murphy, Heskey (65. Fowler), Owen (79. Berger)
Deportivo Alaves: Herrera, Contra, Karmona, Téllez, Eggen (23. Alonso), Gelí, Jordi Cryuff, Tomic, Desio, Astudillo (46. Mocelin), Moreno (65. Pablo)
Tore: 1:0 Babbel (04.); 2:0 Gerrard (16.); 2:1 Alonso (27.); 3:1 McAllister (41.,Elfm.); 3:2 Moreno (48.); 3:3 Moreno (51.); 4:3 Fowler (73.); 4:4 Jordi Cryuff (89.); 5:4 Gelí (117., Eigentor) (Golden Goal)
Schiedsrichter: Gilles Veissière (Frankreich)
Zuschauer: 50.000

2002: Feyenoord Rotterdam

8.5., Feyenoord-Stadion, Rotterdam
Feyenoord Rotterdam – Borussia Dortmund, 3:2
Feyenoord Rotterdam: Zoetebier, Gyan, van Wonderen, Paauwe, Rzasa, Kalou (76. Elmander), Bosvelt, Ono (85. de Haan), van Persie (63. Leonardo), Tomasson, van Hooijdonk,
Borussia Dortmund: Lehmann, Evanilson, Wörns, Kohler, Dede, Ricken (70. Heinrich), Reuter, Rosicky, Ewerthon (62. Otto Addo), Koller, Amoroso,
Tore: 1:0 van Hooijdonk (33., Elfm.); 2:0 van Hooijdonk (40.); 2:1 Amoroso (47., Elfm.); 3:1 Tomasson (50.); 3:2 Koller (58.)
Schiedsrichter: Vitor Manuel Melo Pereira (Portugal)
Zuschauer: 48.500

2003: FC Porto

21.5., Olympiastadion, Sevilla
FC Porto – Celtic Glasgow, 3:2 n.V.
FC Porto: Baia, Ferreira, J. Costa (68. Emanuel), Carvalho, Valente, Costinha (6. R. Costa), Alejnichev, Maniche, Deco, Capucho (98. Ferreira), Derlei
Celtic Glasgow: Douglas, Valgaeren (62. Laursen), Baldé, Mjällby, Agathe, Lennon, Lambert (76. McNamara), Petrov (105. Maloney), Thompson, Sutton, Larsson
Tore: 1:0 Derlei (45.); 1:1 Larsson (47.); 2:1 Alejnichev (54.); 2:2 Larsson (57.); 3:2 Derlei (115.) (Golden Goal)
Schiedsrichter: Lubos Michel (Slovakei)
Zuschauer: 52.972

2004: Valencia CF

19.5., Ullevi-Stadion, Göteborg
Valencia CF – Olympique de Marseille, 2:0
Valencia CF: Canizares, Carboni, Marchena (86. Pellegrino), Curro Torres, Albelda, Ayala, Rufete (64. Aimar), Baraja, Vicente, Angulo (82. Sissoko), Mista
Olympique de Marseille: Barthez, Méité, Beye, Hemdani, Dos Santos, Meriem (45. Gavanon), Flamini (71. Batlles), N'Diaye (84. Celestini), Ferreira, Drogba, Marlet
Tore: 1:0 Vicente (45., Elfm.); 2:0 Mista (58.)
Schiedsrichter: Pierluigi Collina (Italien)
Zuschauer: 52.000

Fotonachweis

Agentur Bongarts: Seite 7, 173, 278, 281, 298, 314, 317, 319, 325, 326, 335, 339, 341, 361, 381 (o), 387, 393, 395
Agentur Sportimage: Coverfoto, Seite 17, 57, 89, 117, 121, 151 (o), 195, 305, 331, 347, 351, 385
Agentur Horst Müller: Seite 2/3, 41, 52, 103, 107 (2), 109, 115, 137 (u), 160, 179, 193 (2), 206, 209, 212, 217, 221 (2), 223, 227, 228, 231, 235, 237, 241, 245, 247, 250, 251, 255, 259, 265, 269, 271, 276, 277 (o), 286, 291, 295, 301 (2), 309, 312, 315, 322, 345, 353, 357 (2), 365, 366, 373, 375, 378, 381 (u), 383, 390, 396, 397, 449
Mehrens-Pressebild: Seite 77, 79 (o)
Agentur Rauchensteiner: Seite 277 (u)
Dirk Bunzel, dpa: Seite 321
Werner Schulze: Seite 225 (o)

Zum Autor

Ulrich Hesse-Lichtenberger, Jahrgang 1966, schreibt als Autor für zahlreiche Zeitungen und Magazine im In- und Ausland, ist Kolumnist für ESPNs Soccernet (www.soccernet.com, eine der weltweit größten Internet-Plattformen für Fußball) und war deutscher Chefredakteur des offiziellen UEFA-Magazins zur Champions League. 2002 veröffentlichte er die erste umfassende Geschichte des deutschen Fußballs in englischer Sprache („Tor! The Story of German Football", WSC Books), die demnächst auch in Japan erscheinen wird. Er lebt mit seiner Frau und seinem Sohn zwischen Bochum und Dortmund.